认罪认罚从宽制度深化适用与法律文书改革发展

罗庆东　张和林◎主编

RENZUI RENFA CONGKUAN ZHIDU SHENHUA SHIYONG
YU FALÜ WENSHU GAIGE FAZHAN

中国检察出版社

图书在版编目（CIP）数据

认罪认罚从宽制度深化适用与法律文书改革发展 /
罗庆东，张和林主编 . -- 北京：中国检察出版社，
2024.1

　　ISBN 978-7-5102-2979-4

　　Ⅰ . ①认… Ⅱ . ①罗… ②张… Ⅲ . ①刑事诉讼—司
法制度—法律适用—中国②刑事诉讼—法律文书—改革—
研究—中国 Ⅳ . ① D925.210.5 ② D926.134

　　中国国家版本馆 CIP 数据核字（2023）第 254467 号

认罪认罚从宽制度深化适用与法律文书改革发展

罗庆东　　张和林　主编

责任编辑：侯逸霄

技术编辑：王英英

封面设计：天之赋设计室

出版发行：中国检察出版社

社　　址：北京市石景山区香山南路 109 号（100144）

网　　址：中国检察出版社（www.zgjccbs.com）

编辑电话：（010）86423796

发行电话：（010）86423726　86423727　86423728
　　　　　　（010）86423730　86423732

经　　销：新华书店

印　　刷：河北宝昌佳彩印刷有限公司

开　　本：710 mm × 960 mm　16 开

印　　张：38.5

字　　数：548 千字

版　　次：2024 年 1 月第一版　　2024 年 1 月第一次印刷

书　　号：ISBN 978 - 7 - 5102 - 2979 - 4

定　　价：116.00 元

以高质量的法律文书助推
认罪认罚从宽制度行稳致远

中国法学会法律文书学研究会会长　马宏俊

完善刑事诉讼中认罪认罚从宽制度，是党的十八届四中全会作出的一项重大改革部署。2018 年 10 月，《刑事诉讼法》正式修改确立认罪认罚从宽制度，这是中国特色社会主义刑事司法制度的重大创新，是我国刑事诉讼领域的一项重大改革，对我国刑事诉讼理念、诉讼机制、诉讼结构、诉讼模式都带来了重大变革，深化了法学理论和刑事司法实践探索。经过近几年的司法实践，认罪认罚从宽制度在准确及时惩罚犯罪、强化人权司法保障、推动刑事案件繁简分流、节约司法资源、化解社会矛盾、推动国家治理体系和治理能力现代化等方面成效卓著。

认罪认罚从宽制度与法律文书写作之间的逻辑纽带是什么？两者之间能否产生化学反应并相得益彰？归根结底就是能否实现习近平总书记反复强调的，"努力让人民群众在每一个司法案件中感受到公平正义"！如何理解把握和贯彻落实这一司法办案的根本目标，最高人民检察院应勇检察长对此有非常精彩的解读，就是要高质效办好每一个案件，确保每一个案件在实体上实现公平正义，在程序上让公平正义更好更快实现，在效果上让人民群众可感受、能感受、感受到公平正义。作为中国法学会法律文书学研究会的会长，我深有感触。法律文书绝不是小说，其既不能冲动的表达，也不是冰冷的文案，而是集法理情于一身，融天理国法于一体，传递法律人的情感，凝聚法律人的智慧，书写法律规定、彰显司法公正、传递价值导向，最终让社会主义法治理念深入到社会各个角落，让人民群众直观感受到公平正义最重要、最直观的载体！试想，一份语句不通、逻辑混乱、错字满篇、漏洞百出的法律文书，即使结论正确，也难以让当事人信服并"感受到"公平正义；而一份格式规范、说理透彻、逻辑清晰、言简意赅的法律文书，"公平正义"就会如同水印一般，成为司法机关依法履职的鲜明底色。

　　认罪认罚从宽制度的落实推进需要通过法律文书来体现，同样，法律文书改革也需要在认罪认罚从宽制度等司法实践中绽放蓬勃的活力。2023年5月27日，由中国法学会法律文书学研究会主办，广东省湛江市人民检察院承办的"认罪认罚从宽制度与法律文书改革"专题研讨会就是一次理论与实践完美结合的成功尝试。本次会议上，来自全国各地的100余名法学界知名专家学者，检察、法院系统的实务专家，以及知名律师、在读研究生齐聚一堂，共同探讨如何适应认罪认罚从宽制度的落实应用。本次会议共邀请27位发言人按照各自工作和研究领域，紧密围绕认罪认罚从宽制度的价值意义，认罪认罚从宽制度法律文书改革的必要性，认罪认罚具结书、量刑建议书、裁判文书的完善，以及上诉与抗诉文书的内容等各抒己见，点评人及与会嘉宾也分享了各自的真知灼见。

　　本次会议共收到122篇论文，共计87万余字，创下法律文书学研究会专题论坛乃至年会的多项纪录。我们认真谋划、思考如何精选以上文章，最终形成一本高学术质量并能够指导实际办案的汇编作品。根据研究会工作计划，由研究会副会长、最高检第一检察厅副厅长罗庆东、广东省湛江市人民检察院检察长张和林共同作为主编，承担起对外展现本次会议的重要研究成果的重任。我们欣喜地看到，自2014年以来，研究会已将部分专题论坛和全部学术年会研究成果集结出版，包括《法律文书探索与创新》《法律文书革故与鼎新》《司法责任制与法律文书改革》《阳光司法与检察文书》《司法大数据与法律文书改革》等多部著作，在法律文书学研究以及司法实务部门引起较大反响，我也衷心期冀本书能够通过所收录的高质量论文间接呈现"湛江论坛"学术交流的盛况。

　　理论研究需要司法实践的土壤，司法实践也同样需要理论研究的滋养和灌溉。认罪认罚从宽制度的深化适用是认真贯彻落实习近平法治思想，积极践行党的二十大精神的生动体现，同时也为我们每一位法律文书学研究的同仁提供了广阔的学术平台。我相信本书的研究成果，一定能够助推认罪认罚从宽制度行稳致远，取得更加辉煌的成绩，同时，我也相信，每一份高质量认罪认罚法律文书都是我们每一位司法从业人员最生动的名片，更是"努力让人民群众在每一个司法案件中感受到公平正义"的最好诠释！在此，向最高检第一检察厅、广东省湛江市人民检察院以及研究会秘书处为本次论坛召开和论文编选作出的贡献表示衷心的感谢！

法律文书代表着中国司法文明的水平

中国法学会法理学研究会顾问　刘作翔[*]

2023 年 5 月 27 日，由中国法学会法律文书学研究会主办、湛江市人民检察院承办的"认罪认罚从宽制度与法律文书改革"专题研讨会在广东省湛江市召开。我非常荣幸地受中国法学会法律文书学研究会会长马宏俊教授之邀，参加了这个专业性会议。

这次会议有来自全国检察系统的代表以及个别法院系统的代表参加。与会代表围绕"认罪认罚从宽制度与法律文书改革"的主题展开了充分讨论，对各自单位在实施认罪认罚从宽制度和法律文书改革中的相关情况及问题进行了介绍，其中有许多值得我们认真总结的经验，以及需要进一步探讨的具有启发性的问题和分析。本文以广西壮族自治区人民检察院第一检察部的报告和苏州工业园区人民检察院的报告为例，略窥此次会议的意义和价值。

广西壮族自治区人民检察院第一检察部在法律文书改革的实践探索中，提出了法律文书工作规范化、精品化的要求，我觉得这个提法非常有意义。法律文书工作的规范化、精品化是法治化的一个重要内容，因为法治化最重要的标志就是规范化，它是首要要求。通过法律文书工作的规范化、精品化，着力夯实刑事案件高质效的基础，这是互为的关系。高质量的案件

---

　*上海师范大学哲学与法政学院光启学者特聘教授，法治与人权研究所所长，中国法学会法理学研究会顾问，中国法学会法治文化研究会副会长，中国法学会体育法学研究会副会长。

体现在法律文书之中，法律文书是我们司法工作的结晶、体现和载体。司法工作做得好不好，在法律文书中都有体现。为此，他们围绕法律文书工作的规范化、精品化，提出了几个值得我们吸取和借鉴的具体措施：一是强化理念更新，筑牢法律文书工作规范化、精品化意识；二是机制建设。通过机制建设提升法律文书工作规范化、精品化的能力。比如他们提到，通过打造法律文书制作能力提升快车道这样一种办法，这样的法律文书工作既是办案体现，也是办案反馈的结果；三是深化实践创新，释放法律文书工作规范化、精品化效能。全区认罪认罚量刑建议采纳率2022年比2020年提高了1.66%，量刑建议问题可能是一个焦点问题；被告人一审服判率提高0.26%；全区认罪认罚案件速裁程序适用率2022年比2019年提高了7.5%；还有"一张清单"制度，全区刑事案件追诉完讼率2022年较2020年提高了86.9%，涉黑案件财产执行到位率提高了10.1%，等等。这些经验解决了观念问题，紧接着就要有具体的机制、制度，具体的制度跟上之后，会取得进一步的效果。

苏州工业园区人民检察院的报告是一个非常有价值的报告。报告首先分析了司法改革背景下法律文书质量出现下滑现象的三个方面的原因，我觉得对这三个方面的原因解剖是很不容易的：第一，员额制改革简化了法律文书的审核程序，报告里面提到，抽选了15份法律文书进行评析，发现其中11份都存在质量问题，敢于暴露存在的问题需要勇气。第二，分析了认罪认罚从宽制度和速裁程序的确立。认罪认罚从宽制度和速裁程序的施行在某种程度上是为了节约司法资源，提高司法效率。报告认为，在司法实践中部分司法工作者误解了两项制度的初衷，从而慢慢丢掉了写好法律文书的优良传统，我觉得这样的分析也是一个客观的事实。第三，认为历年的《刑事诉讼法》修改多为"减法"的改革，"减法"主要是为了减轻烦琐的程序，减去一些不必要的环节，从而提高效率，但是在客观上一定程度地影响了法律文书的说理性、规范性，所以司法程序可以做"减法"，但是法律文书必须加以规范化。另外，学校的教育和法律培训虽然都有法律文书方面的课程，但是这种实践性的培训还是不够。我们过去把法律文书看作整个法学里面一个很小的学科，但实际上做司法工作、法治工作的每一个环节都离不了法律文书。现在，中国法学会法律文书学研究会有意识地把法律文书工作紧紧地和司法工作、法治工作结合起来，法院有裁判书，检察院有起诉书、抗诉书等，侦查机关也有很多的文书，律师、公证就更不用说了，在法治的各个环节都涉及这样的问题，所以加强法律文书工作的教育和培训也是一个非常重要的任务。

通过这次会议，以及以往的观察，对于法律文书工作，我有以下两点深切的体会：

第一个体会，对于法律文书的重要性，怎么高估都不为过。因为所有的司法工作最后都体现为法律文书，很多司法改革措施最后都要落实到法律文书的环节上。就像学者的学术水平怎么样，主要是看学者发表的文章；法官、检察官的办案水平怎么样，主要看法官、检察官制作的法律文书，通过法律文书来看其水平怎么样，能力怎么样。所以今后这个任务还很繁重，不仅在大学法学院法律教育、教学这个层面，在整个司法系统，这都是司法培训中应该给予高度重视的一个重要任务和环节。

第二个体会，关于法律文书的说理问题。曾有个别专家认为，裁判书说理不一定要非常充分，说理过于充分了反而会留下麻烦，总体上我不太同意这样的看法。因为我们中国的法律文书，包括裁判书、起诉书等都还处在一个起步阶段、初级阶段，我们的判决书也好，起诉书也好，量刑建议也好，可能在说理部分还是要加强，能说清楚的尽量说清楚。这次会议的几位专家都谈到了这个问题，就是说理这部分是最弱的。我们过去的裁判书是很简单化的，虽然经过了三十多年的司法改革，在法律文书这方面有了很大的进步，但是还存在很多问题，与会专家对这些问题都作了详细的剖析。

所以，我认为，第一，对法律文书的重要性要有充分的认识；第二，在具体法律文书的说理部分一定要讲清楚，这可能是一个逐渐的训练过程，和我们的司法人员的结构、素质、能力、水平都有相关性，要逐渐改进法律文书的质量。因为全社会无论是国内的老百姓、专家还是国际社会，都是通过法律文书来考察我们的司法水平，法律文书也代表着中国司法文明的程度。

　　值此次会议的文集出版之际，承蒙中国法学会法律文书学研究会会长马宏俊教授之热情邀约，以此文作为会议文集之序言，深感荣幸，特致感谢。相信读者从这本会议文集中，可以看到司法机关在实施"认罪认罚从宽制度和法律文书改革"工作中，在理论上和实践中所作出的努力和探索。

目 录

上编 认罪认罚从宽制度深化适用研究

认罪认罚后反悔上诉的抗诉思考..................................李志良 / 003

认罪认罚制度下法律援助辩护有效性的困境与出路
....张广超 吴庆棒 / 015

认罪认罚案件审理程序转换的举证风险及应对.....................李瑞登 / 036

契合、冲突、优化：检察机关认罪认罚从宽案件被害人
   权利保障的实证分析.................江西省丰城市人民检察院课题组 / 056

由"堵"到"疏"：认罪认罚从宽制度中的辩护冲突研究
....吴 芳 周奕澄 / 070

认罪认罚案件策略性认罪之风险防范.............................郑 莉 / 083

认罪认罚从宽制度检察实践挑战与破解思路研究
....范晓甘 郑楚戈 / 094

论认罪认罚从宽制度与刑事和解程序之关系
....史 焱 侯建暄 郝冠华 / 106

重罪案件适用认罪认罚从宽制度的检察实践问题和
   路径思考..廖祥勇 赵 婷 / 117

认罪认罚自愿性保障问题浅论.................................王军娜 倪红琨 / 126

迫不得已抑或心甘情愿：被告人认罪认罚自愿性审查问题
　实证研究 ……………………………………………………………………… 张　琳 / 137

认罪认罚从宽制度对量刑规则补充构造的实例研究
　………………………………………………………………… 寇　伟　李　森 / 151

认罪认罚自愿性及其保障机制研究 ……… 周科楠　张志超　杨春黎 / 166

检察环节认罪认罚自愿性审查及保障研究 ……………………… 李　静 / 184

论认罪认罚量刑建议的效力 …………………………………………… 李瑞登 / 198

认罪认罚案件中量刑建议调整机制研究 …………………………… 王　强 / 222

认罪认罚案件被告人上诉问题实证研究 ………… 王　栋　陈程刚 / 238

认罪认罚案件被告人上诉问题实务分析 ………… 陈　兰　杜淑芳 / 245

认罪认罚案件中被告人上诉问题实证研究 ……………………… 陈新玥 / 253

认罪认罚从宽制度的实证研究 …………………………… 张丽锋　曹　婧 / 273

认罪认罚从宽与社会治理结合路径研究
　…………… 韩晓帆　罗海晖　王　寅　聂婷婷　张　舒　蒋　通 / 281

认罪认罚同步录音录像制度研究
　………………………… 秦云峰　刘晋阳　王　霄　李丹丹 / 291

略论我国刑事司法改革的价值导向 ……………………………… 陈　磊 / 299

未成年人适用认罪认罚从宽制度问题与对策 ……… 姜保忠　马梦佳 / 306

检察机关认罪认罚案件量刑建议调整之原因分析及
　文书规范路径 ………………………………… 何　磊　李　晨　吴瑞东 / 319

认罪认罚案件量刑建议精准化的"湛江实践" ……… 黄映霄　翁　冰 / 331

认罪认罚案件值班律师有效法律帮助研究 ………… 朱奎彬　李　琪 / 343

认罪认罚案件中听取律师意见和文书修正问题研究

　　…………………………………… 马晓敏　陈娅丹　王　慧 / 355

认罪认罚案件中值班律师制度困境的实证分析和破解路径

　　…………………………………………………………… 庞书欣 / 363

认罪认罚案件中提升抗诉成效的思考 …………… 李　蕾　王　刚 / 374

下编　法律文书改革发展研究

认罪认罚案件量刑建议"明显不当"的法院裁判说理

　　问题研究 …………………………………… 刘海蓉　罗　畅 / 385

认罪认罚具结书的内容演进、实践反思与完善建议 ………… 王　强 / 397

检察实务中认罪认罚具结书的实践问题与完善建议 ………… 赖琛琛 / 415

应对认罪认罚被告人反悔的法律文书制备措施探析

　　………………………………… 杨　超　沙岩林　刘夏莲 / 423

论认罪认罚具结书的法律地位 ……………………… 王庆新　罗美君 / 437

认罪认罚从宽制度下公诉模式的转型 ……………… 杨诗文　李一凡 / 444

检察机关量刑建议书规范化探讨 ………… 袁　刚　杨　飞　张玉玺 / 454

认罪认罚量刑建议说理制度及配套法律文书的完善 …………周　健 / 466

认罪认罚案件裁判文书说理机制研究 ……………… 侯文奇　李亚玲 / 478

刑事诉讼法律文书功能与价值思考 ………………………… 刘红雨 / 488

论认罪认罚案件中法律文书的释法说理 …………… 陈俊荣　张维娅 / 502

试析认罪认罚从宽制度适用语境下检察法律文书优化路径

　　…………………………………… 刘军辉　傅大富　陈慧慧 / 508

认罪认罚案件中的检察官客观公正义务 ....李梦吃 / 515

认罪认罚从宽制度背景下检察机关法律文书公开问题检析
...................................彭忠华　谢丹婕　汪珊珊 / 524

认罪认罚具结书文本内容的实践省思及完善建议 ....邝颖婷 / 533

认罪认罚具结书对认罪认罚制度的完善与改进 ....陈文凯 / 544

认罪认罚具结书中量刑建议的"精准"与"确定"之辨析
.... 杨　月　田鹏辉　邹　越 / 553

认罪认罚从宽制度与司法公正.................................陈偲冲 / 561

认罪认罚案件中裁判文书的释法明理研究 .... 支　冲　柳正南 / 569

试论刑事认罪认罚案件裁判文书不采纳量刑建议说理
机制之完善 ....黄　蒙 / 580

裁判文书未认定认罪认罚的说理缺陷及其改进 ....雷　艳 / 587

上编
认罪认罚从宽制度深化适用研究

认罪认罚后反悔上诉的抗诉思考
——以 35 例抗诉案件裁判文书的分析展开

李志良　江西省吉安市人民检察院

认罪认罚从宽制度全面实施以来，全国检察机关适用认罪认罚从宽制度办理案件比例已经稳定在 85% 以上，被告人一审服判率也基本维持在 96% 左右，认罪认罚从宽制度在节约司法资源、提升诉讼效率、化解社会矛盾方面发挥了巨大作用。然而即使是 3.5% 左右的上诉率，由于我国刑事案件总量较大，由此带来对法律制度稳定性的影响、司法资源的浪费也非常可观，需要引起司法者的重视。实践中，并非所有被告人反悔上诉的情形都会被检察机关提出抗诉，2021 年认罪认罚从宽案件上诉率为 3.5%，抗诉率仅为 0.5%[①]，但针对哪些情形应当提出抗诉，实践中存在不少分歧。笔者以"认罪认罚 + 反悔上诉 + 抗诉"作为关键词，从中国裁判文书网筛选出 35 件被告人认罪认罚反悔上诉后检察机关提出抗诉案件的裁判文书[②]，立足司法实践结果，从裁判文书中的底层说理逻辑展开，以探寻解决认罪认罚后反悔上诉问题的解决思路。

一、反悔上诉：违约失信抑或权利的行使

（一）违约说

有司法观点认为，认罪认罚案件中，检察官、律师、犯罪嫌疑人三方在场协商具结，并签署认罪认罚具结书，嫌疑人承认指控的犯罪事实，自

---

① 《新京报专访最高检第一检察厅厅长：认罪认罚从宽制度成办案"重器"》，载最高人民检察院官网，https://www.spp.gov.cn/spp/zdgz/202203/t20220310_548727.shtml。

② 实际筛选结果总计 46 件，但经人工核查后涉及抗诉案件实际仅有 35 件，有 11 件因文书中引用法条涉及"抗诉"二字被误筛选。

愿接受检察机关提出的量刑建议，应当受到司法契约的约束。如果被告人在获取司法机关从宽减让优惠后又反悔上诉，明显违反了具结的契约精神，属于典型的违约失信行为，应当依法抗诉予以规制。分析梳理选取的35件抗诉案例可以发现，其中检察机关提出抗诉的观点几乎全部基于上诉人"否认了其与检察机关作出的认罪认罚承诺，不应再适用认罪认罚从宽制度"，进而提出抗诉。经法院审理，最终有12件案件支持了检察机关的抗诉意见，认为"被告人违背了认罪认罚的具结承诺，认罪认罚从宽量刑的条件已不存在"，进而改判加重刑罚。

（二）权利说

也有司法观点认为，虽然我国刑事诉讼程序中规定如实供述是犯罪嫌疑人、被告人的基本义务，但是否自愿认罪认罚仍然属于被告人享有的诉讼权利，且反悔权衔接的是上诉权，关系到我国刑事诉讼两审终审制度的基本原则，是防范冤错案件的重要制度安排，具有天然的权利属性，不应当加以任何限制或约束。本文筛选的35例案例中就有6例裁判观点认为"认罪认罚从宽制度并未限制被告人的上诉权。上诉权是被告人的基本诉讼权利。现行法律没有规定，被告人认罪认罚获得从宽处罚后不得上诉"。[1]更有裁判观点认为，根据《中华人民共和国刑事诉讼法》第228条、第236条的规定，检察机关抗诉的对象是确有错误的判决、裁定，第二审人民法院改判的对象是适用法律确有错误的判决以及原判事实不清或者证据不足的判决。原判根据法定程序，基于公诉机关提出的量刑建议、认罪认罚合意作出了司法确认，一审认定的事实及罪名、法律适用并无错误。[2]

（三）折中说

还有一种观点认为，权利与义务本身并不矛盾，二者互为前提，无权利则无义务。如果把被告人的"权利""义务"看作天平两边的砝码，那么

---

① 参见上海市第三中级人民法院（2020）沪03刑终31号刑事裁定书。
② 参见广西壮族自治区柳州市中级人民法院（2021）桂02刑终198号刑事裁定书。

在 2018 年《刑事诉讼法》修改之后，认罪认罚从宽制度的设立则显然又赋予了犯罪嫌疑人、被告人一项额外的权利。但认罪认罚从宽并不是一个独立的量刑情节，从立法形式来看，该"从宽"显然是在诉讼程序中给予的额外让渡，这种额外的"制度优惠"需要被告人付出一定的对价义务，即"认罪认罚"。如果一概不允许二审改判加重原审被告人刑罚，将导致被告人滥用认罪认罚从宽制度，有悖于"两高三部"《关于适用认罪认罚从宽制度的指导意见》（以下简称《指导意见》）设置"认罪认罚从宽制度"优化司法资源配置、提高刑事诉讼效率的初衷。但如果不区分情形，被告人认罪认罚从轻处罚反悔上诉后，二审一概加重原审被告人的刑罚，将导致被告人不敢上诉，无疑限制甚至剥夺了刑事诉讼法赋予被告人的上诉权，亦有违《指导意见》所秉持的"坚持证据裁判原则"以及不能因为适用认罪认罚从宽制度降低刑事犯罪证明标准的精神。[①]

综上所论，以辩证法的立场来看，片面的强调权利或者义务都不符合实事求是的原则，折中说更符合具体问题具体分析的方法论。从保障程序效率和维护实体正义的角度而言，被告人行使上诉权具有天然的正当性，但检察机关通过行使抗诉权以维护认罪认罚从宽制度的正确实施也具有正当性。不能简单地把上诉权与抗诉权理解为对抗关系，作为启动二审程序的两驾马车，二者在维护我国法律正确实施、保障公民合法权益方面的价值内核其实是完全一致的。检察机关作为同时承担惩治犯罪和保障人权职责的法律监督机关，要恪守客观中立的原则，理性看待被告人的上诉，聚焦法律实施的正确性，坚持实质性审查，区分不同情形，遵循法定抗诉标准，依法审慎行使抗诉权。

二、区分审查：实质化把握反悔上诉的正当性

上诉权属于被告人的基本诉讼权利，就行使诉讼权利本身而言，并不能评价背后动机的正当与否，因为权利的行使本身是客观中性的。但是，

---

① 参见湖北省荆门市中级人民法院（2021）鄂 08 刑再 1 号刑事判决书。

通过其上诉的理由，却完全可以查明上一个环节，即被告人认罪认罚时的真实性和自愿性，进而合理评价其认罪认罚适用条件的合法性问题。因此，检察机关建立对上诉理由的快速区分审查机制，是破解应对反悔上诉难题的前提和基础。

（一）从反悔的内容区分

1. 不认罪认罚型。既不认罪也不认罚，同时以事实认定、法律适用错误和量刑过重为由提出上诉。此种情形司法实践中最多，且"恶意"上诉者往往隐藏其中，难以区分。具体而言有三类：第一种是单纯反悔型，无意于获取从宽处罚或以错误认识为抗辩，上诉后坚持作无罪辩解；第二种是恶意反悔型，在一审期间虚假"认罪认罚"获取从宽判罚后，无正当理由以事实、情节、量刑等辩解全面上诉，意图获取更大从宽幅度；第三种是以非主要的事实、情节为由，提出异议并认为量刑不当的，此类情形也系实践中居多的情形，在本文选取的 35 例裁判文书样本中占 10 例。

2. 不认罪型。主要是以事实或定性错误为由的上诉，具体而言又分两种情形：一种是对主要犯罪事实没有异议，仅对行为性质乃至被害人过错等个别事实情节提出异议，但对一审的判罚结果并无异议；另一种是对主要的犯罪事实提出异议，或者对其所犯数罪中的某些个罪事实提出异议的。绝对的不认罪型反悔上诉在司法实践中并不常见，在本文选取的抗诉案例中并未出现，大多数表现为前述以非主要的事实和情节为理由的量刑上诉。

3. 不认罚型。主要是指被告人承认指控的犯罪事实，但仅以量刑过重为由的上诉。具体情形主要有三种：一种是法院建议检察机关调整并加重量刑建议的，主要对调整后的量刑建议不满；第二种是法院未采纳检察机关量刑建议直接加重判罚，被告人上诉请求二审法院采纳检察机关的量刑建议从宽处罚；第三种是诉判虽然一致，但被告人仍以量刑过重为由进而提出上诉的，此类情形是实践中最多的类型，在本文选取的 35 例抗诉案例中占 25 例。

（二）从反悔的动机区分

1.技术型。主要表现在一些被告人希望通过技术性上诉，拖延交付监狱执行的时间，以达到留所服刑的目的。被告人对"留所服刑"的渴望，实际上是一种基于被告人自身对刑罚执行环境的错误认识而产生的所谓技术处理，但执行场所的选择与刑罚执行方式的选择仍有所不同，难以将其评价为"不认罚"的情形。

2.救济型。第一种情形是个别案件在一审宣判后，出现新的证据或者情节可能影响案件的量刑，被告人认为新的证据、情节对自己的量刑会产生有利影响，进而提起上诉；第二种情形主要是认罪协商不充分、释法说理不到位，被告人产生错误认识，一审宣判后对自己认罪认罚的真实性、自愿性提出异议，进而提起上诉；第三种情形是法院未采纳量刑建议加重判罚，被告人以前一份具结书作为依据提出上诉。

3.投机型。主要表现是利用认罪认罚具结，展示所谓的"认罪态度"，以此来争取检察机关的从宽量刑建议，在一审获得从宽处罚后，在没有新的事实、证据情况下，对案件事实认定、定罪量刑等问题提出上诉。更有甚者，暗中与辩护人打配合，看似"当庭认罪"，实际暗通辩护人搞无罪辩护，一审获得从宽后继续恶意上诉，妄图利用上诉不加刑原则获取更大的从轻处罚。此种类型的上诉属于典型的恶意上诉，不仅严重损害了认罪认罚从宽制度的权威性，更对司法公正造成了巨大破坏。

以上分类大致可以描绘出被告人反悔上诉的基本类型，从不同的角度看待反悔上诉，有利于更加全面、客观地审查背后认罪认罚的真实性、自愿性，也有利于检察机关实质性把握被告人反悔上诉是否会给法律的正确实施带来损害，进而评判是否需要行使抗诉权以保障认罪认罚从宽制度的正确实施。

三、依法抗诉：以程序制衡维护实体正义

有观点认为，我国《刑事诉讼法》第228条规定，检察院只能在"第一

审的判决、裁定确有错误"时提出抗诉,只能就一审裁判形成时的考量因素是否正确作出判断,如果裁判基于错误的事实、法律和程序则可以提出抗诉,而不能基于判决之后的错误提出抗诉。[①] 但实际上,检察机关的法律监督任务是保障法律的正确实施,其诉讼监督的对象是事实认定、证据采信以及适用法律等方面的错误,监督制度的核心价值在于纠错扶正,不能片面地把抗诉对象狭隘地理解为法院的裁判文书,裁判文书只不过是承载司法错误的形式载体,检察机关抗诉的真正对象实际是案件事实的失真以及法律适用的不当。

根据《人民检察院刑事诉讼规则》《人民检察院刑事抗诉工作指引》的规定,抗诉理由主要集中在事实认定错误、证据采信错误、适用法律错误(定性错误、量刑错误)、审判程序违法四个方面。因此,仅凭快速审查识别出上诉理由的正当性与否并不能直接转化为检察机关提出抗诉的理由,还应当对标法定的抗诉标准,全面衡量被告人上诉所提出的依据、理由是否可以推导出一审时实际不符合认罪认罚从宽制度的适用条件,或者原从宽决定对案件的定罪量刑产生了实质的不公正错误,进而作出是否抗诉的决定。

(一)不宜抗诉的情形

1.对幅度刑量刑建议的上诉。幅度型量刑建议相比确定型量刑建议的最大区别就在于仍然给了被告人一个低值预期,比如检察机关对某被告人提出有期徒刑六个月至八个月的量刑建议,最终法院采纳了检察机关的建议,判处被告人有期徒刑七个月,这样的判决看似合情合理,但对于被告人来说,六个月的徒刑仍然是可期待的,出于趋利避害的本能,自然要通过上诉去争取减少一个月的刑罚。因此,对检察机关提出幅度量刑建议,法院

---

① 谢小剑:《认罪认罚从宽案件中以抗诉应对量刑上诉之质疑》,载《环球法律评论》2023年第2期。

在幅度中线或者上线量刑后，被告人上诉的，则不宜抗诉。[①]

2. 对检察机关调整量刑建议的上诉。随着检察机关确定刑量刑建议的普遍提出，法院基于自身对案件的审理判断，对检察机关提出的调整量刑建议数量也大幅增加。法院建议调轻的自不必多论，但建议调重的，往往会在被告人心里埋下不满。在被告人看来，检察机关与审判机关都是司法机关，检察机关之前提出的量刑建议也符合法律规定，调重一个月、两个月对于法官来说是自由裁量，但对于被告人而言，却关乎人身自由。如此一来，被告人以前一份较轻的量刑建议为由提出上诉，同样落在检察机关的审查预期，检察机关如果以此抗诉，则难以自证"量刑明显不当"。但是，若一审法院径直改变检察机关量刑建议、加重被告人刑罚确有错误的，应当依法提出抗诉。[②]

3. 以错误认识为由的上诉。2021年12月2日，最高检印发《人民检察院办理认罪认罚案件听取意见同步录音录像规定》，对规范检察机关开展具结协商、约束犯罪嫌疑人真心认罪认罚起到了重要作用。对被告人提出的办案人员释法说理不充分、法律帮助不到位等上诉理由，要结合同步录音录像等其他相关证据查明认罪认罚具结时的自愿性、真实性与合法性，如确系检察机关释法说理不充分，未依法告知认罪认罚带来的法律后果，致使被告人产生错误认识的，应当尊重被告人的自愿反悔选择，由二审法院依法裁判即可。实践中还存在另外一种认识错误也值得注意，即被告人缺乏对具结书所构成的司法契约意识，在他人的劝说怂恿下提出上诉后，又基于司法机关的释法说理而撤回上诉。此种情形在本文选取的35例案件中占15例之多，最终检察机关撤回相应抗诉9例，而未撤抗的6件案件中仅有1例获得了法院的改判支持。[③]

[①] 苗生明：《认罪认罚后反悔的评价与处理》，载《检察日报》2020年2月20日，第3版。

[②] 潘金贵、王志坚：《认罪认罚后被告人反悔应对机制》，载《人民检察》2021年第4期。

[③] 参见四川省遂宁市中级人民法院（2020）川09刑终36号刑事判决书。

4.对个别事实情节有异议的。"两高三部"《关于适用认罪认罚从宽制度的指导意见》第 6 条已经有明确的意见，被告人承认指控的主要犯罪事实，仅对个别事实情节提出异议，或者虽然对行为性质提出辩解但表示接受司法机关认定意见的，不影响"认罪"的认定。也就是说，被告人以个别的、次要的事实、情节为由上诉的，不能被评价为"不认罪"，检察机关当然也不能以该上诉为由剥夺其继续适用认罪认罚的权利。但该条其实可以推导出一个结论，即当被告人对主要的犯罪事实提出异议进而上诉的，实际上已经影响了"认罪"的认定，此种情形则需进一步评价一审认罪认罚适用条件的正确性，应考虑是否提出抗诉。

5.认罪认罚从宽幅度有限的。鉴于目前认罪认罚从宽并不涵盖减轻情节的问题，因此认罪认罚案件的从宽幅度在个别情况下，实际上是没有从宽区间的，特别是数额犯或者设定了具体数量的情节犯刚刚达到第二档以上量刑区间时，在没有减轻情节的情况下，第二档以上的量刑起点往往就是宣告刑，没有任何从宽的余地，如一般的诈骗犯罪，诈骗金额刚刚达到50 万元，如果没有自首、立功等减轻情节，无论被告人是否认罪认罚、是否退赃退赔，其宣告刑只能是有期徒刑十年。实践中还存在一种情形需要引起注意，部分司法机关在总体把握从宽幅度时实际上只是在原有自首、坦白等情节内的从宽，认罪认罚并没有作为一个单独量化的从轻幅度，对于此类案件，如果被告人仅以量刑过重为由上诉，检察机关既无抗诉理由，更无加刑空间。

（二）应当抗诉的情形

1.被告人提出新事实、证据影响案件定罪量刑的。毫无疑问，经检察机关审查发现，有新事实和证据最终影响案件定罪量刑的，无论被告人最终是否决定上诉，检察机关都应当依法提出抗诉，这是刑事诉讼法准确惩治犯罪与保障人权的基本要求，也正是我国认罪认罚从宽制度与西方诉辩交易的本质区别，决不能因为被告人认罪认罚而降低证明标准。

2.投机虚假型的认罪认罚。自愿、真实、合法是认罪认罚从宽制度的三项基本原则，这不仅是对司法机关提出的办案要求，同时也是对犯罪嫌疑人、被告人设定的获取"从宽优惠"的等价义务，这个义务就是要求被告人真诚、自愿地认罪悔罪并接受处罚。虚假的、动机不纯的认罪认罚，既没有实现促进悔罪改过、节约司法资源的立法目的，也没有达到预期的社会效果，反而给司法公正造成巨大的破坏，带来极其恶劣的负面效应，对于此类案件应当坚决抗诉。

3. 不再认罪认罚致使量刑明显不当的。《人民检察院办理认罪认罚案件开展量刑建议工作的指导意见》（以下简称《量刑建议工作的指导意见》）第 39 条规定，被告人仅以量刑过重为由提出上诉，因被告人反悔不再认罪认罚致从宽量刑明显不当的，人民检察院应当依法提出抗诉。从该条规定可以很自然地得出另一个结论，既然单纯的不认罚致使量刑明显不当的应当抗诉，举轻以明重，在没有新的事实和证据情况下，对既不认罪也不认罚的上诉，且致使量刑明显不当的，检察机关都应当提出抗诉。

四、规范文书：致使量刑明显不当的抗诉说理

如何理解"不再认罪认罚致使量刑明显不当"，目前法律及相关指导意见对此并没有作出详细规定，导致目前检察机关刑事抗诉书中针对反悔上诉的抗点表达相对模糊，大部分抗诉书都是直接原文引用《量刑建议工作的指导意见》第 39 条，但又无法准确阐述"量刑明显不当"的具体数值。以往实践中把握"量刑明显不当"的标准通常是"三错二畸"，即刑罚的主刑选择错误、适用附加刑错误、适用缓刑、禁止令、限制减刑错误、量刑畸轻畸重。对于没有法定情节而超出法定刑幅度量刑的，比较容易判断是否畸轻畸重，但在认罪认罚案件中，一般从宽幅度只能减少 30% 以内基准刑，并不存在超越刑罚档次量刑的情况。要在法定幅度内准确把握是否"明显不当"，不仅要看实际从宽的比例，还要看实际减让的绝对刑期，同时还要注意同案犯之间的平衡以及同类案件的平衡关系。

（一）从宽比例判断

最高人民法院、最高人民检察院《关于常见犯罪的量刑指导意见（试行）》规定，对于被告人认罪认罚的，综合考虑犯罪的性质、罪行的轻重、认罪认罚的阶段、程度、价值、悔罪表现等情况，可以减少基准刑的30%以下。不少省份又具体细化成在侦查、起诉、审判不同阶段认罪认罚相应给予10%—30%从宽幅度。对于实际给予了20%以下从宽幅度的，反悔上诉后一般不宜评价为量刑明显不当，这是因为即便不适用认罪认罚从宽，被告人坦白或当庭自愿认罪等情节仍然可以享受10%—20%以下的从轻处罚（认罪认罚与坦白、当庭自愿认罪等情节不重复评价）。因此，在一般普通刑事案件中，排除坦白等固有情节后，一审判决如再额外给予10%以上的从宽幅度，被告人反悔上诉不再认罪认罚后被评价为"致使量刑明显不当"方可满足逻辑的自洽性。

（二）减让刑期判断

比例判断法在办理一般轻刑案件时容易把握，但在办理其他重大复杂案件时，由于个案基准刑较高，哪怕10%的从宽幅度都可能有一年以上的刑期减让，因此对于重罪反悔上诉案件的审查把握，不能机械地看待减让比例，而要重点考虑实际给予的绝对刑期减让。结合司法实际，一般把握在3个月以上为宜。第一，从一般语义上看，我国刑罚计算的最小单位为月，假设被告人不再认罪认罚后多出了1个月的从宽优惠，显然难以得出"明显不当"的结论，而2个月也更接近"偏轻"的常情判断。第二，从横向比较来看，"两高"在《关于常见犯罪的量刑指导意见（试行）》总则里，唯一在谈及幅度的同时设定了绝对刑期值的，就是累犯"应当增加基准刑的10%—40%，一般不少于3个月"，也就是说"两高"为有无累犯情节的被告人设定了10%和3个月的明显区分值，否则就可能导致宽严不当。同理推及，如果某被告人认罪认罚与不认罪认罚之间存在至少3个月的刑期差，说明已经给予了明显的从宽区分值，如果其此时反悔上诉不再认罪认罚，其多出的 3 个月从宽则可被评价为"致使量刑明显不当"。

（三）同类平衡判断

主要把握同案犯之间、类似案件之间的量刑平衡的问题，最高人民法院《关于适用〈中华人民共和国刑事诉讼法〉的解释》（以下简称《刑诉法解释》）第 354 条规定，对量刑建议是否明显不当，应当根据审理认定的犯罪事实、认罪认罚的具体情况，结合相关犯罪的法定刑、类似案件的刑罚适用等作出审查判断。《刑诉法解释》第 355 条第三款也规定，共同犯罪案件，部分被告人认罪认罚的，应当注意全案的量刑平衡。因此，如果因为被告人反悔上诉不再认罪认罚，导致同案犯之间量刑不平衡，比如主、从犯的刑罚在无法定理由的情况下趋平，甚至轻重倒置，或如相同情形的同案犯出现"同案不同判"的，又或者导致在一定辖区内出现"类案不同判"的情形，则应当评价为"致使量刑明显不当"，不能简单机械地考虑从宽比例或者绝对刑期的问题，而应当注重把握个案内部的基本平衡。

在撰写刑事抗诉书的过程中，检察机关应当注意上述三个判断原则的阶梯顺序，依次从从宽比例、减让刑期、同类平衡三个角度规范量化阐述被告人在一审程序中因认罪认罚获得的从宽优惠，存在多维度情形的应当分别列出依据理由，具状陈明，进而精准提出"被告人不再认罪认罚致使量刑明显不当"的抗点。

五、结语

被告人认罪认罚后反悔上诉之权不应被剥夺与限制，但检察机关作为法律监督机关，应当维护认罪认罚从宽制度的正确实施。面对形形色色的反悔上诉理由，检察官应坚守客观公正义务，注意区分审查，透过上诉理由反向审视原案事实认定是否清楚、证据是否确实充分、认罪认罚是否真实自愿。对于发现虚假认罪认罚的，应当依法提出抗诉；对于确系不再认罪认罚的，要综合评判是否会致使量刑明显不当，规范法律文书的说理表达，精准提出抗诉，维护司法公正；对于不影响实体公正或者有利于查明真相的反悔上诉，要坚持审慎宽容态度，尊重被告人的上诉权行使。特别是在个别被告人上诉后又撤回上诉时，更应当坚持实质性审查，审慎把握支持抗诉或撤回抗诉的标准，真正把上诉权当作检验器，把抗诉权当作矫正器，推动认罪认罚从宽制度良性发展。

认罪认罚制度下法律援助辩护有效性的困境与出路

张广超　重庆市渝北区人民检察院
吴庆棒　西南政法大学法学院博士研究生

现代刑事诉讼中，法律援助制度的设置一定程度上解决了辩护条件或辩护能力匮乏的被追诉人获得法律帮助的实际问题，是被追诉人辩护权保障的应有之义。但我国刑事法律援助制度落实过程中仍面临着诸多现实困境，尤其是在认罪认罚制度向深推进的过程中，法律援助有效性无法得以切实保障，受援人辩护权旁落或权利行使流于形式，将直接影响认罪认罚制度的贯彻落实以及法律援助制度的应然功效。就此，本文笔者以实践考察为基础、以提出问题的相应完善建议为目的，展开对认罪认罚制度下法律援助辩护有效性问题的基础研究，以期解决认罪认罚案件法律援助辩护实践的棘手难题，进一步提升法律援助辩护实质化的空间。

一、刑事法律援助辩护有效性概述

（一）刑事辩护有效性内涵

联合国刑事司法准则将"有效辩护"表述为"保障被指控人获得律师帮助的平等、及时和有效"的原则。[①] 当前我国立法并未就有效辩护的内涵做出明确界定，不过学者从不同视角给予解读，如有的学者从辩护权保障的角度对此加以界定，即有效辩护的达成需要通过赋予辩护主体完整的

---

① 熊秋红：《有效辩护、无效辩护的国际标准和本土化思考》，载《中国刑事法杂志》2014 年第 6 期。

权利以及确保其有能力胜任等形式规范；[①] 再如有的学者认为有效辩护即为律师以维护委托人的合法权益为中心，忠于职守、兢兢业业地完成各项辩护活动，促使办案机关接受或采纳其提出的正确的辩护意见或主张，从而做出有利于被追诉人的诉讼决定。[②] 笔者认为，考虑到有效辩护适用的全面性、实际性和目的性，应从广义层面对有效辩护概念作出认定：为保障被追诉人辩护权的全面且充分，有关部门应在通过设立必要的辩护供给制度包括法律援助制度等基础上，设置保障辩护权享有和行使的便利条件以及相关辩护失效惩戒机制，以督促律师恪尽职守、兢兢业业地为被追诉人提供法律辩护服务，并产生正向、积极的辩护效果。

（二）刑事辩护有效性判断标准

关于有效辩护的判断标准，国内学者观点各异，[③] 但大致可根据辩护有效性作用时间节点的不一而分为行为标准说和结果标准说。笔者认为，辩护有效性的判断如果仅仅依据行为标准或结果标准将缺乏一定的客观性，也将影响辩护的实际效果，因此，可综合行为标准和结果标准对刑事辩护行为展开评判，具体而言，一方面，需要对辩护律师的辩护行为如会见、阅卷等进行指标性考核；另一方面，可以考察辩护程序上及实体上的有利结果（率），如取保候审率、无罪判决率、辩护意见采纳率、量刑建议幅度等，以判断辩护行为是否达到最大化被追诉人利益的要求。当然，有效辩护的判断标准绝不仅限于此，还需要具体问题具体对待，如辩护过程中公权力机关滥权阻碍辩护权行使等外在制约因素并不能当然否定律师辩护的有效性。所以，在具体辩护实践中应善于从正反两面指引并保障律师进行有效辩护。

---

① 陈瑞华：《有效辩护问题的再思考》，载《当代法学》2017 年第 6 期。
② 顾永忠、李竺娉：《论刑事辩护的有效性及其实现条件——兼议无效辩护在我国的引入》，载《西部法学评论》2008 年第 1 期。
③ 左卫民：《有效辩护还是有效果辩护？》，载《法学评论》2019 年第 1 期。

（三）认罪认罚案件中有效法律援助辩护重心

鉴于引入值班律师制度的背景以及值班律师法律帮助的灵活性、便捷性和公共性的特点，笔者认为值班律师应被定位为一种"准辩护律师"，其提供的法律帮助的性质也应为一种"准辩护行为"，若完全将值班律师辩护人化，则将产生值班律师制度与法律援助制度的叠合效果，并最终瓦解值班律师制度。因此，本文所探讨的有效法律援助辩护既包括指定律师辩护，也包括值班律师提供法律帮助型的"准辩护"。而结合笔者前述有效辩护的内涵与标准，在认罚认罚案件中有效法律援助辩护的重心可突出为以下几个方面：第一，诉讼权利的全面告知与认罪认罚程序的详细讲解；第二，充分收集、调取并准确把握涉案事实及证据情况；第三，以为受援人争取最大化量刑利益为目的认真进行量刑协商；第四，在有被害人的案件中，应积极协助受援人退赃、退赔，争取双方达成和解；第五，严谨对待并审慎帮助受援人进行认罪认罚程序选择；第六，律师应更加积极地开展程序性辩护，争取不捕不押甚至不诉以及时终止程序。

二、实践考察：认罪认罚制度下法律援助辩护有效性保障现状

对于"认罪认罚制度下法律援助辩护有效性"的研究，笔者拟采取综合定性与定量相结合的方式，并在资料收集、实地走访的基础上选定了 C 市，为兼顾研究地域的平衡性，增强考察结果的说服力和公正性，而另择取了在人口、经济、案件量、司法机关数量方面以及认罪认罚制度的开展与推行的典型性、代表性稍弱于 C 市的 A 省 B 市及各自辖区内部分办案机关，以此开展相关法律援助实践情况的实证调研，相关数据来源（包括问卷调查及办案数据）为在相应地区根据调研问卷发放、交流访谈和部分裁判文书资料的收集所得。

（一）值班律师法律帮助效果欠佳

1. 值班律师"见证人"化

为探寻值班律师在认罪认罚案件中的实际作用，笔者设计了相应的调研问卷（多选），在回收的 197 份有效问卷中，认为值班律师发挥"提出意见（建议）及进行量刑协商"作用的共 22 人次，占比 11.17%；另有 99 人次给出了"提供法律咨询等服务"的选择，占比 50.25%；而"见证具结书签署"的选择最多，共 160 人次，占比 81.22%。通过问卷调研结果来看，目前值班律师"见证人"化的问题较为突出。且在认罪认罚实践中，值班律师主动提出会见被追诉人具有相当难度，往往只有在《认罪认罚具结书》签署时值班律师才会在检察机关安排下被动到场与被追诉人完成"初次会见"，而且由于这种会见的时间很短，且此时的值班律师并不是被追诉人辩护律师，并不一定能获得其信任，因此值班律师不易了解被追诉人真实意思表示和真实案件情况，那么此时提供的法律帮助若要实现有效便是空谈。此外，笔者同曾参与值班工作的律师交流中获悉，其往往也认为自身在认罪认罚案件中的真实作用无非"见证 + 背书"，以满足制度适用的合法化并节约诉讼资源的要求。故而，从调研情况来看，值班律师对认罪认罚案件的有效参与度仍较低。

2. 高工作负荷下的流水线式值班

在 C 市和 B 市调研地区，笔者发现认罪认罚案件中，值班律师一般进行批量帮助，在笔者同多名值班律师交流中了解到，有的值班律师一上午或一下午帮助的被告人数量高达 11 位，最少的也有 4 位。那么不难推断，这种高负荷"值班"将促使值班律师流水线式地完成对被追诉人的帮助。而根据刑事律师的工作方式，值班律师如果想提供有效帮助，起码需要多次会见被追诉人并充分阅卷以了解案情，但此种形势下的"值班"，无疑仅是对《认罪认罚具结书》签署的见证，所以，即便法律已赋予值班律师会见权、阅卷权、调查取证权，值班律师也无法深度参与涉嫌犯罪的事实调查、非法证据排除、量刑建议协商、程序选择、申请变更强制措施等案件实质性流程，"值班"流于形式。

3. 值班工作衔接不畅

虽然被追诉人在不同诉讼阶段由不同值班律师提供法律帮助，有利于相对优化值班律师资源分配，但这种"接力式"法律援助缺乏必需的诉讼衔接机制，严重影响了法律援助工作的质量。一方面，下一阶段的值班律师无法了解上一诉讼阶段值班律师的工作情况和内容，如审判阶段值班律师缺乏对起诉阶段律师的值班工作包括法律咨询情况、量刑合意的具体达成情况、提出的意见情况等的掌握，便只能从零开始重新提供法律帮助；另一方面，由于这种信息连贯性的缺失，加大了下一诉讼阶段值班律师本不必要的工作量，造成了值班律师资源的进一步紧张。

尽管为保障值班工作的高效，《关于适用认罪认罚从宽制度的指导意见》（以下简称《指导意见》）第 13 条分羁押与未羁押两种情况明确了"法律帮助的衔接方式"，但值班律师资源匮乏以及该规定的"可以"没有明确界定，在某种程度上弱化了规定的执行力，使得此种值班模式难以完全落实，也就在某种程度上限制了值班律师法律援助实质有效性的实现。

（二）指定辩护服务未能尽职尽责

1. 侦查程序中指定辩护消极怠慢

第一，指定律师与不同受援人会见或会见次数少，也极少开展调查取证工作，在无法阅卷的情况下很难把握案件的基本事实，以提交证明受援人无罪、罪轻的证据材料和辩护意见，抑或为受援人递交办理取保候审意见材料、申请羁押必要性审查；抑或无法根据案件具体情况同受援人开展认罪认罚释法说理，致使受援人错失选择认罪认罚的最大从宽优惠。第二，对于侦讯过程中发生的非法取供行为，指定律师在了解情况后可及时向有关部门申诉、控告，进而形成对侦查机关的监督压力，促使侦查机关依法办案，但因指定律师的消极辩护，受援人在无法见到亲友的情况下，可能无法有效地救济自身受损利益。第三，在有受害人的案件中，指定律师未同受害人积极联系促进双方的和解谈判，为之后的案件走向提供量刑铺垫。

2. 控辩协商程序中指定辩护未尽到职责

认罪不等于有所认之罪，也不等于必然有罪，辩护律师应当运用自身独立辩护权就案件本身的疑点向办案机关提出辩护意见。然而实践中，少数律师在案件办理过程中从情理角度反复劝说坚持不认罪或虽认罪但对量刑建议有意见的当事人选择认罪认罚，而不去实质审查事实、证据并同当事人、承办检察官做深度沟通。一旦被追诉人选择向控方认罪认罚，其会尊重被追诉人的意愿，对于被追诉人认罪认罚自愿性的审查与把握，以及对案件的证据收集与分析的主动性、积极性便会降低，即便对认罪的真实性有异议也不再作令控方"反感"的无罪或罪轻辩护。

3. 庭审程序中指定辩护较之委托辩护质量不高

辩护质量往往可以从辩护的工作量方面进行考察，以外在的辩护行为推定和判断辩护的实际效果，即律师做的辩护工作内容越多，就意味着其辩护的积极性和辩护的质量越高。在 B 市 W 县法院 2019 年至 2020 年指定辩护与委托辩护认罪认罚案件中，笔者借助随机抽样的方法按年份和辩护类型均等抽取指定辩护与委托辩护各 18 件，总计 36 件（其中指定辩护案件中，律师人数共计 20 人；委托辩护案件中，律师人数共计 24 人），通过对二者相关数据的直接对比（见表 1）来观察在认罪认罚案件中两类辩护律师的辩护实际效用，可以更直观地审视实践中指定法律援助辩护律师是否尽职尽责以及辩护有效程度。在对相关"评价指标"的计算、分析，加之对收集的卷宗材料包括庭审文字记录的翻阅的基础上，可以看出，总体上，认罪认罚案件中指定辩护律师较之委托辩护律师表现欠佳，难以对被追诉人的权益、认罪认罚的自愿性起到充分的保障效果。

（三）法律帮助替代指定辩护、指定辩护排斥委托辩护

为了解检律人员对认罪认罚案件中法律援助律师应发挥何种作用的主观认知，笔者设计了相应的问卷（多选），根据问卷调查结果（见表 2），检律双方在该方面的认识存在着较大的差异，检察人员在一定程度上对法律援助律师深度介入认罪认罚案件具有排斥心理。并且在访谈中，多位检

表1　指定辩护与委托辩护之间相关数据对比

单位：人 /%

评价指标	辩护类型			
	委托辩护		指定辩护	
申请调查取证	1/4.17		0	
举证	13/54.17		5/25.00	
申请证人出庭	2/8.33		0	
提出质证意见	11/45.83		4/20.00	
提出辩护意见及类型	定罪意见	量刑意见	定罪意见	量刑意见
	9/37.50	15/62.50	3/15.00	17/85.00
辩护意见采纳	3/12.5		4/20.00	

表2　认罪认罚案件法律援助律师应该发挥的作用

单位：人

问卷内容	受访对象类型	
	检察人员	刑事律师
应全面、充分代理被告人的利益	75	124
只需提供有效的法律咨询	55	26
只需做认罪认罚过程的见证人	62	19
其他作用	5	4

察人员也表示，律师尤其是辩护律师是办理认罪认罚案件过程中最不稳定的因素。因此出于办案效率或者提高控诉成功率的考虑，对于可以通知指定辩护律师介入的案件，部分侦检人员从严解释"因经济困难或者其他原因"法律援助条件，选择通知值班律师提供法律帮助以替代指定律师辩护，限制了受援人有效法律帮助获得权。

（四）公权力影响下的无效援助

1. 不提供或不及时提供法律援助

虽然现阶段公安人员对于被追诉人委托辩护律师权、享有的告知和委托意愿、向家属的传达均较之以往有很大程度的改观，但在被追诉人未委托辩护律师的情况下，尤其是被追诉人涉嫌重罪时，存在部分公安人员为尽早在更为有利已方条件下获取有罪口供便于侦查，而怠于告知被追诉人行使申请法律援助帮助、约见值班律师的权利的情况，即便对于被追诉人业已提出的法律帮助请求，公安办案人员也可能以"我们已经通知法律援助机构（或通知值班律师），但这几天律师人手不够，需要等等"等为由予以搪塞。

实践中也不乏案件进入审判程序后指定辩护才被提上日程的情况。依据法律规定，法院指定辩护的时间是开庭 10 日前，对此，部分法院就"踩点"指定辩护，从法院通知到法律援助机构指派再到律所安排律师的全部指定辩护程序进行完毕，开庭时间已所剩无多，甚至还有个别法院在开庭前一两天通知指派律师的情况，所以在法律援助提供时间过晚的情形下，律师基本没有足够时间来会见、阅卷、调查取证。

2. 控辩协商实质性有所欠缺，量刑建议书说理性不足

控辩之间的平等协商是认罪认罚的关键要素。但根据笔者调研情况来看，认罪认罚实践中，量刑建议往往由检察机关自行决定，并且要求被追诉人全部承认指控的犯罪事实，不允许其就此提出任何所谓的"狡辩"，否则就不再适用认罪认罚程序。而对待律师辩护人包括指定辩护律师，则是直接以通知的形式将拟作出的量刑建议告知辩护人，倘若辩护人就此提出异议，检察官则以被追诉人已经表示同意来"挟持"辩护人：如果不同意，那么就不再适用认罪认罚对被追诉人作出从宽处理，刑期可能会更重，处于这种境遇下的辩护人便不得不"服从"检察官意见。在这种情况下，认罪认罚量刑建议书的规范性、说理性难以得到充分的保障，尤其是对于量刑情节的说明和论证的精确化程度不够，语言客观性不足，量刑情节表述未能达到全面、完整的要求，说理的针对性不强，从而进一步影响了辩护律师在审判阶段的量刑辩护工作。

三、问题症结：认罪认罚制度下法律援助辩护失效诱因

（一）法律援助供需缺口大且律师经费保障不足

以调研地区 C 市为例，截至 2021 年末，全市公职律师（含法律援助律师）共 2000 人左右，约占全市律师总人数的 13.7%，而 2021 年度于看守所和法检等法律援助工作站值班的律师共提供法律帮助 2.67 万人次，全市律师办理法律援助案件 1.8 万余件，面向基层群众提供各类公益法律服务 15.2 万余件次。由此可见，在如此大的法律服务需求之下，既有法律援助律师规模恐难以满足。并且在访谈中，笔者也了解到，许多法律援助指派律师可能手握多个案源，在接受法律援助指派的时段内其他案件也在同时办理，在时间有限的情况下，自然就压缩了律师对法律援助案件办理的精力。

同时，相对较低的补贴标准难以让法律援助律师尤其是值班律师感受到其劳动的"物有所值"，辩护的动力也就明显不够。

（二）法律援助律师辩护定位不准、专业素养不达标

随着认罪认罚制度的深入推进，已愈来愈呈现出程序重心前移至审查起诉阶段 [1] 的态势，即控辩双方量刑协商程序已逐渐成为制度的核心环节。[2] 对辩护工作而言则应顺势而为，即应特别注意收集受援人相关罪轻甚至无罪的证据材料，于控辩协商程序中积极提出辩护意见，为受援人争取更为有利的量刑建议。但令人遗憾的是，当前多数法律援助律师并未充分地认识到认罪认罚程序的此种特殊性，因此未及时调整诉讼中辩护的重心。

此外，由于经费保障并不充分且多数案件的法律援助准入门槛较低，导致法律援助律师队伍呈现年轻化形势，许多经验丰富的刑辩律师并不愿意亲自费心费力地办理法律援助案件，而往往在接到案子之后分给自己的

---

[1]　马静华、李科：《新刑事诉讼法背景下认罪认罚从宽的程序模式》，载《四川大学学报（哲学社会科学版）》2019 年第 2 期。

[2]　杨立新：《认罪认罚从宽制度理解与适用》，载《国家检察官学院学报》2019 年第 1 期。

实习律师或者助理律师，这样既可以完成案件指标又可以给年轻律师一次锻炼机会，但是从法律援助有效性角度考虑，正是因为这些刚入行的年轻律师专业素养不够、知识储备不足、诉讼技巧不熟，即便其履职尽责，也可能在某种程度上造成辩护失效的不利法律后果。

（三）法律援助案件质量监督与责任追究机制不健全

当前，仍存在部分律师在办理法律援助案件过程中会见、阅卷不细致、不认真，甚至私下向受援人及其家属索取办案费用，缺乏律师责任意识的情况，而关于法律援助案件的办案质量监督和相关失职律师责任追究机制却并不健全。对于办案质量监督往往局限于事后书面审查案件材料，无法实现对案件的实时动态监督，且案件质量评估标准不统一、随意性较大。同时，在监督主动性方面也有所欠缺，即法律援助机构主要通过被动听取公检法机关对法律援助律师办案情况的意见反馈，而非采取主动组织庭审旁听或随案调查等方式对法援辩护有效性展开更为实质化的监督。此外，对失职或者违法违规办案的法援律师责任追究的程序、条件、后果等规定尚未完善，也制约着法律援助案件质量监督的切实性。

（四）公安司法人员法律援助辩护有效性保障理念滞后

在法律援助开展过程中，需要公安司法机关给予法律援助足够的重视，以保证制度价值的有效落实。但在实践之中，部分公安司法人员过分看重打击犯罪和提升诉讼效率，而对充分保证无委托辩护律师的被追诉人获得法律帮助缺乏应有的司法动力，对法律援助律师辩护有效性的保障理念较为滞后，办案人员在这种认知支配下，诉讼中就将不可避免地出现对程序公正和人权保障不同程度的忽视，对辩方辩护权和法律帮助权尊重与保护的弱化也将限制甚至阻碍法律援助工作的开展，认罪认罚制度所要求和倡导的"合作协商"式司法模式也将因此失去开展所必需的控辩平等的基本要件。

（五）获得法律帮助权规则设定模糊

一方面，虽然《刑事诉讼法》第36条明确了法检及看守所告知被追诉人享有申请值班律师权利的强制性义务规定，但告知义务的具体履行细则缺失，例如并未对法检作出对被追诉人"何时"告知其有权"何时"约见值班律师的细致要求。尽管"两高三部"《法律援助值班律师工作办法》规定了看守所应于入所时告知被追诉人享有值班律师约见权，但并未作出被追诉人可"何时"约见的具体规定，因而在实践层面上并不利于被追诉人值班律师约见权的充分行使。另一方面，《指导意见》第10条第2款、《人民检察院刑事诉讼规则》第267条第2款将"自愿认罪认罚"作为通知值班律师或者法律援助律师必需前提之一，这将导致公安司法机关享有操控诉讼中值班律师会否介入以及介入程度的程序"权力"，从而使得控辩力量进一步失衡。

（六）侦查讯问律师介入权利规范欠缺

认罪认罚制度的关键是诉讼资源配置的"控辩平衡"。[①] 但在侦查程序中，由于立法并未赋予律师侦查讯问在场权，侦查程序也几乎呈现一种"闭环"样态，被追诉人在这种程序封闭环境中被动接受侦查人员一次又一次快速而密集的讯问，则更容易出现感觉被孤立而产生焦虑的精神状态，如若侦查人员存在诱供、威胁等非法讯问方式，将很可能致使被追诉人违心认罪，因此在这种"侦查主导型"的司法模式下，如果律师无法充分有效地参与其中，并发挥保障被追诉人认罪自愿性的实质作用，那么有效辩护的目标实难达成。

---

① 龙宗智：《完善认罪认罚从宽制度的关键是控辩平衡》，载《环球法律评论》2020年第2期。

四、优化路径：认罪认罚制度下法律援助辩护有效性实现的三档选择

（一）初阶：基础性提升法律援助辩护有效性

1. 完善法律援助律师选任、选派、监督与奖惩机制

（1）在选任方面，《法律援助法》作出了法律援助律师"资格准入"的规定 ①，有利于一定程度上实现法律援助有效性，但该规定仅适用于"极刑案件"，而难以保障介入"非极刑案件"的法律援助律师质量。原则上，"非极刑案件"也应严格落实法律援助律师"资格准入"规定。但考虑到案件性质和符合"资格"的法律援助律师资源不足，对此，总体上可以通过灵活设置选任条件、拓宽选任渠道，采取政府购买法律服务、法律援助公职律师等途径选择有着一定的相关办案量、突出业务专长、丰富社会阅历的律师担任"非极刑案件"法律援助律师。（2）在选派方面，法律援助机构应根据需提供的被追诉人数量并综合考虑律师的在办案件数决定律师指派的具体情况。（3）在监督机制方面，要做到事中、事后监督相结合，可综合采取案卷检查、对受援人回访、建立侦检法评价机制、庭审旁听等监督手段。② （4）在奖惩机制方面，可以建立投诉查处和异议审查制度，对于消极办案、违规办案甚至严重侵害受援人正当权益的法律援助律师，可分情况施以纪律处罚、罚款或清除律师队伍等惩戒，而对于在法律援助案件评查中表现突出的法律援助律师，则应授予荣誉称号，并着重作出社会性宣传和给予一定物质奖励。

2. 设置联合工作站，跨区域调配律师资源

在着力提高律师服务质量的基础上，还应积极应对法律援助律师尤其

---

① 《法律援助法》第 26 条规定，对可能被判处无期徒刑、死刑的人，以及死刑复核案件的被告人，法律援助机构收到人民法院、人民检察院、公安机关通知后，应当指派具有三年以上相关执业经历的律师担任辩护人。

② 陈光中、褚晓囡：《刑事辩护法律援助制度再探讨——以〈中华人民共和国法律援助法（草案）〉为背景》，载《中国政法大学学报》2021 年第 4 期。

是值班律师供给不均、不足的实践问题。对此，江苏省镇江市司法局与市律师协会联合发文，调配 12 家市直属律师所支持京口、润州、镇江新区 3 个律师资源缺乏的区开展值班律师工作，实现了律师资源的跨区域调配。[①] 当前，各地区也可以根据具体情况并依照"两高三部"《法律援助值班律师工作办法》采取设置联合工作站、跨区域调配律师资源、电话网络值班与现场值班相结合等工作模式，协调相关部门确立统一的法律援助律师工作开展实施细则以均衡化律师服务数量，破解地区法律援助律师供需失衡问题，最终为有效维护被追诉人合法权益提供措施保障。

3. 适当提高法律援助补贴标准

一方面，应将法律援助办案经费列入本级政府预算，地方财政部门也应综合考虑实际财政收入和法律援助情况确定补贴标准涨幅；另一方面，中央财政可以设立专款专用的刑事法律援助经费，以补贴地方尤其是偏远地区、经济发展落后地区的法律援助经费。此外，还可以通过拓宽经费来源渠道解决法律援助经费紧张问题[②]，政府可以在逐步扩大法律援助财政投入的同时，通过宣传鼓励或者税收减免的措施引入个人、企业、社会团体如基金会对法律援助经费的支持，以实现经费来源方式的多元化。

此外，虽然《法律援助法》明确了法律援助补贴实行"动态调整，免征增值税和个人所得税"的进步性规定，但美中不足的是未形成办案补贴同办案质量挂钩、根据不同案件办理质量区分补贴发放标准给予差别补贴的制度，因此在提高补贴标准的原则下，应建立补贴同办案质量相互挂钩的激励机制，从而既能切实落实补贴发放的措施，也能够正向激励律师的办案积极性，增强法律援助律师特别是值班律师履职的责任心。

[①] 《江苏建成 305 个驻看守所、法院、检察院法律援助工作站》，载公众号"司法部"，https://mp.weixin.qq.com/s/Q3h67caAujBmJxxMCaCd2w。

[②] 樊崇义：《中国法律援助制度的建构与展望》，载《中国法律评论》2017 年第 6 期；胡铭、王廷婷：《法律援助的中国模式及其改革》，载《浙江大学学报（人文社会科学版）》2017 年第 2 期。

4. 调适辩护定位，调整司法观念

对于法律援助律师而言，应在不断更新专业知识、提高辩护理念的前提下，根据认罪认罚制度的协商性本质调适辩护定位，针对确实构成犯罪的受援人，将法律援助工作的重心由审判转移至审前阶段，以最大化利益原则积极同侦控人员开展程序权益辩护和进行量刑协商，应充分利用政策的价值，尽量在审前即为受援人实现最有利的利益。须知，受援人仅仅获得律师的形式帮助是不够的，刑事辩护优劣得失的价值标准是要保障其获得律师实质性的法律帮助①。公安司法办案人员应及时调整重治罪轻保护的司法观念，牢固树立有效辩护理念。为此，一方面，需注重履行被追诉人申请法律援助的告知义务并畅通辩护权利行使的途径；另一方面，还应多多关注法律援助律师提出的程序和实体方面的辩护意见，主动同法律援助律师进行案件信息沟通。

（二）进阶：补充性提升法律援助辩护有效性

1. 有限允许侦查讯问的律师介入

（1）关于律师介入的律师类型与案件范围。除委托辩护律师和指定法律援助律师以外，值班律师也应享有讯问在场权，必要时，值班律师也可在符合法律规定的情况下转为委托律师或指定法律援助律师；同时也应强调于全部刑事案件中实现讯问律师在场权。②

（2）关于律师介入的限制与例外。在程序的任何阶段律师均现场提供咨询和帮助③应为理想状态，但出于国家利益、公共利益保护对侦查的急切需求的考虑，讯问律师在场权应予以一定的限制，具体情形笔者认为可

---

① 陈瑞华：《刑事诉讼中的有效辩护问题》，载《苏州大学学报（哲学社会科学版）》2014 年第 5 期。

② 陈卫东、孟婕：《重新审视律师在场权：一种消极主义面向的可能性——以侦查讯问期间为研究节点》，载《法学论坛》2020 年第 3 期。

③ 施鹏鹏：《法律改革，走向新的程序平衡》，中国政法大学出版社 2013 年版，第 158 页。

参考《刑事诉讼法》第 39 条第 3 款 [①] 对律师会见的限制规定，即危害国家安全犯罪、恐怖活动犯罪案件的侦查阶段应限制律师讯问的介入。此外，虽然《公安机关办理刑事案件程序规定》规定了"紧急情况下现场讯问"的情形可成为侦查讯问律师在场权的例外，但对此，侦查人员需作出书面说明呈递办案机关负责人，并告知有关律师，同时在紧急状况消失后，应及时于下次讯问时通知律师在场。

（3）关于律师讯问在场的权利与义务。讯问时律师在场除享有讯问现场监督权，还应有提供法律咨询权、讯问笔录无异议时的签字确认权等；而相应也应承担不得干扰讯问、保守诉讼秘密、不得无故拒绝签字等的义务。

当然，考虑到辩护实践现状以及律师个人的时间、精力，完全要求讯问时律师在场不切实际，因此，在充分发挥讯问同步录音录像权利保障作用的基础上，律师（暂不包括值班律师）可以根据讯问时间和自身实际情况，而选择性地行使权利，即自由决定讯问在场与否，为防止律师在场权被过分搁置，律师放弃讯问在场权的，应以书面形式向办案机关、所在律所出具合理的情况说明。

2. 完善获得法律帮助权规定

（1）明确获得法律帮助权的义务。关于告知时间，在案件处于侦查、审查逮捕程序之中时，侦控机关应于第一次讯问开始前或采取强制措施时及时书面告知被追诉人有权委托辩护律师、符合条件的可以申请法律援助或随时提出约见值班律师的申请；在案件相应进入审查起诉、审判程序时，控审机关应自受理案件之日起三日内、讯问前书面通知被追诉人有权委托辩护律师或随时提出约见值班律师的申请，并在被追诉人选择认罪认罚进行量刑磋商前再次告知其享有法律帮助获得权，由被追诉人自主选择是否由辩护律师介入，无辩护律师的，司法机关应及时通知值班律师介入。同

[①] 《刑事诉讼法》第 39 条第 3 款规定："危害国家安全犯罪、恐怖活动犯罪案件，在侦查期间辩护律师会见在押的犯罪嫌疑人，应当经侦查机关许可。上述案件，侦查机关应当事先通知看守所。"

时，无论侦查机关还是控审机关，均应及时审查被追诉人是否符合法律援助条件，如若符合，应及时通知法律援助机构指派律师为其提供辩护；而关于告知的方式，由于权力行使规范化的原则，公权力机关应通过权利义务告知书等书面的形式加以告知，仅在特殊情况下无法出具书面告知书时方可临时性口头告知，但事后需作出情况说明、补充相应材料并重新予以书面告知。

（2）拓展获得法律帮助权的路径。第一，及时调整值班律师介入案件的程序规定，改变将自愿认罪认罚作为强制法律帮助前置要求的规定。第二，适时扩大强制指定辩护覆盖面，[①] 如将适用各类诉讼程序审理的无委托辩护人并可能判处 3 年有期徒刑以上刑罚的案件纳入其中，以更好地保障被追诉人获得律师帮助，增强法律援助的现实效果。第三，取消《法律援助法》[②] 为死刑复核案件设置的"无申请，则无法律援助"的限制条件，将"申请"改为"强制"，即对于此类案件一律由办案机关直接通知法律援助机构指派律师介入辩护。

3. 保障值班律师权利顺畅行使

（1）完善值班律师阅卷权。由于立法上对于值班律师阅卷权作出了"只能查阅，无法摘抄、复制"的限制，在人的记忆能力有限的情况下，这种限制将阻碍值班律师对案件情况的了解和掌握，抑制其法律援助的有效性。因此，笔者建议应当赋予值班律师在符合一定条件时"摘抄、复制"案卷材料的权利。（2）赋予值班律师救济权。公安司法机关应探索设立值班律师权利行使保障机制，积极协助、配合值班律师阅卷权、会见权包括调查取证权、核实证据权等核心权利的行使，而不得肆意设限。同时，还应赋予值班律师面对公安司法人员阻碍其依法行使法律援助权利时的申诉、

---

① 刘奕君：《强制辩护制度之法解释学分析与本土化改革》，载《中国刑事法杂志》2021 年第 3 期。

② 《法律援助法》第 25 条规定："刑事案件的犯罪嫌疑人、被告人属于下列人员之一，没有委托辩护人的，人民法院、人民检察院、公安机关应当通知法律援助机构指派律师担任辩护人：……（五）申请法律援助的死刑复核案件被告人；……"

控告等救济权。（3）探索值班工作衔接机制。在难以保障值班律师人手足够、不同诉讼阶段值班律师同一的情况下，应规定并规范上一诉讼阶段值班律师详细记录提供法律帮助的情况，如开展的具体工作明细、侦控阶段受援人的咨询内容以及各方参与人的提出的意见等以形成书面材料，对应阶段的办案机关应把该份书面材料附卷随同案卷材料移送下一诉讼阶段，以供后一阶段值班律师提供法律帮助时参考。

（三）高阶：拔高性提升法律援助辩护有效性

1. 具体细化证据开示规则

为减少以至排除目前"弱阅卷"的案件信息获取机制对有效辩护形成的阻碍，应进一步细化并落实证据开示规则。具体而言：

（1）证据开示的主体与时间。认罪认罚制度下证据开示由检察人员与律师包括法援律师为主开展自不待言，同时也须明确被追诉人的证据开示主体地位，以保障其证据知悉权，增强律师辩护效果。证据开示的时间可设置为《认罪认罚具结书》签订之前，以保证控辩双方尤其是辩方在充分知悉证据的基础上开展有效的量刑协商。

（2）证据开示的范围及其限制。对于辩方而言，在证据开示制度下可仅明确辩方开示证据的范围为《刑事诉讼法》第 42 条规定的三类被追诉人无罪或不负刑责的证据。而对于检方而言，其向辩方开示的证据应为侦检收集的对被追诉人有利或不利的在案证据，不包括与案件无关的其他证据。同时基于侦辩利益合理平衡的考虑，对于涉及国家利益，如国家安全和国家秘密，或者可能因证据开示而使秘密侦查手段发生泄露，或者其他可能妨碍侦查顺利进行的证据，可以向律师开示，但不得向被追诉人开示。[①]

（3）证据开示的方式。证据开示应包括依职权和依申请两种启动方式。[②] 同时，考虑到证据开示可能带来的诉讼妨害，证据开示程序之中可

---

① 李昌盛、李艳飞：《比较法视野下认罪认罚案件证据开示制度之构建》，载《河北法学》2021 年第 9 期。
② 柴晓宇：《认罪协商中的信息偏在与法律矫正》，载《政法论坛》2022 年第 2 期。

以引入目前成熟的电子技术以辅助证据开示过程中的控辩双方对彼此证据的查阅、核实和复制，而对于证人证言和被害人陈述等相关敏感性证据中的隐秘性信息，在适用电子技术进行证据开示时应作相应的技术性保护处理。

（4）证据开示的权利救济。在认罪认罚证据开示程序中，辩方认为控方未实际履行证据开示的义务或者自身权利受到不合法的侵犯，可以在提出书面理由的前提下向同级法院申请再次进入证据开示程序，情况严重的可宣告具结书签署无效；若申请被驳回，可以在同样条件下再次向上级法院提出申请。当然，也应制定相关惩戒制度，以遏制控辩双方人员于证据开示程序中的消极态度和失职行为。

2. 创新引入无效辩护制度

要想实现有效辩护，无效辩护制度必须推行。[①] 对于无效辩护制度需明确以下几点：

（1）无效辩护制度的适用范围与无效辩护的判断标准。无效辩护制度应适用于所有律师包括仅有值班律师参与的案件之中；同时，还可以美国"无效辩护"判断的"双重标准"模式（辩护有缺陷＋该缺陷于辩护不利）为基础，探索中国化无效辩护判断标准。对此，可以将其设置为"责任清单＋'双重标准及例外'"，其中，责任清单包括致使辩护无效的法内外因素，即公权机关侵权（如限制阅卷）和辩护人失职（如值班律师怠于审查被追诉人认罪认罚的自愿性）。对于"责任清单"，可由"两高三部"依据法律规定联合出台有关无效辩护实施细则，以尽可能地具体列明无效辩护行为样态。而对于"双重标准及例外"，即为允许审查者在自由心证下对个案在"责任清单"的基础之上进行辩护是否构成缺陷，损害当事人权益并最终影响诉讼过程和结果的公正性的具体判断。

（2）无效辩护制度的程序适用。与美国由被追诉人于随附审查程序[②]

---

① 陈瑞华：《刑事辩护制度四十年来的回顾与展望》，载《政法论坛》2019年第6期。

② 随附审查程序是一种定罪后的救济程序，通常在与定罪法院不同的初审法院进行，当事人也可传唤证人和提出证据。

中申请无效辩护的做法不同，我国可以参照既有的"排非"程序，确立无效辩护专门审查程序。具言之，第一，启动程序。无效辩护审查程序的启动主体既包括被追诉人也包括法检机关，而对于公权机关侵权型无效辩护，还应当包括权利受侵害的辩护人。第二，证明程序。美国判例作出的无效辩护证明责任由被告人承担①的要求过于绝对，对此，应分情况而定：在公权力机关侵权型无效辩护中，由辩护人提出相关材料和情况说明进行程序申请，由公权机关负责人及具体侵权行为人予以辩解；在辩护人失职型无效辩护中，对于无效辩护的证明可适当减轻被追诉人的证明责任，即被追诉人仅负有提出符合"责任清单"列举的无效辩护行为并加以说明的初步责任，而由辩护人承担辩护正当性、充分性的举证责任。当无效辩护审查程序为法检机关所启动，则由审查机关依法合规公正审查，各诉讼参与方予以配合。第三，认定程序。在被追诉人、辩护人、公权机关作出相关证明后，由法检人员在证据审查和听取各方意见的基础上依据判断标准进行审查判断。

（3）无效辩护的法律后果。同"排非"程序类似，无效辩护的法律后果也可为程序层面的相关制裁措施，即宣告无效辩护行为后的程序、事实、结果无效。而在公权力机关侵权型无效辩护中，还应给予侵权公职人员纪律或者民事、刑事处罚；在辩护人失职型无效辩护中，应对非律师辩护人处以警告，对律师辩护人以及值班律师处以警告或者罚金、职业纪律惩罚（如职业禁止）等。

3. 健全落实量刑协商机制

一方面，明确量刑协商的程序启动、参与主体。为充分体现程序对权利的保障作用，量刑协商程序除可由控方启动外，立法还应明确被追诉人及其辩护人、值班律师作为程序申请启动和参与的主体地位。而为最大限

---

① 申飞飞：《美国无效辩护制度及其启示》，载《环球法律评论》2011 年第 5 期。

度维护量刑协商效能，应明确辩护人和值班律师的主体顺位，[①] 即在协商主体程序参与优先性方面，辩护律师优先于指定律师、值班律师，而为保证这种优先性的落实，应当修改《法律援助法》第27条[②] 并明确"受援人及其近亲属自行委托辩护人或者诉讼代理人的"，应当终止法律援助[③]。

另一方面，规范量刑建议协商、调整程序。为确保量刑建议的合意性，可以设置无效量刑协商的预防、管控及惩戒措施。（1）完善协商过程的同步录音录像制度。对此，可在2022年3月1日生效的《人民检察院办理认罪认罚案件听取意见同步录音录像规定》（以下简称《规定》）的基础上进一步明确以下几点：第一，同步录音录像的全案化。限制《规定》第2条第2款[④] 中控方对同步录音录像适用的可选择权，明确讯问与听取意见、签署具结书同时进行的，应一并录制，而条件成熟后则应于全部讯问过程开展同步录音录像，包括侦查讯问阶段。第二，同步录音录像的自动化。更新录音录像设备及配套装置，确保实现对被讯问人从进入羁押场所或者检察机关办案区的提讯室或者专门听取意见室到核对讯问笔录、听取意见笔录、签字按手印全过程的不间断录制，并取消《规定》第9条同步录音录像的起始和结束完全由检察官宣布和掌控的要求。第三，同步录音录像的证据化。这意味着此类录音录像及与其相关的过程记录等材料必须随案移送且允许律师查阅与复制，并接受非法证据排除规则及其法庭准入资格审查，从而更为有效地保证量刑协商过程的公开公正。（2）加强认罪认罚量刑建议书说理的充分性和针对性。对此，应做到以下两点：一是协商过程必须

[①] 陈实：《认罪认罚案件量刑建议的争议问题研究》，载《法商研究》2021年第4期。

[②] 《法律援助法》第27条规定："人民法院、人民检察院、公安机关通知法律援助机构指派律师担任辩护人时，不得限制或者损害犯罪嫌疑人、被告人委托辩护人的权利。"

[③] 潘金贵：《刑事法律援助制度的发展与完善——兼评〈法律援助法〉相关条文》，载《法学杂志》2022年第2期。

[④] 《人民检察院办理认罪认罚案件听取意见同步录音录像规定》第2条第2款规定："听取意见同步录音录像不包括讯问过程，但是讯问与听取意见、签署具结书同时进行的，可以一并录制。"

形成对意见、磋商过程、结果等详尽而有效的书面记录，为认罪认罚量刑建议书的形成提供程序依据；二是认罪认罚量刑建议书既应全面考虑案件中所有可能影响量刑的因素，包括从重、从轻、减轻或者免除处罚等法定情节和被告人的认罪态度等酌定情节，还应用恳切明了、朴实庄重的言语阐明量刑情节，用明确具体、准确精练的文字说明量刑的处理意见，对提出量刑建议依据的论证和说明应当详略得当，一语破的，而不能一味求简，甚至把应该写明的内容漏掉。（3）设置量刑协商考核制度，将量刑协商有效与否归入与办案人员绩效挂钩的工作内容审查考核的范围。（4）引入律师抗辩机制，即控方无效开展量刑协商工作时，律师有权拒绝见证、签署具结书，并可向上级检察机关提起申诉或者控告。同时，立法还应明令禁止控方单方面的调整量刑建议，并对该种情形设置量刑建议无效以及对相关检察人员纪律处分或刑事处罚的惩戒措施。此外，审判人员应注意审查量刑协商过程、具结过程的现场文字记录及同步录音录像，分析被追诉人、律师对量刑建议的有关意见和量刑建议提出的适当性、有效性，以切实保障被追诉人程序权利及认罪认罚的自愿性。

认罪认罚案件审理程序转换的举证风险及应对

李瑞登　福建省厦门市人民检察院

认罪认罚是被追诉人自愿承认所犯罪行、接受刑罚，以获得从宽处理的诉讼制度。我国《刑事诉讼法》修订后在速裁程序、认罪认罚试点的基础上，从法律层面建立了认罪认罚从宽处理制度。该法第15条明确，被追诉人自愿如实供述罪行且愿意接受处罚的，可从宽处理。根据第174条，自愿认罪、同意量刑建议、程序适用的，应于辩护人或值班律师见证下签署认罪认罚具结书。认罪认罚的制度内涵应包括认罪、认罚，以及诉讼程序简化。《刑事诉讼法》第224条规定，认罪认罚适用速裁程序的，不进行法庭调查、辩论，应当庭宣判。"两高三部"2019年10月发布的《关于适用认罪认罚从宽制度的指导意见》（以下简称《指导意见》）第44条、第46条、第47条进一步规定了认罪认罚案件适用速裁、简易及普通程序审理流程的简化内容。认罪认罚诉讼程序简化特别是速裁程序的适用，改变了控诉机关的举证证明方式，并可能暗含证明标准降低的潜在风险。如果侦查取证不够充分，对证据的审查、把关不严，一旦证据不充足或被追诉者认罪认罚后反悔，审理程序从简易程序特别是速裁程序转为普通程序，控诉机关即转而需要履行完整的举证步骤和充分的证明责任。这种证明方式的突然转变，可能产生一定的举证问题，特别是在原有证据因认罪认罚或程序简化而留有瑕疵或规格有所降低，且认罪供述又存疑的情况下，检控机关甚至可能面临着举证困难的风险。有鉴于此，分析认罪认罚案件审理程序转换后的举证风险及其根源，尝试提出应对措施，具有一定的理论和实践意义。

一、认罪认罚案件审理程序转换存在的举证风险

认罪认罚伴有诉讼程序从简的制度安排，可经被告人同意适用简易程序、速裁程序，或适用普通程序简化审理。程序从简后，法庭调查、辩论等环节或省略或简化，检察机关当庭提供证据的责任已被减轻或免除，当庭的说服责任亦被显著降低。[①] 然而，当庭说服责任的降低并不意味着检控机关对犯罪事实的证明义务有所减轻，检控机关对认罪认罚案件的指控事实实际仍承担到法定证明标准的证明责任。我国《刑事诉讼法》规定，刑事诉讼的证明标准为"事实清楚，证据确实、充分"。根据该法 226 条，人民法院发现被告不构成犯罪或不应追究刑事责任、非自愿认罪认罚、否认指控的犯罪事实或其他不宜适用速裁程序情形的，应依法转为普通程序或简易程序重新审理；同时，依该法第 214 条、第 221 条，适用简易程序的认罪认罚案件，如果证据不够充分，或被告在法庭审理中不认罪认罚或否认犯罪事实，不宜适用简易程序的，亦应按照普通程序重新审理。认罪认罚案件审理程序由速裁程序、简易程序转换为普通程序后，将进行完整的举证、质证法庭调查程序和辩论程序，遵循严格证明原则。换言之，认罪认罚案件庭审可以采用简化的程序，在于法官对控辩双方没有争议的定罪、量刑问题，较易做出相应的事实认定，控诉方对指控事实的证明也更易达到证明标准，但这并不是降低案件的证明标准，而只是认罪认罚案件诉讼程序推进方式的转变。[②] 如果侦查机关对于认罪认罚案件的取证程序有瑕疵或不合法，如被告可能因非法侦查讯问、律师帮助缺位、证据知悉不足而非自愿认罪，或因自身的认识错误、审讯策略和技术、避害的考量而虚假认罪，[③] 审判阶段或因可能不构成犯罪而转为普通审理程序，检察机关可能面临举证困难的风险。随着侦查取证程序的规范，及律师帮助保障机制

---

① 孙长永：《认罪认罚案件的证明标准》，载《法学研究》2018 年第 1 期。
② 肖沛权：《论认罪认罚案件的证明标准》，载《法学杂志》2019 年第 10 期。
③ 史立梅：《认罪认罚从宽程序中的潜在风险及其防范》，载《当代法学》2017 年第 5 期。

的愈趋完善，被告非自愿或虚假认罪认罚继而引发举证风险的情形相对较少。如果侦查机关调查取证不够充分，而检察机关对证据又疏于审查，即便被告人认罪认罚，亦可能因事实不清、证据不足而由简化审理程序转为普通程序，使得检察机关可能面临举证不足的风险；特别是被告认罪认罚后，又否认指控的犯罪事实的，简化审理程序亦会转为普通审理程序，如果调查取证本不够充分，证据链不够完整，在被告退出认罪认罚导致先前有罪供述的证明力存疑的情况下，若供述之外的证据不足，追诉机关更可能面临举证困难的风险。实践中，被告认罪认罚后反悔致审理程序转换为普通程序的情形时有发生，此种情形下控诉机关面临的举证风险较为突出。

被告人认罪认罚，同意适用简化的审理程序并放弃相应的诉讼权利，是为了获得从宽处罚，立法在落实对被追诉人从宽处罚的实体权利供给时，也要考量保障被追诉人认罪认罚自愿性的程序权利供给。[①] 其中，被告反悔权即是对认罪认罚者进行救济的一项权利。控辩双方协商一致后，被告人仍可在一定条件下撤回认罪认罚并退出相应的简化审理程序，或者通过上诉寻求获得公正审判。除被告享有撤回认罪协议的权利外，法院基于公正原则也享有否定认罪协议的较大裁量权，否决的原因甚至不限于被告认罪的非自愿性。[②] 根据《刑事诉讼法》第 221、226 条，结合《指导意见》的有关规定，被告人在法庭审理中得以不认罪认罚或否认犯罪事实来选择退出速裁程序、简易程序或普通程序的简化审理。被告人反悔、撤回认罪认罚，将产生两种诉讼影响：一是法庭审理改采非简化程序，检察机关将依照庭审实质化的要求，重新履行严格的举证责任和充分的说服责任。二是案件的证据结构可能发生改变。首先，被告认罪认罚后于法庭审理中又否认指控的犯罪事实，其之前的认罪供述可否采信，成为控诉机关举证的难点。被告在签署具结书后审判过程中反悔、翻供的，对于被告的供述，除

---

① 左卫民：《认罪认罚何以从宽：误区与正解——反思效率优先的改革主张》，载《法学研究》2017 年第 3 期。

② Christopher B. Mueller, *"Make Him an Offer He Can't Refuse" – Mezzanatto Waivers as Lynchpin of Prosecutorial Overreach*, 82 Mo. L. Rev. 1023, p.1034, 2017.

需核实是否与其他证据相互印证外，还要综合被告供述之变化过程，审查被告反悔的目的和动机，判断被告翻供是否合理、是否有据可查等。[1] 其次，根据最高人民法院《关于适用〈中华人民共和国刑事诉讼法〉的解释》第96条规定，被告人庭审中翻供的，庭前供述需与其他证据相互印证且不存在反复，才较易为法院所采纳。供述之外的其他证据，成为判断认罪供述是否真实，乃至全案证据是否确实、充分的关键。如果办案部门对认罪认罚案件供述以外的其他证据缺乏重视，没有及时调取、固定，并结合认罪供述进行审查，在被告人认罪认罚后又否认指控的犯罪事实致证据条件产生变化，且举证方式旋即改变的情况下，检察机关可能面临举证困难或举证不能的风险。

实践中，认罪认罚案件审理程序由简化程序特别是速裁程序转为普通程序后，可能带来的举证风险主要表现为几种情形：一是针对量刑事实的举证风险。量刑事实包括纯正和非纯正的量刑事实，其中，纯正的量刑事实仅关乎量刑方面，而非纯正的量刑事实是与定罪事实有所重合的量刑事实，既与定罪相互关联，又会对量刑产生影响，该类事实往往是在法庭审理的定罪程序中进行证明，同时，适用与定罪事实相同的证明标准。[2] 认罪认罚案件中，简化审理程序转为普通程序后，针对纯正的量刑事实的举证有可能会面临一定的举证风险。在史某某危险驾驶案中，审理程序由速裁程序转为普通程序后，对起诉书认定的被告赔偿被害人损失的具体数额这一量刑事实，公诉机关的举证不够全面、客观，法院认为，被告既以给付金钱方式赔偿被害人，另外还通过高价购买被害人的事故车辆折抵赔偿款，因未对事故车辆的价值作评估致使无法准确认定被告多付的购车款，故裁判对起诉书认定的该量刑事实作了一定的修正。[3] 认罪认罚案件审理程序转换后可能潜在的举证风险，同样存在于非纯正的量刑事实领域。影响犯

---

① 纵博:《认罪认罚案件中口供判断的若干问题》，载《中国刑事法杂志》2019年第6期。

② 张吉喜:《论量刑事实的证明标准》，载《证据科学》2013年第5期。

③ 参见山西省长治市潞州区人民法院（2019）晋0403刑初270号刑事判决书。

罪构成的有关犯罪数额、相关指标的数量等事实，可能为非纯正的量刑事实。在邱某某危险驾驶案中，法庭审理本采用速裁程序，后因被告对公诉机关指控的事实提出异议，审理程序改用普通程序。该案先后进行过两次血液酒精含量鉴定，公诉机关以后一次酒精含量较高的鉴定意见为指控的事实依据，但在法庭审理过程中难以充分举证后一种鉴定的合法性、真实性，法院认为第一次鉴定程序合法、结果客观，故采信前一种酒精含量较低的鉴定意见，不予认定公诉机关举证的该从重处罚事实。① 二是针对部分犯罪事实的举证风险。实践中，办案机关对一些认罪认罚案件的言辞证据缺乏系统的审查，或对物证、书证、鉴定意见等其他证据没有全面地固定和调取，全案中某些犯罪事实的证据没有形成完整的证据链，在审理程序由简化程序转为普通程序后，针对这些犯罪事实的庭审举证可能无法达到证明标准，以至于裁判不予认定起诉书所指控的该部分犯罪事实。在吴某某盗窃、童某某掩饰、隐瞒犯罪所得一案中，被告对指控的犯罪事实提出异议后，法庭审理由速裁程序转为普通程序，公诉机关针对起诉书指控的其中一笔盗窃事实的举证不够充分，因被告人供述内容不够明确，所盗财物的数量、规格不清，财物的价值也难以做出认定，法院以证据不足为由不予认定该笔盗窃事实。② 在崔某某盗窃案中，被告在审理中对指控的部分犯罪事实提出异议后，审理程序由速裁程序转为普通程序，因一些盗窃事实仅有单一言辞证据证明而缺乏相互印证的证据，或所盗财物的真伪没有进行鉴定，没有形成完整的证据体系，故法院对起诉书指控的部分盗窃事实不予认定。③ 可见，对于被告认罪认罚的案件，侦查、控诉机关不能因被告认罪就疏于对证据的全面调取和审查，而应运用"印证"证明模式，既严格审查口供证据，也要围绕口供收集关联的证据以充分印证供述的内容，④ 从而防范法庭审理中可能存在的举证困难或举证不足的风险。三是针

---

① 参见四川省广元市利州区人民法院（2020）川 0802 刑初 63 号刑事判决书。
② 参见湖南省长沙市岳麓区人民法院（2018）湘 0104 刑初 480 号刑事判决书。
③ 参见江西省赣州市赣县区人民法院（2019）赣 0721 刑初 174 号刑事判决书。
④ 杜邈：《认罪案件的证明模式研究》，载《证据科学》2019 年第 2 期。

对全部犯罪事实的举证风险。除可能存在前述类型的举证风险之外，在办理认罪认罚案件过程中，基于速裁程序等简化诉讼程序的快速推进，如果没有坚持法定的证明标准，而对证据调取收集不充分、审查把关不够严格，则在审理程序由简化程序转换为普通程序后，对指控的全部犯罪事实甚至可能存在举证不能的风险。

二、认罪认罚案件审理程序转换举证风险的根源分析

认罪认罚案件审理程序转换的举证风险是由多方面原因造成的，既源于简化诉讼程序高效推进中调查取证可能存在的不足或遗漏，也和口供依赖性高与言辞证据之不稳定性间的冲突有关。

（一）诉讼效率下取证欠缺的可能性

认罪认罚从宽制度适用于刑事诉讼的全过程，与此相应，为节约诉讼资源，更好地促进案件繁简分流，有关诉讼程序简化特别是速裁程序的运行亦已涉及侦查、起诉、审判各个环节。《指导意见》第 24 条第 2 款规定，侦查机关对可能适用速裁程序的案件应快速办理，在不拖延案件办理情况下可对未被羁押的案件集中移送审查起诉。根据《刑事诉讼法》第 172 条第 2 款、《指导意见》第 34 条，对速裁程序案件，检察机关应于十日内作出是否提起公诉的决定，对可能判处有期徒刑超过一年的，可延长至十五日内作出决定。较短的侦查、起诉期限，对证据审查特别是证据调查、收集的效率提出了新的要求。侦查机关在较短期限内对证据进行调取、固定，可能会存在一定的遗漏，而在犯罪嫌疑人自愿认罪认罚的情况下，证据调查更容易有所疏忽。在侦查阶段与犯罪嫌疑人达成认罪交易，实则隐含取证虚化的潜在风险，认罪认罚更多应该是在充分调查取证基础上的量刑协商。侦查阶段的主要任务是取证而不是认罪协商，否则可能导致侦查人员放弃法定查证职责，[1] 怠于进一步查证或放松取证要求。侦查阶段调查取证

---

① 陈卫东:《认罪认罚从宽制度研究》，载《中国法学》2016 年第 2 期。

不充分为认罪认罚案件审理程序转换的举证风险埋下了隐患。这类风险隐患在证据时效性强的案件和复杂案件中表现得尤为明显。一些案件中，证据具有不稳定性，或者存续期间短，没有及时固定容易灭失或失真，如果侦查机关没有尽快收集和固定好证据，或者基于被告认罪而放松取证要求，则在简化审理程序转为普通程序的情形下，事后予以补证的难度大，使得法庭举证面临一定的风险。

高新技术发展和经济、市场全球化引发了许多复杂的犯罪特别是经济犯罪，在其他国家通过辩诉交易或量刑协商，取得被追诉人供述，成为侦破复杂案件，解决调查取证难题的重要手段。[①] 这类案件的定罪量刑严重依赖于有罪供述，以至于在美国辩诉交易中，检控机关往往会将取证难度、证据强弱等影响指控成败的因素作为量刑优惠的一个重要考虑。[②] 在这类案件中，证据收集的难度较大，如果因被告认罪认罚而怠于进一步调查取证，在被告人认罪认罚后又反悔、简化审理程序转为普通程序的，调查取证可能再次陷入困境。此外，根据《刑事诉讼法》规定，多数认罪认罚案件将适用速裁程序、简易程序，审查起诉机关可能根据庭审需要，将举证重心集中于认罪认罚自愿性和量刑建议合法性领域，而对是否达到"事实清楚，证据确实、充分"之证明标准疏于审查。检控机关长期依赖并采信侦查机关调查的证据，特别是在轻型犯罪领域，因诉讼风险及控辩对抗程度均较低，检控机关对侦查环节的证据和事实的过滤作用更显弱化。[③] 换言之，在快速推进诉讼过程中，侦查机关对认罪认罚案件的调查取证可能存在欠缺，检察机关在有限办案期限内如果没有做好证据审查、把关，在审理程序由简化程序转为普通程序时，对指控犯罪事实的举证将可能面临一定的风险。

---

① Shawn Marie Boyne, *Procedural Economy in Pre-Trial Procedure: Developments in Germany and the United States*, 24 S. Cal. Interdis. L.J. 329, p.339, 2015.

② Wesley MacNeil Oliver & Rishi Batra, *Standards of Legitimacy in Criminal Negotiations*, 20 Harv. Negotiation L. Rev. 61, pp.71-72, 2015.

③ Alexandra Natapoff, Misdemeanors, 85 S. Cal. L. Rev. 1313, 2012, pp.1338-1339.

（二）供述依赖下言辞证据的易变性

"由供到证""由证到供"侦查模式对举证责任的履行有不同影响。前者对口供的依赖性较高，控诉机关在被追诉者翻供情形下的举证风险较大；后者更关注非供述证据的证明能力，翻供对控诉机关的举证影响较小。认罪认罚协商制度有助于促使被追诉者承认罪行，接受刑罚，但也一定程度上加大了定罪量刑对供述的依赖程度。域外认罪制度经验表明，在认罪协商中做有罪答辩的比例明显高于侦查环节中的坦白，很多在侦查讯问中拒不认罪的被追诉人，都在认罪协商中选择有罪供述。[1] 被告人认罪、认罚的，其有罪供述及同意的量刑建议往往为法院所接受，庭审亦主要审查认罪的自愿性和量刑建议的合法性等问题。这种对有罪供述的较高依赖性与认罪认罚之证据属性存在一定的冲突。认罪认罚在刑事实体法中是一种量刑情节，而在刑事程序法中，则主要应作为一种对诉讼程序运行及定罪、量刑有重要作用的证据。[2] 有罪供述为一种言辞证据，证据的稳定性较差，容易出现反复。即便自愿认罪认罚后，被追诉人也可能因从宽幅度不足心理预期等外部因素，或认罪态度变化等自身因素，而在庭前反悔又撤回认罪认罚，或在庭审中否认自己所犯罪行。控辩双方所签署的认罪认罚具结书，是双方的一种合意。美国辩诉交易中的认罪协议，被视为一种类似民事合同的合意，双方交易的是宪法规定的有关权利义务，在社会犯罪风险与犯罪刑罚幅度之间形成一种妥协。[3] 这种认罪协议即便被视为民事合同，也不具有契约的约束力。美国法律允许被追诉者在一定条件下行使反悔权，司法实践中法院也常常没有完全适用合同法原则。[4] 控辩双方的合意

---

[1] Whenand Myeonki Kim, *Why Suspects Failto Recognize the Adversary Role of An Interrogatorin America: The Problemand Solution*, 52 Gonz. L. Rev. 507, p.537, 2016.

[2] 王敏远：《认罪认罚从宽制度疑难问题研究》，载《中国法学》2017 年第 1 期。

[3] Holly P. Pratesi, *Waive Goodbye to Appellate Review of Plea Bargaining: Specific Performance of Appellate Waiver Provisions Should Be Limited to Extraordinary Circumstances*, 81 Brooklyn L. Rev. 1237, pp.1247-1249, 2016.

[4] Michael D. Cicchini, *Broken Government Promises: A Contract-Based Approach To Enforcing Plea Bargain*, 38 N.M.L. Rev. 159, p.194, 2008.

虽是对各方处分权和选择权的尊重，可以增加各方对裁判结果的认同感，促进罪犯改造和社会关系修复，[1] 但这种合意在刑事裁判赋予其强制效力之前，仅具有证据效力，主要依靠双方对自身承诺的坚守。认罪认罚从宽制度中的具结书看似被告的一种保证书，但没有办法保证被告认罪认罚后不翻供或不反悔，而对于被告签署具结书后翻供或反悔的，会否产生什么惩罚性后果，特别是之前的认罪供述在法庭事实认定中能否作为对被告不利的证据，均需要我国法律或司法解释做出进一步规定。[2] 此外，具结书体现了被告人认罪、认罚、选择简化程序以及律师在场见证等诉讼过程，类似于勘验笔录、检查笔录、侦查实验笔录、搜查笔录、扣押清单、讯问过程录音录像等过程证据[3]，但又有所区别。较之过程证据，认罪认罚具结书依赖于被告人的意思表达，更多体现了言辞证据属性，其客观性、真实性较差，对认罪认罚自愿性的证明能力亦较弱。在认罪认罚案件的证明对供述的依赖程度提高，而认罪供述稳定性较差、认罪量刑协议的约束力和证明力又有限的情况下，如果被追诉者事后否认有罪供述，退出简化审理程序，因有罪供述的证明力大小可能存在疑问，控诉机关容易面临举证困难的风险。

（三）法定证明标准降低适用的酌定性

美国的辩诉交易制度在于通过非实质化庭审，实现快速定罪量刑的诉讼效果。庭审举证、质证、辩论的虚化，似是对法定证明标准的隐形降低，即以对证据调查严格程度的放宽，达到实质降低证明标准的效果。[4] 此为辩诉交易立法例所采纳。美国法中辩诉交易的证明标准低于普通案件的"排除合理怀疑"，仅要求有涉及犯罪的"事实基础"，只需控诉机关在有

---

① 黄维智：《"合意"在刑事诉讼中的应用及其限制》，载《四川大学学报》2007年第1期。

② 魏晓娜：《结构视角下的认罪认罚从宽制度》，载《法学家》2019年第2期。

③ 有关过程证据的类型和特征，参见陈瑞华：《论刑事诉讼中的过程证据》，载《法商研究》2015年第1期。

④ 孙远：《论认罪认罚案件的证明标准》，载《法律适用》2016年第11期。

罪答辩听证中做简要性概述，且基本不受对抗性质证。① 降低法定证明标准，会增加错误定罪量刑的风险，特别是提高认罪协商中的错案率，因为很多无辜者只是囿于很可能被法院判处而选择适用认罪程序。② 我国《刑事诉讼法》正是基于实体正义的考量，采取有别于辩诉交易的做法，对认罪认罚案件采用与其他案件一样的"事实清楚，证据确实、充分"的证明标准。但是，亦如德国审判实践对认罪协商案件法定证明标准的酌定降低情形，德国立法要求法院着眼于探求客观真实，即便是被追诉者自愿认罪的，亦要求调查认罪是否符合真实以及是否有其他证据充分印证，但立法要求在认罪协商案件中实际被打了折扣，超过 70% 的法官甚至在没有完全充分证据证明的情况下，即会选择相信被追诉者所承认的犯罪事实，并作为定罪依据。③ 我国刑诉法对证明标准的规定虽比较单一，但司法实践对轻罪、重罪和死罪案件证明标准的适用，呈现出逐步严格与审慎的横向层次性，已是不争的事实。④ 然而，在司法实践中，控诉机关依照法律仍对认罪认罚案件中指控的犯罪事实负担达到"事实清楚，证据确实、充分"标准的证明责任。如果办案机关对证据的收集、固定有所放松，对证据完整性疏于审查，可能会产生潜在的举证风险，这一风险尤其体现在因证据不够充分或被追诉者行使反悔权、选择退出认罪认罚而简化审理程序转换为普通程序后。

三、认罪认罚案件审理程序转换举证风险的应对

目前，对认罪认罚从宽制度可能存在的举证风险，司法实践仍缺乏有

---

① Ronald F. Wright, *Trial distortion and the end of innocence in federal criminal justice*, 154 U. Pa. L. Rev. 79, pp.93−94, 2005.

② Alec Walen, *Proof Beyond a Reasonable Doubt: A Balanced Retributive Account*, 76 La. L. Rev. 355, p.402, 2015.

③ Regina E. Rauxloh, *Formalization of plea bargaining in Germany: will the new legislation be able to square the circle*?, 34 Fordham Int'l L.J. 296, p.311, 2011.

④ 聂立泽、范民丽:《主客观相统一原则与刑事证明标准的层次性研究》，载《法学评论》2011 年第 2 期。

效的应对措施。检察机关应对认罪认罚案件审理程序由简化程序向普通程序转换及可能潜在的举证风险，可以吸收速裁程序、认罪认罚制度试点工作的良好成果，并借鉴域外认罪量刑协商制度施行的有益经验。对此，需要有以下两方面的考量：一是与维护实体公正的诉讼宗旨相契合。认罪认罚案件审理程序转换中举证风险的化解与证明标准等制度相关。避免因被告认罪认罚而降低取证规格和证据审查标准，是防范审理程序由简化程序向普通程序转换及潜在的举证风险的关键，而在司法实践中坚持法定的证明标准，亦是认罪认罚案件办理达到实体公正的根本要求。二是与提升诉讼效率的制度目标相适应。认罪认罚制度的重要功能在于简化诉讼程序，优化司法资源。审理程序转换之举证风险的应对，应更加注重庭前及时、较快地防范与化解，以服务于诉讼效率提升的制度目标。在考量上述因素的基础上，检察机关对认罪认罚案件应坚持法定的证明标准，且在审查报告中予以体现，同时，着眼于提前与侦查机关沟通或提前介入侦查以及时引导取证，并在审查起诉中重视认罪供述之证据补强。

（一）适度提前引导侦查取证

　　检察机关在认罪认罚从宽制度的适用中处于主导地位，在避免审理程序转换、防范程序转换后的举证风险方面，亦可以发挥重要作用。其中，在侦查阶段提前与侦查机关沟通或提前介入，引导调查取证，及时固定证据并完善证据体系，即是一种有效的方式。提前介入并引导侦查，是检察职能的应有之义和自然延伸。对侦查阶段的提前介入有助于检察权对侦查权监督、制约的动态化和同步化，是检察机关法律监督职能的原有内涵；同时，提前介入又可以引导侦查，避免侦查机关取证的延迟、疏漏和非法，亦为检察机关履行公诉职能所必需。[①] 根据《指导意见》第 24 条第 3 款，检察机关在审查逮捕期间或重大案件听取意见中对认罪认罚工作开展提出

---

　　① 朱全宝：《论检察机关的提前介入：法理、限度与程序》，载《法学杂志》2019年第 9 期。

意见、建议的，公安机关应当听取并积极开展有关工作。该规定明确了检察机关提前建议侦查机关适用认罪认罚从宽制度的必要性，强调侦查机关对检察机关有关认罪认罚工作开展、调查取证的意见应予以配合。通过这种衔接配合，既可以推动侦查机关积极适用认罪认罚从宽制度，也对检察机关在案件移送审查起诉前，主动、充分发挥引导侦查功能提出了要求。[①]在认罪认罚案件中，检察机关可以通过提前介入侦查或于审查逮捕时对侦查取证规范、标准提出意见建议，更有必要与侦查机关建立及时、便捷的沟通机制，对个案特别是常见罪名之类案的取证要求加强引导。例如，检察机关在速裁程序案件中提前与侦查机关沟通或及时介入侦查活动，已在刑事速裁程序试点工作中得到运用。[②] 检察机关通过适当地提前沟通、介入并引导侦查取证，既有助于犯罪嫌疑人尽早、真实、自愿认罪认罚，促使速裁程序等简化诉讼程序得以顺利推进，也可以避免侦查机关基于犯罪嫌疑人认罪认罚而降低侦查力度、怠于调查取证，防范简化审理程序转为普通程序过程中因证据缺失而引发的举证风险。

司法实践中，针对认罪认罚案件特别是速裁程序案件，检察机关已尝试通过提前介入侦查活动或与侦查机关及时沟通的方式，引导、规范侦查阶段的调查取证，确保提起诉讼的案件事实清楚，证据确实、充分，防范诉讼程序高效推进中可能潜在的举证风险。自 2014 年全国人大常委会授权最高法、最高检在部分地区开展刑事案件速裁程序试点工作，及最高法、最高检、公安部、司法部发布《关于在部分地区开展刑事案件速裁程序试点工作的办法》以来，为在提升诉讼效率的同时，保障案件的实体公正，部分试点地区开始探索在速裁程序案件中加强检察机关对侦查活动的提前引导和监督。对于公安机关建议适用速裁程序的案件，检察机关可以提前介入侦查活动并就证据的调取、固定提出意见建议，从而督促侦查机

---

① 苗生明、周颖：《认罪认罚从宽制度适用的基本问题——〈关于适用认罪认罚从宽制度的指导意见〉的理解和适用》，载《中国刑事法杂志》2019 年第 6 期。
② 步洋洋：《认罪认罚从宽视域下刑事简化审理程序的本土化省察》，载《法学杂志》2019 年第 1 期。

关充分收集证据，规范取证行为。① 例如，2016 年北京市海淀区制定了《海淀区刑事案件速裁程序试点工作细则（试行）》，在看守所建立由公安机关、检察院、法院各自的刑事速裁办公室，以及速裁法庭、数字法庭、律师值班室、视频会见室等组成的速裁办公区，在速裁办公区，检察机关刑事速裁办公室除履行批捕、起诉等职能外，还承担引导侦查取证和对诉讼过程进行法律监督的作用。② 此后，2019 年"两高三部"发布的《指导意见》第 25 条明确，要加快推进公安机关执法办案管理中心建设，探索在执法办案管理中心设置速裁法庭。围绕执法办案管理中心建设，将有助于逐步形成公、检、法等部门在同一地方办理速裁程序案件的快速办案工作区。各地检察机关陆续在公安机关执法办案中心设立派驻检察室，服务于速裁程序案件的快速办理，并加强对侦查取证的及时引导和监督。这种针对速裁程序案件的集中办案模式，有助于检察机关建立高效、便捷的提前介入侦查活动或与侦查机关沟通的机制，在不影响速裁程序快速推进的情况下，及时引导侦查，监督取证行为，既符合提升诉讼效率的需要，又有助于确保速裁案件证据收集充分、规范，防止速裁程序向普通审理程序转换，防范可能潜在的举证风险。

　　具体而言，为应对认罪认罚案件由简化审理程序向普通程序转换及潜在的举证风险，检察机关在提前与侦查机关沟通或提前介入以引导侦查取证的过程中应重点把握几个方面：一是推动侦查机关开展认罪认罚工作，尽早做好调查取证。根据《指导意见》第 9 条、第 33 条，犯罪嫌疑人在侦查阶段认罪认罚的，能够获得比在审查起诉或审判阶段认罪认罚更大的刑罚从宽幅度。在侦查阶段积极促使犯罪嫌疑人认罪认罚，有助于犯罪嫌疑人获得较大的量刑优惠，保持一贯的认罪态度，从而减少认罪认罚后反悔而致审理程序转换的情形。此外，犯罪嫌疑人在侦查环节认罪认罚，侦查

---

① 北京市海淀区人民法院课题组：《关于北京海淀全流程刑事案件速裁程序试点的调研——以认罪认罚为基础的资源配置模式》，载《法律适用》2016 年第 4 期。

② 游涛：《认罪认罚从宽制度中量刑规范化的全流程实现——以海淀区全流程刑事案件速裁程序试点为研究视角》，载《法律适用》2016 年第 11 期。

机关可以结合认罪供述尽早收集、调取相关的物证、书证等其他证据，防止证据存在不稳定性或灭失的可能，降低简化审理程序可能向普通程序转换而潜在的举证风险。以至于学者提出，对于一些特殊类型的案件，可考虑由检察机关运用"提前介入、引导侦查"的工作机制，在侦查阶段就提前与犯罪嫌疑人针对认罪认罚问题进行适当交流，从而换取有效的侦查线索，推动侦查取证、固证顺利高效开展。[①] 二是向侦查机关释明证据要求，避免出现证据遗漏。当前，检察机关实行捕诉一体，由同一检察官或办案组行使批捕权、起诉权等职能，有助于提高刑事案件的办案质量。认罪认罚案件多数适用简化诉讼程序，在高效的诉讼进程中，检察机关更应充分利用捕诉合一体制，在侦查环节或审查逮捕时，即通过提前与侦查机关沟通或介入侦查的方式，以起诉的证据标准，提前向侦查机关说明相关的证据指引，加强对个案特别是类案侦查取证的引导，促使侦查机关充分开展调查取证，形成稳定、完整的证据链条，确保移送审查起诉的案件符合起诉要求，避免因证据不足等原因而致简化审理程序特别是速裁程序转换为普通程序及可能存在的举证风险。三是监督侦查机关取证程序，确保证据合法有效。提前沟通或介入侦查是检察机关对侦查工作实施法律监督的一种重要方式。在引导侦查取证的同时，提前与侦查机关沟通或提前介入侦查亦可以督促侦查人员在认罪认罚案件中依法收集、调取证据，防止在审判阶段出现证据因非法被排除或有瑕疵而证明力下降的情形，降低可能存在的举证风险。申言之，在认罪认罚案件中，检察机关可以运用提前介入侦查、引导取证等方式对侦查活动的合法性实施法律监督，对证据非法的提前予以排除，避免侦查机关因犯罪嫌疑人认罪认罚而降低取证标准，切实防止"无罪案件"的发生。[②] 通过提前与侦查机关沟通或介入侦查进行法律监督，不仅可以规范对书证、物证等非言辞证据的收集、固定，还能

---

① 张泽涛：《认罪认罚从宽制度立法目的的波动化及其定位回归》，载《法学杂志》2019 年第 10 期。

② 贾宇：《认罪认罚从宽制度与检察官在刑事诉讼中的主导地位》，载《法学评论》2020 年第 3 期。

防止出现有瑕疵甚至非法的讯问行为，确保认罪认罚的自愿性和真实性，降低简化审理程序转为普通程序及存在举证风险的可能。在刑事案件速裁程序试点工作期间，即有部分地区的检察机关明确在速裁程序案件的侦查阶段可以提前介入，并视案情提出量刑幅度意见，防止侦查机关为获得犯罪嫌疑人认罪供述而做出非法承诺，遏制欺骗性、引诱性的讯问活动，减少犯罪嫌疑人认罪认罚后又反悔的可能。[①]

（二）坚持法定的证明标准

认罪量刑协商下审理程序的简化与严格的举证责任和证明标准似乎存在一定的冲突。在审理程序简化的情形下，是否坚持原有的法定证明标准，不同国家的立法和司法实践有不同的做法。对此，英美法国家往往选择程序效率优先。在美国，辩诉交易制度旨在实现案件分流，提升诉讼效率。为了达到这一宗旨，同时避免被追诉人在辩诉交易后又否认有罪供述，引发控诉机关举证困难的风险，美国法不仅将认罪协商的范围拓展至罪名和罪数等内容，还就辩诉交易程序规定了不同层次的证明标准。根据美国法律，法院认定认罪协议合法有效，只需被告人所认罪名有"事实基础"即可，明显低于正式庭审程序要求的"排除合理怀疑"证明标准。如果被告进入认罪答辩程序但同时又坚称自己无罪，则需指控之罪有确凿的证据予以证明，否则认罪协议即不被法院所采纳。[②] 法律明确允许适用较低的证明标准，赋予了控诉机关进行辩诉交易并简化举证程序一定的正当性基础，同时，又对认罪者反悔特别是在法院确认认罪协议后行使反悔权做一定的限制，由法院对反悔理由是否正当进行严格审查，从而规制由较低证明标准到较高证明标准的转化。换言之，如果被告人认罪出于自愿，即便其事后反悔，也不当然改采较高的证明标准，控诉机关举证不能的风

---

① 林喜芬：《认罪认罚从宽制度的地方样本阐释——L、S、H三个区速裁试点规则的分析》，载《东方法学》2017年第4期。

② Sally Q. Yates & Andrew J. Bruck, *Annual Review of Criminal Procedure (2018):II. preliminary proceedings*, 47 Geo. L.J. Ann. Rev. Crim. Proc. 273, pp.499-500, 2018.

险似乎相对较小。然而，美国联邦刑事诉讼规则与最高法院案例并没有明确"基础事实"的证据认定标准。认罪答辩听证会的主观倾向性较明显，对"基础事实"的认定难以形成标准，而法院在认定"基础事实"的证据条件上亦具有很大的自由裁量权。① 在立法和司法实践中对辩诉交易案件采用较低的证明标准，似乎一定程度上缓解了控诉机关可能面临的举证风险，但证明标准的降低则会带来错案的危险，难以确保定罪量刑的实体公平正义。

相比之下，德国、俄罗斯等国家的立法一方面力求以认罪量刑协商制度推动诉讼程序简化，另一方面则倾向于坚持法定的证明标准。例如，德国法规定的认罪量刑协商制度用于处理复杂、疑难犯罪，并扩张适用于毒品犯罪、金融犯罪和环境犯罪等类型。但在认罪量刑协商中，认罪供述并不足以定罪，还需要其他确凿证据予以印证，即认罪协商并没有免除法院发现客观真实的实质义务。然而，德国司法审判实践对认罪协商案件采取了相对灵活的较低证明标准，已逐步偏离了立法要求。由于适用较低证明标准缺乏法律的明确规定，在被追诉人事后否认犯罪事实，主张行使相关诉讼权利的情况下，无论其事先认罪是否出于自愿，法院将改采法定的较高证明标准，检控机关亦可能面临举证困难的问题。《俄罗斯刑事诉讼法典》规定，对于因被告同意指控而适用速决程序的，虽不要求法庭对每一证据进行调查和证明力评价，但并不意味着证明标准可以降低，而必须是指控事实的根据充分，且可由在案证据所证实时，才能作出有罪判决。② 俄罗斯法律对认罪量刑协商案件仍然沿用原有的法定证明标准。

我国刑事诉讼法对认罪认罚案件坚持适用与其他案件一样的"事实清楚，证据确实、充分"之证明标准，检察机关在办理认罪认罚案件过程中，亦应始终坚持这种法定的证明标准，从而有效防范审理程序转换可能带来

---

① William T. Stone, Jr., *Waiving Good-Bye to Inconsistency: Factual Basis Challenges to Guilty Pleas in Federal Courts*, 45 Ga. L. Rev. 311, pp.336-337, 2010.

② 尹丽华:《俄罗斯刑事诉讼中的速决程序及其借鉴作用》,载徐静村主编:《刑事诉讼前沿研究（第三卷）》,中国检察出版社 2005 年版,第 331 页。

的举证风险。检察机关对认罪认罚案件坚持适用法定的证明标准，应落实到对证据和事实的审查工作中，并在审查报告中予以体现。认罪认罚从宽制度适用以来，为达到繁简分流、简案快办的工作目标，许多地区的检察机关针对适用速裁程序、简易程序的轻微刑事案件，采取表格填空式审查报告，部分检察机关在办理速裁程序案件中甚至可以不制作审查报告。审查报告的简化并不意味着证据审查把关的弱化。表格填空式审查报告主要是对证据名称的列举和各个证据分别证明事项的简要描述，缺乏对证据间相互印证、证据证明力比较以及证据是否确实充分等问题的分析，可能出现对是否达到证明标准的审查疏漏，导致在审理程序转换的情形下产生举证困难的风险。换言之，对于适用速裁程序的刑事案件，采用表格化审查报告，有助于提升审查效率、节约诉讼资源，但表格化审查报告仍需要确认犯罪事实是否存在、是否为犯罪嫌疑人实施、是否能排除合理怀疑三个问题。① 因此，建议对适用速裁程序、简易程序的轻微刑事案件采取表格填空式审查报告，并在审查报告表格中增加"证据分析"一栏，简要分析以下内容：（1）认罪供述是否具有合法性、客观性和关联性。简略式阐明认罪笔录的形成是否符合法律规定，认罪供述是否与其他证据特别是客观证据相互佐证而具有可信性。即便被告人庭审中翻供，根据《最高人民法院关于适用〈中华人民共和国刑事诉讼法〉的解释》第 96 条规定，如不能合理说明翻供原因或所作辩解与全案证据矛盾，在庭前供述与其他证据相互印证的情形下，法庭仍可以采信其庭前认罪供述。（2）案件是否"事实清楚，证据确实、充分"。简要分析证据之间相互印证及所证明的内容等情况、存在矛盾的证据各自的证明力，以及综合全案证据是否能够排除合理怀疑等问题，并对是否达到"事实清楚，证据确实、充分"的法定证明标准作出评价。

---

① 王勇：《以"解疑"心态答好案件审查"考卷"——公诉案件审查报告制作心得》，载《人民检察》2021 年第 19 期。

（三）重视认罪供述的补强

认罪认罚不仅有程序选择的意义，也具有证据价值。认罪认罚案件中，据以定罪量刑的事实认定对被告供述往往有较高的依赖性，而认罪供述体现出言辞证据的不稳定性和易变性，且具结书对认罪认罚自愿性、合法性的证明力亦相对有限，以至于被告又否认指控的事实、审理程序转换为普通程序后，一旦认罪供述证明力存疑，即可能出现举证困难的风险。认罪认罚案件适用相对简化的审理程序，法庭调查、辩论或简化或省略，庭审中控辩双方的对抗与交锋亦相对弱化。在审理程序快速推进过程中，特别是缺少辩护方有效质证、辩论的情形下，法庭较难通过控辩双方的对抗式质证确认认罪供述的真实性和合法性，对口供可信性的调查更加依赖于控方所提供的补强证据，申言之，认罪认罚案件特别是速裁程序案件的口供更需要证据补强，通过补强证据既可以避免仅依被告供述定罪，减少错判风险，也有助于防止审理程序简化中可能出现的虚假口供。[①] 鉴于此，在审查起诉过程中，检察机关要重点审查认罪供述是否有其他证据予以佐证和支撑，并及时要求侦查机关补充或自行补充调取、固定相关证据，从而强化认罪供述的证据能力和证明力。对认罪供述的补强，一是可以核实供述的自愿性和真实性，排除虚假或非真实认罪的情形，并提高认罪供述被采信的可能。根据《最高人民法院关于适用〈中华人民共和国刑事诉讼法〉的解释》第 96 条规定，庭审中被告不认罪且无法合理说明翻供理由或辩解与其他证据相互矛盾的，只要庭前认罪供述有其他证据予以佐证，有罪供述仍可以为法庭所采信。二是有助于形成完整的证据链，降低案件事实认定对认罪供述的依赖程度。通过调取与认罪供述相关联的其他证据，形成稳定的证据体系，即便庭审中被告否认指控的犯罪事实，由简化审理程序转换为普通程序后，控诉机关亦能进行充分的举证、质证，并达到法定的证明标准。补强口供证明力的其他证据包括证人证言、物证、书

---

① 吴光升、杨宝贵:《刑事证据补强：功能性思考、适用范围与补强程序》，载《证据科学》2019 年第 6 期。

证、视听资料、电子数据等类型，这些证据可以对认罪认罚案件中的供述内容进行印证，作为被告供述可信性的辅助证明，但亦具有自身的证据能力和证明能力，可能在认罪口供证据之外独自形成较强的证明效果，对犯罪事实的证明甚至可以达到证明标准。根据《刑事诉讼法》第 55 条第 1 款的规定，口供之外的其他证据确实、充分，即便没有被告人供述，同样可以认定有罪并处以刑罚。认罪认罚案件中，如果补强证据没有仅依附于口供之下，而有独立的较强的证明力，将有助于司法机关摆脱口供依赖的影响，防止过度偏重口供。[①] 申言之，对认罪供述予以补强，有利于进一步发现案件客观真实，同时也避免因被追诉者无正当理由反悔而造成的举证困难问题。

认罪供述的补强主要包括合法性补强和客观性补强。前者可以通过对认罪认罚过程进行同步录音录像等方式进行补强。与美国辩诉交易中认罪协议的民事合同特征不同，我国认罪认罚中的具结书更类似于行政合同，[②]控方与被追诉方并不处于完全对等的地位，以具结书本身来证明认罪认罚的自愿性或合法性存在一定的不足。通过对认罪认罚权利义务告知、被告人认罪供述、同意量刑建议及适用简化程序、律师在场见证等环节进行录音录像，记录被告认罪认罚的全过程，完善有关的过程证据，与具结书相互结合，可以较为充分地印证认罪认罚的自愿性、合法性，减少审理程序由简化程序转为普通程序的情形。实践表明，录音录像对实物证据与言词证据的来源、内容、过程等方面的真实性起到一定的印证效果，但对是否存在刑讯逼供、威胁、诱供等违法取证的程序性争议事实，以及对自首、坦白等特定的量刑事实则可以起到直接证明的作用。[③] 认罪认罚案件中，对被告认罪认罚的全过程进行录音录像，既可以证明讯问的合法性和认罪供

---

① 姜振业：《口供证据能力再检讨》，载《证据科学》2018 年第 5 期。

② 洪浩、方姚：《论我国刑事公诉案件中被追诉人的反悔权——以认罪认罚从宽制度自愿性保障机制为中心》，载《政法论丛》2018 年第 4 期。

③ 蔡艺生：《讯问录音录像证据运用的实证研究——以 493 份刑事裁判文书为样本》，载《证据科学》2020 年第 4 期。

述的自愿性，又可以证明被告同意量刑建议、接受刑事处罚即认罚的自愿性，对认罪认罚量刑情节形成了直接证明的效果。后者则要注重通过认罪供述中的事实情节、细节、线索等内容，补充调查物证、书证等其他关联证据，并核实是否与供述内容相符合。口供的真实性补强体现了证据印证方法的运用。证据印证方法主要有依言辞证据等直接证据之间的印证、依间接证据之间相互印证并形成证据体系、由间接证据印证直接证据三种典型类型。① 认罪认罚案件中，补强认罪供述的证据有书证、物证等间接证据，也可能包括直接证据如证人证言、被害人陈述等，印证模式有间接证据对口供的印证，也有其他直接证据对认罪供述的印证。口供之外的证据对认罪供述的内容进行印证，有助于判断供述的真假，排除虚假认罪的情形，同时，通过这种相互印证更能够证明犯罪事实的存在；当然，口供之外的证据之间也存在相互印证的关系，如间接证据之间或间接证据与直接证据之间的印证，如果供述之外的证据能够形成完整的证据链，对犯罪事实的证明达到"事实清楚，证据确实、充分"的程度，在被告翻供或退出认罪认罚、审理程序由简化程序转为普通程序时，亦足以对犯罪事实进行充分证明并作出认定。因此，对认罪认罚案件被告供述的真实性补强，即是证据印证模式的运用过程。要充分运用不同类型的证据印证方法，调取认罪供述内容所指向的各种关联证据。这样既可避免虚假认罪，或因无罪、有罪证据公开不充分等因素而非真实认罪的情况，② 又能有效预防审理程序转换后可能引发的举证风险。

---

① 向燕：《论口供补强规则的展开及适用》，载《比较法研究》2016 年第 6 期。

② Daniel S. McConkie, *Criminal Law: Structuring Pre-Plea Criminal Discovery*, 107 J. Crim. L. & Criminology1, pp.19–20, 2017.

契合、冲突、优化：检察机关认罪认罚从宽案件被害人权利保障的实证分析

江西省丰城市人民检察院课题组 *

认罪认罚从宽制度听起来与西方国家的"认罪协商"制度相似，实则有着根本不同。"认罪协商"制度是通过刑期交换、罪数交换、情节交换等"讨价还价"行为来达成辩诉交易，其目标主要是加快诉讼结案效率。而这正是与我国认罪认罚从宽制度的本质不同之处——我国认罪认罚从宽制度是以自愿认罪认罚为前提，在刑法框架内产生量刑协商的空间，决不允许对罪名、罪数进行协商交易，更不允许司法权力进行无底线无原则的交易。① 事实上，认罪认罚从宽制度应该是脱胎于"宽严相济"的刑事政策，是"宽严相济"的法律化和政策化，力求化解社会矛盾和提高司法效率。因此，认罪认罚从宽制度出台的初衷与被害人权利保护具有高度契合性，对被害人权利保障实现了质的飞跃，不仅实质化了认罪认罚案件被害人的诉讼当事人地位，而且有利于更好地弥补被害人被犯罪造成的损失，修复被犯罪破坏的社会关系。

不可否认的是，检察机关在推进认罪认罚从宽制度的过程中，可能存在效率优先、保护失衡，导致被害人权利保障不充分的问题。鉴于此，本文以 J 省 F 市人民检察院办案实践为例，分析当前检察机关认罪认罚案件被害人的基本情况和权利保护的现状，探讨被害人的权利与检察机关的公权力的关系，梳理实践中认罪认罚案件被害人权利保障和相关法律文书存在

---

* 课题组成员：陈卫云、陈明、龚正良、赵昊。

① 毛亚楠：《认罪认罚从宽：兼顾效率与公正的促进和谐之治》，载《方圆》2020年第 4 期。

的问题，进而提出创设和完善加强被害人权利保障的相关法律文书的浅见，以期加强被害人权利保障。

一、现状分析——保障认罪认罚案件被害人权利的必要性

通过从被害人人数、年龄层次、被侵犯的权利三个不同角度分析 2018 年至 2021 年 J 省 F 市人民检察院办理的刑事案件，可得到以下图表。

表 1 有被害人案件占比及人数

年份	办理案件总数 / 件	有被害人的案件数 / 件	有被害人的案件占案件总数的比例	被害人人数 / 人
2018	1336	559	41.8%	997
2019	1334	654	49%	1065
2020	1778	1035	58.2%	1623
2021	1233	946	76.7%	1300
合计	5681	3194	56.2%	4985

表 2 不同年龄层次的被害人人数　　　　　　　　单位：人

年份	老年被害人	不满 14 周岁被害人	已满 14 周岁不满 18 周岁被害人	其他年龄被害人
2018—2021	393	169	280	4153

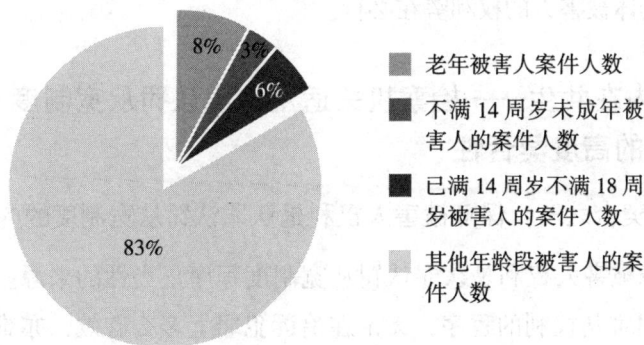

图 1 不同年龄层次的被害人人数占比

表 3　被侵犯各类权利的人数　　　　　　　　单位：人

年份	财产权被侵犯的人数	人身权被侵犯的人数	其他权利被侵犯的人数
2018—2021	2882	1628	485

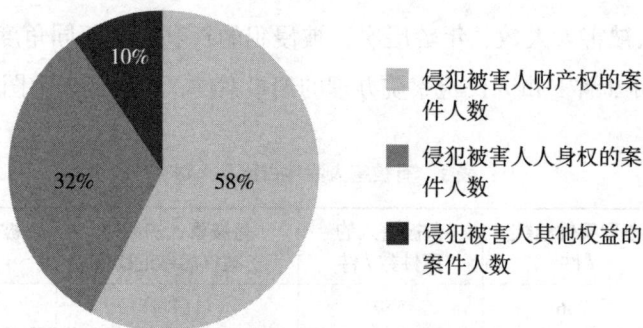

图 2　被侵犯各类权益的人数占比

　　从有被害人案件占比及人数可知，被害人群体的数量不容忽视；从被害人年龄分布情况可知，以低龄或老龄群体为被害人的案件占比较大，总计达 17%，这个群体在日常生活中尚且被视为弱势群体，更何况是作为被害人，他们更值得被保护，也必须被保护；从被侵犯各类权利的人数及占比可知，在不同的案件中，被害人被侵害的权益各不相同，呈现多样化的态势，因此被害人的诉求也是因人而异的，无法"量贩式"地通过满足诉求来保护其权利，换言之，"一赔了之"不是解决问题的最佳办法——在个案中保障具体被害人的权利势在必行。

二、内在共生——检察机关适用认罪认罚从宽制度与被害人权利保障的高度契合性

　　（一）契合之一：保障被害人权利是认罪认罚从宽制度的内在要求

　　1. 保障被害人权利是认罪认罚从宽制度程序正当性的来源。缺乏被害人参与或损害其权利的程序，无论在追诉犯罪上多么有效，亦难被视为正当。认罪认罚案件被害人受犯罪行为直接侵害，应当保障与恢复其权利，

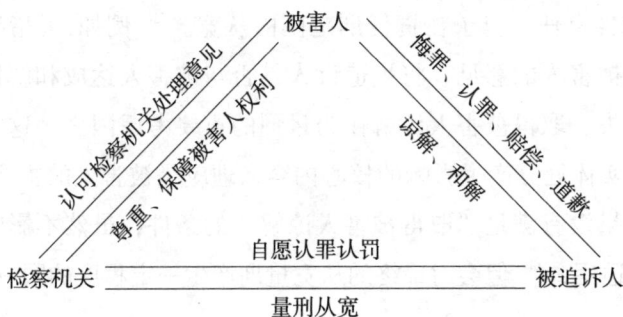

图3　检察机关、被追诉人、被害人关系

这是检察机关必须完成的任务。"一方面，犯罪之处理应使被害人获得感情上的恢复，其主旨在于修复被犯罪破坏的社会关系；另一方面，应当有效保障被害人获得物质与精神上的赔偿，其既是恢复法益之前提，也应被视为最基本的正义。"① 例如，《关于适用认罪认罚从宽制度的指导意见》（以下简称《指导意见》）第五部分"被害方权利保护"从听取意见、促进和解谅解、被害方异议的处理三个方面强调了认罪认罚从宽制度中被害人的作用。如针对被害人家属"漫天要价"的难点，立足公平正义和双方权利的维护，从案件事实出发，充分释法说理，力争达到罚当其罪的效果。② 在刘某某故意伤害案中，检察官考虑到双方家庭都非常困难，力主达成认罪认罚，后通过数十次的沟通解释，最终做通被害人家属的工作，接受了张某某的赔偿款20万元。

2. 被害人权利保障是检察机关量刑从宽建议合法性的依据。量刑从宽，应引入被害人因素。从责任刑角度来看，其源于"被害报应"，即犯罪使被害人遭受了具体损害，刑罚作为这种损害的代价或者补偿而具有正当性，若被告有效赔偿、取得了被害人谅解，作为结果的责任因素得以减少，因

---

① 王静：《认罪认罚从宽制度中的被害人权利保障》，载《华东政法大学学报》2021年第4期。

② 张啸天：《地市级人民检察院办理一审刑事案件认罪认罚从宽工作的建议》，载《法制博览》2020年第6期。

而降低了被告责任，应予在责任刑范围内从宽。① 例如，《指导意见》要求应当听取被害人的意见，将被追诉人是否与被害人达成和解协议或者赔偿被害人损失、取得被害人谅解作为量刑的重要考虑因素。这一要求是被害人能够对实体处分产生影响的核心内容，理应是被害人的主要权利之一。相应地，如果没有满足"取得被害人谅解"的条件，虽然不影响认罪认罚从宽制度的适用，② 但会对最终的从宽量刑产生一定程度的限制。

（二）契合之二：被害人权利保障是认罪认罚从宽制度中恢复性司法理念应有之义

认罪认罚从宽制度的宽严相济功能导向与恢复性司法理念具有内在的一致性，强调案结事了，修复社会关系。最高人民检察院原副检察长孙谦指出，尊重和保障刑事被害人的合法权利，对于减少社会对抗、修复被损害的社会关系、化解矛盾意义重大，将直接影响认罪认罚从宽制度的实际效果。③ 司法机关想要修复社会关系，化解社会矛盾，被追诉人想要取得从宽的量刑建议，这一过程自然无法离开被害人的参与，而参与是权利主体维护自身利益的前提性要求。例如，赵某故意伤害案中，针对双方当事人抵触和解、拒绝和解情绪严重等情况，司法机关通过走访双方当事人单位了解工作情况、与亲属沟通了解具体诉求，对双方当事人进行家访，并借助双方亲属进行劝解；立足双方分歧点，先后多次找到双方当事人，并就案件定性、赔偿数额等问题进行释法说理，双方当事人的情绪得到有效安抚。加强检调对接，在耐心细致做通双方当事人思想工作的基础上，协调双方单位负责人出面进行调解，就民事部分达成和解协议，李某对赵某真诚道歉，并给予经济补偿，王某对赵某予以谅解，修复了同事间的友情，

---

① 王静：《认罪认罚从宽制度中的被害人权利保障》，载《华东政法大学学报》2021 年第 4 期。

② 焦俊峰：《认罪认罚从宽制度下被害人权益保障问题研究》，载《法商研究》2021 年第 1 期。

③ 李建东：《认罪认罚从宽制度下被害人权利保障的实现路径——以制度的功能定位为视角》，载《河南社会科学》2020 年第 12 期。

当事人均对检察机关的积极作为、温情执法表示感谢。

（三）契合之三：被害人权利保障有利于认罪认罚从宽制度行稳致远

认罪认罚从宽制度的顺利推行，有赖于以下三个方面：一要认罪认罚保证真实性、合法性与自愿性，[①] 被害人意愿与认罪认罚的结果息息相关；二要以公正为前提，有效率打击违法犯罪，认罪认罚从宽制度能对被追诉人的认罪悔罪、化解矛盾起到正面的导向作用，从而提高司法效率；三要树立认罪认罚从宽制度的权威性和社会认可度，被害人作为社会主体之一，对于提高认罪认罚从宽制度社会认可度意义重大，对制度的顺利推行也具有重要作用。如货运司机丁某涉嫌诈骗案，丁某自愿认罪认罚并提存了 46 万元的刑事赔偿保证金，检察机关对其依法变更强制措施为取保候审，既保证了丁某能通过"跑长途"来养家糊口，又确保了该案的顺利诉讼。

三、问题检视——检察机关适用认罪认罚从宽制度与被害人权利保障之冲突

（一）被害人权利保障制约认罪认罚从宽制度的效率

一般而言，被害人通过契约获得的物质利益高于通过诉讼获得的物质利益，而对精神利益而言，只要被追诉人"合作"，被害人的精神利益总能得到些许补偿，但通过诉讼可使被追诉人得到更重的刑罚，因此，通过诉讼获得的精神利益高于通过契约获得的精神利益。[②]

在认罪认罚从宽制度下，被追诉人可以选择的策略是"合作"或"不合作"。合作则认罪赔偿，不合作则相反。被追诉人在刑事诉讼中的利益主要为减轻或免除刑罚，只要被追诉人"合作"，即认罪悔罪、诚恳道歉、知

---

① 卢俊：《认罪认罚从宽制度中被害人权利保护问题研究》，郑州大学 2021 年硕士学位论文。

② 李勤、费元汉、黄丹丹：《认罪认罚从宽制度中被害人的地位研究——被害人加入博弈的规则建构》，载《司法体制综合配套改革与刑事审判问题研究——全国法院第 30 届学术讨论会获奖论文集（下）》，人民法院出版社 2019 年版。

错能改，都能获得一定程度上的从宽幅度，但若能够通过契约弥补被害人的精神利益和物质利益，让被害人呈"合作"姿态，被追诉人就能获得更大程度的从宽幅度。

由图 4 可见，博弈图中被害人通过诉讼弥补精神利益和物质利益的概率为 3/4，而被害人通过契约取得最大限度地弥补以及被追诉人通过被害人的"合作"取得更大幅度的从宽的"双赢"概率只有 1/4。如果被害人抱着利己主义心理来参加博弈，程序效率将大打折扣，但效率是认罪认罚从宽制度所追求的价值之一——《指导意见》开篇中就对其制度的意义做了解释性规定，"适用……推动刑事案件简繁分流、化解社会矛盾具有重要意义"。[①]

被害人		被追诉人		减轻或免除刑罚	被害人	
合作	不合作	合作	不合作		精神利益	物质利益
√		√		√	通过契约获得（1/4）	
√			√	×	0	通过诉讼获得（3/4）
	√		√			
	√	√		√	通过诉讼获得（1/4）	

图 4 被追诉人与被害人在认罪认罚从宽制度下的博弈

（二）认罪认罚从宽制度下对被害人权利保障有待提升

在以被追诉人权利保护为中心的现代刑事司法体制下，过分注重保障被追诉人而忽略犯罪被害人利益诉求的做法已成为诟病，使得被害人承受着"二次伤害"。[②] 认罪认罚从宽制度施行后，在值班律师等制度的加持下，被追诉人与被害人的权利保障越发失衡。从全国检察机关统一业务系

---

① 赵何、佚玺：《认罪认罚从宽制度中被害人权利保障研究》，载《四川警察学院学报》2021 年第 4 期。
② 张国赞、田洪明：《从基本人权论犯罪被害人之保护》，载《正修通识教育学报》2013 年第 10 期。

统 2.0 版的案卡设置情况来看，涉及被害人权益保护的案卡要求填录的内容有"是否有被害人／单位""是否有不满 18 周岁未成年被害人""是否有不满 14 周岁未成年被害人""是否有老年被害人""是否有农村留守儿童被害人""是否有进城务工农民被害人""是否有残疾被害人"，但与犯罪嫌疑人案卡填录内容相比较为单一，无"是否告知被害人权利义务""是否听取被害人意见""被害人意见情况"等内容。案卡填录是最直接体现案件办理情况的窗口，是上级检察机关可以直接统一查阅、监督的内容，案卡要求填录内容中无对被害人权益保护的具体内容要求，导致被害人权益保护成为案卡监督的空白项。实践中，无论是在《认罪认罚从宽制度告知书》《认罪认罚的具结书》中，还是在《起诉决定书》《不起诉决定书》中，以及在其他案卷材料中，被害人程序参与或权利表达的记录欠缺，《刑事案件听取被害人意见表》中关于听取被害人及其诉讼代理人意见的记录也不尽如人意。

（三）检察机关从宽量刑建议与被害人权利保障未致"共赢"

检察机关打击犯罪"不是纯粹为了恢复被害人受到损害的尊严，而是为了维护大多数人的利益，即社会和国家利益"。[1] 因而检察机关在提出从宽量刑建议时，与被害人考虑问题视角不同，很可能无法让被害人满意。虽然我国被害人有参与量刑的权利，但无论是在刑事诉讼法律制度中还是认罪认罚从宽制度中，对被害人如何行使量刑建议权以及司法机关对于被害人量刑意见的认定问题均存在欠缺，使得被害人的量刑意见权无法得到有效行使。[2] 而当检察机关与被害人对量刑意见相左时，也没有相应的分歧处理机制。因此对从宽量刑建议的提出到接受，被害人在程序上和实体上参与度都很低，处于"边缘化"状态。

---

① 杨正万：《刑事被害人问题研究》，中国人民公安大学出版社 2002 年版。
② 张艺馨：《认罪认罚从宽制度中被害人权利保护研究》，山东大学 2019 年硕士学位论文。

（检察机关　被害人　被追诉人）
•（10，10，10）

接受

被害人 •

提出量刑建议
且被追诉人接受

不接受

•（-10，-10，5）

检察机关•

•（0，0，0）

不提出量刑建议 •

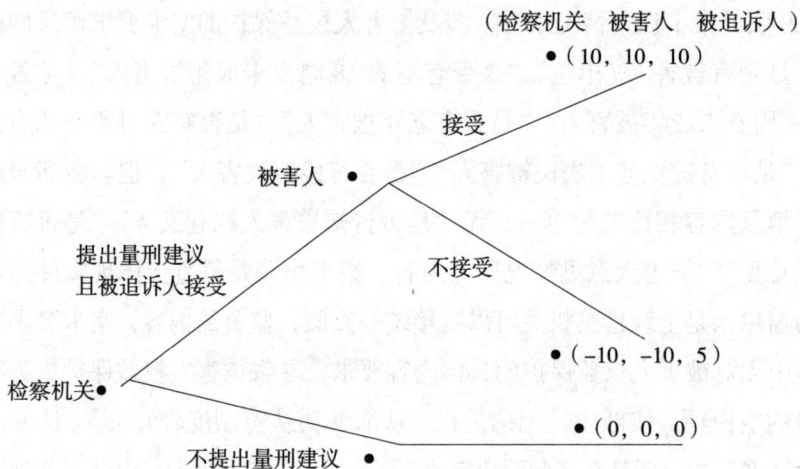

（注：矩阵中每个方格的数值代表的是博弈主体采取的行动所得的效用值，第一个数值是检察机关的获得，第二个数值是被害人的获得，第三个数值是被追诉人的获得）

图 5　检察机关、被害人、被追诉人博弈树

从上述博弈树可见，如果被追诉人不认罪认罚，检察机关则不提出量刑建议，三方的收益均为"一无所获"。如果检察机关提出量刑建议且被追诉人接受，但被害人不接受，被追诉人也得获得一定幅度的从宽，若被害人也接受，三方的得益则都是 10。可见，通过释法说理让被追诉人认错悔罪并尽力弥补被害人，使被害人接受量刑建议，是三方的最优策略。

四、对策建议——检察机关认罪认罚案件被害人权利保障之优化路径

（一）更新理念

1. 坚持均衡保护的司法理念。要深刻认识到犯罪行为结果的二重性，认真贯彻以人为本的理念，切实加强对认罪认罚案件的被害人的权利保护。第一，从公权和私权保护角度来看，办理认罪认罚案件过程中应当优先保护个体私权，平衡、协调保护公权和私权。第二，从被追诉人应然权利和被害人的应然权利保护角度来看，被害人的权利保护是第一位阶的，进而

均衡、协调保护二者权利。第三，检察办案的全过程都应当体现均衡保护理念。"特别重视保护认罪认罚案件被害人的参与权、知情权、监督权和异议权，在司法过程中切实赋予被害人以充分的博弈机会。"① 如在姜某故意伤害案中，犯罪嫌疑人因感情纠纷持刀砍伤被害人，并致被害人重伤，姜某到案后认罪，但无赔偿能力。经调查，被害人生活困难且符合司法救助条件，遂决定依法救助5万元，缓解了被害人家庭困难的状况。同时考虑到姜某的犯罪情节，在对其适用认罪认罚时进行从宽。

2. 坚持监督与保护并重的司法理念。一要强化法律监督。"检察机关要将司法办案与法律监督有机结合起来。要监督公安机关妥善处理涉案赃款赃物，及时向被害人发还涉案财物，监督法院及时通知被害人出庭、向被害人送达刑事判决书、对被追诉人及时执行刑罚，等等，通过办案和监督保障司法公正，共同保护被害人权利。"② 二要加强检察内部监督，充分保障认罪认罚案件被害人的知情权。其一，由检察机关案件管理部门进行流程监控常态检查，发现未拟制通知或告知文书的，及时通知办案检察官，督促及时履行告知义务。其二，常态化开展案件质量评查活动，发挥案件质量考核、评价体系监督作用，发现未及时履行告知、通知、送达义务，损害认罪认罚案件被害人参与权、知情权的，可以视情况将案件评为瑕疵案件或不合格案件，并将评判结果与检察官绩效考核、评价挂钩。其三，对于多次不履行告知或送达义务的案件承办检察人员，视情节严重程度或根据造成的影响及后果给予相应的纪律或行政、经济上的处分，并酌情记入检察人员执法档案。三要接受外部监督。对相关案件举行公开听证会，及时听取人大代表、政协委员、辩护律师等人员的意见，主动接受监督。

3. 坚持治罪与治理并重的司法理念。要积极发挥认罪认罚从宽制度在化解矛盾、消弭对抗、促进和谐、修复损害等方面的内在价值，坚持治罪

---

① 吴安新、张瑞玺：《我国公诉制度中刑事被害人权利保护失衡问题研究》，载《北京联合大学学报（人文社会科学版）》2016年第4期。

② 代姗姗：《检察视角下的刑事被害人权利保护研究》，长江大学2023年硕士学位论文。

与治理并重，积极参与国家治理现代化。"打击是治罪的基本方式，实践中存在的'重打击、轻治理'的现象，不仅造成治理越来越困难，同时还带来了不少打击'副产品'。尤其对于社会危险低、主观恶性小的轻微刑事案件，过于强调打击只会带来更多的衍生案件及矛盾。"① "诉源治理强调打击与治理并重，要求司法办案人员要承担起社会治理的主体责任，要注重从治理理念来调整角色定位，通过办案引领社会价值取向，纠正社会治理问题，从深层次预防和减少犯罪。"②

（二）制度保障

1. 明确被害人知情权和异议权。首先，创设《认罪认罚信息告知书》，全流程保障被害人的知情权。检察机关决定启动认罪认罚从宽程序的，应当及时制作《认罪认罚信息告知书》《被害人诉讼权利义务告知书》告知被害方享有的诉讼权利，并将犯罪嫌疑人的基本情况、认罪认罚情况、认罪认罚从宽制度有关规定、拟认定的犯罪事实、涉嫌罪名、量刑情节以及拟提出的量刑建议及法律依据等信息向被害人、委托诉讼代理人或者近亲属告知，并通知被害人参加认罪认罚协商。"被害人参与协商，既能有效保障其程序权利，又能促使被追诉人积极退赔、达成谅解，还能使检察机关直观判断预防必要性大小以供准确提出量刑建议，同时起到监督作用。"③ 其次，创设《认罪认罚异议告知书》，赋予被害人提出异议的权利。被害人对启动认罪认罚从宽程序有异议的，可以在收到《认罪认罚异议告知书》之日起三日内向检察机关提出书面异议。检察机关收到异议后三日内，认为异议成立的，终止对犯罪嫌疑人适用认罪认罚从宽程序，认为不成立的，以书面形式驳回。最后，完善《刑事案件听取被害人意见表》。在认罪认罚

---

① 黄京平：《自助购物领域多次盗窃犯罪如何治理》，载《检察日报》2021 年 1 月 27 日。

② 苗生明、刘辰：《刑事检察能动履职促进诉源治理机制的构建与运行》，载《人民检察》2022 年第 6 期。

③ 王静：《认罪认罚从宽制度中的被害人权利保障》，载《华东政法大学学报》2021 年第 4 期。

从宽制度中，被追诉方的表达受到重视的一个重要表现是能够得到检察机关的主动回应。人民检察院不采纳辩护人或者值班律师所提意见的，应当向其说明理由。被害人同样享有表达权，对其意见最终是否被吸纳也应当有所回应，建议在《刑事案件听取被害人意见表》中增加人民检察院不采纳被害人意见，应当向被害人说明理由的内容。

2. 探索赔偿保证金提存机制，保障被害人赔偿请求权。检察机关办理普通刑事案件中，针对审查逮捕和审查起诉阶段犯罪嫌疑人自愿认罪、有赔偿能力且有赔偿意愿，但因故未能与被害方达成赔偿协议，或达成赔偿协议后犯罪嫌疑人、被告人不积极履行等实践难题，探索建立赔偿保证金制度，将赔偿保证金缴纳情况作为建议变更刑事强制措施的重要考量因素，减少审前羁押，化解矛盾。对有赔偿意愿，但不能达成赔偿、和解协议的刑事案件，检察机关应当就《刑事案件赔偿保证金提存告知书》向被害人告知刑事案件赔偿保证金提存制度的相关规定，充分保障被害人的知情权和选择权。在适用刑事案件赔偿保证金提存制度前，检察机关应当及时听取被害人对实际损失、赔偿数额的意见，填写《刑事案件赔偿保证金提存听取被害人意见表》，审查犯罪嫌疑人提存保证金的自愿性和赔偿能力，做好风险评估预警和释法说理工作，防止矛盾激化和引发新的矛盾。

3. 完善被害人获得法律帮助权。"法律帮助是使被害人能够充分参与认罪认罚从宽制度实践的有力保障，因此有必要对被害人获得法律帮助的时间点以及申请条件等加以明确，以保证被害人获得法律帮助的便利性和有效性。"[1] 对认罪认罚案件被害人进行必要的法律帮助能够有效提升其参与认罪认罚从宽诉讼过程的实际效果。立法上赋予被害人获得值班律师提供法律帮助的权利，办案部门应当制作《值班律师提供法律帮助通知书》积极联系值班律师，帮助被害人了解认罪认罚从宽程序适用范围、对被追诉

---

[1]　张艺馨：《认罪认罚从宽制度中被害人权利保护》，山东大学 2019 年硕士学位论文。

人适用后果、享有的诉讼权利，[①] 发表有关赔偿、量刑等事项的意见，表达异议并通过提供有效的法律咨询、讲解法律政策，能动司法履职引导、疏解认罪认罚案件被害人的不合理诉求，从而促使被害人认同认罪认罚从宽的处理结果。

（三）量刑参与

1. 赋予被害人独立的量刑意见权。为保障被害人独立的量刑意见权的有效行使，权利的行使方式、权利内容以及具体效果等问题需要通过法律形式加以明确。一方面，被害人独立行使量刑意见权。根据我国刑事诉讼法的相关规定，犯罪嫌疑人认罪认罚的，检察机关应当听取被害人、诉讼代理人对于认罪认罚有关事项的意见，并记录在案。该规定体现了被害人表达量刑意见权。司法实践中，被害人有关量刑的意见不具有独立性，主要依附于检察机关的量刑建议。检察机关的量刑建议并不能完全代替被害人的权益诉求，因此，应赋予被害人提出独立量刑意见的权利，使其能够有效表达利益诉求。另一方面，完善《刑事案件听取被害人意见表》。检察机关审查案件，应当告知被害人或者委托诉讼代理人可以针对犯罪嫌疑人的量刑发表意见，并应当听取被害人或者委托诉讼代理人对下列事项的意见，记录在《刑事案件听取被害人意见表》中。

2. 被害人应当参与控辩协商程序并提出主张或要求。《指导意见》规定，人民检察院在提出量刑建议之前，就应充分听取犯罪嫌疑人及其辩护人、值班律师的意见，尽量做到协商一致。"协商"不是强制性的，而应当是鼓励和倡导性的。作为诉讼当事人的被害人，应体现其对程序的参与和对量刑协商结果的实质性影响。[②] 被害人参与控辩协商程序，既可以说明赔偿是否已经到位、自己是否对被追诉人谅解，也可以表达对被追诉人量刑的意见。

3. 统一《认罪认罚具结书》文书样式，扩充认罪认罚具结书的内容。

---

① 李站阳、闫振东：《认罪认罚从宽中的被害人权益保护》，载《中国检察官》2020 年第 3 期。

② 韩旭：《认罪认罚从宽制度中被害人权利之保障》，载《人民检察》2020 年第 15 期。

在适用认罪认罚制度办理案件过程中，具结书在一定程度上是对办理情况的反映，规范《认罪认罚具结书》文书样式，将案件办理过程中形成的材料统一记录于具结书中，有助于法官综合审查判断。建议最高人民检察院与最高人民法院联合发布《认罪认罚具结书》文书样式。同时，《认罪认罚具结书》的内容应当体现双方合意，将认罪认罚内容完整体现于具结书中，量刑协商过程也应当予以写明；应当载明控辩双方的权利义务，载明被害人一方异议的处理和社会调查评估情况，如果取得被害人谅解，也可在具结书中就赔偿数额等重要情节予以表明。

五、结语

检察机关首先是政治机关，做好被害人工作，既是法治的要求，更是讲政治的生动实践。在认罪认罚从宽制度中，如果不能充分保障被害人权利，安抚好被害人一方，做到"案结事了"，那么制度的实施将面临极大的挑战。制度落实与被害人保护之间并不存在不可调和的矛盾，二者既冲突又契合，可以统筹兼顾，实现价值上的平衡。实践中，通过检察官司法理念的转变以及《认罪认罚信息告知书》《刑事案件听取被害人意见表》《认罪认罚具结书》等相关法律文书创设和完善等具体措施，切实维护被害人在制度中的程序性利益和实体性利益，以被害人"看得见"的方式去推动程序的运转，充分保障被害人的当事人地位，程序参与实质化，使被害人感受到司法的公平正义，真正理解认罪认罚从宽制度，并积极配合、协助程序的运行，为认罪认罚从宽制度向纵深推进提供助力。

由"堵"到"疏"：
认罪认罚从宽制度中的辩护冲突研究

吴　芳　周奕澄　上海市人民检察院

认罪认罚从宽制度作为刑事诉讼领域的一项重大制度创新，推动了我国刑事诉讼格局由对抗转向合作，更加重视控辩双方通过沟通达成合意。较之于普通刑事案件，认罪认罚案件中的被追诉人被赋予了更多的实质参与权与程序选择权，但值得关注的是，实践中不同程度地存在被追诉人认罪认罚、辩护人作无罪辩护的问题。"没有完善的律师辩护，就不可能有成功的认罪认罚从宽制度。"[①] 正确认识认罪认罚从宽制度中被追诉人与辩护人之间的关系，妥善处理辩护冲突问题，在充分发挥认罪认罚从宽制度价值与依法保障律师权利二者之间达成良好平衡，推动形成理性对抗、平等协作的新型检律关系，是促进认罪认罚从宽制度成熟定型的必然要求，也是本文写作的初衷所在。

一、认罪认罚从宽制度中辩护冲突的基本样态

（一）冲突表现

认罪认罚案件中，被追诉人需要在律师帮助下完成认罪认罚具结，以确保认罪认罚的自愿性、合法性。从司法实践看，认罪认罚案件中的辩护冲突主要存在两种表现形式。

一是辩护人内部的前后意见冲突。该情况发生于存在委托辩护的认罪认罚案件之中，即委托辩护人在审查起诉阶段见证被追诉人自愿签署《认

---

① 王敏远、顾永忠、孙长永：《刑事诉讼法三人谈：认罪认罚从宽制度中的刑事辩护》，载《中国法律评论》2020 年第 1 期。

罪认罚具结书》，而后在法庭审理阶段又作无罪辩护。实践中还存在被告人同时委托两名律师进行辩护，由其中一位辩护人见证认罪认罚具结，而由另一位辩护人作无罪辩护的情况，或因诉讼过程中辩护人更换而导致前后辩护人意见不一。

二是辩护人与值班律师之间的意见冲突。在犯罪嫌疑人未委托辩护人且不符合通知辩护条件的情况下，审查起诉阶段由值班律师承担认罪认罚具结的见证工作。由于值班律师并未被直接赋予辩护人地位，故庭审阶段的辩护仍以被告人自行委托辩护为前提。在见证人与辩护人身份不同一的场合，就可能出现审查起诉阶段由值班律师见证认罪认罚具结，而审判阶段由辩护律师作无罪辩护的情况。

（二）冲突后果

一是消解辩护效果，动摇认罪认罚从宽制度的适用基础。《认罪认罚具结书》作为认罪认罚从宽制度的标志性法律文书，通常被认为具有刑事司法契约性质。[①] 认罪认罚案件中，一旦被追诉人自愿签署《认罪认罚具结书》，即意味着其放弃无罪辩护，接受检察机关的有罪指控，以此获得从宽处理的机会。若辩护人在被追诉人认罪认罚的前提下另作无罪辩护，无异于南辕北辙，自然会与被追诉人自身的有罪表示产生抵牾。由于被告人与辩护人同属辩护阵营，若这一辩护共同体同时发出"有""无"两种不同的声音，必然招致逻辑上的自相矛盾，直接削弱辩护效果，进而难以达到有效辩护的目的。[②] 对于认罪认罚案件而言，若辩护人作无罪辩护，则可能引发对被追诉人此前认罪认罚具结的自愿性、合法性的质疑，影响《认罪认罚具结书》的效力，进而动摇认罪认罚从宽制度适用的基础，甚至会导致检察机关撤销认罪认罚具结书，收回从宽量刑建议。

[①] 刘少军：《性质、内容及效力：完善认罪认罚从宽具结书的三个维度》，载《政法论坛》2020 年第 5 期。

[②] 韩旭：《被告人与律师之间的辩护冲突及其解决机制》，载《法学研究》2010 年第 6 期。

二是降低诉讼效率，悖离认罪认罚从宽制度的效率价值。认罪认罚从宽制度在提高诉讼效率、节约司法资源方面的意义，需要通过程序上的从简处理来实现，即速裁程序和简易程序的适用。而根据最高人民法院《关于适用〈中华人民共和国刑事诉讼法〉若干问题的解释》第 360 条、第 370 条的规定，辩护人作无罪辩护的案件，不适用简易程序和速裁程序。据此，对于审查起诉阶段被追诉人认罪认罚且同意适用速裁程序或简易程序的，若庭审阶段辩护人作无罪辩护，将使审理程序依法转换为普通程序。如此一来，适用认罪认罚从宽制度的程序简化意义将无法实现。在早前认罪认罚从宽制度试点工作开展过程中，亦有部分地区明确规定，犯罪嫌疑人、被告人认罪认罚，但辩护人作无罪辩护的，不适用认罪认罚从宽制度。①

三是引发"破窗效应"，影响认罪认罚从宽制度的适用环境。实践中，认罪认罚案件中辩护人作无罪辩护显然并非个例。如果司法机关未妥当处理此种辩护冲突，则将在一定程度上助长部分辩护人的投机心理，还可能会因为个案操作树立"负面标杆"，引发"破窗效应"，使得认罪认罚从宽制度中的辩护冲突愈演愈烈。长此以往，认罪认罚从宽制度的适用环境也将遭到破坏，不利于认罪认罚从宽制度的稳定适用和深化适用。

二、认罪认罚从宽制度中辩护冲突产生的原因

（一）独立辩护的理论支撑

刑事诉讼中，被追诉人自行辩护与辩护人辩护是实现辩护权的两条并行不悖的途径。② 但由于被追诉人与辩护人在诉讼地位、知识背景等方面存在差异，故二者的辩护意见和辩护策略并不总是保持一致，难免出现冲

---

① 如北京市高级人民法院、市人民检察院、市公安局、市国家安全局、市司法局于 2017 年联合印发的《关于开展刑事案件认罪认罚从宽制度试点工作实施细则（试行）》（京高法发〔2017〕52 号）第 5 条规定、江苏省人民检察院于 2018 年印发的《江苏省检察机关认罪认罚刑事案件办案指引（试行）》第 4 条均作了此种规定。
② 闫召华:《辩护冲突中的意见独立原则：以认罪认罚案件为中心》，载《法学家》2020 年第 5 期。

突。当辩护人辩护意见与被追诉人自行辩护意见相左，辩护人通常援引独立辩护理论以保持意见独立。根据这一理论，律师应当独立自主地从事辩护活动，不受委托人意志的左右。[①] 独立辩护理论最早源自德国，其产生与大陆法系的职权主义诉讼模式密切相关。

首先，从诉讼结构来看，区别于强调控辩有效对抗、法官保持消极中立的当事人主义诉讼模式，职权主义诉讼模式更为注重发现真相的诉讼目的。在职权主义诉讼模式下，法官依职权调查真相、检察官负有客观公正义务、辩护人依据事实和法律进行辩护，共同服务于发现真相的诉讼目的。在当事人主义诉讼模式的"三角诉讼结构"中，辩护人与被追诉人同处于辩护一方，关系紧密，而在职权主义的诉讼构造中，控辩对抗性有所减弱，辩护人成为发现真相共同体中的一员。

其次，从辩护内部关系来看，一方面，被追诉人与辩护人基于委托代理合同产生了私法上的契约关系；另一方面，在律师接受委托开始担任辩护人之后，其与司法机关之间产生了公法关系，即刑事诉讼中的权利义务关系。[②] 由于私法关系与公法关系对辩护人形成了不同行为指引，并可能产生冲突，故有必要在二者之间进行抉择。对此，当事人主义诉讼模式将二者定位为私法关系，强调辩护人负有对被追诉人的忠实义务。而职权主义诉讼模式倾向于将二者定位为公法关系，强调辩护人负有协助发现真相、防止干扰诉讼等方面的公法义务。

最后，从辩护目标的实现来看，最大限度地维护被追诉人权益是辩护的应然目标。较之于被追诉人而言，辩护人通常在专业法律素养方面具有明显优势。尤其是在职权主义诉讼模式下，为实现发现真实之诉讼目的，辩护律师被赋予专属阅卷权，从而能够更为全面地获取和掌握诉讼信息。据此，职权主义诉讼理论一般认为辩护律师基于良好专业素养和全面阅卷、独立作出的辩护策略和辩护意见更有利于维护被追诉人的最大利益。职权

---

① 陈瑞华:《独立辩护人理论的反思与重构》，载《政法论坛》2013 年第 6 期。
② 陈虎:《独立辩护论的限度》，载《政法论坛》2013 年第 4 期。

主义诉讼模式的以上特点共同决定了辩护人能够不被追诉人意志所左右，有权独立发表辩护意见。

通常认为，我国奉行的是职权主义诉讼模式，独立辩护论也为理论界和律师界所提倡。在我国，"独立辩护"具有内外两层含义。对外而言，独立辩护是指辩护人依法独立自主进行辩护活动，不受司法机关、行政机关、社会团体和个人的干涉。刑事理论和实务上对此都不持异议。对内而言，独立辩护是指辩护人根据事实和法律从事辩护活动，不受委托人意志的控制，可以独立发表辩护意见。[①] 在认罪认罚案件中，肯定辩护人可以发表无罪辩护意见，也带有明显的独立辩护理论色彩。有观点指出，我国认罪认罚从宽制度相关规定并未明确排除律师作无罪辩护的可能，并且相较于普通刑事案件，认罪认罚案件更加重视听取辩护人意见，事实上遵循辩护人意见独立原则。[②]

（二）"利益均沾"的辩护策略

区别于认罪认罚案件中被追诉人与辩护人之间确因协商不成而造成的辩护冲突，实践中，部分辩护冲突则是被追诉人与辩护人"协商一致"的结果。"认罪问题上的意见独立有可能成为辩方特殊情况下的一种辩护策略，即辩方为了谋求更好的辩护效果刻意制造辩护冲突。"[③] 简言之，在此情况下，被追诉人与辩护人之间的辩护冲突并不真实，而是一种投机型辩护策略的体现。这一辩护策略通常被应用于罪与非罪争议较大的案件中，其辩护思路在于，被追诉人因选择认罪认罚而获得量刑减让的机会，通常情况下检察机关会据此提出从轻量刑建议，一旦被追诉人签署认罪认罚具结书，即意味着可以享受一定的量刑优惠。在有被追诉人认罪认罚作兜底

---

① 陈瑞华：《独立辩护人理论的反思与重构》，载《政法论坛》2013 年第 6 期。

② 闫召华：《辩护冲突中的意见独立原则：以认罪认罚案件为中心》，载《法学家》2020 年第 5 期。

③ 闫召华：《辩护冲突中的意见独立原则：以认罪认罚案件为中心》，载《法学家》2020 年第 5 期。

保障的情况下，辩护人采用无罪辩护策略能够进一步博取从宽量刑甚至无罪判决的机会，从而实现被追诉人的利益最大化。正因这一辩护策略带有明显的"利益均沾"特点，故也被形象地称作"骑墙式辩护"①。这也是认罪认罚语境下辩护冲突的特殊性之所在。

（三）不甚充分的沟通协商

实践中，不甚充分的沟通协商也是导致辩护冲突产生的重要原因。这种不充分主要体现在三个方面：

一是被追诉人与辩护人之间的沟通协商不充分。在辩护阵营内部，一致辩护意见的达成以被追诉人与辩护人之间存在有效充分的沟通协商为基础。较之于被追诉人，辩护律师在案件的法律适用问题上具有明显专业优势，加之阅卷权、调查取证权的行使，能够为被追诉人提供专业的法律帮助，引导被追诉人作出最有利于自身利益的法律选择。同时，只有被追诉人与辩护人进行充分沟通，二者才能协商达成一致的辩护意见。在认罪认罚案件中，辩护人能够向被追诉人充分阐明认罪认罚从宽制度适用的法律规定、适用条件、法律后果等内容，从而能够最大限度地保障被追诉人基于对这一制度的正确认识而作出真实自愿的认罪认罚表示。但是实践中，律师会见难、阅卷难、调查取证难被公认为刑事辩护领域的"三难"。② 尽管随着《刑事诉讼法》的修改，辩护律师的刑事诉讼权利得到了进一步的保障，但"三难"问题仍在不同程度上制约着辩护律师作用的发挥，也影响了辩护律师与被追诉人之间沟通协商的效果。尤其是对于普遍适用简易程序、速裁程序办理的认罪认罚案件而言，办案时限的压缩意味着犯罪嫌疑人与辩护人之间沟通协商时间机会的压缩。若被追诉人与辩护人在有限时间内未能充分沟通，被追诉人未能充分理解认罪认罚从宽制度，则被追诉人与辩护人之间出现意见冲突，甚至被追诉人认罪认罚后又反悔的可能

---

① 韩旭：《认罪认罚从宽案件中的"骑墙式辩护"》，载《西南民族大学学报（人文社会科学版）》2022 年第 2 期。

② 陈光中：《我国侦查阶段律师辩护制度之完善》，载《中国司法》2010 年第 7 期。

性也随之增加。

二是检察机关听取意见不够充分。认罪认罚从宽制度作为我国刑事诉讼引入协商式司法的重要标志，[①] 在程序设置上带有一定的协商色彩。但区别于域外辩诉交易制度，我国认罪认罚制度适用中控辩合意的达成主要是通过听取意见机制进行，旨在为控辩双方的量刑协商提供程序保障。[②] 根据"两高三部"《关于适用认罪认罚从宽制度的指导意见》第 27 条的规定，审查起诉阶段犯罪嫌疑人认罪认罚的，人民检察院应当就涉嫌的犯罪事实、罪名及适用的法律规定，减轻或者免除处罚等从宽处罚的建议和认罪认罚后案件审理适用的程序等事项听取犯罪嫌疑人、辩护人或者值班律师的意见，记录在案并附卷。在此基础上，《人民检察院办理认罪认罚案件开展量刑建议工作的指导意见》第四章对认罪认罚案件听取意见的内容、形式、要求等作出了更为全面的规定。最高检工作报告显示，2022 年 1 月至 12月，认罪认罚从宽制度在检察环节的适用率已达 90% 以上。[③] 面对认罪认罚案件量激增的现实情况与认罪认罚案件快节奏、高效率、高标准的办案要求，检察人员听取意见受到主客观因素影响，导致实践中不同程度地存在认罪认罚案件听取意见不够充分、甚至流于形式的问题。

三是《认罪认罚具结书》的内容不够完备。当前我国认罪认罚案件适用的《认罪认罚具结书》呈现出较为明显的单方性特点，是由犯罪嫌疑人、被告人自愿接受检察机关指控的犯罪事实、罪名、提出的量刑建议以及法院审理适用程序。从最高检发布的《人民检察院刑事诉讼法律文书格式样本（2020 版）》来看，《认罪认罚具结书》的主要内容包括犯罪嫌疑人身份信息、权利知悉、认罪认罚内容和自愿签署声明四个部分。其中"认罚"部分通常仅载明检察机关提出的量刑建议结果，而未列明量刑过程及依据。

① 苗生明、曹红虹：《最高人民检察院第二十二批指导性案例解读》，载《人民检察》2021 年第 4 期。
② 杨立新：《认罪认罚从宽制度理解与适用》，载《国家检察官学院学报》2019 年第 1 期。
③ 参见《最高人民检察院工作报告》，2023 年 3 月 7 日。

此外，与辩护人或值班律师相关的内容被置于文书末尾，旨在由辩护人或值班律师签字见证犯罪嫌疑人、被告人认罪认罚具结的自愿性，而未在文书中体现认罪认罚案件听取辩护人或值班律师意见的情况。

三、认罪认罚从宽制度中辩护冲突的疏解思路

（一）认罪认罚从宽制度下律师辩护的基本原则：以被追诉人为中心

本文认为，对于认罪认罚案件而言，应明确以被追诉人为中心的基本辩护原则，当被追诉人与辩护人意见不一致时，应以被追诉人意见为主。这一处理原则具有充分的理论基础与现实依据，并且符合认罪认罚从宽的制度价值与内在逻辑。

从律师辩护权的产生上看，律师的辩护权来自被追诉人的权利。[①] 律师辩护权建立在被追诉人享有自行辩护权的基础之上，故被追诉人的自行辩护权具有原生性，而律师辩护权作为派生辩护权，理应从属于被追诉人的辩护权。事实上，律师作为辩护人参与刑事诉讼活动，并不是要取代被追诉人的辩护方地位，而只是加强了后者的辩护能力。[②] 从辩护人的职责来看，我国《刑事诉讼法》第 37 条规定，辩护人的责任是根据事实和法律，提出犯罪嫌疑人、被告人无罪、罪轻或者减轻、免除其刑事责任的材料和意见，维护犯罪嫌疑人、被告人的诉讼权利和其他合法权益。据此，尽管在我国以职权主义为主的刑事诉讼模式下，辩护律师负有一定的发现真相义务，但其本质上仍为被追诉人的法律代理人，仍以最大限度地维护委托人的合法权益为最终使命。

一般认为，当事人主义诉讼模式强调控辩双方平等对抗、重视被追诉人的刑事诉讼主体地位，因而成为以辩诉交易为代表的协商式司法的重要制度基础。[③] 而认罪认罚从宽制度作为协商式司法的中国方案，无疑渗透

---

① 陈永生：《论辩护方以强制程序取证的权利》，载《法商研究》2003 年第 1 期。
② 陈瑞华：《独立辩护人理论的反思与重构》，载《政法论坛》2013 年第 6 期。
③ 汪建成：《辩诉交易的理论基础》，载《政法论坛》2002 年第 6 期。

着当事人主义元素。① 培育犯罪人的现代法治主体意识，正是认罪认罚从宽制度意义的重要体现。认罪认罚从宽制度的适用，事实上赋予被追诉人更多的实质参与权和程序决定权，使其由过去指控和审判的被动承受者变成诉讼程序的直接参与者，能够自主决定是否认罪认罚、选择何种程序，并对自己的选择所引发的诉讼后果负责，从而与当事人主义诉讼强调被追诉人主体地位的内在要求相一致。对于认罪认罚案件而言，若鼓励辩护人不顾被追诉人意志而独立发表无罪辩护意见，则意味着辩护人成为事实上的辩护主导者，这显然与认罪认罚从宽制度旨趣背道而驰。因此，认罪认罚从宽制度中的律师独立辩护，应是被追诉人意志范围内的有限独立。

在肯定以被追诉人为中心的基本辩护立场上，结合《人民检察院办理认罪认罚案件开展量刑建议工作的指导意见》（以下简称《量刑建议指导意见》）第 35 条的规定来看，保障被追诉人认罪认罚的自愿性是疏解认罪认罚辩护冲突的出发点和落脚点。被追诉人出于真实自愿认罪认罚，是适用认罪认罚从宽制度的基础。因此，对于被告人认罪认罚而庭审中辩护人作无罪辩护的，检察机关首先应当核实被告人认罪认罚的真实性、自愿性。若被告人仍然认罪认罚的，可以继续适用认罪认罚从宽制度。

（二）健全认罪认罚自愿性保障机制：以完善听取意见协商量刑机制为重点

被追诉人认罪认罚出于真实自愿认罪认罚，是认罪认罚从宽制度适用的前提和基础，也是疏解辩护冲突的核心所在。之所以不能完全禁止辩护律师在认罪认罚案件中作无罪辩护，正是因为要在被追诉人非真实自愿认罪认罚的场合为被追诉方寻求公正提供救济途径。若能最大限度确保被追诉人认罪认罚的自愿性，则意味着律师通过无罪辩护维护法律公正的必要性也大大降低。健全认罪认罚自愿性保障机制，是推动认罪认罚从宽制度

---

① 卞建林：《刑事诉讼模式的演化与流变——以海峡两岸刑事司法改革为线索》，载《政法论坛》2019 年第 1 期。

更加成熟稳定运行的内在要求，也是疏解认罪认罚案件中辩护冲突的主要思路。

其一，强化对被追诉人的认罪教育和权利告知。被追诉人认罪认罚应出于对认罪认罚权利的正确理解与理性行使，要确保认罪认罚的自愿性，就要依法充分告知被追诉人认罪认罚的权利义务，确保其在充分知晓适用认罪认罚从宽制度可能产生的法律后果的基础上自愿完成认罪认罚具结。在告知内容上要遵循全面告知原则，细化和充实《认罪认罚从宽制度告知书》的内容，如更新法律援助律师辩护的权利等。在告知程序上要遵循"告知""释明"相结合原则，在对犯罪嫌疑人进行书面告知权利义务的同时，注意释明本人认罪认罚、辩护人作无罪辩护可能产生的法律后果。

其二，完善认罪认罚案件听取意见机制。对于认罪认罚案件而言，听取意见的过程即量刑协商的过程，充分听取意见与否直接关系着量刑协商的质量和效果。完善认罪认罚案件听取意见机制，能为辩护律师提供更加通畅的意见表达渠道，也为被追诉人真实自愿认罪认罚提供更充分的程序保障，从而能够进一步减少辩护律师在被追诉人认罪认罚情况下另作无罪辩护的空间可能。针对实践中认罪认罚案件听取意见不充分问题，要建立健全科学的听取意见机制，加强与辩护律师、值班律师的沟通，尽量在诉前达成一致，从而可以减少在具结内容之外搞"独立辩护"的现象。[①]一方面要确保听取意见的充分性，检察机关首先要将拟认定的犯罪事实、涉嫌罪名、量刑情节，拟提出的量刑建议及法律依据等充分告知犯罪嫌疑人及其辩护人或者值班律师，充分说明量刑建议的理由和依据。对于犯罪嫌疑人及其辩护人或者值班律师对量刑建议提出不同意见的，检察机关经审查认为意见不合理的，应当结合法律规定、全案情节、相似案件判决等作出充分解释、说明。对于重大疑难复杂案件，可以探索分阶段、多轮次听取意见、协商量刑。另一方面要确保听取意见的规范性，全面落实认罪认

---

① 陈国庆：《中国式刑事检察现代化的若干问题》，载《国家检察官学院学报》2023年第1期。

罚案件听取意见同步录音录像，以同录促规范。

其三，优化完善《认罪认罚具结书》。量刑建议是认罪认罚案件量刑协商结果最直观的呈现，对此可以进一步完善《认罪认罚具结书》中量刑建议的计算过程，如量刑起点、基准刑、不同量刑情节的调节比例、最终量刑建议等，充分说明量刑建议的依据和理由，从而增强量刑建议的说服力。此外，可以将认罪认罚案件听取律师意见情况纳入《认罪认罚具结书》之中，在文书中载明"已听取犯罪嫌疑人、辩护人或值班律师意见"，进一步凸显《认罪认罚具结书》契约性质，在确认认罪认罚具结程序正当性的同时，强化对辩护人的行为约束，更好发挥《认罪认罚具结书》在认罪认罚从宽制度适用中的基础保障作用。

其四，完善认罪认罚案件多元化法律帮助机制。认罪认罚案件中存在三个层次的法律帮助，依次来源于自行委托辩护、法援通知辩护和值班律师。2022年10月，"两高两部"联合下发意见部署推进刑事案件审查起诉阶段律师辩护全覆盖试点工作，扩大了法律援助辩护的覆盖面，满足了轻罪案件、认罪认罚案件的辩护需要，进一步从诉讼源头强化了控辩平等，完善了认罪认罚案件多元化法律帮助机制。较之于值班律师而言，法援辩护律师作为辩护人，享有完整的辩护权，能够更加实质地参与诉讼，提供更加完整、有效的法律帮助，从而更好维护被追诉人的合法权益。完善认罪认罚从宽制度中的多元化法律帮助体系，能够因案制宜，为被追诉人提供不同层次的法律帮助，从而更加全面地保障其认罪认罚的自愿性。

（三）认罪认罚案件律师辩护的规范：以律师职业道德准则为约束

如前所述，尽管被追诉人出于真实自愿认罪认罚是认罪认罚从宽制度适用的常态，但也不能否认实践中仍存在少部分非真实自愿认罪认罚的情况。[①] 对此，辩护律师依据事实和法律，提出被追诉人无罪的辩护意见，有利于维护被追诉人的合法权益，也是职权主义诉讼模式下律师履行发现

———————————

① 郭烁：《认罪认罚背景下屈从型自愿的防范》，载《法商研究》2020年第6期。

真相义务、维护法律公正的应然选择。正因如此，若"一刀切"地禁止律师在认罪认罚案件中作无罪辩护，则难言妥当。但是，如果认罪认罚案件中辩护律师完全基于辩护策略考量，通过刻意制造辩护冲突而博取诉讼利益，显然与辩护律师"以事实为根据，以法律为准绳，严格依法执业；忠于职守，坚持原则，维护国家法律与社会正义"的职业道德基本准则相悖。此外，辩护人作无罪辩护，可能导致被追诉人因认罪认罚获得的从宽量刑建议被检察机关撤销，故被追诉人将面临更加不利的诉讼后果，因而辩护人无故作无罪辩护也有违"最大限度地维护委托人的合法利益"的职业准则。若对此不加约束，将直接影响辩护律师形象，也不利于律师行业的长期健康发展。对于认罪认罚案件而言，应当对辩护律师作无罪辩护施加一定约束。尤其是对于同一律师恶意在多个认罪认罚案件中，无正当理由作无罪辩护，并且造成恶劣社会影响的，应当予以相应惩戒。[①] 根据中华全国律师协会《律师职业道德和执业纪律规范》第45条的规定，对于违反律师职业道德基本准则的律师，由律师协会依照会员处分相关规定给予处分，情节严重的，由司法行政机关予以处罚。

四、结语

"和而不同"，是认罪认罚从宽制度下检律关系构建的逻辑起点。[②] 刑事诉讼中，检察机关和律师虽然有着不同的角色分工，但同属法律职业共同体，共同服务于维护司法公正的法治目标。对于认罪认罚案件而言，依法适用认罪认罚从宽制度，切实保障被追诉人认罪认罚的自愿性，是检察机关与律师的共同目标之所在，也是共同责任之所在。2023年3月，最高检与司法部、全国律协联合发布《关于依法保障律师执业权利的十条意见》，成为推动新型检律关系纵深发展的又一项标志性成果。对于认罪认罚

---

① 肖涵云、邱巧红等：《认罪认罚案件律师拒绝履行见证义务与辩护冲突问题研究》，载《人民检察》2020年第19期。
② 顾永忠：《新型检律关系与认罪认罚从宽落地落实》，载《检察日报》2019年11月25日，第3版。

从宽制度适用过程中出现的辩护冲突，一方面，检察机关应秉持"宜疏不宜堵"的态度，从保障被追诉人认罪认罚自愿性的角度入手，通过健全认罪认罚自愿性保障机制，认真听取律师对认罪认罚案件的意见，强化《认罪认罚具结书》对量刑协商结果的确认和约束作用，从源头上减少辩护冲突，推动形成理性对抗、平等协作的新型检律关系。[①] 另一方面，辩护律师应当积极顺应认罪认罚从宽制度下辩护重心由庭审转移到审前、辩护思路由对抗转向合作等新的辩护趋势，厘清自身作为刑事辩护辅助者而非主导者的角色定位。在参与认罪认罚案件中，辩护律师应在尊重被追诉人意志的基础上依法履行职责，遵守律师职业道德基本准则，最大限度地维护被追诉人的合法权益。

[①] 苗生明：《深化研究为刑事检察工作提供理论支撑》，载《人民检察》2022 年第 3 期。

认罪认罚案件策略性认罪之风险防范

郑 莉 四川省成都市武侯区人民检察院

当认罪认罚从宽在刑事案件中广泛适用，我国刑事诉讼呈现出一种合作共赢的诉讼局面，专门机关借以优化程序、提高效率，被追诉者牺牲部分繁复细致的程序权利以获取更大的量刑让渡。但在高比重数据和高效率运行的视野下，却极易忽视被追诉者非基于悔罪而认罪的策略性选择，非真实自愿也非理性。被追诉者出于投机目的策略性认罪，是否应该获得与真诚认罪悔罪的被追诉者相同幅度的刑罚让渡，虚假的忏悔与真诚的认罪之间当如何区分，辩方律师与被追诉者的认罪合演会对制度的预期效果产生何种风险，是司法者面对认罪认罚从宽悔罪定位的核心议题。

一、认罪认罚案件策略性认罪之异化表现

认罪认罚实质倡导的是悔罪的态度和悔罪的表现，真心悔过是指既认罪又认罚的情形，而司法实践中需要格外注意的便是策略性认罪的异化，既包括被告人趋于投机心理的技术性认罪以及空白性上诉，也包括与辩护人串通后突破认罪认罚的骑墙式自行辩护，主要表现在以下方面：

（一）非真诚悔罪的技术性认罪

以实体法的界定，认罪有着多种表现形式：如实供述、坦白、自首等，而认罪认罚案件中的认罪具有更为特定的含义，除了要求被告人如实供述并认可罪名外，还要求"真诚悔罪"，方能得到从宽让渡。这一规定代表着立法者所期待的悔罪在实体和程序上的特殊内涵和规制，是制度的内在要求和考察重点。出于对从宽处罚的期待和渴望，实践中大量存在被追诉者以形式认罪来获取实体从宽的现象：要么未真诚悔罪但甘受刑罚建议，要

么不愿悔罪却又精于计算。在后者心态的驱使下，认罪成为认罚的技术性策略并具有迷惑性，如虽口头认罪，却有能力赔偿而拒不赔偿或以赔偿作为换取被害人谅解的筹码，从而引发负面社会效应。因悔罪是极为主观的个性化表现且随时可能发生变化，难以量化固定，加之制度所追求的诉讼效率，非真诚悔罪的技术性认罪容易被忽视或漠视，不能及时有效发现从而排除制度之适用，为后端的无据上诉埋下隐患。

（二）突破认罪认罚的骑墙式辩护

被告人的认罪认罚意见是自行辩护的路径，而辩方律师的辩护是被告人行使他人辩护的重要权利，自我辩护与他人辩护并非天然统一，被告人认罪、辩护人作无罪辩护，被告人不认罪、辩护人作轻罪辩护，被告人认此罪、辩护人作彼罪辩护的冲突常有之。刑事诉讼法赋予辩护人意见独立权，但在认罪认罚案件中看似不同的意见却可能为了追求更多的利益诉求，辩护人突破被告人认罪认罚的辩护，即被告人认罪认罚但辩护人作无罪辩护的，在检察机关开展量刑建议工作的指导意见中是被允许的[1]。由此引发辩护人独立于认罪认罚之外的特有辩护现象，其最终目的可能是即使不能获得法院对无罪辩护的认可，也至少可以保留控辩协商对被告人的最大量刑"优惠"，同时能赢得当事人的认同和好感，被称之为"骑墙式辩护"。辩护人未参与控辩协商而提出无罪辩护尚可理解，但参与了量刑协商并发表认罚意见，又在审判阶段提出无罪辩护，这种诉审环节截然不同的观点反映出被追诉者和辩护人在刑罚从宽上的投机心理，既可能是辩护策略使然，也可能是辩方律师与被追诉者的合演，容易招致司法官的抵触，认为被告人既想享受制度的红利，又想寻求脱罪机会，带有投机性，与节省司

---

[1] 最高人民检察院《人民检察院办理认罪认罚案件开展量刑建议工作的指导意见》第35条规定，被告人认罪认罚而庭审中辩护人作无罪辩护的，人民检察院应当核实被告人认罪认罚的真实性、自愿性，被告人仍然认罪认罚的，可以继续适用认罪认罚从宽制度的。

法资源、提升诉讼质效的制度精神不符。[①]

（三）无理无据的空白上诉

当法官采纳控辩合意确认的量刑建议后，被告人在没有事实、证据、法律适用异议的情况下仅以量刑过重为由提出上诉，有学者将其称之为"空白上诉"[②]，通常缘自审查起诉和审判阶段的技术性认罪引发的隐患。量刑建议尤其是确定刑量刑建议本身已最大限度消弭了从宽幅度的不确定性，以增强认罪认罚从宽在刑罚适用上的稳定性和可预期性，是控辩合意最直接的体现，而无理无据的反悔上诉是对司法契约的恣意破坏。实践中被追诉者选择空白上诉主要受到两个出发点的影响：一是基于上诉不加诉原则，被追诉者在确认不会加重其刑罚的前提下，希望通过上诉方式获取更为轻缓的刑罚，带有一定倾向的投机性，被称之为"策略性上诉"。二是基于想留所服刑，不愿转至监狱的目的，部分被判处较短时间徒刑的被追诉者想通过上诉方式赢得数月的诉讼缓冲周期，以致实际服刑刑期少于六个月甚至更短，即可获得留所服刑的目的，被称之为"技术性上诉"[③]。无论哪种目的和动因的空白上诉，都会靡费和耗散相对有限的司法资源，都有损于司法效率和司法诚信。

二、认罪认罚案件策略性认罪之风险考量

（一）被告人策略性认罪之风险

一方面，将妨碍惩罚犯罪的有效性。准确和有效是刑罚制度惩罚犯罪的重要目标，而惩罚的有效性既包括实体层面上的有形惩戒和特殊预防，

---

① 龙宗智：《完善认罪认罚制度的关键是控辩平衡》，载《环球法律评论》2020 年第 2 期。

② 牟绿叶：《认罪认罚案件的二审程序——从上诉许可制展开的分析》，载《中国刑事法杂志》2019 年第 3 期。

③ 张青：《认罪认罚案件二审实践的逻辑与反思：以 4799 份二审裁判文书为样本》，载《环球法律评论》2022 年第 6 期。

也包括对被追诉者内心的重塑。对于被追诉者内心而言，刑罚会促成两种效果：一种正向引导其反思行为的错误，产生悔罪动力而向善转变；另一种则会反向增加其对抗情绪，产生反社会心理有着再犯的可能。后一种结果无疑是对惩罚犯罪有效性的否定，因此，悔罪的内生动力对于个体的反思和刑罚功能的实现尤为重要。如果被追诉者不能从刑罚中读懂社会的否定性评价，没有认识到所犯罪行的应有惩戒性，不能意识到其道德的低下和行为的失范，那么在技术性认罪认罚中就会将制度的宽宥理解为因降低诉讼成本或配合诉讼进程的应有对价，或者说是由自己努力争取获得的结果，必然不会对刑事司法制度和政策表示感恩从而产生悔罪的动力，故这类被追诉者将很难通过刑罚达到特殊预防之作用。

另一方面，将有损从宽的正当性。认罪认罚从宽根本上是罪刑责相适应原则的自然延伸，制度之所以在已有"自首、立功、坦白、和解"等法定事由下再创设"认罪认罚"的独立从宽地位，就是认罪认罚切实反馈了被追诉者更好的认罪态度，即真诚性、悔悟性和彻底性。从实体层面而言，悔罪是判断罪犯人身危险高或低的最好标准，具有更为特别的预防效果；从程序层面而言，以真诚悔罪心理支配下的认罪更贴合司法机关追诉活动的配合需求，不仅在定罪上消除了分歧，还以合意方式形成了量刑建议。换言之，当悔罪态度消失或发生转变，将失去制度强调的自愿性和真实性，不悔罪的认罪认罚所折射出的社会危险性和主观恶性并不会比不认罪不认罚更低，从而在程序层面游离于司法机关追诉的需求。

（二）辩护人突破认罪认罚辩护之弊端

虽然站在辩方"维护当事人权益最大化"的角度无可厚非，但以认罪认罚从宽制度的视角，这种辩护模式即便被立法所允许，在司法实践中也弊大于利。

这种辩护方法是与制度核心价值不符。当"骑墙式辩护"成为常态，一方面会重启人民法院的实质性审查，另一方面使检察机关前期努力的协商工作付之东流，导致审理阶段有认罪认罚从宽之名，却无认罪认罚效率优先之实，当诉讼目的与诉讼实践相违背，制度存在的价值何在？

三、认罪认罚案件策略性认罪之辨析与解构

（一）策略性认罪认罚之误解

在对真诚悔罪与策略性认罪的识别中，因悔罪是一种内心活动的主观判断，被追诉者表现的形式多种多样，如何甄别对待并非易事，笔者认为，首先应根据悔罪的个性化表现结合法之规范，排除几种被误解的情形：

第一，被告人对罪行的辩解。认罪认罚下的辩解并非当然不被允许，如承认犯罪事实，但对行为性质的辩解不应理解为不认罪。所以不是所有辩解都排斥了悔罪的真诚性，但真诚悔罪下的辩解应被限制在合理范围内。如供述主要犯罪事实，但对枝节事实存在异议；如承认同罪名下的数宗事实，但以个别事实以记忆不清为由的辩解；如供述多罪名下的部分罪名事实，但对其他罪名事实不认可，不影响对认可事实的认罪认罚。

第二，被告人对量刑的求轻。被告人在审判阶段想获求更低的刑罚是本能动因，与是否认罪赎罪，是否认协商合意并无直接关联，一概将求轻意见论为不真诚的悔罪有失偏颇。即使真诚悔罪的人也有提出量刑求轻的权利和必要性，只是这种求轻应建立在合理理由和悔罪之真诚的外在表现上，并且未超出量刑建议的合理范围而被法官所接受，如量刑建议一年六个月，被告人祈求减至一年四个月并非不合理。

第三，被告人对程序的意见。虽然立法者旨在以快捷的诉讼程序提升诉讼效率，但仍应给予被告人选择程序的权利，由其自主决定放弃还是不放弃合法权利，这与真诚悔罪也无直接必要联系。当然也有人提出认罪认罚中的"罚"应当指通过简化式程序审理后判处的刑罚，因此必须要求被告人同意适用简化式的程序[①]。但法律规范也明确了被告人不同意适用简化程序，不影响对认罪认罚的认定。程序的运行仍应为实体的认定而服务，

---

① 孙长永：《认罪认罚从宽制度的基本内涵》，载《中国法学》2019年第3期。

真诚悔罪关注的是被告人对实体认罪带来不利法律后果的真心接纳，程序的否定性选择与真诚认罪并不矛盾。

（二）策略性认罪认罚之判断

真诚性的判断难是导致策略性认罪难以严格区分的重要原因，通常只能依靠司法人员的亲历性、内心判断来裁量。司法人员只能依据个案中被追诉者的言语、行为并结合司法经验、常情常理来评估其真诚的程度，作为最接近真实情况的评估。

第一，言语和行为。察其言观其行是识人的标准之一，用于被追诉者身上也是适宜的，犯罪前的表现可区分预谋蓄意和临时起意、主观恶性的大小，犯罪中的表现包括选择的致伤物、伤害的部位、有无主动停止侵害等，犯罪后的表现包括有无积极救治被害人、有无防止危险结果进一步扩大等，归案后的表现包括供述是否稳定，陈述时的微表情、忏悔的方式等，不同时间阶段的表现既可以影响定罪，也可以影响量刑。

第二，否定性判断。基于对言语和行为的判断，当存在对真诚悔罪起否定或消除的作用时，司法机关即应做出真诚性的否定性评价。否定性的判断既包括消极的否定，也包括积极的否定，消极的否定也指不作为的否定，如应有条件救治而不救治，应有能力赔付而不赔付等，属于缺乏悔罪的表现。而积极的否定是指以主动行为表达不悔罪的内心，如指使证人作伪证，与同案犯串供等，属于明确的不悔罪的表现。当然还有一些介于二者之间的表现，如供述反复不稳定等。

第三，法律效果。从策略性认罪认罚所带来的法律效果来看，若司法官根据既往口供的稳定性、归案情形、认罪的节点综合评判和内心确信，一旦认定策略性认罪或投机性认罪，应当以不满足"真诚悔罪"的条件排除认罪认罚从宽的适用；若司法官仅有内心判断而无其他证据可印证，笔者认为不能当然排除其适用，在符合"如实供述""对事实无异议""愿意接受处罚"基本要件的同时又不能确认其非真诚悔罪的，虽不能依照形式要件将其排除适用认罪认罚从宽制度，但在协商过程中应掌握从宽的幅度，且不宜适用速裁程序审理，应进行说明后转换程序以进一步甄别。

四、辩方权利策略性选择之防范和规制

辩方权利策略性选择既要注意提醒被追诉者在缺乏法律帮助下不明就里的让步与妥协，又要防范突破底线的辩方权利扩张，以免陷入矫枉过正的误区。后者又分为两个层面，一是被告人策略性认罪认罚给制度带来的司法诚信和司法效率之损害，二是辩护人突破认罪认罚独立辩护可能导致当事人利益实质受损的风险。这一现象的出现与认罪认罚制度内在的强迫性、专门机关机械性的理解以及真诚认罪悔罪难以判断等因素密切关联，需要构建理性化的防控机制方能有效化解。

（一）以理性的告知防止非理性的认罪

侦查阶段到审查起诉阶段是认罪认罚适用的渐进阶段，也是被追诉者对制度从陌生到认知的阶段，诉前的协商程序以意见的听取、具结书的签署为重要环节，期间的理性选择是保障被追诉者权益的关键要素。毫不讳言，现行认罪认罚从宽无论从程序上还是实体上对被追诉者自愿性、明知性以及如何理性放弃诉讼权利进而得知引发的法律后果方面的规范并不完善，特别是专门机关在履行相应告知义务上比较有限，包括指控涉及的法律适用、被追诉者应享的权利、制度可能导致的不利后果等，尤其应当告知在特殊程序中某种权利的丧失，如速裁程序不再进行法庭调查和法庭辩论，但制度的规定宽泛而笼统。从实际运行的情况看，在侦查阶段，侦查人员的告知一般只限于书面签写的告知通知书，起诉阶段检察官的告知工作虽更为细致，但在不利后果方面偏重于自身的立场，被追诉者对于影响其切身利益的权利变化仍未充分明晰。从制度到实践都存在对其自愿性处分的有限，难以满足基本信息的需求和处分结果的适当性，其结果将是被追诉者的非理性选择，更为严重的可能将是错误的追诉。

因此说理性较强的量刑建议文书就承担着理性告知的义务，量刑说理应充分而明晰顶层设计的明确要求，这也是量刑情节多样性、主观性的特

点所决定的，但在司法实践中多被忽略且不被重视，让量刑建议带有神秘感。因认罪案件多适用速裁程序，时间短、效率快，辩护人获取案情信息相对检察官更为滞后，若不对如何得出刑罚结论详细说理，辩方无法充分参与协商。特别对于量刑情节复杂而重叠的案件，说理尤为重要。充分而明晰的说理既让被追诉者明确犯罪情节的轻重、刑罚的高低，从内心服法接受量刑建议，又是审判者采纳量刑建议的关键。越是说理充分的量刑建议，越能赢得法官的认可。具体而言应注意以下方面的说理：一是对于复杂量刑情节的，既有从重情节又有从轻情节，既有法定情节又有酌定情节的复合型、多样型案件中，应对各情节幅度范围、综合评价依据进行说明，同时可附录较为典型的生效判例或同区域同案判例加以说明，避免同案不同判的情形。二是协商过程中律师或犯罪嫌疑人提出不同意见的，应对协商过程进行描述，对于接受辩方意见的，写明接受依据，对于未接受意见的，写明不接受理由，以体现辩方在量刑建议中的意志。三是可借鉴某基层检察院的经验做法，制作"量刑建议计算表"，对起点刑、基准刑、增减幅度因素、拟宣告刑所对应的百分比和刑期值，公开量刑建议的计算方法、过程和得出结论的逻辑结构，消弭"暗箱操作"的外界疑虑。四是针对听取意见过程、文书签署过程应严格按照最高检关于认罪认罚案件要求进行全程同步录音录像，规范协商过程，录音录像应制作光盘并附卷备份，以为后期验证认罪认罚自愿性审查所用。

从源头治理来看，出现非理性的策略性选择是控辩地位的不平等及协商的非对称性问题所导致的，应从平衡诉讼地位、诉讼资源等方面解决，但更应当通过提高专门人员的理念意识和工作方式来共同推进。告知的实践运行既可以简略，也可以详尽，均不违背法之规范，但简略的告知让被追诉者懵懂而非理性，详尽的解释则可以消除认知障碍，提升获取信息的全面性，增强谈判能力，促进被追诉者明智、主动、自愿地作出理性的选择。

（二）辩护人独立辩护之规范运用

第一，认罪意见之独立。被告人自我辩护意见与辩护人意见的三种分歧，并非由辩护人替代被告人作出选择，而仅是行使辩护权使然，提出罪轻、无罪之意见是其分内之事。认罪认罚从宽着眼于被追诉者的自愿认罪，而非辩护人的认罪意见，即便行为人不认罪，辩护人作罪轻的辩护也不能适用这一制度，立法者仅将未成年人辩护人对认罪认罚的异议作为无须签具具结书的的条件即可见这一主张。虽然辩护人的意见并不影响制度之适用，但却会产生不同的法律后果：首先会影响司法机关对认罪认罚自愿性的内心判断，对被告人的真诚悔罪产生质疑，进而影响对整体案件的认知；其次会影响简化式程序的适用，尤以作无罪辩护为典型，因无罪观点在指控事实、罪名上与检方产生了根本分歧，应通过庭审实质化查明案件事实，厘清法律适用，显然不能适用简化式程序，只能选择普通程序；最后会影响量刑建议的再协商，辩护人一般不会在起诉阶段作出无罪辩护的选择，法官虽在审判阶段的再协商中仍然会高度重视辩护意见，但无罪观点也难免会影响到法官的主观判断。在独立的认罪意见中，法官需重点关注被告人对辩护人意见的态度，对于虽有意见分歧，但被告人不认可辩护人意见或对辩护意见不置可否但明确坚持认罪认罚的，应重点查明被告人认罪的自愿性、真诚性。笔者认为骑墙式辩护下发表的独立认罪意见是征得被告人同意的，是双方合意下对认罪认罚的反悔，已不能认为是单纯的辩护技巧，应被司法机关识别并作出不适用认罪认罚从宽制度的否定性评价。

第二，认罚意见之独立。认罪意见常常与认罚意见相互交织，辩护人会用认定事实的证据瑕疵、法律适用上的争议等问题作为与检方谈判的筹码，并放弃无罪的意见进而换得更低的刑罚可能，但这种情形只适用于起诉未参与控辩协商或未适用认罪认罚从宽而在审判阶段乃至二审阶段适用的情形。若既已参与控辩协商后又再在审判阶段提出不同量刑观点，也应当分为两种情形：第一种是辩护人的独立认罚意见如果得到被告人的认可，就应视为行使对"量刑建议"的异议权，本质上反映了控、辩、审三方在审判阶段就量刑开展的再次协商互动,以审辩互动、控审互动、控辩互动依次进行,其处理方式及法律后果参照被告人、辩护人异议之适用;第二种是如果被告人未对已签署的量刑建议提出异议,而辩护人单独提出异议的又当如何处理的问题。笔者认为基于认罪认罚具结书之签署,辩护人并非单纯承担见证人的角色,负有对控方罪名的专业判断并为之提供法律帮助,如再提出异议且未得到被告人认可,不符合"异议权"的权利设置,人民法院不应当受理审查。

第三,程序意见之独立。辩护人在认罪认罚案件中的这类意见主要集中在程序的选择适用上,在目前立法尚未赋予被追诉者程序的主动选择权时,辩护人的程序意见也应依附于当事人意见,但可向当事人提出程序选择的建议,也可向司法机关提出适用的建议。辩护人的程序建议权在最高法《关于进一步推进案件繁简分流优化司法资源配置的若干意见》《速裁程序试点办法》中均有规定,不同之处在于前者是"可以建议",后者为"应当建议"。当被追诉者认为可适用速裁程序而辩护人有不同意见时,可向司法机关转达被追诉者意见并提出不同意见;当被追诉者不同意适用速裁程序而辩护人有不同意见时,则应以被追诉者同意为前提,不能单独提出不同意见。

(三)禁止通过空白上诉获利

被追诉者在认罪认罚中通过选择空白上诉意图获取更低的刑罚或更适宜的刑罚执行场所或方式,有学者认为这种肆意撕毁司法契约的上诉徒增司法程序,有损司法公正,应明文禁止,限制其上诉权[1];也有人认为应区分程序类别对待,对适用速裁程序的被追诉者若被允许上诉将影响该制度倡导的效率价值,而适用普通程序的被追诉者可被赋予上诉权利[2]。但上诉权作为反悔最典型的表现,个案中反悔的是否正当通常只能依靠实质审查进行事后评价,主要途径是检察机关的抗诉和二审法院的审理,正当与

---

[1] 赵树坤、徐艳霞:《认罪认罚从宽制度中的"技术性上诉"》,载《中国社会科学报》2018年第7期。

[2] 陈卫东:《认罪认罚从宽制度研究》,载《中国法学》2016年第2期。

否在提出的当下是不易界定的，这种试图为反悔设置门槛或限制的思路不管在理论还是实务中都是行不通的，所以无论是"禁止论"还是"限制论"都与这一原则相悖，司法对被追诉者反悔权利的提出不应无端干涉，但对无据反悔引发的法律效果却应有相当的规制，应当理性审查理由正当与否，从法律后果上加以规范。

对此笔者认为，这种想通过上诉的手段达到更轻刑罚的目的，显然有违基于特殊预防而作出从宽处罚的司法公正性。虽然反悔作为被追诉者的自然权利，是不容禁止、不被剥夺的，不应限制其反悔上诉权的正当行使，但对这种投机性的行为也绝不值得提倡，更不能以实质获利的方式以资鼓励，助长其钻法律漏洞的风气，以免动摇认罪认罚从宽适用之根本。因此，当出现反悔不再适用认罪认罚从而致量刑明显不当时，并不排除检察机关运用抗诉手段合理合法加重刑罚的结果[①]。同时应严格禁止二审法院对被追诉者无实质理由的投机性上诉再次给予从宽的可能，在无事实、证据、程序瑕疵的情况下，应以维持原判作为一般处理原则。而对于出于留所服刑目的的技术性上诉，亦应缩短认罪认罚案件的二审周期，彻底打消其上诉动因，起到抽薪止沸的效果，以正确评判反悔的正当性，并对潜在的无理反悔者以示警醒。

结语

被追诉者真诚认罪悔罪的自我辩护与辩护人认罪、认罚、程序意见的他人辩护息息相关，并非完全独立超脱。专门机关既要基于司法现实和立场不同，保持一定对自我辩护和他人辩护意见冲突的容忍，不应对被告人和辩护人过于苛责，也要基于程序公正与实体公正的需要，防范策略性认罪认罚的滥用和异化，维护认罪认罚从宽制度的价值导向。

---

① 最高人民检察院印发的《人民检察院办理认罪认罚案件开展量刑建议工作的指导意见》第 39 条规定，认罪认罚案件中，人民法院采纳人民检察院提出量刑建议作出判决、裁定，被告人仅以量刑过重为由提出上诉，因被告人反悔不再认罪认罚致从宽量刑明显不当的，人民检察院应当依法提出抗诉。

认罪认罚从宽制度检察实践
挑战与破解思路研究
——以 X 市 S 区人民检察院实践经验为例

范晓甘　郑楚戈　厦门市思明区人民检察院

引言

在认罪认罚从宽制度推广过程中，检察机关作为在该制度中发挥关键主导作用的角色，在实践中亟须推动其规范化、制度化建设。[①] 面对司法资源紧张、案多人少的困境，检察机关如何提升诉讼效率，严谨精准把握量刑规则，全面保障各方权益，维护司法公平公正成为重要命题之一。[②] 本文将以 X 市 S 区人民检察院进行的认罪认罚制度司法实践经验创新为例，为破解当前困境提供与时俱进、行之有效的对策思路。

一、X 市 S 区检察院认罪认罚制度落实考察与分析

本次样本选取自 X 市 S 区检察院 2022 年至 2023 年第一季度的案件认罪认罚相关情况，通过走访调查、数据分析等方式，分析理清该制度适用现状及其中突出的普遍性问题。基本数据情况及分析如下：

（一）认罪认罚制度适用总体情况

自 2022 年 1 月至 12 月，X 市 S 区检察院适用认罪认罚从宽制度 1123

---

① 庄永廉、张相军、顾永忠等：《检察环节认罪认罚从宽制度的适用与程序完善》，载《人民检察》2016 年第 9 期。

② 曾玉婷、刘元见：《检察环节认罪认罚从宽制度的补强与完善路径研究——以广西检察机关认罪认罚从宽办案实践为参照》，载《广西政法管理干部学院学报》2020 年第 5 期。

件 1443 人，适用率达 82.88%；2023 年第一季度认罪认罚适用率 87.53%，较去年同比增加 11.49%。自 2022 年至 2023 年 3 月，认罪认罚作出不起诉决定 193 人，占比 13.31%；认罪认罚起诉案件中适用速裁程序 710 件、简易程序 136 件，总占比 90.87%。从上述数据可知，S 区检察院 2023 年第一季度认罪认罚适用率显著提升，全流程适用速裁、简易程序效率处于较为领先水平。2023 年，S 区检察人员精准量刑，积极从强制措施适用、刑罚执行方式等多个层次探索认罪认罚制度从宽形式，充分运用创新理念、特色机制探索轻重分道、繁简分流的办案流程，取得化解矛盾、认罪服判等积极效果。

（二）认罪认罚制度适用阶段情况

自 2022 年 1 月至 2023 年 3 月，S 区检察院审查起诉阶段适用认罪认罚从宽制度 1443 人，法庭阶段适用认罪认罚从宽制度 140 人，审查起诉阶段适用占比 89.95%。自上述数据可判断，检察机关在审查起诉阶段认罪认罚从宽制度适用引导起到把握、主导的作用；在法庭阶段由于被告人在利益权衡、思想变化、与被害人达成和解退赃退赔等原因推动之下，多数由检察机关主导，由在法庭阶段签订具结书适用认罪认罚，在实践中于法庭阶段适用认罪认罚的情形仍具有一定比例，此部分亦是落实全流程适用认罪认罚从宽制度的工作体现，因此该数据在分析认罪认罚适用率时易被忽略的问题亟须引起重视。

（三）量刑建议情况

自 2022 年 1 月至 2023 年 3 月，S 区检察院提出确定刑量刑建议共 1191 人，提出幅度刑量刑建议共 159 人；法院采纳量刑建议共 1243 人，量刑建议采纳率为 92.07%；采纳确定刑量刑建议共 1172 人，确定刑量刑建议采纳率为 98.08%；量刑建议调整共 37 人。从确定刑量刑较高采纳率可知，因高效、正确的办案程序及经验，量刑进一步精准化；量刑建议调整中，检察机关根据审理阶段退赃退赔等事实情节调整导致量刑情节发生变化的情况占比较多，法院认为量刑建议不当调整 6 人，体现法院与检察机关承办人就案件量刑产生分歧的情况仍旧存在。

（四）上诉、抗诉情况

自 2022 年 1 月至 2023 年 3 月，S 区检察院认罪认罚案件一审服判率为 97.82%，认罪认罚后又反悔上诉共 34 人，主要存在以下几种情况：抗拒至监狱服刑，借此拖延在看守所的服刑时间而技术性上诉的 3 人；为获得比审查起诉阶段认罪认罚更为轻缓的从宽量刑，并利用上诉不加刑之规定，以认为量刑过重提出上诉的 15 人[①]，为争取时间筹钱退赔以获得更轻判决而技术性上诉的 4 人，其他原因 7 人；认罪认罚后又上诉，检察机关抗诉 3 人。认罪认罚之后被告人后续上诉、抗诉的情形仍旧存在，将以效率为重的认罪认罚案件推入二审，导致认罪认罚的主要目的难以实现，亦体现出检察机关承办人在量刑建议提出时过于注重具结结果，在法庭阶段强调举证、质证与辩论对抗，而忽略依据量刑的释法说理工作的情况。[②]

二、适用认罪认罚从宽制度现实挑战与困境

S 区检察院近年来关于认罪认罚从宽制度的实践成果并非一蹴而就，经历了诸多现实困境与挑战，基于上文的实践情形亦可知，某些挑战仍继续考验着认罪认罚的检察工作，此类难点问题在各地检察工作中亦存在普遍性、广泛性。通过分析研判自该制度推广实施以来 S 区检察院实践开展的难点，认罪认罚从宽制度的司法实践主要挑战及困境总结如下：

（一）值班律师参与实质性与有效性之挑战

值班律师对于认罪认罚案件中保证犯罪嫌疑人的自愿性、真实性起到

---

① 邓华成：《认罪认罚案件确定型量刑建议实证研究——以 W 市检察机关认罪认罚实践为视角》，载《广西政法管理干部学院学报》第 2 期。

② 贵州省安顺市人民检察院课题组：《认罪认罚案件量刑建议研究——以安顺检察机关工作实际为视角》，载《刑事检察》2020 年第 12 期。

关键作用。虽然值班律师的阅卷、会见、提出意见等权利在先行法律规范中已存在明确规定，然而在我国各地值班律师制度中，有限的值班律师数量、派驻时间与庞大的基层检察院案件量存在较大矛盾，例如，S 区检察院 2022 年认罪认罚人数多达 1443 人，然而派驻办理该院认罪认罚工作的值班律师仅有 15 名。上述矛盾使值班律师制度易流于形式化，值班律师的实质参与难以达到理想状态，具体表现于：

其一，值班律师参与形式表面化。由于值班律师制度属于公益法律援助性质的制度，部分地方因缺乏投入、经费不足等原因未细化值班律师参与相关配套措施、相关规则笼统概括随意性较大而导致值班律师积极性与配合度不高[1]，未能主动会见犯罪嫌疑人、难以审阅数量庞大的案卷、未能与检察人员就案件量刑进行充分协商，导致值班律师参与方式单一，无法有效发挥推动保障当事人权利、认罪认罚适用的应有作用。其二，值班律师参与时间与流程碎片化。由于基层检察院难以摆脱案多人少的情况，值班律师派驻时间较短、人数较少成为制约犯罪嫌疑人在认罪认罚程序中充分获得法律帮助的制约因素之一，且检察机关往往在预备进行认罪认罚具结前临时通知值班律师进行介入，值班律师在此更倾向于充当"见证人"的角色，流程分散化、碎片化，难以达到全流程跟进案件的目的[2]。其三，值班律师相关配套措施有待完善。地方未能就值班律师的人员配置、办公、会见场所配备、配套预约措施等提供便利条件，导致值班律师会见、阅卷、开展咨询等活动缺乏现实场地和具体渠道的支持。

（二）量刑建议规范化与精准化之挑战

根据《关于适用认罪认罚从宽制度的指导意见》之规定，量刑建议一

---

① 曾玉婷、刘元见：《检察环节认罪认罚从宽制度的补强与完善路径研究——以广西检察机关认罪认罚从宽办案实践为参照》，载《广西政法管理干部学院学报》2020 年第 5 期。

② 叶婷、崔志丹：《检察机关实施认罪认罚从宽制度实证研究——以吉林省检察机关为例》，载《人民检察》2020 年第 24 期。

般由检察机关关于主刑、附加刑以及是否适用缓刑等内容提出准确、精细的量刑建议。^① 检察机关可以提出确定刑及幅度量刑建议并由法院予以采纳，量刑精准性直接影响办案质效提升与司法公正。然而在认罪认罚适用实践中，由于细化量刑指导缺乏、检察官个人经验参差等因素，量刑建议的规范化与精准化仍成为认罪认罚的一大现实挑战^②：

因相关规则宽泛导致确定刑量刑难以精确统一。首先全国认罪认罚适用从宽的标准与幅度未有明确规定与具体指导，从宽标准各地存在差异。其次量刑规则给予检察机关较大的空间与幅度，例如福建省《关于常见犯罪的量刑指导意见（试行）实施细则》中仅对19种罪名量刑予以规定，最高人民法院关于常见犯罪的量刑指导意见也仅涵盖23种常见罪名，且上述规范对于量刑起点有关规定亦多以较大量刑幅度体现，例如故意伤害致一人轻伤的起点刑为六个月拘役至二年有期徒刑，然而该档法定刑也仅为三年有期徒刑以下，该起点刑的规定已涵盖一半的量刑幅度，如何在较大范围内统一确定适当的量刑起点成为检察官在量刑中面临横向、纵向衡平统一的难题。^③

检察办案人员个人认识与裁量存在差异。精确量刑更多依托于检察办案人员的个人能力与经验水平，然而检察办案人员之间存在能力与经验的差异，在基层检察院繁重的办案压力之下，检察人员可能存在无法对量刑规律进行全面把握、无法综合研判分析全案关于量刑之情节、释法说理较弱等情况，导致量刑规范精准不足、量刑标准参差。^④ 且在司法责任制的

---

① 《关于适用认罪认罚从宽制度的指导意见》第33条规定：量刑建议的提出。犯罪嫌疑人认罪认罚的，人民检察院应当就主刑、附加刑、是否适用缓刑等提出量刑建议。人民检察院提出量刑建议前，应当充分听取犯罪嫌疑人、辩护人或者值班律师的意见，尽量协商一致。

② 李繁博：《认罪认罚从宽制度诉讼程序探究——以检察阶段为视角》，载《黑龙江省政法管理干部学院学报》2021年第5期。

③ 叶婷、崔志丹：《检察机关实施认罪认罚从宽制度实证研究——以吉林省检察机关为例》，载《人民检察》2020年第24期。

④ 邓华成：《认罪认罚案件确定型量刑建议实证研究——以W市检察机关认罪认罚实践为视角》，载《广西政法管理干部学院学报》2021年第2期。

背景之下，亦存在部分检察办案人员职责与意识的欠缺，其出于规避个人权责风险的目的，更倾向于在认罪认罚具结书、起诉书中以法院更易采纳的幅度刑量刑为建议，或是选择不提出量刑建议。此种行为客观上缩小了认罪认罚从宽制度的适用范围与条件，削弱了审前分流本应达到的效果。[①]

（三）控辩、控审沟通衔接之挑战

实践中，在审查起诉、庭审阶段认罪认罚，过后又上诉、抗诉的情况时有发生。通过对 S 区院的认罪认罚上诉、抗诉情况分析，上诉、抗诉的主要情形有：一是被告人认罪认罚后又反悔，欲减轻刑罚而上诉；二是部分被告人为拖延时间在看守所服完剩余刑期，或为争取更多时间筹钱退赔以获取更轻判决等为由进行的技术性上诉，并有意在上诉期最后一日提交上诉状，导致检察机关收到上诉状后已过抗诉期限，无法提出抗诉；三是因检察机关与法院存在认识分歧而进行抗诉，此类情形的抗诉意见较难得到法院的采纳支持。认罪认罚之后又上诉、抗诉将办案效果与公平正义于一体的合意又继续推向二审，导致难以获得认罪认罚程序使用的根本目的。究其原因，此类现象来源于认罪认罚适用过程中控辩、控审沟通衔接的困境与难题。

认罪认罚制度初衷在于将检察机关作为主导角色在审前程序中推进认罪认罚的适用，其主要为节约司法资源，在审前完成实质化分流工作。在此种制度目的之下的量刑协商并非完全平等的协商，而是以检察机关进行邀约而由嫌疑人一方进行的自愿自主的同意。[②] 由于犯罪嫌疑人不同的年龄层次、文化背景、个人经历的不同，检察官对其所使用的沟通经验技巧本应体现差异，但由于检察官释法说理及精准量刑能力的参差，未能有效地针对相关的法条、相关的量刑情节、量刑的原因、量刑计算的方式向犯罪嫌疑人进行充分说理，从而导致犯罪嫌疑人对其量刑及认罪认罚规定认

---

① 霍敏：《论检察官在刑事诉讼中的主导责任》，载《人民检察》2019 年第 1 期。
② 李繁博：《认罪认罚从宽制度诉讼程序探究——以检察阶段为视角》，载《黑龙江省政法管理干部学院学报》2021 年第 5 期。

识不足而出现反悔、侥幸的想法情绪。

再者，控辩契约——认罪认罚具结书的完善性、精确性亦有待提升。检察系统发布的认罪认罚的具结书参考模板存在一定意义上的要素欠缺，例如双方对认罪认罚合意后反悔、撤销所应承担的法律后果、量刑建议所依据的法律规范、量刑中幅度、减刑等计算方式等重要内容并未载入。由于未有书面约束，加之检察人员于量刑协商中关于此部分内容的欠缺，导致犯罪嫌疑人内心无法真正接受量刑结果，且抱有至法庭阶段再上诉而不承担刑罚加重后果的侥幸心理，难以体现认罪认罚具结书所体现的契约精神。① 因此，如欲强化控辩双方的关于量刑建议的协商与沟通效果，一定程度上有必要将协商的重点内容载入相关文书中，虽然最终结果仍需检察院、法院对事实及法律内容进行审查，但以书面内容体现控辩双方的平等协商并保障该协商内容亟须予以考量。

控审沟通、检法协商亦为认罪认罚制度履行中的挑战之一，虽然在该制度中检察机关的主导刚性地位有所提升，但进入庭审阶段的程序仍离不开审判为中心的原则，在该阶段中，检察机关以监督审判、服务审判为主，行使"定罪请求权""量刑请求权"，② 法官仍对检察机关提出的定罪请求权具有自由裁量权。司法实践中，因检法缺乏沟通协商，未达成统一的量刑标准，对于不常见罪名的量刑规范依据不足，部分常见罪名罚金刑量刑规范依据不足，量刑建议精准度较难把握，检察机关易与法院产生分歧，其结果系量刑建议调整、不被采纳，发生上诉、抗诉等情况，认罪认罚制度难以起到提升案件办理质效之作用。

三、检察实践中认罪认罚制度困境的破解思路

如何提升认罪认罚制度的实践质量与效率，解决当前认罪认罚制度检

---

① 程溪：《认罪认罚从宽中被追诉人反悔的应对机制构建》，载《江西警察学院学报》2017 年第 3 期。
② 孙谦：《认罪认罚从宽制度实务指南》，中国检察出版社 2019 年版，第 168 页。

察实践的难题，已成为制度实践的重要命题。通过上文分析 X 市 S 区检察院认罪认罚制度的检察实践情况可以看出，该院检察工作中认罪认罚适用率、确定刑提出率与采纳率、适用速裁程序与建议程序等数据指标成效较好、进步较快。针对普遍性、倾向性的困境问题，下文总结 S 区检察院自认罪认罚制度落地以来的经验做法，为该制度检察实践挑战提供一定的破解思路。

（一）完善认罪认罚相关配套制度

1. 建章立制，完善顶层设计以保质增效。S 区检察院先后联合区法院、公安机关、区司法局签订了本地区实施细则及相关保障制度工作指引，以制度保证为认罪认罚实施落地保驾护航。同时，通过分析各罪名认罪认罚的使用情况，对危险驾驶、故意伤害、拒不执行判决裁定等常见罪名建立类案审查指引，形成要素式审查模式，指导、规范类案办理，夯实认罪认罚适用的基础，明确履职要求，公检法三家形成共识，共同推进认罪认罚制度的落深落实。

2. 转变理念，审时适度主动作为。检察机关应主动将认罪认罚工作向前延伸，督促公安机关将告知犯罪嫌疑人认罪认罚的相关规定提前至审查逮捕阶段，详细、明确解释"认罪""认罚"的认定标准，避免认识偏差；在审查起诉阶段，应结合具体案件的主观恶性、危害后果、罪后表现等情节，用通俗易懂的语言告知犯罪嫌疑人法律后果，对不认罪案件犯罪嫌疑人，视时机适度进行证据开示，敦促其自愿认罪。同时善用不起诉裁量权，针对其中具有情节轻微、认罪悔罪、赔偿谅解的犯罪嫌疑人依法作出不起诉决定，形成提高认罪认罚适用率的组合配套制度。

3. 科技赋能，创新认罪认罚模式。将大数据及智能化系统与检察业务工作实践相融合，形成统一办案、联动协作、加速高效的认罪认罚新模式：

其一，为缩减办案及认罪认罚全过程的时空距离与成本，S 区院成立执法办案指挥中心，实现指挥、观摩、评议、监督等功能。采用集约式、智能化的方式监督跟进认罪认罚案件的提审、庭审、听证、不起诉宣布等活动，以统一指导与监督标准指挥办案，有利于不同案件之间、同一案件不同阶段之间程序与实质皆达到统一化、标准化。

其二，S区检察院构建远程办案系统，形成与公安机关、法院等多部门联动协作"线上＋线下"工作机制。例如：与区法院联合出台远程庭审工作指引，促成有效协商，对占案件总量约75%的刑事速裁程序案件实现远程庭审全覆盖，为法院在速裁、简易程序期限内结案提供时间便利，同时加快畅通速裁、简易程序在审查起诉与庭审阶段的有效流转；与公安机关创新搭建"线上侦查监督与协作配合平台"，通过线上线下相结合"云研讨"，多次开展重大复杂案件的补强证据、督促公安机关在侦查阶段充分运用认罪认罚制度等提前介入工作，进行检警轮值工作。特别是在办理恶势力犯罪集团涉黑恶犯罪案件等重大敏感案件中，检警通过该平台充分开展联席研讨会议，及时对出现的新形势、新问题展开交流，统一意见，把握要点，瓦解攻守同盟，促使涉案人员从抱团对抗心理转为自愿认罪，区分情形把握从宽幅度，实现办案政治效果、法律效果和社会效果的统一。

其三，S区检察院在X市率先开通远程提讯平台，打破时空限制，提升工作效率，实现权利保障。远程提讯平台上线以来共开展远程提审工作2337件，占比达86.36%。为辩护人与犯罪嫌疑人搭建沟通桥梁，有效减少对抗，实现有效协商，实现"三效统一"。

（二）保障当事人及当事人权利实质化

1. 保障当事人权益。检察机关认真做好被害人的释法说理工作，通过犯罪嫌疑人于犯罪中的作用、手段及讯问过程中的表示与态度把握其心态特点，综合平衡犯罪情节、具体事实、心理预期、社会理性人判断等要素，与之进行说服协商，并明确告知其认罪认罚的有利结果及随意反悔所应承担的法律后果，加强犯罪嫌疑人认罪认罚的时间与意愿；充分听取被害人及其诉讼代理人意见，将被害人谅解作为从宽处罚的重要考量因素，努力修复社会关系，并在协商过程中明确被害人的主体地位，确保其知情权的行使，加深其对诉讼过程与具体量刑的认同。例如在因邻里矛盾、婚姻家庭、债务纠纷等民间纠纷引起的轻微刑事案件中，创设"检察＋援助律师＋人民调解组织"等的调解模式，促进矛盾化解。

2.确保法律援助律师工作的实质性与有效性。其一，建立法律援助律师值班工作机制，实现对犯罪嫌疑人"一对一"的法律帮助。加强对认罪认罚自愿性、合法性的审查，严格权利告知和听取意见制度，落实"证据开示"制度，定期通过区法律援助中心收集值班律师对认罪认罚工作意见建议，通报改进情况，积极推动值班律师由被动"见证者"转变为积极"参加者"。

其二，优化值班律师阅卷、场所等配套资源配置，在12309检察服务中心专设律师接待室，为律师提供阅卷、接受咨询、会见、认罪认罚具结的物理场所，充分保障其会见、阅卷等权利，使律师作为第三方参与化解社会矛盾、快速及时了解案情，推动认罪认罚的程序提速。同时，自主研发掌上服务平台App，率先上线律师服务子模块，为查询案件信息、提交法律意见、预约阅卷等提供线上线下结合的一站式服务。

其三，签订《关于进一步深化刑事案件律师辩护全覆盖试点工作的实施方案（试行）》，建立健全联动协作机制，扩大通知辩护范围，明确辩护律师职责，保障辩护权利，实现法律帮助实质化，进一步促进认罪认罚制度落实落深。

3.严格落实认罪认罚从宽制度控辩协商同步录音录像的工作要求，让"镜头下办案"成为常态。加强配合协调，强化与公安机关、看守所以及检察机关内部多部门的配合协作，打通技术壁垒，实现远程提审、看守所实地提审、院部提审三种方式认罪认罚同步录音录像全覆盖。同时探索"远程控辩协商"同录模式，使控辩协商有据可循，促进控辩协商流程规范化、内容具体化，实现"录得清、存得住、送得出"，强化犯罪嫌疑人认罪认罚的合法性、自愿性与真实性。①

---

①　李繁博：《认罪认罚从宽制度诉讼程序探究——以检察阶段为视角》，载《黑龙江省政法管理干部学院学报》2021年第5期。

（三）推进量刑建议规范化与精准化

1. 全面审查证据，提升办案水平与方式。其一，通过提前介入、引导侦查，全面收集、审查证明犯罪事实的证据，及时调取有关自首、立功、前科劣迹等量刑情节的证据材料，防止被告人认罪认罚后因事实证据问题提出上诉。严格把握每一个案件的质量底线，不可为了完成认罪认罚制度指标而降低案件的证据规格和证明标准；其二，明确认罪认罚案件在批捕、起诉、审判各个环节的操作守则，从告知权利、听取意见、协商量刑、签字具结等主要方面，规范适用认罪认罚，以程序规范彰显司法公信；其三，推进检察机关办案队伍的专业化水平，定期开展业务培训，提升职业素养，学习新法新规，提升办案人员释法说理及控辩、控审协调沟通的能力，善于运用大数据智辅工具，将大数据融入既往判例、法律法规规定、具体情节等内容中，提升量刑的标准性与科学性。

2. 探索认罪认罚具结书内容的性质明确与内容完善。检察机关应明确认罪认罚具结书于审查及确定量刑中的法律地位与法律效力，于文书中明确具结书的必要性与在司法机关审查前提下的契约性、控辩双方已完成控辩协商并具结的程序；在认罪认罚具结书内补充增加明确被追诉人反悔量刑建议所应承担的不利法律后果，以书面方式明确控辩协商的责任。但程序简化并不意味被追诉人主体权利的衰减，而应同时载明其应存在的救济权利；限制检察机关单方撤回的行为补足该文书的契约效力，以督促检察人员慎重、精准量刑，彰显司法机关的公信力。此外，静态的认罪认罚具结书应逐渐向动态化整合的方向转变，全方位明确被追诉人的认罪信息、如实记录量刑协商的具体过程，与上述证据开示制度相结合，有利于法庭明确被追诉人认罪认罚的自愿性；在未成年人等特殊案件中，社会调查评估结果由于系考虑量刑的重要因素，因此载入具结书中亦具有合理性。①

3. 有效开展控辩、控审量刑协商沟通。其一，办案人员应综合判断、详

---

① 韩旭、李松杰：《认罪认罚具结书的效力及其完善——从余金平交通肇事案二审加刑谈起》，载《南都学坛》2020 年第 4 期。

细甄别真诚悔罪或虚假认罪，尤其针对认罪态度反复、在审查起诉阶段才认罪的被追诉人，在签署具结书时，再次强调在审判环节认罪是获得从宽处罚的前提条件以及反悔的不利后果，每案均应当面或电话听取辩护意见，在充分沟通的基础上，做实做细协商工作。在主要以言辞证据定案的案件审查中，要求承办人每案审查讯问同步录音录像，核实被追诉人认罪认罚的真实性、自愿性。其二，主动向被追诉人、辩护人或值班律师释明提出量刑建议的依据、量刑建议的计算过程、本地区同类案件参考等，让被告人及其辩护人、值班律师实质参与量刑协商，提升协商透明度，有效提升沟通效果。在此基础上，对庭审阶段可能发生的和解、退赃等情节变化，提前进行预判，在具体签署认罪认罚具结书时设置附条件的两档量刑建议，让被告人感受到检察机关的量刑建议中肯客观，并在后续诉讼过程中稳定认罪服法；加强检法沟通，推动两院对常见罪名制定统一的量刑标准，对刑罚执行方式、附加刑适用幅度形成共识；严格执行认罪认罚案件开展量刑建议工作的相关文件，提升量刑建议的精准化、规范化、科学化；通过大数据定期跟踪认罪认罚量刑采纳率，并分析法院未采纳检察院量刑建议的具体原因，有针对性地推进精准化量刑建议。

4.查明上诉原因，对症下药。每月指定专人汇总情况，逐案剖析认罪认罚后上诉原因，总结出上诉分为留所服刑"技术型上诉"、减轻刑罚"投机型上诉"和"反悔型上诉"，并制定有针对性的具体措施，力促息诉服判。针对"技术型上诉"，要求承办人在一审判决后，再次提审被告人听取上诉理由，阐明无正当理由反悔的法律后果，耐心释法说理引导被告人打消顾虑，主动撤诉；针对其他两种情况，如符合抗诉条件，则向上级院提请抗诉，彰显司法权威性。

论认罪认罚从宽制度与刑事和解程序之关系

史　焱　侯建暄　郝冠华　北京市昌平区人民检察院

认罪认罚从宽制度与刑事和解程序 [①] 是我国刑事司法进程中的两项重大改革，并分别在 2018 年和 2012 年被纳入我国《刑事诉讼法》。在肯定其改革经验及实践效果的同时，应当关注到两种制度在价值追求、制度设计等层面重叠交织，既有显著的区别，又有广泛的联系，面临一定的理论和实务难题，二者的衔接适用问题理应引起我们的思考。《关于适用认罪认罚从宽制度的指导意见》（以下简称《认罪认罚指导意见》）第 17 条指出"对符合当事人和解程序适用条件的公诉案件，犯罪嫌疑人、被告人认罪认罚的，人民法院、人民检察院、公安机关应当积极促进当事人自愿达成和解"。这反映了在实施认罪认罚从宽制度时，司法机关应当积极推动符合条件情形下的刑事和解的具体适用。笔者在中国裁判文书网以刑事案件、基层法院、认罪认罚、刑事和解、谅解等为关键词，检索到 2022 年案件共 78006 件。其中包括认罪认罚案件 67358 件，占比 86.3%；刑事和解案件 315 件，占比约为 0.4%；既认罪认罚又刑事和解的案件 305 件，占比约为 0.4%；谅解案件 14967 件，占比 19.2%；退赔案件 17065 件，占比 21.9%。相关数据显示，在认罪认罚从宽制度广泛适用的背景下，刑事和解适用的案件数量和占比偏低，且多为既认罪认罚又刑事和解的案件，与谅解、退赔等案件也存在明显差距。那么，为何刑事和解程序与认罪认罚从宽制度存在重叠或矛盾？如何在办理认罪认罚案件的同时促进刑事和解的适用？怎样厘清二者之间的关系并充分发挥各自优势、实现制度的有机衔接？这是本文的讨论重点。

[①] 本文所称刑事和解程序即当事人和解的公诉案件诉讼程序。

一、认罪认罚从宽制度与刑事和解程序之区别

（一）功能价值差异

在推行审判中心主义改革的背景下，需要保障有足够司法资源投入到部分疑难、复杂、重大的刑事案件当中，满足烦琐、正规的刑事诉讼程序要求，使得直接言词原则、非法证据排除规则、证人、鉴定人出庭等制度能够具体施行，但这也会导致案多人少情况下的司法资源配置的紧张关系。效率价值同样也是刑事诉讼活动追求的价值目标，因此，认罪认罚从宽制度普遍适用于刑事案件当中，被追诉人可以通过选择认罪认罚和接受简易快速程序，换取大幅度的量刑优惠，追诉犯罪的人力、物力成本也大大降低，所需时间减少，能够有效调节司法资源的合理配置。刑事和解程序侧重于关注被害人的权益，鼓励被害人的有效参与，对于化解社会矛盾、修复被损害的社会关系发挥着积极的作用，程序设计也主要围绕双方当事人的和解协商进行展开，还可以让司法机关、相关组织或个人参与到调解活动当中，虽然对诉讼效率造成一定影响，但被害人则得到了心理上和物质上的满足，双方当事人的冲突和矛盾也能够有效化解。

（二）适用范围不同

就适用范围而言，认罪认罚从宽制度在所有刑事案件中都可以适用，没有适用罪名和可能判处刑罚的限定，具有普遍的适用性。[①] 相反，刑事和解程序具有特定的适用范围，具体限定为两类案件[②]：一类是因民间纠纷引起的轻微故意犯罪案件，包括涉嫌《刑法》分则第四章、第五章规定的犯罪案件，即侵犯人身权利和财产的犯罪案件，以可能判处 3 年有期徒刑以下刑罚为限；另一类是除渎职犯罪以外的可能判处七年有期徒刑以下刑罚的过失犯罪案件。可见，刑事和解的适用范围包含于认罪认罚从宽制度的适用范围之中，且范围相对狭窄。一方面，对于"民间纠纷"这一限制条

---

① 参见《关于适用认罪认罚从宽制度的指导意见》第 5 条。
② 参见《刑事诉讼法》第 288 条。

件，相关规范将不宜和解的情形排除出"民间纠纷"之外①。《民间纠纷处理办法》第3条将"民间纠纷"界定为"公民之间有关人身、财产权益和其他日常生活中发生的纠纷"，但由于规定比较粗糙，造成实践中司法机关掌握标准不一。另一方面，刑事和解程序主要适用在轻罪案件当中，重罪案件被排除在外，体现了国家公权力主导的刑事诉讼程序的谨慎态度，但是在被害人受到更重大伤害的案件中却无法适用刑事和解程序帮助被害人抚平心理创伤、获得物质赔偿，被追诉人仍然可以通过认罪认罚获得轻缓量刑。适用范围的不同导致超出刑事和解的范围而被追诉人与被害人达成和解且认罪认罚时，和解可能被视为谅解②，并作为量刑情节予以考虑，造成相关概念的含混不清、制度实施方式不明。

（三）适用主体不同

认罪认罚从宽制度要求被追诉人"自愿如实供述自己的罪行，承认指控的犯罪事实"，体现了被追诉人通过自愿认罪悔罪换取司法机关的从宽处理，是国家公权力对被追诉人所实施的犯罪行为进行的评价③，属于权力与权利之间的沟通交互。刑事和解程序则建立在被追诉人自愿认罪、真诚悔罪的基础上，被追诉人与被害人就民事赔偿问题进行充分协商并实际履行经济赔偿，规范的是被追诉人与被害人之间的关系，属于权利与权利之间的沟通交互。二者的主要差异在于被害人的参与程度不同，刑事和解程序更侧重于保护被害人的利益，以便及时、有效恢复被破坏的社会关系，被害人不仅能够充分参与到与被追诉人的协商当中，而且在不同诉讼阶段与被追诉人达成和解还会形成不同的从宽效果，如果被害人不接受和解条件

---

① 《公安机关办理刑事案件程序规定》第334条规定，有下列情形之一的，不属于因民间纠纷引起的犯罪案件：（一）雇凶伤害他人的；（二）涉及黑社会性质组织犯罪的；（三）涉及寻衅滋事的；（四）涉及聚众斗殴的；（五）多次故意伤害他人身体的；（六）其他不宜和解的。
② 参见《关于适用认罪认罚从宽制度的指导意见》第17条。
③ 赵恒：《认罪认罚与刑事和解的衔接适用研究》，载《环球法律评论》2019年第3期。

或不愿配合，和解程序便无法继续进行，可以说，被害人在制度运行中发挥关键性作用。认罪认罚从宽制度中被害人无法主动参与到检察机关与被追诉人的协商之中，虽然被害人享有表达意见的权利，司法机关也应当充分听取意见，但对于被害方不同意对被追诉人从宽处理的异议，并不影响认罪认罚从宽制度的适用。[①]

（四）标志性文书不同

在认罪认罚从宽制度中，被追诉人自愿认罪，同意量刑建议和程序适用的，在辩护人或者值班律师在场见证之下，与检察机关签署的是"认罪认罚具结书"，体现的是被追诉人认罪悔罪的意思表示，记载了检察官与被追诉人对特定量刑方案的一致意见，并作为确定检察机关量刑建议书的依据。在刑事和解程序中，被追诉人与被害人达成的是和解协议书，在侦查、审查起诉和审判阶段，分别在公安机关、检察机关和法院的主持下制作形成，并由双方当事人和其他参加人签名。和解协议书通常包括被追诉人向被害人赔礼道歉、赔偿损失、获得谅解等具体内容，对于司法机关的刑事处理具有一定的法律约束力，司法机关一般据此作出从宽处理的相关决定。

认罪认罚具结书只存在于审查起诉阶段，记录的是控辩双方量刑协商的结果，在起诉时连同起诉书、量刑建议书一并提交法院，由法院对具结书的真实性、合法性进行审查，而在侦查阶段，公安机关仅需将被追诉人自愿认罪认罚情况记录在起诉意见书中，并对检察机关适用程序、处理案件提出相应建议，由此，以检察机关为主导、以认罪认罚具结书为成果的量刑协商程序在审查起诉阶段得以建立。和解协议书则普遍适用于刑事诉讼各个诉讼阶段，办案机关在各自主持的诉讼程序中都可以积极促成加害方与被害方的和解，当事双方根据自愿原则达成和解协议，并要接受各个办案机关对和解协议自愿性、合法性的审查。

---

① 参见《关于适用认罪认罚从宽制度的指导意见》第18条。

认罪认罚具结书的内容包括被追诉人承认指控的犯罪事实和罪名、同意量刑建议和程序适用，体现的是检察官与被追诉人之间的协商成果。和解协议的核心内容则是加害方真诚悔罪并向被害方赔礼道歉、赔偿损失，以及被害方请求或同意对加害方从宽处罚，体现的是当事双方自主自愿化解矛盾的意思表示。被追诉人在签署认罪认罚具结书后，享有反悔的权利，反悔后的认罪认罚具结书也相应失去法律效力。和解协议在所约定的内容全部履行完毕后，无论是加害方还是被害方反悔的，都不影响和解协议的效力。

（五）启动告知方式不同

认罪认罚从宽制度具备一套完整的权利告知程序，公安机关、检察机关和法院都要在各自的侦查、审查起诉和审判阶段内，告知被追诉人享有的诉讼权利和认罪认罚的法律规定。告知应当采取书面形式，连同听取被追诉人、辩护人或者值班律师的意见一并记录在案，便于后一诉讼阶段的办案机关对前一诉讼阶段的办案机关履行告知义务的审查，以对认罪认罚的自愿性和合法性进行确认。[①] 刑事和解程序的启动权主要由被追诉人和被害人享有，双方当事人可以自行和解，也可以经人民调解委员会、村民委员会、居民委员会、当事人所在单位或同事、亲友等组织或个人调解后达成和解。检察机关和法院可以建议和解并告知享有的诉讼权利，但并不能强制启动刑事和解。且未履行告知义务也没有相应的后续审查机制或法律后果，使得刑事和解的启动告知程序相对不健全、容易被规避。[②]

（六）法律后果不同

在刑事和解程序中，被追诉人与被害人达成和解，在司法机关的主持

---

① 参见《关于适用认罪认罚从宽制度的指导意见》第 22 条、第 26 条、第 28 条、第 39 条。

② 参见《人民检察院刑事诉讼规则》第 496 条，《最高人民法院关于适用〈中华人民共和国刑事诉讼法〉的解释》第 587 条。

下签署和解协议书，并及时履行协议内容。刑事和解作为一种独立的法定量刑情节，检察机关可以作出不起诉处理，法院可以适用从轻处罚、减轻处罚或者免予刑事处罚，和解会导致宽大处理的结果。而认罪认罚从宽制度中，所有刑事案件可以适用但并非一律适用，被追诉人认罪认罚后是否从宽，还要由司法机关根据案件具体情况确定①，例如结合主观恶性、案件类型、社会危害性等因素综合考量。

二、认罪认罚从宽制度与刑事和解程序之联系

（一）共同的理念政策基础

在被追诉人认罪的情况下，刑事诉讼程序形成了"合作性司法"的模式，"合作性司法"又被区分为"最低限度的合作""和解性的私力合作""协商性的公力合作"三种诉讼模式②。"和解性的私力合作模式"是指在被追诉人自愿认罪、被害人与被追诉人就民事赔偿问题达成和解协议的前提下，司法机关据此对被追诉人作出宽大处理的诉讼模式，刑事和解程序便是典型代表。③ 认罪认罚从宽制度中，检察官与被追诉人就量刑问题进行对话和协商，在达成某种程度妥协的基础上形成双方认可的量刑方案，法院根据此方案作出刑事裁判，具有"协商性的公力合作"的主要特征。因此，认罪认罚从宽制度与刑事和解程序都蕴含合作的因素，在各自的诉讼程序中，被追诉人一方与办案人员、加害方和被害方都能充分参与诉讼活动，通过与相对方平等对话和理性协商，达成具有协议性质的标志性文书，并能够对案件结果产生直接的推动和塑造作用。

从利益兼得的角度，认罪认罚从宽制度和刑事和解程序都能最大限度满足诉讼各方的利益，或者避免受到更大的损失，使得制度获得赖以存在

---

① 参见《关于适用认罪认罚从宽制度的指导意见》第 5 条。
② 陈瑞华:《刑事诉讼的公力合作模式——量刑协商制度在中国的兴起》，载《法学论坛》2019 年第 4 期。
③ 陈瑞华:《刑事诉讼的私力合作模式——刑事和解在中国的兴起》，载《中国法学》2006 年第 5 期。

的现实基础。认罪认罚从宽制度中，通过参与量刑协商，作为控诉一方的检察机关获得了多重收益，不仅减弱了被追诉人的对抗性，避免被追诉人作出无罪答辩或者提出程序性异议的可能性，还让案件可以按照指控的罪名和量刑建议获得法院的认可，更避免了法院作出无罪处理的可能性。被追诉人通过量刑协商能够获得较大幅度的量刑优惠，这对于大多数事实上构成犯罪的被追诉人具有极大吸引力。法院则可以将大量认罪认罚无争议的案件通过简易快速程序进行处理，大大提高办案效率，缓解案多人少的压力。刑事和解程序中，被害方通过达成和解协议，获得较高额度的民事赔偿并获得心理上的慰藉，被追诉人则能够被检察机关和法院作出宽大的刑事处理，由于案件能够以较为平和的方式终结，充分照顾诉讼各方的利益，法院的办案压力得到减轻，获得了服判息诉的良好效果。

自愿原则是两项制度都遵循的基本原则。被追诉人自愿认罪认罚，是适用认罪认罚从宽制度的前提条件，在审查起诉阶段和审判阶段，检察机关和法院都会对被追诉人是否自愿认罪认罚，有无因受到暴力、威胁、引诱而违背意愿认罪认罚进行审查，在刑事诉讼的任何阶段，被追诉人也都享有反悔的权利。① 在刑事和解程序中，加害方和被害方无论以何种形式达成和解协议，都要出自各自真实的意愿，不得通过强迫、威胁、引诱、欺骗等非法方法促成和解，否则和解协议将被认定无效，尊重当事双方的程序自由选择权，实现社会关系的实质性修复。

宽严相济刑事政策是共同的政策基础。一方面，宽严相济刑事政策强调当宽则宽、当严则严，不可以"一刀切"地对被追诉人进行平均化的对待，而应当根据具体案件的性质和具体被追诉人的社会危险性进行判断，认罪认罚从宽制度和刑事和解程序通过引入认罪认罚、真诚悔罪、赔礼道歉、赔偿损失、签署认罪认罚具结书和签署和解协议等方式，实现对具有相应情节被追诉人的区别化处理。另一方面，通过认罪认罚从宽制度和刑事和解程序获得从宽处理的被追诉人，要么获得较大幅度的量刑减让，要

---

① 参见《关于适用认罪认罚从宽制度的指导意见》第28条、第39条。

么被检察机关不起诉，被法院从轻处罚、减轻处罚和免予处罚，体现了刑罚轻缓化的理念，并且可以对应适用特殊的诉讼程序，最大限度对案件进行分流，实现程序从简的目标，宽严相济的刑事政策也借助两项制度真正落到实处。

（二）共同的制度基础

认罪认罚从宽制度和刑事和解程序在制度设计上存在概念交叉或条件相互包含。两项制度都是我国认罪制度的组成部分，都强调对犯罪事实的承认。认罪认罚从宽制度中的"认罪"要求被追诉人自愿如实供述自己的罪行，对指控的犯罪事实没有异议。[①] 刑事和解程序中，双方当事人签署的和解协议书则应当包括被追诉人承认自己所犯罪行，对犯罪事实没有异议，并真诚悔罪。[②] "认罪"构成两项制度的共同适用前提，否则相关制度适用将无从谈起。

在认罚与和解的关系上，由于区分上有一定模糊，部分观点认为认罚中包含了和解的因素。一般认为，对认罪认罚从宽制度中"认罚"的把握，是指"愿意接受处罚"，在侦查阶段表示愿意接受处罚；审查起诉阶段接受检察机关作出的不起诉决定、认可量刑建议、签署认罪认罚具结书等；审判阶段当庭确认自愿签署具结书、愿意接受处罚。[③] 但《认罪认罚指导意见》采取真诚悔罪和愿意接受处罚的双重条件，也重点考察被追诉人的悔罪态度和悔罪表现，包括向被害方赔偿损失、赔礼道歉等，由于刑事和解中被追诉人的相同补救措施也是真诚悔罪的外在表现，刑事和解在概念上便与认罚有所重合。对此，从广义和狭义的角度分别对认罚进行区分，狭义上的认罚仅指愿意接受处罚，与刑事和解无直接联系，广义上的认罚在狭义

---

① 参见《关于适用认罪认罚从宽制度的指导意见》第 6 条。
② 参见《最高人民法院关于适用〈中华人民共和国刑事诉讼法〉的解释》第 592 条。
③ 参见《关于适用认罪认罚从宽制度的指导意见》第 7 条。

认罚的基础上实现被追诉人与被害方的民事赔偿和解，^① 如此，认罚与刑事和解的重要联系便是都体现被追诉人的真诚悔罪态度，并通过赔礼道歉、赔偿损失付诸实际行动。

在法律后果方面，认罪认罚从宽制度和刑事和解程序都包含从宽的法律效果。两项制度中，被追诉人签署认罪认罚具结书或者同被害方达成和解协议后，都可以在不同诉讼阶段中获得司法机关相应的从宽处理方式，根据各自具体的规定，被追诉人都可能获得不批捕、不起诉或较为宽缓的刑罚处罚。

三、认罪认罚从宽制度与刑事和解程序之衔接适用

（一）构建三方互动机制

认罪认罚从宽制度和刑事和解程序具有众多联系，在制度衔接适用上应推动诉讼主体的沟通互动，形成认罪认罚的刑事和解案件中两种制度的充分融合，构建一种三方互动的程序机制，三方即以检察机关为代表的司法机关、被追诉人和被害人，通过在协商、和解程序中的交互参与，进一步完善衔接机制，实现制度的优势互补。

认罪认罚从宽制度贯穿整个刑事诉讼程序，在关键诉讼节点，被害人应当享有对被追诉人与公权力机关的诉讼行为的知情权，这是被害人在诉讼活动中行使各项诉讼权利的前提，也是有效参与刑事和解的保障，因此，对于认罪认罚程序的启动、案件整体办理进程、被追诉人认罪认罚情况以及被害人享有的诉讼权利，各个诉讼阶段的办案机关都应当及时以书面形式告知，后一诉讼阶段的司法机关也应当进行有效的审查和监督。尤其在被追诉人一方与检察机关就量刑方案达成一致意见、双方签署认罪认罚具结书的关键节点，应当保障被害人有效参与协商的过程，不仅可以起到一定的监督作用、保证诉讼程序的公开，还可以使被害人亲身感知被追诉人

① 黄京平：《认罪认罚从宽制度的若干实体法问题探讨》，载《中国法学》2017 年第 5 期。

的认罪态度，在某种程度上推动和解工作的进行。被害人可以提出在场见证签署具结书的申请，检察官根据案件实际情况判断是否适宜见证，通过被害人的适当参与吸收被害人意见、加强被害人对认罪认罚决定的理解。当被害人对具结过程等认罪认罚程序提出意见，司法机关应当将意见的采纳情况向被害人答复并充分说明理由，也应在案卷中以书面形式予以呈现，使被害人的提出意见权得到保障。同样，在被追诉人一方与被害方和解的过程中，对于双方签署和解协议前后的重要节点，以检察机关为代表的司法机关也应当参与见证，不仅审慎审查和解协议的真实性和合法性，还可以考察当事双方对于达成和解的自愿性，并顺带审视被追诉人的认罪悔罪态度。同时，可以考虑对被害人一方引入法律帮助机制，尽可能弥补被害人法律知识、与被追诉人协商技巧上的不足与缺失，激励被害人更有动力投入到和解程序当中。此外，司法机关应当对值班律师提供帮助进行必要的安排和保障。三方互动机制既能够使当事双方的意见充分表达，提升诉讼主体的参与感，还可以保障诉讼活动的公正性、公开性、合法性，在追求效率的同时保证程序公正，是两种制度融合的现实桥梁。

（二）量刑减让的协调统一

认罪认罚从宽制度与刑事和解程序的衔接主要有四类案件，即认罪认罚的和解案件、超出和解范围获得被害人谅解的案件、仅认罪认罚的案件和仅达成和解的案件。在刑事和解的适用范围没有大幅扩展的情况下，结合最高人民法院、最高人民检察院《关于常见犯罪的量刑指导意见（试行）》（以下简称《量刑指导意见》），可以厘清四类案件各自的量刑减让幅度，实现量刑上的合理衔接。

对于仅按照刑事和解程序达成和解协议的，综合考虑犯罪性质、赔偿数额、赔礼道歉以及真诚悔罪等情况，可以减少基准刑的50%以下；犯罪较轻的，可以减少基准刑的50%以上或者依法免除处罚。对于仅认罪认罚的案件，综合考虑犯罪的性质、罪行的轻重、认罪认罚的阶段、程度、价值、悔罪表现等情况，可以减少基准刑的30%以下。对于认罪认罚的刑事和解案件，《量刑指导意见》没有采取直接相加的量刑减让方法，而是设置了最高 60% 的量刑减让幅度，犯罪较轻的，可以减少基准刑的 60% 以上或者依法免除处罚。同样，赔偿谅解情节与刑事和解情节并列，对于认罪认罚达成赔偿谅解的案件，采用与前述认罪认罚的刑事和解案件相同的量刑减让幅度，根据案件具体情况进行阶梯式的调节。笔者认为，由于刑事和解程序适用的案件数量有限，且案件本身就适宜和解，对缓解当事双方的矛盾、修复社会关系具有重要意义，为鼓励积极达成和解协议，可以根据案件具体情况和认罪悔罪情节上下调整，犯罪较轻的，可以减少基准刑的 80% 以上或者免除处罚。对于不符合和解适用条件的认罪认罚且赔偿谅解案件，量刑减让幅度可以规定为认罪认罚的 30% 量刑减让幅度和赔偿谅解的 40% 量刑减让幅度相结合得出的 70% 量刑减让幅度，并根据仅积极赔偿或者取得谅解进行梯度调整，保证罪责刑相适应，这样也能够超越刑事和解程序适用范围的限制，最大限度鼓励被追诉人采取补救措施，保障被害人权益。

重罪案件适用认罪认罚从宽制度的
检察实践问题和路径思考

廖祥勇　赵　婷　重庆市人民检察院第二分院

2018年修订的《刑事诉讼法》确立了认罪认罚从宽制度。2019年10月，最高人民法院、最高人民检察院（以下简称最高检）、公安部、国家安全部、司法部联合发布了《关于适用认罪认罚从宽制度的指导意见》（以下简称《指导意见》），对当事人权益保障、司法机关工作职责等作出规定，明确认罪认罚从宽制度并没有适用案件罪名和可能判处刑罚的限定。但实践中，对于重罪案件[①]如何适用认罪认罚从宽制度，仍存在认识分歧与适用误区，影响了部分重罪案件的办理质效。鉴于此，本文旨在客观分析近年来检察实践现状、积极探索实践路径，以期助推实现重罪案件适用认罪认罚从宽制度的功能价值。

一、重罪案件适用认罪认罚从宽制度的实践现状

重罪案件适用认罪认罚从宽制度，是贯彻落实宽严相济刑事政策的体现，不仅能及时有效惩治犯罪、化解社会矛盾纠纷，还有利于提高指控和审理效率，节约司法资源。[②] 与轻罪案件相比，重罪案件在复杂程度、犯罪嫌疑人人身危险性程度、认罪态度等方面有较大区别，办案人员在重罪案件中适用认罪认罚从宽制度时，存在不敢用、不会用的情况。以C市检

---

① 根据检察机关内设机构职能分类，主要指重罪检察部门负责罪名，具体包括含邪教案件在内的危害国家安全犯罪、除交通肇事、危险驾驶外的危害公共安全犯罪、故意杀人罪、抢劫罪、毒品犯罪。

② 贺恒扬：《检察机关适用认罪认罚从宽制度研究》，中国检察出版社2020年版，第347页。

察院某分院辖区为例，2019 年《指导意见》实施以来，即 2019 年 10 月至 2023 年 4 月，该分院及辖区基层院办理重罪案件 2007 件、2413 人，适用认罪认罚 1901 人，适用率 78.78%。适用认罪认罚从宽制度的重罪案件中，从罪名适用上看，危害生产安全类案件适用率最高，达 83.3%，故意杀人类案件适用率最低，仅为 20%。从量刑建议上看，提出确定刑量刑建议 1416 人，幅度刑量刑建议 485 人，确定刑量刑建议提出率为 74.49%。从律师参与辩护情况上看，律师参与率为 100%，其中值班律师参与的有 1213 人，自行委托或法律援助律师参与的有 688 人，辩护律师参与率为 36.2%。从处理结果上看，适用认罪认罚审结的 1901 人中，起诉 1740 人，微罪不诉 161 人，不诉率为 8.47%。

（一）重罪案件认罪认罚总体适用率较低，且未适用认罪认罚案件罪名主要集中为故意杀人罪

三年以来，C 市检察院某分院辖区认罪认罚从宽制度适用率稳定保持在 90% 以上，但重罪案件适用率尚未达到 80%，故意杀人类案件适用率仅为 20%。分析发现主要原因有二，一是重罪案件如故意杀人罪大多刑期较重，犯罪嫌疑人出于"拼死一搏"的心理，往往不认罪或不认罚。二是重罪案件犯罪嫌疑人在赔偿损失、获得谅解等方面难以达成协商意见，未体现认罪悔罪态度，影响认罪认罚从宽制度的适用。

（二）重罪案件认罪认罚确定刑量刑建议提出比例不足

最高检通过指标化的方式对量刑建议的适用进行规范，提出了量刑建议精准化改革，强调要提高确定刑量刑建议的数量。统计发现，C 市检察院某分院辖区认罪认罚确定刑量刑建议提出率已超过 90%，但重罪案件提出率未超过 75%，该类案件提出确定刑量刑建议面临困难。重罪案件往往系案情复杂案件，办案人员一方面由于自身水平所限，难以精准确定刑期；另一方面又害怕法院变更刑期，影响量刑采纳，故更愿意提出幅度刑量刑建议。

（三）重罪案件辩护律师参与率相对较高，但值班律师参与仍占更大比例

据统计，C市检察院某分院辖区刑事案件律师辩护率未达30%，认罪认罚刑事案件由于犯罪嫌疑人对侦查机关移送审查起诉的罪名和事实无异议，委托辩护人的案件比例更低。而适用认罪认罚从宽制度的重罪案件辩护律师参与率为36.2%，明显高于其他案件。一方面，得益于法律的强制辩护规定，对可能判处无期徒刑、死刑的重罪案件犯罪嫌疑人，没有委托辩护人的，均指派法院援助律师为其辩护；另一方面，重罪案件部分犯罪嫌疑人虽表示认罪认罚，但由于本身法定刑较重，因此愿意选择委托律师为其提供罪轻辩护。尽管如此，认罪认罚重罪案件辩护律师参与率仍未突破50%，认罪认罚制度参与仍主要表现为值班律师参与。

（四）重罪案件认罪认罚不诉率较低

C市检察院某分院辖区三年以来办理的重罪案件不诉率仅为9.47%，且不诉案件罪名多集中为非法持有枪支罪、重大责任事故罪等法定刑在三年以下有期徒刑的犯罪，其余绝大部分案件均为认罪认罚起诉案件。主要原因在于重罪案件大多为毒品犯罪、故意杀人等罪名，性质恶劣，社会影响较大，刑期较重，且毒品案嫌疑人大多有前科，该类案件大部分不适宜作不起诉处理。

二、重罪案件适用认罪认罚从宽制度存在的难点及问题

（一）重罪案件程序便宜和量刑从宽幅度的压缩，影响认罪认罚从宽制度的适用

《刑事诉讼法》第215条并未排除重罪案件适用简易程序，但由于重罪案件侵害的法益较大，根据比例原则，"越复杂、越重大的案件，论罪科刑

的程序就必须相应地越慎重、越确实"，[①] 故重罪案件尤其是可能判处无期徒刑或死刑的重罪案件，仍应当适用普通程序以保障诉讼公正。实体上来讲，犯罪嫌疑人认罪认罚的主要期待来自量刑从宽，但对于依法可能判处死刑和无期徒刑的案件，是否仅仅依据认罪认罚这一情节，就能够对犯罪嫌疑人建议判处死刑缓期执行或者有期徒刑，目前无明确的指导意见，司法实践中则是给予否定回答。再如，对于贩卖少量毒品的初犯，法律规定并未阻断不起诉的通道，但是司法实践中犯罪嫌疑人一旦被贴上"毒贩"的标签，则办案人员基本不再考虑不起诉。因此即使重罪案件不排除适用认罪认罚，犯罪嫌疑人仍难以享受程序从简和量刑从宽的制度福利，影响犯罪嫌疑人认罪认罚的主动性。

（二）被害人对犯罪嫌疑人因认罪认罚而被从宽处理的接受程度较低

杀人偿命、欠债还钱是老百姓心中朴素的正义观，该观念具体到刑事案件被害人一方则直接体现为不谅解。如果被害人一方的心理、生理或者财务方面没有得到充分的补偿，则对严惩犯罪嫌疑人的诉求会非常强烈，贸然适用认罪认罚从宽制度会加重双方矛盾和冲突，造成不良的社会影响。与轻罪案件相比，重案案件嫌疑人对被害人造成的损害往往更大，犯罪嫌疑人与被害人矛盾尖锐，难以达成谅解，故出于适用效果的考虑，不宜适用认罪认罚从宽制度。

（三）重罪案件量刑情节的交错复杂，影响确定刑量刑建议的提出

从目前适用认罪认罚从宽制度的重罪案件来看，检察机关提出确定刑量刑建议的比率在逐步提高，但仍有一定比例的案件适用幅度型量刑，且法院对确定型量刑建议的采纳率要低于幅度型量刑建议。出现这种情况很大一部分原因是重罪案件量刑因素复杂，同一案件中，往往累犯、再犯、不认罪悔罪、犯罪手段残忍、犯罪后果特别严重等从重量刑情节与自首、

---

① 林钰雄:《刑事诉讼法（下册）》，中国人民大学出版社 2005 年版，第 197 页。

立功、真诚认罪悔罪、民间矛盾纠纷引发、积极赔偿被害方损失、积极弥补犯罪后果等从轻情节交叉存在。[①]　对于案件情况较为疑难复杂的重罪案件，确定具体罪名、全面分析法定与酌定量刑情节，注重自由刑与财产刑的平衡等都成为检察机关提出量刑建议的重点与难点所在。

（四）律师参与作用发挥不充分

一方面，法律援助律师在侦查、起诉、审判等不同诉讼阶段都需重新指派，则仅一审程序就可能分阶段出现 3 个不同律师辩护的情况，严重影响律师辩护的责任心，使辩护效果大打折扣。另一方面，值班律师数量少，难以在看守所、法院、检察院、司法局等部门分别配备值班律师，一定程度上影响办案节奏。同时，值班律师为犯罪嫌疑人提供实质性法律帮助不足。根据法律规定，值班律师除了见证犯罪嫌疑人签署认罪认罚具结书外，还应当履行为犯罪嫌疑人、被告人提供法律咨询、建议、帮助等职责，但大部分值班律师只起到了见证人的作用。个别值班律师甚至因为私人案件及经费保障不到位等原因脱岗，导致法律帮助不及时。

三、适用认罪认罚制度的举措及成效

认罪认罚从宽制度是十分典型的以检察官履行主导责任为基础的诉讼制度设计。[②]　在重罪案件适用认罪认罚从宽制度中，检察官要充分发挥主导责任，加强与公、法两家的沟通协作，切实保障犯罪嫌疑人、被害人双方合法权益。各司法责任部门要强化"践行人"角色，完善落实相关配套制度。

（一）进一步加强公检法之间的沟通协作

1.将端口前移至侦查环节，最大限度适用认罪认罚从宽制度。一是适时提前介入。重罪案件提前介入，有利于检察官提前熟悉案情，审核把关案

[①] 刘辰:《办理重罪案件检察官业绩评价初探》，载《人民检察》2018 年第 6 期。
[②] 陈国庆:《适用认罪认罚从宽制度的若干问题》，中国检察出版社 2020 年版，第 70 页。

件事实证据，开展案件定性的沟通工作，为认罪认罚从宽制度的适用奠定基础。二是确保权利告知。要注重审查公安机关第一次讯问时是否及时告知犯罪嫌疑人适用认罪认罚从宽制度的诉讼权利和法律后果，监督公安机关引导犯罪嫌疑人及早、主动、全面、稳定地认罪认罚和配合办案机关调查案件。三是简化对接手续。在侦查阶段犯罪嫌疑人认罪认罚的案件，公安机关在案件卷宗封面右上角加盖"认罪认罚案件"专用章，以便检察机关受案后按繁简程序快速分流。

2. 与法院就重罪案件量刑标准进行沟通、协商，保证量刑建议的准确性。检察官要强化量刑规范的学习，不断积累量刑经验。充分利用"智慧公诉"辅助办案系统中与量刑有关的案例、信息等技术资源，辅助验证量刑建议的准确性。在此基础上，加强与法院沟通、协商，可与法院召开联席会议，进一步细化量刑指导意见中的量刑标准，细化工作流程，促进认罪认罚规范有序开展。如法、检两家须统一对认罪认罚案件从轻幅度标准，明确罚金刑的具体标准等，逐步推进量刑建议精准化和常态化。

（二）注重当事双方权利保障

1. 强化法律文书释法说理功能，保障认罪认罚的自愿性、主动性。检察机关法律文书是反映检察机关进行检察活动的重要载体，而认罪认罚从宽制度告知书、认罪认罚具结书是适用认罪认罚从宽制度的标志性法律文书。检察官应充分发挥认罪认罚具结书的释法说理功能，以保障犯罪嫌疑人认罪认罚的自愿性、主动性。一是检察机关可以改进现有的告知文书，对涉及认罪认罚从宽制度的相关内容在告知文书中重点标识，并可以附页对相关内容进行解释。[①] 检察官在讯问犯罪嫌疑人的过程中，要及时向犯罪嫌疑人说明"认罪""认罚"的具体含义，针对犯罪嫌疑人的具体行为，阐明其触犯的相关法律规定及刑罚措施的具体运用，让犯罪嫌疑人充分认识到

[①] 严立华、刘晓睿、黄慧：《认罪认罚从宽制度落实中应加强法律文书释法说理》，载《人民检察》2021 年第 5 期。

自己所涉罪行的性质及法律依据。二是在认罪认罚具结书中，检察官要列明犯罪嫌疑人涉嫌的犯罪事实及相应的法律后果，存在争议问题的，要说明认定结论的证据情况和法律依据。签署具结书前，检察官要对犯罪嫌疑人及辩护人提出关于刑期、罪名等方面的问题进行解答，释明犯罪构成的认定理由，刑期的计算方式，签订认罪认罚具结书对量刑的影响，消除对罪名认定、量刑情节方面的疑惑，保证犯罪嫌疑人认罪认罚的自愿性。三是对于基层检察院办理的重罪案件，犯罪嫌疑人自愿认罪认罚的，检察官在征得犯罪嫌疑人同意后可建议法院适用简易程序。认罪认罚具结书可在程序选择一栏增加适用理由设置，检察官需结合案件事实、情节等明确建议法院适用审理程序的理由和依据。

2. 建立认罪认罚悔过书机制，保障认罪认罚的真实性、彻底性。悔过书就是犯罪嫌疑人、被告人在适用认罪认罚从宽制度过程中，基于真诚悔罪的意愿对自身犯罪行为及其危害性以文字的形式书写的材料。建立认罪认罚悔过书机制的意义不仅在于让犯罪嫌疑人基于自身真实意愿对案件相关事实、犯罪过程、认罪悔罪态度进行真实记载，保证其认罪认罚的彻底性，而且悔过书能够作为印证材料让检察官对全案的证据进行综合的评析判断，强化内心确认。例如，C 市 W 县检察院联合县法院、公安局、司法局共同签署了《保障认罪认罚自愿性真实性的工作办法》，创新建立了刑事案件认罪认罚悔过书机制。后该院在办理郑某故意杀人案时，郑某在侦查初期书写了认罪认罚悔过书，后来获知故意杀人罪与过失致人死亡罪量刑有巨大差异，翻供称系过失致人死亡。但其在悔过书中详尽描述了整个故意杀人过程和心理历程，包括其产生故意杀人的动机、准备工具、实施的经过、藏尸地点，当时及事后的内心斗争等，该认罪认罚悔过书与其在侦查机关所作的故意杀人供述能够相互印证，足以推翻其翻供理由，该悔过书也被作为提起公诉和一审判决的重要依据之一。

3. 充分保障被害人的合法权益。检察官要通过解读法律政策的方式，向被害人解答认定事实、认罪认罚从宽、申诉等方面的疑问，同时向被害人解释认罪认罚从宽制度的法律后果等专业性问题，保障被害人知情权，避免被害人因不服案件处理而上访或制造舆论。对于被害人遭受人身或财产损失的重罪案件，检察官要充分听取被害人的意见，将犯罪嫌疑人赔偿情况、是否取得被害人谅解等纳入从宽幅度考虑范围。犯罪嫌疑人能力有限赔偿不足的，检察官要积极协调帮助被害方申请司法救助，以促进被害方与犯罪嫌疑人达成谅解，促进认罪认罚从宽制度的适用。

（三）完善认罪认罚配套制度建设

1. 全面落实律师参与制度。律师参与认罪认罚从宽工作情况直接影响犯罪嫌疑人、被告人的诉讼权利的保障情况，为此，全面落实律师参与制度尤为重要。一是要保障律师辩护的稳定性，提高辩护质量，建议改变现有法律援助律师由检法分别指派的模式，同一认罪认罚案件由同一律师全程办理。① 二是保障值班律师的在场权和知情权。在签订具结书前，当面听取值班律师对案件罪名、量刑和适用程序的意见，对量刑部分进行协商讨论，允许其查阅案卷材料，让律师成为认罪认罚协商过程中的"参与者"，而非"见证人"，提高值班律师的实质性作用。三是加大值班律师工作经费保障力度。要根据值班律师工作量、值班时长等因素，结合值班律师履职情况，对值班律师经费补贴标准进行分级发放，激励值班律师有效参与，避免出现"走过场"的现象。四是完善值班律师的考核机制。主管部门要及时检查值班律师的工作记录和资料，建立值班律师工作表现档案，科学评价值班律师履职情况。

2. 探索开展认罪认罚听证制度。对犯罪嫌疑人有认罪认罚意向，但因为赔偿协商不足、量刑尺度难以把握等因素导致认罪认罚制度适用障碍的案件，检察官要积极探索开展认罪认罚听证，以公开答疑、释法、协商的方式促进适用认罪认罚制度。例如，C市某分院在办理吴某某抢劫案时，当事人双方对赔偿金额及量刑问题有很大的分歧意见，成为适用认罪认罚从

---

① 王丹：《重罪案件适用认罪认罚从宽制度亟待探索》，载《江苏法制报》2019年7月8日。

宽制度的障碍点。检察官主持召开听证会，邀请听证员根据社会情理、生活经验等角度客观中立地发表对案件处理的意见，促使双方达成赔偿谅解协议，后检察官就量刑问题听取多方意见，最终与吴某某签署认罪认罚具结书并提出确定刑量刑建议。

3.完善重罪案件风险评估机制。对比普通刑事案件，重罪案件往往危害后果更严重，对社会关系破坏更大，因此，对重罪案件适用认罪认罚从宽制度时要审慎稳妥，从实现"三个效果"有机统一角度把握重罪案件风险研判着力点。[①] 一是从政治效果、政治影响上对案件风险进行研判，在司法办案和风险化解中坚持党的绝对领导。二是充分评估指控犯罪的证据体系，坚持证据裁判标准不降低，确保案件事实清楚、证据确实、充分。三是充分评估被害方和社会群众的接受程度，避免因适用认罪认罚从宽制度而出现信访申诉和网络舆情。

---

① 陈俊:《坚持系统观念强化重罪案件风险研判》，载《检察日报》2022年12月17日。

认罪认罚自愿性保障问题浅论

——从"明知性"角度及于检察文书中的路径探析

王军娜　陕西省渭南市人民检察院

倪红琨　陕西省渭南市华州区人民检察院

一、认罪认罚自愿性保障的重要性及意义

认罪认罚从宽制度实际属于刑事诉讼法与刑法交融产物，所以在司法价值上既需要实现程序公正即人权保障，同时也应体现实体法正义即法益保护。自愿性保障是确保认罪认罚从宽制度施行的核心，是刑事司法体系良好生态建设的重要一环，其作为认罪认罚从宽制度设计的逻辑根基，不仅是平衡该制度中公正与效率的关键因素，更是认罪认罚从宽制度在推进国家治理体系与治理能力现代化中发挥司法功能的内在动力。

关于自愿性保障问题，司法实务与学术界均有讨论，但基于"以审判为中心"的刑事司法理念的推广，现有关研究大多集中于审判阶段，特别是庭审阶段。[①] 当前学界对于该制度运行存在的批判，集中在"疑似成为控方主导的高效治罪手段""在审判中未能真正实质审查"以及"控辩协商机制在司法实践中也未能达到预期的诉讼效果"[②]。而以上批判大多与自愿性的程序保障与实质实现有关。

检察机关基于自身承担的审查起诉以及法律监督职能，存在特殊的制度建设，本文基于制度特色对于自愿性保障的视角切入，对制度建设与自身职能进行讨论，现将"自愿性"保障的争议核心问题聚焦于自愿性标准

---

① 吴思远：《认罪认罚自愿性审查规则的重构进路》，载《法学家》2022 年第 6 期。
② 李奋飞：《论"交涉性辩护"——以认罪认罚从宽作为切入镜像》，载《法学论坛》2019 年第 4 期。

判断以及其在主导机关与保障方式方面的体现。

二、认罪认罚自愿性判断标准探讨

(一)现有学说

现关于认罪认罚自愿性的判断标准有多种学说,例如四层次说,认为认罪认罚的自愿性包含四个层次:一是自愿如实供述罪行;二是自愿认可指控意见;三是自愿接受量刑建议;四是自愿同意程序简化。[①] 但是,"同意简化程序"不宜作为"认罚自愿性"的评价内容。2019年10月"两高三部"联合发布的《关于适用认罪认罚从宽制度的指导意见》(以下简称《指导意见》)也明确指出,被追诉人自愿认罪且同意量刑建议,但不同意适用简化程序的,不影响"认罚"的认定。[②]

实质形式二分说主张认罪认罚自愿性包括实质认罪自愿性、形式认罪自愿性与形式认罚自愿性。[③] 但对于实质认罚自愿性尚有认定缺失,且实质认罪标准似有模糊。

同意理论说认为,"自愿认罪认罚"是指被追诉人基于案件事实,在未受到暴力、威胁、引诱、欺骗等身体强制或者精神强制的前提下,通过理性权衡,加上律师有效的帮助,作出同意指控罪名与量刑意见的决定。该观点与现实践流程相一致,但难以对"理性权衡"进行确切标准界定,在实践操作中存在执行困难。

两要素说则主张认罪认罚自愿性包含供述自愿性和明知性两个要素。供述自愿性适用现行非法证据排除标准,明知性要求被追诉人明知被指控犯罪性质和认罪后果。[④] "认罪是认罚的必要前提,认罚非认罪的必然结

---

① 闫召华:《论认罪认罚自愿性及其保障》,载《人大法律评论》2018年第1期。

② 刘文轩、董慧娜:《认罪认罚自愿性的重申与重释》,载《西南政法大学学报》2022年第3期。

③ 杜磊:《论认罪认罚自愿性判断标准》,载《政治与法律》2020年第6期。

④ 孔冠颖:《认罪认罚自愿性判断标准及其保障》,载《国家检察官学院学报》2017年第1期。

果。"该观点基本清晰,虽有学者认为该学说忽视了认罪和认罚是不同性质的供述行为,[①] 但笔者对该观点基本认同,"认罪"与"认罚"的供述性质虽确不同,但均是基于被追诉人的自由意志与清晰认知,且"明知性"中对于信息的正确认知,是作出自由意志指引下的判断与选择的基本前提。

(二)实务结合判断

除以上学说的规范探讨外,确定自愿性标准时,应当注意不仅要自愿,还要"足够"自愿。但应同时注意到认罪认罚于实体上是对被追诉人的利好制度,对自愿性"足够"程度的评价应是特殊的评价:

1. 对于意志自由的判断程度,应当结合被追诉人本质上获取了一定的刑期优惠事实,即在实体法上获利这一事实予以考量。被追诉人应为该刑期优惠等价履行相应的义务。故"自愿"特别是"供述自愿"中,有较《刑事诉讼法》所规定的"如实陈述罪行"更高的供述义务。

2. 被追诉人的认罪认罚自愿性往往能在刑事诉讼各项阶段中形成的"讯问笔录""自我供述"等供述证据中体现。故此时引入非法证据排除标准,在难以断定自愿性时采取该底线守则予以把控。

3. 认罪认罚制度并非"辩诉交易",同样也不能套用相似交易法则。"辩诉交易"实现的前提是降低证据审查标准,即实质上降低了违法事实的认定门槛,属于人权保障权利的特殊交换。而在认罪认罚并不降低证据标准的情况下,"自愿"不能认定是平等主体之间的权利让渡交易意志,而是法律特殊规制下的权利与义务遵循意志。

(三)实践现状

实务中,在认罪认罚自愿性审查方面,往往对认知与自愿、认罪与认罚不作细致区分。在形式认定上,以反复询问供述真实性的方式确认"自愿、真实的表达""真实悔罪",并将其表达与现实行为作比较。在实质认

---

① 吴思远:《认罪认罚自愿性审查规则的重构进路》,载《法学家》2022年第6期。

定上，根据《指导意见》等相关规定的要求[①]，从被追诉人在对被害人赔偿意愿、供述如实程度、签署具结书意愿等客观表现作实质认定。

三、认罪认罚自愿性认识的现状

被追诉人对供述及承认事项的正确清晰的认识是意志自由保障的前提，即"明知性"其实为供述自愿性以及承担不利后果的自愿性的前提。结合实际，现司法环境下，一般不存在以强迫、勒索、诱骗等手段使被追诉人违背自身意志或者产生意志瑕疵的情况，且《指导意见》及相关适用解读等已作较为完善的意志自由保障规定，故本文重点讨论"明知性"的保障。"人的意志受环境、生理等各方面的制约和影响，不可能是完全自由的。但是，具有辨认控制能力的人，具有接受法律规范的要求、实施合法行为的可能性，因而具有相对的意志自由。具有相对意志自由的人，如果不接受法律规范的要求，实施了符合构成要件的不法行为，就能对其进行非难。"[②] 被追诉人的"自愿"意志建立在对行为本身以及行为后果的完整认知之上。而在认罪认罚自愿性的明知性探讨中，第一重保障即让被追诉人能对该项制度"认识到、认识全、认识清"；第二重保障即让被追诉人对自己行为本身有可用于该制度评价的较为法律化的认知。

（一）被追诉人对认罪认罚从宽制度的认知

多数被追诉人对认罪认罚从宽制度的认识基础是"坦白从宽、抗拒从严"的广泛社会认知。该项量刑规则随着多年司法宣传深入人心，而在认罪认罚从宽制度适用初期，为快速实现群众普法与政策解读，对该项制度的解释宣讲多由该项规则展开。在对司法政策进行宣传与推广以提升普法效率的同时，也导致群众对新的认罪认罚从宽制度在认知理解上出现模糊乃至偏差。如两要素说批判所言，该模式对"认罪"与"认罚"两种不同

---

① 苗生明、周颖：《认罪认罚从宽制度适用的基本问题——〈关于适用认罪认罚从宽制度的指导意见〉的理解和适用》，载《中国刑事法杂志》2019年第6期。

② 张明楷：《刑法学》，法律出版社2021年版，第322-323页。

性质供述宣传过于笼统，被普法者容易混淆"认罪"与"认罚"，而该项制度的认知模糊也导致出现了许多反悔上诉等与加快司法效率的初衷背道而驰的现象。

（二）被追诉人对自身行为的认识

被追诉人一般难以具备专业法律素养，要求被追诉人精准掌握法律概念的含义与犯罪构成的内涵并将之与自身行为进行比对，无论对于司法人员还是被追诉人都是不现实的。但实践中经常出现一种现象，即被追诉人承认自己的行为有害，甚至愿意承认有罪，但不知自己何罪。该现象更常在缺乏多元信息来源渠道、难以辨别信息真假的群体中出现，例如留守青少年、偏远地区老年群体等。此时应引入"行为人所属的外行人领域的平行评价"[①]的概念，即在认罪认罚制度实行中，同样将事实认识着眼于与非难可能同样的标准上，在犯罪构成认定中达成秩序统一。

四、明知性保障方面已有制度存在的问题

在认罪认罚制度执行与建设中，为保障认罪认罚的自愿性与真实性，通过已经逐步建立的告知制度、被羁押犯罪嫌疑人普法教育制度、值班律师制度、具结同步录音录像制度等，被追诉人的自愿性有了较为充足的形式保障。但司法实践所面对的是千差万别的案件，制度执行仍会出现种种问题。

（一）被追诉人认识水平不一，对政策理解难以统一标准

对于具备完全刑事责任能力，但认识、辨认能力较弱的群体，例如学历较低的初成年者、智力低下但本质具备刑事责任能力人、听、说能力弱的老年人等，对于行为的社会意义认识或许不存疑惑，但对于法律认知以及后果承担往往难以完全理解。而不同个体的成长经历千差万别，司法机

---

① 张明楷：《刑法学》，法律出版社 2021 年版，第 339—341 页。

关在较短的案件审理过程中难以分辨其所欠缺的认知模块，同样也难以在短时间内对参差各异的被追诉人进行相应的认知补齐。

（二）值班律师配备及业务水平不均，难以统一高水平保障案件质量

基层司法机关面临的案件数量大、办案时间短，人员配备短缺等问题，在值班律师制度运行中同样存在，且作为新型制度，值班律师制度还存在规制不完善，相关激励机制不完善等基础问题。在经济相对不发达的地区，虽案件数量较之经济发达地区较少，但地区律师数量远低于经济发达地区，导致值班律师需在短期内面对大量案件，甚至在部分时间段内平均案件处理量大于检察官、法官的案件处理量；而在经济发达地区，值班律师还存在激励性不足等问题。

（三）对被追诉人的政策主观认知难以判断

以公诉机关为例，对于已经签署认罪认罚具结书的案件，在审查起诉阶段结束移送审判后，至开庭审理期间，公诉机关不能判断该段时间内被追诉人面对的境况变更以及其反悔情况、认知变化。且被羁押的被追诉人有司法教育措施，一定程度可能改善其法律认知状况，而对于非羁押措施被追诉人则无相应的普法教育措施。

五、解决思路——从法律监督角度兼有审查起诉角度

检察机关在刑事司法程序中承担审查逮捕以及审查起诉的职责，兼有对侦查机关、审判机关进行法律监督的职能。在认罪认罚从宽制度这一贯穿刑事司法程序始终的制度中，其工作为进行讯问核查、签订具结书，以及行使不起诉裁量权，依法作出不起诉决定。结合以上检察机关职能及工作内容，现提出以下保障被追诉人明知性的建议措施：

（一）政策认知保障方面

1.在侦查以及审查起诉阶段，将认罪认罚告知以及非法证据排除告知

单独书写在笔录或者自书材料中并确认，或者在相关告知文书中予以重点标注标识；对于不具备书写能力人，则对其进行两次及以上的确认宣读。

2.讯问中，在完成核实身份后，即对非法证据排除政策、认罪认罚政策以及享有的辩护权进行同时告知，确保被追诉人在本阶段对其权益有相当认识。

3.对未被采取羁押措施或者变更强制措施为非羁押措施的被追诉人，由强制措施决定机关、执行机关进行相应义务告知后，要求被追诉人单独阅读或者观看相关政策宣传讲解资料，并单独制作政策获知书或者在初步讯问笔录中加以固定。

（二）法律认知保障方面

1.在立案侦查阶段：建议侦查机关在立案时即对被追诉人进行所涉及罪名的普及教育，必要时可进行案例教学。教学视频及普法视频的选择应与被追诉人的认知水平相当。

2.在审查起诉阶段：在被追诉人文化水平允许情况下，要求被追诉人书写悔过书与保证书，在认罪认罚具结书签署前均可进行，可作为认罪态度考量评价因素。对于无能力书写悔过书的被追诉人，可考虑优先适用公开听证制度，并可使被追诉人在听证会上进行短暂发言。

3.对于认知能力、辨认能力较弱的被追诉人的特殊自愿保障：在有共同居住的亲密家属情况下，可以对家属进行同步普法教育；在无合适的家属及共同生活人的情况下，尝试探索邀请第三方行政机构，例如村委会、居委会、残联等相关机构的保障人员介入，共同讲解相关法律知识以及政策等；在允许召开听证会情况下，优先适用听证会制度并邀请以上机构工作人员。

（三）以值班律师制度支持认知保障

如被追诉人多次反映值班律师在提供法律服务过程中存在不当行为，则建议相关部门对值班律师履职情况进行调查，在案件办理中发现确有不尽基本职责情况时，向其主管部门通过会谈等方式进行通知；同时对确尽职责的律师进行正向激励。

六、实现路径的探讨

在刑事诉讼历程中，被追诉人对于相关法律制度的认知除司法机关人员口头讲解告知这一直接来源以外，法律文书是其实现对法律制度明知的最直观、直接、直白的方式。同时固定纸面的法律文书会给被追诉人带来安全感，有助于办案人员与之建立良好司法信任关系与下一步释法说理、量刑协商工作的展开。对于案件审查人员而言，相较于用语遣词各有特色的讯问笔录，用语简明确定的法律文书有更高的审查效率，并且具有一定的证明效力。

检察机关主要在审查起诉阶段将认罪认罚制度落实体现于法律文书。而在该阶段中最能反应被追诉人明知性的法律文书分别为审查起始阶段发放的"认罪认罚制度告知书"以及审查终结阶段签署的"认罪认罚具结书"。而结合上文所述，现对相应文书提出部分对应设想：

（一）认罪认罚从宽制度告知书

1.内容上，在主体文书外附特殊类型化告知模块：现检察机关于审查起诉阶段所适用的制度告知书均为业务系统内最高检发布的格式样本文书。相较于内容因案而变的具结书，告知书内容更加刚性固定，在简洁普适的同时，效果可能因部分被追诉人辨识能力较弱存在差异。而为实现被追诉人在本阶段的明知性保障，可尝试以当前的告知书为主体，另行设计数个告知书附件模块。

虽由办案人员各自结合案件情况与嫌疑人情况进行修改告知书或口头告知更显灵活制宜，但每位办案人员思路各异、用语多型，直接更改文书主体易导致文书统一性遭到破坏，也加大下一诉讼环节的审查难度。但在主体文书之外增加附加模块则既可不破坏文书主体稳定一致，也可实现不同情况的多样应对。

根据办案中面对的被追诉人辨识能力缺乏情况类型，大概可归结为自身基础辨识能力较弱、一般社会认知不足以及法律认知缺乏三类。故可尝试依托以上类型建立常见类型化特殊告知模块，供办案人员进行制度告知时根据案情人员自行选择搭配使用。

对于自身基础辨识能力较弱的被追诉人，可以追加拼音加注版、方言释义版等不同补齐式子模块，亦可尝试与特殊教育学校等相关机构探讨对不同类型辨识能力弱者进行针对化子模块设计。

对于一般社会认知不足的被追诉人，可以进行以案例讲解为主的告知方式，亦可邀请其信任及共同居住的近亲属等人员共同接受相关告知讲解，由更了解被追诉人认知情况的近亲属等帮助被追诉人对制度有更深理解。并在使用文字之外的模式进行告知后，通过书面形式，单列附加已受讲解声明的子模块予以固定，该子模块中可增加协助人签字声明部分。

对于法律认知缺乏的被追诉人，如被追诉人具备相似或相当社会经验，直接进行文书讲解即可，但对于基础法律认知缺乏的被追诉人则可尝试增加制度实施讲解动画、视频阅读告知书模块并随后以书面形式固定，即单列附加已受讲解声明子模块予以固定。

2.各阶段主体文书内容的稳定一致：现在公检法机关各自均有相应的制度告知书模板，结合现刑事司法贯通的趋势，在条件允许的情况下，可以尝试协商在基础模板的使用上实现三机关在主体基本文书上内容与形式的一致化，以多阶段重复性文书阅读实现被追诉人对文书内容的确保知晓。在三阶段文书基本一致情况下，可以避免因用语不同而加大被追诉人对于相关制度的理解难度，特别是同一概念表达在不同文书中出现不同解释时可能引起被追诉人的困惑与混淆。

（二）认罪认罚具结书

具结书作为审查起诉阶段认罪认罚协商成果的最终固定文书，应详细反映出被追诉人对于制度条文的确切明知与对罪罚内容的承认。现该制式文书中统一内容包括四部分，即犯罪嫌疑人身份信息部分、权利知悉部分、认罪认罚内容，以及被追诉人的辩护人或者值班律师辅助辨认的自愿签署声明。①

1.身份信息核对与权利知悉部分：身份信息的核对与认罪认罚自愿性无较强关联，笔者不再赘述。权利知悉部分仅属于签订前再次进行的权利提醒与制度明知的确保，其独立意义体现在辅助被追诉人经历诉讼过程后，结合实际经验，最终形成用于进行具结活动的权利认知。而其他对于制度中的详细权利认知集中于告知书阶段，此处不再着重探讨。在具结书中，本文着重落脚于认罪认罚内容与自愿签署声明。

2.认罪认罚内容部分：对于认罪认罚内容部分，正如有学者指出，司法实务中，有的认罪认罚具结书不记录对犯罪嫌疑人指控的犯罪事实，仅简单表述为"某某人民检察院指控本人某某某的犯罪事实，构成犯罪"，既不记录犯罪事实，也不记录罪名，如此叙写是不合适的。《指导意见》规定，认罪认罚从宽制度中的认罪，是指犯罪嫌疑人、被告人自愿如实供述自己的罪行，对指控的犯罪事实没有异议。既然认罪认罚从宽制度要求犯罪嫌疑人自愿如实供述自己的罪行，且对指控的犯罪事实没有异议，如果没有在认罪认罚具结书中载明拟指控的犯罪事实，并由犯罪嫌疑人签字确认，那么，显然无法证实与表明在审查起诉阶段，犯罪嫌疑人到底对拟指控的犯罪事实有没有异议。② 为在具结书内容部分体现被追诉人对于案件事实与法律评价的明知，可以从认定基础与法律评价的部分尝试建立附件模块。

结合证据开示制度，对于案件事实认定的主要证据可以作为认定基础附件一并纳入具结书副体。对于证据的附录选择应当简洁明了，在证据简单、事实清楚的案件中可以省略该附件部分。

在具体内容部分，可以分案件情况予以讨论。对于案件情况复杂，特别是被追诉人对案件事实的法律理解存在欠缺或对事实性质认定存在争议的情况，可以要求能力允许的被追诉人简要书写包含事实认识、承担法律

①　王强：《认罪认罚具结书的内容演进、实践反思与解决进路》，载《广西政法管理干部学院学报》2022年第4期。

②　赖玉中、王耀珑：《认罪认罚具结书的性质、效力及其内容完善》，载《山东警察学院学报》第5期。

后果的表态悔过书作为具结书附件模块，对于简单案件则可不予适用该附加模块。

3. 自愿签署声明部分：自愿签署声明着重体现为对案件事实、法律评价与承担后果明知后所遵循自我意志作出的决定，体现明知后的自愿。故该部分对于明知性的体现更多在过程的固定上。建议根据是否适用值班律师制度进行分类讨论。对于自行聘请辩护人的，应充分尊重辩护人的辩护权，对于其进行的签署后果的讲解及意志的权衡不宜干涉。对于适用值班律师制度的被追诉人，可以建议将律师告知环节予以书面固定。实务中，部分值班律师自行携带认罪认罚后果告知书等，但该类文书均由律师带离，无法以书面形式体现。故建议对值班律师参与的案件，可以在具结书后增设律师履职尽职反馈模块。该模块内容可从值班律师对诉讼制度告知、事实法律讲解、签署后果提醒三项主题进行设定，体现被追诉人在他人辅助下对签署内容理解认知的过程。

4. 检察机关主体信息纳入必要性的讨论：对于部分学者指出的"因具结书和辩诉协议的内容上，从保障具结书稳定性的角度出发，还是有一些共同的规律可循"而需要显示的"控辩主体身份"部分[1]，笔者认为不需要纳入。认罪认罚从宽制度明显有别于辩诉交易，此时的具结书内容上体现的是被追诉人对自己所犯罪行的认识，以及对责任承担所作承诺表态，并非交易合同结果[2]。将检察机关信息作为主体之一纳入其中，有落实辩诉交易之嫌，并不适宜。即便将检察机关主体信息在文书内体现，也不宜以类似合同签订的形式。且法律文书要求重点突出，主体文书中应当尽可能实现用语简洁。

---

[1] 刘少军：《性质、内容及效力：完善认罪认罚从宽具结书的三个维度》，载《政法论坛》2020 年第 5 期。

[2] 王强：《认罪认罚具结书的内容演进、实践反思与解决进路》，载《广西政法管理干部学院学报》2022 年第 4 期。

迫不得已抑或心甘情愿：
被告人认罪认罚自愿性审查问题实证研究

张　琳　福建省泉州市洛江区人民检察院

一、问题的提出：快审快结状态下对被告人认罪自愿性保障不足

迈克尔·D.贝勒斯说过，法律程序有助于从心理层面和行动层面上解决纠纷。法律程序的诸多内容无助于判决之准确，但有助于解决纠纷。[①]认罪认罚从宽制度的提出正是基于此。较之于此前的"坦白从宽、抗拒从严""宽严相济"刑事政策，刑事案件认罪认罚从宽制度作为政策的制度化、规范化，从立法上明确将被告人认罪认罚作为刑事简易程序和速裁程序启动的前提或先决条件，进而"选择特定程序处理案件，充分体现了实体上的从宽与程序上的从简"。[②]

当然，司法制度或程序真正永恒的生命基础在于它的公正性。[③]以强调国家追诉犯罪的效率性以及司法资源的有效性为目的而设置认罪认罚从宽制度，在一定程度上是以被告人牺牲部分诉讼权利为代价获得从宽处罚，公正性仍然是制约其生存空间的重大因素。因此，如何充分保障犯罪嫌疑人（被告人）出于真实意愿进行认罪，则关系到能否守住认罪认罚从宽制度公正性的底线，避免冤假错案问题的出现。在刑事诉讼的各个环节中，从表面上看，被告人是否自愿地认罪似乎是一个仅存在于控辩双方当事人

[①] ［美］迈克尔·D.贝勒斯：《法律的原则——一个规范的分析》，张文显等译，中国大百科全书出版社1996年版，第34页。

[②] 陈卫东：《认罪认罚从宽制度研究》，载《中国法学》2016年第2期。

[③] 谢佑平、万毅、魏佳：《司法公正与司法改革论纲》，载《复旦学报（社会科学版）》2002年第3期。

之间的事情。① 从逻辑上看，如果被告人认罪，而控方也不反对，被告人的认罪就是自愿的。那么被告人认罪的自愿性似乎没有什么问题。但是这样，显然把认罪自愿性的问题简单化了。近年来偶有出现的刑事错案，呈现在法官面前的往往都是通过刑讯逼供等非法取证行为导致的被告人的虚假认罪口供，一些被告人甚至在一审阶段当庭认罪，待上诉或再审时才翻供，主张遭受刑讯逼供。以宋某富故意杀人案② 为例，宋某富在侦查阶段三次供述中均作出有罪供述，且一审法院作出死缓判决后，宋某富没有上诉，后该案报送核准时被四川省高院发回重审。故直至重审阶段，宋某富才辩称此前认罪是在说谎，其没有打死伍某丁，不构成犯罪，最终被宣告无罪。从这个角度看，被告人口供的真实性及其认罪的自愿性则足以构成为整个认罪认罚从宽制度的生命线。但实践显示，大幅度快审快结状态下，法院对于被告人认罪的自愿性审查容易面临两难境地，一方面，大幅度的快审快结状态下，侦查机关的调查取证职能被严重削减，案件的证明质量降低已经成为不争的事实，而法院如果不对被告人认罪认罚的自愿性进行全面审查，"认罪认罚案件将证据链条建立在被告人的认罪之上，可能导致口供中心主义回归"，③ 容易造成冤假错案；另一方面，由于自愿性程序保障不足，法院难以在有限的时间通过有限的证据对被告人认罪的真实性、自愿性进行全面审查，而且部分法官受书面阅卷影响，容易审前预断，对被告人认罪先入为主，从而放松对自愿性和真实性的审查。基于此，本文试图从当前司法实践中，法院对被告人认罪的自愿性审查方式进行剖析和检讨，对完善被告人认罪自愿性的审查机制提出相关建议。

---

① 郭明文：《美国死刑案件有罪答辩自愿性探微》，载《政法学刊》2010 年第 3 期。
② 参见四川省内江市中级人民法院（2014）内刑初字第 4 号刑事判决书。
③ 杜文俊、孙波：《认罪认罚从宽制试点的评析及建议》，载《上海法治报》2016 年 8 月 3 日，第 5 版。

二、现状分析：当前刑事审判环节对认罪自愿性审查的实践

（一）样本选取与数据来源

认罪认罚制度推行以来，现有的制度是否足以保障被告人能够在其真实、自由的意志下，自愿选择作出对自己不利的有罪供述？在审判阶段，法官又是如何对被告人认罪自愿性进行审查判断的呢？本文根据数据统计和典型案例作为实证研究的基础，以中国裁判文书网、北大法宝司法案例数据库为资料来源，收集了 245 例涉及被告人认罪认罚的刑事判决书。通过设定关键词"认罪认罚"，选取了多地的法院，经过筛查，收集了 245 例样本。样本案件的案由以危险驾驶案件数量最多，涉及故意伤害、贩卖毒品、盗窃、妨害公务等诸多罪名。另外还收集了近年来关于认罪认罚从宽制度相关的新闻报道、法院公开的年度工作总结等资料，结合 Q 市 L 区的实践做法，综合考察在现有的制度下，我国法院在实践中对被告人认罪自愿性的态度和审查方法等情况。

（二）现有制度对被告人认罪自愿性的保障

1.通过程序性权利机制的构建保障被告人的知悉权

（1）强化权利告知，保障被告人程序选择权

实践显示，各地司法部门在认罪认罚从宽制度的推行中，通过规范办案流程，逐步建立起相对完善的权利告知书制度，并通过签署《具结书》，促使被告人在了解自己的罪行以及认罪认罚的法律后果的基础上自行选择是否认罪，进入对自己有利的诉讼程序。以 Q 市 L 区为例，将权利告知提前到侦查机关首次讯问阶段，要求公安人员告知其认罪认罚从宽处理制度，并书面送达《告知书》；在公诉阶段，在进行权利告知并核实自愿认罪的基础上签署《具结书》，而在审判阶段，法院亦要求告知相关权利，并送达《告知书》，同时对被告人是否自愿认罪认罚，是否得到法律帮助进行核查。

（2）建立法律帮助制度，提升被告人诉讼能力

为了保障犯罪嫌疑人、被告人的辩护权，各地也在不断完善法律援助机构，通过设立法律援助工作站，建立值班律师制度，为符合条件的犯罪嫌疑人、被告人指派律师提供辩护。法律援助机构分布于看守所、法院、检察院，贯穿了刑事诉讼各个环节。以 Q 市为例，目前全市所有看守所都成立了值班律师办公室，确保提供有效的法律帮助。数据显示，S 市检察院与市司法局等单位会签文件，在非共同犯罪案件或者非关联案件中建立值班律师"一帮到底"机制，明确值班律师可以在后续诉讼程序中通过委托或者指派担任犯罪嫌疑人、被告人的辩护人。[1]

2. 法院强化对被告人认罪自愿性的审查，确保真实自愿认罪

（1）庭审讯问和告知相结合，促进理智认罪认罚

目前司法实践中，法官审查被告人认罪自愿性进行主观审查的常规方法主要是询问被告人对公诉机关的指控有无异议，认罪是否真实自愿，并进行权利告知。如林某彬等人组织、领导、参加黑社会性质案，审查起诉阶段共有 12 名被告人签署了《认罪认罚具结书》，庭前会议阶段围绕定罪量刑重点，展示全案证据，释明认定犯罪依据，促成 14 名被告人认罪认罚，在庭前会议结束后签署了《认罪认罚具结书》。开庭前，又有 10 名被告人表示愿意认罪认罚，签署了《认罪认罚具结书》。[2]

（2）通过对流程文书的审查，强化公诉机关的举证责任

在认罪认罚从宽案件中，由于被告人在庭审中往往认罪认罚，故法官除了审查被告人归案、庭审等过程中的主观认罪态度外，还着重于对法律流程文书的审查，如对告知书、具结书、诉前协商材料等相关认罪认罚的过程性文书所展现的信息的真实性和合法性进行审查，进而判断供述的自愿性，由此强化了公诉机关对被告人认罪认罚自愿性的举证责任。

---

① 《上海市人民检察院关于适用认罪认罚从宽制度情况的报告》（上海市人民代表大会常务委员会公报 2022 年第十号），载上海人大网站，www.spcsc.sh.cn。

② 《第二十二批！最高检专门就适用认罪认罚从宽制度发布指导性案例》，载微信公众号"最高人民检察院"，2020 年 12 月 8 日。

（3）重视辩护人的参与，凸显律师对认罪认罚的见证

在认罪认罚案件中加强辩护权保障，对优化程序选择、提升公诉质量、争取量刑优惠都有重要意义。[①] 以李某甲、李某乙妨害公务案为例，该案一审刑事判决书在事实查明部分载明，二被告人在辩护人的见证下对自己的犯罪行为自愿表示认罪认罚，同时据以查实的证据中还有被告人认罪认罚案件诉前协商相关材料。在该案中，法院着重强调了被告人认罪认罚已经辩护人的见证。

（4）适用反悔程序回转机制，保障被告人程序变更权

被告人权利处分制度是协商性司法不可或缺的内容，而权利处分的一体两面就是认罪认罚自愿性保障制度和被告人反悔制度。[②] 因此，认罪认罚从宽制度允许当事人的反悔。在诉讼过程中，直至判决前，被告人一旦表示不认罪，法院一般会将案件从速裁或简易程序转换成普通程序重新审理，并根据被告人提出的新的情况、新的证据重新开展调查，当然，被告人此前所作的有罪供述亦将可能作为证据进行质证。

（三）法官对认罪自愿性的审查存在的问题

从上述分析可以看出，法官对被告人认罪自愿性的审查中存在以下几个方面的问题：

1. 客观推断的审查模式难以排除非法口供

认罪首先应当是被告人出于真实、自由的意志，自愿通过明确的方式作出。由于刑事案件律师参与率较低，法官仅仅依靠讯问和告知得到被告人"均无异议"的回答，对于确定认罪是否自愿是远远不够的。在认罪认罚案件中，一些有所简化的程序使庭审时间较短，因此法官的重心转向了对供述真实性的审查，如侦查流程是否规范，制式文书是否签署，签署内

---

① 元轶：《速裁程序中控辩审三方动力体系研究》，载《国家检察官学院学报》2021年第4期。

② 姚舟：《权利处分视野下认罪认罚被告人反悔问题初探——以台湾地区认罪协商相关制度为镜鉴》，载《海峡法学》2020年第3期。

容是否真实、完整等，以此来推断供述的自愿性，但目前的实践中，法官更多是对告知书、具结书、诉前协商材料等文书材料的完整性和真实性进行审查，较少对文书签署过程中被告人是否受到强迫、引诱或威胁进行审查。基于此，目前 Q 市审查起诉阶段所有认罪认罚的案件均对具结书签署过程进行了录音录像，但遗憾的是，在案多人少的情况下，法官对于该证据的审查较为流于形式，尤其是难以发现被告人可能存在被欺骗、诱惑或被迫认罪的情形，不利于非法口供的排除。

2. 权利告知程序不完善，容易流于形式

由于被告人的认罪意味着对自己不利，因此被告人应当是在证据得以充分展示、充分知悉自己犯罪行为的法律后果后理智作出认罪。但是在权利告知方面，法官往往只是笼统地规定告知"有关法律规定及可能导致的法律后果"，对具体法律规定告知的程度以及法律后果并没有统一明确的规定。相关法律规定一般包括公诉机关所指控的罪名所涉及的法律条文，而对于是否要告知可能受到的刑罚幅度，包括可能判处的最高刑期等，法官的做法并不一致。另外，被告人一旦认罪，则丧失了进行无罪辩护的权利，而法官可能直接从有罪的角度先入为主，被告人的辩护权等权利也将受到限制，因为被告人认罪而可能进入速裁、简易程序或简化审程序中，法庭调查、法庭辩论等环节都将简化处理。而对于这样的法律后果，实践中法官很少会进行充分详尽的告知。在简化的程序中，法官对法律规定和法律后果的告知方式也是单向的，更多的是宣读式的告知，并未考虑被告人是否已经达到充分理解的程度。另外，目前一些法院在向被告人送达起诉状时，往往一并送达被告人相关权利告知书，而这些告知书一般会采用标准化格式文本，送达人员多为书记员，法官极少参与告知程序，而被告人经常只是在上面签署名字，实际上根本不了解其中的相关权利内容及法律后果。

3. 法官审前预断，容易忽略实体真实

诉讼活动程序的价值意义和内在要求在于，法官应在控辩双方间保持中立，不偏不倚。传统的理念主张，法官应当在诉讼过程中通过庭审程序来发现案件真实，这种真实的审查认定结果在各个刑事案件中具有确定性和客观性。^① 但实践中，公诉机关对简易程序和刑事速裁程序均有建议权，尤其速裁程序中，基于快审快结的需要，公、检、法三机关往往加强协调性。此外，如前所述，目前的简易程序，尤其是速裁程序中，庭审时间往往较短，法庭调查、辩论等环节简化处理，法官只能通过庭审中的讯问来确认被告人是否自愿认罪。为此，法官会加大庭前对卷宗的审查力度。而当前的全案移送制度使得法官所接触的往往是控方证据，且大多是证明被告人有罪的证据，在庭审的讯问中更倾向于确认被告人的"认罪认罚"。

三、影响法官审查被告人认罪"自愿性"的相关因素

（一）认罪的认定标准不一，影响被告人真实认罪

从认罪的内容来看，认罪是被告人承认自己所犯的罪行。实践中，首先影响犯罪认定的，是被告人认罪的范围是起诉书指控的全部犯罪事实还是基本犯罪事实。对于被告人若对公诉机关所指控的相关的犯罪动机、犯罪手段以及犯罪数额等次要的犯罪事实情节存在异议，是否构成认罪，各地法院的做法并不一致。其次，对于被告人认罪是否包括认可公诉机关所指控的罪名，各地实践亦有所不一。从文义上看，上述规定只要求被告人承认犯罪事实，并没有要求承认被指控的罪名。但是由于规定并不明确，在司法实践中，被告人一旦对罪名提出异议，如果认为只是违法错误，不构成犯罪，对于被告人存在辩解的情况，法院大多认为不构成认罪，但是如果被告人认为自己所犯的为彼罪，尤其认为自己所犯的应为较轻罪名，法院对是否构成认罪的判断并不一致。实践中影响判断被告人认罪与否的因素，还包括被告人是否对主要犯罪事实认定的证据存在异议，如果被告人对主要犯罪事实认定的证据存在异议，往往不被认定为认罪，而如果对一些次要的证据存在异议，是否会影响认罪的判断？由于法律规定并不明确，实践做法并不一致。有鉴于此，最高人民检察院在发布 2020 版《认罪

---

① 王彪《刑事诉讼真实观导论》，载《刑事法评论》2011 年第 1 期。

认罚具结书》样本的时候，增加了承认被指控罪名的条款。但是，新型案件的层出不穷和复杂程度，使得实践中不少案件在定性上颇有争议，公检法对于案件定性的争议，亦可能难以明确犯罪嫌疑人是否属于认罪、案件是否符合认罪认罚从宽制度适用条件，进而影响被告人是否真实理智认罪。

（二）认罪从轻的法律依据不完善影响被告人认罪稳定性

关于认罪认罚，根据目前的立法和司法解释规定，可以酌情予以从轻处罚，对此法官具有自由裁量权。但是速裁程序是被告人认罪认罚后直接进入基于公诉机关所提交的量刑建议单方确定的量刑程序，而简易程序并没有规定量刑程序，被告人认罪后在刑事速裁程序和简易程序中对于量刑实际上缺乏相应的参与权。因此，认罪的态度只是影响了量刑，但并非必然在量刑中得到体现，即认罪并不必然导致从宽，由此导致实践中诸多被告人认为自己认罪并未得到从宽，因此在判决后并不服判。从诉讼效益理论的要求来看，"被告人与案件处理结果有着切身的利害关系，在判决作出前如不能享有提出意见、表达诉愿的机会，可能产生强烈的非正义感，可能会通过当庭翻供、作无罪答辩等方式寻求对抗"[1]，这样反而会增加诉讼成本。对"对自愿认罪的被告人酌情从轻处罚"的规定，幅度把握不准，则可能出现量刑过轻的倾向。对自愿认罪的被告人判处刑罚从轻幅度过大，有时甚至轻于自首情节，容易造成罪刑不相适应，更容易促成被告人投机认罪。

（三）认罪真实性受被告人的认罪目的、法律认知水平以及审前羁押状态限制

被告人认罪的目的比较复杂，仅仅是简单地询问和告知难以对被告人是否真正了解认罪后果作出正确判断。一些被告人可能为了保护同案犯、冒名顶罪选择认轻罪而隐瞒更重的行为。被告人如果不是理智作出认罪，

---

[1] 赵莹：《被告人认罪认罚从宽制度程序批判》，http://xqqfy.chinacourt.org/public/detail.php?id=6676。

其认罪可能具有反复性和投机性。实践中，一些被告人在认罪后当庭进行翻供，甚至在一审、二审判决后翻供不认罪，往往就是因为此前对自己的犯罪性质以及认罪后可能产生的不利法律后果缺乏必要的了解而盲目认罪，而一旦不利法律后果确定后发现不如其预期，则提出反悔。如琚某忠盗窃案[①]，一审法院根据检察机关的量刑建议判处有期徒刑二年三个月，并处罚金人民币3000元。而后，琚某忠以量刑过重为由提出上诉，下城区检察院提出抗诉。H市中级人民法院认为，被告人琚某忠不服原判量刑提出上诉，导致原审适用认罪认罚从宽的基础已不存在，裁定撤销原判，发回重审。而后，经重新审理，改判琚某忠有期徒刑二年九个月，并处罚金人民币3000元。而一些被告人也可能因法律知识水平有限，对于公诉机关指控理解不清，不知道自己不构成犯罪或错以为有罪，或者没有准确认识认罪后果。还有一些被告人将认罪作为酌定情节理解错误，以为是法定情节，对从轻处罚的期望值过高，以至不服判决结果，提起上诉。另外，被告人认罪的自愿性也受其在审判前被采取的强制措施影响。我国刑事案件犯罪嫌疑人审前逮捕率极高，大部分被告人在审前多处于被羁押状态。在本文所选择的245件样本案例中，有过半数的被告人在审前被采取逮捕或者刑事拘留的强制措施。在与外界完全隔离的环境下，审讯过程对于供述者而言，是一个压力不断累积叠加的过程。[②] 基于此，充满压力的审讯场，加上信息的不对称，会给供述者带来持续性压力的影响，使其陷入长期的孤立无援状态，心理无望而放弃抵抗，容易作出违心的有罪供述。

（四）现有的值班律师提供法律帮助有效性较低

在刑事诉讼中，被告人较控方而言，本身处于弱势地位，且在庭前普遍处于被羁押状态，法律知识匮乏，没有律师的参与和帮助，很难对自己

---

① 《第二十二批！最高检专门就适用认罪认罚从宽制度发布指导性案例》，载微信公众号"最高人民检察院"，2020年12月8日。

② ［日］浜田寿美男：《自白的心理学》，片成男译，中国轻工业出版社2006年版，第71页。

的处境作出合理的判断，容易作出违心的认罪。虽然《刑事诉讼法》规定了指定辩护制度，刑事速裁程序中也设立了法律援助值班律师，但是值班律师具有临时性，其只是临时接受委派提供法律帮助，没有阅卷权，所提供的法律帮助活动并没有延续性，无法跟续案件整个诉讼过程，由此导致法律帮助缺乏有效性。而且值班律师也可能"因为工作繁多、报酬过低倾向于选择快速的认罪答辩来解决案件"[①]。

四、路径分析：审判环节被告人认罪自愿性审查机制的完善

（一）构建被告人自愿认罪权利保障体系

1. 完善必要的律师参与制度

要确保被告人认罪认罚的正当性，有必要完善律师参与制度，需要充分保障被告人的律师帮助权。"没有辩护律师参与的情况下，这种庭审还会变成一种法官、检察官轮流审讯被告人的活动，而无法保持最基本的公正性。"[②] 对此，应当加强和保障辩护律师在被告人程序选择中的参与作用，确保被告人在决定是否认罪，是否同意启动简易或速裁程序时能够获得辩护律师的帮助。一方面，应当在现有的指定辩护和值班律师的基础上，加强经费补贴，进一步扩大"认罪认罚从宽"案件中法律援助的适用范围，扩大法律援助的适用对象到认罪认罚被告人，尤其是只有获得律师辩护或得到值班律师参与的案件，才可以启动速裁程序。另一方面，律师的帮助不能是形式上的，而必须是实质上的，必须是称职的律师对被告人进行帮助。[③] 为了提高法律帮助的质量和效率，还应当加强对值班律师的资格审查，值班律师需要一定的刑事辩护经验。

---

① John H.Blumen、Rebecca K.Helm:《"认假罪"：那些事实无罪的有罪答辩人》，郭烁、刘欢译，载《中国刑事法杂志》2017 年第 5 期。
② 陈瑞华:《"认罪认罚从宽"从宽制度的若干争议问题》，载《中国法学》2017 年第 1 期。
③ 张宏宇:《美国辩诉交易程序中被告人认罪自愿性保障及对中国的启示》，载《齐齐哈尔大学学报（哲学社会科学版）》2017 年第 3 期。

2. 构建审判中心主义诉讼模式

司法改革的一大要义就是强化审判中心主义的改革，凸显庭审活动中心地位，实现庭审活动的控辩地位的实质化。以审判为中心的诉讼制度改革，其实就是要转变过去以侦查为中心的方式，提高刑事诉讼中审判的权威地位，通过强化控辩双方在庭审中的证据展示和充分辩论，不断完善和提升法庭庭审功能作用，更加公正和慎重地对犯罪嫌疑人进行定罪量刑。审判中心主义改革与认罪认罚制度并不冲突，只有在审判中心主义的模式下，被告人认罪认罚的自愿性才能得到充分保障，认罪认罚制度才能得以顺利进行。有基于此，检察官应提高量刑建议的质量，保持检察谦抑，而法官应对控、审关系给予新的认识，在坚持独立裁判的同时，尊重控辩合意。

3. 完善认罪认罚具结书的内容

认罪认罚具结书是量刑协商过程终了的一个重要体现，可以说是认罪认罚从宽制度中最重要的法律文书。具结书的内容经过实践的演练，越来越规范和全面。但目前来看，认罪认罚具结书仍有进一步完善的空间。比如，参与量刑协商过程中律师作用发挥体现不够，检察机关释法说理不足，部分地方认罪认罚具结书缺乏当事人"认事"的内容，甚至有部分检察院将不起诉作为量刑情节写入具结书中。① 在量刑方面，根据最高人民检察院精准量刑的要求，各地对于自由刑普遍进行了精准量刑，但在罚金等财产刑以及缓刑考验期长短方面，不少地方检察院只是泛泛提之，使得法官在自由裁量权范围内出现巨大的差异，影响了量刑公平。认罪认罚具结书对于当事人的定罪处理具有决定性的意义，因此要进一步规范、完善认罪认罚具结书的内容。首先，要明确具结书中有被追诉的犯罪事实，且该犯罪事实应与起诉书中一致。其次，认罪认罚具结书应全面体现量刑建议。包括精准的自由刑，明确的缓刑考验期以及罚金的数额。最后，将释法说理贯穿司法办案的全过程，提高法律文书的信服力。

---

① 王强：《认罪认罚具结书的内容演进、实践反思与解决进路》，载《广西政法管理干部学院学报》2022 年第 4 期。

（二）强化审判环节被告人认罪自愿性审查机制

1. 建立主观与客观相结合的综合审查模式

《刑事诉讼法》明文规定了法官在庭审中对被告人进行认罪自愿性的审查程序。法官在进行认罪自愿性审查时，应当兼顾主观判断标准和客观判断标准，进行综合审查。首先应当审查被告人的年龄、精神状况等行为能力，判断其是否具有认罪的能力，进而审查被告人的有罪供述的作出是否出于其自由意愿，在认罪过程中是否遭受刑讯逼供、胁迫等不法情形，及时排除非法证据。其次，通过询问和告知进行被告人知情权的审查，了解被告人在认罪前是否得到充分告知并了解被指控的犯罪、可能被处以的刑罚以及相关认罪的法律后果，是否存在被欺骗、威胁、诱导、误导等情形。另外，法官还应当通过法庭调查和辩论，审查侦查和公诉阶段形成的告知书、具结书、协商材料等认罪过程的证据材料，必要时可以要求提供相关的录音录像资料，并结合供述笔录、犯罪物证等相关证据进行综合审查，判断是否相互印证，以此推断被告人认罪的自愿性。法官一旦发现被告人存在非自愿认罪，在经过明确告知后，被告人如果不认罪，或者对认罪存在迟疑，则应当将案件转为普通程序审理。

2. 完善权利告知的内容和告知的方式，确保理智认罪

如前所述，目前只规定了需要对法律后果进行告知，但是法官具体告知的内容和告知的方式并没有明确，因此需要对被告人认罪的法律后果进行告知的内容进行具体化，进而确保被告人认罪的明智性。对此可以借鉴美国联邦刑事诉讼规则第11条c款的规定 [①]，法官应该向被告人告知并促使其理解下列事项：（1）公诉机关所指控的犯罪性质，具体包括法律所规定的该罪名中被告人可能被判处的刑罚幅度，可能判处的罚金幅度，退赃或对被害人的赔偿，以及案件所有可能影响量刑的情节和事实；（2）被告人认罪的法律后果，除了量刑以外的程序性后果，比如刑事速裁程序或简

[①] 郭明文：《美国死刑案件有罪答辩自愿性探微》，载《政法学刊》2010 年第 3 期。

易程序中某些程序的简化;(3)被告人在宣判前仍有权利变更其认罪与否;(4)是否申请启动非法证据排除程序;等等。需要强调的是,法官不仅要告知相关内容,更重要的是法官所作的告知已经足以让被告人充分理解,同时明确法官未进行告知导致的法律后果。

3.明确认罪的内涵和外延,选择适当的审判程序

如前所述,从广义概念说,认罪既包括侦查阶段的自首、坦白,也包括后续阶段的如实供述。但目前《刑法》已将自首和坦白作为法定或酌定量刑情节予以规范,认罪应当做狭义理解,即交代基本的犯罪事实,主动认罪,其认罪态度方面在对犯罪事实的认识程度上低于自首、坦白。基于此,认罪可以区分为完全认罪,不完全认罪和非真正认罪。完全认罪是对指控的犯罪事实和罪名作出的毫不含糊的认罪,尤其是对罪名,不能在认罪时又提出辩解,认为是较轻的彼罪。在完全认罪的情况下,如果被告人同意了公诉机关的量刑建议,那么可以选择进入刑事简易或速裁程序。如果不同意公诉机关的量刑建议,则可能进入简易程序。不完全认罪,是指对指控的犯罪基本事实没有意见,自愿认罪,但对犯罪指控的一些次要证据存在异议,或认罪,但是对此罪和彼罪存在辩解。不完全认罪可以适用简易程序或简化审程序。非真正认罪则只是简单地认罪,但是存在模棱两可的情况,如虽认为存在违法,但并未严重到构成犯罪,或者对避重就轻,构成犯罪的主要证据存在异议等情况,或者经审查,认罪存在非自愿如被胁迫、诱导或因为认识能力而非真实意思表示等情况。在非真正认罪的情况下,应当适用普通程序进行审理。

五、结语

为体现认罪认罚案件中法检互相配合、互相制约的关系,法官在介入认罪认罚案件具结活动中应保持相对消极、中立的地位。[1] 进入审判阶段,

---

① 赵恒:《法官参与认罪认罚案件具结活动的模式和法律制度前瞻》,载《政治与法律》2021年第1期。

法官在对被告人认罪自愿性进行审查时，还应当充分运用经验法则，综合案件总体事实和证据，根据案情需要，秉持中立态度，熟练运用证据规则，结合具体的经验，客观中立地对被告人认罪自愿性进行识别，对其可采性进行审慎判断。

认罪认罚从宽制度对量刑规则
补充构造的实例研究
——兼论认罪认罚法律文书质量的规范化提升

寇　伟　李　森　陕西省咸阳市人民检察院

一、问题提出：特殊情况下的罪刑不相均衡

案例一：某甲之子乙经常为非作恶，为祸乡里，在一次乙将邻居小孩重伤后，甲忍无可忍，为了不让乙再为非作歹，杀死了乙。

案例二：某丙之子丁也经常为非作恶，为祸乡里，在一次丁将邻居小孩重伤后，丙忍无可忍，为了不让丁再为非作歹，想将丁重伤养在家里，但丁因伤势过重死亡。

案例三：某戊为寻求精神刺激，随意拦截、辱骂、殴打被害人，造成被害人轻微伤，但精神失常后自杀。

案例四：某己常年受到邻居壬辱骂，后某己不堪忍受，在吵架过程中将壬打倒在地，造成壬脏器破裂，构成重伤。

通过上述案例，我们可以发现，某甲构成故意杀人罪，《刑法》第232条规定，故意杀人情节较轻的，处三年以上十年以下有期徒刑，而大义灭亲等都是我们一般认为要按故意杀人罪情节较轻进行量刑的情形，因此对甲可以适用三年以上十年以下有期徒刑的法定刑量刑区间。某丙构成故意伤害（致人死亡）罪，而《刑法》第234条规定，故意伤害致人死亡或者以特别残忍手段致人重伤造成严重残疾的，处十年以上有期徒刑、无期徒刑或者死刑。也就是说《刑法》对故意伤害致人死亡并没有规定情节较轻的情形，对丙应当在十年以上有期徒刑、无期徒刑或者死刑的法定量刑区间内进行量刑。此时，在犯罪行为、手段、情节相似，且都具有一定大义

灭亲性质时，某甲犯故意杀人罪（既遂）却量刑轻于某丙犯故意伤害（致人死亡）罪，这显然与罪责刑相适应的原则有悖。

对比案例三和案例四，也能发现罪刑不相适应的问题。某戊寻求精神刺激，随意拦截、辱骂、殴打他人，造成被害人精神失常并自杀，其行为符合寻衅滋事罪的犯罪构成。根据最高检、公安部《关于公安机关管辖的刑事案件立案追诉标准的规定（一）的补充规定》第8条的规定，戊的行为已达到寻衅滋事罪的立案标准，应在五年以下有期徒刑、拘役或者管制中确定宣告刑。某己的行为则符合故意伤害罪的构成要件，根据我国《刑法》第234条之规定，对某己应在三年以上十年以下确定宣告刑，显然某己的法定刑高于某戊。

戊、己的行为均具有伤害他人的故意，但是故意伤害罪是结果犯，戊的伤害行为尚未造成被害人轻伤以上结果，不应以故意伤害罪定罪处罚；同时，我国《刑法》尚未将精神伤害作为故意伤害罪的行为特征，戊虽造成被害人精神错乱，但仍不能以故意伤害罪定罪处罚。与戊相比，己的行为社会危害性、主观罪过性较低，但因制刑时没有对此种情形作具体区分，仅按照行为造成的结果科处刑罚，按照罪刑法定的原则，己的行为应以故意伤害罪定罪处罚，并应在三年以上十年以下确定宣告刑，在法定刑区间内，戊、己显然量刑并不均衡。再如，行为人合同诈骗1.9万元，尚未达到合同诈骗罪的立案标准，有些学者认为，对此应作为想象竞合，按照诈骗罪处罚[①]，但此时因已远超诈骗罪的立案标准，在实务中一般不能适用缓刑。但此时若行为人再多合同诈骗0.1万元，则达到了合同诈骗罪的立案标准，应优先适用合同诈骗罪，此时行为人刚刚达到立案标准，在实务中具有适用缓刑的可能性。此时，对同一行为人的同一行为，可能造成大数额轻刑、小数额重刑的量刑不均衡的问题。

实际上，很多司法案件因量刑问题而引起了社会的广泛争议，比如大学生"掏鸟窝"被判有期徒刑10年案、青少年网购假枪被判无期徒刑案、

---

① 张明楷：《刑法学（上）》，法律出版社2021年版，第629-631页。

于欢案，等等。这些让老百姓感到明显存在量刑问题的案件，在很大程度上损害了司法的公信力。[①]

由此，我们发现在存在大义灭亲、家庭内部纠纷、情节轻微但法定刑过重等特殊情况下，犯罪行为的手段危害性、恶劣性和犯罪结果的严重性并不匹配，具有较大的偶然性，这种情况下对被告人科处重刑，往往显得罪刑不相适应，而司法机关却没有有效的手段避免这种结果发生。这既表现在制刑时对相应量刑情节的考量还不够合理，也表现在司法人员量刑时在某种情况下无法根据犯罪情节而做到重罪重判，轻罪轻判。"轻罪重罚"表象的形成，与原始朴素的社会正义感相冲突，且难以用释法说理消除犯罪嫌疑人和普通大众的疑惑，容易造成刑罚失衡、处罚不公的误解。[②]

二、解决路径：认罪认罚从宽制度的量刑减让模式初探

习近平总书记在党的二十大报告中指出："从现在起，中国共产党的中心任务就是团结带领全国各族人民全面建成社会主义现代化强国、实现第二个百年奋斗目标，以中国式现代化全面推进中华民族伟大复兴。"维护社会稳定与安全，保障公民人身财产等权利与自由，针对侵犯国家社会利益和公民自由与经济安全等的犯罪行为进行有效治理，实现犯罪治理的现代化，是中国式法治现代化题中的应有之义。[③] 量刑均衡，是刑法实现社会公正、维护社会稳定、化解矛盾纠纷、减少社会对抗职能的基本方式。因此，如何在上述特殊案件中达到量刑均衡的平衡点，是当前司法实务中亟待解决的问题。

事实上，为了解决这种问题，避免刑罚裁量过于机械化，实现罪刑均衡，我国《刑法》在第 63 条第 2 款规定了酌定减轻刑罚制度，即当案件存

---

① 周光权:《量刑的实践及其未来走向》，载《中外法学》2020 年第 5 期。

② 曾军、熊姿:《坚持罪刑均衡　破解毒品犯罪"轻罪重罚"》，载《检察日报》2021 年 5 月 10 日，第 3 版。

③ 刘艳红:《民刑共治:中国式现代犯罪治理新模式》，载《中国法学》2022 年第 6 期。

在特殊情况时，可经最高人民法院核准，在法定刑以下判处刑罚。刑法对该制度规定了严格的适用条件，包括存在争议的前提条件——是否以不具有法定减轻处罚情节为前提、模糊不清的实体要件——"案件的特殊情况"、过于严格的程序要件——"经最高人民法院核准"。实体要件的模糊不清使酌定减轻情节的判断缺乏标准，程序要件中核准主体层级过高使得酌定减轻案件的核准难以进行，导致司法实践中酌定减轻刑罚制度的适用率低下。① 因此，在实践中酌情减轻情节并不能很好地解决上述问题。

笔者认为，随着认罪认罚从宽制度的全面实施，为认罪认罚从宽制度赋予灵活从宽模式，把"从宽"解释为包含从轻处罚及减轻处罚两种具体量刑应用情节，将认罪认罚从宽制度以法定从轻、减轻情节引入量刑体系，则能够为这种罪刑之间的矛盾提供解决方案，重构罪刑相适应原则，使刑罚与犯罪性质、犯罪情节、社会危险性更相适应。就上述案例来看，如将认罪认罚可作为法定减轻情节作为量刑情节予以考量，当案例二中的丙自愿认罪认罚时，则可据此得以减轻处罚，真正罚当其罪、实现罪刑相均衡。

三、可行性分析：法理基础和法律解释的外部证成

通过认罪认罚从宽制度调节量刑区间，以达到罪刑均衡的目的，是本文探讨的主要问题。实现认罪认罚对量刑区间的调节，尤其是在罪刑不均衡的极端情况下，通过认罪认罚从宽制度实现基准刑的调节减让，可以达到个案罪刑均衡的目的。笔者认为，在罪刑已不相适应的情况下，如被告人自愿认罪认罚，此时将认罪认罚作为对其减轻处罚的量刑情节，据此提出与其罪责相适应的量刑幅度，这既符合认罪认罚从宽制度的基本要义，也是司法裁判与常识民意之间的良性互动。毕竟，法官的判决如果太偏离常识，太偏离生活经验，和民众的判断偏差太远，这个时候确实要反过来检讨我们那些理念和思考方法，否则，刑法学停留在书斋里的那种自足就

---

① 周维康:《酌定减轻刑罚制度研究》，华东政法大学 2019 年硕士学位论文。

没有太大的意义，对于社会的贡献也很有限。①

从这个角度来看，认罪认罚从宽制度应当兼具有从轻处罚和减轻处罚功能。事实上，这样的理解也符合刑法解释论和方法论逻辑。本文从以下三个角度进行分析论证，以求得对本文观点的外部证成。

（一）从立法角度来看，将认罪认罚从宽制度理解为包含"从轻处罚""减轻处罚"，符合现代刑事司法理念

或有人会认为，将认罪认罚从宽理解为包含"从轻处罚""减轻处罚"，有悖"以刑制罪"的刑事司法理念。他们认为，"以刑制罪"是区别于传统"定罪量刑"的一种逆向思维。简言之，就是先考虑刑罚轻重，再为其选择合适的罪名。司法人员改变了由罪至刑三段论式的固有刑事定罪的逻辑顺序，其思维逻辑的基本范式变为"总结案件事实——判断其惩罚必要性（报应）和可罚性（预防）——寻找惩罚的罪名和理由"的过程。② 但也有学者认为，以刑制罪应当是立法时遵循的理念，也应是一种刑法解释理由，是对刑法分则规定罪名的构成要件进行解释和描述的方法论。而当以这种方法和理由明确犯罪构成要件之后，就应当严格按照相关的要件进行执行③，笔者认为，以刑制罪作为立法理念，不应成为法官对案件定罪量刑的天然追求，司法实务应符合演绎推理逻辑，否则一味追求由定刑到定性的逆向过程，有违罪刑法定原则之嫌。而将认罪认罚从宽制度解释为包含"从轻处罚""减轻处罚"两种量刑应用情节，则从逻辑上是一个从客观阶层—主观阶层—刑罚裁量的刑事定罪过程，符合由定性到定刑的刑事司法逻辑，认罪认罚从宽制度则作为一种量刑情节的事实影响刑罚的裁量，符合现代刑事司法理念。

---

① 周光权：《现代刑法的理念与方法》，载《法治研究》2020年第6期。

② 李兰英：《"以刑制罪"在网络经济犯罪认定中的适用》，载《厦门大学学报（哲学社会科学版）》2020年第4期。

③ 张明楷：《侵犯人身罪与侵犯财产罪》，北京大学出版社2021年版，第8页。

（二）符合刑事诉讼的基本原理

我国《刑事诉讼法》第 15 条规定："犯罪嫌疑人、被告人自愿如实供述自己的罪行，承认指控的犯罪事实，愿意接受处罚的，可以依法从宽处理。"这是认罪认罚从宽制度的直接法律依据。但是由此也存在这样的问题：刑事诉讼法规定作为程序法，是刑事诉讼过程中的程序规范，而刑罚裁量则作为实体法的组成部门，认罪认罚从宽制度能否超越程序法的限制进行量刑减让，笔者认为，认罪认罚从宽制度不仅是程序规范，还具有影响案件量刑的实体价值。《刑事诉讼法》解释第 347 条第 3 款明确规定："被告人认罪认罚的，可以依照刑事诉讼法第十五条的规定，在程序上从简、实体上从宽处理。"该条明确规定了认罪认罚可以实体从宽，是对认罪认罚制度实体价值的直接规定，也是本文观点的直接法律依据。最高人民法院、最高人民检察院、公安部、国家安全部、司法部印发的《关于适用认罪认罚从宽制度的指导意见》对认罪认罚从宽的幅度进行了规定，最高人民法院、最高人民检察院印发的《关于常见犯罪的量刑指导意见（试行）》（法发〔2021〕21 号）则更加细化了认罪认罚从宽的具体幅度和比例，这也是对认罪认罚制度实体价值的直接确认；从认罪认罚的目的来看，其基本价值追求应当是给予被告人更多实体上的优待，同时伴随着提高刑事司法效率的效果，认罪认罚的实体价值日益显现。笔者通过检索 12309 中国检察网、中国裁判文书网发现，在认罪认罚从宽制度实施以来，对于被告人自愿认罪认罚案件，司法机关在实践中将认罪认罚作为从轻处罚的量刑情节予以考量，这也表明司法机关在实践中对认罪认罚制度实体价值的认可。

在确认认罪认罚制度具有实体价值后，可以通过对法律的解释得出本文的观点。《刑事诉讼法》第 15 条规定："犯罪嫌疑人、被告人自愿如实供述自己的罪行，承认指控的犯罪事实，愿意接受处罚的，可以依法从宽处理。"此处法律表述为"从宽"，"从"有"采取"的意思，"宽"是指"宽松、松弛"，反义词是"严"，以平义解释来看，"从宽"表明是与一般处罚不同的处罚方法，结合我国《刑法》的体系来看，"从宽"应当包含"从轻、减轻或免除处罚"。事实上，最高人民法院《关于贯彻宽严相济刑事政策的若干意见》（法发〔2010〕9号）第三部分中，在对"宽"的解释中明确："宽严相济刑事政策中的从'宽'，主要是指对于情节较轻、社会危害性较小的犯罪，或者罪行虽然严重，但具有法定、酌定从宽处罚情节，以及主观恶性相对较小、人身危险性不大的被告人，可以依法从轻、减轻或者免除处罚"，由此可见，将"从宽"解释为包含"从轻、减轻或者免除处罚"既符合法律解释的基本原理，也不违反我国"宽严相济"的刑事政策。

一般认为，刑罚裁量包含责任刑和预防刑两大部分，当被告人自愿认罪认罚时，可以表明其对自己行为及所造成的结果具有悔过性，被告人因认罪认罚而降低预防必要性，由此带来在量刑时预防刑降低，宣告刑也随之降低，这也是认罪认罚可以从轻、减轻处罚的法理基础。

通过上述分析来看，我们可以得出结论：将认罪认罚作为"从轻""减轻"量刑情节调节罪刑关系，既符合我国"宽严相济"的刑事政策，也符合法律解释的基本原理，具有法理基础。认罪认罚从宽制度被称为中国特色社会主义刑事司法制度的重大创新，它带来了司法理念、诉讼模式的变化。而随着认罪认罚从宽制度的深入推进，将认罪认罚从宽制度的量刑减让制度作为特殊情况下量刑失衡的解决路径，是从刑罚的目的出发，调节行为与刑罚之间平衡点、达到罪刑相适应的有益尝试，符合时代的要求和呼唤，有利于进一步化解社会矛盾、减少对抗性司法，为实现中国式现代化提供刑事司法保障。

（三）不违反罪刑法定原则

或许有人会提出，罪刑法定要求所有的定罪、量刑要严格遵循刑法的明文规定，将认罪认罚作为减轻处罚所依据的减轻处罚情节在刑法中没有明文规定，所以不能依据刑法中不存在的认罪认罚作为减轻处罚情节对行为人减轻处罚，否则便是违反罪刑法定原则。事实上，罪刑法定原则以保障公民自由、限制国家刑罚权的行使为己任，其基本内容明确是法无明文规定不为罪，法无明文规定不处罚。在这一基本内容中所体现出来的一个侧重面显然是很清楚的，即罪刑法定原则从其诞生那天起，就是从"不定罪""不处罚"角度提出来的。[①]

按照罪刑法定的基本概念，在评价一个行为是否构成犯罪时，应当依次按照犯罪构成要件的符合性、违法阻却事由（行为违法性）、责任阻却事由（行为有责性）三个阶层进行评价，只有同时满足三个阶层的判断，才可以认定为犯罪行为。由此，我们可以得出，罪刑法定原则的要旨是对某一个行为是否构成犯罪应当按照法律明文规定进行判断，是定罪的基本原则。但是，在司法实务中往往存在当一个行为已经构成犯罪，且应当受到刑事处罚，但行为和所受处罚不相均衡的情形，也正是因此，刑法规定了特殊的减轻、免除处罚措施，以调和罪刑之间的关系。因此，我们认为，如果对符合减轻处罚的行为人不减轻处罚，实际上是对行为人加重了处罚，反而有违罪刑法定原则之嫌。而认罪认罚从宽制度的本质是在刑事诉讼中被告人以简化程序为代价，取得实体从宽处罚的权利，是一种法定、独立的量刑情节，可以起到调和罪刑、实现量刑均衡的作用，其在刑事诉讼法中进行了明文规定，具有独立的实体价值。由此，我们认为，认罪认罚从宽制度参与刑罚裁量过程，具有减轻处罚调解功能，具有正当性和较为明确的法律依据，并不违反罪刑法定原则。

四、模式构造及运行制度初探

赋予认罪认罚从宽制度以减轻处罚的量刑应用情节，可以解决本文所提出的在特殊情况下罪刑不相均衡的现实问题，但在司法实践中也应当严格适用条件和适用范围，以避免由此引发的司法滥权。

（一）严格适用条件

要实现认罪认罚从宽制度对个案量刑均衡的价值，就必须要坚持量刑指导的原则，坚持依照"宽严相济"的刑事政策严格适用认罪认罚从宽制度，从政治因素、社会因素、主体因素、情节因素、被害人因素、法律因

---

① 刘宪权：《论罪刑法定原则的内容及其基本精神》，载《法学》2006年第12期。

素等各个方面全面考量，以罪刑均衡为根本目的适用认罪认罚从宽制度，并引入"比例原则"，合法、合理确定适用从轻或减轻处罚的幅度，实现罪刑相均衡的目的。一是全面审查犯罪事实和量刑事实，审慎提出量刑适用意见。对个案而言，在审查过程中应当在全面审查犯罪构成的事实的基础上，对量刑事实进行评价，并综合判断行为人的法益侵害性、主观罪过性和人身危险性，在被告人自愿认罪认罚的情况下，综合以上因素提出相应的从轻或者减轻处罚的意见，同时，笔者认为，认罪认罚案件适用减轻处罚，应当同时具备多个从轻情节，同时自愿认罪认罚，按照伦理道德、社会一般常识、生活经验来看法定刑确实存在明显重于其所犯罪行的情况下，确有减轻处罚的必要，此时才可以以认罪认罚为由适用减轻处罚，而非一味认为只要被告人自愿认罪认罚就可以减轻处罚，以避免司法权的滥用化、恣意化和刑罚的轻质化。二是严格控制案件类型，本文的基本观点是，只有在罪刑不均衡的极端情况下，才能通过认罪认罚从宽制度实现基准刑的调节减让，为罪刑明显不相均衡的案件寻求新的法定"减轻"处罚理由，以达到个案罪刑均衡的目的。因此，在适用认罪认罚的"减轻"处罚量刑情节时应当坚持审慎原则，适用的案件类型应当严格控制在行为人主观恶性不大、犯罪行为及犯罪情节相对较轻，并按照一般社会伦理判断法定刑确实过重的案件中，对严重暴力犯罪、危害性大、情节严重、社会影响恶劣的案件，即便行为人自愿认罪认罚，也不应适用"减轻"处罚的情节。三是探索建立二元化监督机制，强化司法权力制约机制。因认罪认罚不同于自首、立功等传统法定减轻处罚情节，其具有事后性、协商性、普适性特征。目前，我国对认罪认罚案件的范围不作限定，任何案件的被告人都可适用认罪认罚，因此，有必要建立全新的司法权力制约机制，以避免适用认罪认罚减轻情节时范围无限扩大，造成司法腐败的隐患。笔者认为，可以采取二元化制约机制，即在检察机关、审判机关对案件进行审查、审理后，当被告人表示自愿认罪认罚，且检察官、法官内心已经足够确认应当适用认罪认罚并以此对被告人减轻处罚，否则将使得案件罪刑不相均衡（如案例二中的丙），此时检察官、法官应当提出适用减轻处罚的意见，并提交上级检察机关、审判机关审批或者核准，上级机关在对案件进行实体化审查后，作出是否同意的决定，以实现认罪认罚从宽制度作为减轻处罚依据时的内部监督机制。四是完善立法，建议从立法层面进一步完善使用认罪认罚从宽制度的适用基础、范围和幅度。当前，认罪认罚制度已经写入《刑事诉讼法》，刑法必须及时与认罪认罚从宽制度相衔接，为程序改革提供实体法支撑[①]，建议在刑法中对认罪认罚制度予以确认，为将认罪认罚从宽制度作为量刑情节提供实体法支撑，同时通过对法律的解释，进一步明确认罪认罚从宽制度的应用标准，为司法工作人员适用认罪认罚从宽制度适用量刑减让时提供更加明确的法律依据。

（二）强化权力监督，进一步完善司法责任制

随着司法责任制改革的有序推进，我们已经逐步形成了有权必有责、用权必担责、失责必问责、滥权必追责的司法责任制度，也正是有了这样的制度制约，让司法人员在适用法律、裁判案件时才有所顾忌，在很大程度上避免了司法滥权、司法不公问题。因此，通过进一步推进司法责任制体系改革，严格落实"谁办案谁负责、谁决定谁负责"，实行办案质量终身负责制和错案责任倒查问责制，通过责任倒逼司法人员在案件办理中真正做到理性平和、公正廉洁，适用法律准确。当司法责任制得到全面深入落实后，则可以预见到司法工作人员将以躬行法治、公正无私为司法办案的基本准则，适用认罪认罚从宽制度进行量刑减让时也就不会出现司法滥权、以权谋私的问题。

（三）充分运用智慧司法平台，保证量刑统一尺度

当前，司法工作电子化、智能化已经取得了一定发展，但是，这样的成果与现实需要、目标还有一定差距。当前的智能化平台更多体现的仍是工具化价值，即通过电子化、数字化、网络化平台，实现司法工作人员办

---

① 周光权：《论刑法与认罪认罚从宽制度的衔接》，载《清华法学》2019 年第 3 期。

公便捷化、可移动化，但还不能为司法人员在案件定性、刑罚裁量等方面提供建议，即"智能化"水平还达不到司法实践的要求。笔者认为，这主要是由于当前智慧司法平台的物理桎梏。具体而言，当前侦查、检察、审判机关都在建设适用于刑事司法各个环节的智能司法平台，但各平台之间却被物理隔绝，缺乏数据交换，难以为智能化司法提供全面数据支撑；而人工智能本身存在着大数据基础分析的必然需求，当前司法机关数据共享障碍使得人工智能平台难以通过对大数据分析而"自学"掌握刑事司法逻辑，为司法人员提供有价值的工作建议。因此，笔者建议应当逐步开通侦—检—审机关的数据共享平台，通过足够多的数据积累和各个司法环节的数据研判，为人工智能平台学习和掌握刑事司法逻辑提供蓝本，并通过大数据分析为司法官提供最优案件处理建议，以实现先进算法、足量数据对法官人脑的补充，在一定程度上固化案件的客观标准，从而解决在司法处理结果上的差异化问题[①]，达到案件定性和量刑的统一，最大限度避免司法裁量的失衡。

（四）规范法律文书制作，提升认罪认罚从宽制度适用效果

在认罪认罚从宽制度中，检察机关提出的量刑建议不仅关系到认罪认罚的促成，还关乎从宽处罚承诺的兑现，而认罪认罚法律文书则是检察机关司法办案的重要载体，是实现从宽处罚承诺的直接方式。高质量文书能有效促进检察机关在认罪认罚案件办理质效，规范、有效、合法制作认罪认罚具结书、量刑建议书，对保障认罪认罚案件中犯罪嫌疑人、被告人认罪认罚自愿性、促进个案公正具有十分重要的意义。对于本文主张的认罪认罚从宽制度作为减轻处罚情节予以适用，在法律文书制作时应注意以下几点。

1.全面审查犯罪事实和量刑事实，依法审慎拟定量刑建议。在全面审

[①] 崔霞：《迈向智能化：人工智能嵌入检务改革的实践路径社会科学家》，载《社会科学家》2021年第6期。

查案件事实的基础上，当案件出现罪刑不均衡的极端情况时，可以通过认罪认罚从宽制度实现基准刑的调节减让，为罪刑明显不相均衡的案件寻求新的法定"减轻"处罚理由。在具体减轻幅度的计算时，应根据最高人民法院、最高人民检察院《关于常见犯罪的量刑指导意见（试行）》（以下简称《量刑指导意见》）的规定，拟定初步量刑建议。

（1）在基本犯罪构成事实在相应的法定刑幅度内来确定量刑起点。在法定刑幅度内确定量刑起点时，应注意避免将调节量刑的情节在量刑起点确定时予以考虑，否则将导致这些量刑情节被重复评价。

（2）根据案件事实在量刑起点内确定基准刑。确定量刑起点，即确定了案件的适用的基本量刑区间，此时，需要结合其他影响犯罪构成的犯罪数额、犯罪次数、犯罪后果等犯罪事实确定基准刑，换言之，即根据影响犯罪构成的其他事实（主要包括在刑法罪状中规定的、或由司法解释规定的客观处罚条件的事实）在量刑起点的基础上确定刑罚增加量，刑罚增加量的标准可以按照最高人民法院、最高人民检察院及各省高级人民法院、省级人民检察院出台的量刑指导意见来确定，对于没有明确规定的情节，则可以根据司法解释关于相关犯罪追诉标准、法定刑量刑区间的比例进行调整。

（3）根据案件的具体量刑情节，调节基准刑，确定精准化量刑建议。对于量刑情节，按照《量刑指导意见》规定的先适用量刑情节采取连乘的方法进行调节，再对其他量刑情节采取同向相加、逆向相减的方法进行调节。需要说明的是，由于认罪认罚情节并未规定在两高《量刑指导意见》先适用的情节之中，因此应在其他量刑情节当中采取同向相加、逆向相减的方法进行调节，当计算出的刑期在法定刑区间以下，则可以将认罪认罚作为减轻处罚情节，直接将计算出的刑期作为确定刑量刑建议。

例如案例二中的丙，当其具有认罪认罚（减轻30%）、羁押期间表现好（减轻10%）的情节，无自首、限制行为能力的精神病人犯罪、又聋又哑的人或者盲人犯罪等先适用的情节时，按照《量刑指导意见》规定确定其基准刑为156个月，则其确定性量刑建议为：$156 \times (1-30\%-10\%) \approx 94$个月，即约为 7 年 10 个月有期徒刑，因认罪认罚可作为特殊的减轻处罚情节，可直接将 7 年 10 个月有期徒刑确定为精准化量刑建议，从而实现罪刑均衡、罚当其罪。

（4）采取认罪认罚从宽制度作为减轻处罚情节降档后，不应再适用缓刑。对于部分案件，将认罪认罚从宽制度作为减轻处罚情节降档后，可能在 3 年以下确定量刑建议，但因认罪认罚非绝对适用的减轻处罚情节，此时不宜再适用缓刑。

（5）对于确需将认罪认罚作为减轻处罚情节调解量刑，以期实现量刑均衡的案件，笔者建议在确定精准化量刑建议、宣告刑后，在正式提出前，应将相关情况报上级检察、审判机关核准，经过上级机关核准后再同犯罪嫌疑人、被告人签署认罪认罚具结书，以实现司法权的层级监督，防止司法滥权。

2. 优化认罪认罚具结书，激发法律文书的释明法律、司法宣传和法律指引作用。

（1）优化认罪认罚具结书内容，保障犯罪嫌疑人、被告人认罪认罚自愿性。法律文书是司法机关办理案件是否公正、合法的直接表现，同时法律文书的制作又能在程序规范、制约司法人员的办案行为，规范的法律文书制作在司法实务中具有十分重要的地位。在互联网高度普及的信息化时代，公开的法律文书查询愈加便捷，法律文书被置于互联网的放大镜下受到广泛的检视、评论、传播。一些焦点案件的法律文书若在质量、规范方面存在问题，便很难逃脱公众的眼睛，甚至由此还可能造成公众对某些案件的误读，以至于引发对司法不公的担忧。[1] 因此，笔者建议对现有认罪认罚具结书进一步优化，将犯罪嫌疑人、被告人在认罪认罚具结过程中的重要权利、义务在具结书中再次进行明确，确保犯罪嫌疑人、被告人的知情权及签署的自愿性。同时，笔者认为，对于将认罪认罚作为减轻情节调

---

[1]　上海市崇明区人民检察院课题组:《浅析检察法律文书的质量与规范体系》，载《黑龙江省政法管理干部学院学报》2021 年第 5 期。

节刑罚的案件，认罪认罚具结书应载明量刑减让的具体原因、上级机关核准的情况，以达到法律文书的明示作用，保证犯罪嫌疑人、被告人认罪认罚的自愿性，并以此激发认罪认罚具结书本身在释明法律、司法宣传、法律指引的作用。

（2）完善认罪认罚具结书要素，填补具结书格式缺陷。作为填充式法律文书，认罪认罚具结书的设计本身应尽可能达到明确、规范、全面。当前认罪认罚具结书模板涵盖了犯罪嫌疑人、被告人身份信息、权利知悉、认罪认罚内容、签署自愿性声明及辩护人或值班律师见证签名，包含了认罪认罚从宽制度的基本要素。但是，笔者认为，高质量的检察文书，除了应具有法律文书中具体法律事项的规范构成要素内容，还应具有主动释明法律、明确法律后果的拓展内容，在法律文书中尽可能将法律与情理有机融合，充分发挥法律文书的实质效用。首先，当前认罪认罚具结书模板中没有明确说明认罪认罚后又反悔、检察机关撤回认罪认罚等情形的法律后果等要素，虽然相关内容可能在犯罪嫌疑人、被告人权利义务告知书或认罪认罚告知书专门进行了强调，但是作为规范的法律文书，认罪认罚具结书在法律文书公开时具有权利义务告知书所不具备的释明法律、司法宣传、法律指引作用，因此，笔者建议在认罪认罚具结书中明确认罪认罚后又反悔、检察机关撤回认罪认罚等法律后果的内容，进一步发挥认罪认罚具结书的释明法律、司法宣传和法律指引作用，提高检察法律文书的质量。其次，最高人民检察院《人民检察院办理认罪认罚案件听取意见同步录音录像规定》第2条规定，检察机关与犯罪嫌疑人、被告人在签署认罪认罚具结书时应当同步录音录像，但是目前认罪认罚具结书中并未体现告知同步录音录像的内容，具结书本身不能反映出犯罪嫌疑人、被告人知晓签署过程进行同步录音录像。最高人民检察院发布的《人民检察院刑事诉讼规则》第187条规定："人民检察院在办理自行侦查案件时应当告知犯罪嫌疑人将对讯问进行全程同步录音、录像。告知情况应当在录音、录像中予以反映，并记明笔录。"笔者认为，该规定对认罪认罚具结书的签署同样具有参考意义，告知并记录同步录音录像情况，是保证犯罪嫌疑人、被告人认罪认罚过程中的明智性，确保具结书签署合法性、有效性的重要方式，因此，笔者建议在认罪认罚具结书模板修改时增加告知同步录音录像的内容，完善认罪认罚具结书的内容要素。最后，对于本文主张的特殊案件认罪认罚作为减轻处罚依据的情形，在签署认罪认罚具结书中应对相关情形的法理及情理依据进行特别说明，以达到量刑建议依据明确、内容合法、情理相融，使犯罪嫌疑人、被告人在量刑协商阶段内心信服、自愿认罪认罚。

3.加强释法说理，制作量刑建议说明书。检察公信力的着力点在于民众信任，而民众最关心的、与检察公信力直接相关的现实问题是执法公正。公平正义不仅要实现，更要以看得见的方式实现。[①] 透彻、充分、有理、有据的说理可以增进犯罪嫌疑人、被告人、辩护人甚至法官对检察文书的理解，对于减少对抗性司法、化解社会矛盾、提高司法效率具有十分重要的意义。在认罪认罚案件中，犯罪嫌疑人、被告人关注的核心就是定性和量刑。因此，检察机关应当围绕上述内容，制作量刑建议说明书，对检察机关认定的事实、定性、量刑建议提出的过程进行说明，尤其对于量刑建议的说明，应当对量刑起点的确定、基准刑的确定、量刑情节及量刑调节的幅度、计算的公式及过程等内容进行详细说明，通过详尽的释法说理，使犯罪嫌疑人、被告人真诚悔罪、自愿接受处罚、减少社会对抗，同时也可以使法官、辩护人更加深入理解检察机关在事实认定、法律适用、量刑建议等内容的事实和法律依据，司法机关、被告人、辩护人在审判程序、案件事实、定性、量刑上更容易达成共识，有效节约司法资源。

---

① 王春风：《检察公信力视野下法律文书的说理性完善——以公诉环节常见的文书为例》，载《中国检察官》2015 年第 5 期。

认罪认罚自愿性及其保障机制研究

周科楠　张志超　杨春黎　四川省人民检察院

　　认罪认罚从宽制度全面实施以来，在依法惩治犯罪、加强人权司法保障、促进社会公平正义等方面取得了显著成效。但通过对当前认罪认罚案件进行调研，发现办案中存在对认罪认罚自愿性关注不够、审查形式化等问题，这些问题将对公正司法、保障人权产生负面影响，不利于认罪认罚从宽制度行稳致远。自愿性作为认罪认罚从宽制度设计的逻辑根基，不仅是平衡公正与效率的关键因素，更是认罪认罚从宽制度在推进国家治理体系与治理能力现代化中发挥司法功能的内在动力。

一、保障认罪认罚自愿性的价值和意义

（一）保障认罪认罚自愿性是被追诉人在刑事诉讼中主体地位的体现

　　保障被追诉人认罪认罚自愿性是尊重被追诉人尊严、尊重被追诉人的主体性的体现。尊重和保障人权已写入我国刑事诉讼法的基本原则，同时确立了"禁止强迫自证其罪"原则。认罪认罚自愿性是反对强迫自证其罪原则的应有之义。从消极层面讲，"禁止强迫自证其罪"赋予被追诉人拒绝供述自己有罪的权利，司法机关不能使用暴力、威胁等非法手段来强迫其供述；从积极层面来说，"禁止强迫自证其罪"赋予犯罪嫌疑人、被告人选择认罪供述的权利，但需充分保障其认罪供述的自愿性。作为刑事诉讼制度的重要组成部分，认罪认罚从宽制度也应遵循"禁止强迫自证其罪"的原则，充分保障被追诉人认罪认罚的自愿性。被追诉人可以选择认罪，以便获得司法机关对其宽大处理；也可以选择不认罪，以便获得更加充分的程序保障。面对检察机关的指控，被追诉人的诉讼主体地位决定了其可以

根据自身利益选择是否认罪。只有充分尊重被追诉人主体地位，充分尊重其人格尊严，充分保障其认罪认罚自愿性的诉讼权利，才能真正确立和维护其在刑事诉讼中的主体地位。

（二）保障认罪认罚自愿性是认罪认罚从宽制度实体从宽、程序从简正当性的根基

认罪认罚的实体后果是被追诉人一般会获得司法机关的从宽处理。这种从宽处理基于自愿认罪，意味着主观恶性和人身危险性降低。自愿认罪易于吸纳被害人的不满情绪，获得被害人宽恕，促进修复遭受犯罪行为所侵害的社会关系。从宽处理的实体理由均要求被追诉人认罪认罚建立在自愿基础之上，对缺乏自愿性的认罪认罚给予从宽处理则不具有实体法上的正当性。被告人如果"不自愿"认罪认罚，那么认罪认罚从宽制度就缺乏公正性前提，在失去公正性的前提下追求程序上的效率，显然违背了该制度适用初衷。认罪认罚从宽制度的设立宗旨确实有效率方面的追求，即简案快办、节约司法资源，提高诉讼效率。但其宗旨和目标也体现在国家治理层面，即推动国家治理体系和治理能力现代化，最大限度化解矛盾、减少社会对抗、促进社会和谐。在审查起诉阶段对被追诉人认罪认罚的自愿性给予充分保障，对认罪认罚从宽制度在追求效率的同时兼顾公正性有巨大的积极作用。同时，保障被告人认罪认罚的自愿性，还能减少被追诉人在诉讼过程中出现反悔的概率，降低上诉率，整体提高诉讼效率。

（三）保障认罪认罚自愿性是防范冤假错案的重要途径

不得强迫自认其罪是被追诉人的权利，除了具有抑制司法暴力、平衡诉讼力量等作用外，在认罪认罚从宽案件中，其保证证据质量，防止非自愿认罪认罚的功能更应得到重视。被追诉人的供述之所以重要，在于被追诉人基于人性，不会作出不利于自己的选择，而禁止在违背被讯问人意志时强迫其认罪供述，也具有防止虚假供述，保证供述真实性的价值追求。实体公正的基本前提是正确认定案件事实，被追诉人的认罪供述是认定案

件事实的重要证据。虽然被追诉人自愿认罪并不能必然保障供述的真实性，比如存在"自愿顶罪""自愿揽罪"的可能性，但相比于缺乏自愿性的认罪，被告人自愿认罪的可信程度相对更高。从刑事司法实践来看，认罪供述导致的错案多源于威逼、利诱、刑讯逼供等非法行为，这些非法行为会导致被告认罪供述缺乏自愿性，导致被告人违背其真实意愿而错误认罪，从而引发冤假错案。因此，在刑事冤假错案的防范中，保障认罪供述的自愿性是重要途径。强化被追诉人认罪认罚自愿性的保障，具有阻断发生冤假错案的重要作用。

二、认罪认罚自愿性的内涵

分析检察机关对认罪认罚自愿性和合法性审查内容的相关规定[①]，可以总结出，认罪认罚自愿性包括三个要素：认识的明知性，理解认罪认罚的性质和可能导致的法律后果；评估的理智性，认知能力和精神状态正常；选择的自由性，不存在暴力、威胁、引诱等违法情形。认罪认罚自愿性体现在，被追诉人的"自愿"是在"从宽"优惠的激励下，在充分了解制度意义和行为后果后权衡利弊的自主选择。

[①] "两高三部"《关于适用认罪认罚从宽制度的指导意见》第28条规定，对侦查阶段认罪认罚的案件，人民检察院应当重点审查以下内容：（一）犯罪嫌疑人是否自愿认罪认罚，有无因受到暴力、威胁、引诱而违背意愿认罪认罚；（二）犯罪嫌疑人认罪认罚时的认知能力和精神状态是否正常；（三）犯罪嫌疑人是否理解认罪认罚的性质和可能导致的法律后果；（四）侦查机关是否告知犯罪嫌疑人享有的诉讼权利，如实供述自己罪行可以从宽处理和认罪认罚的法律规定，并听取意见；（五）起诉意见书中是否写明犯罪嫌疑人认罪认罚情况；（六）犯罪嫌疑人是否真诚悔罪，是否向被害人赔礼道歉。经审查，犯罪嫌疑人违背意愿认罪认罚的，人民检察院可以重新开展认罪认罚工作。存在刑讯逼供等非法取证行为的，依照法律规定处理。

最高人民检察院关于认真学习贯彻十三届全国人大常委会第二十二次会议对《最高人民检察院关于人民检察院适用认罪认罚从宽制度情况的报告》的审议意见第6条，"加强对认罪认罚自愿性和合法性的审查。对侦查阶段认罪认罚的，要注意审查是否存在暴力、威胁、引诱等违法情形，犯罪嫌疑人认罪认罚时的认知能力和精神状态是否正常，犯罪嫌疑人是否理解认罪认罚的性质和可能导致的法律后果等方面的内容，防止违背意愿认罪认罚情形发生"。

（一）认识的明知性

认识的明知性包括两个方面内容：一是理解认罪认罚的性质和可能导致的法律后果。由于被追诉人法律知识的缺乏以及信息的不对称，理解认罪认罚的性质和法律后果达到概括性认识即可，而不要求其对认罪认罚的性质和指控性质、法律后果、诉讼权利的认知达到确定性认识的程度，否则将会导致认识明知性的认定困难。二是对指控犯罪事实、证据情况的知悉。被追诉人对认罪认罚的选择本质上是一种价值判断，需要被追诉人知悉价值判断的客体。在认罪认罚从宽制度中，作为认罪认罚这一价值判断的客体是案件事实，需要被追诉人知悉控方所指控的犯罪情况。我国刑事诉讼遵循"证据裁判原则"，定罪量刑都要建立在通过证据所建构的法律事实之上。认罪认罚从宽制度作为刑事诉讼程序的组成部分，也要建立在依据证据所建构的法律事实基础上。被追诉人认罪认罚是对控方指控犯罪事实和提出量刑建议的有效回应。若缺乏对指控事实和证据材料的知悉，认罪认罚将丧失价值判断的客体，也就无法保障认罪认罚的自愿性。

（二）评估的理智性

理智性要求被追诉人具有辨别是非、利害关系以及控制自己行为的能力。作为价值判断的认罪认罚，除了要求被追诉人知悉指控犯罪情况外，还需其能够有效评估认罪的法律后果以及该后果是否符合自身利益需求。一方面，要求其自身具有辨别是非、利害关系以及控制自己行为的能力。一般而言，具有完全刑事责任能力的主体，通常具有辨别是非、利害关系以及控制自己行为的能力，他们通常是适格的认罪认罚主体。同时，需要重点关注盲聋哑人或者尚未完全丧失辨认或控制自己行为能力的精神病人，这些群体辨认和控制自己行为的能力较弱。另一方面，要求被追诉人获得律师有效帮助，以弥补其在法律知识和实践经验上的不足。绝大多被追诉人法律知识匮乏、诉讼经验欠缺，如果没有律师的有效法律帮助，很难对控方指控的案件事实和证据材料作出理性评估。如，龙某非法捕捞水产品案中，被追诉人龙某由于不了解禁捕方案的公布时间，误以为自己于禁捕方案公布之前的非法捕捞行为构成犯罪，而选择"认罪认罚"并签署了具结书。

（三）选择的自由性

在知悉控方指控犯罪事实和证据材料，并且理性评估认罪认罚法律后果之后，还需赋予被追诉人是否认罪认罚的自由抉择权。选择的自由性大体有三项要求：一是被追诉人有选择的自由。被追诉人可以选择认罪认罚，也可以选择不认罪认罚。二是被追诉人认罪认罚的范围可以自行选择。在被告人涉嫌多项犯罪的案件中，既可以选择对全部罪行予以认罪认罚，也可以选择就某一个或者部分犯罪事实进行认罪认罚。但仅如实供述其中一罪或部分罪名事实，全案不作"认罪"的，不适用认罪认罚从宽制度，但对如实供述的部分，检察院可以提出从宽处罚的建议，法院可以从宽处罚。三是被追诉人可以根据其自由意志选择是否认罪认罚。免受办案人员外在的暴力、威胁、引诱、欺骗等因素影响。认罪认罚的自愿性是有限的、相对的。被追诉人做出认罪认罚的选择时受到轻微、适度的心理压迫是难以避免的，不会影响认罪认罚的自愿性。

认罪认罚自愿性并非一个孤立的概念，通常与认罪认罚的真实性和合法性密切相关。对被追诉者自愿性的审查应当结合真实性、合法性综合考量。这样既能弥补单纯审查自愿性在可操作性上的不足，也可以对认罪认罚制度的正当性进行补强。如，某区检察院在办理蒋某醉驾一案中，蒋某自愿认罪认罚并在律师见证下签署了具结书。但检察机关在全面审查在案证据时，发现侦查机关认定的犯罪事实存在疑点，如汽车由蒋某驾驶，但由邓某家人出面赔偿损失等不符合常情常理的事实。经自行补充侦查，发现蒋某收取邓某好处费后顶包，最终对蒋某以包庇罪被刑事追究，对邓某以危险驾驶罪依法处理。

真实性是自愿性的事实基础，要求被追诉者存在实施违法犯罪的事实根据。自愿性和合法性是认罪认罚真实性的必要条件，但并不能够完全担保其真实性。对自愿性和合法性的审查并不能替代对真实性的审查。因此，认罪认罚自愿性保障标准既应从实体上保障认罪认罚的真实性和客观性，又要从程序上与禁止刑讯逼供的非法证据排除规则保持一致，还要与刑事政策上杜绝违法取证、强化人权保障的精神相协调，应从主客观相统一的角度考察被追诉人认罪认罚自愿性。

三、认罪认罚自愿性保障存在的问题

（一）办案人员对认罪认罚自愿性审查偏重形式审查

在司法实践中，办案机关在审查判断被追诉人是否自愿认罪认罚时，相对比较偏重外在形式审查，如办案机关是否履行告知义务，是否有辩护律师或值班律师参与，有无受到暴力、威胁、引诱、欺骗，是否存在不当承诺等。大多数办案人员往往以口供的真实性来"反证"认罪认罚的自愿性。对于主观性与事实性不加区分，混淆两者在证据法上的不同，被追诉人的主观状态实际上仍然没有得到审查，在认罪认罚时的内心真实情况，即其意志状态和辨认能力等方面则关注和审查不够。程序审查给予办案人员较为客观明确的指引，便于实践操作，但将自愿性审查简单等同于程序性审查，并以程序的合法性来"倒推"认罪认罚的自愿性，显然不能全面反映被追诉人认罪认罚的主观意愿，程序"合法"背后是否隐藏威胁、引诱或强迫等行为，往往难以发现。外在形式完备，并不一定是自愿认罪认罚，也可能会导致案件证明标准的降低。尤其是侦查阶段认罪认罚案件中，有的侦查人员会加大对口供的获取力度，而忽视全面客观收集证据，从而导致刑事案件质量不高。[1] 如，付某盗窃案中，"犯罪嫌疑人"付某被刑事拘留后，按照监控视频显示的情况"供述"了"盗窃""销赃"的过程，并对被盗窃人进行了"赔偿"。由于案情简单、刑期较轻，付某认罪认罚后，侦查机关并未对其供述中没有作案时间的辩解进行调查核实。由于公安机关怠于全面收集证据，尤其是证明罪轻、无罪的证据，导致付某被错误移送审查起诉。

---

[1] 刘静坤：《如何防止无辜者被强迫认罪——兼论不被强迫认罪权的程序要素》，载《政法论坛》2021 年第 3 期。

此外，个别检察机关承办人也存在对被告人翻供、被害人作伪证等相关案件风险防范意识不足的问题。2019 年至 2022 年，S 省检察机关适用认罪认罚后撤回起诉和判无罪的 73 人，证据不足的有 35 人，占比 47.9%。如，黄某某容留他人吸毒案和祝某某非法储存爆炸物案中，承办检察官考虑到被告人自愿认罪认罚、自首等原因，未要求公安机关补充相关客观证据，导致案件因被告人庭审阶段翻供、客观证据不足被判无罪。

（二）值班律师制度优势未完全发挥

修改后的《刑事诉讼法》规定了值班律师制度，在制度层面实现了委托辩护、法律援助辩护和值班律师法律帮助无缝衔接，为被追诉人自愿认罪认罚提供了基本的制度保障。但是，值班律师制度在实际运行中也存在一些问题。一是部分地区值班律师数量不能满足办案需求。以 S 省为例，21 个市州基层院中，近三成辖区内值班律师在 5 人以下，其中近一半的辖区值班律师仅有 1 人。个别偏远地区律师资源匮乏，甚至无法保障值班律师的见证职能，适用认罪认罚从宽制度的案件需协调外地值班律师通过远程视频方式开展工作。二是法律帮助实质化程度不高。虽然《法律援助值班律师工作办法》明确值班律师有会见权和阅卷权，但实践中行使权利的律师较少，通常只是在被追诉人未委托辩护律师或没有法律援助律师的情况下，充当"见证人"的角色。如，S 省撤回起诉和判无罪的 73 人中，有 17 人委托辩护律师，56 人系指派值班律师。值班律师中，提前阅卷或会见的 11 人，占比仅 19.6%。这反映出值班律师一般不会提前阅卷或会见犯罪嫌疑人。三是值班律师参与动力不足。值班律师收益总体偏低，收入无法与正常办案相比，与指定辩护补贴差距也较大，导致值班律师提供法律帮助的动力不足。实践中，各地值班律师经费承担、费用支付方式和金额不一。绝大部分地区费用由司法行政部门承担，也有个别地区因财政预算等原因不能支付费用。支付费用的地区中，六成以上地区按天支付费用，大部分为 100 元 / 天；其余按照案件数量支付的地区，近七成为 40—200 元 / 件。调研发现，个别地区由于值班律师补助未兑现，降低了律师参与认罪认罚具结的积极性。

（三）被追诉人知悉权保障尚不充分

刑事诉讼中的"认罪""认罚"本质上是一种"同意"，这种同意应当以被追诉人全面了解案件事实、充分知悉各项诉讼权利和法律后果为前提。《刑事诉讼法》第 36 条、第 120 条、第 174 条、第 190 条规定了认罪认罚从宽制度中侦查、审查起诉、审判三个阶段的权利告知义务，《关于适用认罪认罚从宽制度的指导意见》（以下简称《指导意见》）中对该告知义务进行了再次明确，旨在确保被追诉人在各个阶段都能对其享有的权利及相关规定有充分的认知。但司法实践表明，对认罪认罚相关规定或具体后果存在误解是导致被追诉人后期反悔的主要原因之一。如，吴某妨害公务案中，侦查人员仅告知吴某认罪认罚可以取保候审，但并未释明认罪认罚的全部法律后果，导致吴某将不采取羁押强制措施错误理解为不被追究刑事责任，签署了认罪认罚具结书。检察机关作出酌定不起诉决定后，吴某认为自己行为不构成犯罪，对认罪认罚反悔，进而引发刑事申诉。

实践中，一定数量的被追诉者在审查起诉阶段认可量刑建议并签署了认罪认罚具结书，但在审判阶段法院向其送达起诉书时却表示对部分关键事实仍有异议，或表示签署具结书是无奈之举，并希望量刑有进一步从宽的可能。上述情形均是被追诉者对诉讼权利和法律后果不了解，未能在知情、理性的基础上认罪认罚的结果。这一方面将导致诉讼程序的回转和诉讼成本的提高，另一方面会有损司法公信力。

被追诉者知悉权未能得到充分保障，有以下几个方面的原因：一是告知立场缺乏中立性。部分办案人员忽视了被追诉者在认罪认罚程序中的主体地位，疏于对被追诉人个体理解能力的关注，缺乏互动式确认，以告知行为的作出而非被追诉者的知悉为追求目标，只注重形式上的"告"，而对结果上的"知"关注不够。二是告知程序不够明确。现行立法仅笼统规定了办案机关的告知义务，但对于告知时间、告知方式均未明确，实践操作性和规范性不足。三是告知内容流于形式。诉讼权利和法律后果的告知仅是对法律条文的宣告，并未结合具体案情，导致被追诉人理解不够。且告知内容和范围未随着诉讼阶段推进而丰富完善，仅是告知次数上的增加。四是缺乏程序性制裁约束。相关法律仅对办案机关的告知义务作出了要求，但并未明确其不履行或未充分履行应承担的法律后果。

（四）量刑协商程序不规范，易导致被追诉人反悔上诉

协商性司法设置前提是对被追诉人诉讼主体地位的确认，以及在此基础上的控辩平衡诉讼机制。以检察官为代表的控诉方处于刑事程序的主导地位，若缺乏相应的平衡机制，控诉方就可能利用信息不对称以及其他资源优势，压制被追诉人，迫使、诱使其接受协商条件，使协商性司法异变为压制型司法。认罪认罚从宽制度的关键一环便是量刑协商，既然是协商，参与的控辩双方的地位应当较为平等。① 我国有职权主义的刑事诉讼传统，控辩双方力量对比悬殊，尤其在审前程序中，我国的刑事诉讼制度对于被追诉人及其辩护人的权利保障存在结构性缺失。认罪认罚从宽制度蕴含的协商司法因素，有利于控辩双方秉持合意性司法理念，平等武装、真诚协商。我国的量刑协商主要发生在审查起诉阶段，是检察官主导下的量刑协商。实践中，相对于具有公权力的检察机关，被追诉方仍处于相对弱势的地位，难以有效开展实质意义上的量刑协商。量刑协商程序与量刑建议是确保判决公正的重要途径。量刑协商程序主要表现为控辩协商程序，虽然是一项程序性规定，但它所包含的价值远远超过了作为程序性规定的价值。透明、规范、合理、完善的量刑协商程序，能够为量刑协商实践提供具体的指引，确保控辩双方的平等协商，实现实质的程序正义。但办案实践中，有的办案机关常常是在根据案件事实及所具有的量刑情节拟定量刑建议以后，如果被追诉人及其辩护律师或者值班律师没有意见就直接签署具结书。虽然有听取辩方意见的环节，但辩方意见缺乏引导力，辩方意见能有效影响量刑建议的情况较少。同时，认罪认罚具结书内容简略，结构类似被追

---

① 杨诚：《完善刑事速裁程序法律体系——以认罪量刑协商为核心，建立配套机制》，载《犯罪研究》2016 年第 6 期。

诉人单方"保证书"，未体现量刑协商的关键节点和检察机关作为量刑协商主体的地位和作用。量刑建议书较为格式化，结合具体案情、量刑情节等释法说理不够。总体上看，量刑协商程序缺乏规范性、互动性不够，是导致被追诉人内心真正对量刑建议接受度低的主要因素。

（五）认罪认罚意愿撤回机制不健全

认罪认罚从宽制度是在案件事实清楚的情况下，为激励被追诉人以缩短司法过程为代价换取量刑优惠而设计的一项兼顾实体与程序的刑事诉讼制度。被追诉人的自愿性是该制度的重要基础。基于汉语语义涵射范围、法律体系逻辑自洽、认罪认罚意思表示的作出与认罪认罚的反悔和撤回，共同构成了认罪认罚自愿性的内涵外延。但实践中，一旦被追诉人认罪认罚，在办案机关依职权启动认罪认罚程序的"快车道"上，非自愿的认罪认罚行为很难得到纠正。

修改后的《刑事诉讼法》并没有对被追诉人的反悔行为作出规定，最高人民法院《关于适用〈中华人民共和国刑事诉讼法〉的解释》第83条规定了被追诉者对自己的供述和辩解反悔的情形。《指导意见》第51条至第54条规定了认罪认罚的反悔和撤回，但对于认罪认罚撤回的情形、时间、实体和程序上的法律后果、是否享有上诉权等事宜均未予以明确。理论与实务界就认罪认罚的撤回应否受到限制以及认罪认罚案件中被告人是否享有上诉权已初步达成共识。认罪认罚作为法律行为具有严肃性，撤回可能会使司法机关前期的工作趋于无效，不利于节约有限的司法资源和提高诉讼效率，因而应当受到一定的限制。[1] 至于上诉权，两审终审制作为刑事诉讼法的基本制度，在认罪认罚从宽制度中也不能例外。针对被追诉者撤回认罪认罚的处理，不同地域、不同层级的司法机关做法不一，不利于被追诉者权利的保障。

---

① 杜磊：《论认罪认罚自愿性判断标准》，载《政治与法律》2020年第6期。

四、健全完善认罪认罚自愿性保障机制

认罪认罚自愿性保障是一个复杂的系统性问题，需要构建一种行之有效的保障机制，确保被追诉人认罪认罚自愿性，保障刑事诉讼程序的公平公正。

（一）坚持法定证明标准，严格审查和认定证据

以事实为根据，以法律为准绳，是办理任何刑事案件都必须遵循的基本原则。认罪认罚从宽制度可以有效降低证明难度，但绝不能降低证明标准。实践中，一方面，应当增强侦查活动监督意识。认罪认罚案件大多是轻微刑事案件，强调简案快办、程序从简，案件特点决定了侦查活动违法行为不易被发现或容易被忽视，一定程度上认罪认罚案件的诉讼风险反而有所提升。审查起诉阶段系认罪认罚从宽制度的过滤、分流环节，特别是检验、评价侦查行为合法、有效的主要阶段。对犯罪嫌疑人在侦查阶段认罪认罚的案件，检察机关应当增强监督意识，加强审查把关，及时监督纠正违法侦查活动。另一方面，应当全面审查案件事实和证据。办理认罪认罚案件，不能降低证据要求和证明标准，更不能因部分证据与犯罪嫌疑人认罪认罚供述内容有相同和重叠，而简单认定犯罪嫌疑人构成犯罪。检察机关应当严格遵循证据裁判原则，加强对客观证据与案件关联性的审查，注重审查犯罪嫌疑人有无作案时间、犯罪主体是否唯一等关键证据，确保全案证据相互印证，排除合理怀疑，达到法定证明标准，防止出现被迫认罪、代人顶罪、冒名顶替等缺乏事实基础的认罪认罚。对涉及非法证据的，应当予以排除；对证据不足的，要作出存疑不起诉决定；对确属无罪的，要作出绝对不起诉决定。

（二）加强对被追诉人知悉权的保障

依法保障被追诉人的知悉权是确保认罪认罚自愿性的前提。一是增强告知针对性和互动性。一方面，告知内容不仅包括一般性程序事项，更需要办案人员在充分了解被追诉人受教育程度、背景经历、家庭情况、身体

状况、心理健康等因素的前提下，对不同的被追诉人进行差异化的权利告知和法律释明。① 另一方面，坚持告知与释明相结合，变"单向传导"为"双向互动"。允许被告人针对告知与释明内容提出问题，确保被告人理解自己的行为是否构成犯罪、构成何种犯罪、可能适用的法律、享有的权利与法律后果等内容。二是对告知内容予以细化。虽然各司法机关对被追诉人均负有告知义务，但由于侦查、审查起诉、审判各个阶段的诉讼任务、认罪认罚程度不尽相同，故被追诉人的诉讼权利和认罪认罚法律后果也存在差异。具体而言，随着诉讼阶段的推进，告知内容与具体案件的结合应更为紧密，且必须让被追诉人认识到"认罚"具有动态性。从宽幅度与认罪认罚的阶段相挂钩，不同阶段给予的量刑优惠也不同。三是积极探索完善证据开示制度。证据开示是保障知情权的重要途径，完善证据开示制度是被追诉人认罪认罚自愿性的重要保障。证据开示方式应坚持依法开示的原则，即坚持依法公开的同时，依法保障相关主体的合法权益。证据开示包含涉嫌犯罪的基本情况、证明犯罪事实的证据、认定量刑情节的证据、司法机关依法作出有关决定的程序性材料、调查核实非法证据等相关内容。证据开示的方式主要有：宣读以文字记载的证人证言、鉴定意见以及相关的书证；出示实物及图片；播放和展示视听资料和电子数据；解释专业性证据材料，等等。需要注意的是，证据开示不等于让被追诉人阅卷，要避免证据开示可能导致被追诉人根据证人证言等细节进行逃避侦查、改变供述等行为。四是健全程序性制裁措施。在发现办案机关未履行或未充分履行告知义务的，应当及时予以补正。经补正告知后符合认罪认罚适用条件的，可继续适用。在庭审过程中发现上述情形的，应当在休庭后及时予以补正。无法补正且不再适用认罪认罚程序的，应将案件依法转为普通程序审理。

---

① 周新：《认罪认罚被追诉人权利保障问题实证研究》，载《法商研究》2020年第1期。

（三）推动值班律师提供实质有效的法律帮助

被追诉人是否获得有效的律师帮助是衡量其认罪认罚自愿性的重要考虑因素。"被告人认罪是个相当复杂的问题，涉及被告人实施的行为是否构成犯罪、触犯何种罪名、认罪后的法律后果等非常专业性的问题，这些问题往往只有法律专业人士才能理解和掌握。因此，被告人需要具有专业法律知识和技能的律师提供帮助。"[①] 被追诉人有权且必须清楚地知道自己在刑事诉讼中所处的诉讼地位、享有的诉讼权利和义务，以及相关的案件信息。具体措施，一是优化值班律师资源配置。建立"多点覆盖、方式灵活、便捷有效"的值班律师工作体系，采取看守所固定值班、检察机关灵活值班以及线上线下多渠道预约等方式，科学合理安排，对于律师资源短缺的地区，司法行政机关应当建立全省范围内统筹调配律师资源制度。按照"两高两部"《关于进一步深化刑事案件律师辩护全覆盖试点工作的意见》的要求，逐步推进审查起诉阶段刑事案件律师辩护全覆盖工作。将可能判处三年以上有期徒刑、本人或其共同犯罪嫌疑人拒不认罪、案情重大复杂、可能造成重大社会影响等情况的案件，由人民检察院通知法律援助机构指派律师提供辩护。二是保障值班律师"在场权"。认罪认罚从宽制度适用于刑事诉讼全过程，律师"在场权"应当贯穿全部诉讼阶段。办案机关在充分保障值班律师会见、阅卷权利的基础上，进一步保障在场律师的量刑协商权、程序选择建议权等权利。在场律师不仅是见证认罪认罚全过程，为被追诉人提供法律帮助，同时也对办案机关的讯问、告知起到监督作用。值班律师是量刑协商的主体，具结书是吸收值班律师意见后控辩双方合意的结果。值班律师对量刑建议有异议时，建议赋予其拒绝签署具结书的权利，并将其法律意见记录在案，一并移交法院。三是完善值班律师与辩护律师衔接制度。值班律师开展法律帮助具有临时性，因此应当建立健全值班律师工作备案机制。将案件基本情况及提供法律服务情况全部记

[①] 孙长永：《认罪案件办理机制研究》，载《中国检察（第19卷）》，中国检察出版社 2010 年版。

录留存，便于后续律师在此基础上有效开展工作。此外，考虑到值班律师存在阶段的短暂性及前期工作的投入量，可以探索与辩护律师的转化制度。对于审判阶段符合申请法律援助条件的被告人，可安排值班律师转化为法律援助律师，为被告人提供专门的法律辩护。在不同阶段实现律师的同一性，既有利于被追诉者诉讼权利的充分保障，也有利于减少律师重新了解案情的成本。四是建立相应机制提升法律服务质量。现有法律将值班律师定位为法律帮助者，准确体现了其在刑事诉讼尤其是认罪认罚从宽案件中有别于辩护律师的临时性、兜底性作用。然而，法律定位上的差别并不必然意味着权利的缩减。司法行政机关可以会同律师协会构建值班律师质量控制体系，利用大数据和云共享对会见、阅卷、咨询、提出书面意见的次数或时长等内容进行统计，制定最低服务标准，加强值班律师培训和考核管理，以规范法律帮助行为，提升法律帮助质量。

（四）健全认罪认罚自愿性司法审查机制

对被追诉人认罪认罚进行司法审查是保障被追诉人认罪认罚自愿性的核心程序，同时也是最重要的一道保障机制。具体措施，一是加强对被追诉人知悉性、理智性审查。保障被告人的知情权是被告人自愿、稳定认罪认罚的前提基础。通过询问核实、审查相关诉讼文书等方式，审查在侦查阶段、审查起诉阶段、审判阶段，办案人员是否书面告知犯罪嫌疑人、被告人所享有的诉讼权利、如实供述罪行可以从宽处理和认罪认罚的法律规定及带来的法律后果，必要时是否进行释明，将相关情况记录在案并附卷随案移送，确保犯罪嫌疑人、被告人是在对认罪认罚从宽制度充分理解的基础上作出认罪认罚。在审查认罪认罚案件时，还需要加强对讯问视频、同步录音录像等证据进行依法严格审查，通过对视频中所反映的被追诉人精神状况、表达能力等情况进行分析判断。二是严格考察认罪认罚的自愿性和彻底性。首先，认罪认罚必须是自愿的。在司法实践中，要对犯罪嫌疑人认罪认罚的自愿性进行重点审查，严格落实最高人民检察院关于签署具结书时进行同步录音录像的规定。审查发现认罪认罚自愿性、合法性存疑的，应当进行调查核实，通过询问侦查人员、查阅侦查内卷、调取同步录音录像等手段，查明事实真相，防止发生违背意愿认罪认罚情形。其次，认罪认罚必须具有彻底性，认罪认罚不仅仅是一个态度，还需要积极履行赔礼道歉、退赃退赔、赔偿损失等附随义务，只有如此，才能证明悔罪的真实性。司法实践中，要防止出现以认罪认罚"骗取"不起诉决定，后又不履行退赔退赃、赔偿损失等附随义务的情况，如果出现此种情况，对满足起诉条件的，可撤销原不起诉决定，提起公诉。三是注重综合运用多种审查方法。认罪认罚自愿性与合法性、真实性是相互关联的，在审查自愿性的同时，要同步对合法性和真实性进行审查。对认罪认罚自愿性存疑的案件，应根据认罪认罚案件的特点排查相关社会关系，充分运用口供补强规则并利用隐蔽性信息进行印证，综合多种证明方法确保被追诉人认罪认罚的自愿性。比如，在共同犯罪中，多出现同案犯作虚假供述的现象，在交通肇事罪、危险驾驶罪中，多是同车人或近亲属或其他熟人作虚假供述，此类案件容易出现顶包的情形。

（五）进一步规范量刑协商程序

量刑协商程序是实施认罪认罚从宽制度的关键环节，契合了当事人不断增强的参与诉讼、影响诉讼的主体意识。规范量刑协商程序，有利于保障辩护双方在充分沟通基础上，开展有效的量刑协商达成诉讼合意，有利于保障认罪认罚的自愿性。规范量刑协商程序主要包括以下内容：一是明确量刑协商的原则。检察机关开展量刑协商，应当坚持证据裁判原则，防止因为犯罪嫌疑人、被告人认罪而降低证据要求和证明标准。坚持贯彻宽严相济刑事政策，做到该宽则宽、当严则严、宽严相济，确保办案法律效果和社会效果相统一。坚持权利保障原则，保障犯罪嫌疑人、被告人依法享有的辩护权和其他诉讼权利，保障被害人的合法权益。坚持罪责刑相适应原则，确保刑罚与所犯罪行的轻重和应当承担的刑事责任相适应，避免罪刑失衡。二是明确量刑协商范围。检察机关在办理认罪认罚案件过程中，在提出量刑建议前应当就拟认定的法定、酌定量刑情节及量刑幅度，刑种、刑期、刑罚执行方式，禁止令、禁业规定、社会公益服务，适用程序等与犯罪嫌疑人、被告人及其辩护人或值班律师进行充分协商。同时明确，罪与非罪、此罪与彼罪不属于量刑协商范围，但可以听取犯罪嫌疑人、被告人及其辩护人或者值班律师的意见。三是量刑协商的方式和参加人员范围。检察机关可以通过召开量刑协商会议、公开听证或其他适宜的方式开展量刑协商；在量刑协商过程中，检察官、检察辅助人员，犯罪嫌疑人、被告人及其法定代理人、辩护人或值班律师，外国人、盲聋哑人、少数民族犯罪嫌疑人、被告人的翻译人员应当参加量刑协商，以公开听证进行协商的，还可以邀请侦查人员、被害方代表及其他有关人员参加。四是开展量刑协商的程序。开展量刑协商应当按照以下步骤进行：召集参与量刑协商的人员，宣读有关事项、介绍协商流程等；检察机关办案人员简要介绍案情和据以定罪量刑的证据并听取犯罪嫌疑人、被告人及其辩护人或者值班律师意见；犯罪嫌疑人、被告人及其辩护人或者值班律师就案件事实和证据发表意见；检察机关办案人员就争议部分予以释明；检察机关办案人员介绍拟提出的量刑建议情况和相关依据及幅度并听取犯罪嫌疑人、被告人及其辩护人或者值班律师意见；犯罪嫌疑人、被告人及其辩护人或者值班律师就量刑事项发表意见；检察机关办案人员依法对犯罪嫌疑人、被告人及其辩护人或者值班律师的意见进行审查和评析；结合听取意见情况决定是否对量刑建议进行调整；对于有多个罪名的案件，可以对意见一致的罪名形成认罪认罚量刑建议，对争议的罪名继续依程序办理。五是开展量刑协商的回转程序和相关保障措施。检察机关开展量刑协商并与犯罪嫌疑人、被告人签署具结书后，出现新的证据或者量刑情节发生变化，需要调整量刑建议的，应当视情况决定是否开展量刑协商。对调低量刑建议的，一般无须再次开展协商，但需以书面形式告知犯罪嫌疑人、被告人或在庭审过程中当庭予以确认；对调高量刑建议的，一般应当再次开展协商。开展量刑协商的过程应当形成书面记录，同步录音录像并附卷备查，确保办案人员依法规范规定开展量刑协商。

（六）保障被追诉人反悔和撤回认罪认罚的权利

被追诉者反悔权是确保认罪认罚自愿性的一项救济性措施，也是保障认罪认罚自愿性的内在要求，可以增强并固化认罪认罚自愿性。一是反悔权的行使时间和条件。《指导意见》以时间点划分了被追诉人反悔的处理，虽然只模糊表述了程序的反转，并未限制被追诉人反悔权的行使，但不同时间点做不同处理这一模式值得肯定。通常来说，若被追诉人要在认罪认罚从宽程序中反悔，必然导致程序耗费，且行使权利的时间越晚，浪费的司法资源越多，后续诉讼程序要花费的成本也越高。建议对被追诉者反悔权的限制应以法院阶段诉讼行为的时间节点为划分依据。在法院对认罪认罚进行审查前，认罪认罚的效力尚未发生，亦未产生任何期待利益，被追诉人可以随时反悔并无须提供任何理由。当法院审查确认认罪认罚有效并进入庭审后直至宣判前，认罪认罚对诉讼程序的影响已经初现，此时被追诉者若要反悔，应具备正当性理由并经法院审查同意。这样既维护了认罪认罚从宽制度适用的权威性，又保障了被追诉人的合法权益。二是反悔权的行使后果。被追诉人认罪认罚后反悔的，认罪认罚从宽制度将不再适用，其法律后果主要体现在程序和实体两个方面。在适用程序的变更上，被追诉人在审查起诉阶段反悔的，检察机关应当重新审查证据材料，在确保达到法定证明标准的基础上根据案件具体情况向法院提出适用普通程序或简易程序的程序选择建议。被追诉人在法院阶段一旦反悔，应当将案件转为普通程序审理。原则上不得以撤回起诉、补充侦查等理由使案件回转，否则被追诉者的权益将难以得到保障。就实体量刑而言，被追诉者在实体上不再享有量刑优惠，只得依据法庭经审理查明的事实和证据定罪量刑。对被追诉者而言，反悔是其当然的诉讼权利，不能将其视为认罪态度不好的表现加重处罚。三是证据的排除与采纳。被追诉人认罪认罚后反悔的，意味着其对被指控的事实和证据予以否认或部分否认。为保障其自愿性，其在与公诉机关进行量刑协商过程中以及达成认罪认罚协议后所作的相关供述均应当予以排除，不得作为定罪量刑的依据。而对根据其供述所获得的可以独立证明被追诉者有罪的物证、书证等证据，根据《刑事诉讼法》解释第 106 条的规定，可作为认定被追诉人有罪的证据予以采纳。

（七）完善认罪认罚从宽制度适用的相关法律文书

认罪认罚从宽制度适用中的相关法律文书，是对权利义务告知、量刑协商、具结签署、量刑建议等刑事诉讼过程中关键节点的记录和反映，能够在一定程度上反映被追诉人认罪认罚的自愿性，也是审查判断认罪认罚自愿性的重要证据材料。具体完善相关法律文书的措施如下。一方面，扩充认罪认罚具结书内容。建议对办案系统中的具结书进行完善。具结书应当体现控辩双方的合意，量刑协商的过程也应体现。具结书的内容上，第一部分为控辩双方主体身份，详细列举犯罪嫌疑人的身份信息和检察机关的名称；第二部分为控辩协商的内容，包括犯罪嫌疑人涉嫌的罪名、适用的具体量刑建议以及审判程序选择；第三部分为控辩双方在认罪认罚具结书中的权力（利）义务；第四部分为具结书对控辩双方的法律效力；第五部分为其他条款，犯罪嫌疑人退赃、赔偿损失等情况。具结书模版设计上，建议由三联组成：上联为控辩双方的基本信息；中联为主体部分，包括控辩协商的主要内容；下联为具结书的法律效力以及控辩双方签名等信息。另一方面，加强量刑建议书说理。把握量刑建议说理重点，量刑建议书说理应当重点围绕量刑事实、证据、法律适用的争议焦点；应当具体明确，尽量避免使用概括性表述；既重视主刑说理，又重视附加刑说理。推行量刑建议理由阐述书制度。量刑建议理由阐述书说明审查认定事实、法律政策依据，论证如何确定起点刑、基准刑、宣告刑，阐明量刑建议的形成过程。量刑建议阐述书以正式文书形式随卷送达法院。

检察环节认罪认罚自愿性审查及保障研究

李 静 江苏省南京市六合区人民检察院

新一轮刑事司法改革背景下所进行的认罪认罚从宽试点工作，旨在以被追诉人是否认罪认罚这一标准对刑事案件进行繁简分流，通过程序简化提高轻微刑事案件诉讼效率，解决日益加剧的"案多人少"司法矛盾，并通过简案快办来保证难案精办，确保刑事案件的程序正当和实体公正。2018年10月26日通过的《全国人大常委会关于修改〈中华人民共和国刑事诉讼法〉的决定》总结吸收前期试点的经验成果，将认罪认罚从宽制度写入修订后的《刑事诉讼法》总则部分，这是对中国特色刑事诉讼制度的一次重大完善。然而，无论是前期试点文件还是修订后的《刑事诉讼法》均未对认罪认罚从宽制度的核心基础——被追诉人认罪认罚自愿性的司法界定、审查方法及保障措施作出明确规定，这导致了理论认识的分歧和争议，也给司法实践带来问题和困难。

一、认罪认罚自愿性的实践困境

认罪认罚自愿性的审查判断是认罪认罚从宽制度在提升诉讼效率的同时保障被追诉人合法权利、确保刑事案件实体公正的重要基础，但随着改革试点的深入推进和修订后的《刑事诉讼法》的颁布实施，认罪认罚自愿性审查判断中的问题和困境越发凸显。

（一）认罪认罚自愿性判断标准模糊

就目前而言，判断被追诉人是否自愿认罪认罚缺乏统一、明确的标准，是认罪认罚自愿性审查的首要问题。笔者认为导致这一问题有两个层面的原因：一是作为基础的"认罪认罚"的内涵界定不清。无论是刑事速裁程序试点，还是认罪认罚从宽改革，抑或是《刑事诉讼法》的修订，均只规定对于认罪认罚的被追诉人可以适用相关简化程序并获得相应的从轻处罚，而对于何为认罪、何为认罚缺乏明确规定。司法人员无法判断被追诉人是否认罪、是否认罚，也就无从谈及认罪认罚自愿性的审查判断。二是在被追诉人确实认罪认罚的情况下，其是否出于"自愿"缺乏判断标准。司法实践中通常将被追诉人同意适用认罪认罚程序并签署《认罪认罚具结书》作为自愿性的标准，其中暗含的意思是被追诉人对检察机关提出的量刑建议无异议。暂且不论这种对诉讼程序的选择和对量刑建议的接受并非认罪认罚的全部内容，单就这种"选择""接受""无异议"而言，其只是被追诉人被动意志的外在表现，并不能代表被追诉人的内心真实想法，不足以据此认定认罪认罚从宽的"自愿性"。例如，被追诉人内心实际并不认为自己的行为构成犯罪，但为了较快的诉讼程序和较轻的量刑处罚而选择认罪认罚，此时这种认罪认罚并不具有真正的"自愿性"。也正因此，有学者认为对量刑建议的"无异议"标准是人为降低了"自愿性"的审查标准[①]。

（二）认罪认罚自愿性审查方式简单

从实际情况来看，审查起诉环节检察人员对被追诉人认罪认罚自愿性的审查方式主要是查阅侦查卷宗，并根据被追诉人在侦查阶段的供述情况形成是否认罪认罚的基本判断，在此基础上，通过讯问被追诉人，确定其是否认罪认罚。若被追诉人作有罪供述并同意适用认罪认罚程序，则得出被追诉人具备自愿性的结论；若被追诉人不认罪认罚或不同意适用认罪认罚程序，则不符合认罪认罚适用条件。当然，在被追诉人有委托辩护人或法律援助律师的情况下，会适当听取辩护律师的意见。由此可见，现阶段对认罪认罚自愿性的审查方式过于简单，有流于形式的风险。从审查的结论来看，被追诉人要么具有自愿性，要么不符合认罪认罚的适用条件，并不存在符合适用条件

---

① 胡光、张宁：《认罪认罚从宽制度中被告人"自愿性"审查模式研究》，载《成都理工大学学报（社会科学版）》2018 年第 2 期。

但不具备自愿性的情况，这种结论显然不符合司法逻辑。

（三）认罪认罚自愿性证据基础薄弱

从某种意义上讲，被追诉人认罪认罚自愿性的确定也是对与诉讼相关的事实的认定，而在刑事诉讼范畴内，任何事实的认定都要有证据支撑。因此，被追诉人认罪认罚是否具有自愿性也需要收集一定的证据予以证实。然而在现阶段的司法实践中，侦查机关移送的侦查卷宗中能够证实被追诉人认罪认罚自愿性的证据仅有《认罪认罚权利义务告知书》以及讯问笔录，且大多数情况下讯问笔录中也只有被追诉人的有罪供述，能够反映被追诉人认罪认罚自愿性的内容很少。这也给检察机关审查判断被追诉人认罪认罚的自愿性造成了制约，更重要的是在之后的诉讼程序中，一旦被追诉人对认罪认罚的自愿性提出异议，检察机关除了向法庭提交在审查起诉阶段所形成的讯问笔录、法律文书外，很难提供其他有力的证据予以佐证。

二、认罪认罚自愿性的司法界定

由于改革试点文件和修订后的《刑事诉讼法》并没有对认罪认罚的内涵进行明确界定，导致理论研究和司法实务中存在较大分歧，加之认罪认罚本身就存在实体法和程序法的区分，使得认罪认罚的认定更加模糊和复杂。但正如前文所述，解决认罪认罚自愿性的内涵问题需要首先对"认罪""认罚"的内涵进行界定。

（一）"认罪"的司法界定

从实体法角度来看，我国《刑法》第 67 条关于自首及坦白的规定，《刑法》第 383 条第 3 款对于贪污犯罪人特殊情况下从轻、减轻或者免除处罚的规定，以及《刑法》第 390 条对于行贿犯罪人在被追诉前主动交代行贿行为可以从轻或减轻处罚的规定，是比较显见的有关认罪从宽的内容。"从刑事实体法学即刑法学视角给出的认罪从宽的理由，一般被认为是整合了报应论和预防论的并合主义。"① 从这种理解出发，"认罪"应当有两个层次的含义，第一层次是指被追诉人如实供述自己的罪行，包括对犯罪目的、犯罪行为、犯罪过程、犯罪后果以及共犯情况等与定罪量刑相关内容的供认。当然，如实供述自己的罪行并不要求被追诉人一字不落地供述全部案件细节，但须将与定罪量刑相关的事实供述清楚。第二层次是认可自己的行为构成犯罪，由于被追诉人的认知水平和法律知识参差不齐，不能严苛地要求被追诉人准确认识自己犯罪行为的性质和所触犯的罪名，但被追诉人至少应认识到自己的行为涉嫌犯罪，具有严重的社会危害性特征。如果被追诉人仅如实供述自己的犯罪行为，但坚称自己的行为不构成犯罪，即传统意义上的"对行为性质提出辩解"，就只能认定其如实供述，而不能构成完整意义上的认罪，也不宜适用认罪认罚从宽程序。

从程序法的角度看，我国程序法中对于认罪的规定主要体现在一些程序设置中。例如《刑事诉讼法》第 214 条规定：基层人民法院管辖的案件，符合下列条件的，可以适用简易程序审判：（一）案件事实清楚、证据充分的；（二）被告人承认自己所犯罪行，对指控的犯罪事实没有异议的；（三）被告人对适用简易程序没有异议的。同时，在部分司法解释及司法文件中也有相关规定。例如《关于适用普通程序审理"被告人认罪案件"的若干意见（试行）》《关于适用简易程序审理公诉案件的若干意见》中规定：人民法院对于自愿认罪的被告人，酌情予以从轻处罚。最高人民法院、最高人民检察院《关于常见犯罪的量刑指导意见（试行）》中也规定：对于当庭自愿认罪的，根据犯罪的性质、罪行的轻重、认罪程度以及悔罪表现等情况，可以减少基准刑的 10% 以下。依法认定自首、坦白的除外。根据这些规定我们可以看出，程序法上的认罪仅要求被追诉人承认自己所犯的罪行，对公诉机关指控的犯罪事实不持异议，是一种对指控罪名或者罪行的认可态度。

---

① 王瑞君：《"认罪从宽"实体法视角的解读及司法适用研究》，载《政治与法律》2016 年第 5 期。

根据前述分析，实体法对于认罪的规定与程序法的规定并不等价。从行为特征看，实体法上的认罪是被追诉人的主动行为，而程序法上的认罪是被追诉人的被动认可；从悔罪的程度看，实体法要求被追诉人如实供述自己的主要罪行，其认罪悔罪程度显然要高于程序法中被追诉人的简单认可；从逻辑起点上看，实体法中被追诉人获得从轻处罚的依据是其对于犯罪事实的供述反映其认罪态度，并给侦查带来便利，程序法中是由于被追诉人对罪名或罪行的认可使案件适用更加简化的诉讼程序，由于其行为对于诉讼效率的提升、诉讼资源的节省，获得从宽处罚的机会。可见，从行为特征和悔罪的程度来看，实体法比程序法对认罪有着更高的要求，而无论是实体法还是程序法，认罪的逻辑起点和归宿都是对诉讼程序的便利。因此，笔者认为，认罪认罚从宽制度中的认罪至少应当包括被追诉人主动如实供述自己的主要罪行并真诚认罪悔罪。认罪的标准应当作为一种正向价值导向，并得到普通民众的情感认可。如果被追诉人并未如实供述自己的罪行，而是为了获得从轻处罚的机会被动地承认指控罪行或者罪名，不应认定为认罪。

（二）"认罚"的司法界定

我国刑事方面的实体法及司法解释并没有关于"认罚"含义的明确规定。理论界有观点认为，认罚应当是一个抽象的一般概念，不要求嫌疑人对具体的刑种、刑期均认可，只要被追诉人表示可以接受处罚，即便对具体量刑保留意见也构成认罚。反对者认为，认罚就是愿意接受可能被判处的刑罚。根据相关的理论观点和司法实践，认罚至少应当包含以下两个方面的内容：一是对刑罚种类的认可；二是对刑罚程度（或者幅度）的认可。被追诉人必须对该两方面的内容均予以认可，才能构成完整意义上的认罚，从而适用认罪认罚从宽程序。当然，对于被追诉人的具体量刑建议可以与律师进行协商进而达成一致意见，对于协议内容的认可视为被追诉人的认罚。如果对协议内容不予以认可或有异议，则不是认罚。

实践中"认罚"在程序上是指被追诉人同意检察机关的量刑建议并签

署具结书。这首先要求被追诉人自愿接受刑事处罚，并与检察机关就具体量刑达成一致意见。此外，还要求被追诉人在具结书上签字确认，这个形式要件是必不可少的。其次，从客观行为表现来认定其是否具有认罚的态度。例如在采取取保候审或是监视居住等强制措施的情况下，被追诉人能够积极配合，履行自己的义务。若是不能积极配合，这种客观行为就能反映其并没有认罚的意思。另外，在适用认罪认罚从宽程序的案件中，被害人因犯罪行为而遭受物质损失或者人身损害，被追诉人在判决前积极解决民事赔偿问题，也是认罚的重要表现。

根据前述分析可见，认罚分为主观和客观两个层面，主观上认罚是指被追诉人在自愿接受刑罚处罚的前提下，同意公诉机关提出的关于刑种和刑罚幅度的建议（双方协商一致的结果）；客观上认罚是指被追诉人签署具结书，并积极主动配合履行强制措施、民事赔偿等方面的义务。

（三）"自愿性"的司法界定

1. 自愿性的司法内涵

在汉语语境中，自愿是指行为人按照自己的主观愿望而不受他人强迫地行事，在刑事诉讼语境中，则需要使用法律语言对其进行诠释，尤其是在认罪认罚制度中，自愿以及自愿性又被赋予更加特殊的含义。结合前文对认罪、认罚的释义，笔者认为，认罪认罚的自愿性是指被追诉人在明知有罪供述对自己不利的情况下，在不受外界胁迫或者利益诱惑的环境中，主动如实供述自己的主要犯罪事实，对自己的行为真诚悔过，即自愿认罪；同时，在准确知道自己可能面临的刑罚种类和幅度的情况下，愿意接受该刑事处罚，并且签字具结，即自愿认罚。被追诉人同时具备了自愿认罪和自愿认罚这两个要件，也就具有了认罪认罚的自愿性。

2. 自愿性的判断标准

根据对自愿性含义的分析不难发现，被追诉人自愿认罪和自愿认罚都有两个必不可少的构成要素：一是明知性要素；二是意思性要素，即意思表示要素，亦即客观行为要素。其中，明知性要素是意思性要素的前提和基础，意思性要素是自愿性的客观反映和体现，只有同时具备这两个要素，才能认定具备认罪认罚的自愿性。

第一，明知性要素。明知性要素的判断标准是比较明确的。整体而言，认罪认罚从宽制度中的"明知性"是指被追诉人明确知道自己的犯罪事实、行为性质，也明确知道认罪认罚制度本身的具体内涵以及适用该制度的法律后果，包括实体上的后果和程序上的后果。[①] 具体而言，明知性要素包括以下内容：第一，被追诉人知道公安机关移送审查起诉和检察机关经审查认定的案件事实，也知道在相关案件事实中自己的行为和作用，这是对案件事实的明知。第二，被追诉人知道自己的行为触犯了刑事法律规定，也知道涉嫌的具体罪名以及需要承担刑事责任的大小和程度，这是对犯罪性质的明知。第三，被追诉人知道检察机关量刑建议的内容，对自己可能要面临的刑事处罚的种类和幅度有明确预知，这是对量刑建议的明知。此外，在认罪认罚从宽制度中，被追诉人还有一项非常重要的知情权，就是对程序意义的明知。检察机关应当保证被追诉人知道认罪认罚从宽制度的具体内涵、享有的诉讼权利和承担的法律后果，包括程序性后果和实体性后果。[②] 任何缺乏清楚认识的自愿都不是真正意义上的自愿，因此，明知性要素是被追诉人认罪认罚真实可靠具备自愿性的基础和保障。

第二，意思性要素。对于认罪认罚是否出于内心自愿的判断在司法实践中是一个难题[③]，但根据哲学的观点，人的任何行为和动作都是内心意思的表达。反之，人的内心意思都可以通过客观行为和动作反映出来。这与刑事诉讼中主观见之于客观的原则相吻合。因此，可以将被追诉人的外在行为表现作为判断其是否自愿认罪认罚的合理标准。根据前文对自愿性内

---

① 杨超：《认罪认罚案件自愿性保障问题研究》，载《河北广播电视大学学报》2017 年第 5 期。

② 徐敏：《认罪认罚从宽制度中被追诉人自愿性问题研究》，载《山东商业职业技术学院学报》2018 年第 5 期。

③ 万伟冬：《认罪自愿性的保障研究》，载《广东石油化工学院学报》2018 年第 2 期。

涵的分析，借以认定被追诉人认罪认罚具有自愿性的行为表现包括但不限于以下内容：第一，主动如实供述自己的主要罪行。在刑事诉讼中，被追诉人供述是其意志的直接体现，被追诉人拒不供述或虚假供述自然是不认罪认罚的表现，而被追诉人主动如实供述自己的罪行则能反映其认罪认罚的自愿性。需要强调的是，实践中会出现被追诉人由于遭受生理、精神上难以忍受的痛苦而做出有罪供述的情况，也就是通常所说的刑讯逼供，在这种情况下，虽然有被追诉人供述，但违背了被追诉人的自由意志，不能因此认定认罪认罚的自愿性。第二，被追诉人真诚悔罪，向被害人赔礼道歉、赔偿损失或出具悔过书等。通常情况下，向被害人赔礼道歉、赔偿损失是在被追诉人真正认识到自己错误的情况下才会做出的行为，可将此作为被追诉人自愿认罪悔罪的外在表现。第三，被追诉人积极与检察机关协商，达成量刑一致意见，并签署具结书。这是被追诉人自愿认罪认罚最直接、最基础的外在表现。

三、认罪认罚自愿性的审查路径

检察机关在刑事诉讼中居于承上启下的关键环节，在认罪认罚从宽制度中具有真正意义上的程序启动权，其对于认罪认罚自愿性的审查核实决定了认罪认罚从宽程序能否发挥应有价值并保障实体公正。由于改革试点方案和修订后《刑事诉讼法》规定，核实被追诉人是否如实供述罪行、明确被追诉人选择相应程序、协商达成量刑一致并签署具结书是认罪认罚从宽程序中检察环节必须完成的工作，且本文在意思性要素判断标准中也做了论述，故不再将此作为本部分审查内容。除此之外，依据由浅入深的路径规则检察环节至少应完成以下审查工作。

（一）以明知性审查为前提

正如前文所述，明知权利内容和法律后果是被追诉人自愿选择认罪认罚从宽程序的基础，因此检察环节对认罪认罚自愿性的审查应当以明知性为前提。具体可分为以下步骤进行。首先翻阅侦查卷宗，重点根据书面告知文书、讯问笔录材料以及同步录音录像等确定侦查机关是否已经在侦查环节告知了被追诉人与认罪认罚从宽相关的权利、义务。其次考察被追诉人的当面陈述，即在讯问被追诉人时，核实被追诉人是否已经通过侦查阶段的告知和讯问明确知道和理解了认罪认罚的含义，以及由此带来的程序和实体上的法律后果。最后向被追诉人送达审查起诉阶段的告知文书，再次向其阐明与认罪认罚从宽相关的法律规定，并将告知情况和被追诉人是否认罪认罚的表示在讯问笔录中注明。修订后的《刑事诉讼法》第173条第2款已经对此作出规定，并明确了需要告知的内容。需要注意的是，检察环节有关于认罪认罚从宽法律规定的告知应当是针对所有被追诉人的，即便是在侦查环节不认罪认罚的被追诉人，也应当再次进行告知，以保证被追诉人的程序选择权。另外，检察环节还应当明确告知被追诉人有权撤销已经作出的认罪认罚表示以及由此要承担的后果。这是对已经在侦查阶段认罪认罚的被追诉人意思表示的再确认，同时也是确保被追诉人在审判阶段仍然自愿认罪认罚的预判断。

（二）以合法性审查为重点

在刑事诉讼中，程序正当与实体公正越来越被放在同等重要的位置，而程序正当的唯一标准就是符合法律规定。因此，合法性是被追诉人自愿认罪认罚并正当适用相应程序的重要保证。检察环节的合法性审查主要包括以下三层含义。一是认罪认罚的主体合法。这主要是针对特殊的被追诉人，例如未成年被追诉人的认罪认罚表示是否得到法定代理人的认可。修订后的《刑事诉讼法》第174条第2款规定：未成年犯罪嫌疑人的法定代理人、辩护人对未成年人认罪认罚有异议的，不需要签署认罪认罚具结书。二是认罪认罚的形式合法。例如，被追诉人在侦查机关认罪认罚的，是否有被追诉人签名的权利义务告知书、是否有明确的认罪认罚表示等。当然，检察机关也应当保证被追诉人在审查起诉阶段的认罪认罚合法。从形式上需要与被追诉人就量刑建议达成一致意见，并由被追诉人签署合法有效的具结书等。三是认罪认罚的证据合法。正如前文所述，记载被追诉人认罪认罚的直接证据是讯问笔录，也就是供述材料，但如果该份讯问笔录是由刑讯逼供或其他非法方法取得，自然就不能证实被追诉人认罪认罚的自愿性。

（三）以构罪性审查为根本

修订后的《刑事诉讼法》第 176 条规定：人民检察院认为犯罪嫌疑人的犯罪事实已经查清，证据确实、充分，依法应当追究刑事责任的，应当作出起诉决定，按照审判管辖的规定，向人民法院提起公诉，并将案卷材料、证据移送人民法院。可见，事实清楚，证据确实、充分是检察机关审查认定案件的基本要求，这同时也是人民法院作出有罪判决的条件。因此，即便是被追诉人表示认罪认罚，在检察环节，也应当通过查阅卷宗、调查取证等方式，核实案件是否达到事实清楚、证据确实、充分的标准，并根据罪行法定的原则确定被追诉人的行为是否构成犯罪、构成何种犯罪、需要承担何种刑事责任。只有这样，才能判断被追诉人的认罪认罚是否自愿。如果被追诉人的行为根本不构成犯罪，或者被追诉人所认的罪与审查认定的罪不一致，则明显反映出被追诉人的认罪认罚并非出于自愿。另外，只有以构罪性审查为根本，才能保证认罪认罚案件的质量底线。

四、认罪认罚自愿性的保障措施

明确了检察机关保障认罪认罚自愿性的重要作用，也确定了检察环节审查认罪认罚自愿性的有效路径，就需要建立切实有效的保障措施来确保检察环节对认罪认罚自愿性的审查、保障能落到实处。

（一）强化侦查阶段自愿性证据收集

刑事案件在侦查阶段主要解决被追诉人、罪行以及证据的问题，其中最重要的就是证据的收集和固定，而这里的证据理应包括证明被追诉人认罪认罚自愿性的证据。我国《刑事诉讼法》第 123 条规定，侦查人员在讯问犯罪嫌疑人的时候，有对讯问过程进行录音或者录像的权利，同时也明确在三种特殊情形下应当对讯问过程进行录音或者录像。这一条款集中赋予了侦查机关在办案过程中进行同步录音录像的职权与职责。考虑到侦查机关都是在第一次讯问被追诉人时告知其认罪认罚从宽及选择适用相应程序的权利，故可以要求对所有刑事案件的第一次讯问进行同步录音录像，并对公安机关首次讯问笔录内容进行修改完善，将被追诉人是否自愿认罪认罚的情况作为必问内容记入侦查笔录。可以制作专门的《首次讯问认罪认罚情况记录表》，表格内容包括但不限于讯问时间、地点、场所、环境、被追诉人身理、心理状态以及不认罪、认罚的理由等。同步录音录像可以保障被追诉人在完全自愿的环境中认罪认罚，避免其受侦查人员的引诱或者威胁；对于不认罪或者不认罚的被追诉人，也能充分反映当时的情况，有利于检察环节对被追诉人是否真实自愿认罪认罚进行审查。侦查机关将案件移送审查起诉时，应当在起诉意见书中注明被追诉人是否认罪认罚的情况，并将《首次讯问认罪认罚情况记录表》及相关的证据材料移送检察机关。修订后的《刑事诉讼法》第 162 条第 2 款已经对认罪认罚案件作出类似规定，在实践操作中可进一步细化。

（二）确保起诉阶段律师作用发挥

在刑事诉讼中，被追诉人大多缺乏诉讼经验和法律知识，其对认罪认罚的性质和法律后果很难做到真正了解，这就需要来自外界的有效帮助以确保其认罪认罚的自愿性。因此，在认罪认罚从宽改革试点中，检察机关以律师帮助的普遍性和有效性为突破口，切实保障被追诉人的自愿性。[①] 修改后的《刑事诉讼法》第 36 条、第 173 条、第 190 条等对于被追诉人的辩护权保障作出了一系列制度规定，以立法的形式对值班律师及法律帮助制度进行确认，明确了被追诉人有权在律师在场的情况下签署具结书，也要求司法机关在各个诉讼环节听取辩护人或者法律帮助律师的意见。这些

---

① 卞建林、谢澍：《刑事检察制度改革实证研究》，载《中国刑事法杂志》2018 年第 6 期。

都为检察环节律师在被追诉人自愿认罪认罚自愿性问题上发挥作用提供了保障。然而，就当下的司法现状而言，法律帮助律师和委托辩护律师在认罪认罚案件中发挥的作用有较大差异，存在值班律师工作标准并不统一、关键作用发挥有限等现实问题。而受经济条件的限制，能够委托辩护律师的被追诉人是有限的，更多的被追诉人需要依靠法律帮助律师。为确保法律帮助律师在审查起诉环节更好地发挥作用，可以作如下完善：第一，促进法律帮助规范化，通过律师的有效参与进一步确保被追诉人的知情权。目前，在认罪认罚从宽程序中，值班律师都能获得一定的报酬或补助，实际上是一种有偿服务。为了提高服务的针对性和有效性，应当制定值班律师在认罪认罚从宽程序中的服务标准或业务规范，明确其作为帮助律师所承担的义务和责任，通过外部手段提高律师参与的积极性和工作的有效性，进而确保被追诉人的知情权。例如详细告知被追诉人涉嫌犯罪的情况、选择认罪认罚与否的区别、关于认罪认罚的一般程序等。第二，保障值班律师话语权，更好地发挥律师作为被追诉人自愿认罪认罚代言人的作用。修订后的《刑事诉讼法》第 173 条第 1 款规定：人民检察院审查案件，应当听取辩护人或者值班律师意见。这是保障被追诉人辩护权的重要机制，也是确保被追诉人认罪认罚自愿性的有效方式。第三，提升值班律师参与度，协商过程和签署具结书必须有律师在场并坚持控辩平等协商原则。虽然修订后的《刑事诉讼法》第 174 条第 1 款规定：对于认罪认罚的犯罪嫌疑人，检察机关应当在辩护人或者值班律师在场的情况下签署认罪认罚具结书。然而，量刑协商的过程与签署具结书的过程并不完全同一，又考虑在认罪认罚从宽程序中量刑协商的过程有着更重要的意义和地位。因此，可以将值班律师参与的时间节点提前，使其参与整个协商的过程。这样更有利于保障被追诉人认罪认罚的自愿性。

（三）推进认罪认罚撤回权机制构建

在认罪认罚从宽制度中，撤回权是与认罪认罚共生的权利，被追诉人在选择认罪认罚的同时，也就拥有了撤回认罪认罚表示的权利。从司法实践来看，保障被追诉人的撤回权是很有必要的。因为构建认罪认罚从宽制度及其程序的目的是促使刑事诉讼繁简分流、提升诉讼效率。因此在实践操作中，认罪认罚案件都会在很短时间内走完诉讼流程，在审查起诉阶段的时间就更加有限，加之受知识水平的限制，要求所有被追诉人均在短时间内作出准确、理性的认罪认罚决定是很难实现的。这就要求法律赋予被追诉人反悔的权利，也就是撤回权。理论界对于认罪认罚撤回权的研究很早就已经出现，也有了相对完整的论述。但从撤回权及其制度的可操作性和规范性角度出发，可以从以下方面加以健全。一是规定被追诉人撤回权行使的时间节点。由于被追诉人从侦查阶段就可以作出认罪认罚的意思表示并选择适用相应的诉讼程序，因此被追诉人应当从侦查阶段开始享有撤回权。同时撤回权应包括对本阶段已经作出的认罪认罚表示的撤回，也应包括对上一阶段认罪认罚表示的撤回，即审查起诉阶段可以撤回侦查阶段的认罪认罚表示，审判阶段也可以撤回审查起诉阶段的认罪认罚表示。二是明确被追诉人行使撤回权的法律后果。被追诉人撤回认罪认罚表示后，不再适用相应的程序，这是毋庸置疑的；重要的是，在现有诉讼模式下，被追诉人撤回认罪认罚表示后，检察机关要重新作出量刑建议。这与被追诉人的利益息息相关，同时也是影响被追诉人撤回权行使的重要阻碍因素。因此，为保障被追诉人撤回权的充分行使，需要对检察机关的量刑建议范围作出限制，从宽"优惠"取消但不得因此而加重被追诉人的量刑。另外，被追诉人之前的认罪认罚表示不得作为认定被追诉人有罪的证据，当然，经过审查可以作为证据使用的被追诉人有罪供述除外。三是完善被追诉人撤回权行使的法律规定。有法可依是任何诉讼制度和程序规范运行的先决条件，应加快构建完善我国认罪认罚从宽制度中撤回权行使的直接法律规定，为被追诉人提供权利来源和行使依据，也有利于形成关于认罪认罚从宽制度的完备法律体系。司法实践中可以制作《撤回认罪认罚确认书》，该文书中应载明被追诉人作出认罪认罚的阶段、认罪认罚的内容以及撤回认罪认罚的理由、原因，在上一诉讼环节作出认罪认罚表示又撤回的，应当将认罪认罚的相关材料及《撤回认罪认罚确认书》一并移送给下一诉讼环节。

五、结语

认罪认罚从宽制度体现了司法改革的精神，也贯穿于刑事诉讼的全过程。然而，检察机关在落实认罪认罚从宽制度过程中的地位是不可替代的，其对认罪认罚从宽制度及其程序的正确适用起着举足轻重的作用。检察环节对于被追诉人认罪认罚自愿性的有效审查和强力保障，是确保无辜者不受追究、犯罪者受到应有处罚，维护社会正常秩序和公平正义的重要内容。本文虽然结合司法实践对自愿性内涵界定、审查路径和保障措施、法律文书等方面作了一些探索，但仍需随着认罪认罚从宽改革的深入推进而不断加强研究。

论认罪认罚量刑建议的效力

李瑞登　福建省厦门市人民检察院

量刑建议是检察机关对刑事诉讼被告人应判处的刑罚及执行方式依法向人民法院提出的建议。这种建议的效力体现为对法院量刑裁判有一定的参照和制约功能。在认罪认罚案件中，量刑建议的效力明显得以强化。根据我国《刑事诉讼法》第173条、第174条规定，犯罪嫌疑人认罪认罚的，需同意量刑建议并签署具结书，而检察机关提出量刑建议也要听取被害人有关量刑问题的意见。较之一般案件的量刑建议，认罪认罚量刑建议经加害方同意，并听取被害方意见，特别是考量了被告赔偿、被害方谅解或建议对被告刑罚从宽的和解协议内容，因而对加害方和被害方产生一定的"约束力"。同时，根据《刑事诉讼法》第201条、两高三部《关于适用认罪认罚从宽制度的指导意见》（以下简称《指导意见》）第40条，对于认罪认罚案件，除一些特殊情形外，人民法院一般应采纳检察机关的量刑建议。认罪认罚量刑建议对法院量刑程序形成更明显的制约和监督效果，对量刑裁判具有比一般案件量刑建议更大的影响力。然而，司法实践中，认罪认罚量刑建议的效力并没有充分体现。一是加害方和受害方对量刑建议的信任度有待提高，例如加害方认罪认罚后又反悔或在判决采纳量刑建议后又就量刑问题上诉，受害方对量刑建议提出不同意见等；二是量刑判决与量刑建议有明显出入或偏差，如判决的刑罚幅度超出量刑建议的幅度等。这些问题一定程度上影响了认罪认罚量刑建议的制度功效。鉴于此，梳理认罪认罚量刑建议效力存在的缺陷，分析量刑建议约束力和制约力产生的实体法和程序法基础，探讨增强量刑建议效力的措施，具有理论和实践意义。

一、认罪认罚量刑建议存在的效力问题

认罪认罚的量刑建议虽不具有最终的法律效力，但亦具有一定的约束力和制约力。根据我国《刑事诉讼法》的规定，量刑建议的内容载于具结书中，经被告方同意，自当承载着被告方的量刑预期。被告方的同意承诺，体现了一种控辩协商后的合意，受诉讼契约之约束。具结书将控辩双方的诚信精神以可见的形式书面落实，能为犯罪嫌疑人带来较明确的可期待利益[①]。同时，量刑建议形成过程中听取了被害方的意见，蕴含着被害方的追责诉求。尽管对"认罚"的制度内容存有争议，但不少学者倾向于认为认罚包含退赔、赔偿被害方之意[②]。我国《刑事诉讼法》要求控方应听取被害方有关量刑方面的意见，以致被告赔偿损失、与被害方和解或取得谅解的意愿、合意情况似与认罚情况或认罚态度有交叉，故认罪认罚情形经常伴有赔偿损失、取得谅解或和解的情节。申言之，认罪认罚量刑建议往往又暗含加害方与被害方之间有关赔偿、谅解、和解及同意从宽处罚的另一诉讼合意。加害方、被害方受前述两种诉讼契约之约束，其在契约中的量刑预期反映于追诉方的量刑建议中，故量刑建议对加害方与被害方有一定的约束力。此外，因综合了追诉方、加害方、被害方的量刑信息，并通过多元的诉讼合意预示了量刑的较好社会效果，故量刑建议更容易为法官所接受，对量刑裁判理应产生较大的制约力。然而，司法实践中，认罪认罚量刑建议的诉讼效力并没有完全发挥，其约束力和制约力均存在一定的不足。

（一）量刑建议的约束力问题

追诉机关提出的量刑建议对被告人和被害人的约束力主要表现在：被告人同意量刑建议后不反悔，在法院接受量刑建议后认罪服判；被害人接受

[①] 刘原：《认罪认罚具结书的内涵、效力及控辩应对》，载《法律科学》2019 年第 4 期。

[②] 陈卫东：《认罪认罚从宽制度研究》，载《中国法学》2016 年第 2 期；孙长永：《认罪认罚从宽制度的基本内涵》，载《中国法学》2019 年第 3 期；魏晓娜：《完善认罪认罚从宽制度：中国语境下的关键词展开》，载《法学研究》2016 年第 4 期。

赔偿、谅解、和解后信任控辩量刑协商过程，并认为追诉机关提出的量刑建议能够罚当其罪。然而，这种约束力并没有在认罪认罚实践中得到完全体现。一是被告人在同意量刑建议后反悔的情形不少。一些被告人在量刑协商后又在一审判决前退出认罪认罚，或者在法院采纳量刑建议后又以量刑问题提出上诉。如图 1 所示，2019 年某省检察机关认罪认罚案件上诉率为 7.87%，[①] 2020年上诉率为 6.15%，2021 年和 2022 年分别升至 6.2%、7.4%[②]。

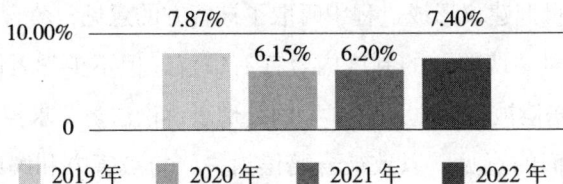

图 1　某省检察机关认罪认罚案件上诉率

虽然我国《刑事诉讼法》对认罪认罚被告人的反悔权、上诉权并没有限制，但被告人否认量刑建议，既违背了量刑协商中的承诺，也影响了量刑建议的诉讼效力。被告人签署具结书后反悔，有的是因为受不当压力而违心同意量刑建议，但更多源于对认罪认罚制度认知不足，对法律后果理解不透。第一类因素的存在，反映了加害方的自主选择权在量刑协商中没有得到充分的保障。例如，在面对轻型犯罪指控时，无辜者更容易选择认罪并接受量刑协议，因为严格的审判程序带来的时间消耗成本和高昂律师费用远远超过了认罪、认罚可能带来的损害。[③] 又如，出于其他原因，被告人也可能非自愿地签署具结书，而后又退出认罪认罚程序。第二类因素的存在，一是与被告人对认罪认罚制度和法律后果认知的模糊有关。一旦

---

① 《2019 年福建检察适用认罪认罚从宽制度办理刑事案件 26013 件》，http://www.chinanews.com/sh/2019/12-31/9047984.shtml。

② 《福建省人民检察院工作报告》，http://www.fjrd.gov.cn/ct/19-174267；http://fujian.gov.cn/xwdt/fjyw/202302/t20230206_6103231.htm。

③ David Ireland, *Bargaining for Expedience: The Overuse of Joint Recommendations on Sentence*, 38 Man. L.J. 273, p.293, 2015.

被告人难以在明智情形下做出选择，即便同意了量刑建议，亦容易出现反悔的情形。被告选择之明智程度的缺失，反映了量刑协商过程中权利义务告知、法律适用解释、获得律师帮助、量刑结果说明等制度没有起到应有的功效。二是被害人对量刑建议的信任度不够。实践中，一些被害人在谅解或与加害人和解后，对追诉机关提出的量刑建议能否体现公平正义存有疑虑，认为自己因犯罪遭受的结果与被告人被追究的刑罚不相符合。这一问题与量刑协商公开性不足、量刑建议对被害方量刑信息和量刑意见的关注不够有关。控辩协商过程缺乏透明度，而法院对协商结果往往又仅是备注确认，这种封闭性程序可能将被害人或其亲属所掌握的因犯罪遭受的直接或间接损害、被告人是否真正采取补救赔偿措施等有关量刑的信息，以及被害方对量刑的意见均排除在外。[1] 源于此，量刑建议亦难以体现对被害方的约束力。

（二）量刑建议的制约力问题

认罪认罚量刑建议是法院量刑裁判的重要参照。根据《刑事诉讼法》第 201 条规定，认罪认罚案件中，除有不构成犯罪或不应追责、违背意愿认罪认罚、被告否认指控事实、指控罪名与审理认定罪名不一致、量刑建议明显不当等情形外，人民法院应采纳检察机关的量刑建议。量刑建议对量刑程序的制约力大小、是否为量刑裁判所采纳，也关乎量刑建议是否实现加害方和被害方的量刑预期、能否体现公信力的问题。然而，实践中，检察机关的量刑建议与法院量刑裁判经常存在冲突：一是法官严重依赖量刑建议并在建议幅度内随意量刑的消极冲突；二是法官量刑偏离量刑建议的积极冲突。[2] 关于第一种冲突，法官消极对待量刑程序，对定罪事实及量刑协商怠于审查，在量刑建议幅度内任意确定宣告刑，虽然一定程度上体

---

[1] Richard A. Bierschbach Stephanos Bibas, *Notice-and-Comment Sentencing*, 97 Minn. L. Rev. 1, pp.7, 50, 2012.

[2] 林喜芬：《论量刑建议的运行原理与实践疑难破解——基于公诉精密化的本土考察》，载《法律科学》2011 年第 1 期。

现量刑建议对量刑裁判的制约效力，长此以往却会损害量刑建议的公正性。关于第二种冲突，如果法院的量刑经常偏离量刑建议的幅度，特别是不采纳确定刑量刑建议，不仅弱化了量刑建议对量刑程序的制约力，也会降低加害方与被害方对量刑建议的信任度。量刑建议与量刑判决之偏差，反映了检法两家量刑信息来源不同、对量刑信息的影响度认识不一、对非财产型和非数量型犯罪缺乏统一量刑标准，以及量刑建议缺乏规则依据和论证说明等问题。[①] 例如，被害人可以在控辩量刑协商阶段就与控方沟通并提出看法，也可至审理阶段法院采纳量刑建议前才提交量刑信息和量刑意见，[②]如果追诉机关在拟定量刑建议时没有充分听取被害方的意见，则被害方在法院量刑程序提供的量刑信息和意见，可能会造成量刑判决与量刑建议的偏差。又如，如果量刑协商过程的记录和证据不充分，量刑建议计算依据和过程缺乏说明，则法院对认罪认罚的自愿性、量刑建议的合法性难以做出判断，亦容易出现量刑判决与量刑建议出入的情形。如图2所示，2019年至2022年，某省检察机关认罪认罚案件量刑建议的采纳率虽从86.21%升至95%以上，逐步缓解量刑判决偏离量刑建议的积极冲突，但仍需预防量刑判决与量刑建议可能存在的消极冲突，避免因量刑协商程序不规范导致量刑建议不精确或幅度过宽，而法官又过度依赖量刑建议或疏于审查即依量刑建议判决，使得量刑建议对量刑裁判的制约力丧失公正性基础。

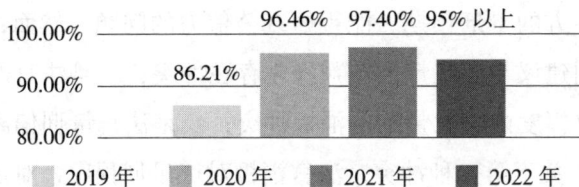

图2 某省检察机关认罪认罚案件量刑建议采纳率

---

① 严明华、赵宁：《检察机关量刑建议偏差问题调查与评析》，载《法学》2010年第11期。

② Dana Pugach; Michal Tamir, *Nudging the Criminal Justice System into Listening to Crime Victims in Plea Agreements*, 28 Hastings Women's L.J. 45, p.49, 2017.

二、认罪认罚量刑建议约束力的实体法蕴意

在认罪认罚案件中，量刑建议虽由检控机关提出，但实为检控机关与被告人就量刑形成的合意，并考量了被害人与被告人间有关赔偿、谅解、同意从宽处罚等达成一致意见的情况，体现了刑事诉讼中的契约精神。前述涉量刑的合意，体现了被告人的认罪、认罚情节，既影响被告人实体刑罚的从宽处理，也关乎被告人对被害人的实体赔偿问题。与此相应，涉量刑合意的退出、反悔，亦将在刑事处罚和民事赔偿等实体权益方面产生一定的法律效果。

（一）涉量刑合意：契约精神在刑事诉讼中的体现

刑事诉讼主要服务于惩治犯罪的正义目标，体现刑罚权的国家主导性。为应对犯罪数量多、纠纷解决难等问题，刑事诉讼法亦逐步关注司法效率的提升和社会关系的有效修复。前者带来由控辩双方达成一致意见的协商性司法模式，后者则形成了让被告人、被害人双方协商和解、调和矛盾的恢复性司法模式。[①] 无论协商性司法，还是恢复性司法，均包含刑事诉讼参与主体之间进行意见交换、互动协商的内容，并赋予诉讼合意一定的法律效果。这种契约精神在刑事诉讼中的制度化，体现为辩诉交易与刑事和解等实体利益契约、保释和简化诉讼程序等程序利益契约，以及证据开示和污点证人豁免等证据运用契约。[②] 认罪认罚制度亦是契约、协商精神在刑事诉讼中的集中体现，认罪认罚量刑建议背后蕴含了不同类型的诉讼合意，兼涉协商性司法和恢复性司法理念。

1.控辩双方的合意。根据《刑事诉讼法》第 174 条规定，犯罪嫌疑人是以签署具结书的形式，对控方提出的主刑、附加刑及是否适用缓刑等量刑建议为认同之意思表示。具结书实为控辩双方合意，具有合同要约、承诺之外在表征。虽然合同法可以对控辩双方的合意进行较广泛、充分的保护，

---

① 李卫红:《刑事和解的实体性与程序性》，载《政法论坛》2017 年第 2 期。
② 詹建红:《论契约精神在刑事诉讼中的引入》，载《中外法学》2010 年第 6 期。

例如合同诚实信用、公平交易原则可在一定程度上促进合意的执行，[①] 但控辩合意毕竟不同于一般的民事合同。量刑协商的主体为代表国家的控诉机关与被告人，协商的内容是涉及被告人的人身自由，显然不属于合同法的调整范围。这种量刑协商不涉及罪名、罪数交易，区别于辩诉交易，但也是存在于刑事领域的一种公法契约，即国家追诉机关对契约相对方的私人权利作出让渡，通过控辩双方的直接协商，将毫无折扣、不惜代价的追诉模式，演变成一种双方互惠的结果。[②] 对于刑事和解、辩诉交易、量刑协商等刑事处罚权中的契约因素，亦有观点称之为公权契约化，即公权的运行可以部分融入契约理念并采用契约方式予以实现的过程及其发展趋势。[③]
关于控辩合意的效力，因协商的内容涉及人身自由，不宜简单通过合同法的强制履约予以实现；同时，在控辩协议中，被告方处于绝对的弱势地位，由合同法自行规范容易发生"失灵现象"，需要通过刑法中非法证据排除、不得强迫自证其罪、获得律师帮助并寻求正当审判程序等原则，来为被告人提供更充分的保护。[④] 为此，立法往往没有直接赋予量刑合意强制执行力，而是允许被告方反悔、退出协议或追诉方调整量刑建议。然而，基于诉讼诚信原则，量刑协商等公法契约对双方亦具有一定的约束力。立法可能对被告人和追诉机关退出、变更量刑合意的权利，在不同阶段进行不同程度的限制，以强化控辩合意的效力；或者通过苛以违约之不利后果来进行间接规制，一旦被告方违背承诺，即可能失去立约所可以获得的量刑优惠，而追诉方退出量刑协议，则意味着诉讼成本、风险的提升。

2. 被告方与被害方的合意。在有被害人的案件中，向被害人赔偿损失、

---

① Michael D. Cicchini, *Broken Government Promises: A Contract-Based Approach To Enforcing Plea Bargain*, 38 N.M.L. Rev. 159, pp.174-175, 2008.

② 张凌、李婵媛：《公法契约观视野下的刑事和解协议》，载《政法论坛》2008 年第 6 期。

③ 殷继国：《论公权契约化——兼论国家干预契约化》，载《行政法学研究》2013 年第 1 期。

④ Jennifer Rae Taylor, *Restoring the Bargain: Examining Post-Plea Sentence Enhancement as an Unconscionable Violation of Contract Law*, 48 Cal. W. L. Rev. 129, p.168, 2011.

赔礼道歉等，是被告方认罚之重要体现。根据《刑事诉讼法》规定，认罪认罚的，检察机关应该听取被害人的意见。申言之，检察机关将被告人是否赔偿被害人损失、与被害人达成和解协议、取得被害人谅解，作为量刑的重要考虑因素。[①] 被告方与被害方通过协商达成赔偿、和解或谅解协议，自行化解纠纷，体现了恢复性司法的制度功效。这种合作式刑事司法，既满足了冲突双方的利益诉求，也提升了诉讼效率，并有助于修复社会关系。[②] 被告人与被害人间的合意，是平等主体之间有关损害赔偿的协议，具有民事合同的外在表征，但又不具有一般债权的全部效力内容，而是赋予当事人一定的反悔权利。当然，根据最高法《关于适用〈中华人民共和国刑事诉讼法〉的解释》（以下简称《刑诉法解释》）第 502 条规定，若和解协议已经全部履行，当事人反悔的，除非和解协议是非自愿、合法的，否则法院不予支持。同时，和解或谅解协议并非纯粹的民事合同，而是置于刑事诉讼活动中，包含被害人同意或请求对被告从宽处罚的内容，能够产生被告认罚效果并影响量刑的诉讼合意。在这一个意义上说，被告人和被害人的和解或谅解协议似为一种非典型的公法契约。

（二）刑民实体权益：涉量刑合意的基本内容

被告方自愿认罪，同意量刑建议并签署具结书，目的在于维护自身实体权利，力求人身、财产得到法律从宽处罚。在控辩协商之前，被告方主要考虑法庭审理后有可能被判处较重刑罚的风险，而追诉机关则考虑后续诉讼需要较高的司法成本，且定罪量刑不一定取得好的效果。[③] 被告方参与量刑协商，旨在降低被苛以更严厉刑罚的风险，促使预防刑的伸缩朝着有利于自己的方向。主要表现在：一是巩固坦白、自首等量刑情节。坦白、

---

① 杨立新：《认罪认罚从宽制度理解与适用》，载《国家检察官学院学报》2019 年第 1 期。

② 胡铭：《认罪协商程序：模式、问题与底线》，载《法学》2017 年第 1 期。

③ Holly P. Pratesi, *Waive Goodbye to Appellate Review of Plea Bargaining: Specific Performance of Appellate Waiver Provisions Should Be Limited to Extraordinary Circumstances*, 81 Brook. L. Rev. 1237, p.1248, 2016.

自首虽与认罪紧密相关，但同意控方的量刑建议，一般也意味着承认自己的犯罪事实，亦会产生坦白、自首情节所要求的如实供述效果。二是争取认罚情节。认罚情节有广义和狭义之分，同意量刑建议，即是狭义的认罚，而广义的认罚还包括退赔、赔偿、与被害人和解、取得谅解等内容，是狭义认罚为基础的民事赔偿和解。① 我国《刑事诉讼法》已明确认罪认罚是可以依法从宽处理的情节，也规定退赔、赔偿、与被害人和解之从宽情节。虽然法律未明确对狭义认罚即同意量刑建议的量刑处理，最高法的量刑指导意见亦未设定狭义认罚的从宽幅度，但司法实践已尝试对狭义认罚作一定的量刑优惠考量。基于此，被告方参与量刑协商并与控方达成合意，亦是出于获得认罚从宽处理的心理预期。

被告人与被害人达成赔偿、谅解及建议对被告刑罚从宽的合意，不仅涉及被告人可能获得刑罚从宽的实体权益问题，也关乎被害人因犯罪所受损害的弥补和赔偿。这是一种实体利益契约，虽形成于刑事诉讼中，但同时产生刑事和民事上的法律效果。事实上，在刑民交叉案件领域，大陆法系国家出于诉讼效率考量，允许在刑事诉讼中附带解决民事赔偿问题，而英美法系国家原本通过独立诉讼保护民事权益，后来亦出现了在刑事诉讼中一并解决民事责任的倾向。例如，美国法院在刑事案件中的赔偿令，与民事侵权诉讼中的损害赔偿责任具有同等的功效，《被害人和证人保护法》规定法官对赔偿令适用有较大的自由裁量权，且要同时考虑被害人损害情况和被告人经济状况，而之后的《强制被害人赔偿法》则强制要求法官在所列举犯罪类型中发布赔偿令，并仅仅需要考虑被害人的实际损失。② 被告人与被害人的赔偿合意，既是关乎刑事处罚的认罚情节，亦作为对被害人的民事救济方式并附带于刑事诉讼中，在一定意义上是刑事诉讼法对犯罪所产生责任的综合性处理。从私法角度来看，被告人对被害人赔礼

---

① 黄京平：《认罪认罚从宽制度的若干实体法问题》，载《中国法学》2017 年第 5 期。

② T. Dietrich Hill, *The arithmetic of justice: Calculating restitution for mortgage fraud*, 113 Colum. L. Rev. Sidebar 1939, pp.1941−1943, 2013.

道歉、赔偿损失是履行因犯罪侵害行为而产生的民事责任；从公法角度而言，刑事和解等制度根据被告人赔偿损失并取得被害人谅解之情节，对被告人予以减少或免予刑罚，是刑事责任新的实现方式。这种责任追究方式不同于单纯的严厉刑罚，也与保安处分有别，更不能为非刑罚方法的概念所涵盖。[①]

（三）违约之实体权益变动：涉量刑合意的效力体现

控辩双方量刑合意的约束力，涉及协议一方是否可以反悔的内容，但更多体现在违背协议所产生的法律效果上，特别是隐含的实体权益变更。多数国家就法院确认协议前控辩双方的反悔并不作限制，但对法院确认协议后的反悔权，不少国家的立法做了不同程度的限制。例如，根据《美国联邦刑事诉讼规则》规定，在法庭确认认罪协议后、判决前，认罪方需有正当理由或者因法院拒绝协议才可行使撤回权；判决后，则不能撤回，认罪协议仅能在上诉中被撤销。我国《刑事诉讼法》对被告人在法院确认具结书后一审判决前的反悔权并没有限制，对上诉后又否认具结书的法律后果亦没有做相应的明确。《指导意见》仅在第45条规定，一审适用速裁程序判决后，被告人又不认罪而上诉的，二审法院应当裁定撤销原判，发回重审，不再按认罪认罚案件从宽处罚。控辩量刑合意作为一种公法契约，按约履行是诉讼诚信应有之义，而合意一方失信亦当产生不利的后果。加害方对量刑合意反悔的，如果仅是不同意量刑内容，而没有否认指控的犯罪事实，则可能丧失认罚意义上的量刑优惠；如果否认犯罪事实和量刑建议的，则不仅难以享受认罚从宽，还可能影响到自首、坦白等量刑情节。被告参与量刑协商是基于追诉方的刑罚意见，故追诉方应履行提出相应量刑建议的承诺，而一旦被告违反控辩协议，则追诉方亦没有履行承诺之义务。多数情况下，一方违背控辩协议往往就意味着根本违约，因控辩合意的人身权利内容难以适用损害赔偿，在不履行合同确实难以体现公平公正的情

---

① 杜宇：《刑事和解与传统刑事责任理论》，载《法学研究》2009年第1期。

况下，请求实际履行似乎可能成为一种救济的手段。[①] 美国一些法院倾向于用合同规则来评判违反控辩协议的行为：若加害方违背认罪协议，追诉方可以恢复协商前的原有刑罚建议，如 Ricketts 案；而如果追诉方违背认罪协议，则法院亦可能对加害人进行一定的补救，如 Santobello 案。[②] 虽然量刑合意不同于民事合同，其涉及的生命自由等人身权利难以进行价值衡量，违约救济亦不宜简单沿用合同法规则，但违背契约精神的诉讼活动自当承受一定的后果。

加害方与被害方的赔偿、谅解合意，亦具有一定的效力。违反这一协议，不仅影响被害人的民事救济，还关系到加害人认罚从宽能否实现。被害方反悔的，当承担后续民事判决低于赔偿预期或难以执行到位的风险；加害方反悔的，则会面临不获认罚从宽处理的刑罚后果。例如，根据法国刑事诉讼法典的规定，罪犯已重返社会，赔偿被害人损失，且犯罪危害也已停止，可免除刑罚。加害方履行和解协议，赔偿被害人损失，可以使加害方在特定条件下免遭刑罚。[③] 又如，Victim-Offender Mediation 模式（被害方与加害方和解模式，以下简称 VOM）是美国、德国、加拿大、英国、新西兰等国家恢复型司法的重要方式。该模式由加害方向受害方认错、赔偿并寻求和解，主要适用于非暴力财产刑犯罪和未成年人犯罪领域。是否参与这种和解制度，对于被告人刑事责任的承担有较大影响。调查数据显示，参与 VOM 和解的成年、未成年被告，有部分可以免予刑事处罚，被判监禁刑的，监禁的时间也比没有参与和解的被告要短，且监禁也多是选择适合

---

① Holly P. Pratesi, *Waive Goodbye to Appellate Review of Plea Bargaining: Specific Performance of Appellate Waiver Provisions Should Be Limited to Extraordinary Circumstances*, 81 Brook. L. Rev. 1237, pp. 1250-1252, 2016.

② Kevin O'Keefe, *Two Wrongs Make a Wrong: A Challenge to Plea Bargaining and Collateral Consequence Statutes through Their Integration*, 100 J. Crim. L. & Criminology 243, pp.261-265, 2010.

③ 王洪宇：《中法比较视阈下我国公诉案件和解程序之再完善》，载《中国法学》2013 年第 6 期。

危险性较小罪犯的关押场所。① 加害方与被害方达成协议后，需要实际履行协议内容，才能达到弥补受害者损失、获得认罚从宽的民、刑法律效果。如果加害方违反协议约定，所产生的民事后果不是承担违约责任，而是该和解协议不生效，所引发的刑事风险为丧失了一个获得从宽处理的机会。②

三、认罪认罚量刑建议制约力的程序法基础

认罪认罚案件中，法院在认定犯罪事实的基础上，针对量刑建议更多是审查有关量刑协商自愿性和合法性、量刑情节形成和量刑计算过程的证据。记录量刑协商、量刑情节、量刑计算的过程证据，与量刑建议是否准确及能否为法院采纳密切相关。控辩双方的量刑协商，既是量刑信息的互通，也是对量刑情节成立与否、影响力大小甚至量刑计算等交换意见的过程，体现了类似法庭量刑调查、辩论的程序功能，关乎量刑建议的公正性，对法院量刑裁判具有较大的参照意义。同时，量刑建议经被告人同意，并听取被害人意见，为可能的量刑判决预设了较好的法律效果和社会效果，而建议的刑罚幅度不断精细化，更加显现了量刑建议作为庭前监督标尺对量刑裁判的制约功效。

（一）量刑建议的证明规范

量刑建议只有为法院所采纳，成为量刑判决的一部分，才能体现最终的法律效力。根据我国《刑事诉讼法》第 190 条规定，被告人认罪认罚的，法庭要审查认罪认罚的自愿性和具结书的真实性、合法性。美国法亦要求，法院在接受认罪协议之前，主要审查认罪协商的自愿性，排除受强迫、威胁或者受协议外承诺所引诱的可能，同时审查认罪协议的事实根据，但不少法院对协议的事实审查，经常以被告庭上单方声明自己犯罪行为的方式

---

① Toran Hansen, *Mark Umbreit, State of knowledge: Four decades of victim-offender mediation research and practice: The evidence*, 36 Conflict Resol. Q. 99, pp.105-106, 2018.

② 姚显森:《公诉案件中当事人和解协议效力扩张及法律规制》，载《现代法学》2013 年第 5 期。

进行。① 申言之，对认罪认罚自愿性、具结书合法性、真实性的证明，关系到量刑建议是否为法院所接受，能否通过法院的判决形成法律上的约束力。其中，认罪的真实性主要靠物证、书证、供述、证言等结果证据加以证明，而认罪认罚的自愿性、具结书的合法性及量刑情节的真实性问题，则与被告人认罪认罚的经过、犯罪后量刑情节的形成过程紧密相关，其证明主要依赖于记录、反映有关诉讼活动情况的过程证据。过程证据包括勘验、搜查、提取笔录等证据、破案和抓捕经过等情况说明，以及录音录像资料等证据类型，旨在证明刑事诉讼中的过程事实，如刑事诉讼过程中出现的自首、立功、认罪、退赃等量刑情节，以及证明是否刑讯逼供或以其他非法方法收集证据等诉讼过程的合法性问题。② 认罪认罚案件中，法院在认定犯罪事实的基础上，越来越多地关注证明量刑合意形成、量刑情节产生的过程证据，以便确认量刑建议是否合理。过程证据的收集及运用，已成为量刑建议是否为法院采纳的一个重要因素。具体而言，追诉机关对认罪、认罚诉讼过程的证明，可关注以下几个方面：

1. 认罪认罚自愿性、合法性的过程证据。认罪认罚自愿性旨在判断被告人是否具备承认指控罪名与同意量刑意见的能力，保障认罪认罚的真实意愿。③ 在国外的控辩协商中，自愿性的内涵有扩张趋势，如果追诉机关对被告人施加不当压力，或者使用非法获得的信息等不当手段诱使被告认罪、认罚，没有给予被告基本权利和自主意志性应有的尊重，控辩协议将可能不会被法院采纳。④ 一般而言，自愿性包括同意能力的体现和意志的自主性表达等内容。前者涉及对认罪认罚权利义务的知悉和对法律后果的理解等权利保障，后者则包括不受强迫、威胁、不当引诱等内容。认罪认罚自

① Mirko Bagaric & Julie Clarke, *William Rininger, Plea Bargaining: From Patent Unfairness to Transparent Justice*, 84 Mo. L. Rev. 1, p.22, 2019.

② 陈瑞华：《论刑事诉讼中的过程证据》，载《法商研究》2015 年第 1 期。

③ 孔令勇：《被告人认罪认罚自愿性的界定及保障——基于"被告人同意理论"的分析》，载《法商研究》2019 年第 3 期。

④ Eric Hawkins, *A Murky Doctrine Gets a Little Pushback: The Fourth Circuit's Rebuff of Guilty Pleas in United States v. Fisher*, 55 B.C. L. Rev. 103, pp.111-112, 2014.

愿性的保障，即是具结书合法性的证明。证明同意能力的过程证据主要有诉讼权利和认罪认罚后果告知书或告知笔录、律师见证及向被告人释明法律后果的记录等；证明意志自主表达的过程证据有认罪认罚过程的录音录像、量刑协商过程记录、确认认罪认罚笔录等。

2. 量刑情节的过程证据。犯罪后才形成的量刑情节亦主要依靠过程证据予以证明。这些量刑情节，是犯罪嫌疑人于犯罪后诉讼中实施的反映其社会危险性大小的行为活动。记录这些行为活动过程的，或为到案经过、破案经过等涉及自首、坦白认定的证据，或是协助破案说明、协助抓捕记录等影响立功成立的证据，抑或如被告人赔偿记录、和解经过等关乎认罚情节的证据等。前述过程证据虽不直接证明定罪事实，但能客观反映犯罪嫌疑人认罪、悔罪、认罚等情况，是衡量预防刑大小、基准刑调节幅度的依据，也是量刑建议合理性的重要支撑。

3. 量刑过程的证据。量刑建议的产生与量刑判决一样，均是司法人员根据罪行内容、量刑情节等案件事实，确立量刑起点和基准刑、调节基准刑并最终确定宣告刑的裁量、推演、计算过程。在犯罪事实、量刑情节清楚的情况下，将控方选择刑罚种类及计算、权衡刑罚幅度的内心过程予以呈现，既有助于与被告方达成量刑合意，又能提升量刑建议对法官的说服力。反映这一过程的证据主要是量刑的说理、论证。量刑建议书的拟定应涵盖案件中的所有法定、酌定情节，对量刑建议得出过程作充分阐述，说明各个罪量因素的影响力，并在公诉意见发表环节将量刑说理部分予以宣读。①

（二）量刑建议的诉讼蕴意

量刑程序具有不同于定罪程序的裁判规则和制度价值。根据我国《刑事诉讼法》第 198 条，法庭对定罪、量刑事实、证据都应进行调查、辩论，《刑诉法解释》第 231 条进一步明确，被告人认罪的，法庭辩论可以引导控

---

① 孙春雨、李斌：《量刑规范化改革的现状与出路》，载《国家检察官学院学报》2013 年第 5 期。

辩双方主要围绕量刑等问题进行，不认罪或做无罪辩护的，可以引导先辩论定罪问题，后辩论量刑问题。我国立法初步形成了定罪程序与量刑程序相对分离的模式。相对独立的量刑调查、辩论程序开始在诉讼活动中展开。追诉机关提出的量刑建议具有启动量刑程序、为量刑程序提供明确"诉讼争议点"及防御对象的独特诉讼意义。[1] 然而，在认罪认罚情形下，控方既要听取被害方的量刑意见，又要与被告方进行量刑信息互通，在与被告方量刑协商达成一致意见后，才提出量刑建议。控辩双方庭前相互就对方量刑信息的确认，就量刑情节、量刑内容协商并形成合意，似为法庭量刑调查、辩论活动的预演，特别在简易程序、速裁程序案件中，更是发挥了类似量刑审理的制度功效。此种情况在国外的辩诉交易制度中亦存在。如美国的认罪答辩程序实际可能起到预定罪和量刑的效果，尽管认罪协议需经法院审查，但法院往往疏于审查即接受协议内容，在随后独立的量刑审理环节，法院也多数采纳协议中的量刑建议或主要受协议影响。[2] 我国认罪认罚制度不涉及罪名、罪行协商，但量刑协商及量刑建议制度，正发挥着庭审预演或类似量刑审理的作用，对法院的量刑裁判起到一定的制约效果：

1. 多方参加与量刑信息的全面性。在量刑审理中，法院获取量刑信息主要来源于控辩双方。虽然《刑事诉讼法》第198条规定，法庭审理中，被害人可以提出量刑意见，但被害人参与量刑程序的程度不高，参与量刑也未达到预期的效果，多是被动参与，且量刑意见难以体现实效。[3] 较之控辩双方，被害人可为量刑裁判提供另一类量刑信息来源，有助于法官更全面地评价犯罪行为的社会危害性。被害人因犯罪所遭受的侵害后果、负面影响和精神伤害等问题，只有被害人参与量刑过程并当面陈述，法官才可

---

① 陈国庆：《检察官参加量刑程序的若干问题》，载《法学》2009年第10期。
② Anne R. Traum, *Using Outcomes to Reframe Guilty Plea Adjudication*, 66 Fla. L. Rev. 823, p.829, 2014.
③ 韩轶：《论被害人量刑建议权的实现》，载《法学评论》2017年第1期。

能将这些信息纳入量刑依据中。[①] 在认罪认罚量刑协商阶段，除控方与加害方的量刑信息沟通外，依《刑事诉讼法》第 173 条规定，被害人可以向控方提交自己的量刑意见，特别是关于加害方赔偿的情况说明，并可能为量刑建议所考量。这不仅是吸收被害人量刑信息的便捷途径，也有助于提升被害人量刑意见的实际成效。控辩协商的过程，也被视为受害方能为公正量刑协议的形成发挥相应作用的重要阶段。这种增加受害人对诉讼的参与度、尊重受害人诉讼权利的做法，亦有必要拓展至加害方不认罪的案件中。[②] 量刑信息的全面性，提升了量刑协商、量刑建议的合法性和可信度。

2. 控辩互动与量刑协商的对抗性。量刑信息不对称是控辩双方辩论争议产生的重要缘由，量刑形成过程不公开则往往是双方辩论的焦点。认罪认罚案件中，追诉方庭前与加害方就量刑问题交换意见，既是量刑信息互通的过程，也是量刑演算、调节过程公开的方式，包含控辩双方对被害人之量刑信息的公开考量。缺乏对被害人的利益、意见特别是有关损害弥补情况的陈述加以关注，控辩双方作出的量刑协商结果，可能会面临不公正的风险。[③] 我国《刑事诉讼法》已明确控诉机关对辩方的证据开示制度，借助律师的有效帮助，加害方可以获取在案的量刑证据，也会向控诉机关提供自己掌握的量刑信息，以便获取对自己有利的量刑建议。同时，控辩双方亦会对量刑情节成立与否、量刑情节影响力、被害方提供的量刑信息，甚至是基准刑调节等问题交换意见。这种庭前交换意见，虽不同于庭审辩论，但可以将争论的范围拓展至量刑的全过程，进一步明确争论点所在，实则蕴含了控辩双方就量刑问题的充分对抗性。为此，控辩量刑协商的结果亦容易为法院所采纳。

---

① 陈瑞华：《论量刑程序的独立性——一种以量刑控制为中心的程序理论》，载《中国法学》2009 年第 1 期。

② Elizabeth N. Jones, *The Ascending Role of Crime Victims in Plea-Bargaining and beyond*, 117 W. Va. L. Rev. 97, p.133, 2014.

③ Marie Manikis, *Recognizing Victims' Role and Rights during Plea Bargaining: A Fair Deal for Victims of Crime*, 58 Crim. L.Q. 411, p.441, 2012.

3. 证明标准层次化与量刑结果的可信度。量刑事实在证明责任、证明标准上有别于定罪事实。对量刑事实是否均无须达到"事实清楚，证据确实、充分"的严格证明标准，存在一定争议，有认为应采"自由证明"准则，采取低于定罪事实的证明标准，[①] 也有认为法定量刑情节或最高法《量刑指导意见》规范的情节，需严格证明，而其他的量刑事实应属"强自由裁量"的范围，可降低证明标准。[②] 量刑事实似应区分为不同类型，并采取有别的证明标准，如被害人陈述的犯罪产生负面效应、精神损害等酌情裁量情节，不宜要求较高的证明标准。对量刑情节采取层次化、相对较低的证明标准，使得控辩双方对量刑事实的把握能够比较准确，借此达成的量刑合意及控方提出的量刑建议，具有较高的可信度，也容易为法院所确认。

（三）量刑建议的监督意义

量刑建议不仅是追诉机关对量刑判决的潜在预期，也是对法官量刑裁量的无形制约。这种制约实为一种监督标尺的事前预设，即量刑建议为追诉机关事后开展量刑监督预设了标尺或参照系。[③] 事后的抗诉使得量刑建议对量刑裁判具有潜在的柔性制约力。量刑建议无疑会对法院的量刑程序起到规范作用，所产生的监督效果甚至比事后监督更强、更及时。在这个意义上说，量刑建议区别于追诉机关以往审查判决、提出抗诉的事后监督，呈现出了类似事前或事中监督的潜在功效。在认罪认罚情形下，量刑建议往往在起诉时一并向法院提出，故更多是一种事前监督的模式。如果量刑判决超出了量刑建议的范围，且不符合法律规定，则量刑建议可能成为追诉机关进行法律监督的重要参考。例如，《法国刑事诉讼法典》第495-11条第3款规定，追诉机关针对法院就量刑协商案件做出的裁定，具有提起抗诉的权利。又如，德国联邦法院向来反对在量刑协商中放弃上诉权，2009年

---

① 陈瑞华：《论量刑建议》，载《政法论坛》2011年第2期。
② 吕泽华：《定罪与量刑证明一分为二论》，载《中国法学》2015年第6期。
③ 朱孝清：《论量刑建议》，载《中国法学》2010年第3期。

修订的《德国刑事诉讼法》亦禁止因量刑协商而放弃上诉权或不予抗诉。①

在认罪认罚情形下，量刑建议呈现出更强的监督功能。主要体现在：首先，量刑建议是一种有公信力的法律效果预设。认罪认罚案件中量刑建议的形成，体现了量刑信息的全面性、量刑协商的公开性以及量刑推演的可信性，对法院量刑具有较强的参照意义。《刑事诉讼法》第 201 条规定，人民法院对于认罪认罚案件，除了一些特殊情形外，一般应采纳检察院指控的罪名和量刑建议。换言之，在控辩协商案件中，法院往往表现出一定的谦抑性，仅是对控辩协议的基础事实、被告人参与协商的自愿性加以确认，并在量刑规则及量刑协议的范围内，对量刑作有限的裁量。② 其次，量刑建议是一种较明确的社会效果预设。与一般案件追诉机关单方形成的量刑建议不同，认罪认罚量刑建议经被告人同意，且听取了被害人意见，可能呈现出较合理的社会效果。其所预设的社会效果，可能成为法院衡量判决效果的参照，对法院量刑裁判起到一定的制约功能。例如，基于对社会效果的考量，俄罗斯法规定，被告人同意指控事实并申请采用量刑协商速决程序的，不仅要控诉人的同意，甚至需要得到被害人认可。③ 虽然美国联邦法院一直认为控辩协商即是有确定意义的定罪量刑结论，④ 但大部分州均重视对被害人意见的关注，如在新泽西州，被害人可以向追诉机关提交一份有关犯罪后果的书面陈述，由追诉机关在协商确定量刑条款时加以考虑，被害人也有权利了解控辩协议的条款和内容。⑤ 最后，量刑建议是

---

① Nasiruddin Nezaami, *Designing Trial Avoidance Procedures for Post-Conflict, Civil Law Countries: Is German Absprachen an Appropriate Model for Efficient Criminal Justice in Afghanistan*, 22 Ilsa J. Int'l & Comp. L. 1, pp.39-40, 2015.

② Darryl Brown, *The Judicial Role in Criminal Charging and Plea Bargaining*, 46 Hofstra L. Rev. 63, P.64, 2017.

③ 尹丽华:《俄罗斯刑事诉讼中的速决程序及其借鉴作用》，载《刑事诉讼前沿研究》，中国检察出版社 2005 年第 1 版，第 330 页。

④ Andrew Cassady, *No Rest for the Weary: Double Jeopardy Implications of Vacating a Defendant's Guilty Plea*, 81 U. Cin. L. Rev. 1539, p.1551, 2013.

⑤ Marie Manikis, *Recognizing Victims' Role and Rights during Plea Bargaining: A Fair Deal for Victims of Crime*, 58 Crim. L.Q. 411, p.415, 2012.

一种较精细的量刑监督。根据《人民检察院刑事诉讼规则》第275条规定，认罪认罚案件中，量刑建议一般应为确定刑，对新类型、不常见犯罪或量刑情节复杂的重罪等案件，也可以是幅度刑建议。《指导意见》第33条亦有类似规定。实践中，一般刑事案件在起诉时或仅宽泛地表述量刑情节及适用的法律条款，或有提出量刑建议，但更多是有较大幅度的相对确定刑量刑建议。认罪认罚案件中，量刑建议所设定的刑罚幅度一般更小，并呈现出不断细化的趋势，在许多案件中已尝试提出具体、确定的刑罚建议。量刑建议的不断具体化，为法院量刑提供了更有效的参考，形成了一种更明确的审前监督标尺。

四、认罪认罚量刑建议效力强化的主要途径

认罪认罚案件中的量刑建议，是追诉机关在把握罪刑事实及法律适用基础上，经被告人同意，并听取被害人意见后，就量刑问题向法院提出的一种法律意见。当前，量刑建议对加害方与受害方的约束力、对法院量刑程序的制约力还没有充分体现。提高量刑建议的效力，需要有如下考量：一是立足量刑建议的实体公正。认罪认罚制度兼具协商性、恢复性司法的特征，凸显控辩合意、加害方与被害方合意对实体权利的诉讼影响。确保诉讼合意的自愿性、真实性，达到诉讼实体权益的公正性，是提升量刑建议效力特别是对加害方与被害方约束力的重要措施；二是着眼量刑协商的证据和程序效果。认罪认罚制度体现了契约精神和司法文明，不仅使刑事被害人的主体地位、权利获得尊重，增强了权利救济的实效性，还创新了正当程序，推进纠纷的多元化解决。[①] 要通过规范量刑协商程序，记录量刑协商过程，体现庭前类似量刑调查、辩论程序的公开、公正性，进一步增强量刑建议的公正性及对量刑判决的参照价值；同时，要逐渐强化量刑建议对法律效果、社会效果的预设功能，实现作为庭前监督标尺的诉讼意义，从而提升量刑建议对量刑裁判的制约力。基于上述考量，有必要重点

---

① 李璐君：《契约精神与司法文明》，载《法学论坛》2018年第6期。

关注诉讼合意形成中过程证据的收集、固定，完善认罪认罚具结书、量刑建议书内容，探索律师有效见证、协助及参与量刑审理程序的制度，并逐步推动建议刑罚的精准化。

1. 完善量刑建议的过程证据以及认罪认罚具结书、量刑建议书内容。量刑建议的过程证据包括反映控辩协商经过、加害方与被害方赔偿、谅解、和解情形及量刑演算过程的证据。这些过程证据可以印证被告参与量刑协商的自愿性，及量刑建议形成过程的合法性。具体而言：第一，关于控辩协商的过程证据及认罪认罚具结书内容的完善。要重视认罪认罚权利义务与法律后果告知程序，形成有效告知文书或者通过笔录固定告知过程。规范量刑协商的过程，确保被告人获得律师的有效帮助，在律师见证下签署认罪认罚具结书，通过一定的方式记录、固定量刑协商的全过程，并将有进行记录、固定的情况体现在具结书中。例如，德国 2013 年对《德国刑事诉讼法》的司法解释中明确要求，控辩双方达成量刑协议的，需要有关于哪一方提议协商、双方各自对协商起的作用、决议在什么场合形成、最终达成什么合意等过程的记录，并与量刑协议一并交予法院审查。这些记录被视为证明量刑协商公开、量刑协议正当的重要证据。[1] 对量刑协商过程的记录，可以有同步录音录像或文本记录等形式。我国设立侦查讯问录音录像制度的初衷，是为了防范违法讯问，保证讯问程序的合法性，同时客观记录审讯内容，保障讯问内容的公信力和确定力。[2] 当前，要严格落实《人民检察院办理认罪认罚案件听取意见同步录音录像规定》，在量刑协商中，运用录音录像客观记录被告认罪认罚、律师见证和帮助、量刑合意形成的全过程。同时，将检察机关对量刑协商过程进行同步录音录像的情况在《认罪认罚具结书》中载明，体现被告及其辩护人或值班律师知悉同步录音录像，进一步佐证具结书签署的自愿性和量刑协商的合法性。对此，

---

① Marie Manikis & Peter Grbac, *Bargaining for Justice: The Road towards Prosecutorial Accountability in the Plea Bargaining Process*, 40 Man. L.J. 85, p.103, 2017.

② 董坤：《侦查讯问录音录像制度的功能定位及发展路径》，载《法学研究》2015年第 6 期。

建议在具结书"认罪认罚内容"部分犯罪嫌疑人、被告人知悉并认可的事项中增加一项内容：本次具结过程将进行同步录音录像，被告人及其辩护人、被害人及其诉讼代理人在审判阶段对具结过程的合法性、真实性、自愿性提出异议，或者人民法院认为确有必要的，人民检察院将依法向法庭提供录音录像资料；同时，在具结书"律师见证声明"部分增加如下内容：根据本人所掌握和知晓的情况，犯罪嫌疑人、被告人知悉具结过程进行同步录音录像。此外，进一步完善对量刑协商过程的文本记录规范，亦可将进行文本记录的情况在具结书中载明。第二，关于加害方与被害方赔偿、谅解或和解的过程证据。要向加害方或被害方核实有关赔偿、谅解、和解的过程，调取赔偿的转账或给付记录，要求被害方提交有关说明，说明的内容包括因犯罪遭受的损害结果、加害方赔偿及赔礼道歉等认罚情况，被害方是否对加害方谅解以及对量刑的意见。对于严重损害被害人权益的案件，在向加害方或被害方核实有关赔偿谅解、和解情况时，可探索采取同步录音录像等方式进行记录。这些过程证据可以加强量刑建议对被害方的"约束力"，也有助于强化法律效果特别是社会效果预设功能，提升量刑建议对量刑程序的制约力。第三，关于量刑建议计算的过程证据。追诉机关要重视完善量刑建议书或增加对量刑建议的说理文书，对量刑建议形成中的量刑起点判断、基准刑确立、基准刑调节、宣告刑拟定等步骤作一定的分析和说明，并提交给法官。实践中，认罪认罚的量刑建议或在起诉书中载明，或反映在专门的量刑建议书中。对于前者，建议另行制作量刑建议说理文书，与起诉书一并移送法院；对于后者，建议在提交法院的量刑建议书中增加"量刑建议计算及其说明"部分，集中阐述量刑建议的计算过程，并对量刑计算的事实和法律依据予以释明。

2.探索值班律师有效参与量刑协商过程的制度。提升量刑建议或涉量刑合意对加害方的约束力，关键在于加害方对涉量刑合意带来的实体权益影响具有充分的明智性，于认罪认罚过程中享有完全的同意能力，具有认罪认罚的自愿性，同时，控辩合意、加害方与被害方合意对加害方产生的实体权益变动效果具有公正性。确保加害方参与量刑协商的自愿性，体现量刑合意的实体公正性，方能从根本上减少认罪认罚后反悔的可能；加害方对控辩合意、加害方与被害方合意的明智性和同意能力，需有法律专业人员的支持，而由法律专业人员协助加害方参与量刑协商，亦是促进量刑合意达到实体公正的重要保障。当前，我国刑事被告人获得律师辩护的比率较低。《刑事诉讼法》设置值班律师制度，为没有委托或指定辩护人的犯罪嫌疑人提供法律帮助，并明确要求对认罪认罚案件，人民检察院应听取值班律师的量刑意见，犯罪嫌疑人签署具结书应有值班律师在场。值班律师参与认罪认罚案件的比率正逐步提升，然而，实践中值班律师就量刑问题确有提出意见的很少，为犯罪嫌疑人提供事实证据说明、法律适用和法律结果解释等帮助的也不多，对具结书的见证大多流于形式。在委托辩护律师比率低，而获得值班律师实质性帮助又少的情况下，犯罪嫌疑人对认罪认罚制度、量刑过程，特别是认罪认罚与否对实体权益的影响等专业问题可能有理解上的障碍，认罪认罚自愿性的同意能力或明智性内容可能存在瑕疵，且其在量刑协商中追求实体公正结果亦缺乏专业性支撑，故而容易事后反悔，影响量刑建议对犯罪嫌疑人的约束力。控辩协商的诉讼效率优势与被告欠缺有效法律帮助存在一定的冲突，在由国家提供律师帮助的情况下，被告人亦需经由律师而对协议条款、罪名定性、放弃的诉讼权利、可能判处的刑罚等内容具有明确的理解。[①] 值班律师不宜仅限于对具结书签署过程的在场见证，而应在了解案件证据事实的基础上提出相应的量刑意见，并向被告人说明事实证据及法律适用问题，尤其要阐释控辩合意、被告方与被害方合意对被告方实体权益的诉讼影响，以确保被告人对认罪认罚有明智性理解，并作出自愿选择。为此，要充分利用值班律师参与认罪认罚案件人数比率逐步提升的有利形势，进一步探索促使值班律师有效参与量刑协商、切实为被告人提供充分法律帮助的机制：第一，可以适度提升对值班律师的公共经费支出。实践中，值班律师提供法律帮助获得的

---

① Lisa Kern Griffin, *State Incentives, Plea Bargaining Regulation, and the Failed Market for Indigent Defense*, 80 Law & Contemp. Probs. 83, pp.84, 91, 2017.

补贴普遍较低，2020 年 8 月 20 日"两高三部"发布的《法律援助值班律师工作办法》第 30 条将值班律师补贴标准交由各地确定。各地可以结合实际适度提高值班律师参与认罪认罚案件的补贴标准，以激励值班律师为被告人提供有效的法律帮助。第二，追诉机关要确实听取值班律师的量刑意见，并为值班律师了解案件情况提供便利。值班律师查阅案件材料的，追诉机关应及时安排，对现场阅卷或在线查阅电子卷宗给予充分的支持。第三，在条件成熟时，值班律师的法律帮助职能也可以拓展至量刑审理阶段。《法律援助值班律师工作办法》虽没有明确值班律师可否参加量刑审理程序，但已删除了《关于开展法律援助值班律师工作的意见》（2017 年）有关"法律援助值班律师不提供出庭辩护服务"的表述，今后可尝试探索值班律师参与量刑审理程序的机制，如可以针对法院提出的量刑问题予以说明，协助被告人参与量刑调查、辩论等。

3. 逐步提升量刑建议的精准化程度。在认罪认罚案件中，量刑建议的幅度不断缩小乃至形成确定的刑罚建议，是对被告人认罪认罚后量刑预期的明确回应，也是量刑建议体现诉讼效力、达到监督功效的必然要求。量刑建议的内容包括适用刑罚的种类、刑罚轻重程度以及执行方式，其中，确定刑罚轻重程度是量刑精准化的难点，主要集中于有期徒刑、拘役、管制、罚金等幅度刑上。判断量刑起点和基准刑、调节基准刑、确定宣告刑等量刑步骤，体现了先权衡责任刑，再由预防刑调节后形成宣告刑的基本过程。责任刑往往是一个幅度，如量刑起点设立、基准刑确定存在浮动比例，而预防刑亦是一个幅度，如调节基准刑的量刑情节也存在量刑幅度，在责任刑的幅度内用有幅度的预防刑调整后要得出确定点的宣告刑，存在一定的难度。[①] 另外，量刑情节包括法定和酌定情节，特别是酌定情节的范围宽泛，给量刑过程增加了困难。基于量刑计算过程的复杂性及量刑情节的多样性，需要综合运用多种方式来推进量刑建议的精准化，并确保量刑建议

---

① 李冠煜：《量刑规范化改革视野下的量刑基准研究——以完善〈关于常见犯罪的量刑指导意见〉规定的量刑步骤为中心》，载《比较法研究》2015 年第 6 期。

符合罪责刑相适应原则，体现公平正义。第一，在法院原有量刑指导意见的基础上，由检察院和法院联合制定量刑指导规范。目前，最高检和最高法共同出台了关于常见犯罪的量刑指导意见，部分省级检察院和法院也逐步联合制定关于常见犯罪的量刑指导意见实施细则，今后，地市级检察院和法院亦有必要根据本地犯罪查处、判决情况，联合制定量刑指导意见实施办法或形成相关会议纪要，将量刑较为成熟的更多罪名特别是非常见罪名纳入量刑规范化范围，为量刑建议和量刑裁判提供统一的指导标准。第二，逐步建立量刑规范化大数据平台，为办案人员提供量刑数据搜索服务。大数据平台提供的同种案件的量刑数据，能够印证依量刑步骤得出的量刑建议的合法性和合理性，也可以在量刑协商中作为向加害方释明量刑建议公正性的依据，有助于加害方更好地理解量刑过程，并自愿认罪认罚。第三，可由最高检或最高法适时发布认罪认罚典型案例，作为量刑计算、调节、确定过程的指导和参照。由于财产型、数量型等犯罪多为常见犯罪类型，犯罪数额与量刑存在联系，在量刑指导意见或实施细则中亦有较具体的量刑规范，故典型案例的重点之一是为非常见罪名或量刑复杂的案件提供量刑指导。

认罪认罚案件中量刑建议调整机制研究

王　强　吉林大学司法文明协同创新中心

一、问题的提出

我国量刑建议改革肇始于 20 世纪末 ①，在实务中并不强制检察院在公诉案件中一定要作出量刑建议，作出的量刑建议也一般应有一定的幅度。2016 年开展认罪认罚从宽制度改革试点，2018 年，我国修正《刑事诉讼法》，将认罪认罚从宽制度正式规定其中，使具有中国特色的控辩协商制度逐步建立 ②。我国的控辩协商是在被追诉人认罪基础上的量刑协商，在认罪认罚案件中，量刑建议由控辩双方协商而来，是检察院向被追诉人作出的承诺，同时也是被追诉人愿意接受处罚的结果。③ 因此，《刑事诉讼法》第 201 条第 1 款规定，检察院提出量刑建议，法院一般应当采纳。同时，为了保证实体公正，第 201 条第 2 款规定了在法院认为量刑建议明显不当以及辩护方对量刑建议有异议时，检察院可以调整量刑建议。检察院不调整量刑建议或调整后的量刑建议仍明显不当的，法院可以直接作出判决。该款的规定标志着量刑建议调整机制的建立。同时，《关于适用认罪认罚从宽制度的指导意见》(以下简称《指导意见》)第 41 条对量刑建议调整机制进行细化，规定了法院对检察院的告知义务。认罪认罚案件中的量刑建议作为控辩协商的产物，体现了控辩双方的意志，因此在调整时应慎之又慎。虽然《刑事诉讼法》和《指导意见》都对量刑建议调整机制进行了规定，但是仍不完

---

① 付磊:《量刑建议改革的回顾及展望》，载《国家检察官学院学报》2012 年第 5 期。
② 陈瑞华:《刑事诉讼的公力合作模式——量刑协商制度在中国的兴起》，载《法学论坛》2019 年第 4 期。
③ 陈学勇:《尊重认罪认罚量刑协商　坚持以审判为中心》，载《人民法院报》2021 年 7 月 29 日，第 2 版。

善，学界对该机制的理解和适用有不同的看法。在对"量刑建议明显不当"的归类上，有的观点认为属于《刑事诉讼法》第 201 条第 1 款第 5 项的情形；① 有的观点则认为调整不适用第 201 条第 1 款的例外情形。② 在检察院是否有权自行调整量刑建议的问题上，有的观点认为即使没有法院的通知，检察院也可根据案情的变化调整量刑建议；③ 有的观点则认为只有符合《刑事诉讼法》第 201 条第 2 款的两种情况，检察院才能调整量刑建议。④ 上述学者的观点争鸣对量刑建议调整机制的司法适用造成一定的影响，特别是将量刑建议明显不当归为《刑事诉讼诉法》第 201 条第 1 款的例外情形的观点，使量刑建议调整机制失去法理基础。笔者认为，例外情形应当与前四项的性质、程度相同，即应达到被追诉人不构成犯罪或者案件不能适用认罪认罚从宽制度的程度。量刑建议明显不当仅是控辩"合意"有所偏差，显然达不到第 201 条第 1 款前 4 项规定的程度。同时，立法者已经将量刑建议明显不当作为量刑建议调整的理由，则不应再将其作为不予采纳的理由，否则将造成法条之间的逻辑矛盾。因此，量刑建议明显不当不应属于例外情形。此外，经过笔者对相关裁判文书的实证研究，司法实践中对量刑建议调整机制的适用存在不同的做法，影响认罪认罚从宽制度的实施，需要加以完善。

二、量刑建议调整机制运行的实践考察

为了解量刑建议调制机制的实际运行情况，笔者以"北大法宝"为检索工具，对一审关于量刑建议调整的裁判文书进行检索。因《指导意见》于 2019 年 10 月实施，故本文选取 2020 年以后的裁判文书作为研究样本。

---

① 陈卫东:《认罪认罚案件量刑建议研究》，载《法学研究》2020 年第 5 期。
② 卞建林、陶加培:《认罪认罚从宽制度中的量刑建议》，载《国家检察官学院学报》2020 年第 1 期。
③ 李奋飞:《论认罪认罚量刑建议与量刑裁决的良性互动》，载《暨南学报（哲学社会科学版）》2020 年第 12 期。
④ 杨立新:《对认罪认罚从宽制度中量刑建议问题的思考》，载《人民司法》2020 年第 1 期。

其中，以"案由：刑事""审理程序：一审""文书类型：判决书""审理年份：2020/2021""全文：认罪认罚从宽""全文：调整""全文：量刑建议""参照级别：普通案例"为检索条件，对 2020 年 1 月 1 日至 2021 年 11 月 3 日一审程序中关于认罪认罚从宽案件中涉及量刑建议调整的裁判文书进行检索，共检索到判决书 1293 篇。经筛选，共有 336 篇判决书作为研究样本。通过对有效样本的分析，发现该机制运行存在以下特征。

（一）调整主体：检察院和法院均可调整

根据法律和相关司法解释的规定，能够对量刑建议调整的主体有两个：一是检察院，检察院可以基于法院的建议或辩护方的异议调整。二是法院，法院可以在法定情况下不采纳量刑建议，而依法直接作出判决。在实践中也是如此。实证数据显示：在一审程序有效样本的 336 份判决书中，有 191 份判决书显示法院采纳了调整后的量刑建议，即检察院对量刑建议进行了调整；有 109 份判决书显示检察院没有调整量刑建议，由法院直接作出判决；有 31 份判决书显示由认罪认罚案件转为不认罪认罚案件，由法院依法判决；有 5 份判决书显示在检察院调整量刑建议后，法院仍没有采纳而依法作出判决。实证数据与法律规定一致，检察院和法院均有权对量刑建议进行调整。同时，上述数据也显示出法院对认罪认罚案件中量刑建议较为尊重，有一半以上的案件都采纳了检察院调整后的量刑建议。但我们也要看到，有 100 多个案件，法院没有采纳检察院的量刑建议而直接作出判决，此部分案件应当是关注的重点。

（二）调整理由：检察院和法院基本因案情变化调整

认罪认罚案件中的量刑建议是控辩双方协商的产物。因此不得随意调整，调整须有正当理由。调整理由是机制运行的基础。在一审裁判文书中，检察院调整量刑建议的案件有 196 件，其中有 99 件案件无法在裁判文书中判断出检察院调整量刑建议的理由。在其余 97 件裁判文书中，检察院基于法院建议而调整的案件有 25 件，基于被告人或辩护人提出异议调整的案件有 2 件，基于法院建议和被告人异议调整的案件有 2 件。有 68 件案件，检察院是基于被告人赔偿损失、取得被害人谅解、认罪认罚、退赃等案件情节发生变化调整量刑建议。由以上数据可以看出，检察院因案件情况发生变化而调整量刑建议的案件是因法院建议而调整的案件的 2 倍以上。目前，对于检察院是否可以直接调整量刑建议，检察院和审判机关的看法是不统一的，法律也没有直接规定，检察院依据最高人民检察院制定的文件开展检察工作，因此在实践中出现了由检察院根据案情变化直接调整量刑建议的情况。

在法院直接判决的 109 份判决书中，只有 20 件是因检察院没有按照审判机关的建议和被追诉人的异议调整量刑建议而直接判决，这种情形符合《刑事诉讼法》和《指导意见》的规定。还有 2 个案件因控辩双方均同意审判机关调整量刑建议，这种情形符合认罪认罚从宽制度的核心要义，也符合法律规定。但有 86 个案件，法院没有告知检察院量刑建议明显不当就直接根据案情变化径行判决，不符合法律的规定。同时，法院对 86 个案件的裁判理由也是对"明显不当"标准的认定。根据实证数据，有 57 个案件的量刑建议因法定量刑情节、酌定量刑情节以及缓刑适用不当被审判机关认定为"明显不当"，与一些省份的规定相符。但也有 29 个案件只是因案情等笼统原因认为量刑建议"明显不当"，需要进一步讨论是否合理。

（三）调整幅度：30% 以内的调整幅度占多数

调整幅度是判断检察院量刑建议是否"明显不当"的重要因素，但法律并没有对调整幅度进行明确规定，那么实践中法院对检察院的量刑建议调整幅度是多大呢？根据实证数据，在法院直接判决的 109 个案件中，审判机关对检察院的量刑建议进行调整的幅度在 10% 以下的有 17 个案件，调整幅度在 10%—20% 的有 15 个案件，调整幅度在 20%—30% 的有 20 个案件，调整幅度在 30% 以上的有 27 个案件，对刑罚执行方式进行调整的有 23 个案件，调整附加刑的有 10 个案件，免除刑事处罚或免除主刑的有 3 个案件。① 对适用缓刑不当和附加刑不当是比较公认的认定检察院量刑建议 "明显不当" 的情形，免除主刑和免刑消除了被追诉人的全部或部分刑罚责任，检察院的量刑建议要求其承担刑罚肯定是明显不当。因此，上述几项不在调整幅度的分析之内。在可以区分调整幅度的案件中，有 52 个案件的调整幅度在 30% 以内，占案件数量一半以上。当然，到底调整幅度在多少以上属于量刑建议 "明显不当"，还没有明确规定，但有的案件，如浙江省绍兴市越城区法院作出的（2020）浙 0602 刑初 837 号判决书中，检察院建议法院判处被告人有期徒刑 3 年 6 个月，法院在裁判时，判处被告人有期徒刑 3 年 5 个月，法院对检察院量刑建议的调整幅度仅有 2.4%，还有的案件调整幅度在 2.5%、4.5% 等。在这样的调整幅度下，我们很难不对审判机关对量刑建议 "明显不当" 的认定标准有所怀疑。

（四）协商情况：控辩双方在量刑建议调整过程中的协商较少

在认罪认罚案件中，量刑建议的作出是基于控辩协商，不是检察院单方意志的体现。因此，在调整时，检察院也应当与被追诉人进行协商，不能由检察院单方面调整。因此控辩双方对调整后量刑建议是否进行协商是量刑建议调整机制的重要方面。根据实证数据显示，在检察院调整量刑建议的 196 份判决书中，只有 55 份判决书体现了检察院与被追诉人协商的内容，有 141 份判决书没有体现上述内容。在 55 份判决书中，有 39 份判决书中的被追诉人同意检察院调整后的量刑建议，没有另行签署具结书，但这里仍有 13 个案件中的 "同意" 并不是协商后的同意，只是被追诉人对检察院调整后的量刑建议表示无异议。有 10 份判决书显示，被追诉人同意调整后的量刑建议并重新签署了具结书；有 8 份判决书显示，被追诉人不同意调整后的量刑建议，其中 2 个案子转为不认罪认罚案件审理，6 个案子法院直接采纳了调整后的量刑建议，未做不认罪认罚案件处理。从上述数据中，

---

① 由于部分案件有多个被追诉人，量刑建议调整幅度不同，故体现调整幅度的样本总量高于样本数量。

我们可以发现有部分案件在量刑建议调整时，检察院与被追诉人协商机制是缺失的。因此，在量刑建议调整时，控辩双方没有充分协商，与认罪认罚从宽制度的价值不符。同时，对被追诉人不同意调整后的量刑建议的处理方式也是不同的，有的地方将案件转为不认罪认罚案件进行处理，有的则仍适用认罪认罚从宽制度处理。

三、量刑建议调整机制在运行中存在的问题

通过对裁判文书的实证分析，量刑建议调整机制在运行过程中存在着司法适用不一致的情况。同时，结合法律和司法解释，发现量刑建议调整机制在运行过程中存在以下问题，需要加以完善。

（一）检察院的调整权限不明确

根据法律规定，检察院可以在法院认为量刑建议明显不当、辩护方对量刑建议有异议的情况下调整量刑建议。因此，最高院法官认为，只有符合《刑事诉讼法》第 201 条第 2 款的两种情况，检察院才能调整量刑建议。[1] 换言之，检察院除了上述两种情况外不能自行调整。但是检察院对此有不同的观点，最高人民检察院在下发的《人民检察院办理认罪认罚案件监督管理办法》（以下简称《监督管理办法》）中则规定了检察院可以调整量刑建议的三种情形，除了《刑事诉讼法》规定的两种情形外还包括新的量刑情节的出现。[2] 根据该办法，检察院有权在特定情况下自行调整量刑建议。同时，实践中也出现了大量检察院自行调整的案例。在笔者统计的 336 份一审判决书中，有 200 份判决书显示检察院在提出量刑建议后自行调整。[3] 由此可见，在实践中，检察院可以自行调整量刑建议。虽然最高

① 杨立新:《对认罪认罚从宽制度中量刑建议问题的思考》，载《人民司法》2020年第 1 期。
② 苗生明、曹红虹:《关于〈人民检察院办理认罪认罚案件监督管理办法〉的理解与适用》，载《人民检察》2020 年第 12 期。
③ 此处的判例包含由于被诉人不认罪认罚而转化为非认罪认罚的普通刑事案件。

检的文件与司法实践都显示检察院有直接调整量刑建议的权力，但这也造成了检法观点之间的冲突，不利于量刑建议调整机制的运行。

（二）量刑建议"明显不当"的认定标准不清晰

出于对控辩"合意"的尊重，《刑事诉讼法》规定法院对检察院的量刑建议"一般应当采纳"，同时，为了保证实体真实和案件公正审理，规定了5种绝对不采纳的情形和建议调整的情形，即量刑建议明显不当。但什么情况下的量刑建议属于明显不当，法律和司法解释没有进行明确的界定。立法机关在对《刑事诉讼法》作出的释义中认为"明显不当"是指刑罚的主刑选择错误，刑罚的档次、量刑幅度畸重或者畸轻，适用附加刑错误，适用缓刑错误等。[①]《刑诉法解释》第354条要求对"明显不当"的认定要结合犯罪事实、认罪认罚事实、法定刑、类似案件的刑罚综合认定。最高检的检察官认为对"明显"的判断应当从一般人的正常认知角度进行判断。[②]同时，部分地方司法机关为了统一本地区的司法适用，也对"明显不当"的认定作出了尝试。浙江省将"明显不当"的认定分为9种情形，其中有3条规定较为抽象，即量刑建议违反法律规定、违反认罪认罚程序和1项兜底条款。其余6项则较为具体，均是以案件事实和量刑情节为基础进行判断。山东省的规定则与浙江省的规定有一定不同，山东省的规定对"明显不当"的认定分为7种情形，主要考虑了对量刑情节的遗漏以及类案不类判的问题，均是具体的情形。结合立法机关、最高法和最高检对"明显不当"的解读以及地方司法机关的规定，目前对"明显不当"的认定并没有形成统一的标准。同时，实践中对"明显不当"的认定也是不一致的。根据笔者统计的实证数据，虽然大部分法院因量刑情节发生变化如主、从犯认定错误，遗漏从轻、从重情节等，认为量刑建议明显不当，但有的法院仅以量

[①] 王爱立：《〈中华人民共和国刑事诉讼法〉释义》，法律出版社2018年版，第432页。

[②] 苗生明、周颖：《认罪认罚从宽制度适用的基本问题——〈关于适用认罪认罚从宽制度的指导意见〉的理解和适用》，载《中国刑事法杂志》2019年第6期。

刑不当、罪责刑不适应为由认定检察院的量刑建议明显不当，并没有给出更为具体的理由。此种情况在笔者统计的裁判中有 29 份，典型的有云南省鹤庆县法院作出的（2020）云 2932 刑初 12 号一审判决，法官在没有案件事实和量刑情节变化的情况下，仅以"检察院的量刑建议不符合实际"为由不采纳"判处有期徒刑 8 个月"的量刑建议，径直改判为有期徒刑 10 个月，让人无法判断出量刑建议是否真的明显不当。此外，实践中法院对量刑建议的调整幅度不一，大部分案件的调整幅度在 30% 以下，有 10 多个案件的调整幅度均在 10% 以下，有的案件甚至只有 2.4%、2.5%。如何认定量刑建议"明显不当"是关乎法院的量刑裁判权与检察院量刑建议权互动关系的重要方面，[①] 也是规范量刑建议调整机制的重中之重，需要进一步厘清。

（三）被追诉人与检察院的协商机制不健全

认罪认罚案件中的量刑建议是控辩双方的合意。因此，在调整时，检察院也应当与被追诉人进行协商，再次达成控辩"合意"。但如何与检察院协商，法律没有规定，司法实践中也做法不一。无论是法律还是司法解释均没有规定检察院在调整过程中要与被追诉人进行再次协商，使得实践中对控辩再次协商情况不重视，被追诉人权利受到损害。根据实证数据显示，检察院调整量刑建议的 196 份判决书中，只有 55 份判决书体现了检察院与被追诉人协商的内容，但大部分案件特别是当庭调整量刑建议的案件中的协商仅是检察院调整量刑建议后当庭询问被告方的意见，[②] 不是真正的协商，完全成了一种"听取意见式"[③]，甚至有时只是询问对调整后的量刑建议是否同意。

---

① 杨宇冠、王洋:《认罪认罚案件量刑建议问题研究》，载《浙江工商大学学报》2019 年第 6 期。
② 参见福建省闽清县法院（2020）闽 0124 刑初 68 号判决书、广东省深圳市坪山区法院（2020）粤 0310 刑初 140 号判决书等。
③ 闫召华:《听取意见式司法的理性建构——以认罪认罚从宽制度为中心》，载《法制与社会发展》2019 年第 4 期。

四、完善量刑建议调整机制的若干建议

认罪认罚从宽制度是一项具有中国特色的契约化刑诉改革，量刑建议是控辩双方的"合意"，量刑建议的调整是"合意"的变更，应遵循相应程序。目前，量刑建议调整机制在运行中仍存在诸多问题。对此，笔者认为应采取以下完善对策。

（一）检察院有权自行调整量刑建议

检察院作为量刑建议的提出机关和控辩"合意"的协商主体，应当有权在案件事实和量刑情节发生的变化的情况下与被追诉人再次协商，调整量刑建议。但为了维护司法公信力和诉讼效率，综合相关理论和实践做法，笔者认为检察院有权自行调整量刑建议，但应受到一定的限制。

首先，检察院作为量刑建议的提出机关，负有保证其适当的责任与义务。在认罪认罚案件中，法院仍具有最终的定罪量刑权，不是所有量刑建议都会被采纳，只有适当的才会被法院采纳。因此，作为提出主体，检察院应当确保体现控辩合意的量刑建议适当的，不仅在与辩护方协商时是适当的，而且在裁判时也应当适当。如何确保检察院的量刑建议自提出到裁判时都是适当的，就要求检察院根据案情变化及时调整量刑建议。所以，应当赋予检察院自行调整量刑建议的权力，即在量刑建议提出后，案件出现新的量刑情节或其他变化，可能影响量刑的，检察院有权在与辩护方再次协商的基础上调整量刑建议，并将调整后的量刑建议制作量刑建议调整书移送法院。

其次，刑事案件真实的发现是一个动态的过程。在认罪认罚案件中，虽然被追诉人会主动交代犯罪事实，但部分被追诉人的供述难免有所疏漏。因此，在控辩协商过程中，检察院据以提出量刑建议的量刑情节随着刑事诉讼进程的不断发展可能会出现变化，如出现新的量刑情节、现有量刑情节认定错误等，导致检察院提出的量刑建议出现错误，这时检察院基于量刑情节的变化，认为量刑建议明显不当，应当与辩护方进行再次沟通、协

商，对量刑建议作出调整，以实现罪责刑相统一。

最后，出于尊重法院的裁判权和庭审效率的考虑，应当对检察院自行调整量刑建议进行限制。1. 对调整时间的限制，即检察院只能在庭审前自行调整。在认罪认罚案件中，量刑建议虽然是控辩双方的合意，但仍属于公诉权，[①] 属于求刑权。因此，进入庭审阶段后，案件由法官进行审理，对于案件事实和量刑情节的认定应由法官决定，并且已开始审查量刑建议的适当性。此时检察院自行调整将影响法院的裁判权，延长庭审时间。因此对于部分学者主张允许检察院在庭审中调整量刑建议的主张[②]，笔者并不赞同。同时，《指导意见》第41条规定了法院对量刑建议明显不当的告知义务，法院在庭前或庭审时发现量刑建议明显不当，都会告知检察院进行调整，所以无须再赋予检察院庭审时直接调整的权力，可根据法院的建议或被追诉人、辩护人的异议进行调整。2. 对调整理由的限制。具结书签署后，控辩之间的合意即告达成，出于对控辩合意的尊重，检察院不能随意调整量刑建议，应对调整的理由进行严格限制。笔者赞同《监督管理办法》中的检察院自行调整量刑的理由，即出现新的量刑情节。当然，量刑情节出现变化时也可调整，因为无论是出现新的量刑情节还是量刑情节发生变化，都将直接影响被追诉人的刑罚，所以为了实现实体公正，应进行调整。除此以外，检察院不得自行调整。

（二）将"以案件事实和量刑情节变化为主，调整幅度10%以上为辅"作为判断"明显不当"的标准

目前，理论界和实务界对于"明显不当"的认定标准是不清晰的，但大部分理论界和实务界的人士均主张以案件事实、量刑情节以及类案类判

---

① 陈卫东：《认罪认罚案件量刑建议研究》，载《法学研究》2020年第5期。
② 陈实：《认罪认罚案件量刑建议的争议问题研究》，载《法商研究》2021年第4期。

等为判断标准。[①]《指导意见》规定法院对量刑建议的采纳标准包括"量刑建议适当",量刑建议调整的重要标准则是量刑建议明显不当,因此在认罪认罚案件中,量刑建议只有适当和明显不当两种情形,有的学者认为对量刑建议的判断包括适当、一般不当、明显不当三个层次的观点[②],并不符合法律规定。"适当"的含义是一定范围而不是精确,这与法院自由裁量权有关。《刑事诉讼法》规定的法院对于量刑建议"一般应当采纳"就是法官对自由裁量权作出的部分让渡。[③]因此,综合法律规定、司法实践和理论观点,对于"明显不当"的判断应当以案件事实和量刑情节的变化为主,辅之以法院对量刑建议的调整幅度。

1.在判断量刑建议是否明显不当时应以案件事实和量刑情节的变化为主。量刑建议的提出基于案件事实和量刑情节,它们的变化将直接影响其适当性。因此,以案件事实和量刑情节作为标准,判断量刑建议是否明显不当,已经成为实务界和理论界的共识。案件事实和量刑情节是客观存在的,检察院的量刑建议遗漏或认定错误的案件事实和量刑情节很容易判断。因此,在判断量刑建议是否明显不当时应以案件事实和量刑情节变化为主。具体包括:(1)遗漏可能影响定罪量刑的犯罪事实和量刑情节。犯罪事实和量刑情节是量刑建议的基础,检察院在提出量刑建议时应全面考虑案件事实和量刑情节,并以此与被追诉人进行协商。因此,遗漏可能影响定罪量刑的案件事实和犯罪情节的量刑建议无法完全体现被追诉人罪与责,即使控辩双方达成一致也是明显不当的,应当进行调整。对于遗漏不影响定罪量刑的案件事实和犯罪情节的量刑建议,法院无特殊情形应当予以采纳,并在裁判文书中对案件事实和量刑情节作出准确认定。(2)量刑情节认定

---

① 持有此观点的有杨立新、李琴、杨宇冠等,参见杨立新:《对认罪认罚从宽制度中量刑建议问题的思考》,载《人民司法》2020年第1期;李琴:《认罪认罚案件量刑建议"明显不当"的司法认定》,载《犯罪研究》2020年第6期;杨宇冠、王洋:《认罪认罚案件量刑建议问题研究》,载《浙江工商大学学报》2019年第6期。

② 林喜芬:《论量刑建议制度的规范结构与模式——从〈刑事诉讼法〉到〈指导意见〉》,载《中国刑事法杂志》2020年第1期。

③ 陈国庆:《量刑建议的若干问题》,载《中国刑事法杂志》2019年第5期。

错误。《刑法》规定了多个从轻、减轻、免予刑事处罚以及从重处罚的量刑情节，检察院应当在提出量刑建议时正确认定，错误认定将会影响被追诉人的量刑，也会使量刑建议明显不当。（3）附加刑适用错误。附加刑是量刑建议的重要组成部分，附加刑是否适用正确也是判断量刑建议是否适当的重要标准。（4）非监禁刑适用错误。非监禁刑是我国刑罚体系的重要组成部分，也是对被追诉人进行惩戒的手段，因此检察院应在量刑建议准确建议适用非监禁刑，出现应当适用非监禁刑没有建议适用或不应当适用非监禁刑而建议适用的，应认定为明显不当。（5）主、从犯认定错误。在共同犯罪中，主、从犯的认定关乎被追诉人的量刑，因此检察院在提出量刑建议时应当准确判断各个被告人在共同犯罪的作用，作出正确认定。在量刑建议出现错误认定，则量刑建议应认定为明显不当。（6）同案不同判。同案同判是统一裁判尺度、促进司法公正的重要手段，检察院在提出量刑建议时应考虑本地区同类案件的裁判情况，结合案件的不同情况提出相适应的量刑建议。量刑建议与本地区同类案件的裁判结果有较大偏差并没有合理的理由，量刑建议属于明显不当。（7）量刑建议超过法定刑范围。《刑法》对于不同的犯罪规定不同的法定刑范围，法院在裁判时不能超过法定刑范围。同样，检察院在提出量刑建议时超过法定刑范围的，应被认定为明显不当。

2. 在判断量刑建议是否明显不当时还应考虑法院的调整幅度，法院对调整幅度在 10% 以上的应认定为明显不当。在司法实践中，法院除因检察院的量刑建议因出现案件事实和量刑情节的变化认定量刑建议明显不当外，还会基于检察院的量刑建议畸轻或畸重认定量刑建议明显不当，但如何判断量刑建议畸轻或畸重，没有统一标准，有的实务界人士主张以 30% 的调整幅度作为判断量刑建议是否明显不当的标准。① 也有的理论界人士以调

① 章建军、徐国平、叶兴鹤等:《正确把握量刑建议"明显不当"的适用标准》，载《人民检察》2020 年第 18 期。

整幅度 20% 或刑期是否超过 1 年作为判断标准。^① 综合实证数据以及《常见犯罪量刑指导意见（试行）》（以下简称《量刑指导意见》）的规定，笔者认为，以调整幅度 10% 作为判断量刑建议是否明显不当的标准较为适宜。（1）根据实证数据，法院对量刑建议的调整幅度大多在 30% 以内，如将明显不当认定的调整幅度定在 20% 或 30%，则赋予检察官过大的自由裁量权，影响法官的量刑裁决权。同时，如将调整幅度在 30% 以上作为明显不当的判断标准，则会使绝大部分案件都被认定为量刑建议适当，而调整幅度在 10% 以下的案件占 30% 左右，既不会影响法院的量刑裁决权，也体现法院对控辩合意的尊重，实现量刑建议权与量刑裁决权的良性互动。（2）在"两高"颁布的《量刑指导意见》中，量刑情节的量刑幅度均在 20% 以上，允许检察院的量刑建议与法官内心确定的宣告刑之间有 10% 的范围，既体现对控辩合意的尊重，也体现了对法官自由裁量权的尊重。当然，对于遗漏案件事实和量刑情节或对案件事实和量刑情节认定错误的案件，如果调整幅度也在 10% 以内，法院也可以考虑采纳该量刑建议，但应在判决中纠正案件事实和量刑事实认定错误或遗漏情况。

（三）健全控辩双方在调整过程中的协商机制

认罪认罚案件中的量刑建议是控辩协商的产物，无论是提出还是调整，检察院都应当与被追诉人进行协商。根据实证数据，司法实践中，控辩协商情况较少，不符合制度价值。因此，应当建构检察院在调整量刑建议过程与辩护方协商机制，具体包括：

1. 检察院在庭审前调整量刑的，应按照认罪认罚从宽制度的规定重新与被追诉人进行协商并签署新的具结书。检察院在庭审前由于出现新的案件事实或量刑情节需要调整量刑建议，相当于控辩合意的变更，因此应当重启协商程序。并且，此时案件并没有进入庭审阶段，重启量刑协商程序不

---

① 陈峰：《认罪认罚案件量刑建议明显不当的司法认定》，载《人民检察》2021 年第 5 期。

会导致庭审的迟延。因此，为了保障被追诉人的合法权益，检察院在庭审前调整量刑建议，应当重启量刑协商程序，对量刑建议进行重新协商。由于量刑建议已经改变，原有具结书已没有法律效力，因此应当签署新的具结书。

2. 检察院在庭审阶段根据法院的建议调整量刑建议或辩护方对量刑建议有异议时，检察院认为需要调整的，法院应当给予控辩协商的时间和空间。在庭审阶段，检察院调整量刑建议也属于控辩合意的变更，因此也需要与被追诉人进行协商，法院应当为控辩协商提供便利。具体来讲，检察院认为需要调整的，应当向审判长申请休庭，审判长应当准许。在休庭期间，检察官应当与被追诉人再次进行协商，阐明量刑建议调整的依据以及新调整后的量刑建议内容，被追诉人在辩护人的帮助下提出对调整后的量刑建议的意见，反复协商，最终达成一致意见并当庭宣读调整后的量刑建议，供法院参考采纳。同时，由于调整后的量刑建议已经过法官和辩护人的见证，因此不必再次签署具结书，以节约庭审时间，提高诉讼效率。

3. 严格限制检察院在庭审后调整量刑建议。检察院无论是庭审前还是庭审时调整，被追诉人均有机会与检察院再次协商，而在庭审后调整量刑建议，被追诉人基本没有机会与检察院协商。同时，量刑建议作为公诉权的组成部分，具有开启量刑程序的作用。在庭审中，量刑建议经过控辩双方的辩驳，已经在法官心中形成内心确信。检察院在庭审后调整量刑建议，被追诉人失去了辩护的权利和机会，不利于被追诉人辩护权的行使。庭审后，控辩双方应当等待法官对量刑建议的裁判，量刑建议可能存在的不合理之处，应当由法官依法裁判。

（四）变更相关法律文书内容

量刑建议的调整意味着控辩合意的变更，承载原有控辩合意的相关法律文书就失去了法律效力，需要及时变更相关法律文书的内容。如前所述，出于庭审效率以及认罪认罚制度合理内核的考虑，只有检察院在庭审前调整量刑建议才需书面变更控辩合意，庭审时调整量刑建议只需在法官的见证下口头变更即可。因此，本部分变更相关法律文书内容仅指检察院在庭审前调整量刑建议的情况。在认罪认罚案件中，体现控辩合意的法律文书主要为认罪认罚具结书和量刑建议书，量刑建议书是检察院向被追诉人发出的认罪认罚"要约"，认罪认罚具结书是被追诉人向检察院发出的认罪认罚"承诺"，二者共同构成控辩契约。① 因此，在控辩双方就量刑建议调整达成一致后，认罪认罚具结书与量刑建议书应及时变更相关内容，以确定控辩合意的调整。

1. 控辩双方就量刑建议调整达成一致后，被追诉人应重新签署认罪认罚具结书。量刑建议调整意味着"要约"的变更，被追诉人一旦接受"要约"的变更，则应作出新的"承诺"。原来签署的认罪认罚具结书失去法律效力，被追诉人应重新签署。量刑建议的调整一般基于案件事实和量刑情节的变化，认罪认罚具结书内容的变更主要体现在认罪认罚部分。现有的认罪认罚具结书并未完全体现被追诉人认罪认罚内容，不利于体现控辩合意的确定及变更。因此，在认罪认罚具结书的认罪认罚部分应体现以下内容：检察机关指控的犯罪事实、指控的罪名、被追诉人的量刑建议、检察机关给予的量刑建议、适用的程序等，以全面体现控辩合意内容。在量刑建议调整机制中，该部分还可以加上检察机关变更的内容，更直观地体现量刑建议的调整。同时，对于两份认罪认罚具结书签署时，被追诉人的值班律师或辩护人不同的，重新签署认罪认罚具结书时应由此时的值班律师或辩护人见证。

2. 被追诉人重新签署认罪认罚具结书后，检察院应重新制作量刑建议书或制作量刑建议调整书，移送法院。虽然认罪认罚具结书是"承诺"，量刑建议书是"要约"，但在认罪认罚案件中，只有被追诉人签署了认罪认罚具结书，检察院才会根据认罪认罚内容制作量刑建议书，移送法院。检察院在庭审前调整量刑建议，可以在审查起诉期间调整，也可以在提起公诉、

---

① 关于认罪认罚具结书性质的论述，参见王强：《认罪认罚具结书的内容演进、实践反思与解决进路》，载《广西政法管理干部学院学报》2022年第4期。

开庭前调整。此时，由于诉讼阶段的不同，所适用的法律文书也不同。在审查起诉期间，案件尚未移送法院，此时量刑建议的调整仍是检察院内部的工作程序，因此只需对相关法律文书进行内部变更即可，即重新制作量刑建议书。案件移送法院后，量刑建议的调整意味着诉求的变更，应当向法院提交相应的法律文书，即量刑建议调整书，载明量刑建议调整的理由和内容，移送法院，由法院进行裁决。

五、结语

量刑建议调整机制作为对控辩合意的改变，应当受到严格的限制并遵循特定的程序，但目前我国法律和司法解释对其的规定仍不完善，导致在适用中出现了一些实际问题。因此，应当进一步对量刑建议调整机制作出以下完善：人民检察院在量刑建议作出后，庭审前发现出现新的量刑情节等足以影响案件公正的情形，可以调整量刑建议，量刑建议调整过程中应听取被告人、辩护人的意见；法院经审理认为量刑建议明显不当，或者被告人、辩护人对量刑建议提出异议的，法院应当告知人民检察院；人民检察院可以调整量刑建议，量刑建议调整过程应听取被告人、辩护人的意见；人民检察院不调整量刑建议或者调整量刑建议后仍然明显不当的，法院应当依法作出判决。同时完善对"明显不当"的认定标准，并根据调整时机书面变更认罪认罚具结书和量刑建议书的内容，提高量刑建议调整机制的可操作性，统一司法适用，维护司法公正。

认罪认罚案件被告人上诉问题实证研究

——以 W 市 H 区检察院实践为例

王　栋　陈程刚　江苏省无锡市惠山区人民检察院

司法实践中，部分认罪认罚案件的被告人在享受了量刑优惠后又上诉，检察机关如何对滥用上诉权的被告人进行有效应对，是一项现实而紧迫的任务。笔者以 W 市 H 区检察院 2022 年认罪认罚上诉案件为样本进行探讨。

一、认罪认罚上诉案件情况

2022 年 1 月至 12 月，W 市两级检察机关共办理认罪认罚案件一审判决 7385 人，其中 113 人提出上诉，上诉率为 1.53%。2022 年 1 月至 12 月，H 区检察院办理认罪认罚案件一审判决 932 人，其中 13 人提出上诉，上诉率 1.39%，全市上诉率最高的 B 区检察院上诉率为 2.21%。①

从 H 区检察院相关案件上诉原因来看，上诉的 13 名被告人中，其中 7 名被告人对裁判刑罚不满，认为量刑畸重；其中 1 名被告人系认罪认罚后否认犯罪事实；其中 4 名被告人系为留所服刑；其中 1 名被告人上诉系因案卡填录错误。

根据不同上诉理由，H 区检察院分别有针对性地进行处理，针对认为法院判罚刑期畸重的 7 名被告人均系确定刑或在幅度刑中线及以下判刑，经该院释法说理后，4 名被告人在上诉期间撤回上诉，对另外 3 名被告人提起抗诉；4 名留所服刑的被告人经释法说理后均撤回上诉；1 名案卡填录错误的被告人已提醒纠正。

---

① 数据来源于江苏省无锡市检察院公布数据报告。

二、被告人认罪认罚后上诉缘由分析

（一）自我审视：认罪认罚案件上诉率高主观剖析

一是释法说理不充分，被告人具结质量不高。被告人以判决认定事实或程序错误为由上诉，说明被告人在判决前未真正理解认罪认罚的性质，侧面反映出司法机关的认罪认罚的释法说理工作存在不足。二是量刑不精准，被告人心理预期不足。例如，检察机关量刑建议为一年至二年有期徒刑，法院判决二年有期徒刑，而被告人的心理预期为一年，这种情况下容易引起被告人认罪认罚后的上诉。三是个别案卡填录错误，影响上诉率。

（二）现实之困：认罪认罚案件上诉率高客观现状

一是值班律师作用虚化。部分值班律师对案件事实证据缺乏深入了解，仅就程序性问题和认罪认罚相关规定提供咨询，导致律师见证签署具结书流于形式，犯罪嫌疑人、被告人对认罪认罚具结的结果缺乏信服度，导致服判率不高。二是被告人技术性上诉。技术性上诉是指被告人基于上诉可能减少刑期的心理，利用"上诉不加刑规则"，尽可能避免在监狱服刑或减少在监狱服刑时间，通过上诉延长羁押期间或者折抵服刑时间，其本质是一种投机行为[1]。三是被告人为留所服刑策略性上诉。根据相关规定，被判处拘役和被判处有期徒刑的罪犯，在被交付执行刑罚前剩余刑期在三个月以下，由看守所代为执行，部分被告人为留在看守所服刑，故意以上诉拖延时间。

三、认罪认罚案件被告人上诉问题的解决路径

（一）源头预防：最大限度减少上诉概率

1. 突出"重点"，释法说理全程开展

侦查环节提前转化，注重将释法说理关口前移，公安机关在第一次讯

---

[1]　张文晋、马连龙：《认罪认罚从宽制度上诉机制研究——基于124例样本的实证分析》，载《荆楚学刊》2022年第1期。

问犯罪嫌疑人或者对犯罪嫌疑人采取强制措施时，应当书面告知犯罪嫌疑人认罪认罚从宽处理的法律规定，积极向犯罪嫌疑人、被告人充分阐明认罪认罚从宽的"制度红利"，提前做好教育转化工作。将审查起诉环节做实做细，检察机关应确保犯罪嫌疑人具结签署的自愿性，促使犯罪嫌疑人全面理解、自愿接受并签署认罪认罚具结书。既尊重犯罪嫌疑人反悔的意愿，同时也应告知其反悔后具结书失效、检察机关撤回从宽量刑建议并可能提起抗诉的后果。在庭审环节持续发力，在法庭审理过程中，公诉人应进一步加强释法说理，通过讯问或发表公诉意见等方式告知被告人具结书的效力及认罪认罚反悔可能导致的法律后果，在庭审程序中对于被告人自愿认罪认罚进行查实、确认。

如 H 区检察院追诉的"张某某开设赌场"一案，经审查：2019 年 9 月至 10 月，犯罪嫌疑人张某某伙同季某某等人多次租用船只，在辖区运河内开设赌场 30 余次，抽头渔利累计人民币 20 余万元。该院在审查公安机关移送起诉的"季某某开设赌场案"时，发现该案主犯张某某未依法移送审查起诉，遂要求公安机关对其补充移送，并同步做好认罪认罚教育转化工作。因公安机关起初并未对张某某涉嫌犯罪立案侦查，故其抱有侥幸心理，矢口否认犯罪事实，拒不认罪认罚，后检察机关多次耐心向其告知认罪认罚从宽处理制度的"红利"，并在案件事实、法律适用、量刑建议等方面向其充分说明，最终在值班律师的见证下，其自愿认罪认罚并签署具结书。在法庭审理中，公诉人向其进一步加强释法说理，再次强调认罪认罚反悔可能导致的法律后果，最终法院采纳检察机关的量刑建议，张某某在法定期限内未上诉。

2. 补足"弱点"，保障值班律师实质化参与

确保值班律师提供法律帮助的有效性，充分保障值班律师的会见权、阅卷权，更好地维护犯罪嫌疑人、被告人的诉讼权益。一是充分阅卷，在具结之前，可将电子光盘提前拷贝至值班律师电脑，为其提供充足时间阅卷，推动值班律师"深度"参与案件，法律服务更有针对性。二是加强沟通。检察机关办案人员主动介绍案情及主要证据情况，并引导律师告知嫌

疑人相关法律法规及案件认定的具体问题，促使值班律师深入参与到认罪认罚案件中，对犯罪嫌疑人提供实质性法律帮助。三是证据开示，针对案件具体情况，出示部分证据，保障犯罪嫌疑人的知情权，打消犯罪嫌疑人侥幸心理，推动其积极接受值班律师提供的法律帮助。

如 H 区检察院办理的余某某诈骗案，因该案另一重要涉案人员"梅子"尚未归案，犯罪嫌疑人余某某仅承认 2 万元是自己诈骗的金额，与证据材料所印证的 40 万余元存在较大差距，后该院提前将电子卷宗提供给值班律师阅卷，并与其进行充分沟通，将涉案资金流转、银行取款等客观证据向犯罪嫌疑人余某某进行了出示，做细法律告知，做好教育转化工作，不仅进一步告知犯罪嫌疑人认罪认罚从宽制度的具体法律规定，还客观、全面地解释不同阶段的从宽幅度和量刑档次，鼓励犯罪嫌疑人自愿认罪认罚。最终在值班律师的深度参与下，犯罪嫌疑人余某某承认的诈骗金额从一开始的 2 万元变为 41 万余元，并积极对被害人退赃，有效地节约了司法成本，提高了诉讼效率，降低了该案上诉概率。

3. 突破"难点"，提高精准刑适用比例

认罪认罚从宽的"难点"，就是能给犯罪嫌疑人一个明确且可接受的量刑预期，量刑建议越精准，越能激励犯罪嫌疑人及时认罪，真诚悔罪。首先，制定明确、系统和具有可操作性的量刑指导规范。量刑建议能否被采纳，检法两家量刑指引标准是否统一尤为重要，因案件情况的多样性和复杂性，检察机关要积极与审判机关充分沟通、参考类案判例，经过分析总结，逐步形成部分类案的量刑指导规范。同时在做好量刑数据统计的基础上，借助大数据分析，将更多罪名纳入规范指导，将更多量刑情节予以规范，形成明确、系统和具有可操作性的量刑指导规范。其次，构建协商沟通机制。认罪认罚从宽的量刑建议关系到控辩审三方，因此要构建良好的协商机制。一方面，控辩双方的协商，量刑建议不再是检察机关单独的意思表示，而是控辩双方诉讼合意的表示。因此增加双方的协商有利于量刑的精准化，更有利于提升认罪认罚的实施效果。另一方面，控审双方的协商。检察院和法院也要建立起常规的沟通机制，法院作为最终判决方，在量刑上的有相对规范的文件和经验，检察机关要善于学习和沟通，提升量刑建议精准度和法院支持率。最后，我们也必须认识到，量刑活动不是机械的加减乘除，还需要结合社会危害性的综合判断，结合个案的特殊性，只有做到法、理、情的有机结合，司法才有温度。

4. 把握"重点"，推动法律文书探索革新

检察机关法律文书是反映检察机关进行检察活动的重要载体，认罪认罚从宽制度确立后，应积极探索创新法律文书释法说理工作机制，推进认罪认罚制度深入健康发展。[①] 具体到本文中，无论是释法说理全程开展，还是保障值班律师实质化参与，抑或是提高精准刑适用比例，都离不开法律文书发挥其载体价值功能。一是优化认罪认罚告知文书，对认罪认罚相关权利义务通过重点标识予以突出，对于"认罪""认罚"的法律概念及后果进行详细阐述，必要时检察官可以逐字逐句予以解释，杜绝"模糊认罪"。二是探索推行值班律师每案出具书面法律帮助意见书工作机制。前移交换意见端口，在值班律师全面了解案情的基础上，引导值班律师在犯罪嫌疑人认罪认罚具结前出具书面法律帮助意见，充分保障值班律师在控辩协商中提出定性异议、量刑减轻建议等权利，保障值班律师有效提供法律帮助。三是细化认罪认罚具结书，围绕犯罪嫌疑人最关心的量刑问题，阐明认罪认罚制度优势，明确法定、酌定、从重、从轻量刑依据，公开释明量刑计算过程，在律师见证下与嫌疑人有效协商，共同促进嫌疑人自愿具结，同时，对于其反悔后具结书失效、检察机关撤回从宽量刑建议并可能提起抗诉的后果在具结书中予以重点提醒，避免嫌疑人"糊涂认罚"。

（二）及时引导：避免司法资源浪费

对出于留所服刑目的的嫌疑人，通过继续说理，引导撤诉。司法实践中，部分检察官往往更加关注判决结果，将法院作出的与具结书中一致的

---

① 严立华、刘晓睿、黄慧：《认罪认罚从宽制度落实中应加强法律文书释法说理》，载《人民检察》2021年第5期。

刑罚判决作为最终的"圆满结果"，而对于判决后被告人的心理状态和上诉信息疏于关注，仅仅被动接受法院反馈，从而未能第一时间针对留所服刑的上诉情形作出及时反应，继而导致工作中出现被动局面。上述情况与检察官与刑事执法人员、看守所管教人员、法院承办法官沟通不畅等原因不无关系，所以密切与刑事执行人员的协作，加强与看守所管教人员、法院承办人员的沟通，及时了解、掌握判决后被告人的心理状态和上诉信息。对提出上诉的，了解上诉的真实目的，为留看守所服刑而策略性提出上诉的，主要发生在轻微刑事案件，因为该部分人员本质上对于认罪认罚仍然认可，仅仅是为了拖延时间选择服刑地点，故对该类情况通过继续说理，往往可以引导其撤诉，避免司法资源的浪费。综合相关数据，H区检察院办理了4起相关案件，最终均通过释法说理对认罪认罚的严肃性和重要性予以强调，从而促使相关当事人撤回起诉。对于被告人出于"留所服刑"目的上诉，检察机关应会同审判机关就该普遍性、倾向性问题进行沟通，达成一致意见，以期杜绝该类上诉情况。

（三）抗诉监督：进行正面警示教育

首先，审判机关作出判决后，检察机关发现案件认定事实、采信证据等方面确有错误的，或者审判机关改变检察机关量刑建议确有错误的，应当依法对法院审判活动进行监督，提出抗诉。其次，区别对待被告人认罪认罚后又反悔滥用上诉的情形。对于检察机关提出确定刑量刑建议被法院采纳的，对被告人否认指控的犯罪事实、不积极履行具结书中赔礼道歉、退赃退赔、赔偿损失等义务而无正当理由上诉的，依法提出抗诉，形成有力震慑。再次，对于检察机关幅度刑量刑建议，对法院在量刑建议幅度中等偏下判决的，被告人又无正当理由上诉，有意利用程序、滥用程序达到自己目的的案件，依法同步提出抗诉。对于法院在幅度中线或者上线判决的，审慎提出抗诉。同时需要说明的是，在上诉期限内，上诉人申请撤回上诉，属于法院应当准许撤诉的情形，如检察机关提出抗诉的，可以撤回抗诉。但是，上诉人在上诉期满后申请撤回上诉的，原上诉行为已经引发检察机关抗诉、二审程序启动，背离了制度初衷，可以主动与法院沟通，建议法院不予准许撤回上诉，检察机关也不撤回抗诉。最后，积极引导有效应对。在工作中及时发布典型抗诉案例，发挥正面引导和警示作用；针对被告人在判决生效前"突袭上诉"现象，检察机关应当加强法院沟通协调，加快文书流转程序，总结办案经验、提高办理效率，有效应对被告人的"突袭上诉"。

认罪认罚案件被告人上诉问题实务分析
——以某市 2020 和 2021 两年度
认罪认罚案件上诉文书分析为基础

陈　兰　杜淑芳　山西省太原市人民检察院

认罪认罚从宽制度是全面贯彻宽严相济刑事政策的重大措施，对有效惩治犯罪、加强人权司法保障、优化司法资源配置、提高刑事诉讼效率、化解社会纠纷矛盾等方面有着重大意义，是社会治理体系和社会治理能力现代化的一种体现。但是在司法实践中也出现了被告人认罪认罚后上诉的情形，对该项制度的适用效果带来一定影响。本文拟以某市 2020 年和 2021 年认罪认罚被告人的 496 份上诉状为切入点进行调研，从上诉的现状、原因、对策等方面进行相关实务分析。

一、适用认罪认罚从宽案件上诉状展现问题之现状

（一）认罪认罚上诉案件办理现状

1. 案件办理情况分析：从时间看，2020 年办理认罪认罚案件 1902 件 2396 人，上诉 263 人，上诉率 10.97%；2021 年办理认罪认罚案件 1878 件 2265 人，上诉 233 人，上诉率 10.28%；整体呈现上诉率偏高问题。

年度	认罪认罚案件数		上诉状（份）	上诉率（%）
	件	人		
2020	1902	2396	263	10.97
2021	1878	2265	233	10.28
合计	3780	4661	496	10.63

2. 上诉状主要罪名分布情况分析：呈现出轻罪轻刑案件上诉多的特点。

罪名	2020 年		2021 年	
	上诉人数	上诉率	上诉人数	上诉率
危险驾驶罪	48	18.21%	39	16.77%
盗窃罪	25	9.61%	20	8.62%
诈骗罪	23	8.98%	19	7.98%
容留他人吸毒罪	12	4.6%	9	3.97%
其余	4	1.6%	3	1.33%

3. 上诉状理由分析：经对 496 份认罪认罚被告人上诉状逐案查阅，发现上诉理由中以量刑上诉为主，占全部认罪认罚上诉案件的 93.8%。

上诉理由	人数
认罪认罚意愿不真实，否认具结内容	44
审理阶段检察机关变更量刑建议	120
法院超出量刑建议范围判刑	106
法院在量刑建议范围内判处较重刑罚	103
法院在量刑建议范围内判处实刑	75
新的理由和证据	48

（二）认罪认罚案件被告人上诉引发的问题

1. 损害了认罪认罚从宽制度的效率价值

当前司法实践中仍面临着巨大的案件压力。在坚守司法公正的前提下，实行刑事案件办理的繁简分流、难易分流，将更多的司法资源集中在重大疑难复杂的案件办理下，是破解案多人少矛盾、提升案件质量的重要途径。认罪认罚从宽制度正是在这样的司法背景下应运而生。但是我国《刑事诉讼法》第 227 条规定，被告人只要对一审裁判不服，就有权提起上诉，不论被告人的上诉理由是否合理，二审法院都必须受理，并启动二审程序。本文在对认罪认罚上诉状的调研分析中发现，大部分被告人是在没有任何新的证据或理由的情况下，仅以量刑为由提出上诉，甚至部分被告人单纯以申请留所服刑提出上诉，被告人存在滥用诉权的行为，这种行为加重了司法机关的工作负担，增加了司法成本。

2. 损害了认罪认罚从宽制度的公信力

认罪认罚从宽制度是宽严相济刑事政策的进一步延伸。给予认罪认罚被告人量刑减让，是对其认罪悔罪、愿意接受改造的鼓励和肯定，有利于化解社会矛盾，促使其早日回归社会，同时也节省了司法资源、提高了司法效率。认罪认罚是从宽的基础，被告人上诉表示该被告人至少不愿意认罪或认罚，也就失去了从宽的基础。而我国《刑事诉讼法》第237条第1款确立了上诉不加刑原则，在只有被告人上诉、没有检察机关抗诉的案件中，二审法院不得加重被告人刑罚。在司法实践中，很多被告人在一审与检察机关达成认罪认罚具结获得量刑减让后，再提起上诉，企图利用上诉不加刑原则求取更轻的处罚，影响认罪认罚制度的公信力。

3. 引发了检察机关以抗诉对抗上诉

我国《刑事诉讼法》第237条第2款对上诉不加刑原则进行了限制，即在检察机关提出抗诉的情形下，二审法院可以直接加重上诉被告人的刑罚。因此抗诉成了检察机关收回量刑建议、维护认罪认罚程序司法公信力的有力武器。但在认罪认罚被告人上诉后检察机关的抗诉问题上，检察机关既不能随意抗诉也不能一律不抗。这使得司法实践中出现了"抗诉理由值得商榷""启动抗诉程序被动""法院存在抵触情绪""消耗司法资源"等一系列问题，形成了一定的实践困境，违背了认罪认罚从宽制度的初衷。

二、认罪认罚案件被告人上诉的主要原因

上诉权是刑事诉讼法赋予被告人的基本权利，其行使该权利无可厚非，但在已经认罪认罚的案件中行使该权利，在一定程度上影响了认罪认罚从宽制度设立的预期效果。从496份上诉状来看，被告人上诉的原因主要有以下几方面：

（一）幅度刑量刑建议超出被告人心理预期

根据《关于适用认罪认罚从宽制度的指导意见》，办理认罪认罚案件，人民检察院一般应当提出确定刑量刑建议。对新类型、不常见犯罪案件，量刑情节复杂的重罪案件等，也可以提出幅度刑量刑建议。实践中，被告人提出上诉的案件多为检察机关提出幅度刑量刑建议的案件。究其原因，主要是一审判决虽然采纳检察机关的幅度刑量刑建议，但该判决超出了被告人在幅度刑量刑建议内的心理预期，对被告人来说既然在幅度之内量刑都是可以的，那么必然希望是最低限的量刑，而且越低越好。若超出预期，便容易引起其上诉。这也是引起认罪认罚后上诉率高的最主要原因，上诉率高的罪名主要集中在危险驾驶、诈骗、盗窃、轻伤害等类案件中，这类案件上诉率高达 10% 以上，且检察机关提出的均是幅度刑量刑建议。例如，某些案件检察机关量刑建议为三年至七年有期徒刑，法院判决五年有期徒刑，而被告人的心理预期为三年至四年，这种情况下容易引起被告人对法院较高的量刑不满，继而提出上诉。实践中，对被告人认罪认罚是否适用缓刑也是认罪认罚上诉率高的一个重要原因，部分案件检察机关在量刑建议中提出了缓刑的量刑建议，这对嫌疑人来说具有较大吸引力，有利于促成认罪认罚，但法院一旦没有被采纳检察机关缓刑的建议，就会使被告人对认罪认罚效果的心理预期大打折扣，进而提出上诉。

（二）证明标准降低导致案件瑕疵

认罪认罚案件办理程序对于审查起诉环节部分内容进行了简化，但减量不减质，目的在于进一步提高诉讼效率。实践中，侦查机关在办理犯罪嫌疑人认罪案件时，因嫌疑人认罪容易轻信口供，反而不太注重其他证据的收集、固定，取证简单，证据不扎实；审查起诉阶段检察官也未能严格、认真地把握证据的三性；在庭审中，部分辩护人会作无罪辩护，这种情况下，被告人就会不认罪认罚，提出上诉。例如，某些强奸案件没有直接的目击证人，被告人往往会以被害人自愿作为辩解理由。此时若无其他证据佐证，仅凭被害人证言就会使证明效力大打折扣，很难形成证据链条。被告人如果能够认罪认罚，承认其强奸的犯意，就会补足之前缺失的证据板块，可以达到起诉标准。但是，这也为之后的庭审阶段埋下隐患。如果被告人当庭否认并且推翻之前的证言，就会使案件陷入证据不足的境地。如果法院在证据瑕疵的情况下仍然采纳检察机关的起诉意见，极有可能导致被告人上诉。

（三）未在"约定"的量刑幅度内判处刑罚

检察机关为了激励被告人主动认罪认罚，与被告人就量刑建议进行协商，达成一致意见后让被告人签署认罪认罚具结书，但一审判决结果未在"约定"的量刑幅度内判处，被告人便提出上诉。主要有以下两种情形：

1. 检察机关临时变更量刑建议

在签署认罪认罚具结书后，因案件部分事实、证据发生变化，检察机关当庭调整量刑建议。如"王某故意伤害案"中，检察机关对被告人提出判处有期徒刑二年的量刑建议，并在值班律师的见证下签署了《认罪认罚具结书》，本案提起公诉之后，量刑情节发生变化，对本案被害人的鉴定意见从轻伤二级变为轻伤一级，故检察机关在开庭时，当庭调整量刑建议，建议对被告人判处有期徒刑三年。被告人便提出上诉。

2. 法院在具结书的量刑幅度之外判处刑罚

我国《刑事诉讼法》第 201 条规定："人民法院经审理认为量刑建议明显不当，或者被告人、辩护人对量刑建议提出异议的，人民检察院可以调整量刑建议。人民检察院不调整量刑建议或调整量刑建议后仍然明显不当的，人民法院应当依法作出判决。"如某贩卖毒品案件，被告人签署具结书量刑建议为八年，法院认为检察机关量刑明显不当，建议调整量刑建议为十年，检察机关不同意调整，法院最后判处被告人有期徒刑十年，引起被告人上诉。

（四）为了达到留所服刑目的

根据《刑事诉讼法》第 264 条规定，对被告人判处有期徒刑的罪犯，在被交付执行刑罚前，剩余刑期在三个月以下的，由看守所代为执行。实践中，有部分被告人上诉后又撤回上诉，系因剩余刑期较短，不想被投监服刑，欲通过上诉的方式延长诉讼时间，缩短生效判决后的剩余刑时间，造成判决生效后余刑不足三个月的事实，从而达到留所服刑的目的。

（五）为了获取"红利"认罪，并非真实自愿认罪认罚

在审查起诉阶段，检察机关向犯罪嫌疑人告知认罪认罚从宽制度，再通过对嫌疑人认罪可能判处的刑期与不认罪可能判处刑期的比较，使犯罪嫌疑人认识到认罪认罚可从轻处罚，后部分嫌疑人为了获取从轻处罚的"红利"便同意认罪认罚，但其内心并非真正对其所触犯的刑法及刑期真实自愿认罪认罚，法院判决之后容易引起上诉。

三、降低认罪认罚案件被告人上诉的对策建议

认罪认罚从宽制度的运用是一个系统性工程，需要辅之一些补充措施。仅仅调整上诉和抗诉制度而没有其他程序保障，就可能导致损害被告人合法权利或整个制度运行不畅。结合司法实践，应当从以下几方面得以加强：

（一）提高量刑建议的精准度

推进量刑建议规范化建设，减少量刑建议与判决刑期差距，是化解犯罪嫌疑人、被告人因心理预期错位而产生上诉的最直接有效的方式。一是深入学习量刑规则，检察机关办案人员要通过强化学习熟练掌握常见犯罪量刑标准和法律依据，通过专题学习加强交流，把握量刑尺度和裁判规律，借助量刑建议辅助系统、大数据、类案比较等方式，逐步提高量刑建议的精准度；二是加强检法沟通协调，统一量刑基准，就常见罪名统一主刑、附加刑、缓刑适用量刑标准，达成共识，扩大确定量刑适用案件范围；三是建议最高法、最高检联合制定下发适用认罪认罚案件的量刑指南，这对于量刑的精准和公正，提高制度对犯罪嫌疑人认罪认罚的感召力和吸引力，统一司法机关、辩方、被害人方以及社会各界对个案量的认识都有重要意义。

（二）规范制作认罪认罚相关法律文书

检察机关要进一步提升制作认罪认罚相关法律文书的质量。严格按照最高检《法律文书格式样本》中的《文书制作说明》进行拟制。起诉书要对被告人认罪认罚内容、具结书签署等情况进行表述，语言要简洁、精练、准确，同时说理充分。量刑建议书要做到结构严谨、内容完整、语言客观、建议准确，恳切明了阐明量刑情节，用明确具体的文字说明量刑的处理意见，说理具有针对性，不迂曲，不隐晦，详略得当，论证精要，一语中的。具结书要做到要素齐全、事实简要、签署自愿。

（三）注重认罪认罚案件的质量

检察机关应充分发挥主导作用，在侦查阶段，对认罪认罚的案件引导公安机关收集证据，通过犯罪嫌疑人认罪主动交代，更好、更全面地收集、固定证据，尽可能还原客观事实，而并非简化收集证据，导致证据不扎实；在审查起诉阶段，检察官应当按照正常案件的证据审查标准严把案件证据关，被告人签署认罪认罚具结书必须有确实的证据证明其构成犯罪，对证据的合法性应当尽到严格审查义务，绝不能用认罪认罚"套取"被告人自证其罪，否则，必然会为案件埋下隐患。

（四）充分听取被告人意见

现阶段，一方面，检察机关在签署认罪认罚具结书后可调整量刑建议；另一方面，法院可在签署认罪认罚具结书的量刑幅度之外作出判决，但被告人却无其他权利，属于协商的不平衡。这两种情况都可能导致量刑达不到被告人的心理预期，从而造成被告人上诉。因此不论在检察机关变更量刑建议还是法院在量刑幅度之外判处刑罚，均应听取被告人意见，才可以达到量刑的平衡。

（五）加强释法说理工作

针对部分犯罪嫌疑人对认罪认罚从宽存在疑虑的问题，检察机关应加大宣传力度，利用在看守所播放宣传片的方式向犯罪嫌疑人和被告人释明认罪认罚的含义，或者通过真实案例讲解增强制度宣传的力度，使其充分了解制度并自愿适用。在向犯罪嫌疑人、被告人释明量刑建议的同时，可适当进行证据开示，类案比较，让嫌疑人知晓检察机关据以定罪的重要证据及与同类案件判处刑期的比较，引导其主动认罪、积极协商，使其心服口服地自愿认罪认罚。此外，检察机关释法说理还须重视对认罪认罚反悔后果的释明，明确告知恶意反悔或宣判后恶意上诉的法律后果，从而避免反悔及恶意上诉情况的发生。同时，可通过同步录音录像记录整个认罪认罚过程，更客观地反映自愿认罪认罚的真实性。

（六）强化律师帮助作用

在认罪认罚案件中，律师实质参与并提供有效法律帮助，具有重要的意义。犯罪嫌疑人因法律知识、诉讼经验等不足，在案件定性、量刑协商、程序选择上对其律师还具有很强的依赖、信赖心理。因此，要进一步完善值班律师制度，充分保障律师执业权利，引导值班律师告知嫌疑人相关法律法规及案件认定的具体问题，认罪认罚及恶意上诉后果，要防止值班律师只到场见证，不听取（发表）意见，使律师更好地参与到认罪认罚案件中，以确保"有效帮助"。

认罪认罚案件中被告人上诉问题实证研究
——以 G 省 471 份二审裁判文书为样本

陈新玥　贵州省遵义市人民检察院

第十三届全国人民代表大会常务委员会第六次会议于 2018 年 10 月 26 日新修订了《刑事诉讼法》，在立法上确立认罪认罚从宽制度作为刑事诉讼的基本原则。作为中国特色社会主义刑事司法制度的一项重大创新。该制度的设立旨在推动案件繁简分流、提高刑事诉讼效率，有效解决现今司法机关"案多人少"的问题。但在制度实际运行过程中，被告人在同意具结后无正当理由向二审法院提出上诉的情形不在少数。

被告人认罪认罚后审查起诉阶段或一审审理过程中获得从宽的量刑优惠，而被告人事后无正当理由上诉这一行为不仅违背了其具结承诺，让人对其是否真诚认罪悔罪产生怀疑，甚至可能给其带来"二次利益"，因此引起的本不必要的二审程序对司法资源造成了一定的浪费。但上诉权作为被告人的基本诉讼权利，不得以任何理由加以剥夺。这就导致认罪认罚从宽制度在适用过程中出现"空白地带"，司法机关对认罪认罚被告人"无理上诉"行为没有行之有效的解决办法。因此，需要从合理规范被告人上诉权、减少认罪认罚案件不必要上诉的角度出发，寻找化解效率与公正之间矛盾的"最优解"。

一、认罪认罚制度中被告人上诉权的理论纷争

建立认罪认罚从宽制度的初衷，是想通过对认罪认罚的犯罪嫌疑人或被告人依法给予"实体上从宽、程序上从简"的处理，达到保障人权和惩治犯罪并重、提高诉讼效率和节约司法资源兼顾的目的。但是在制度的实际运行过程中，出现了认罪认罚案件上诉率高等问题，导致该制度的适用

陷入功能价值发挥不足的现实困境，实体上的"从宽"和程序上的"从简"并未做到真正的有机结合。近年来，关于对认罪认罚案件中被告人上诉问题的争论愈演愈烈。在学理上，专家学者倾向于从平衡公正与效率方面展开思考，而在司法实践中，各地的处理办法也千差万别。

上诉权是当事人享有的最重要的诉讼权利之一，作为一项重要的宪法性救济权利，上诉权不仅可以维护被告人基本权益，也是司法体制中必不可少的一项监督机制，发挥着维护司法公平和公正的重大作用。《欧洲人权公约》[①]、联合国《公民权利和政治权利国际公约》[②] 等都明确规定了保障上诉权的理念，并已成为全球刑事司法领域的一种共识。而我国采取的是权利型上诉机制，即只要被告人提出上诉，无论其理由是否充分，必然启动二审程序，二审法院均应重新审理。

但在认罪认罚案件的背景下，被告人享有的上诉权与普通程序案件中被告人的上诉权理应有所差异。对于普通程序的刑事上诉而言，一般情形下，被告人只要不服一审判决，就可以在法定上诉期限内提起上诉。但对于认罪认罚案件而言，其简化、注重效率的一审程序与上诉一律启动二审程序之间存在矛盾冲突，权利型上诉和二审全面审查原则极大地弱化了认罪认罚从宽制度带来的效率价值。因此，学术界和实务界有许多关于取消或限缩认罪认罚被告人上诉权的思考，主要包括：

全面保留论。一些学者认为，上诉权是被告人依法享受的一项基本诉讼权利，不应该因为被告人认罪而对其进行限制。因此，对认罪认罚被告人的上诉权加以任何限制都是绝对不允许的，否则将难以防范冤错案件，

---

① 《欧洲人权公约》第 7 卷第 2 条第 1 款规定，被法庭判为犯有刑事罪的任何人均有权要求上一级法院复审。

② 《公民权利和政治权利国际公约（CCPR）》第 15 条第 5 款规定，凡被判有罪者，应有权由一个较高级法庭对其定罪及刑罚依法进行复审。

不利于实现司法公正。①

限制保留论。其中又包括程序限制论和理由限制论两种观点。首先是主张程序限制论的学者，他们认为应当限制认罪认罚被告人的上诉权，适用速裁程序审理的认罪认罚案件尤其应该实行一审终审，不允许被告人上诉，避免司法资源浪费。② 而实务界的主流观点则是除例外情况，应当对认罪认罚被告人的上诉权进行严格限制。③

理由限制论。一些学者结合大陆法系国家的制度提出了"上诉审查机制"，即被告人可以有条件的被赋予行使上诉权，当认罪认罚被告人不服一审判决，欲提起上诉，二审法院受理上诉前需要在形式上审查其上诉理由，当上诉理由不属于法定上诉理由时裁定不予受理；只有符合法定上诉理由，方能启动二审程序。同时法院也要尽力避免被告人滥用上诉权以获取不正当利益的风险，保护司法资源不被浪费。④

综上所述，关于认罪认罚被告人上诉权问题的观点百家争鸣，但尚未形成统一的主流观点，司法机关如何妥善处理认罪认罚案件被告人上诉问题暂无定论，需要进一步探讨。

---

① 陈瑞华：《认罪认罚从宽制度的若干争议问题》，载《中国法学》2017 年第 1 期；朱孝清：《认罪认罚从宽制度中的几个理论问题》，载《法学杂志》2017 年第 9 期；陈光中、马康：《认罪认罚从宽制度若干重要问题探讨》，载《法学》2016 年第 8 期；魏东、李红：《认罪认罚从宽制度的检讨与完善》，载《法治研究》2017 年第 1 期。

② 陈卫东：《认罪认罚从宽制度研究》，载《中国法学》2016 年第 2 期；汪建成：《以效率为价值导向的刑事速裁程序论纲》，载《政法论坛》2016 年第 1 期。

③ 最高人民法院刑一庭课题组：《关于刑事案件速裁程序试点若干问题的思考》，载《法律适用》2016 年第 4 期；山东省高级人民法院刑三庭课题组：《关于完善刑事诉讼中认罪认罚从宽制度的调研报告》，载《山东审判》2016 年第 3 期；颜世征、张楚昊：《认罪认罚案件被告人上诉应对机制》，载《人民检察》2017 年第 15 期；张艳红：《宝安法院刑事案件认罪认罚从宽制度试点工作汇报》，载《2017 年度中国刑事诉讼法治与司法改革高端论坛论文集：完善刑事诉讼中认罪认罚从宽制度》。

④ 牟绿叶：《我国刑事上诉制度多元化的建构路径——以认罪认罚案件为切入点》，载《法学研究》2020 年第 2 期；卞建林、李艳玲：《认罪认罚从宽制度适用中的若干问题》，载《法治研究》2021 年第 2 期；肖沛权：《认罪认罚案件上诉问题探讨》，载《政法论坛》2021 年第 2 期。

二、G省认罪认罚被告人上诉现状实证分析（以471份二审裁判文书为样本）

本文的数据源自中国裁判文书网，搜索关键词为"G省、认罪认罚具结书、刑事案由、刑事二审、上诉"，据此获得了471份样本数据。因本文研究的是认罪认罚被告人上诉权问题，因此在整理样本数据时，剔除了三类不符合条件的案例，具体包括只有检察机关抗诉的案件、只有刑事附带民事诉讼原告人提起上诉案件、共同犯罪中认罪认罚被告人没有上诉但没有认罪认罚同案上诉的案件，剩余可供分析的有效样本数量为376件。其中2019年38件，2020年192件，2021年143件，2022年3件（数据截至2023年3月21日）。

本文对376份有效样本进行全面的统计分析，从案件类型、上诉理由、二审裁判结果等多方面，对认罪认罚从宽案件上诉问题的现状进行研究，发现其具有以下特点：

（一）案件罪名

法律法规明确认罪认罚从宽制度平等适用于所有罪名，不能因罪轻、罪重或者罪名特殊等剥夺犯罪嫌疑人、被告人自愿认罪认罚获得从宽处理的机会。[1] 在刑事上诉程序中亦是如此。根据图1，G省2019年至2022年公开的认罪认罚上诉案件类型主要集中于盗窃、危险驾驶等轻罪案件，究其原因，主要有二：

1.近年来，我国刑事案件犯罪结构发生明显变化，重罪案件占比持续下降、轻罪案件占比不断上升。从内部结构来看，我国刑事案件呈现出"双升"和"双降"的发展态势。"双降"，即八大类重大暴力犯罪案件数量不断减少，重刑率逐年下降；"双升"，即轻微刑事案件数量大幅增加，轻刑

---

[1] 毛亚楠：《迎接全国两会特别报道 | 认罪认罚从宽：促进和谐之治》，载《检察日报》2020年5月12日。

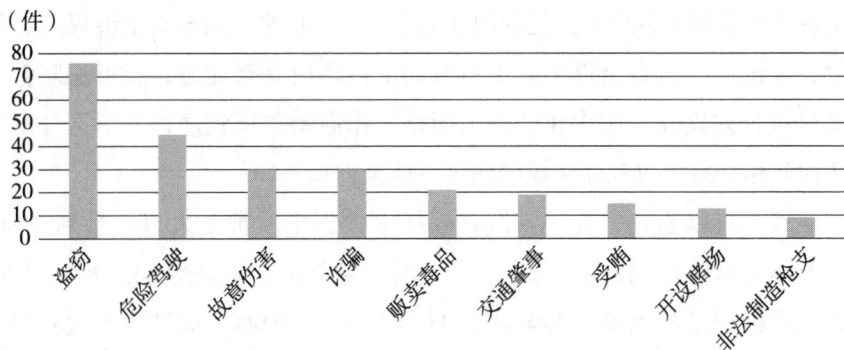

图 1　G 省 2019 年至 2022 年公开的认罪认罚上诉案件类型

率稳步提升。[①] 因此，在认罪认罚案件中，轻罪案件比例也随之不断上升。

2. 司法机关严格贯彻落实宽严相济刑事政策，轻刑化的特点在我国刑事案件处理过程中逐步凸显。根据最高人民检察院案件管理办公室公布的数据，2022 年全国四级检察机关不捕率 43.4%、不诉率 26.3%，创历史新高；诉前羁押率 26.7%，同比减少 16 个百分点，为司法统计以来最低。[②]

因此，对待案件事实较清楚、证据较充足、被告人主观恶性和社会危害性都较小的轻罪案件，司法机关更倾向于适用认罪认罚从宽制度，以期达到节约司法资源、惩治犯罪与保障人权并重的目的。综上，轻罪案件比例不断上升、刑罚轻刑化趋势逐步明显，导致在认罪认罚案件中轻罪案件占比较大，这也成为轻罪案件在认罪认罚上诉案件中占比较高的原因。

（二）上诉理由

一般情况下，当被告人不服一审未生效的判决、裁定提起上诉时，会

---

① 袁彬：《适应犯罪结构变化　强化轻罪区别治理》，载《检察日报》2022 年 6 月 8 日。

② 《最高检案管办负责人就 2022 年全国检察机关主要办案数据答记者问》，载最高人民检察院网上发布厅，https://www.spp.gov.cn/xwfbh/wsfbt/202303/t20230307_606553.shtml#2。

在上诉书中载明上诉理由，但我国在刑事诉讼中历来坚持绝对上诉权[①]，换言之，无论被告人在上诉书状中写明的上诉理由是否充分，二审法院都不对案件进行差别化、层次化处理，而是一律启动二审程序，并不区分事实和法律问题、有争议和无争议问题，一律全面审查。

从表1可以看出，在376份有效样本数据中，被告人以"量刑过重"提出上诉的案件有318件之多，占所有样本数据的比重高达84.57%。另外，被告人单纯请求改判缓刑的案件有41件，占比10.9%。而被告人就犯罪事实和证据认定、法律适用方面提出异议的仅占3.99%。其余上诉理由，如认为一审法院判决予以没收错误、单纯认为一审法院判决罚金刑过高等占比均远低于"量刑过重"。

表1　G省2019—2022年认罪认罚上诉案件上诉理由统计

上诉理由		案件数	占所有样本数据的比重
量刑过重		318件	84.57%
请求二审法院改判缓刑		41件	10.9%
提出有关事实证据和法律适用方面的异议	事实不清、证据不足	11件	2.93%
	涉案金额认定有误	4件	1.06%
一审裁判定性错误		13件	3.46%
留所服刑		6件	1.6%
一审裁判判决予以没收错误（非作案工具）		5件	1.33%
仅对罚金刑有异议		3件	0.8%
一审裁判超过心理预期		18件	4.79%

此外，被告人因一审法院判决刑期超过其心理预期而提起上诉的有18件，占比4.79%。从表2可以看出，这类案件包括三种情形，分别是被告人在审查起诉阶段认罪认罚，但一审法院未采纳公诉机关量刑建议、公诉机

---

① 牟绿叶：《我国刑事上诉制度多元化的建构路径——以认罪认罚案件为切入点》，载《法学研究》2020年第2期。

关在庭审中调整后的量刑建议超过被告人心理预期及被告人以为能够在一审阶段获得缓刑，但实际上却判处了实刑。

表 2　因一审判决超过心理预期而提起上诉情况统计

具体情形	案件数	占比
法院未采纳检察机关量刑建议	13 件	72.22%
检察机关调整量刑建议后超过被告人心理预期	3 件	1.67%
被告人自以为能够判处缓刑但实际判处实刑	2 件	1.11%

令人惊讶的是，有 6 起案件的被告人直接在上诉书或二审庭审过程中真实表述其想为"留所服刑"而上诉，占所有认罪认罚上诉案件的 1.6%，这是典型的"技术性上诉"。根据《刑事诉讼法》第 264 条规定，被判有期徒刑的罪犯在交付监狱执行前，剩余刑期在三个月以下的，就在看守所执行刑罚。实际操作中，法院判决生效后，对于剩余刑期在三个月以下的罪犯，看守所不会再将其送监执行。于是，部分被告人在收到一审判决后，为逃避被押送监狱服刑便会选择上诉，利用二审审限延长自己在看守所的羁押期限，寄希望于二审裁判文书生效后其折抵后的刑期能够低于三个月，从而达到留所服刑的目的。即便二审法院最后驳回上诉，但二审程序已经启动，势必需要花费时间，被告人拖延诉讼时间、延长羁押期限的目的仍然达到了。一般来说，这类被告人都想早点得到确定的判决，并不会寄希望于利用冗长烦琐的程序来逃避法律的制裁。① 所以，一些学者把这种上诉行为视作将从宽制度作为获得轻缓量刑的武器，又试图利用上诉不加刑原则获得进一步从轻处理的一种反悔行为。②

（三）二审裁判结果

在司法实践中，二审率和上诉率是检验认罪认罚从宽制度是否具有帮

---

① 李昌林、顾伟品:《新〈刑事诉讼法〉简易程序实施研究》，载《四川警察学院学报》2013 年第 4 期。

② 刘坤:《认罪认罚制度的适用现状与完善路径》，载《天津法学》2018 年第 3 期。

助服判息诉、化解矛盾并提升司法效率实效的"试金石"。① 二审裁判结果成为衡量检察机关和一审法院办案质效的重要指标。

通过对 376 份样本数据进行梳理统计，发现二审法院维持原判的有 305 件案件，占样本数据的 81.1%。二审法院改判的案件有 68 件，改判率为 18.1%。此外，发回重审的案件一共有 3 件，占样本数据的 0.8%。由此可见，认罪认罚上诉案件中，在证据基本未发生变化的情况下，二审法院审理后维持原判的可能性仍然是最大的。

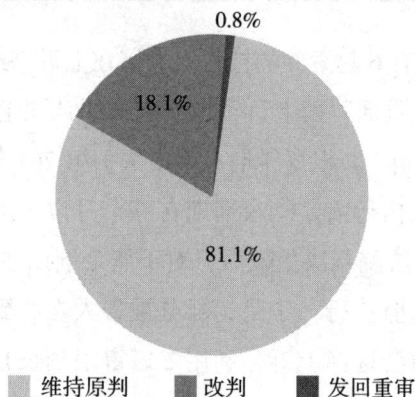

图 2　G 省 2019—2022 年认罪认罚上诉案件二审裁判结果分布

不难看出，在认罪认罚上诉案件中，二审裁判结果具有以下 4 个特点：

1. 二审法院维持原判的比重非常大，占到了全部案件的 81.12%。究其原因，有以下两方面：一方面，二审法院通过对一审判决进行审查，发现在实体上，原判决认定事实清楚、适用法律正确；在程序上，也并没有发现一审法院存在违背《刑事诉讼法》规定的审判原则的行为。另一方面，此类上诉人一般无法提出新的证据证明其具有减轻刑罚的情节，亦无证据证明原判决存在实体或程序上的违法情形。因此，绝大部分认罪认罚后上诉的案件到最后都维持原判，这也让我们思考在这种情况下，二审程序的

---

① 徐浩:《认罪认罚案件上诉与抗诉问题研究》，载江西省彭泽县人民检察院官网，http://www.jxpengze.jcy.gov.cn/llyd/202207/t20220715_3754993.shtml。

启动是否能够充分发挥其原本的纠错功能，以及目前认罪认罚被告人享有权利型上诉权的意义。

2.二审法院改判后刑期加重的案件均为检察院抗诉案件。二审法院改判加重的 25 个案例，检察机关均提出了抗诉。《人民检察院办理认罪认罚案件开展量刑建议工作的指导意见》第 39 条规定，法院采纳检察机关量刑意见后，如果被告人仅以量刑过重为由提起上诉，检察机关应当依法提出抗诉。而在检察机关抗诉的情形下，二审裁判可以突破"上诉不加刑"原则，对被告人判处相较于一审裁判加重的刑罚。

3.二审裁判加重刑期变化不明显。二审法院改判加重的 25 个案例刑期变化不是很明显，除 1 例案件确因涉案金额认定有误的因素刑期变化为 8 个月，其余案例改判后刑期加重范围普遍在 6 个月以内，以 1—2 个月的变化最为常见，加重刑期最短的甚至仅有 15 天。

4.被告人单方上诉时改判减轻的成功率更大。在法院改判案件中刑期减轻的占比 54.41%。当仅有被告人单方上诉，而检察机关未抗诉时，改判减轻的比例较大。笔者通过统计，发现 37 件改判后刑期减少的案例中，检察机关提起抗诉的仅有 2 例，占比仅有 5.41%。

（四）检察机关抗诉情况

上诉制度与抗诉制度都是为保证刑事案件得到公正审判而制定的制度，相较于上诉权行使的随意性（被告人只要不服裁判结果即可上诉），检察机关在抗诉权的行使上存在着较大的局限性。结合《人民检察院办理认罪认罚案件开展量刑建议工作的指导意见》要求，当认罪认罚被告人仅针对量刑提起上诉而无其他实质性理由时，被告人可能面临检察机关的抗诉。

笔者对 376 份样本数据进行了梳理，发现检察机关提起抗诉的案件有 50 件，占样本数据的 13.3%。其中，检察机关提起抗诉后又撤回的有 13 件。

就二审裁判结果而言，"驳回上诉和抗诉，维持原判"的有 8 件，占所有样本数据的 2.13%，占检察院提起抗诉案件总数的 16%；"驳回抗诉，改判后刑期减少"的有 1 件，占所有样本数据的 0.27%，占检察院提起抗诉案

表3　被告人上诉且检察院抗诉案件二审裁判结果统计

被告人上诉且检察院抗诉案件二审裁判结果	驳回上诉和抗诉，维持原判	驳回抗诉，改判后刑期减少	准许撤回上诉和抗诉，维持原判	准许撤回上诉，驳回抗诉，维持原判	改判	
					刑期加重	刑期减少
案件数	8件	1件	13件	3件	23件	2件
占总案（376）件的比例	2.13%	0.27%	3.46%	0.8%	6.12%	0.53%
占检察院提起抗诉案件（50）的比例	16%	2%	26%	6%	46%	4%

件总数的2%；"准许撤回上诉和抗诉，维持原判"的有13件，占所有样本数据的3.46%，占检察院提起抗诉案件总数的26%；"准许撤回上诉，驳回抗诉，维持原判"的有3件，占所有样本数据的0.8%，占检察院提起抗诉案件总数的6%；"改判"的有25件，其中"刑期加重"的有23件，占所有样本数据的6.12%，占检察院提起抗诉案件总数的46%；"刑期减少"的有2件，占所有样本数据的0.53%，占检察院提起抗诉案件总数的4%。

由此可见，在被告人上诉且检察机关抗诉的情况下，改判后刑期加重的情况是最普遍的，占比接近五成；其次就是准许撤回上诉和抗诉，维持原判。而驳回检察机关抗诉，并改判减少刑期的情况是最少的，占比仅有2%。

表4　检察院抗诉案件抗诉理由统计

抗诉理由	案件数	占抗诉案件（50件）的比重
被告人不再认罪或认罚，原基于认罪认罚给予从宽处罚的情节将不再适用，一审量刑已不相适应，量刑畸轻	47件	94%
被告人认罪认罚后，一审法院无故未采纳检察机关量刑建议，导致量刑失衡（偏重或偏轻）	3件	6%

另外，从抗诉理由来看，94%的检察机关提起抗诉的案件都是因为被告人在认罪认罚后无正当理由提出上诉，检察机关认定其违反了认罪认罚

书结承诺，基于认罪认罚的从轻情节不再适用，原判的量刑偏轻，因此提起抗诉。仅有 3 件案例是因为一审法院在没有《刑事诉讼法》第 201 条规定的五种例外情形的情况下无故不采纳量刑建议而提起的抗诉。

三、认罪认罚上诉案件困境成因分析

（一）认罪认罚上诉案件困境的成因

通过上述实证分析，不难总结出认罪认罚被告人上诉权系列问题中出现了被告人滥用上诉权、二审法院诉累负担持续加重、认罪认罚从宽制度效率价值发挥不完全等现实困境。仔细分析其成因，具体而言：

1. 控辩双方量刑协商不充分

控辩双方对量刑进行协商，是认罪认罚从宽制度最重要的内容。通过对 G 省认罪认罚上诉案件上诉理由的梳理，可以看出，绝大部分的认罪认罚上诉案件均系因被告人对量刑问题持有异议而提起上诉，足以说明控辩双方量刑协商过程不充分，也从侧面反映出司法机关在认罪认罚程序适用过程中释法说理工作有不到位之处。认罪认罚被告人或以量刑过重、或以判决认定事实或程序错误等为由提出上诉，足以证明他们在并没有真正理解和把握认罪认罚从宽制度的性质与其认罪认罚所带来的法律后果之间的关系，从而导致了上诉可能性的增大。

2. 检察机关精准量刑水平需提升

"两高三部"《关于适用认罪认罚从宽制度的指导意见》要求检察机关对认罪认罚案件提出确定刑量刑建议，虽有"对新类型、不常见犯罪案件，量刑情节复杂的重罪案件等，也可以提出幅度刑量刑建议"这条但书，但《人民检察院办理认罪认罚案件开展量刑建议工作的指导意见》对上述但书规定情节的量刑建议幅度作了严格限制。因此，检察办案人员提出确定刑量刑建议的精准度不仅会影响被告人对最终刑期的预期，也会影响法院对量刑建议的采纳，从而间接影响上诉率。但是在传统司法观念中，检察机关普遍存在重定罪、轻量刑的情况，认为量刑应是法院审判权的内容之一，所以相较于指控犯罪，检察人员在量刑方面的能力普遍有待提高。

3. 值班律师工作内容形式化

值班律师的作用在认罪认罚案件办理中日渐凸显。大多数认罪认罚被告人都未聘请辩护律师，司法机关会根据法律法规规定指派值班律师为其提供法律咨询、程序选择建议等法律援助。然而，在实际工作中，大多数值班律师缺少主动阅卷、申请变更强制措施的原动力，对案件的全部事实和证据也缺乏足够的掌握，往往只会在程序上提出一些建议，造成辩护律师在认罪认罚签字的过程中，倾向于"走过场"，而犯罪嫌疑人、被告人也会因此对具结内容缺乏信心，当一审判决不能达到其预期，其往往通过上诉的方式来"验证"。

4. 上诉权缺乏限制

刑事诉讼法赋予认罪认罚被告人上诉权，虽然认罪认罚被告人已经签署了具结书，但是这一行为与其享有的上诉权并不发生冲突，在现行法律体系中，违背具结并不会对被告人造成任何负面影响，因此部分被告人便选择钻法律"空子"，采取"技术性上诉"的方法，在认罪认罚取得量刑优惠后又提起上诉，利用"上诉不加刑"原则增加机会成本，以获取对自己最有利的结果。实务中不乏认罪认罚被告人赶在上诉最后期限快到时提出上诉，由于抗诉期已过，案件降低了检察机关抗诉的可能。同时，一些被告人持有"留所服刑"的意图，其提起上诉的原因并非对一审裁判结果不服，而是因其剩余刑期较短不想下监，所以通过上诉拖延诉讼进程而达到留所服刑的目的。

（二）其他国家及地区相关模式考察

相较而言，认罪认罚从宽制度与英美法系中的"有罪答辩制度"和大陆法系中的"认罪协商制度"异曲同工。但从制度背景以及运行条件来看，我国的认罪认罚制度同其他国家及地区类似制度又有所不同。从两大法系对于认罪认罚案件被告人上诉权行使模式中，我们可以博采众长，吸取经验，并在此基础上结合现行认罪认罚制度的具体运作，探讨一条适用于我国认罪认罚案件中被告人上诉的发展路径。

1. 美国诉辩交易制度上诉权的行使模式

美国诉辩交易制度起源于 20 世纪 30 年代，在 1970 年的布郎迪诉美国（Brady V.U.S）一案中，美国联邦最高法院以判例形式正式确认了辩诉交易制度。1974 年修正施行的《联邦刑事诉讼规则》第 11 条对辩诉交易制度以成文法的方式固定下来。从此，辩诉交易在美国迅速兴起。[①] 有研究数据表明，美国联邦法院 97% 的刑事案件、州法院 94% 的刑事案件均是通过诉辩交易方式进行处理的。[②] 辩诉交易在美国司法实践中广泛应用，其主要内容是当被追诉人触犯多个罪名，可以通过辩诉交易方式对其中的一个或多个罪名换取不起诉的"优惠"。[③]

在辩诉交易之中，被告人的有罪答辩暗含的实质意义是对宪法权利的放弃，其必须清楚认识到产生的法律后果且自愿接受。美国《联邦刑事诉讼规则》第 11 条明文规定，在听取被告控告自己有罪的陈述前，法官应当当面质询被告，清楚地说明被告控告自己的权利和可能产生的法律后果，确定被告控告自己有罪的陈述是有根据的，并且是自愿做出。被告一旦提出认罪，其在随后的上诉中只能就量刑部分提出异议[④]。实际上，被告人作出有罪答辩等同于默示放弃上诉权，因为主流观点认为，被告人放弃权利在先，阻却了其判后提出上诉的可能，上诉权是被告人自愿放弃的，这一点并未违宪，同时这一规定也符合节约司法资源的公共利益要求。所以说，辩诉交易制度对被告人的上诉权存在极大限制，绝大部分都会禁止被告人上诉。

当然，也存在例外情况。一是有罪答辩本身不符合自愿性、明知性的

---

① 廖明：《美国辩诉交易制度的产生、发展与价值品评》，载中国政法大学诉讼法学研究院网站，http://www.procedurallaw.cn/info/1013/5373.htm。

② 牟治伟：《美国与德国认罪协商制度之比较》，载《人民法院报》2021 年 10 月 15 日，第 8 版。

③ 王兆鹏：《美国刑事诉讼法》，北京大学出版社 2014 年版。

④ 孙长永：《比较法视野下认罪认罚案件被告人的上诉权》，载《比较法研究》2019 年第 3 期。

前提条件；二是被告人提出受到的法律帮助是无效的；三是控方违反了正当程序，如存在检察官胁迫和威逼利诱的情况；四是检察官没有给予被告人承诺的刑罚。

2. 德国认罪协商制度上诉权的行使模式

德国于 2009 年 7 月 29 日颁布的《刑事诉讼认罪协商法律规则》正式建立了认罪协商制度，其中第 257C 条明确指出，法官可以通过与被告人就量刑幅度达成一致，从而获得被告人当庭认罪的机会。当被告人、检察官对法院所提的量刑建议均无异议，协商正式成立。需要注意的是，德国法律规定了认罪协商的范围仅包括量刑，而罪名、罪数等内容均不能协商，与美国辩诉交易不限制交易内容的做法迥然不同。

在德国认罪协商制度中，充分保障被告人认罪的自愿性仍然是最重要的。同时，尽管进行了协商，法院仍然需要对案件事实展开细致调查，确保罪责相当。在上诉权问题上，德国从法律角度拒绝承认被告的上诉权可以放弃，规定被告人的上诉权不能协商放弃。法院既需要对被告人认罪的自愿性和真实性进行审查，又要承担认罪协商可能带来的上诉纠纷，这样一来，法院的工作量不减反增，节约司法资源的制度设计理念便不能充分发挥。因此在司法实践中，德国法官并未完全遵守这一规定，而是采取变通的方式限制上诉权。

根据德国学者 2012 年的调查数据，约 15% 的法官表示认罪协议总会出现被告人放弃上诉权的内容，而约 57% 的法官表示，放弃上诉权的协商时常发生，甚至存在辩护律师为了得到更大的量刑折扣，向被告人隐瞒已经和法官达成放弃上诉权的私下约定。由于法官是案件的直接裁判者，而认罪协商的协议是在法官和辩方之间达成的，因此双方协商的量刑幅度一般能够在最终判决中予以采纳，量刑预期上的确定性也是辩方愿意放弃上诉权最重要的因素。

3. 我国台湾地区认罪协商制度上诉权的行使模式

根据台湾地区设置认罪协商制度的历史沿革，该制度设计伊始的定位就十分明确，"明案速判、疑案慎断"这一效率目标的追求一直都是台湾地区认罪协商制度的首要功能。台湾地区在 2004 年 4 月确立了刑事协商程序，试图消解刑事审判日益繁重之负担。[①] 从整体来看，其认罪协商制度具有以下四个特点：一是适用案件范围相对较窄，原则上仅限于第一审轻罪案件。二是更加注重保护被害人利益，台湾地区的认罪协商制度赋予了被害人较大程度的参与权，在其他类似制度中这样的规定并不常见。根据其"刑事诉讼法"第 455 条之 2 的规定，如果检察官与被告的协商内容包括"被告向被害人道歉"以及"被告支付相当数额之赔偿金"两项，应事先取得被害人同意。在被告权利保障问题上，也明确了其享有撤销协商的权利。[②] 三是被告人与检察官达成的认罪协议在原则上对法院判决有较强约束力。四是该制度在司法实践中的适用率较低。根据台湾地区"司法院"《司法统计年报》公布数据，2010—2014 年五年内，适用认罪协商的案件仅占全部刑事案件的 3.73%。[③]

就上诉权问题，台湾"刑法"规定的六种情况为：一是协议请求被撤消或被撤消；二是被告不愿意；三是没有被依法认定为可适用的情形；四是被告还犯有其他更严重的罪；五是没有构成犯罪，可以免除刑罚的；六是交涉式判决超出了法定刑罚适用的限度。同时规定了针对上诉案件，二审法院仅在上诉范围内进行审查。所以台湾地区对认罪协商被告人上诉权的行使十分严谨，既包括程序上的要求，也包括实体上的限制。

4. 上述制度上诉权模式的启示

从上述列举的其他国家及地区相关制度来看，大多都明确了不允许剥夺被告人上诉权，但可以予以一定的限制，只是限制的方式和程度存在差异。从刑事制度发展的角度看，借鉴域外经验在一定程度上限制认罪认罚被告人的上诉权，是确保认罪认罚从宽制度行稳致远的有力保障。

---

① 卞建林、谢澍：《认罪认罚从宽与台湾地区刑事协商之比较研究》，载《法学杂志》2018 年第 5 期。

② 卞建林、谢澍：《认罪认罚从宽与台湾地区刑事协商之比较研究》，载《法学杂志》2018 年第 5 期。

③ 陈运财：《刑事诉讼第三审构造之探讨》，载《月旦法学杂志》2007 年第 4 期。

美国以成文法的形式明确有罪答辩的被告人只能就量刑进行上诉。德国虽然强调不能限制上诉权，但在司法实践中却容忍就被告人放弃上诉权进行协商的行为。台湾地区则对上诉权从程序和实体方面都进行了限制。参考以上，笔者认为可以在充分尊重被告人合理真实意愿的基础上，考虑引入"上诉审查机制"，当认罪认罚被告人提起上诉，二审法院先进行审查，认为其上诉理由合理，才正式启动二审程序。被告人在自愿、未受胁迫、明确知晓签署具结书将承担的法律后果的情形下签署认罪认罚协议，而后再违约的，应当承担违约后果。当然，由于被告人的上诉权受到一定限制，所以保障其在签署认罪认罚具结书前获得充分的权利义务告知、有效的法律辩护是十分必要的。

四、健全完善认罪认罚案件上诉机制的对策建议

从认罪认罚从宽制度功能价值来看，被告人在认罪认罚基础上获得量刑优惠后，出于各种个人利益考量，随意提出上诉，等同于对认罪认罚的反悔，这将严重地影响这一制度所要达到的目的和执行成效。长期来看，可能会导致认罪认罚从宽制度演变成被告人获取量刑减让的工具，而并非系其真诚认罪悔罪的结果。因此，针对目前认罪认罚案件上诉权困境，笔者提出以下对策建议：

（一）上诉审查程序标准化，准确识别"不合理上诉"

在审理案件过程中，一审法院法官会根据案件难易、罪名轻重、认罪与否等情况，选择适用速裁、简易程序或普通程序。[①] 但在上诉阶段，二审法院对案件实行的是无差别化处理，只要被告人提起上诉，不论理由是否合理，一律启动二审程序，一律进行全面审查，导致认罪认罚从宽制度分流案件、提高效率的功效在后续过程中无法发挥。所以，很有必要构建

---

① 熊秋红：《为法官减负，为司法提速——如何破解"案多人少"司法困局》，载《人民论坛》2019 年第 2 期。

认罪认罚上诉审查机制，通过建立二审程序之前的案件过滤机制，对被告人上诉理由进行审核，确保受理的上诉案件都具有进一步审理的价值，减少诉讼负累。

首先要明确审查主体为二审法院，被告人在提起上诉前需要同时向二审法院递交上诉审查申请，详细载明上诉理由，由二审法院进行书面审查后决定二审程序是否需要启动。其次明确审查内容，涵盖上诉理由、剩余刑期、一审审判程序是否存在重大瑕疵或违法等，综合审查内容作出是否启动二审程序的决断。最后要简化二审程序，从审理的方式、时限、内容等方面着手，尽力快速审理，避免被告人为达到"留所服刑"目的拖延时间。

（二）司法机关释法说理明晰化，保障认罪认罚自愿性

认罪认罚从宽制度能够有效运作的一个重要先决条件就是充分保障被告人的自愿性。"两高三部"《关于适用认罪认罚从宽制度的指导意见》中明确规定了侦查机关和检察机关在认罪认罚具结中的告知义务，同时也规定了检察机关的告知应当采取书面的形式，[①] 但实践中仍然存在部分被告人在上诉中表示其签署认罪认罚具结书时未得到明确的解释，导致不能充分理解认罪认罚制度和承担的法律后果的现象。受文化水平、心理因素等影响，在对相关法律法规的理解和把握方面，被告人无法与拥有丰富法律知识和经验的司法办案人员相比。所以，尽管办案人员进行详尽的释法说理需要花费更多的时间和精力，但帮助被告人在认罪认罚过程中更加准确地理解和掌握其认罪认罚行为的性质和后果，将极大地提高被告人认罪认罚的自愿性，也有助于其对判决结果形成合理的心理预期。

（三）检察机关量刑建议精准化，提升被告人认罪认罚积极性

公诉机关的量刑建议最终能否得到法院的采纳，量刑建议的稳定与否，

---

① "两高三部"《关于适用认罪认罚从宽制度的指导意见》第22条、第26条。

对被告人提起上诉的意愿有直接的影响。检察机关的量刑建议就像一条贯穿认罪认罚制度的红线，一端衔接着认罪认罚具结书，另一端则关系着法院的判决，因此需要同时兼顾被告人心理预期与法院量刑权。[①] 检察机关和被告人在协商阶段一般会对量刑达成"合意"，这种"合意"使被告人对自己将判处的刑期产生心理预期，相较于定罪的罪名，似乎大多数的被告人更关心自己认罪认罚后量刑减让幅度的差异。

在幅度刑量刑建议中，被告人往往会忽视检察机关所提的量刑建议上限，而是将更多的关注放在量刑下限。确定刑量刑建议可以将被告人的刑罚预期清晰化、明确化。虽然近年检察机关越来越倾向于提出确定刑量刑建议，也出台了指导意见来规范量刑建议工作，但司法实践中大部分检察办案人员的量刑建议基本功仍然不够扎实。主要表现为：（1）量刑规范化计算水平不够高，提出确定刑量刑建议能力相较于审判机关仍然存在较大差距；（2）对量刑建议的尺度把握不够准，靠感觉、凭经验的现象仍然存在；（3）量刑建议整体过于粗放，关注主刑多，而考虑附加刑少。[②] 因此，在检察机关所提量刑建议的精准度不够而面临法院不予采纳或需要临时调整的情况下，被告人在具结过程中的量刑期待落空，会增加其上诉的可能性。因此，检察机关可以从以下三个方面完善精准量刑：

第一，严格贯彻落实《人民检察院办理认罪认罚案件开展量刑建议工作的指导意见》，原则上对认罪认罚案件提出确定刑量刑建议，即便对例外情况进行幅度刑量刑建议，也要严格控制量刑幅度，避免过于宽泛和笼统。

第二，数字赋能加强量刑研究。进一步健全完善量刑智能辅助系统，依托大数据等现代信息技术为办案人员提供有效参考，帮助其更完整把握量刑情节，推动量刑建议精准化。

第三，统筹协调法检关系，消除分歧，形成统一适用的量刑标准。法

---

① 吴宏耀等：《量刑建议：承载认罪认罚从宽重要制度功能的"基石"》，载《检察日报》2019 年 6 月 10 日，第 3 版。

② 张保国等：《从四个维度提升认罪认罚案件质效》，载《检察日报》2023 年 1 月 10 日，第 7 版。

检双方都需要跟随司法改革的深入而更新角色定位，以确保对量刑建议精准化形成正确认知。检察机关作为量刑建议提出方，要及时转变以往公诉活动中重定罪、轻量刑的固有观念，要结合案件事实证据和量刑协商的具体情况形成精准化的量刑建议。而法院也须避免陷入检察机关在认罪认罚案件中的量刑建议挤压审判权行使空间的错误认识，以科学和公正为标准开展审判工作。

（四）值班律师帮助实质化，提供"有效法律帮助"

值班律师的作用和地位在认罪认罚从宽制度运行过程中日益重要。但在实践中，值班律师大部分情况下仅仅是起到见证签署具结书的作用，其工作大多是被动开展，一般被告人同意认罪认罚后，司法机关才会通知值班律师。这就导致值班律师在具结阶段才参与到案件中，相关工作开展具有很强的临时性，参与到量刑协商中的程度有限。虽然相关法律赋予了值班律师阅卷权、会见权，但由于没有全程跟进案件，不能激发值班律师实质履职的积极性。

所以，要促进值班律师在认罪认罚案件中实质、有效地参与，一方面，在当前阶段，要充分考虑到值班律师提供法律援助的临时性及其接受工作安排的随机性，做好不同阶段值班律师工作的衔接。另一方面，现在的值班律师都面临着工作繁重、补贴少的问题，因为值班律师的数量非常有限，通常情况下，一个值班律师往往需要在很短的时间内，为多个被告人提供法律援助，这对他们的工作积极性造成了很大的影响。所以，建立健全的经费保障制度，切实保证值班律师的合法权益，是一项十分重要的工作。

（五）检察机关行使抗诉权审慎化，恪守客观公正立场

在梳理的样本数据中，检察机关因被告人反悔上诉而提起抗诉的案件有 47 件，这是典型的"以抗诉应对上诉"。针对实践中检察机关对被告的上诉提出抗诉的情况，不能"一刀切"，而是需要区别对待。一方面，我们不能一律对被告人的上诉采取抗诉；另一方面，对那些企图利用"上诉不

加刑"原则攫取二次利益、丧失诚信的被告人,应积极行使抗诉权,以促使判决结果的公平公正。

笔者认为,在以抗诉应对上诉时,检察机关要保持足够的谦抑性,保障上诉权不受侵犯。根据《刑事诉讼法》规定,检察机关提出抗诉,应当限于一审判决、裁定有不当之处的案件。在认罪认罚上诉案件中,被告人悔罪悔罚行为发生在一审判决后,按照判决时相应的事实情况作出的初审判决不一定需要被提起抗诉。

由此,上诉本身并不能成为初审判决错误的评判标准,普遍用抗诉应对上诉的方法会突破"上诉不加刑"原则,对上诉人合法权利造成不利影响。更为重要的是,抗诉的威慑效应会对被告人产生一定的压力,使得一些案件中,即便是真的存在认罪认罚不自愿、不真实或不合法等情形,被告人也有可能不敢上诉。同时,抗诉权的行使势必要消耗司法资源,因此,对抗诉的客观性与谨慎性也应有更高的要求。

认罪认罚从宽制度实施至今,其制度优势不断凸显。伴随着新时代犯罪态势的重大变化,刑事司法打击犯罪的应对模式也需要从传统的惩罚犯罪观念向治理犯罪观念转变,认罪认罚从宽制度也将在此背景下迸发出更加蓬勃的生命力。笔者认为,上诉权的行使是被告人实现权利救济的合法途径,不应被否定,但也决不能允许部分被告人恶意利用认罪认罚从宽制度和"上诉不加刑"原则攫取不当利益,给认罪认罚从宽制度的运行造成伤害。所以,在充分保障被告人上诉权的基础上,采取必要措施予以限制,同时通过司法机关释明告知明晰化、检察机关量刑建议精准化、值班律师帮助实质化、检察机关行使抗诉权审慎化等方法,多措并举妥善解决认罪认罚被告人上诉权问题,才能确保认罪认罚从宽制度行稳致远。

认罪认罚从宽制度的实证研究

张丽锋　曹　婧　河南省开封市鼓楼区人民检察院

认罪认罚从宽制度 2014 年在中共十八届四中全会"首次亮相",随后不断发展完善。2016 年,全国人大常委会授权最高人民法院、最高人民检察院在郑州等 18 个地市开展工作试点,迈出认罪认罚从宽工作的"第一步";2018 年,在习近平法治思想的指导下,《刑事诉讼法》以法条形式确立了认罪认罚从宽制度,明确"合作式"诉讼模式①,在法律上赋予检察院"量刑建议权"②;2019 年的司法解释③、"两高三部"《指导意见》④,对认罪认罚从宽制度的适用作进一步规范;2021 年,最高人民检察院印发《人民检察院办理认罪认罚案件听取意见同步录音录像规定》。八年间,认罪认罚从宽制度在理论探索和实践运用中不断修正和完善。例如,河南省开封市鼓楼区人民检察院创新工作机制,在检察业务应用系统内嵌入认罪认罚控辩协商同步录音录像谈话模板,向犯罪嫌疑人详细释明认罪认罚从宽制度,并在检察官、犯罪嫌疑人、辩护人 / 值班律师三方在场的情况下签署认罪认罚具结书,以文书的形式确保认罪认罚的自愿性和真实性。认罪认罚从宽制度的落实,为推进法治中国的建设进程贡献检察智慧。

---

① 樊崇义:《刑事诉讼模式的转型——评〈关于适用认罪认罚从宽制度的指导意见〉》,载《中国法律评论》2019 年第 6 期。

②《刑事诉讼法》第 176 条第 2 款规定,犯罪嫌疑人认罪认罚的,人民检察院应当就主刑、附加刑、是否适用缓刑等提出量刑建议,并随案移送认罪认罚具结书等材料。

③《人民检察院刑事诉讼规则》第十章第二节专门设立"认罪认罚从宽案件办理"专章。

④《刑事诉讼法》第 176 条第 2 款规定,犯罪嫌疑人认罪认罚的,人民检察院应当就主刑、附加刑、是否适用缓刑等提出量刑建议,并随案移送认罪认罚具结书等材料。

一、认罪认罚从宽制度实践中的问题

认罪认罚工作目前正如火如荼地开展，并且已取得社会各界较为认可的成绩。任何一项刑事制度都有不断发展和完善的过程，自认罪认罚从宽制度全面实行以来，出现了一些实践中的问题。

（一）值班律师作用有限

为保障被追诉人更好地行使权利，要求律师参与刑事案件的全过程，既为被追诉人提供法律帮助，也在一定程度上监督国家公权力的行使。目前，《刑事诉讼法》第 15 条[①]、第 173 条第 1 款[②]、第 174 条[③] 明确规定认罪认罚案件的启动主体、启动形式及后果均由检察机关主导，而值班律师发挥作用较为有限。

此外，2019 年司法部对外公布的数据显示，全国共有 47.3 万执业律师，其中 37.8 万是专职律师，2019 年办理的 610.8 万多件案件中，刑事案件仅109.7 万件。

目前值班律师办理刑事案件的数量较多，在实践中出现的问题：一是部分值班律师不是专职的刑辩律师，所提出量刑意见多凭借感情和经验，与常年办理刑事案件的检察官相比，专业知识和办案经验差距较大。二是值班律师代理一起认罪认罚案件，办案周期长且酬劳较低，缺乏内源性办案动力。

认罪认罚的关键在于协商[④]，控辩双方结合案件事实和被追诉人的量刑

---

① 《刑事诉讼法》第 15 条规定，犯罪嫌疑人、被告人自愿如实供述自己的罪行，承认指控的犯罪事实，愿意接受处罚的，可以依法从宽处理。

② 《刑事诉讼法》第 173 条第 1 款规定，人民检察院审查案件，应当讯问犯罪嫌疑人，听取辩护人或者值班律师、被害人及其诉讼代理人的意见，并记录在案。辩护人或者值班律师、被害人及其诉讼代理人提出书面意见的，应当附卷。

③ 《刑事诉讼法》第 174 条规定，犯罪嫌疑人自愿认罪认罚，同意量刑建议和程序适用的，应当在辩护人或者值班律师在场的情况下签署认罪认罚具结书。

④ 曹东：《论检察机关在认罪认罚从宽制度中的主导作用》，载《中国刑事法杂志》2019 年第 3 期。

情节就具体刑期展开全面专业的讨论，但就目前情况看值班律师的保障和监督作用效果未得到充分发挥。

（二）量刑指导意见宽泛

检察院一直将"定罪"作为重点工作，在"以审判为中心"的司法体制下，"量刑"的话语权由法院把握，这也是公检法细分的工作职责。认罪认罚从宽制度给予检察机关量刑建议权，各承办检察官正不断摸索规律、积极实践。

目前，法律规定及"两高"相关文件对量刑的使用方法和幅度规定大多是粗略条款。因涉及罪名较少，又以横向犯罪分类①为基准展开，在犯罪形式多元化的当下，承办检察官以此为据提出精准量刑建议存在实践难度。

（三）反悔上诉时有发生

认罪认罚强调被追诉人的主观意愿，在诉讼不断推进的过程中，被追诉人的心理可能发生变化②，日常办案中，出现不少庭审过程中反悔和一审结束后上诉的情形，其背后原因各不相同。

一种情况是，被追诉人如实供述自己的犯罪行为，因不懂法律或认识错误在因果关系认定和案件定性方面存疑，在承办检察官和值班律师释法说理后，自愿签署认罪认罚具结书。进入审判程序后，被追诉人在法庭调查阶段反悔，认罪认罚具结书自动失效。这可能是被追诉人在审讯情境下面临压力，情境发生变化或者消失导致被追诉人态度反复③。另一种情况是，在一些案件，特别是在涉黑恶案件中，部分被追诉人为获取从宽处罚，在审查起诉阶段签署认罪认罚具结书，等一审判决后，抱有侥幸心理，

---

① 白宇：《认罪认罚从宽制度研究》，中国人民公安大学出版社 2019 年版。
② 谢小剑：《认罪认罚从宽制度中被追诉人反悔权的研究》，载《江西社会科学》2022 年第 1 期。
③ 毕惜茜：《心理突破——审讯中的心理学原理与方法》，中国法制出版社 2020 年版。

以"量刑过重"为由上诉，是典型"投机型"表现，缺乏契约精神①。对于"投机型"上诉，最高人民检察院以"琚某忠盗窃案"②为蓝本展开讨论，在实践中已形成较为统一的意见。

（四）起诉书说理方式宽泛

检察机关的起诉书应具有四种功能，指控犯罪、启动审判、限定审判范围、辩护防御引导，其中指控犯罪是首要功能。③《刑事诉讼法》第 186 条、最高人民法院《关于适用〈中华人民共和国刑事诉讼法〉的解释》第 218 条第 2 款、《人民检察院刑事诉讼规则》第 358 条均对起诉书表述内容作出明确规定，要求检察机关在起诉书中表明案件事实和起诉的依据和理由，以及被告人认罪认罚的情况，包括认罪认罚的内容和签署具结书的情况。

目前，检察业务应用系统内将起诉书以认罪认罚与否分为两个模块，以犯罪主体身份为要素，进一步细化为自然人认罪认罚适用起诉书和单位犯罪适用起诉书，生成的格式文书中已自动包括《中华人民共和国刑事诉讼法》第 15 条关于认罪认罚从宽的法条表述，无须承办检察官自己表述，同时格式文书中以下划线的形式强调已经告知被告人认罪认罚可能导致的法律后果。

格式模板对认罪认罚从宽案件起诉书统一指导，强调书写规范，具有积极作用，但是也在一定程度上限制了承办检察官说理能力的发挥，起诉书说理方式宽泛，特别是对于认罪认罚说理论证部分程序化，缺乏个性化，与刑事案件复杂多变的属性相悖，并且在一定程度上无法让承办法官直观地知悉检察机关提出从宽幅度的理由。

---

① 魏晓娜：《认罪认罚从宽制度中的控辩关系》，载《中国刑事法杂志》2021 年第 6 期。

② 琚某忠已签署认罪认罚具结书，一审宣判后以量刑过重为由提起上诉，检察机关提起抗诉，二审法院认为被追诉人不服原判量刑上诉导致认罪认罚从宽已丧失了适用前提，裁定撤销原判，发回重审。原审法院经重新审理，在认定原判事实的前提下，加重了对被追诉人的量刑。

③ 李勇：《刑事起诉书制作的原理与方法》，载《人民检察》2021 年第 3 期。

二、完善认罪认罚从宽制度的思考

针对目前认罪认罚适用过程中出现的问题，结合实际办案经验展开思考，认罪认罚从宽制度可以从以下三方面进行补充和完善。

（一）明确值班律师定位，调动其工作积极性

1.赋予值班律师更多权利。在认罪认罚案件中，明确值班律师定位，赋予值班律师合理的复制权、辩护权、自主会见权等[1]，让值班律师更早接触被追诉人，全面了解案件事实，重点收集罪轻、无罪的证据，确保被追诉人的诉讼权利和人权保障，体现人民司法的原则。

2.完善值班律师保障机制。一方面，协调司法行政机关对值班律师加强经费保障[2]，刑事案件具有办案周期较长的特征，尝试从资金保障角度出发，适当提高认罪认罚案件的代理费用，增加值班律师的办案积极性和责任感。另一方面，各省市的律师协会和司法行政机关丰富律师年审评价指标。例如，加入认罪认罚代理案件的数量和质量的考评标准，以值班律师书面提交意见为依据，结合法院、检察院对其提出的量刑意见采纳率，全方面综合评价律师的工作，展开正向激励。

（二）量刑指导指南精准化

1.从横向出发。认罪认罚贯穿刑事案件办理全过程，但对量刑幅度未有统一认知，比如公安机关各办案人对制度的理解存在偏差，检察机关各承办人的考量方式也不尽相同。建议"两高三部"制定公检法各机关统一适用的《量刑指导意见》，各省市结合地方情况，综合考虑经济发展、犯罪

---

① 《刑事诉讼法》第 39 条规定：辩护律师可以同在押的犯罪嫌疑人、被告人会见和通信。第 40 条规定：辩护律师自人民检察院对案件审查起诉之日起，可以查阅、摘抄、复制本案卷宗。《法律援助值班律师工作办法》第 6 条规定：值班律师办理案件时，可以应犯罪嫌疑人、被告人的约见进行会见，也可以经办案机关允许主动会见；自人民检察院对案件审查起诉之日起可以查阅案卷材料、了解案情。

② 岳阳、汪玫瑰、刘远歌：《认罪认罚被告人上诉及其应对》，载《检察日报》2020 年 6 月 11 日。

类型等多因素，进一步精准化量刑标准。开展多部门联合讲座，抽取各司法战线上的尖兵能手，开展量刑建议使用方法经验交流，收集案例编写适用指南。同时各单位可以借助大数据，建立案件办理记录平台，对于相同罪名中的法定情节、酌定情节，梳理总结出统一方法论。

2. 从纵向出发。现有的量刑指导意见根据犯罪分类划分，给予承办检察官办案空间，体现自由裁量权。为进一步提升量刑建议精准度，笔者建议从犯罪分层[①]角度出发，即按照犯罪的严重程度将所有犯罪纵向划分为不同层次[②]。以诈骗罪为例，《刑法》规定3个量刑档次[③]，单看罪名无法区分犯罪轻重，但有刑期长短之分，因此可以考虑在每个量刑档次中将量刑幅度进行细化，比如明确都有"供述性坦白"情节，按照犯罪数额、社会危害性，在基准刑基础上依次减少30%、20%、10%，以犯罪纵向为基线，形成直观量刑的外在标准，遵循罪责刑相适应的原则。

（三）扎实审前工作，落实证据开示制度

《指导意见》第29条明确检察院应将证据开示作为一个步骤，在认罪认罚从宽制度中落实。[④] 根据《刑事诉讼法》第227条[⑤] 规定，上诉不需要特定利益，是被追诉人的一种救济途径，但是认罪认罚具结书是被追诉人与

---

① 白宇：《认罪认罚从宽制度研究》，中国人民公安大学2019年博士学位论文。
② 卢建平：《犯罪分层及其意义》，载《法学研究》2008年第3期。
③ 《刑法》第266条规定，诈骗公私财物，数额较大的，处三年以下有期徒刑、拘役或者管制，并处或者单处罚金；数额巨大或者有其他严重情节的，处三年以上十年以下有期徒刑，并处罚金；数额特别巨大或者有其他特别严重情节的，处十年以上有期徒刑或者无期徒刑，并处罚金或者没收财产。本法另有规定的，依照规定。
④ 《关于适用认罪认罚从宽制度的指导意见》第29条规定，人民检察院可以针对案件具体情况，探索证据开示制度，保障犯罪嫌疑人的知情权和认罪认罚的真实性和自愿性。
⑤ 《刑事诉讼法》第227条第1款规定，被告人、自诉人和他们的法定代理人，不服地方各级人民法院第一审的判决、裁定，有权用书状或者口头向上一级人民法院上诉。被告人的辩护人和近亲属，经被告人同意，可以提出上诉。

检察机关就定罪、量刑、程序适用达成的刑事协议①，是一种公法契约②。

为提高被追诉人的契约精神，在审查起诉阶段，针对被追诉人有认罪认罚意愿，但又有法律常识偏差等情况，应该更注重证据收集的准确性和充分性。在审查起诉阶段，遵循"双向开示""诚信开示"③的原则，可以把某些书证、物证在审前开示，在一定程度上可以给被追诉人带来威慑力，减少被追诉人的侥幸心理。同时辩护律师、值班律师也应在会见被追诉人过程中，将掌握的无罪、罪轻的证据进行开示。控辩双方可以在签署认罪认罚具结书前进行证据开示，并全程录音录像，既有利于被追诉人更清晰认识到自己犯罪行为的社会危险性，又有利于增强认罪认罚态度的稳定性，提高司法公信力。

（四）提高业务能力，加强文书释法说理

认罪认罚案件起诉书过度依赖文书模板，反映出承办检察官对犯罪事实、案件证据的审查把握和总结概括的能力有待提升。④ 最高人民检察院《关于加强检察法律文书说理工作的意见》指出，要充分认识到检察法律文书说理的重要意义，遵循依法进行、有针对性、讲求方法、注重实效的原则，以释明法理为要求。承办检察官要自觉提高业务能力，一份优秀的起诉书也是一次效果极佳的普法教育，特别是在认罪认罚起诉书中有理有据表明其从宽的原因、幅度等，提高认罪认罚起诉文书的撰写能力，有利于增强检察工作的透明性，主动接受社会监督，提升司法公信力。

根据案件繁简分流的原则，刑事案件分别以普通程序、简易程序、速

---

① 马明亮:《认罪认罚从宽制度中的协议破裂与程序反转研究》，载《法学家》2020 年第 2 期。

② 秦宗文:《认罪认罚案件被追诉人反悔问题研究》，载《内蒙古社会科学（汉文版）》2019 年第 3 期。

③ 林战波、贾文琴:《认罪认罚证据开示把握的原则及具体操作》，载《检察日报》2020 年 7 月 2 日。

④ 王燕鹏、王凯:《刑事案件起诉书说理性的不足及反思》，载《人民检察》2016 年第 10 期。

裁程序审理，承办检察官可以根据不同的庭审程序调整起诉书中关于认罪认罚从宽部分的说理篇幅。在普通程序庭审中，一方面，详细阐述案情，全面评价犯罪情节，以充足的证据和有力的指控使法官充分了解案情，从而支持起诉意见，为刑事案件的办理提质增效。另一方面，详尽的起诉书于法有据、情理兼顾，更能体现检察机关的控诉职能，推进庭审进程，对于被追诉人认罪认罚的案件简化庭审过程，缩短庭审时间，节约司法资源，达到案结事了的效果。

认罪认罚从宽制度不断完善的过程，也是体现刑事司法发展进步的过程，它不止是单纯从惩罚犯罪的角度发力，而是逐渐移步到探究诉源治理"最优解"的路径上。既体现宽严相济的刑事政策，又蕴含司法为民的内在底色，检察机关适用认罪认罚从宽制度，找到了一条通往社会治理现代化的法治之路。

认罪认罚从宽与社会治理结合路径研究

——以拟不起诉人员参加自愿社会公益服务机制为切入

韩晓帆 罗海晖 王 寅 聂婷婷 张 舒 江苏省南京市人民检察院
蒋 通 江苏省南京市六合区人民检察院

一、绪论

近年来，刑事犯罪的结构与态势发生了深刻变化，严重暴力犯罪及重刑率下降，轻微刑事犯罪大幅攀升。以 N 市为例，2021 年作出判决的刑事案件中，被判处三年有期徒刑以下刑期案件占比 87%，被判处一年有期徒刑以下刑期案件占比 52%，而这两个比例在 2016 年仅为 65%，36%。自 2018 年以来，全市检察机关对于情节轻微刑事案件作相对不起诉处理的比例由 5% 逐步上升至 2022 年的超过 20%，缓刑适用比例也有一定提升。

刑罚并非解决犯罪这一社会问题的唯一方法。针对轻刑犯罪，非刑罚、非羁押、轻缓刑等方式依然能够起到惩治犯罪和化解矛盾的作用。但是，对轻微刑事案件从简从快办理的导向，虽然有效提升诉讼效率，优化司法资源配置，但也存在一些隐患。认罪认罚从宽制度的运用与"慎诉"理念的双管齐下时，检察机关有意识地加大了对不起诉权的运用力度。同时，仅"处理"而不"治理"，可能会影响预防犯罪的效果，社会公众对待法治的态度，以及对于法律职业群体的理解和评价。

二、N 市检察机关实践现状

N 市检察机关作为认罪认罚从宽制度的试点单位不断探索制度功能，根据案件类型和治理方式不同，可以分为以下几种类型：

（一）以量刑激励化解涉案矛盾纠纷

犯罪行为本身带来的社会矛盾及潜在风险，可以视为社会治理的"附加成本"。传统刑事治理理念侧重于对犯罪行为本身的打击，对于社会矛盾化解及受损社会关系的修复工作，则更多通过刑事附带民事诉讼加以解决。但该方式具有明显的滞后性，涉案矛盾存在进一步激化的风险。因此，认罪认罚从宽制度的首要任务就是消减附加成本，尽早钝化、消除涉案矛盾。

司法机关采取"附条件量刑建议"是很好的尝试，在根据当前事实、证据提出确定刑量刑建议的基础上，列举可能新出现的法定、酌定量刑情节以及对量刑建议的影响，形成对比效应，激励犯罪者以主动姿态消除涉案矛盾。

（二）以社会公益服务消除再犯风险

认罪认罚从宽制度的适用前提是犯罪嫌疑人、被告人"自愿认罪、真诚悔罪"。法律规定的对于被告人认罪真实性、自愿性的体现主要在具结程序，即以书面化的认罪意思表示来确定认罪态度，并辅以训诫等警示教育手段。但此种方式无法排除犯罪嫌疑人以虚假的认罪态度获取从轻量刑的情形，也难以切实取得"长记性"的效果。

基于上述考虑，N 市检察机关探索被不起诉人参与社会公益服务机制，旨在强化认罪悔罪实质性表现考察。该机制的基本形式是组织拟作不起诉处理的犯罪嫌疑人参与交通文明劝导、疫情防控、垃圾清理、护学辅助、法治宣传等社会公益服务。通过综合考量社会公益服务活动考核结果、认罪认罚实质性表现等，作出从轻从宽处理决定。该项机制在实践探索中主要从三个方面提升规范化程度：

一是制定相关工作机制，明确适用范围。坚持自愿参与原则，全面考察犯罪嫌疑人认罪悔罪态度和真实意愿，在犯罪嫌疑人明确同意社会公益服务内容、服务时长及注意事项并签署承诺书后，再将其列为拟相对不起诉人员。确定"阶梯式"服务时长，以 30 个小时为起点、以 10 小时为梯度，按照犯罪嫌疑人不同情节因案施策。二是将综合考察作为从宽量刑依据前置。对于拟作相对不起诉处理的，与区公安分局建立考察评估协作机制，将及时完成服务时长、按规定落实服务要求等作为考察依据，综合评估其认罪认罚表现，公安机关直接建议检察机关作情节轻微不起诉处理。检察机关综合全案事实证据及量刑情节，依法作出相对不起诉决定。三是跟踪考察成效，持续强化警示教育效果。以不定时巡查的方式，现场、动态跟踪拟相对不起诉人员参与公益活动及公安机关对活动的监管情况，真实、有效地综合评定认罪悔罪实质表现。在审查起诉阶段，继续加强教育，并探索与志愿者服务组织对接，组织拟不起诉人员参与社会公益服务。

2020 年至 2022 年，N 市三家试点的基层检察院累计组织 160 余人参与社会公益服务 700 余次 3000 余小时，有效起到强化认罪悔罪实质性表现考察、教育矫正以及法治宣教作用。参与社会服务人员目前无一再犯。

河北、江西、山东等地司法机关均有不同程度的尝试，并出台了相关规范性文件。[1] 如福建省连江县公安局、检察院、法院以及精神文明建设办公室、社区矫正管理局共同制定《关于缓刑人员执行"社会公益服务令"的指引（试行）》，由法院将缓刑生效裁判文书与社会公益服务令、社会公益服务承诺书等文书一并送达社区矫正机构，要求缓刑人员参加社会公益志愿活动。[2] 江西省南昌市青云谱区人民检察院针对危险驾驶类案件发出社会志愿服务令，组织犯罪嫌疑人参加社会志愿服务活动。[3]

（三）以护航企业优化区域法治营商环境

依法依规开展企业生产经营，特别是补救企业因涉嫌刑事犯罪而造成的巨大损失，防止"办理一个案件垮掉一个企业"，是社会治理工作的一项重大命题。[4] N 市地区检察机关在办理涉企犯罪案件时，充分评估案件处理

---

[1] 《"社会服务令"初试济南》，载《齐鲁晚报》2003 年 9 月 26 日。
[2] 连江法院首次发出"社会公益服务令"，https://m.thepaper.cn/baijiahao_18466757。
[3] 《南昌首份！男子醉驾被责令"志愿服务"》，https://i.ifeng.com/c/8IlgaKQfYhQ。
[4] 参见孔令勇：《刑事合规与认罪认罚从宽制度的融合——企业合规从宽制度研究》，载《中外法学》2022 年第 3 期。

方式对企业经营的影响，运用认罪认罚从宽制度，助力企业复工复产，为优化营商环境保驾护航。

一是贯彻宽严相济刑事司法理念。检察机关对涉企案件相关人员开展羁押必要性审查，对于符合条件的可以适用缓刑。对于犯罪情节轻微且认罪认罚的涉企案件，尤其是生产经营活动对税收、就业、公益等有较大影响的企业负责人、骨干，优先适用相对不起诉，通过司法训诫等方式教育引导企业合法经营，减少犯罪行为对企业经营活动的影响。如某区检察院办理的杨某某等人污染环境案，检察官耐心释法说理，促使原来拒不认罪的三名犯罪嫌疑人自愿认罪悔罪，并预交了环境污染修复赔偿费用，之后启动羁押必要性审查，将该三名犯罪嫌疑人变更为取保候审，建议适用缓刑，减少对企业发展的影响。

二是刑事从宽处理与行政处罚紧密衔接，杜绝"不诉了之"。对于认罪认罚拟不起诉案件，需要给予行政处罚、政务处分或其他处分的，制发检察意见，连同不起诉决定书一并移送有关主管机关处理，要求及时通报处理情况，避免将"不起诉""不处罚"划等号。如某区检察院办理的14家企业、17人虚开增值税专用发票案，在全部挽回税收损失的前提下，经公开审查，对其中8家企业、10名负责人作出相对不起诉处理，并联合税务稽查部门举行不起诉公开宣告训诫会；同时向税务机关发出检察意见书，建议对被不起诉人作出行政处罚。

（四）以恢复性司法理念强化生态环境与资源保护

在实现惩治犯罪的同时，通过认罪认罚从宽制度不断强化生态环境与资源保护。[1] N市检察机关建立以环境修复为导向的刑事诉讼与民事诉讼程序衔接机制，督促涉案人员积极履行赔偿责任或修复义务，以认罪认罚从宽制度助力生态环境保护。

---

[1] 李瑞霞：《环境资源刑事附带民事公益诉讼"认罪认罚认赔"模式构建》，载微信公众号"中国上海司法智库"。

　　首先，对于破坏环境资源类案件，在适用认罪认罚从宽制度作出从宽处理前，教育引导犯罪嫌疑人主动修复生态环境或预缴环境资源修复费用，并对环境修复的结果进行跟踪监督，确保生态环境修复到位。如 N 市某区检察院办理的某银制品公司污染环境案，该公司无证回收危险废物用以提炼贵金属，后将废水排入无防渗漏措施的水池或下水口，使周围土壤受到重金属污染。该公司负责人自愿履行环境修复义务，检察机关依法变更强制措施，采用"认罪认罚 + 行政磋商 + 公共利益修复"的工作方式推动涉案企业与环保部门磋商签订生态环境损害赔偿协议，督促按期履行修复义务。该公司按期全面完成环境修复义务并通过专业评估，检察机关依法对涉案单位及负责人从宽处理。

　　其次，在案件受理后，检察机关启动"一案双移送"机制，刑事、民事检察官同步介入阅卷审查，公益诉讼同步介入，打破刑民检察壁垒。对于认罪认罚但不缴纳资源修复费用的，在提出量刑建议时从宽幅度从严把握，并视情况提起刑事附带民事公益诉讼或单独提起民事公益诉讼。如某区检察院与公安机关、法院、农业农村局联合会签《关于建立非法捕捞水产品案件协作机制的意见》，规定了非法捕捞水产品案件同步开展刑事检察和公益诉讼检察的方式。

　　最后，通过落实一般预防，形成宣传效应。检察机关通过开展不起诉公开宣告、公开听证、法治宣传以及检察建议等工作，延伸办案效果。如某区检察院办理一起滥伐林木案，两名犯罪嫌疑人认罪认罚并购买树苗进行补植。针对多数林区农民环保意识欠缺的情况，该院在当地公开举行不起诉宣告，并针对林木管理问题向农业农村局发出检察建议书，后收到该局整改情况的反馈，延伸了刑事办案的社会效果。2020 年 1 月至 2022 年 12 月，N 市检察机关共适用该制度办理破坏环境资源保护类犯罪案件 810 件 1438 人。

　　除 N 市外，上海等地区司法机关从认赔形式、从宽把握、权益保障、诉前督改及先予执行等方面进行了程序设计，探索建立了"认罪认罚认赔"新模式，亦值得借鉴参考。

三、检察机关适用认罪认罚从宽制度推进社会治理存在的重点、难点问题

结合司法实践，检察机关在适用认罪认罚从宽制度推进社会治理过程中，存在的问题和障碍也十分明显，简言之就是"五个不足"：依据不足、约束不足、资源不足、配合不足、激励不足。

（一）要求犯罪者参加公益劳动的依据不足

在目前的法律框架之内，公益劳动仅能提倡而不能强制。在面对公权力以及可能被起诉的风险之下，绝大多数犯罪嫌疑人都会选择配合、服从司法机关的提倡和安排。但若其不愿意从事社会服务，检察机关也不能强制其进行公益劳动。从法律的统一实施出发，亦不能因为其不愿意从事公益劳动，就对认罪态度好、犯罪情节确实轻微者提起公诉。企业合规等建立在被不起诉企业自愿基础上的制度亦然。这也造成社会治理相关措施的强度设定难以把握：过于轻松则可能走过场，达不到教育改造和帮助社会的效果；过于辛苦又可能影响改造对象的配合度和积极性，甚至有变相刑罚之嫌。

（二）工作文书的约束力、公信力不足

在文书创设方面，也多采用工作性质的文书而非正式规范的法律文书，不具有普遍意义上的法律约束力。例如 N 市 J 区对于检察机关认为符合社会公益服务条件的案件，向公安机关发出的文书为《开展交通志愿服务考察审批表》，而 X 区则是由犯罪嫌疑人签署《自愿从事社会服务承诺书》。对于犯罪嫌疑人而言，服务完成后是否确实能获得不起诉处理，处于未知状态，并没有获得司法机关的承诺。公安机关对于考察结束的案件，向检察机关移送的文书为《社会服务考察报告》，当中包含有建议检察机关作不起诉处理的意见，但同时移送的法律文书为《起诉意见书》，程序上也依然为"移送审查起诉"。二者相较之下，《考察报告》的效力显然不如《起诉意见书》，侦查机关"官方"处理意见依然为建议起诉。

（三）司法资源配置不足

基层司法机关普遍呈现工作量相对饱和的状态，若要延伸办案效果，推动社会治理，则需要进一步耗费更多的人力、物力。案件类型千变万化，社会治理工作涉及的领域又十分广泛，对于哪些案件可以开展社会治理等问题尚没有明确的界限和指引，办案人员可能更乐于采用传统的快办快结方式来处理案件，而有意回避烦琐复杂的社会治理工作。如何实现司法资源的最优化配置，找准司法办案与社会治理的平衡点，最大化释放制度效能，成为亟待研究和解决的问题。

（四）跨领域协作配合不足

开展社会治理需要多方力量的共同参与。一方面，认罪认罚从宽制度作为用于处理刑事案件的制度，有着严格的适用范围和被动性，即检察机关难以在脱离刑事诉讼流程和刑事案件的情况下通过该项制度推动社会治理工作。另一方面，推动社会治理的多样性意味着需要不同领域相关单位的协作配合，如何在各自领域发挥职能的同时，实现协作配合，找准协作配合的连接点和切入口，是难点问题之一。检察机关不具备刑事或行政的处罚权，非刑罚化处罚措施以及一些社会治理手段还仰赖于其他部门的协作配合，难免具有一定"讨价还价"的空间，不够严谨。实践中也确有一些涉税案件被不起诉的单位、个人，面对高额罚款不愿意配合，税务机关也难以执行到位。

（五）司法机关考核导向激励不足

现行考核机制下，绝大多数工作指标通过数据形式予以展示，采取相对简单的达标制或竞争排名制。社会治理这种难以简单通过数据来体现质量的绩效难以量化。在工作量较为饱和时，办案单位及人员更倾向于将相对有限的资源投入到见效快的硬性考核指标中，可能导致参与社会治理内在驱动力不足的问题。若进行量化，不同地区客观条件不同，又最终可能影响考核结果。司法机关应当研究如何科学设定考核导向，激励司法人员充分发挥主观能动性。

四、认罪认罚促进社会治理路径探索

检察机关要准确把握参与社会治理的切入点，通过刑事追诉的整个程序，切实实现运用司法手段促进社会治理的目的。

（一）完善立法：推动轻微刑事案件非刑罚处罚制度的建立和完善

目前，对于轻微刑事案件非刑罚处罚的做法还处于探索阶段。江苏省检察院在 2021 年 3 月开展了"不起诉案件非刑罚处罚规范化"试点工作，但这些做法还处于在法律框架内的零星尝试，也基于被不起诉人的自愿配合，并不具备强制效力。建议激活刑法第 37 条规定的非刑罚性处置措施，建立完善训诫、责令具结悔过、赔礼道歉等法定非刑罚处罚措施的适用对象、适用方式、适用程序等，使其具备可操作性。明确移送行政处罚的必要性审查标准，确保非刑罚处罚措施适用合理、规范。行政立法要与刑事立法同步与时俱进，对于情节尚不足以刑事处罚但有必要降格行政处罚的，需要有行政主管部门以及对应的行政处罚措施可以衔接。

（二）规范文书：创设更具法律效力的社会公益服务配套文书

社会公益服务的做法经过实践检验行之有效且社会接纳度高，符合刑事法律价值导向，建议纳入法律框架，正式试点或推行"社会服务令"，使其有法可依，也通过正式的法律文书赋予其强制效力。在立法未修改前，可以探索创设更具司法效力的配套法律文书。例如经审查符合开展社会公益服务的，制发《社会公益服务建议书》或《拟不起诉监督考察委托函》，一方面正式向公安机关或相关主管部门提出建议，另一方面相当于向犯罪嫌疑人书面宣布不起诉的可能性，增强司法公信力，提振参与社会公益服务的积极性。对于在移送审查起诉前已经完成社会公益服务，公安机关亦认为可以作相对不起诉处理的，直接向检察机关移送审查不起诉，发出《不起诉意见书》，避免文书内容冲突。

在《认罪认罚具结书》以及《不起诉决定书》中，则应当载明不起诉决定的法律后果，明确指出若无正当理由未能在规定时间内按要求完成社会公益服务或非刑罚处罚等，检察机关可以撤销不起诉决定提起公诉，避免不诉了之。

（三）明确指引：拓展社会治理的内涵与外延

充分运用认罪认罚从宽制度实现社会治理目的，应当具有普适性。一方面要明确适用的案件范围。一般而言，对于法定刑在三年有期徒刑以下的轻刑案件，尤其是符合缓刑适用条件以及具有相对不起诉可能性的案件，均应当结合案件类型、特点开展相应的社会治理工作。另一方面是丰富社会治理的方式方法。对于已经产生社会危害的，要求通过赔偿、补偿、恢复原状等方式弥补犯罪后果。对于可能适用缓刑或不起诉的，可以采取替代处罚方式，例如社会服务等。虽然当前社会公益服务是基于犯罪嫌疑人、被不起诉人、被告人的自愿参与，且不属于刑事或行政处罚，但事实上具有一定惩罚性质，也应当具备相当的劳动强度。

（四）形成合力：加强各方社会力量之间的衔接配合

1. 整合内部资源，形成检察合力。探索刑事检察与公益诉讼检察相配合，一案双移送，由更为专业的公益诉讼部门对当事人修复环境资源的质量效果进行跟踪。对于拒绝修复、赔偿补偿的，由公益诉讼检察部门作为诉讼主体提起公益诉讼。探索刑事检察与刑事执行检察相配合，对于判处缓刑的被告人参加社区矫正、履行社会服务的情况进行跟踪监督。通过打造检察一体化最大限度优化司法资源配置。

2. 推动协同治理，形成工作合力。检察机关所处的社会环节决定了参与社会治理时存在着时间有限性——办案期限、方式单一性——刑罚手段、顺序末端性——事后治理等劣势。检察机关做好与公安、税务、环保、民政等其他相关行政机关、政法单位之间的衔接配合，建立健全协同治理机制，最大限度凝聚思想共识与工作合力。

3.引入社会资源，打造社会合力。让轻微刑事案件犯罪嫌疑人参与社会服务。检察机关可以与当地民政、文明办等部门以及基层街道、社区形成合作关系，将其按需输送至不同岗位，促使其从纯粹的刑事司法活动"诉讼客体"向社会治理主体参与者转变。

（五）理念转变：将"自选动作"变为"规定动作"

由于缺少法律或顶层规范性文件的指导，当前检察机关适用认罪认罚从宽制度推动轻刑案件社会治理的做法仍在探索。检察机关应当发挥主观能动性，通过把推动社会治理工作做实做细，在实践中摸索建立较为完善全面且确有成效的机制，再推动立法。

1.探索建立轻刑案件社会服务人员库，将符合条件的社区矫正人员、相对不起诉人员建立服务档案，除了记载涉案的案件类型、情节等信息之外，还可以载明个人职业、特长等内容。对于不需要参与社会服务的，要说明原因，避免司法办案人员选择性执法。

2.设立志愿服务内容菜单，由行为人选择愿意参与的一项或数项服务项目，在条件允许的情况下通过行为人与接收单位的双向选择。一方面让行为人在自愿选择的岗位上更大限度地发挥服务热情；另一方面也尊重不同接收单位对于服务人员的一些特殊要求，避免产生消极抵触情绪。

3.建立科学的考核导向，树立更为包容、开阔的案件质量观。开展社会治理工作必然比就案办案更耗时耗力，不宜简单以办案时长来考察办案效率，避免办案人员为片面追究高效而不做、少做社会治理工作。对于司法办案人员在办理刑事案件的同时有效促进社会治理的做法，赋予更多考核比重，予以更多的鼓励和肯定，激励办案人员重"办案"也重"治理"。

认罪认罚同步录音录像制度研究
——以某中部省份基层院为实践样本

山西省阳城县人民检察院第一检察部课题组

秦云峰 刘晋阳 王 霄 李丹丹

引言

党的十八大以来，一系列大刀阔斧的体制机制改革为社会经济发展提供了新动能，社会经济活力焕发，人民生活水平不断提高，生活方式有了较大改变。刑事犯罪结构也发生了重要变化，轻罪类型案件增多。在此背景下，认罪认罚从宽制度作为一项具有中国特色的刑事司法制度改革应运而生。为充分保障犯罪嫌疑人认罪认罚的自愿性和真实性，让认罪认罚制度顺畅运行，最高检提出认罪认罚案件同步录音录像制度。

一、认罪认罚案件同步录音录像制度概述

《人民检察院办理认罪认罚案件听取意见同步录音录像规定》（以下简称《同录规定》）与侦查机关讯问同步录音录像的适用情形有所不同，但本质上都是通过同步录音录像制度来保障被追诉人合法权利，规范司法权的运行，实现公正与效率的统一与兼顾。认罪认罚同步录音录像制度有其必要性。

一是保障犯罪嫌疑人合法权利的必然要求。认罪认罚从宽制度经由最初的试点到《刑事诉讼法》从立法层面予以确认，其愿景是美好的，即在案件量不断增加和刑事犯罪结构发展的背景下通过犯罪嫌疑人自愿认罪认罚来实现刑事诉讼程序的繁简分流，进而实现司法资源的供需平衡和有效配置。然而在司法实践中，可能存在办案人员在办案过程中为了片面追求考核指标忽视对被追诉人的权利保障。而同步录音录像制度通过完整全面

再现整个认罪认罚过程，可以很大程度上规避这种风险，保障被追诉人合法权利。

二是确保认罪认罚真实性、自愿性的必然要求。认罪认罚从宽制度建立在被追诉人对犯罪事实、所触犯的罪名以及预期法律后果完全自愿认可的基础上，"被追诉人认罪认罚，即意味着其放弃了无罪辩护的可能，同时因诉讼程序的简化其也部分失去了法律给予的正当程序保障"①，因此，被追诉人在认罪认罚过程中的真实性、自愿性是该项制度（认罪认罚从宽制度）确立的前提，也是保障被追诉人合法权益的核心。② 认罪认罚同步录音录像制度就是在原有的认罪认罚从宽制度的基础上为该项制度的落实进一步提供佐证，以视频载体的形式辅助证明被追诉人的真实意愿。

三是规范检察权运行的必然要求。"录音录像制度的确立除了具有固定犯罪嫌疑人、被告人自愿性的功能外，还有规范侦查人员取证行为的功能，而且后者更具有本源性意义。"③ 任何权力都需要监督和制约，认罪认罚同步录音录像通过一种客观的录制设备、存储载体，辅之以录音录像文件规范严格的保存、调取规定，对被追诉人认罪认罚的整个过程进行见证，可以在很大程度上督促办案人员在权利告知、释法说理、量刑协商、语言措辞、行为举止等方面规范司法行为，调整原本的强势主导地位，使得控辩协商的平等成为可能。

二、认罪认罚案件同步录音录像制度的实践探索

本文选取某中部省份基层检察院关于认罪认罚同步录音录像的运行实践为例，从完善制度建设、硬件设施建设、提升软件实力、巩固适用效果等

---

① 黄珣、侯赵翔:《权利保障：认罪认罚从宽制度自愿性问题研究》，载《山西广播电视大学学报》2017 年第 2 期。

② 赵学军、刘钰淇:《认罪认罚制度中自愿性的判断标准及保障机制》，载《辽宁公安司法管理干部学院学报》2021 年第 1 期。

③ 陈在上:《同步录音录像制度功能与适用问题研究》，载《河南财经政法大学学报》2018 年第 4 期。

方面进行分析，以期为大多数受制于人力财力、整体社会环境等的兄弟检察院推广适用认罪认罚同步录音录像制度提供另一种可以满足办案实际需要的可能。

（一）制度建设方面

同录工作经历了从无到有、从探索实践到完善健全的过程，其主要体现就是规章制度的完善。该院在 2020 年末开始试行同录工作，通过总结实践经验，将创新实践固化成制度，于 2021 年 4 月出台了《县人民检察院认罪认罚案件听取意见同步录音录像工作规定（试行）》。最高人民检察院在 2021 年 12 月印发了《同录规定》，明确了办理认罪认罚案件听取意见同步录音录像的目标任务、适用范围、录制内容、参与主体以及录音录像文件保管、使用规则等。该院结合办案实际需要和最高检《同录规定》，对自身文件进行了相应的修改完善，为进一步解决适用认罪认罚从宽制度案件中发现的认罪认罚自愿性无法保障、听取意见不规范、释法说理简单化等问题提供了制度遵循，同时也推进了检察机关主动规范、约束检察履职行为，深入推进执法司法制约监督机制的建设。

（二）硬件设施建设方面

开展认罪认罚案件听取意见同步录音录像工作（以下简称同录工作）的落实需要依托硬件设施建设。该院的硬件设施建设分为三个阶段：第一阶段为利用现有场所和设备进行探索和适用；第二阶段为根据需求牵引，进一步购买专业设备，解决适用中存在的问题；第三阶段为上级检察机关构建统一平台，进一步解决适用和监管问题。在 2021 年 1 月同录工作试行初期，该院利用讯问室、远程提讯室等现有场所，将办案讯问室改造成"认罪认罚具结室"，利用单位现有的摄像机架设定点记录，之后由工作人员定期刻盘，作为控辩协商证明材料留存，对于录制设备和储存方式没有具体要求。在实践中发现存在刻录不及时、不准确、效率低等问题后，该院于 2022 年初在办案区配备了专业的摄像刻录设备，只要在录制前输入案件统一受案号，就能够同步录像、同步刻录、同步传输，解决了"面对面"的认罪认罚同录问题；同时，该院在新建设的公开听证室安装同步刻录设备，进行远程同步录音录像，解决了因技术导致的效率问题。由于技术和资金的问题，我国大多数基层院无法实现一次性建立统一平台、完善相关设施，但从该基层院的实践可以看出，利用大多数基层院现有场所和设备也可以实现同录工作的效果，便于推广落实。

（三）提高录制技术方面

该院通过对人员培训和格式文书的制作，提高录制技术，让录制内容更加规范。该院对办案人员进行履职培训和录制技能培训，明确着装规范、用语规范等要求，并对刻录、登记、归档等工作提出明确要求。为实现录制内容的全面性和准确性，该院在实践基础上，创新制作《量刑协商工作笔录》《量刑建议理由说明书》等文书模板，通过文书模板规范录制内容，在《量刑协商工作笔录》中记录值班律师、辩护人意见的同时，要求其签署《听取辩护人/值班律师意见表》，充分听取犯罪嫌疑人及其辩护人或值班律师意见，对合法、合理意见予以采纳，真正做到听取意见实质化。

（四）适用效果方面

课题组对该院四年以来的相关数据进行了统计，截至 2022 年 11 月，该院适用认罪认罚从宽制度审结 1891 人次，适用率达 86.5%；其中，2021 年以来开展认罪认罚案件听取意见同步录音录像 1089 人次，占认罪认罚从宽制度适用人数的 94.2%。认罪认罚案件上诉率同比下降 3.26 个百分点，可以看出同录制度对认罪认罚的适用起到了促进、提升作用。具体如下图所示。

三、认罪认罚案件同步录音录像制度的存在问题

同步录音录像制度在有效降低认罪认罚案件上诉率、提升案件质效的同时，由于财力、物力、人力等方面的因素掣肘，在一定程度上未能充分发挥其应有的效果。

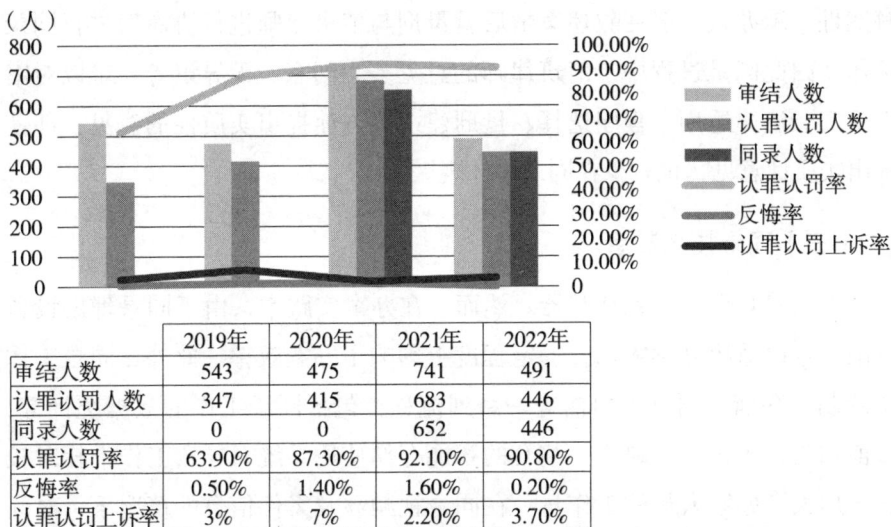

	2019年	2020年	2021年	2022年
审结人数	543	475	741	491
认罪认罚人数	347	415	683	446
同录人数	0	0	652	446
认罪认罚率	63.90%	87.30%	92.10%	90.80%
反悔率	0.50%	1.40%	1.60%	0.20%
认罪认罚上诉率	3%	7%	2.20%	3.70%

2019 年至 2022 年 11 月认罪认罚相对数据对比

（一）同录过程不够规范

以某县区院为例，该院在进行探索时创新制作了《量刑协商笔录》《认罪认罚具结书》等格式文书，制作格式文书的初衷是为了确保同录工作的规范性和内容的完整性，但在实践过程中，受案件审查的时间限制、案多人少客观矛盾等因素影响，为了提高工作效率，加快案件办理进度，对于开展同录工作需要的法律文书如认罪认罚具结书、量刑建议协商笔录等，部分承办人会提前制作好并提前打印。虽然提高了效率，但出现同录被告人有问题咨询、对量刑有异议等记录不一致情况时，承办人、值班律师和辩护人会进行解答和协商，不对量刑协商笔录模板进行更改，因此协商笔录无法体现，导致协商笔录和录像不一致，证据效力下降。

（二）控辩量刑协商不规范

控辩量刑协商作为认罪认罚从宽制度的核心环节，是指检察机关在提出量刑建议前，应当充分听取犯罪嫌疑人、辩护人或者值班律师的意见，体现了协商性司法理念。然而在实践中，控辩量刑协商不够规范；值班律师主要在同录前通过翻看起诉意见书、听取承办人简要叙述案情等方式了解案件，承办人一般在叙述案情后就量刑与值班律师进行协商后进行同录工作。因此同录过程中，值班律师的意见多为同意、无异议等，难以对案件事实、法律适用、程序选择、量刑建议等方面提出实质性的意见，即使提出实质性意见，也较少在同录中体现。

（三）同录技术滞后

工欲善其事，必先利其器。然而，在办案实践中，由于同录辅助设备有限，难以适应办案需求，一定程度上影响了办案效率。此外，同录工作从录制、存储、刻盘到归档等一系列流程，包括同录工作的数据统计等，目前均为人工操作，缺乏一整套的智能存储使用系统，导致工作中耗时较多，加大了办案人员的工作量。在同录视频涉及案件信息的情况下，对同录视频的提取使用等相关的规定也缺乏较为完善细致的制度规范，以及针对同录文件在保存过程中的防篡改技术等需求，目前尚无完善的举措。

（四）录制工作缺乏有效监督

同录文件是用来佐证认罪认罚确系出于犯罪嫌疑人、被告人的真实意思表示，以及检察机关在听取意见过程中进行了对认罪认罚的含义、性质和法律后果的真实告知，而非作为证据使用。由于实践中被追诉人在庭审阶段翻供或反悔、拒不认罪认罚等现象较少，需要录像佐证的概率较小，检察官在进行录制时不够重视，缺少自我监督；由于同步录音录像的监督权限不明确，上级单位、检务督察部门或纪律检查部门对录制工作的监督较少，且无明确规范，此种情况下，对于整个录制过程缺乏有效的监督和规范。

四、认罪认罚案件同步录音录像制度的完善路径

针对同录制度在实际运行中存在的问题，为进一步规范同录工作，使其真正发挥效用，助推认罪认罚从宽制度的深入落实，本文提出以下几个方面的完善建议。

（一）规范录制过程

一方面，要加大同录工作培训力度。应当通过加强对《同录规定》的学习培训，使办案人员真正了解掌握《同录规定》的具体要求、主要目的、实际用途，从而在思想上引起足够的重视。同时，进一步加强内部协同培训，提高检察技术人员或者检察辅助人员的同步录音录像操作水平。另一方面，要严格按照《同录规定》的相关要求，对于讯问与具结、听取意见连贯进行的，或者讯问过程能够体现出对被追诉人进行相应告知、量刑建议情况、协商互动内容的，应当对讯问过程进行一并录制。

（二）录制过程真实体现协商过程的互动性

要通过改善控辩量刑协商程序，从而使录制过程真实体现协商过程的互动性。第一，通过加强与相关部门的沟通，完善值班律师提供法律服务的经费保障问题，在确因办案需要值班律师在场的情况下，对于值班律师超出规定值班时间配合检察机关工作提供法律帮助的情况，应当为此部分额外服务支付相应的对价补偿，使值班律师有动力去参与到为犯罪嫌疑人提供法律帮助工作中。第二，充分尊重值班律师意见。对于值班律师围绕案件定罪量刑所发表的意见建议，如果理由充分，应当及时调整量刑建议。对于不采纳律师意见的，应当向其说明理由，赢得值班律师对量刑建议的内心认可。第三，给予一定程度的量刑协商空间。根据案件难易程度，结合犯罪嫌疑人认罪悔罪、退赃退赔的可能性等情况综合分析量刑建议可能存在的变数，合理开展多轮量刑协商，确保犯罪嫌疑人认罪认罚的自愿性、真实性。

（三）改进同录技术

一方面，充分利用现有设备，可结合原有调查职务犯罪案件的技术装备，实现对同录工作的实时录像、云端存储、后续管理，最大限度节省人力物力成本。同时，加强智慧检务建设，充分借鉴先进地区经验，结合本地区实际和办案需求，对现有设备进行必要改造，改进同录文件的录制、传输、提取等工作，解放办案人员双手，提高同录工作质效。另一方面，要充分利用大数据、区块链等技术，加强对同录文件的安全保存和使用。完善同录文件保密管理。提高同录工作相关人员保密意识，对同录文件后续管理指定专人负责，规范同录文件的提取使用等管理工作。

（四）加强对录制工作的监督

一方面，应当进一步细化录制工作的起始和结束节点。以明确告知被追诉人即将对整个认罪认罚全过程进行同步录音录像开始，以被追诉人签署了认罪认罚具结书等一系列文书为结束。同时，应当赋予被追诉人对录制文件进行核对的权利，并对核对无误的录制文件签字确认。另一方面，健全同录工作监督制度。依托检务督查、将录制文件纳入案件评查内容、派驻纪检监督等方式，对同录工作开展现场督查、不定期督查，对语言不规范、着装不规范等问题进行内部通报，开展系统内部对规范开展同录工作的监督力度。

略论我国刑事司法改革的价值导向
——以认罪认罚从宽制度为视角

陈　磊　河北省廊坊市安次区人民检察院

随着审判中心主义理念的提出、认罪认罚从宽制度正式入法，在新一轮司法改革持续推进的背景下，从认罪认罚从宽制度的视角思考我国刑事司法改革的价值导向是本文论证肯綮所在。

一、司法改革背景下认罪认罚从宽的制度体系再梳理

（一）认罪认罚的制度根源管见

有部分学者认为我国认罪认罚从宽制度是对美国辩诉交易制度的引进，笔者并不同意这种观点。需要注意的是，认罪认罚从宽制度是对坦白从宽刑事政策的制度化和深化发展，是将公正落到实处的手段，同以比较轻的量刑来换取被告人认罪的辩诉交易制度有着根本不同。并且，辩诉交易制度仅适用于轻罪案件，而认罪认罚从宽适用于所有案件，不存在案件性质和类型的限制。从某种意义上讲，仅速裁程序与主流职权主义国家的"协商性司法"具有一定的可比性，而认罪认罚从宽制度在外延上则远远超过了"协商性司法"。[①]

我国古代的纠问式诉讼模式已在文化上塑形，改革开放四十余年来的司法政策更偏向于追求实质真实。毋庸置疑，认罪认罚从宽制度是刑事司法程序上的一大进步，对我国司法理念的转变有着重要作用。我国司法实务的实际情况是，冗杂的刑事案件和纷繁的刑事理论给司法机关带来巨大

[①] 施鹏鹏：《认罪认罚从宽的类型化与制度体系的再梳理》，载《比较法研究》2021年第4期。

的压力。从认识论的视角来看，马克思主义认识论的逻辑是从实践到认识再到实践，认识来自实践，并反作用于实践。不论是立法还是司法制度的变革，都是对实践中产生的问题的回应，也有待法的理论的支撑。

（二）认罪认罚案件中的法检关系向度初探

在认罪认罚刚落地之初，有观点担心检法两家会出现权力之争，实践证明，认罪认罚并不会对法院的正当化审判权造成影响。根据我国宪法及相关法律的规定，人民法院仍然是我国唯一拥有司法审判权的国家机关，是具有正当化权力对案件有最终定罪量刑权的唯一国家机关。在定罪量刑等方面，传统的检察机关仍然秉持其原有的国家权力，甚至其权力在一定程度上被压缩，在刑事案件的事实确定、法律适用及刑罚量的选择上并不享有任何决定权，并不拥有足以冲击现有刑事诉讼构造的权力配置及其合法性依据。此外，从整体上看，检察机关在认罪认罚从宽案件中的量刑建议并不是一种传统司法权力，而是从其原有司法权力中摘取出来的一种公诉权的延伸，这种延伸并不是一种司法话语权的重塑，也并不足以认为是对以审判为中心的诉讼制度改革的破坏。从另一个方面来看，我们国家几乎任何刑事司法改革的重心都在程序领域，也都是朝着程序正当化理念的方向发展，但我们必须认识到，不论是何种程序正当化的实现都不可能单独通过权力的配置来完成。

此外，认罪认罚案件中检、法仍然遵循分工负责、互相配合、互相制约的基本原则，但在职权上进行了调整。随着认罪认罚案件控审构造在理论层面的廓清以及相关综合配套制度的完善，控审之间终将迈向常态化的"合作"关系。[1] 确定刑量刑建议不单是检察机关对量刑建议权的行使，也是对其"提出合理量刑建议并尽力与辩方协商一致"的职责要求，是要求

---

[1]　王迎龙:《认罪认罚从宽制度中的控审构造》，载《中国刑事法杂志》2021 年第 6 期。

检察机关规范化、科学化量刑建议的一种制度性制约。[①]

（三）精准化量刑和规范化从宽

鉴于刑事司法的严正性，对于定罪的规范化毋庸置疑是各国刑事法典趋于发展的一个重要方向，对定罪的理解和定罪体系的构建已经有很长的发展历史。而对于量刑规范化的认识，多是一个理论层面的问题，学界对此观点不一。有支持的学者观点表明，量刑的规范化不止是刑罚发展的一个方向，也是推动犯罪、量刑、刑罚诸方面刑法理论和制度相结合的逻辑承接点。[②] 笔者也同意，量刑的规范化困境是目前阻滞我国刑事案件结果正义的一大重要因素。

根据哲学上的认知论原理，法学研究是就现有的法律体系和法学思想体系中的全部或部分内容进行研究，如果说理论研究是法学研究的重要方式，其主要目的还是为形成科学的规范体系服务。无论是大陆法系还是英美法系，成文法系还是判例法系，都是既有规范又有理论，对理论的研究仍然主要以规范为起点。在刑法学研究中，不论是朝向立法的科学性还是理论的前置性，对基本问题的理解都要扎根于现有的法律规范并致力于其发展。法律和现实之间、规范和理论之间的诸多问题代入到各种刑法制度中，众多制度及其存在的一些问题需要不断研究精进。

从宽的把握和规范化、精准化量刑是相辅相成的概念，二者如同车之两轮，共同推动认罪认罚从宽制度在当下刑事法治视野中朝着所设立的目标前进。同时，在认清法治传统并厘清法律制度发展基本规律和脉络的前提下，综合现今国家法治基本情况和法律土壤，对认罪认罚从宽进一步进行系统梳理，使其能同其他刑事诉讼制度相得益彰，并在规范化量刑的逻辑体系内得到认可，不论是对于这个制度本身还是对于规范化量刑来说都具有极为重要的意义。

---

① 史立梅、刘楠：《检察机关提出确定刑量刑建议的进路》，载《人民检察》2021年第13期。

② 石经海：《论量刑基准的回归》，载《中国法学》2021年第5期。

二、认罪认罚从宽视阈下的司法改革价值导向

诉讼法是立法者立足于某个时代条件并充分考虑这个时代的法律理念和文化背景之后设计的一种符合国家、社会以及社会成员效用和意义的诸多制度安排，这些制度安排共同搭建起整个刑事诉讼程序，刑事诉讼构造当然也是其中的下位概念。而刑事诉讼价值是这种构造设计所发散的一种价值追求，这种追求一般以符合国家、社会及其成员的效用和意义为最低限度，因此，笔者认为，刑事诉讼价值是由刑事诉讼构造所决定的。

文化、法律和司法及其相关理念也是制度变革应当关注并考量的重要一环，尤其是像在我国这样一个有着悠久历史传统的纠问式诉讼构造的国家，传统法治理念和法律土壤使我们国家的刑事司法格局别具特色，要想进行深入制度变革且使其兼具科学性是非常难的，认罪认罚从宽制度下繁简分流的案件审理程序也经过了长期的法治变革道路积累。

不论是刑事理论界还是司法实务界，对"宽严相济"这一刑事政策都持肯定态度，此一政策引导下，我国的刑事法律在扩大相对不起诉范围、严格限定死刑适用、确立更加实质化的刑事和解制度等方面作出了规范和实践指引层面的回应，甚至对刑事实体法和程序法的相关解释也受到这一政策理念的影响。宽严相济的刑事政策是指按犯罪性质区别对待，该宽则宽，当严则严，宽严相济，罚当其罪，可适用于所有的刑事案件。[1] 作为我们国家近年来力度最大的司法改革举措，认罪认罚从宽制度同样承载着相同的价值导向。

三、认罪认罚从宽司法改革价值导向的文书体现

认罪认罚从宽制度的价值导向追求在依法治国框架下刑事司法权秉持人文关怀，以制度推进宽严相济刑事司法政策，同时推动协商司法理念和

---

① 施鹏鹏:《认罪认罚从宽的类型化与制度体系的再梳理》，载《比较法研究》2021 年第 4 期。

恢复性司法理念。诉讼制度的运行是以法律文书为载体具现。^① 在认罪认罚从宽制度运行中,具结书承担着枢纽作用,是该制度得以良好运行的关键。^② 因而,笔者以具结书作为对象论述认罪认罚从宽司法改革价值导向在法律文书中的体现。

具结一词根植于我国的司法传统之中,在古代常用于纠纷结案处理,具有保证、悔过的含义。^③ 认罪认罚从宽制度创新了其具结完案的功能,由于认罪认罚从宽制度的设计和价值追求,对具结书的性质存在不同观点。书证说认为^④,在认罪认罚案件中,被追诉人因认罪认罚与检察机关就认罪、量刑进行协商签署的具结书是证据的一种,用以证明其认罪认罚的客观事实。供述说认为^⑤,被追诉人签署具结书是对检察机关指控犯罪事实的供认,因此应认定为供述与辩解类证据。这两种观点都基于证据法学的基本框架,将认罪认罚具结书纳入传统刑事诉讼框架内考虑,并一定程度上为具结书在庭审中的适用预留了空间。但是证据类观点忽略了认罪认罚从宽制度的基本价值追求和制度创新,认罪认罚从宽制度的创新在于在职权主义诉讼环境下,试图创造平等对话的控诉—被追诉人关系,具结书不宜认为是追诉的工具,而是平等限制双方的契约。^⑥ 首先,公诉机关提出的指控罪行与从宽处罚建议,是对被追诉人的承诺;其次,被追诉人在签署具结书的过程中有选择签署与不签署的权利;最后,双方的一致意见会以文本签字生效的方式予以记录。因而,应当认为具结书是建立在检察机关

---

① 王平侠:《诉讼中的证明与法律文书中的证明初探》,载《中国矿业大学学报(社会科学版)》2004 年第 3 期。

② 马春娟、郝小乔:《论认罪认罚具结书内容之完善》,载《河南工程学院学报(社会科学版)》2021 年第 1 期。

③ 赖玉中、王耀珑:《认罪认罚具结书的性质,效力及其内容完善》,载《山东警察学院学报》2021 年第 5 期。

④ 刘少军:《性质、内容及效力:完善认罪认罚从宽具结书的三个维度》,载《政法论坛》2020 年第 5 期。

⑤ 韩旭、李松杰:《认罪认罚具结书的效力及其完善:从余金平交通肇事案二审加刑谈起》,载《南都学坛》2020 年第 4 期。

⑥ 马明亮:《认罪认罚从宽制度中的协议破裂与程序反转研究》,载《法学家》2020 年第 2 期。

和被追诉人之间的契约书。

明确性质，也就明确了具结书的功能。首先，具结书是对被追诉人的约束，签署具结书就是对指控事实和量刑处罚建议的认可，从而享受从宽量刑和快速审理结案的优惠，同时放弃了无罪申辩的权利。其次，具结书是对检察机关的约束，检察机关在提出从宽量刑建议时，不仅要考虑犯罪嫌疑人认罪悔过的真实性，而且要综合考虑案件情况，避免出现为获得有罪供述而损害司法公正的现象。认罪认罚具结书是控辩双方协商的产物，双方均应诚信践行。检察机关在起诉案件时应当以具结书签署为准。最后，认罪认罚具结书具有对庭审合议的影响力。具结书的签署必然使案件审理程序简化，法院作为司法公正的最后一道防线，在审查认罪认罚案件时，应当着重审查具结书签署的自愿性、合法性和真实性。

当下，新一轮司法改革持续推进，在此背景下，认罪认罚从宽制度正同其他诉讼制度在不断交汇中协调，逐渐在以控辩审为基本结构的程序体系基础上形成更加多元的刑事治理格局。同时，对改革的重视和对制度的完善既发散了"合作式""协商性""恢复性"等极富活力的诉讼理念，也承载着实现宽严相济、促进案件繁简分流、保持谦抑、慎诉等多元诉讼价值的重担。未来我国关于司法改革问题的讨论也须以协商性司法下提升审判质效为基本价值目标，遵从繁简分流时代化解社会矛盾、减少社会对立、促进和谐稳定的指导思想，并以尊重诉讼规律、恪守刑事司法基本原则、维护公平正义为最低限度要求。改革中的认罪认罚从宽制度的体系化不足和结构性缺陷需要合目的性、合价值性的改革，其中文书改革应当成为先行者，以文书这种具现载体在形式上体现司法改革价值取向。

具体而言，认罪认罚具结书应当充分发挥契约属性，强化控辩双方在签署具结书中的平等协商原则。从形式上看，应当保障公诉机关的充分积极参与，体现主体的平等性。应当扭转具结书的供状化特征，具结书不仅表现了被追诉人认罪认罚的真实意思表示，还应当包括检察机关对拟指控犯罪事实、罪名、量刑制刑依据的承诺表述。认罪认罚具结书生效后将产生对犯罪嫌疑人、被告人财产和自由剥夺的后果，所以在具结书的认罪认罚内容部分应当具体载明主要犯罪事实和从宽量刑的体现。现行具结书模板内容设置过于简单,无法体现犯罪嫌疑人签署时已经了解罪名项下的具体犯罪事实,更遑论犯罪嫌疑人对其的认可。

同时,指导认罪认罚从宽制度的一大原则是提高诉讼效率,可以说制度设计初衷就是要简化程序,但事实上程序简化实质上是对被追诉人享有的庭审人权的限缩,置于具结书视域,文书生效被追诉人让渡了部分按照完整仪轨进行庭审的权利。认罪认罚具结书的签署是对案件后期审理适用简化程序的前提,若立法和具结书内容如此设定,则含有犯罪嫌疑人只认罪认罚而不同意程序适用便不能适用认罪认罚从宽之意,如此设置便形成既要认罪认罚又要同意检察机关提出的程序适用的实践问题。

未成年人适用认罪认罚从宽制度问题与对策
——以 92 份裁判文书为样本的分析

姜保忠　河南财经政法大学刑事司法学院院长，教授

马梦佳　河南财经政法大学硕士研究生

　　认罪认罚从宽制度自 2016 年施行以来，取得的成就十分显著。但该制度的适用并未对未成年人这类特殊群体作出专门的排除规定，因而当然适用未成年人。而未成年人本身具有特殊性，适用时要与成年人相区别。未成年人具有很大的可塑性，在适用该制度时，更应注重对未成年人合法权益的保护，主要呈现"教育为主，惩罚为辅"的原则，因此，对未成年人在适用认罪认罚从宽制度时所产生的问题进行研究显得尤为重要。

一、未成年人适用认罪认罚从宽制度概述

（一）认罪认罚从宽制度的概念

　　认罪认罚从宽制度，指犯罪嫌疑人、被告人自愿、如实供述自己所犯的罪行，对所指控的犯罪事实没有异议，愿意接受处罚，可以依照法律规定从宽处理的制度。在侦查阶段主要表现为犯罪嫌疑人愿意接受有关机关做出的处罚决定；在审查起诉阶段主要表现为同意检察机关作出起诉或不起诉的决定，接受检察机关作出的量刑建议，且自愿签署具结书；在审判阶段主要表现为在法院庭审过程中认罪认罚，自愿签署具结书，愿意接受法院所作出的判决。[①] 此外，认罪认罚从宽制度应从以下方面来分析其内涵，分别为"认罪""认罚""从宽"。

[①]　陈光中：《刑事诉讼法》，北京大学出版社 2021 年版，第 114 页。

首先，"认罪"要求犯罪嫌疑人、被告人出于自愿，如实供述自己所犯罪行，对所指控的犯罪事实没有异议。自愿是认罪的前提，如果没有自愿，认罪就无从谈起，被追诉人认罪，必须是基于自己的主观意愿，是真实自愿的，否则不应适用认罪认罚从宽制度；如实是认罪的必然结果，如果犯罪嫌疑人、被告人供述的为虚假的、编造的犯罪事实，那么认罪的结果将毫无意义，因而要求被追诉人完整真实地供述罪行，承认公安司法机关所指控的犯罪事实。

其次，"认罚"，是指犯罪嫌疑人、被告人对检察机关所提出的意见没有异议，愿意接受处罚，其主要表现为犯罪嫌疑人、被告人对实体上刑罚结果的接受，包括检察机关提出的刑期、主刑和附加刑的种类、刑罚执行方式等一些实体上的处理意见。如果犯罪嫌疑人只认罪，不认罚，同样不适用该制度，例如被追诉人只是表面认罪，客观上却没有认罚的表现，诸如一些财产型的犯罪，被追诉人有能力赔偿被害人损失，而拒不赔偿的，不能适用该制度。

最后，"从宽"，包括实体从宽、程序从简两个方面。实体从宽是指根据犯罪嫌疑人的犯罪情节、社会危害性、人身危险性，在规定的法定刑中依法从轻、减轻或者免除处罚，主要针对刑罚的种类、刑期、刑罚执行方式等方面的处理。程序从简是指具体的案件，依照相关的情节、法律规定适用较为轻缓的强制措施，较为简化的制度等。有学者认为适用轻缓的强制措施与我国的立法精神不符，[①] 但笔者认为，如果被追诉人在主动认罪认罚，人身危险性明显下降的情况下，可以适用相对轻微的强制措施，以此来激励犯罪嫌疑人配合公安机关做进一步调查工作。

（二）未成年人犯罪适用认罪认罚从宽制度的研究背景及意义

未成年人的认知能力尚未完善，不具有诉讼行为能力，不能完全辨认自己的行为，因而，理应作出不同于成年人的处罚。在我国《刑法》中对

---

① 孙长永:《认罪认罚从宽制度的基本内涵》，载《中国法学》2019 年第 3 期。

未成年人也有特殊的规定，例如，已满 14 周岁不满 16 周岁的人，只对罪行极其恶劣的八类犯罪承担刑事责任；未成年人限制适用死刑；不满 18 周岁的人应当从轻、减轻处罚等法律规定都体现了对未成年人的特殊保护。未成年人具有很大的可塑性，如若对其积极引导，能够使其更好地回归社会。鼓励未成年被追诉人自愿认罪认罚，适用从宽处理，有利于司法机关查明案件的真相，提高司法机关的办案效率、节约司法资源，这也是适用认罪认罚从宽制度的意义所在。需要注意的是，未成年犯适用认罪认罚从宽制度，在注重效率的同时，更应该关注未成年犯本身，从案件事实出发，结合社会调查报告，更加注重未成年人的身心健康，晓之以理，动之以情，使其真正认识到自己的错误，早日回归社会，这也与对未成年人实行以"教育为主，惩罚为辅"的原则相契合。①

（三）未成年人适用认罪认罚从宽制度的必要性和可行性

未成年人身心尚未成熟，意识能力、意志能力相对有限，所犯罪行大多是一些冲动型或者财产型的刑事案件，例如故意伤害、抢劫、盗窃、聚众斗殴等，大部分案件中未成年人的人身危险性相对较小，认知能力有限，虽能够完整地表达自己的意愿，但相对于成年人相差甚远。查看世界各国未成年犯的刑事案件，对于未成年犯采取的大多数是从轻或者减轻处罚，因而对未成年人适用认罪认罚从宽制度符合设立目的，也符合当前的刑事政策。②

同时，未成年人诉讼行为能力具有特殊性，未成年人自控能力有限，如果讯问未成年被追诉人时加大审问力度，或检察机关提出不予以从宽，可能会使其产生自暴自弃的心理，不利于案件的解决。反之，如果未成年被追诉人积极认罪认罚，主动承担对被害人所造成的损害，对未成年被追

---

① 杨宗辉、杨萌：《未成年犯适用认罪认罚从宽制度研究》，载《湖北警官学院学报》2019 年第 6 期。

② 余丽：《对未成年犯适用认罪认罚从宽制度的必要性和可行性论证》，载《预防青少年犯罪研究》2017 年第 6 期。

诉人做出从宽处理的决定，不仅有利于弥补被害人物质和精神上的损失，而且有利于司法机关查明真相，提高办案效率。未成年人的社会阅历尚浅，很容易在别人的引导下误入歧途，其改造性更强，易于教育矫治，受过良好的教育之后，有希望重新回归社会，因而未成年人适用该制度更为必要。

二、未成年人适用认罪认罚从宽制度的现状分析

为了解未成年人适用认罪认罚制度的现状，探究此类案件实践中所存在的问题，笔者通过"中国裁判文书网"，收集了自 2018 年 1 月至 2022 年 12 月关于未成年人适用认罪认罚制度案例共 92 例，以此为样本，对未成年人适用认罪认罚从宽制度进行实证分析，并分析裁判文书中存在的问题，提出相应的建议。

（一）未成年人刑事案件涉及罪名分布情况

如图 1 所示，92 份一审判决书共涉及 21 个罪名，根据数量由多到少排序为：盗窃罪（25 起），故意伤害罪（12 起），聚众斗殴罪（12 起），寻衅滋事罪（9 起），诈骗罪（7 起），抢劫罪（7 起），强奸罪（3 起），危险驾驶罪（3 起），其他罪名案件 14 起，包括：开设赌场罪（2 起），交通肇事罪（1 起），偷越国（边）境罪（1 起），贩卖毒品罪（1 起），非法经营罪（1 起），假冒注册商标罪（1 起），敲诈勒索罪（1 起），窃取、收买、非法提供信用卡信息罪（1 起），提供侵入、非法控制计算机信息系统程序、工具罪（1 起），失火罪（1 起），协助组织卖淫罪（1 起），介绍卖淫罪（1 起），非法拘禁罪（1 起），这 21 个罪名分布在《刑法》分则第二、三、四、五、六章，其中在第四、五、六章最为集中。从面前司法实践来看，未成年人犯罪涵盖了《刑法》分则的大部分内容，但是主要集中在两类犯罪：一类是侵犯财产权，另一类是侵犯人身权。未成年人由于年幼，心智尚不成熟，对外界充满好奇，因而大多数都是刺激、冲动性的犯罪，这也是由于未成年人容易受到不良风气的影响，讲义气、跟风也是未成年人又一重要特征，他们一般不会考虑这些事情所带来的后果，更容易出现冲动型犯罪。

数量

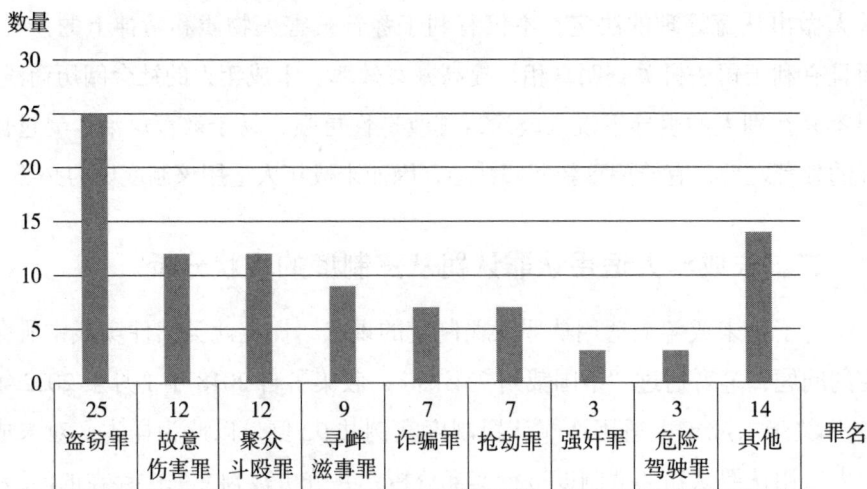

图 1　未成年人刑事案件所涉及罪名

（二）未成年人刑事案件适用程序情况

在 92 篇裁判文书中，适用普通程序审理的案例有 30 份，普通程序适用率为 32%，适用简易程序审理的案件有 54 份，简易程序适用率为 59%，还有 8 起通过判决书无法准确判断（见图 2）。可见，在未成年人认罪认罚案件中适用简易程序占大多数。未成年人认罪认罚后便不能适用速裁程序，而只能适用简易程序和普通程序。程序的简化意味着被追诉人诉讼权益的减损，未成年人心智尚未成熟，很难准确认识到适用简易程序会影响哪些权利，因此借助外部的力量就显得格外重要，例如监护人到场、辩护律师的帮助等。

（三）未成年人刑事案件辩护率情况

在 92 份裁判文书中，未成年人获得辩护的有 55 份，其中指定辩护有 39 份，委托辩护有 16 份，因为各种原因未能获得辩护的有 37 份，可见，未成年人获得辩护率仅为 60%，被追诉人获得法律帮助并不充分。《刑事诉讼法》第 278 条规定，未成年犯罪嫌疑人、被告人没有委托辩护人的，人民法院、人民检察院、公安机关应当通知法律援助机构指派律师为其提供

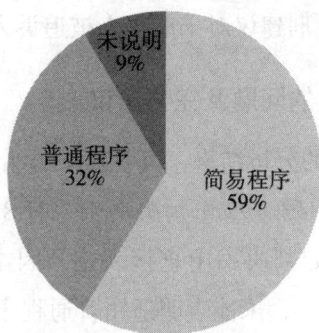

图 2　未成年人刑事案件适用程序分布情况

辩护。但在司法实践中，指定辩护未能得到充分有效的实施，在样本中指定辩护只有 39 起。而未成年人面对的是熟悉法律专业技能的侦查人员、检察人员、审判人员，如果没有律师提供法律帮助，双方的力量有差距，会对未成年被追诉人的合法权益造成很大的影响。

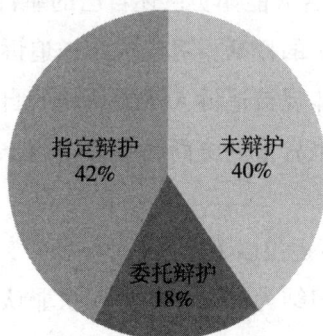

图 3　未成年人刑事案件辩护率分布情况

（四）未成年人刑事案件量刑建议情况

在 92 份裁判文书中，公诉机关提出具体量刑建议的有 75 份，其中，采纳量刑建议的有 71 份，占 95%，未采纳量刑建议的有 4 份，占 5%，公诉机关未提出具体量刑建议的有 17 份。《刑事诉讼法》第 201 条规定，对于认罪认罚案件，人民法院依法作出判决时，一般应当采纳人民检察院指控的罪名和量刑建议。在 75 份判决书中，采纳检察机关的量刑建议高达 95%，因此，检察机关提出的量刑建议对未成年人被追诉人至关重要。

（五）裁判文书反映的问题及完善建议

针对 92 份裁判文书的分析结果，笔者从中总结出以下几个问题：

第一，程序适用不明确。92 份判决书中，有 8 起通过判决书无法准确判断适用何种程序，例如判决书中直接表达"因本案涉及未成年被告人，依法不公开开庭审理本案"，未能表明适用普通程序还是简易程序。

第二，从宽处理说理不明。目前，我国法律及相关司法解释并未对"从宽处罚"幅度作出具体规定，这便意味着法官在审理认罪认罚的案件中享有一定的自由裁量权，但有的判决书中并没有将量刑说理的部分完全展现出来，很难突出被追诉人因认罪认罚而从宽处罚的效果。

第三，难以体现被追诉人认罪认罚的自愿性。样本中的判决书大多数都是以"被告人认罪认罚，签署了认罪认罚具结书，依法对其适用认罪认罚从宽处罚的规定""被告人能如实供述自己的罪行，认罪认罚，可以从轻处罚"等类似的话语简单的概括，对未成年被追诉人如何悔罪认罪并没有详细的说明，不能充分体现被追诉人认罪认罚的自愿性。被追诉人虽然签署了具结书，具结书中也有量刑协商的具体内容，但是判决书中对量刑说理部分比较粗略。

针对以上问题，笔者提出以下建议：

笔者将上述的问题归结为未成年人适用认罪认罚从宽制度并未充分围绕"认罪认罚从宽"进行说理，适用认罪认罚从宽制度应当在量刑说理部分充分说明理由。

首先，从图 4 可以看出，法院采纳检察机关的量刑建议的比例较高，因而双方量刑协商的过程体现在裁判文书中显得尤为重要。未成年被追诉人认罪认罚，签署认罪认罚具结书，裁判文书中应充分体现双方协商的过程，将控辩双方争议的焦点有条理地表述出来，争议较大的地方应重点说理。其次，虽然在庭审中已经核实具结书签署的自愿性、真实性、合法性，但是在裁判文书中也应充分说明未成年人被追诉人认罪认罚时的态度，将被追诉人认罪认罚的自愿性加以说明，让外界人员清楚了解被追诉人是在真实、合法且自愿的情况下认罪认罚，同时也可以为二审法院提供被追诉人反悔的依据。最后，对认罪认罚从宽的幅度应当提出明确的从宽方案，例如从轻处罚、减轻处罚或者免除处罚，都应当明确并进行充分的说理，这样不仅可以让被追诉人知根知底，也可以让裁判文书接受人民的监督，做到公平、公正、公开，努力让人民群众在每一个司法案件中感受到公平正义。

未采纳量刑建议
5%

采纳量刑建议
95%

图 4　法院采纳公诉机关量刑建议分布情况

三、未成年人适用认罪认罚从宽制度中存在的问题

（一）从宽幅度不明确

在案件的适用范围上，有些学者认为认罪认罚从宽制度与附条件不起诉制度混淆，[①] 适用中有重合之处，适用了附条件不起诉制度，就不能再适用认罪认罚从宽制度；有学者认为认罪认罚从宽制度是附条件不起诉的深化；[②] 有学者认为认罪认罚从宽制度只适用于一些轻型的刑事案件，因为重型的刑事案被追诉人人身危险性大，有重罪轻罚之嫌，可能会放纵被追诉

---

　　① 李丹：《未成年犯认罪认罚从宽制度适用问题研究》，载《上海法学研究》集刊2019 年第 18 卷。
　　② 魏东、李红：《认罪认罚从宽制度的检讨与完善》，载《法制研究》2017 年第 1 期。

人，不能起到更好的教育、预防作用。笔者认为，未成年被追诉人积极认罪认罚，检察机关可根据具体情况作出附条件不起诉决定，而且认罪认罚从宽制度不仅适用于轻罪，也同样适用于重罪；不仅适用于成年人，而且也适用于未成年人，这也是公平原则的重要表现。

我国《刑事诉讼法》第 15 条规定："犯罪嫌疑人、被告人自愿如实供述自己的罪行，承认指控的犯罪事实，愿意接受处罚的，可以依法从宽处理。"此条规定中，"可以"说明了适用该制度的条件是司法机关根据具体情况决定是否适用，而不是一定适用。在我国，对未成年人刑事案件实施的是宽缓的政策，不仅体现在程序法上，也体现在实体法上，例如《刑法修正案》（十一）规定，未满 12 周岁的人犯罪不负刑事责任，不满 18 周岁的未成年人被依照前款规定追究刑事责任时，应当从轻或者减轻处罚，因此，法院在判决的时候，要避免通过实体上和程序上的从宽处理导致罪责刑失衡。

在我国，认罪认罚从宽制度的从宽力度并未作出明确的规定，虽然司法人员在长期的积累中，掌握了大量有关未成年人犯罪的办案经验，对于"认罪认罚"从宽力度有了大致的把握，但我国法律中始终没有规定一个具体的、统一的标准，这可能造成量刑结果的不公正，同类案件不同处罚，也可能产生一些有损被害人权益的行为。

（二）忽视权益保障

协商性司法是指以当事人意思自治为原则，强调通过理性的对话形式解决纠纷，尽量通过非刑罚方法来解决被告人刑事责任的问题[①]。认罪认罚从宽制度中的协商性司法是指通过检察机关与被追诉人相互沟通交流，激励其自愿如实地承认自己所犯罪行，接受司法机关所指控的犯罪事实，检察机关根据具体情况相应作出从轻或者减轻处罚决定的协商过程。在这个协商的过程中，检察机关和犯罪嫌疑人双方主体的目的各不相同，犯罪嫌

---

① 韩德明：《协商性司法：理论内涵、实践形态及其语境》，载《南京社会科学》2010 年第 5 期。

疑人的目的主要是通过认罪认罚从轻或者减轻自身处罚，而检察机关则是通过犯罪嫌疑人认罪认罚尽快结束案件，提高办案效率，在这个过程中，司法机关如何保护被害人的权益是该程序的重要环节，被害人作为诉讼案件的当事人，与案件结果有着十分紧密的联系。作为犯罪嫌疑人侵害的对象，如果被害人的合法权益没有得到有效的保障，便无法缓和犯罪行为所造成的危害。因此，我们不能忽视对被害人的合法权益的保护。

在认罪认罚从宽制度中，对被害人享有哪些具体的权益、诉讼权利，受到损害之后又有何种救济途径并未作出相关的具体规定，因此，在未成年人犯罪案件适用认罪认罚从宽制度中，更应当注重保护被害人尤其是未成年被害人的合法权益。

（三）缺乏有效辩护导致未成年人的合法权益受损

未成年被追诉人是一个特殊的群体，其认识能力、智力尚在发展中，尚未完全成熟。未成年人的逻辑思维、辨别是非的能力相对较弱，其三观很容易受到别人的影响，所以未成年被追诉人往往缺乏维权意识，对法律中所规定的权利理解的并不透彻，不能合理、充分地行使自己的权利，这可能会导致未成年被追诉人处于不利的地位。而未成年被追诉人在案件的审理过程中面对的是拥有颇深经验的公诉机关，如果没有律师的帮助，控辩双方的力量就显得格外悬殊。[①] 此外，如果未成年被追诉人认罪认罚，从侧面表明其放弃了辩护的权利，这直接影响着未成年被追诉人的刑期、刑种等实体上的惩罚，对其合法权益的影响是十分重要的。所以，保障未成年被追诉人获得法律上的帮助是处理未成年人认罪认罚案件的前提。

在我国，未成年被追诉人获得法律帮助的程度较为有限，主要包括律师对未成年被追诉人的帮助，包括法律援助机构为其指派的律师和自行委托的律师，但在司法实践中，律师的参与程度非常有限，以律师会见被追

---

① 宋英辉、何挺：《未成年人刑事案件诉讼程序研究综述》，中国检察出版社2018年版，第75页。

诉人为例，虽然规定了犯罪嫌疑人自第一次讯问或者采取强制措施之日起有权聘请辩护律师，但在司法实践中，未成年被追诉人的辩护律师在侦查期间会见的情况比较少见，大多在审查起诉阶段和审判阶段会见被追诉人。而侦查阶段是一个重要的阶段，意味着证据的形成，对案件主要事实的认定等，在最终的审判阶段定罪量刑中起着重要的作用，因此，律师在侦查阶段的参与是十分重要的，如果在侦查阶段律师没有参与其中，便很难深入了解案件，从而不能对未成年被追诉人提供良好的建议和法律援助。此外，如果未成年被追诉人在没有委托辩护律师或者指定辩护律师参与的情况下认罪认罚，之后律师再介入刑事案件，因其对之前的情况不了解，不利于辩护的有效展开。

四、未成年人适用认罪认罚从宽制度的完善

（一）明确案件适用范围，规范从宽幅度

为解决未成年人刑事案件适用认罪认罚从宽制度的从宽幅度不明确，导致罪行不均衡的问题，有以下两个方法：第一，明确案件适用范围；第二，规范从宽幅度。

建立一个合理的量刑幅度对维护司法权威、取得公众的认可具有十分重要的意义，笔者认为，可以从主体要素、犯罪客体要素等方面来确定从宽幅度。第一，主体要素。在我国刑法中，刑事责任能力按照不同的年龄划分为不同阶段的主体，12周岁到14周岁、14周岁到16周岁、16周岁到18周岁，因此，从宽幅度可以根据年龄加以区别，在不同的阶段，从宽幅度有所不同。[1] 此外，从设立认罪认罚从宽制度的目的出发，从宽幅度应当适当、合理。第二，犯罪客体要素。犯罪客体是指我国刑法所保护的而被犯罪行为所侵害的社会关系，[2] 其损害的犯罪客体越重要，表现的人身

---

[1] 陈光旭：《认罪认罚从宽制度在涉未成年人重罪案件中的适用》，载《人民法院报》2019年9月5日，第6版。

[2] 高铭暄、马克昌：《刑法学》，北京大学出版社2022年版，第49页。

危害性、主观恶性就越大，因此，可以根据对犯罪客体所造成的损害程度来确定从宽幅度；第三，其他方面的因素。其他方面的因素主要是从坦白、自首、立功等情节，以及是否是累犯，未成年被追诉人平时的表现等方面来确定从宽的幅度。

（二）充分保障被害人的合法权益

在顺利结案的同时，不应忽视被害人的合法权益。笔者认为，应当充分保障被害人的知情权、救济权并将被害人及其代理人、辩护律师的意见作为量刑的考虑因素。首先，司法机关在适用该制度时应当告知被害人及其法定代理人，赋予被害人了解案件的权利，例如被追诉人适用认罪认罚从宽制度时，是否自愿认罪、所认的罪名、如何适用认罪认罚从宽等一些基本的情况，如果被害人及法定代理人对以上情况一无所知，便对案件的进程难以掌握，因此，必须保障被害人的知情权。其次，被害人的权益受到侵害后，没有有效的救济途径，因此笔者认为，可以赋予被害人一定的救济权，如果被害人对适用认罪认罚从宽程序有异议，或者被害人认为损害了其合法权益，有权向有关机关提出异议，发表自己的主张。最后，被害人有了知情权、救济权之后，因有些案件未成年被害人维权意识比较弱，所以还应当将未成年被害人及其代理人的意见作为量刑的因素。被害人及其代理人的意见主要还是取决于被追诉人各方面的表现，例如对被害人造成损害的严重程度、犯罪嫌疑人犯罪之后有无悔罪表现等，被害人对犯罪嫌疑人的谅解情况从侧面可以反映出犯罪嫌疑人、被告人悔罪的诚意，这样既可以充分平衡各方的利益，也能够更好适用认罪认罚从宽制度，还能催促犯罪嫌疑人弥补对被害人所造成的损害，促其改造、回归社会。

（三）加强有效辩护，进一步保障未成年被追诉人的合法权利

从保障未成年犯罪嫌疑人的权利出发，笔者认为应从以下几个方面进行改善：

第一，从辩护律师入手，充分行使辩护权。未成年被追诉人的辩护权

同其他权利保障相同，需要在充分行使的基础上得到有效保障，这也是辩护能够有效的核心要义，法律规定辩护律师享有调查取证权、会见通信权、阅卷权等，这些权利是保障未成年人辩护权的先决条件，只有这些权利得到充分行使，才有可能对辩护的效果进行评估，因而应当充分行使辩护权。第二，适当对辩护效果进行评估。未成年犯归案之后，如果没有委托律师，无论是处在侦查还是起诉阶段，相关机关都应当为其提供法律援助律师，律师应当参与到未成年适用认罪认罚从宽制度的全过程，并接受辩护效果评估，有了法律援助律师的保障，能够保障未成年犯罪嫌疑人的权利少受损害。第三，充分保障未成年被追诉人、法定代理人以及相关人员的到场权。[①] 未成年人身心尚未成熟，对法律法规欠缺认识，法定代理人到场之后，能充分确保未成年人对相关情况的理解和表达，这也是适用认罪认罚从宽制度中保障其合法权益的重要保障。第四，充分保障未成年犯的庭审辩护权。要想保障未成年被追诉人的庭审辩护权，辩护律师应当贯穿于整个案件的始终，这样一来，未成年被追诉人便可以与辩护律师建立起信任关系，对案件也会有充分的了解，在庭审过程中可以提高辩护的质量。

---

① 李昆：《浅析未成年人法定代理人到场制度》，载《法制与社会》2014 年第 36 期。

检察机关认罪认罚案件量刑建议调整之原因分析及文书规范路径
——以 T 市 2022 年醉酒驾驶犯罪案件数据为样本

何 磊 李 晨 吴瑞东 天津市人民检察院

一、问题的提出

近年来，随着我国刑事犯罪形态和犯罪结构发生重大变化，严重暴力型犯罪案件持续减少，轻罪案件和社会危害性相对较小的犯罪案件增多，为进一步适应以审判为中心的诉讼体制改革，我国于 2016 年在全国范围开展认罪认罚从宽制度试点工作，2018 年修改后的《刑事诉讼法》将其正式确立为一项刑事司法制度。认罪认罚从宽制度的确立不仅体现了刑事司法进入新阶段后的新要求，也对传统办案理念、办案模式产生了重大影响。对检察机关而言，认罪认罚从宽制度的全面落实，不仅在于完善认罪认罚自愿性保障机制，也要提高量刑建议的精准度，增加审判机关对量刑建议的接受度，保障被告人的量刑期待。2021 年 11 月，最高人民检察院通过《人民检察院办理认罪认罚案件开展量刑建议工作的指导意见》（以下简称《量刑建议指导意见》），对检察机关量刑建议的提出进一步予以规范，《量刑建议指导意见》的通过有效提高了量刑建议采纳率，2022 年，全国检察机关认罪认罚案件的量刑建议采纳率达到 98.3%。[①] 同期，T 市检察机关认罪认罚案件的量刑建议采纳率为 97.5%，其中调整量刑建议 1500 余人，约占提出量刑建议总人数的 10%。通过分析调整量刑建议的被告人情况发现，调整量刑建议的主要原因为：审判阶段，人民法院认为检察机关量刑不当，

数据来源：2023 年 3 月 7 日第十四届全国人民代表大会第一次会议《最高人民检察院工作报告》。

提出调整建议，检察机关按照法院建议进行调整。这种调整既包含检察机关量刑不当，法院予以调整；又包括检察机关量刑适当，但是法院不予认可而调整。这种情况发生的根源是检法两家对案件量刑问题存在分歧。因此，分析认罪认罚案件调整量刑建议的原因并找出规范量刑建议相关文书的路径极有必要，对提升轻罪治理水平和质效，促进犯罪嫌疑人、被告人认罪认罚，规范量刑活动、促进量刑公开、实现量刑公正都具有积极意义。

醉酒驾驶型危险驾驶罪案件量较大，法定刑较低，是典型的轻罪案件，选取该罪名研究符合轻罪化治理趋势，且该罪名法定刑为一个月至六个月拘役，量刑幅度相对较小，对于检察机关来说量刑建议更容易、更应当做到精准。因此，我们对 2022 年 T 市醉酒驾驶型危险驾驶罪认罪认罚案件调整量刑建议的案件进行分析，归纳出调整量刑建议的类型，即刑期调整、缓刑调整为实刑、实刑调整为缓刑、只调整罚金四种，其中刑期调整占全部量刑建议调整的近 50%；在刑罚执行方式调整的情形中，由实刑改为缓刑的情形明显多于由缓刑改为实刑，同时存在调整罚金刑的情况。

检察机关提出量刑建议后又调整，尤其是在醉酒型危险驾驶罪等轻罪案件中调整量刑建议，不仅会降低诉讼效率、影响案件质量，还会对控辩双方的合意造成破坏，影响检察机关公信力。一是降低诉讼效率。认罪认罚从宽制度的确立，其基本精神是对认罪认罚案件分流处理，实体从宽、程序从简，在更高层次上实现司法公正与司法效率相统一的价值目标，调整量刑建议可能会导致认罪认罚结果失效、程序重启，严重影响办案效率。二是影响案件质量。提出确定刑量刑建议对于检察机关来说是一个新课题，必须建立在审慎审查案件，以事实为依据、以法律为准绳的基础上作出，必须在准确认定犯罪事实及法律适用的基础上，查实全部量刑情节，严格遵循罪责刑相适应原则，准确适用法律及相关量刑规定，落实宽严相济刑事司法政策。调整量刑建议在一定程度上反映出有的检察机关量刑情节认定不准确，量刑能力和水平需要进一步提升。三是破坏控辩双方合意。检察机关提出量刑建议，一般来说已经对影响量刑的法定、酌定情节都进行了查明和确定，充分听取了辩护人、值班律师意见，犯罪嫌疑人亦对自己的犯罪后果有了明确认知，从而签署认罪认罚具结书。因此，量刑建议是合法、充分履行检察职责后达成的一种司法"合意"，既体现检察机关对案件的认定，也体现犯罪嫌疑人、辩护人的认可，应当予以尊重。四是影响司法公信力。司法公信力集中表现为人民群众对司法工作的满意度和信任度，是衡量司法文明的重要标尺。习近平总书记强调，公正司法是维护社会公平正义的最后一道防线。司法没有公信力，法治就没有权威。无论是检察机关还是审判机关，都应当主动肩负起加强司法公信力的职责使命，共同维护司法权威。调整检察机关量刑建议，尤其是在并无"明显不当"的情况下调整，可能使司法公信力受到社会质疑。

综上所述，笔者在归纳总结调整量刑建议类型的基础上，分析检察机关调整量刑建议的原因，并对如何更精准地制作量刑建议相关文书提出对策，对于提升检察机关认罪认罚案件的质效具有实践意义。

二、检察机关认罪认罚案件提出量刑建议的正当性基础

量刑建议是检察机关在刑事诉讼过程中，根据被告人所犯罪行向人民法院提出的被告人适用何种刑罚意见的诉讼活动。[①] 量刑建议在认罪认罚案件中不仅体现出公诉权的行使，更体现出控辩双方经协商后的合意。因此，检察机关提出量刑建议更能体现出认罪认罚从宽制度的内在逻辑与程序诉求。

（一）符合宽严相济刑事政策的价值需求

《量刑建议指导意见》指出，在认罪认罚案件办理中，检察机关依法提出量刑建议，是落实宽严相济刑事政策，进一步提高认罪认罚案件办理质效，促进实现司法公平正义的关键环节。认罪认罚从宽制度为犯罪嫌疑人、被告人提供了获得从轻处罚的途径，犯罪嫌疑人、被告人在辩护律师或值

---

① 贺卫：《认罪认罚从宽量刑建议机制的检视与完善》，载《中国检察官》2018年第23期。

班律师的帮助下与检察机关开展量刑协商，其协商结果最直观的体现便是同意检察机关量刑建议，双方签署认罪认罚具结书。从宽幅度符合犯罪嫌疑人、被告人内心期待的量刑建议，使其更倾向于与检察机关合作，有利于促使被追诉人及时认罪悔罪。

（二）契合认罪认罚案件诉讼效率的程序目标

诉讼效率包括诉讼经济和诉讼及时两个层面的内涵。[①] 适用认罪认罚从宽制度的案件绝大部分适用简易程序或者速裁程序进行审理，庭审阶段简化了法庭调查和法庭辩论两个环节。所以为切实体现认罪认罚从宽制度程序从简的价值追求，需要将量刑等环节适当前置，将庭审的重点聚焦于事实认定和认罪认罚的自愿性上。这种诉讼及时的理念需要建立在检察机关提出合法合理量刑建议的基础上，此外，从诉讼经济、节约司法资源的角度来说，检察机关提出量刑建议能够有效减少法院工作量，直观、准确的量刑建议可以为法官裁判提供有力参考，法院也可以节约时间去处理更多疑难案件。

（三）为检察机关能动监督提供新的功能视角

检察机关是我国的法律监督机关，其法律监督职能贯穿于诉讼各环节、全流程，量刑建议的精准提出是检察机关对公安机关侦查活动和审判机关审判活动监督的体现。一方面，检察机关通过履行提前介入引导侦查取证等职能，可以对案件犯罪事实所涉的罪名及刑期作出初步的判断，对公安机关的侦查活动形成有效引导和制约；另一方面，检察机关提出量刑建议，为审判监督职能的行使提供了有力条件，法院无正当理由不采纳检察机关量刑建议的，检察机关可以依法行使抗诉权。

---

① 黎晓露：《量刑建议精准化的实践解读与理性思考》，载《河南社会科学》2020年第 9 期。

（四）保障被告人有效抗辩，防止突袭性裁判

突袭性裁判是指"未提供当事人利用程序法所提供的攻击、防御的机会，因此损害了当事人的诉讼权利"。① 突袭性裁判基于程序正当、法的可预期性和裁判公信力等理念引申而来。认罪认罚案件中关于量刑建议的突袭性裁判主要表现为法院未告知检察机关调整量刑建议，就以量刑建议明显不当等理由直接改变量刑建议，此种情况下得到的案件裁判结果往往出乎被追诉人的意料，如果裁判结果中的事实认定和法律适用超过认罪认罚具结的内容，会造成较为严重的突袭性裁判，恶化被告人的诉讼防御利益甚至损害被害人的预期利益。② 突袭性裁判行为从侧面反映出检察机关提出量刑建议具有对被追诉人攻击、防御等辩护权的保障功能，因而检察机关提出量刑建议具有稳定控辩双方和被害人的量刑预期的作用，能够有效维护司法公信力。

三、检察机关认罪认罚案件调整量刑建议的原因分析

认罪认罚从宽制度将控辩协商前置于审查起诉阶段，检察机关成为诉讼进程主导，检察机关提出量刑建议既是自由裁量权的体现，也凝结着审前程序控辩双方对诉讼结果的期待与合意。③ 量刑建议的提出不仅关系到控辩双方，也对案件最终量刑产生重要影响。因此，量刑建议质量的高低、合理程度都需要严格依法地认真考量，频繁调整量刑建议会使认罪认罚从宽制度的效率优势、制度优势、实践优势打折扣。通过调研发现，调整量刑建议主要存在以下四点原因。

---

① 龙宗智:《刑事诉讼中防止突袭性裁判问题研究》，载《政法论坛》2022年第4期。
② 周长军:《认罪认罚案件中法院变更量刑建议的法理分析》，载《云南社会科学》2022年第2期。
③ 李哲:《认罪认罚从宽视阈下量刑建议再审视》，载《湖北警官学院学报》2022年第4期。

（一）检、法就赔偿谅解问题量刑不统一

检察机关对认罪认罚案件提出量刑建议后，可能会出现谅解赔偿等缓刑适用条件发生变化、法官认为量刑建议明显不当等特殊情形，需要检察机关对量刑建议进行调整，重新提出量刑建议。《量刑建议指导意见》中对优先适用缓刑明确规定"达成刑事和解协议或者取得被害人谅解"等条件，如被告人与被害人在审查起诉阶段没有就赔偿谅解问题达成共识而在庭审阶段达成共识，此时检察机关建议判处实刑的量刑建议所依据的关键量刑情节发生变化，那么法院就会要求检察机关调整量刑建议适用缓刑。但是，就醉酒驾驶型危险驾驶罪而言，考虑到其侵犯的法益是公共安全，故 T 市《〈关于常见犯罪的量刑指导意见〉实施细则（试行）》（以下简称《T 市量刑实施细则》）中关于危险驾驶罪的量刑部分并未将造成交通事故后的赔偿谅解作为影响此类案件量刑的情节。实践中，T 市 2022 年就赔偿谅解问题而调整量刑建议的共有 18 人，其中，2 人在庭审过程中未达成谅解而调整量刑建议，其他 16 人均为在庭审过程中达成和解，法院将实刑改为缓刑。在庭审过程中未达成谅解被调整量刑建议的两名被告人，一名被告人血液酒精含量为 238mg/100ml，具有发生事故后逃逸、已经赔偿、自首等情节，法院建议将刑期由拘役 2 个月调整为拘役 2.5 个月（实刑）；另一名被告人血液酒精含量为 119mg/100ml，具有发生事故、未进行赔偿等情节，法院建议将拘役 1.5 个月（缓刑）调整为拘役 1.5 个月（实刑），罚金由 4000 元改为 3000 元。根据《T 市量刑实施细则》，法院以是否赔偿谅解调整刑期、刑罚执行方式等，存在突破《量刑建议指导意见》的问题。上述案例可以看出，取得被害人的赔偿谅解为检、法量刑的重要考量因素。但是，检、法就赔偿谅解问题在不同的诉讼阶段、不同司法认识上可能存在差异，导致出现量刑建议与最终量刑不一致的情况。

（二）检察机关提出量刑建议错误

认罪认罚从宽制度中，检察机关具备主导量刑协商与量刑建议落实的基本职能，控辩双方应当在制度框架内进行量刑协商，法院对于认罪认罚案件的量刑建议有"一般应当采纳"的义务，这就意味着在没有特别理由的情况下，法官均应当采纳检察官提出的量刑建议。相反，若存在检察机关审查起诉量刑错误等情况，法院应当告知检察机关调整量刑建议，此类问题在缓刑、实刑适用过程中表现得较为突出。第一种是应当判处实刑，检察机关错误建议适用缓刑。主要原因在于审查认定事实上遗漏对加重情节的认定，如一被告人血液酒精含量为163mg/100ml，有三次刑事犯罪前科，按照《T市量刑实施细则》分则规定，其符合缓刑条件，但是《T市量刑实施细则》总则中有"两次前科不适合判处缓刑"的规定，检察机关忽视了总则规定的判处缓刑的前提条件，错误建议判处缓刑，后在法院建议下调整量刑建议为实刑；第二种情况为符合缓刑条件而未提出适用缓刑的量刑建议。如一被告人血液酒精含量为135mg/100ml，系被路检查获，也没有其他加重情节，符合判处缓刑的条件，检察机关却错误建议判处实刑，后在法院的建议下调整量刑建议为缓刑。此类案件反映出检察机关未全面审查事实，对《T市量刑实施细则》总则和分则把握不准等问题。

（三）法院不当提出调整量刑建议的意见

检察机关提出量刑建议是在全面审查案件事实、认定证据的基础上作出的，一般情况下具备科学性、规范性，能够完整体现控辩双方的合意。但是在部分认罪认罚案件中，有的法官频繁要求检察机关调整量刑建议，检察机关为提高"量刑建议采纳率"，只能按照法院的修改意见不断调整、无条件修改；有的法院提出的量刑修改意见存在与认定的事实、证据不一致，明显超出合理限度等错误情形，检察机关被迫采纳。如一被告人血液酒精含量为215mg/100ml，且无证驾驶，按照《T市量刑实施细则》规定，具有"酒精含量达到200毫克/100毫升以上""无驾驶资格驾驶机动车"两个加重情节的，不适用缓刑。检察机关提起公诉时提出了正确的适用实刑的量刑建议，但在审判阶段，法院建议调整量刑为适用缓刑，最终也判处被告人缓刑，属于量刑错误。此外，司法实践中还存在因客观原因将实刑调整为缓刑的情况。面对法院要求调整量刑建议的情形，检察机关存在

"进退两难"的现实困境，不按照法院的修改意见调整量刑建议就会丧失法院对检察机关量刑建议的采纳，影响检察机关的公信力；按照法院的修改意见调整量刑建议，就会丧失对该量刑结果的抗诉权，导致对审判活动的监督缺位。

（四）检、法缺乏协商且未细化量刑标准

为进一步提升检察机关办理认罪认罚案件提出量刑建议的规范程度，最高人民检察院制定了《量刑建议指导意见》，"两高"及各省市制定了《关于常见犯罪的量刑指导意见（试行）》及《量刑实施细则》，对危险驾驶罪等常见罪名制定了较为具体的量刑标准。但是通过对 T 市醉酒驾驶型危险驾驶罪的分析，我们发现，个别法院存在对于检察机关量刑建议提出的刑期、罚金数额等内容无特殊原因而建议进行小幅调整的情况，如建议增加或减少半个月刑期，或者单纯建议增加或减少 1000 元至 2000 元罚金，这种调整明显呈现出"不愿采纳"的态势。笔者认为这种情况是由主、客观两方面的因素引起的，主观原因在于部分法官对于《刑事诉讼法》规定"一般应当采纳"检察机关量刑建议持抵触情绪，为彰显审判机关量刑裁量权而建议检察机关调整量刑建议；[①] 客观原因在于《T 市量刑实施细则》关于危险驾驶罪规定相对宽泛，仍有可以细化的空间，这种自由裁量的空间为随意调整量刑建议提供了便利，由此造成个别检察机关近一半的量刑建议刑期无特殊原因被法院要求调整。如《T 市量刑实施细则》中危险驾驶罪的罚金数额规定，"判处拘役三个月以下的，并处二千元至一万元罚金"，范围比较宽泛，容易产生认识分歧，需要进一步细化量刑标准。

（五）提出及调整量刑建议的文书不规范

目前的司法实践中，检察机关对认罪认罚案件提出量刑建议的方式为

---

① 刘少军：《问题及矫正：认罪认罚案件中量刑建议制度完善研究——兼评最高人民检察院印发的〈量刑建议指导意见〉》，载《辽宁师范大学学报（社会科学版）》2022年第 6 期。

两种：一种是起诉书，检察机关在起诉书中对被告人的量刑建议进行简单描述，仅对适用的刑罚种类和刑期进行列明，不对量刑进行分析；另一种是单独的量刑建议书，认罪认罚案件的量刑建议书要求对被告人的罪名、量刑建议进行列明，是检察机关提出量刑建议的主要制式文书，相比在起诉书中提出量刑建议要更加规范和正式。但是与普通案件的量刑建议书相比，认罪认罚案件的量刑建议书进行了简化，不再必须对相应罪名的法定刑、个案从重从轻等量刑情节进行表述，形式上缺乏提出量刑建议的论证和说理。此外，《刑事诉讼法》第 201 条第 2 款规定："人民法院经审理认为量刑建议明显不当，或者被告人、辩护人对量刑建议提出异议的，人民检察院可以调整量刑建议。"该条规定了法院有权对检察机关的量刑建议提出修改意见，但是对修改意见的载体，即认为检察机关提出量刑建议"明显不当"的文书没有进行规制，实践中 T 市法院一般使用《调整量刑建议函》建议检察机关修改量刑建议，但是该文书一般仅简单描述检察机关"量刑明显不当"，缺乏对为何"明显不当"的释理说法。

四、检察机关认罪认罚案件调整量刑建议的完善路径

检察机关在提升认罪认罚案件办理和量刑协商过程主导作用的同时，也应当正视实际办案中调整量刑建议存在的困境和问题，进一步强化自身能力建设，不断加强与法院之间的良性互动，共同维护司法公信力。

（一）统一量刑标准，细化刑期幅度

当前,T 市检察机关提出确定刑量刑建议基本依据《T 市量刑实施细则》,但是《T 市量刑实施细则》规定的是"范围"与"幅度"，这就意味着法院仍可在规定的标准刑罚幅度范围内进行调整。因此，有必要在现有《T 市量刑实施细则》的基础上进一步细化刑期调整的条件与幅度，如将危险驾驶罪的量刑幅度细化到 15 天之内，可选取血液内酒精含量 150mg/100ml 为标准，血液内酒精含量每增加 30mg/100ml 增加 15 天刑期，缩小刑期调整空间；细化罚金刑的数额标准，以不同血液酒精含量对应不同罚金数额作为

基准，再结合发生事故等其他情节以及犯罪嫌疑人缴纳罚金的能力等进行调节，通过科学限定，缩小法检双方在量刑尺度上的认知差异。此外，还应当细化《刑事诉讼法》第 201 条第 2 款规定的"人民法院经审理认为量刑建议明显不当"的具体情形，将跨刑档确定为"明显不当"还是将误差超过 30% 确定为"明显不当"需要予以统一，避免法院在认定"量刑明显不当"时的随意性。检察机关应当以 T 市政法大数据平台为依托，进一步推进与法院之间的信息互通、数据共享，完善检察机关量刑智能辅助系统，实现个案办理向类案治理的科学辅助量刑数字跨越。

（二）提升业务能力，精准提出量刑

检察机关提出量刑建议应当客观公正、合法合理，在理论功底上、实际办案过程中都要不断积累经验，加强业务知识的学习。从个案角度来说，应当在客观认定事实、仔细审查证据的基础上勾勒出量刑建议框架，再根据《T 市量刑实施细则》的规定对认罪认罚、犯罪情节等情况认定后精准提出量刑建议；从类案角度来看，量刑建议应当通过类案检索提出，严格把握以往本地区类似条件的裁判结果，提出相对合理的量刑建议，从而保证提出量刑建议在个案、类案裁判中的法律适用统一性。除此之外，可邀请同级法官为检察官进行量刑培训，分享量刑经验，培养提出量刑建议时的"法官思维"；建立定期联席会议制度、量刑互相通报机制，加强案件研判做好会商工作，提高应对司法实践中出现新问题的能力。

（三）依法履行职责，落实宽严相济

根据《量刑建议指导意见》的规定，对于积极赔偿被害人经济损失并取得谅解的，综合考虑犯罪性质、赔偿数额、赔偿能力以及认罪悔罪表现等情况，可以减少基准刑的 40% 以下；积极赔偿但没有取得谅解的，可以减少基准刑的 30% 以下；没有赔偿但取得谅解的，可以减少基准刑的 20% 以下。对抢劫、强奸等严重危害社会治安犯罪的，应当从严掌握。具体确定各个量刑情节的调节比例时，应当综合平衡调节幅度与实际增减刑罚量的关系，确保罪责刑相适应。无论是量刑还是提出量刑建议均应当贯彻宽严相济的刑事政策。《T 市量刑实施细则》对于危险驾驶罪的赔偿谅解问题是否影响缓刑实刑、刑期调整未作出统一规定，需要 T 市在衡量本地区经济社会发展和治安形势变化的基础上统一标准。

（四）加强沟通合作，防止量刑不当

认罪认罚语境下仍然要求审判机关、检察机关互相监督、互相制约。提出量刑建议是检察机关公诉权的一部分，也体现了检察机关对于认罪认罚从宽制度的主导作用。法院对于检察机关量刑建议权的监督制约主要体现在当量刑建议明显不当时建议检察机关调整量刑建议。法院应当认同检察机关在认罪认罚案件中承担主导作用与"以审判为中心"的诉讼体制改革并不冲突，从而消弭对审判环节量刑的博弈情绪。法院应当尊重检察机关的量刑建议，在量刑建议与内心心证存在偏差，但无明显不当的情况下要对控辩合意进行认可。值得注意的是，尊重和接受检察机关量刑建议不是庭审"虚化"，而是在明确案件事实的前提下，对认罪认罚的自愿性、合法性、真实性进行实质审查。同样，检察机关对法院量刑的制约监督体现在对调整后的量刑、裁判结果的审查，特别是对裁判结果与提出量刑建议不一致的情况着重进行审查，通过审查，如法院量刑错误，应当依法提起抗诉。

（五）规范制式文书，增强释法说理

文书是办案的载体，也是检察机关提出量刑建议规范程度的集中体现。认罪认罚从宽制度的适用不能过于简化对文书的释法说理标准，否则会导致案件当事人、辩护人以及其他司法机对检察机关量刑建议的科学性、规范性、严谨性产生怀疑，不利于检察机关量刑建议的权威树立。此外，《刑诉法解释》第 354 条对量刑建议"明显不当"的判断作了原则性规定，即"对量刑建议是否明显不当，应当根据审理认定的犯罪事实、认罪认罚的具体情况，结合相关犯罪的法定刑、类似案件的刑罚适用等作出审查判断"。

因此，一方面，检察机关提出量刑建议应当尽量使用专用的制式文书，并在文书中注明提出量刑建议所依据的主要量刑情节，如认罪时间，犯罪嫌疑人表现包括但不限于犯罪事实、认罪情况、退赔退赃、被害人谅解、取保候审表现等，确立阶梯型的量刑思路，明确基准刑量刑从宽待遇，对提出的量刑建议给予充分解读，并进行"算式型"描述，必要时可引用本地区类案裁判结果，把握以往的裁判经验逻辑，充分体现检察机关量刑建议的规范性、科学性和严谨性；另一方面，法院认为检察机关量刑建议"明显不当"时，应当在提出修改意见的文书中列明"明显不当"的具体情形，增强其要求检察机关调整量刑建议的释法说理程度，从而减少不必要的分歧、避免调整量刑建议的随意性。

五、结语

检察机关就认罪认罚案件提出量刑建议具有正当性基础，调整量刑建议在不同程度上会减损认罪认罚从宽制度的实体和程序价值，导致司法公信力受损。随着我国刑事诉讼协商性司法理念的发展，"量刑建议"应当成为检察机关与审判机关强化沟通协调的落脚点和发力点，检察机关要提升精准量刑的能力水平，进一步提高量刑建议书释法说理性，确保量刑建议更加精准且符合法律规定，审判机关要消弭量刑"博弈"情绪，充分尊重控辩双方的协商合意，发挥好认罪认罚从宽制度在刑事诉讼中的各项功能价值。

认罪认罚案件量刑建议精准化的"湛江实践"

黄映霄　翁　冰　广东省湛江市人民检察院

自认罪认罚从宽制度全面推行以来，检察机关积极发挥主导作用，在严格依法办案的前提下，与犯罪嫌疑人、被告人及其辩护律师或者值班律师开展量刑协商，听取其对量刑建议的意见，这一环节是办理认罪认罚案件中最关键的一环，控辩双方能否达成一致意见，直接关系到该案件能否成功适用认罪认罚从宽制度；同时这一环节的变数也最大，面对检察机关指控犯罪的角色身份，犯罪嫌疑人对检察机关拟提出的量刑建议通常抱有怀疑的态度，普遍想要为自己争取更低的刑期，而且对于幅度刑量刑建议，犯罪嫌疑人的心理预期往往是幅度刑量刑建议中的起点刑。因此，如何确保量刑建议的公正、精准，既能让犯罪嫌疑人接受，也能得到法院认可，成为检察机关办理认罪认罚案件的一大难点。

一、精准量刑建议概述

（一）精准量刑建议的含义

量刑建议是指检察机关在刑事诉讼活动中，针对被告人所犯罪行依法向人民法院提出关于被告人应当判处的刑罚的具体意见的诉讼活动，包括主刑、附加刑、是否适用缓刑等。

"精准量刑"是指在适用认罪认罚制度中，检察官以事实为依据，以法律为准绳，根据犯罪的事实、性质、情节和对于社会的危害程度，提出确定刑量刑建议，即对刑种、刑期、刑罚执行方式等提出明确、确定的建议。

（二）认罪认罚案件提出精准量刑建议的重要意义

量刑建议精准化是推进认罪认罚从宽制度的必然要求，是实现认罪认罚从宽制度预设目标的重要制度安排。

1. 有利于落实宽严相济的刑事政策，确保罚当其罪

认罪认罚从宽制度充分考虑犯罪嫌疑人、被告人的认罪态度，鼓励主动认罪、早认罪、彻底认罪和稳定认罪，认罪态度越好则量刑从宽幅度越大。但是，不能为了追求犯罪嫌疑人认罪而一味从宽，如果从宽幅度过大，可能导致罪责刑失衡，起不到刑罚惩戒效果，也损害了司法权威；如果从宽幅度过窄，那么犯罪嫌疑人、被告人可能不认罚。因此，检察机关需要在充分考虑案件事实、性质、情节、认罪悔罪态度等多方面因素下提出精准量刑建议，确保罪责刑相适应原则和宽严相济的刑事司法政策得到具体落实。

2. 有利于促使犯罪嫌疑人服判息诉，节约司法成本

对犯罪嫌疑人、被告人及其辩护人而言，如果不能对量刑有明确的预期，是无法进行真正协商的。如果犯罪嫌疑人、被告人及其辩护人无法准确地知道认罪之后将会得到怎样的结果，就无法决定是否要选择认罪认罚及其相应的程序。部分被告人可能出于表明自己的认罪悔罪态度签署了认罪认罚具结书，但实质上没有进行真正有效的协商，导致量刑协商流于形式，检察机关做了大量工作后并没有达到预期目的，被告人在审判后也可能不服判。因此，只有提出精准的量刑建议，给予犯罪嫌疑人、被告人心理预期，才能最大限度确保协商的效果，促使其服判息诉，节约司法成本。

3. 有利于规范审判机关自由裁量权，促进量刑规范化

在司法实践中，由于法律法规存在漏洞、滞后、模糊等局限，赋予法官一定的自由裁量权是必然的，但由于内外因素的干扰，如果不合理行使量刑裁判权，滥用自由裁量权，可能会导致法律适用显失公正。尽管法律赋予检察机关抗诉权予以监督，但实践中检察机关抗诉权的适用存在门槛高、数量少、效率低的问题，限制了检察机关监督权的发挥。因此，检察

机关量刑建议权的行使是促进量刑规范化的重要抓手，量刑建议精准化是发展方向。精准量刑建议与认罪认罚从宽制度配合适用能充分发挥检察监督的职能，大大强化对于量刑的监督，改善量刑程序不透明的问题，有助于实现量刑程序的公开公正，促进量刑规范化。

4. 有利于凝聚控辩合意与审判预期，实现量刑科学化

认罪认罚从宽制度的启动和提出量刑建议的主体虽然是检察机关，但认罪认罚从宽制度中量刑建议的形成基于犯罪嫌疑人、被告人认罪认罚，检察机关结合其认罪认罚情况，综合考虑全案给予"从宽"，是检察机关在被追诉人认罪认罚的前提下，综合考量全案情况，作出的一种具有司法公信力的承诺。[①] 从这个角度来讲，认罪认罚从宽制度中的量刑建议在形成过程中来自控辩合意；同时，在检察机关量刑建议形成的背后还隐含着对审判的预期，也就是提前把刑事诉讼的主要参与方意见均综合其中，做出合理的预判，最大限度实现量刑科学化。

二、湛江市检察机关认罪认罚案件量刑建议开展情况

（一）基本情况

1. 量刑建议适用范围广

法律对于适用认罪认罚从宽制度的案件类型、罪名、情节及诉讼阶段均无限制，只要犯罪嫌疑人自愿认罪认罚的案件都可以适用认罪认罚从宽制度，而对于犯罪嫌疑人认罪认罚的，检察机关应当提出量刑建议。自认罪认罚从宽制度全面实施以来，湛江市检察机关努力提升认罪认罚适用率至85%以上，即有85%以上的刑事案件需要提出量刑建议，提出量刑建议已成为审查起诉工作的重要组成部分，是刑事检察官必学必会的业务技能之一。

---

① 赵祖斌：《精准化量刑建议具有三重功能》，载《检察日报》2019年12月26日，第3版。

2. 确定刑量刑建议提出[①] **稳定保持较高水平**

2021 年的《人民检察院办理认罪认罚案件开展量刑建议工作的指导意见》（以下简称《开展量刑建议工作的指导意见》）确立了检察机关以提出确定刑量刑建议为一般原则，提出幅度刑量刑建议为特殊例外的工作要求。随着量刑实践经验的不断积累，湛江市检察机关提出确定刑量刑建议的占比也在逐年上升（见表 1），刑事检察官从一开始的不会提、不敢提，到现在能提尽提，确定刑量刑建议的占比稳定保持在 95% 以上，对共同犯罪、涉及罪名较多、量刑情节复杂等的案件也能够积极提出确定刑量刑建议。

表 1

时间	2019 年	2020 年	2021 年	2022 年	2023 年 1—4 月
确定刑量刑建议提出率	49.29%	63.95%	96.79%	95.78%	99.27%

3. 确定刑量刑建议采纳率[②] **逐年上升**

在量刑建议探索初期，主要以幅度刑建议为主且幅度较大，在这种情况下，只要罪名和法定情节的认定没有变化，法院都会在量刑建议的幅度内量刑，但这样的高采纳率并不能真正反映出量刑建议的质量。认罪认罚从宽制度全面实施后，对量刑建议的精准度要求越来越高，从粗放的幅度刑量刑建议转化为精准的确定刑量刑建议，确定刑量刑建议能否被法院采纳，一定程度上是衡量检察机关精准量刑建议质量的"试金石"。近五年来，湛江市检察机关确定刑量刑建议采纳率逐年上升（见表 2），有力保障了认罪认罚从宽制度的适用效果。

表 2

时间	2019 年	2020 年	2021 年	2022 年	2023 年 1—4 月
确定刑量刑建议采纳率	76.30%	95.34%	95.59%	96.48%	97.48%

---

① 确定刑量刑建议提出率 = 提出确定刑量刑建议人数 / 提出量刑建议总人数。
② 确定刑量刑建议采纳率 = 法院采纳确定刑量刑建议人数 / 提出确定刑量刑建议人数。

（二）主要做法

1.检察长发挥头雁引领作用

湛江市检察院检察长带头办理了全市首宗针对重大刑事案件适用认罪认罚从宽制度的案件，对被告人刘某以走私毒品罪建议精准量刑有期徒刑十五年，得到了法院的采纳并当庭宣判，被评为广东省认罪认罚从宽典型案例，为全市开展精准量刑建议工作起到了良好的示范引领作用。

2.加强指标数据监测分析

湛江市检察院建立指标数据动态监测机制，为刑检部门数据专员开通系统报表查询的部分权限，方便刑检部门实时查询全市检察机关量刑建议提出和采纳等办案数据，每周开展一次数据监测预警，每月开展一次数据分析及通报，对工作落后的基层检察院及时督促提醒。

3.强化对基层检察院的督导力度

湛江市检察院指派刑检部门的检察官分别挂点一个基层检察院，对基层检察院开展认罪认罚、精准量刑建议等工作给予及时督导；畅通基层意见上传渠道，对基层反映的问题由市检察院对口的检察官指导解决，疑难问题上报部门联席会议研究解决；同时，市检察院分管刑检工作的副检察长带队到基层检察院走访调研，与一线办案人员面对面座谈交流，听取基层声音，凝聚工作合力。

4.学习先进地区工作经验

湛江市检察院召开全市工作会议部署全面落实认罪认罚从宽制度，邀请了广州南沙区院进行了认罪认罚专题讲座，学习南沙区院优秀经验，在精准、规范提出确定刑量刑建议方面，该院将量刑计算与大数据、云计算等现代科技相融合，研发出智能量刑辅助系统，助力提升精准量刑建议质量。

5.用"智慧检务"推动量刑建议精准化

随着"智慧检务"建设不断推进，大数据技术在量刑建议中的应用增多。通过类案大数据提取量刑要素，分析法院量刑尺度，为检察官提出精准量刑建议提供了有效的参考和帮助。湛江市检察机关多次试用"小包公"、华宇应用平台研发的元典智能量刑辅助系统等不同量刑辅助软件，助推量刑的科学化、智能化。

三、精准量刑建议存在问题和原因分析

1. 对精准量刑建议的重要性认识不足

认罪认罚从宽在制度设计上不同于英美法系的辩诉交易和大陆法系的认罪协商，但在理论上仍属于刑事合作模式，更具体地说，是被告人与国家之间的合作。作为合作一方的国家由检察官作为代表，检察官在这种合作模式中起主导作用是应有之义。① 量刑权是法官裁量权的核心部分，多年来法院一直是量刑改革的重点部门，有的检察官认为准确量刑是法官的工作，检察机关对量刑只是量刑建议权；因此错误认为检察机关只要定罪准确即可，没有意识到量刑建议尤其是精准量刑的建议权，现在也是公诉权的重要组成部分。

2. 缺乏明确、统一的量刑建议指引规范

《刑法》对量刑幅度的规范比较宽泛，相关司法解释也没有对具体刑罚统一规定，尽管在《人民法院量刑指导意见》中对故意伤害、盗窃等十五种常见犯罪的量刑作出了适当的机制标准，但其认定规范的量刑范围太过宽广，在处刑起点、基本刑罚确定和根据量刑建议认定犯罪惩罚的各个幅度都隐含了很大程度的宽广裁决空间。量刑状况自身的含义多种多样，难以掌控。当案件中有许多判决情节并存时，由于检察官通常只能借助实践积累和主观意识断定各种量刑情节的幅度及各种量刑情节对基准刑的作用，致使相近的案情事实可能出现全然相异的量刑建议结果。

3. 检察官自由裁量权受约束过多

作为量刑建议的内部监督机制之一，审批权对于制约检察官的自由裁量权非常关键，是量刑建议精准化的重要程序保障。但一律采取严格的层

---

① 参见《2020年2月全国检察机关办理认罪认罚案件情况的通报》。

层审批机制不利于发挥检察官的主观能动性，降低司法效率。例如，检察官提出一个确定刑量刑建议，需要经过部门主任、分管院领导审批；与犯罪嫌疑人、辩护人开展量刑协商后认为需要调整的，要重新走审批流程；如果庭审时检察官认为需要调整的，也无权当庭调整，需要庭下重新走审批流程。

4. 检法对量刑建议认识分歧影响精准量刑

刑事庭审中，由于法院不举行专门的量刑庭审程序，量刑几乎完全由法院自由裁量，认罪认罚制度实施前，检察机关提出的量刑建议几乎都是幅度的量刑建议，量刑的准确结果由法官把握。认罪认罚从宽制度推行以来，检察院提出要加大发挥审前程序主导作用、庭审中指控和证明犯罪的主体作用，在认罪认罚案件中提出精准量刑建议，包括主刑、附加刑以及明确刑罚执行方式，加强对法院的自由裁量权进行监督。因此部分法官认为公诉机关提出精准量刑建议，侵犯了法官的量刑裁判权，对于检察机关提出的精准量刑建议持排斥态度。

5. 量刑建议书不健全不规范

量刑建议书是检察机关办理认罪认罚案件、提出量刑建议的重要载体，通过向人民法院出具量刑建议书，详细阐明检察机关提出量刑建议的理由和依据，具体包括被告人具有的法定与酌定量刑情节、量刑计算方式与过程等，以证明该量刑建议是公正合理的，更能够争取法院的认可和采纳，从而提高量刑建议的采纳率。但是在司法实践中，检察机关提出量刑建议并不规范，有关文书并不健全，比如直接在起诉书中提出量刑建议，没有单独出具量刑建议书；或者量刑建议书内容过于简单，都是结论性内容，没有展开进行详细的说理；又或者缺乏量刑建议理由说明书，没有形成统一规范的文书模板，文书质量参差不齐。

6. 对检察官提出量刑建议的监督机制有待完善

随着认罪认罚从宽制度的落实推广，已有超过80%案件适用认罪认罚制度，相应需要对超过80%的案件提出量刑建议，检察官的主导地位日益凸显。检察官在提出量刑建议尤其是精准量刑建议过程中，从宽的尺度把握体现检察裁量权，但宽不意味着刑事量刑上的随意性，在提出量刑建议的过程中，员额检察官与部门负责人、分管副检察长、检察长等人的权限责任不够清晰，容易出现监督盲点。对于量刑建议的权限如何进行科学配置，如何既保持认罪认罚带来的司法效率提升又加强监督防止司法腐败，有待考究。

四、推动认罪认罚从宽案件量刑建议精准化的对策建议

（一）建立健全工作机制，促进量刑建议规范化

1.探索建立符合量刑建议指南。作为检察机关，不能仅仅参考法院指定的量刑指导意见，更应当制定符合审查起诉阶段实际的量刑指导意见，主要是为了区分审查起诉阶段与审判阶段，认罪认罚和坦白从宽的量刑具体区别、幅度等问题，以便更好地指导办案实际，体现出检察机关在审查起诉阶段的自由裁量权。可以参照法院的量刑指导意见，将具体的罪名、情节等作出量化，例如在一个共同犯罪案件中，同等地位作用、情节相同的犯罪嫌疑人，愿意认罪认罚与不愿认罪认罚的量刑幅度相差的百分比是多少。当然，还可以将量刑指南与现代科技人工智能量刑检索系统相结合。

2.深入巩固量刑协商机制。量刑建议的精准化必须建立在控辩双方充分协商的基础之上，量刑不精准、幅度量刑建议特别是幅度过大的量刑建议是协商不充分的体现。协商越有效、越充分，量刑建议就应越精准。这取决于以下因素：一是检察官对案件事实和情节以及对应的量刑指南的准确把握。检察官要基于客观义务，在量刑协商中坚持公平公正，秉持客观公正立场，确保量刑协商的有效性。二是保障犯罪嫌疑人、被告人的知情权和选择权。要让犯罪嫌疑人、被告人充分了解认罪认罚从宽制度及其相应程序的意义，在充分知悉的基础上，让被告人作出慎重选择。三是律师提供全面而有效的法律帮助。被告人作为非专业人士，为防止量刑协商不充分以及违背真实意愿，需要全面、有效的律师帮助。全面性是指律师帮助的全覆盖，凡是认罪认罚的犯罪嫌疑人、被告人都能获得律师帮助；有效

性是指律师帮助不能流于形式。律师要负起责任,要有公益之心、正义之心,不能敷衍了事。同时,检察机关要充分保障律师的阅卷权、会见权等。

3. 优化量刑建议审批制度。对量刑建议设置层层审批关卡不利于检察官根据形势变化及时调整量刑建议;而过分强调检察官自主裁量权忽视了检察官个人素质、案件复杂程度对量刑建议制作的实质影响,有损案件质量,因此都不可取。建议采取折中方式,将量刑建议审批内容设置为幅度刑量刑建议,检察官根据领导审批决定的幅度刑范围,自主提出一个确定刑量刑建议,在量刑协商后或者庭审过程中,认为需要调整量刑建议的,只要调整后的量刑建议仍在领导审批决定的幅度刑范围内,就可以由检察官直接决定调整,无须另行走审批流程,从而提高量刑建议调整的机动性。

4. 探索建立量刑建议公开听证机制。在司法实践中,审判机关在量刑裁判前,对于一些重大、疑难、有争议、有社会影响的案件,可以启动听证程序,要求案件的双方当事人、辩护人、诉讼代理人、案件承办人、人民监督员、人大代表、政协委员及案件相关人员参加,在听证会上充分阐释事实依据、法律依据,进行释法说理,适用认罪认罚从宽制度后对犯罪嫌疑人量刑的影响及量刑建议所考量的因素,同时,可以出示近年来本地区办理同类案件的量刑情节、判决情况一览表等量刑建议依据。参加人员可以对案件进行有针对性的评议,形成参考意见,这样也有助于提高检察机关执法办案的透明度和公信力。

5. 健全量刑建议书、量刑建议理由说明书等文书形式。为了提高量刑建议有关文书的说理质量,确保提出的量刑建议公正合理,建议参照最高人民法院《关于常见犯罪的量刑指导意见(试行)》进一步补充完善量刑建议书或者量刑建议理由说明书内容,形成统一规范的文书模板,内容主要包括:(1)阐明被告人具有的从轻或从重的量刑事实、证据和法律依据;(2)确定量刑起点、基准刑和宣告刑,列举计算公式;(3)按照罪责刑相适应原则,对共同犯罪人员、同类犯罪人员的量刑进行平衡,对前述宣告刑进行调整,最终确定对被告人的量刑建议。

（二）用好大数据提炼"内功"，促进量刑建议精准化

1. 发挥大数据智能辅助系统的作用。可以通过外包开发等方式充分应用量刑建议智能辅助系统，梳理同类罪名的量刑标准和尺度，辅助检察官提出量刑建议。同时，也要正确认识量刑智能辅助系统的作用，大数据和智能化确实能为司法人员提出精准量刑建议提供最直接的计算方法，但每个案件都有其特殊性，要结合具体情况综合考量，不能把量刑建议变成简单的公式计算，而要实现罪刑责相适应。量刑智能辅助系统只能是检察官提出量刑建议的参考，要在参考值的基础上，充分考量犯罪数额、数量、结果之外的不可量化的情节因素，充分运用检察裁量权，提出精准、合理的量刑建议。

2. 依托检察机关案管部门内部统计，分析已判决的结果，为今后办理类似案件提供参考依据。把握量刑幅度，针对如危险驾驶罪、交通肇事罪、故意伤害罪和盗窃罪等常见犯罪，依托案管部门的统计功能，对每季度的类案判决情况进行梳理，从数据中进行分析，归纳类案中不同的量刑情节法院具体的宣判刑情况，总结并把握不同情节下的量刑幅度，从而合理提出量刑建议。

3. 检察机关应当主动学习法院的量刑经验，并按照法院系统的量刑指南和要求提出具体的量刑建议。事实上，在认罪认罚制度下，尤其是在速裁案件中，由于检察机关的量刑建议极有可能直接转化为法院的判决，因此在作出量刑建议时，检察官应当像法官一样思考问题，并尽可能持有一种客观、中立的立场。同时，为了优化量刑建议、提升量刑建议的质量，检察机关应当积极主动地学习法官的量刑经验，熟悉法院的量刑政策。在检察官职业技能培训中，应当增设量刑方面的课程，主动邀请实务专家开展规范化量刑论坛，深入探讨和交流疑难、复杂案件的量刑方式。针对量刑建议明显不当的案件，及时进行整理和分析，总结其中的经验教训和量刑规律。

（三）加强内外部监督制约，促进量刑建议公平公正

1. 加强办案流程监控，防范办案风险。出台办理认罪认罚案件风险防范规定、刑事检察工作主要环节廉政风险防控规定等文件，着重从廉政风险教育、风险排查、风险责任、风险监督和风险源头治理五个层面，加强对每一个办案节点和工作环节的监督，扫清监督盲点，确保检察人员依法用权、公正履职、廉洁司法。

2. 自觉接受案件当事人监督。开展案件回访工作，对量刑建议为缓刑，或者量刑减少幅度超过基准刑 50% 的认罪认罚案件，在案件办结后，由案件管理部门向案件当事人发放《廉洁办案监督卡》，征集当事人反映的检察人员违反廉洁办案纪律等问题，并转由相关部门进行调查处理。

3. 定期开展案件质量评查。通过案件评查着力监督量刑建议的合理性，促使检察官提高量刑建议水平。案件管理部门要将认罪认罚案件中需要特别关注的法院判决改变检察机关量刑建议案件纳入必查范围，对每一个认罪认罚出现特殊情形的案件都进行检查。

4. 发挥派驻纪检监察组、检务督察部的监督作用。纪检监察组、检务督察部是廉洁检察的重要防火墙。要严格监督办案检察官落实"三个规定"和最高人民检察院相关实施办法，按规定及时记录过问或干预重大事项。定期组织检察官观看典型教育片、警示片，提高检察官的警惕性和自觉性。通过举报电话、接待来信来访，设立举报邮箱、公众微信号等，切实做好网络举报的受理、核查及回复工作，对于违纪违规行为决不姑息，决不迁就。做到有举必查，有查必果，有腐必惩。

五、结语

认罪认罚从宽制度的推行需要建立一系列与之配套的制度，量刑建议相关制度就是其中必不可少的一项。其中，精准量刑建议是检察机关基于犯罪事实、情节提出的确定刑量刑建议，对应的"认罪认罚"则是犯罪嫌疑人、被告人、辩护人对于确定的"从宽"达成的合意。而合意的最终落

实需要法院对精准量刑建议的采纳，法官对检察院的量刑建议采纳与否关涉到认罪认罚从宽制度全面实行的效果。本文通过对认罪认罚从宽制度背景下的精准量刑建议进行实践层面的分析，总结实践的基本情况，分析产生的问题及原因，着力推动完善量刑建议相关制度，健全相关文书制作，提高运用大数据智能辅助能力，加强对量刑建议的监督制约等，构建与认罪认罚从宽制度的要求相契合的量刑建议制度，推动司法改革目标进一步实现。

认罪认罚案件值班律师有效法律帮助研究
——以C市J区为样本

朱奎彬　西南交通大学副教授

李　琪　西南交通大学硕士研究生

一、认罪认罚案件值班律师有效法律帮助运行现状

（一）值班律师视角

值班律师作为提供法律帮助的主体，对于该制度在实践中的运行与问题具有最实际与直观的感受。审查起诉阶段是辩诉协商的核心阶段，驻检察院为被追诉人提供法律帮助的一线值班律师在此问题上最具发言权。综合对J区检察院值班律师的访谈情况，值班律师在行为态度维度上，由于多重原因对有效法律帮助持否定性评价；在主观标准维度上，由于感知到社会尤其是检察官对于有效法律帮助的消极态度，从而在从事有效法律帮助工作中带有一定压力；在知觉行为可控性维度上，由于既无强制规范又缺少自我价值实现感，值班律师发挥有效法律帮助的意愿不强。

（二）检察官视角

检察官作为量刑协商过程中的重要主体，是值班律师有效法律帮助工作的参与者与见证者。从笔者调研情况来看，检察官对于值班律师法律帮助有效性的发挥在态度上较为消极、行为上较为被动。综合对检察官一对一访谈情况，检察官对于法律帮助有效性的保障与检察官的考核评测并不挂钩，此项工作的开展质量甚至是否开展，不会对检察官产生任何肯定性或否定性的评价。在知觉行为可控性维度上，保障值班律师有效法律帮助的实现并不会给检察官带来自我效能感的提升。

二、认罪认罚案件值班律师有效法律帮助运行困境的成因

（一）计划行为理论视角下值班律师有效法律帮助心理透视

1. 行为态度：值班律师有效法律帮助判断标准不明确

行为态度是指个人对某一行为偏好程度的评价。行动态度通常通过行动信念来表达，行动信念是个人对最终可能的行动结果的信念。[①] 行为信念由两部分组成：一是行为信念的强度，即个体做出某种行为后结果发生的可能性；另一个是行为结果评估。上述因素共同决定行为态度。[②] 具体到本文研究课题，从调研情况看，尽管我国在《关于适用认罪认罚从宽制度的指导意见》第 10 条[③] 中明确了被追诉人的有效法律帮助权，但是对于何为有效法律帮助及判断标准语焉不详。根据计划行为理论，只有在立法上明确值班律师有效法律帮助含义，并构建一套合理可行的有效法律帮助判断标准，值班律师对有效履行法律帮助职责的行为方式、行为结果才能够建立明确预期，其行为态度从心理上才能够予以明确，才谈得上值班律师法律帮助如何有效实现的问题。

总之，我国无论是在法律规定上还是行业规范上，均对何为值班律师有效法律帮助及其判断标准没有明晰的规定。值班律师从心理预期上来看，其"必须为"的意愿不强烈，对于有效法律帮助行为的结果预期更倾向于作出缺乏必要性之判断，值班律师的责任意识与后果意识较弱，加之在值班律师有效法律帮助工作的实现方面缺乏相应的奖励机制，形成了"做与不做一个样、做好做坏一个样"的心理态度，更加剧了值班律师的敷衍怠

[①] Fishbein M & Ajzen I, *Belief, attitude, intention, and behavior: An introduction to theory and research reading*, MA: Addison-Wesley, p.11, 1975.

[②] 段文婷、江光荣：《计划行为理论述评》，载《心理科学进展》2008 年第 2 期。

[③] 《关于适用认罪认罚从宽制度的指导意见》第 10 条规定：获得法律帮助权。人民法院、人民检察院、公安机关办理认罪认罚案件，应当保障犯罪嫌疑人、被告人获得有效法律帮助，确保其了解认罪认罚的性质和法律后果，自愿认罪认罚。犯罪嫌疑人、被告人自愿认罪认罚，没有辩护人的，人民法院、人民检察院、公安机关（看守所）应当通知值班律师为其提供法律咨询、程序选择建议、申请变更强制措施等法律帮助。符合通知辩护条件的，应当依法通知法律援助机构指派律师为其提供辩护。

责与不作为，对值班律师法律帮助有效性的实现产生了负面影响。

2. 主观标准：值班律师社会评价感知倾向消极

主观标准属于社会因素，人是社会生物，个人的行为均会或多或少地受到社会因素影响。也就是说，人们在做出某一行为时所感知到的社会压力，无论是支持还是反对，都会对其行为决策产生相应的影响，类似个体对于社会规范的感知。

具体到值班律师有效法律帮助问题中，在社会评价上，由于法律服务购买的特殊性，值班律师与检察院之间存在客观的招标方与中标方的关系。值班律师作为乙方，其主观上希望与检察院形成的关系更倾向于合作而非对抗。[1] 笔者实证调研情况亦可以印证这一点，即值班律师法律帮助工作所期待的社会评价效果并非被追诉人的认可；相反，其更希望与检察官建立"友好合作"的关系，获得与检察官"私人关系"的"好评"，进而为其此后所代理案件的办理起到积极作用。而检察官基于案件审结效率的追求，并不希望值班律师的有效法律帮助工作影响其案件进程，因此双方"一拍即合"。

3. 知觉行为：值班律师自我效能及控制感差

知觉行为的影响因素主要包括两个，一个因素是个体对于相应行为是否能够完成的能力与信心，另一个因素主要关乎到个体的行为控制。第一个因素本质上反映了个体的自我效能感信念，即个体作出某一行为所获得的自我成就感；第二个因素反映的是控制信念，反映了相关主体对于行为完成的难易程度评估后所产生的自我控制力。[2] 在值班律师的有效法律帮助研究领域同样如此，值班律师只有将提升法律帮助有效性视为一项具有成就感的工作，获得自我效能感，才能从根本上发挥值班律师的主观能动性，提升法律帮助的有效性。

---

① 姚莉：《认罪认罚程序中值班律师的角色与功能》，载《法商研究》2017 年第 6 期。

② Ajzen I, *Residual effects of past on later behavior: Habituation and reasoned action perspectives*. Personality and Social Psychology Review, p.108, 2002.

首先，从自我成就感角度来看，就笔者调研 C 市 J 区检察院的现实情况而言，值班律师的报酬数额相对于值班律师每天需要处理的案件数量处于较低水平，这也是值班律师对于认罪认罚案件的法律帮助工作积极性不高的因素之一。[①] 尤其对于刑事案件辩护经验丰富的资深律师，在物质激励微薄的情况下，单纯通过依靠值班律师自身所具有的社会责任感来保障法律帮助职责的有效是不切实际的。因而，在实践中，驻检察院值班律师也往往由从业年限较短、经验较为欠缺的年轻律师甚至是实习律师担任（见图 1）。

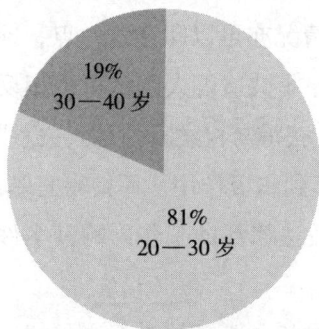

图 1 C 市 J 区检察院值班律师年龄状况分布 [①]

其次，从财政经费的负担水平上看，J 区检察院作为 C 市主城区，属于财政经费相对宽裕的地区，保障水平已然如此，全国经济发展较为落后地区的财政保障水平自不待言，这也是值班律师有效法律帮助质效难以提高的现实困境之一。

最后，从控制因素角度来看，值班律师的自我控制力还受个体作为人

---

① 按照司法部、财政部关于完善法律援助补贴标准的指导意见（司发通〔2019〕27 号），值班律师法律帮助补贴标准由各地结合本地实际情况参照上述意见制定。全国各地标准不一，据笔者调研显示，J 区检察院采取以年为单位一次性支付的方式，值班律师每人每日平均 200 元；而延安市宝塔区人民检察院值班律师办理认罪认罚从宽案件以办理案件为标准，每案平均补助 200 元。在重庆地区值班律师值班一天的经费不超过300 元，大部分在 200 元上下浮动。在全国范围内补贴标准大致在 150—300 元浮动。

② 数据来源：笔者对于 C 市 J 区调研数据的总结。

本身的生理与心理状况影响。个体生理的疾病与不适、心理的焦虑与抑郁等均会降低个体的职业自我效能。^①许多值班律师在调研过程中表示，其所参与的很大一部分案件均为案情简单且争议不大的案件，被追诉人对于值班律师法律帮助的需求内容，主要为相关法律规定的咨询，并不涉及更深程度的法律帮助需求。但是，上述简单案件却在客观上占据了值班律师工作内容的绝大部分。尤其是在基层检察院中，此种情况更为突出。对值班律师而言，处理上述案件已经消耗了大部分的精力，对于复杂案件的处理即使"有心"亦"无力"。

此外，在提供法律帮助的过程中，由于没有相应的规范及途径记录，对于值班律师是否进行了有效法律帮助，往往缺乏客观性证据予以证明，工作留痕不足，对于工作内容与质量数据记录缺失不完整，导致现阶段缺少相应的客观依据来制定值班律师工作的考评方案。考核机制的缺乏与失效导致监督机制的"无据可依"，进一步造成了值班律师工作的质量与效率难以得到提高，值班律师容易滋生消极懈怠情绪，阻碍制度有效运作。

（二）检察官保障值班律师有效法律帮助意识不强

1. 行为态度：检察官对案件审理的否定性评估

认罪认罚以及量刑协商的关键环节在检察院，因而检察院对于值班律师法律帮助的态度及帮助对于法律帮助的有效发挥具有重要影响。但在实践中，检察官往往基于办案压力以及效率的需求，希望能够尽快审结案件，检察官通知值班律师到场的时间往往在其已经和被追诉人达成认罪认罚意愿后，值班律师在此时才会了解到该案件所涉罪名等基本信息，而对于本案的具体细节等内容并不了解。

2. 主观标准：检察官对保障义务的评价偏消极

我国《刑事诉讼法》对于检察官在认罪认罚案件中的职责有相应说

---

① 郭本禹、姜飞月：《职业自我效能理论及其应用》，载《东北师大学报》2003 年第 5 期。

明。① 但是，本条所述的"必要的便利"并没有就如何保障值班律师的法律帮助活动的有效性提供何种具体的便利、保障措施作出规定，亦无检察官未能及时为值班律师的法律帮助活动提供相应便利时的监督与惩戒措施。从这个层面而言，检察官缺乏法律法规的强制性义务规定，因而在心理上对于检察官并无强制性约束力，加之法律规范的模糊，导致有的检察官对于保障与配合值班律师进行有效法律帮助工作并不重视。

3. 知觉行为：在现有技术环境下检察官控制信念较弱

由于远程提讯的普遍展开，通过在线技术远程连线被追诉人被羁押的看守所，是目前大多数讯问开展的常态化方式，在这种情形下，实践中甚至会出现值班律师通过电话、视频等远程方式进行法律帮助服务的情况。检察官仅通过电话简要介绍嫌疑人所涉罪名、拟判处刑期，值班律师往往在面对犯罪嫌疑人提出的量刑协商的请求时，由于缺乏对案情的客观了解，加之其主观因素与线上通话方式、缺乏强制性规范等多种因素影响，无法发挥法律帮助的实质性作用。

由于远程认罪认罚见证的普遍开展，检察官与值班律师一同处于检察院内讯问室内，而被追诉人在屏幕对面，值班律师很难就案情与被追诉人进行单独沟通。在此情形下的值班律师法律帮助空置化现象更加严重，更加谈不上法律帮助的有效实施。

三、认罪认罚案件值班律师有效法律帮助的提升

（一）行为态度：确立值班律师有效法律帮助的内涵及判断标准

从值班律师履行义务的过程层面来看，值班律师若想达到有效法律帮

---

① 《刑事诉讼法》第 36 条规定："人民法院、人民检察院、看守所应当告知犯罪嫌疑人、被告人有权约见值班律师，并为犯罪嫌疑人、被告人约见值班律师提供便利。"第 173 条规定："人民检察院审查案件，应当讯问犯罪嫌疑人，听取辩护人或者值班律师、被害人及其诉讼代理人的意见，并记录在案。辩护人或者值班律师、被害人及其诉讼代理人提出书面意见的，应当附卷……人民检察院依照前两款规定听取值班律师意见的，应当提前为值班律师了解案件有关情况提供必要的便利。"

助的标准，需要在履职过程中遵循一般的职业道德和法律规定，认真负责地开展辩护活动。^① 上述观点将法律帮助的"有效"与否与值班律师是否"尽职"相挂钩，认为判断值班律师法律帮助是否有效的核心是值班律师在履行法律帮助职责的过程中要积极主动、不懈怠，符合行业标准和法律规定，高标准地完成法律帮助工作。笔者认为此项要求是值班律师法律帮助有效性的最低判断标准，对于结果的有效性的追求，即"有效果的法律帮助"则应当是值班律师法律帮助有效性判断所追求的目标。

笔者认为，基于我国现行法律有关值班律师有效法律帮助的规定^②，需要将值班律师有效法律帮助的内涵归纳为两个层面：行为与结果。在行为上，有效的法律帮助要求值班律师履行职责，在法律帮助过程中积极向被告提供法律要求的上述法律援助；就结果而言，值班律师需要以尽可能实现被追诉人的诉讼结果为目标，最大限度地实现被追诉人合法权益。在有证据证明值班律师已经充分履行职责但仍未达到理想结果的情况下，仍然应认为有效。当然，值班律师的有效法律帮助职责是否已然充分履行显然需要客观性证据加以证明，这也是认罪认罚案件值班律师有效法律帮助制度进一步完善过程中需要考虑的方向。

（二）主观标准：明确各主体的心理预期

1. 明确值班律师的法律地位

对于值班律师的身份定位问题，其一，在《法律援助值班律师工作办

---

① 彭江辉：《有效辩护与辩护质量——美国有效辩护制度窥探》，载《湘潭大学学报（哲学社会科学版）》2015 年第 4 期。

② 《法律援助值班律师工作办法》第 6 条规定：值班律师依法提供以下法律帮助：（一）提供法律咨询；（二）提供程序选择建议；（三）帮助犯罪嫌疑人、被告人申请变更强制措施；（四）对案件处理提出意见；（五）帮助犯罪嫌疑人、被告人及其近亲属申请法律援助；（六）法律、法规规定的其他事项。值班律师在认罪认罚案件中，还应当提供以下法律帮助：（一）向犯罪嫌疑人、被告人释明认罪认罚的性质和法律规定；（二）对人民检察院指控罪名、量刑建议、诉讼程序适用等事项提出意见；（三）犯罪嫌疑人签署认罪认罚具结书时在场。值班律师办理案件时，可以应犯罪嫌疑人、被告人的约见进行会见，也可以经办案机关允许主动会见；自人民检察院对案件审查起诉之日起可以查阅案卷材料、了解案情。

法》中，值班律师的角色不是使用"辩护"一词，而是明确定义为"法律帮助"。其二，我国《刑事诉讼法》在描述值班律师的工作时使用的是"提供法律帮助"，显然与辩护人进行"辩护"的描述有所差异，值班律师并非"辩护人"，而是"法律帮助者"。那么在值班律师未转化为辩护人的客观条件下，如何处理值班律师"法律帮助者"的法律定位与值班律师的法定权利是下一步值得思考的问题。

笔者认为，首先要明确，值班律师只是一个"助手"。与律师相比，值班律师起到一次性、一站式和监督的作用。值班律师需要被给予一定程度的辩护权，在提高效率的同时，怎么强调认罪认罚案件的公正性都不为过。无论值班律师是否被指定为律师，有效行使法律援助都离不开对案件的充分理解，对案件的全面详细了解是值班律师开展后续量刑谈判、发挥实质作用的基础。基于上述要求，关键且迫切需要解决的问题不在于值班律师的身份，而在于如何更加便捷地使值班律师查阅案卷材料并会见当事人。可以考虑将此程序改造成为线上程序，实现公正与效率价值的平衡。

2. 充实值班律师的法定权利与义务

首先，应当规定值班律师需阅读卷宗和会见被追诉人。阅卷权和会见权是法律赋予值班律师的权利，但这一权利在实践中很有可能被放弃，此项权利的缺席无疑会对被追诉人产生更大的影响。因此，阅卷和会见应被规定为义务。为了实施有效的法律援助，需要明确规定值班律师在办案前阅读卷宗和会见被追诉人，将权利转化为义务，这可以提高值班律师对案件的理解，有利于深化与被追诉人的交流，进而保障程序顺利进行。如果确实存在实际困难，司法机关可以利用法律咨询电话、视频、资源共享大数据平台等相关网络技术进行合作，充分保障双方的会见时间。

3. 明确检察官保障值班律师有效法律帮助的义务

在认罪认罚从宽制度的具体司法实践中，一些检察官可能单方面告知被追诉人及其律师对犯罪行为的认定和量刑建议，被追诉人及其代理律师只能选择同意或拒绝，没有协商余地。一些实施法律援助的律师缺乏主动性，不愿参与咨询监督。因此，量刑协商谈判并不仅是检察机关单方面通知工作。为此，需要从法律上强制性地赋予检察官对值班律师有效法律帮助工作的配合、协助义务，进而使检察官从心理上转变观念，通过制度约束强化心理约束，为值班律师阅卷、会见等履行法律帮助的必要准备工作予以积极配合。承办案件的检察官有义务通知值班律师全过程参与案件进程；签署认罪认罚具结书前，检察官有义务回应值班律师以及被追诉人关于案情相关问题的提问。从立法上明确检察官对于值班律师有效法律帮助的法定义务，保障案件的审理效率和效果。

（三）知觉行为：构建智能辅助平台降低工作难度

为解决认罪认罚案件值班律师工作量大与时间精力有限的矛盾问题，本文尝试提出借助在线智能技术，探索有关认罪认罚案件值班律师法律帮助的智能化辅助平台（见图 2）。此平台主要功能分为系统内部功能构造与外部部门各单位连通两大部分，拥有电子卷宗、文书审查确认、远程在线服务等主要功能，有助于解决目前认罪认罚案件值班律师有效法律帮助的实践难题，使案件事实较为清晰、争议不大的案件能够通过在线平台实现有效法律帮助的及时提供与案件的快速办理，为值班律师将更多的精力投身复杂与争议案件提供了可能性。

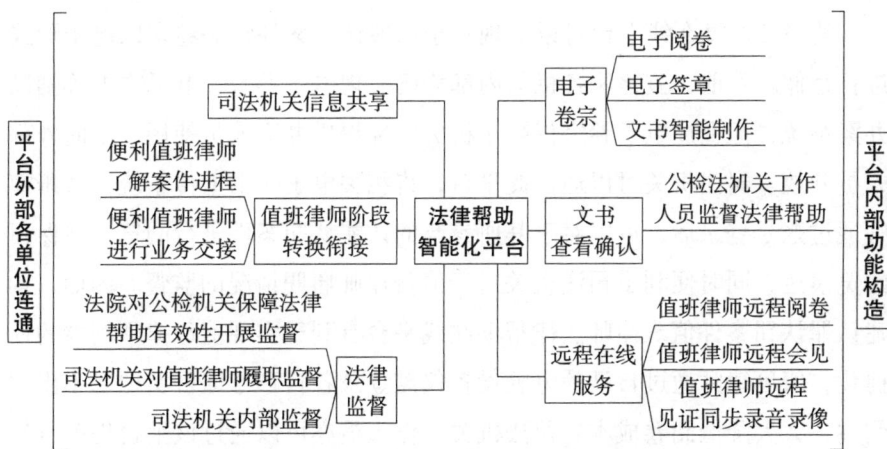

图 2　值班律师法律帮助智能辅助平台设想建构

1. 行为有效驱动：缓解律师资源供需矛盾与提升动力

对于值班律师物质激励不足与财政资金有限的现实矛盾的解决方面，现有研究试图从提升值班律师的报酬水平层面解决这一问题，但就我国目前的财政水平而言，尤其是在经济发展欠佳、财政资金并不充裕的地区，短期内使值班律师的薪酬得到大幅度的提升难以实现，此问题如何破局，学界并无较为有效之办法。

借助智能辅助平台，可以依托人工智能司法辅助技术的运用，被追诉人通过登录平台输入相应的案由、主要案情等信息，由人工智能系统对案件所涉法律法规、判例进行检索，并进行可视化呈现，实现在轻罪案件、无争议案件中人工智能辅助值班律师的法律帮助工作，如对提供法律建议等简单工作进行替代，从而减轻值班律师的工作量，缓解工作压力。在此基础上，值班律师节约的精力使其能够更加专注于案情相对复杂案件的有效法律帮助工作中，有利于较为合理分配有限的值班律师资源。同时，在财政上，就轻罪案件中由人工智能部分替代值班律师工作所节省的财政经费，可以向处理疑难复杂案件法律帮助工作的值班律师中予以倾斜，提高值班律师的薪资水平，加强物质激励，总体上有利于值班律师法律帮助有效性的提升。

2. 有效行为工具：为值班律师法律帮助工作提供便利条件

其一，通过在线平台可以实现对于认罪认罚案件相关卷宗以电子形式进行存储。目前，公检法各机关内部均已实现电子卷宗、电子文书等辅助办案系统，但上述电子卷宗仅限于机关内部提供办案人员使用，不向外部人员开放。司法机关可以通过此平台，将相关电子文书上传系统，值班律师通过账号登录后，可以对于其所参与的认罪认罚案件进行阅览，并保留阅览痕迹，同时便利了司法机关对于值班律师履职情况的监督。因而，构建认罪认罚案件值班律师法律帮助在线平台有利于实现值班律师阅卷的便捷化，值班律师通过自己的电脑设备仅需登录各自账号即可实现足不出户阅卷，大大降低阅卷成本。司法机关工作人员亦可以通过该平台提前告知值班律师所需见证的具体案件，并通过平台阅卷浏览痕迹功能监督值班履职情况。

其二，通过在线平台的远程技术，可以为值班律师提供远程会见、见证的平台。在远程技术在司法领域日趋成熟的今天，远程技术在远程提讯等工作上已普遍运用，笔者认为，值班律师通过在线技术远程会见当事人，并在线上为当事人提供法律帮助服务，是可以预期的。此举一方面有利于节约成本，提升效率；另一方面亦有利于通过平台远程视频等线上留痕方式对于值班律师提供法律帮助的情况进行客观记录与留存，有利于对于值班律师有效法律帮助的监督。

3. 行为后果与责任：值班律师有效法律帮助监督与惩戒机制

对于值班律师有效法律帮助的监督与惩戒机制应当包含物质与精神并举的奖惩制度，通过加大物质奖惩的程度，弥补办案补贴的不足；通过加大精神奖惩的程度，对于值班律师的信誉和知名度等无形价值产生一定影响。[1] 此外，对于值班律师行为的监督与惩戒需要客观证据加以证明，因而值班律师需要在从事法律帮助工作的过程中形成并留存相应的客观证据。尽管《法律援助值班律师工作办法》规定了值班律师记录履职过程的要求[2]，但是，对于工作记录制度的细化，应当进一步完善。

就目前我国司法系统智能技术水平而言，一方面，我们拥有能够通过网络信息平台制作电子文书并进行存储的成熟技术，更加便捷与客观地留存证据；另一方面，通过在线方式获取案件相关信息、进程便于值班律师高效了解案件情况，便利与当事人沟通，对整个协商情况、证据与事实、被追诉人的意见等制作电子笔录，为后一律师提供衔接便利。通过上述智能辅助平台，不仅便利了值班律师履行法律帮助工作职责过程的留痕与记录，形成客观证据，还可以便利不同阶段的值班律师利用在线技术与平台查看前一阶段的工作记录，最大限度地利用紧缺的律师资源，有助于认罪

---

① 樊崇义：《我国法律援助立法重点和难点问题研究》，载《中国法律评论》2019年第3期。

② 《法律援助值班律师工作办法》第7条第3款规定："值班律师提供法律咨询的，应当记录犯罪嫌疑人、被告人涉嫌的罪名、咨询的法律问题、提供的法律解答。"

认罚程序的顺利进行。

（四）法律文书完善：增强认罪认罚具结书告知可视性

认罪认罚具结书是反映认罪认罚案件中检察机关与被追诉人协商结果的重要载体。基于上述构想，对于认罪认罚具结书，检察机关应当以更加直观与便捷的方式对被追诉人进行释法说理。一方面，可以基于智能辅助平台改进告知文书，对于认罪认罚的法律规定以及法律后果、罪名、量刑等内容在文书中予以重点标识提醒，并可以通过弹窗等方式提醒被追诉人注意，保障其签署认罪认罚具结书的自愿性。另一方面，基于现有的智慧检务系统，加之以智能平台的辅助，可以在面向检察机关的办案系统中新增认罪认罚具结书释法说理模块：一是可以通过系统的自动提升在关键办案节点前提示承办人进行释法说理，并制作相应文书；二是可以通过系统对需要着重释法说理问题进行智能提示；三是方便法院作为中立第三方对认罪认罚案件法律文书进行线上评查，方便监督与反馈；四是将检察官释法说理的相关数据进行分类汇总，纳入检察官考核档案中，进一步加强检察官自我约束与监督。

认罪认罚案件中听取律师意见
和文书修正问题研究

马晓敏　最高人民检察院

陈娅丹　王　慧　浙江省临海市人民检察院

认罪认罚从宽制度对及时有效惩治犯罪、加强人权司法保障、优化司法资源配置、提高刑事诉讼效率、化解社会矛盾纠纷、促进社会和谐稳定具有重要的意义。作为检察机关，应当敢于担当，积极推进该制度的贯彻实施，确保该制度高效发挥其作用。

近五年，随着司法实务的开展，该制度的优势不断得到体现，但也暴露出了部分问题，其中反映较多的问题就是在审查起诉阶段，认罪认罚案件中怎样有效听取律师 [①] 意见，相应的法律文书又该如何与时俱进以适应新形势的需要。下面笔者将以实务为视角，从以下几个方面简单探讨。

一、听取律师意见过程中存在的具体问题

部分检察办案人员听取律师意见流于形式。一是听取方式形式化。部分检察机关办案人员在落实听取律师意见的过程中，抱着走流程的态度简单处理，以打电话询问律师作为听取意见的主要方式，对于部分律师提出具体意见的，则以提交书面辩护意见为由结束电话。二是听取内容形式化。对于律师提出的意见，没有认真听取，事后也未与律师进一步沟通，就双方的意见进行具体的讨论、协商，更没有针对律师的意见针对性地开展补证、论证等工作，导致听取律师意见流于形式。

---

① 本文中所称的律师包括犯罪嫌疑人的辩护人、值班律师以及被害人一方的诉讼代理人。

部分检察办案人员未听取律师意见。《刑事诉讼法》第 173 条第 2 款明确规定，犯罪嫌疑人认罪认罚的，人民检察院应当听取律师意见，包括辩护律师和值班律师以及诉讼代理人，但少数办案人员未落实上述规定，未听取值班律师意见，仅让其在场作为程序合法的见证者，或者未听取诉讼代理人的意见，违反了程序法的相关规定。

部分案件律师未充分提出意见。一是部分律师存在在审查起诉阶段保留部分法律意见的现象，特别是对于定罪量刑的关键性意见，保留至庭审阶段予以展示；二是部分律师存在脱离案件证据、法律规定提意见的现象，导致所提意见针对性不强、可采性不高；三是部分律师特别是法律援助律师以及值班律师未能充分阅卷或未阅卷，导致未能提出有效的法律意见。

律师获得感不强。一是认罪认罚案件大部分为事实清楚、证据确实充分的案件，检察机关经审查后形成的意见普遍较为合理，改变定性、调整量刑的空间过小，律师在其中所起的辩护空间也相应较窄；二是部分检察办案人员未实质性听取意见，对律师提出的意见无书面或口头的回应，也没有在起诉书或不起诉决定书中加以表述，使得律师对于检察机关有无采纳其法律意见的结果不明或为何不采纳的理由不清。

相关的法律文书存在缺陷。认罪认罚从宽是犯罪嫌疑人或被告人一项重要的诉讼权利，而听取律师意见是保障权利得以实现的重要程序。但是当前检察办案人员听取意见往往以电话交流形式进行，没有把拟建议量刑的算法和具体内容以书面的形式告知律师；认罪认罚具结书内容不全面，缺少对从重、从轻、减轻情节的表述，嫌疑人和辩护人以及值班律师无法提出法定情节和酌定情节方面的抗辩；量刑建议书过于简单，说理性不强。

二、听取律师意见过程中存在问题的原因分析

针对检察机关来说，以上问题的主要原因包括以下几个方面：

一是少数办案人员仍然存在轻程序的办案理念，对相关规定不熟悉，乃至忘记程序上的要求和规定。如 2020 年 12 月，浙江某基层院办理的"律

师孙某某申请保障听取意见权监督案"，就属于认罪认罚案件办理过程中，办案机关未依照《刑事诉讼法》第173条等规定听取被害人及其诉讼代理人孙律师意见的情形；又比如2021年2月5日最高检发布的全国检察机关保障律师执业权利典型案例中的案例五"律师侯某某申请发表意见权监督案"，就属于在二审上诉案件决定不开庭审理环节，办案机关未依照《刑事诉讼法》第234条等规定听取辩护律师意见的情形。

二是少数检察官未树立法律共同体理念，以"一口价"方式听取律师意见。该部分检察官往往未将律师视为平等的法律共同体，不愿与律师进行充分的协商和充分的意见交换，提出的量刑建议不容推翻和更改，基本上没有协商的余地，缺乏听取律师意见的诚意。

三是囿于考核需求不当听取律师意见。个别地方检察机关考虑轻罪起诉率等考核，不当拔高量刑，拒绝接受律师的合理意见，导致协商形式化，影响定罪、量刑建议的质量。

四是司法权威未得到全面树立。检察机关具有起诉权、量刑建议权，而法院负责审判工作，定罪、量刑权为法院的职权。上述职权的分工天然造成了定罪量刑权上法院更具权威性，使得当事人以及律师对于检察阶段的听取意见、具结诚意较低，检察公信力和权威受到了影响与质疑。

对于律师来说，主要原因可能包括以下几个方面：

一是受不当干扰。部分辩护律师可能会受犯罪嫌疑人以及犯罪嫌疑人家属、被害人及被害人家属等人的不当干扰，迫于上述人员的压力，脱离案件事实、证据、法律规定提意见，影响意见的专业性和准确性。

二是受利益驱动。部分辩护律师出于利益的考虑，担心在检察阶段认罪认罚，嫌疑人家属在法院审理阶段不再委托其担任辩护人，因而失去预期收益的机会。部分法律援助律师则因预期收益较低，对案件的处理上相应付出的精力较少，出现意见分歧时与当地检察机关、法院据理力争的意愿较弱。

三是值班律师定位不当。部分无辩护律师的认罪认罚案件，一般由值班律师提供法律帮助，但大多数值班律师往往不愿意提供定罪量刑方面的意见。因为这些值班律师把自己的角色定位于程序的见证者，不愿意阅卷看证据材料，没有在案件性质和具体量刑方面提供实质性意见的动力，导致检察官无法有效听取律师意见。

三、提升听取律师意见质效的可行性方法

以协商具体化、充分化为主要特征的实质性听取律师意见，是提升听取律师意见质效的最有效方法，具体来说，包括以下几个方面：

（一）强化检察官必须听取律师意见的责任和义务

1. 严格落实法律规定，认真听取律师意见。《人民检察院办理认罪认罚案件开展量刑建议工作的指导意见》对于听取律师意见均作了相应的规定，检察官应当严格落实上述规定，按照法律法规规定的程序办理案件，特别注意不能忽视对被害人（被害人家属）及其诉讼代理人意见的听取，提高司法执法规范化水平，提升检察司法执法的公信力。

2. 及时转变司法理念，全面听取律师意见。检察官应转变司法理念，围绕定罪、量刑、程序、证据等问题听取辩护律师意见。证据是定罪量刑的基础，对于在案证据的意见，检察机关办案人员应当重点听取，特别对于存在非法证据排除情形的，必须调查核实，启动排非程序；对于案件的定性、量刑，检察办案人员也应该重点听取，这也是关系案件当事人最直接利益的核心部分；对于案发的背景、案发后案件造成的社会影响、案件当事人的家庭情况、舆论走向等，检察机关办案人员也应当听取。其次，被害人及其诉讼代理人的意见也要听取。案件的当事人不止于犯罪嫌疑人和被告人，认罪认罚案件中，法律明确规定了应当听取被害人及其代理人的意见。虽然 2019 年"两高三部"《关于适用认罪认罚从宽制度的指导意见》第 18 条规定被害人及其诉讼代理人不同意对认罪认罚的犯罪嫌疑人、被告人从宽处理的，不影响认罪认罚从宽制度的适用，但不能以此为由不重视听取被害人及其诉讼代理人的意见。

3. 释放司法诚意，积极落实协商司法。检察官在办理认罪认罚案件中，

要最大限度释放司法诚意，对于律师的意见认真听取，听取后要有回应。同时，对于己方的观点，要充分予以表达，特别是对于定罪的理由、量刑的具体过程，要充分释明。对于部分量刑情节，在法律许可的范围内，充分听取律师对从宽、从重处罚具体幅度的意见，以协商的具体性促协商的有效性。

4.高效完善流程监管，加大责任追究力度。案件管理部门应当建立科学、规范、全面的监管考评体系，加强内部管理，通过流程监控、案件评查、季度报告等多形式，多角度开展监督，落实监督管理职责。控告申诉部门应当结合保障律师执业权利专项工作，拓宽外部监督渠道，针对未实质性听取律师意见的情况，为律所及律师主管机关提供及时反馈的渠道。同时，检察机关还可以通过检察开放日、座谈会、App 软件、12309 等多形式、多渠道拓宽监督途径。对于不听取、未认真听取的，经检务督察部门和案件管理部门调查核实后，追究相应责任。

（二）创新听取律师意见的工作方法

1.结合听证制度，提高听取效果。公开听证制度可以提高各方人员的参与度，扩大听取意见的范围，充实听取意见的内容，以此提高听取意见的效果。对于部分案件，可邀请被害人、侦查人员、辩护人参与听证，充分听取各方意见。对于部分群体性案件、涉及环境保护、食品安全等群众普遍关心的案件、邻里亲属纠纷案件等，可以邀请部分群众代表，以达到回应社会热点、教育群众、化解矛盾、促进犯罪嫌疑人认罪悔罪的目的。

2.邀请律师到场，增加表达途径。承办检察官在向检委会汇报案件时，必须汇报辩护人和诉讼代理人的意见，以及对上述意见的采纳情况和理由。必要的时候，检察委员会在讨论案件前，可通知律师到场，现场听取律师的意见。讨论案件过程中，对于律师的辩护意见、代理意见应当有针对性地进行讨论，是否采纳及相应的理由应当在会议记录中予以体现。

3.建立审批在前、重新具结在后制度。对于认罪认罚案件量刑建议的提出，严格审批机制，原则上不得轻易变更量刑重新具结，且审批在前，重新具结在后。确有必要重新具结的，特别是对于提起公诉后改变量刑建议的情况，审批权上提一级①，也即：在重新具结前，如果原建议由检察官提出的，检察官调整量刑建议的应当向部门负责人报告备案，并报分管副检察长审批同意；原量刑建议由分管副检察长提出的，由检察长审批同意。

4.提供履职条件，保障听取条件。检察机关应当为律师履行辩护职责提供充分的保障。如提前告知值班律师需要提供法律帮助的当事人的信息以及案件信息，为值班律师预留阅卷的时间，同时提供光盘等方式为律师阅卷提供便利；为无法当面听取意见的律师提供视频听取、电话听取等多渠道听取方式，必要时还可以为律师提供预约功能，方便检律双方合理安排听取的时间和方式，提高协商的效果。

（三）区分法律文书的功能，加强法律文书的说理

"正义不仅要实现，而且要以人们看得见的方式实现。"认罪认罚案件实质性听取律师意见，也要以看得见的方式加以体现。对检察机关来说，认罪认罚从宽制度涉及的法律文书包括但不限于认罪认罚从宽制度权利义务告知书、具结书、起诉书、不起诉书、量刑建议书、审查报告等，通过法律文书记录听取律师意见的过程、意见采纳与否等，并以适当的方式告知当事人，是展现司法公开公平公正、提高双方当事人司法认同感的重要途径之一。同时，加强文书的说理工作也能以文书的规范化倒逼检察人员听取律师意见的实质化。

1.审查报告应当侧重于充分的说理论证。审查报告是检察官制作的对内的法律文书，是案件办理过程的完整体现，因此，律师对案件的法律意见、认罪认罚的协商经过、协商的结果，应当在完整加以记录的同时注重说理的充分展开。特别是具体量刑过程，从起点刑的确定、基准刑的调整、拟建议刑的确定、是否适用缓刑、如何适用附加刑等，均要作详细的说理，

---

① 《人民检察院办理认罪认罚案件监督管理办法》第7条规定，若原量刑建议由检察官提出的，检察官调整量刑建议后应当向部门负责人报告备案；若原量刑建议由检察长（分管副检察长）决定的，由检察官报请检察长（分管副检察长）决定。

对于律师的意见也要在报告中说明采纳与否，并详细阐明理由。

2.认罪认罚具结书应当表述法定情节和完整记录协商的结果。认罪认罚具结书是结果性文书，是犯罪嫌疑人、被告人一方对于检察机关提出的定罪、量刑建议、适用程序建议接受与否的结果性文书。因此，具结书应当完整记录协商的结果，影响量刑的情节也应该予以表述，让嫌疑人和律师在具结过程中知晓。若犯罪嫌疑人、被告人对上述内容无异议，但律师提出异议，应当如何处理？目前检察机关办案系统中的具结书模板中没有相应的内容，使得实务中对于律师异议内容是否应当记录、律师异议的法律效力如何存在较大争议。笔者以为，认罪认罚是犯罪嫌疑人、被告人的合法权利，不因辩护人、值班律师存在异议而被剥夺。同时，辩护人、值班律师有独立的辩护权，其提出不同意见的，检察人员应当在具结书中予以写明，并由律师签字确认其异议内容。这既是尊重律师独立辩护权的体现，也是如实记录协商结果、为后续庭审工作作铺垫的需要。

3.不起诉决定书应当回应律师意见。不起诉决定书是终局性法律文书，从定分止争的角度而言，起到与判决书相似的作用。因此，其对于案件存在的争议点，应当予以回应并进行充分的阐释，提高当事人的服判息诉率，维护社会的和谐稳定。目前，检察办案系统中的不起诉决定书模板中没有相应的内容。结合实质性听取律师意见的要求，笔者认为，不起诉决定书中应当增加该部分内容，对律师提出的法律意见进行归纳总结，并在文书中阐明是否采纳律师意见，并进行充分的说理。

4.制作《认罪认罚听取律师意见书》，提升实质性听取律师意见的质效。认罪认罚案件协商过程中，检察官可以制作《认罪认罚听取律师意见书》，将检察机关对案件的事实认定、定性、拟建议量刑、具体的量刑过程（算法）以及适用程序等，以书面形式或线下、线上方式送达给辩护律师，律师收到后可以书面形式反馈意见，也可口头回复承办检察官，促进检律双方对案件进行实质性协商，提升听取律师意见的效果。

（四）明确律师提供实质性意见的职责

1. 明确值班律师担当辩护人角色的定位。值班律师不是单纯的见证者和背书者，其承担着保障犯罪嫌疑人、被告人获得辩护或法律帮助的权利，确保其了解认罪认罚的性质和法律后果，自愿认罪认罚的职责。与其职责相对应，值班律师应当承担的是类辩护人的角色。且检察机关可通过 App 软件提前绑定相应案件对应的值班律师信息，实现案件责任到人。

2. 律师应当对案件提出实质性交换意见。意见交换以书面交换方式为原则，口头交换方式为补充，可通过 App 提交书面意见，也可以纸质方式提交书面意见，必要时可以通过电话、视频或者当面交换意见，保障意见交流的充分性。

3. 提升律师荣誉感、获得感，发挥榜样引领作用。2021 年，时任最高人民检察院检察长张军在最高检检察理论调研所调研座谈会上曾提出：对于律师认真履职、充分发表意见，检察机关认真听取、依法采纳律师意见的案例，用案例说话，体现检察机关和律师良性互动，共同落实宪法法律和刑事司法政策，以"榜样"的作用引领促进检律共同把认罪认罚从宽制度落实好。这一建议能极大提升律师特别是值班律师、法律援助律师的荣誉感和获得感，提升律师的内在驱动力。如临海市院在工作中十分重视加强检律协作，在办理一起涉企业经营者涉嫌盗窃罪一案中，检律双方多次沟通，充分发挥律师的桥梁作用，助力解决因经营者被羁押，在企业中工作的民工讨薪群体访事项，达到了息访的良好社会效果，且案件依法不捕不诉，体现了律师的作用和价值，让律师有了充足的获得感。

认罪认罚案件中值班律师制度困境的实证分析和破解路径

——以 G 省 Z 市司法实践为视角

庞书欣　广东省湛江市人民检察院

2018 年 10 月，新修改的《刑事诉讼法》正式出台认罪认罚制度，新增了值班律师制度。认罪认罚从宽制度运行近 5 年来，总体呈现出持续、高效的推进状态，制度实施成效显著，目前，已经形成以认罪认罚为基本诉讼模式的刑事诉讼新常态。2022 年，认罪认罚检察环节的适用率已超过 90%，量刑建议采纳率 98.3%，一审服判率 97%。伴随着认罪认罚制度的高适用率，如何保障被追诉人认罪认罚的自愿性、真实性被提到更为重要的高度，值班律师作为提供法律帮助的主体，其职能的有效发挥，对认罪认罚从宽制度的推进落实产生深远影响。以 Z 市 2020—2022 年情况为例，该市检察机关认罪认罚适用率、认罪认罚案件值班律师参与率分别稳居 85%、83% 左右，值班律师在认罪认罚案件中的重要性可见一斑。

一、值班律师制度的起源与中国化发展进程

作为保障人权的重要手段，值班律师制度是司法制度发展到一定历史阶段的产物。该制度最早起源于英国，其设立的目的是为被采取强制措施后接受讯问前因来不及聘请律师或办理法律援助手续的犯罪嫌疑人，在这段空档期提供应急式的法律帮助，以实现刑事辩护全程覆盖。后来逐步为加拿大、日本等国家所吸收和确立，成为世界各国法律援助制度的重要组成部分。

值班律师制度在我国起步相对较晚，最开始是由我国司法部和联合国

开发计划署于 2006 年 9 月协商后在河南省修武县试点施行的"法律援助值班律师制度"。从最早的试点情况来看，值班律师主要职责为解答法律咨询、协助申请法律援助、代为撰写法律文书等事宜，鲜少介入刑事诉讼活动中，更接近于"法律志愿者"。此后经过漫长的孕育孵化：2014 年"两高两部"出台的《速裁程序试点工作办法》初次提出建立法律援助值班律师制度，并随着刑事速裁、认罪认罚、法律援助等各项刑事诉讼法律制度的发展不断完善，2018 年，值班律师制度被写入新修改的《刑事诉讼法》，成为刑事诉讼法律援助制度的重要组成部分，值班律师的适用范围也从认罪认罚案件扩大到所有刑事案件，2020 年"两高三部"出台《法律援助值班律师工作办法》（以下简称《值班律师工作办法》），更加细化、明确了值班律师的工作职责、诉讼权利、运行程序、保障机制。

二、值班律师的职能与定位

（一）值班律师的职能与定位

明确值班律师职能是完善值班律师制度的前提基础。查阅《刑事诉讼法》和"两高三部"于 2020 年印发的《值班律师工作办法》不难看出，现行法律对值班律师的定位就是法律帮助的提供者，即通过值班律师自身专业法律知识为被追诉人提供及时、临时的法律帮助，以达到维护其合法权益的目的。《刑事诉讼法》第 36 条规定，值班律师职能是为被追诉人提供法律咨询、程序选择建议、申请变更强制措施、对案件处理提出意见等法律帮助。《值班律师工作办法》在上述四项职能的基础上增加了帮助申请法律援助及法律法规规定的其他事项。针对认罪认罚案件，除上述的六项职能外，还增加释明认罪认罚性质、规定、后果，就涉嫌罪名、量刑建议、诉讼程序适用等事项提出意见，在场见证认罪认罚具结等职能。同时《值班律师工作办法》进一步细化值班律师的诉讼权利，明确了值班律师享有阅卷、会见的诉讼权利。

尽管目前学术界对于值班律师的定位，存在着特殊法律援助律师、准辩护人及辩护人等不同观点,但从《刑事诉讼法》修改草案关于值班律师职责内容的前后变更,可以探究出立法者的真实意图,虽然 2018 年《中华人民共和国刑事诉讼法(修正草案)》一审稿对于值班律师职能曾使用"辩护"一词,但草案二审稿乃至最终的《刑事诉讼法》修正案将值班律师提供"辩护"修改为提供"法律帮助",且删去"代理申诉、控告",以上关键词的修改表明,值班律师并不属于辩护人。结合法律规定和司法实践,笔者认为,值班律师更接近"特殊法律援助律师"这一定位。

(二)值班律师与法援辩护律师的区别

由于实践中由地方法律援助机构对值班律师和法律援助辩护律师实行统一管理,因此很多地方把值班律师和法律援助辩护律师的职能混为一谈,在这里有必要将值班律师与法律援助辩护律师的概念和职能进一步明晰,前者是广义的法律援助范畴中的特殊类型,而后者是狭义的法律援助律师,虽然两者都是为犯罪嫌疑人、被告人提供免费的法律帮助,但两者侧重的价值取向不同,值班律师是立法者在兼顾效率和公平的情况下,为了凸显效率和保护人权做的倾向性规定,因其具有及时性、阶段性、应急性、无偿性等特点,有的学者会将其比喻为"救火队长""急诊医生";适用的案件范围不同,根据法律规定,被追诉人为盲、聋、哑人,或者是尚未完全丧失辨认或者控制自己行为能力的精神病人,或者是未成年人,或者可能被判处无期徒刑、死刑案件范围的案件,由于已经适用强制法律援助辩护,不应当适用值班律师制度,还有被追诉人自己已经委托了辩护人的案件也不能适用值班律师制度;参与诉讼的程度、阶段不同,值班律师制度作为新型法律援助模式,不同于法律援助辩护律师对特定被追诉人提供连贯性援助,由一名律师贯穿诉讼全流程,值班律师所提供的法律帮助具有及时性和阶段性,虽然我国相关法律中并没有明确规定值班律师介入法律帮助的具体时间,但是从"两高三部"颁布的《值班律师工作办法》可看出,值班律师需要做好短期顾问工作,进而在不同阶段提供相应的法律帮助,例如侦查阶段、审查起诉阶段、审判阶段等。

三、认罪认罚案件中值班律师制度运行面临的难题

目前，各地在办理认罪认罚案件过程中，实行值班律师制度遇到的问题各不相同，形式主义积弊凸显，值班律师参与查阅案卷、申请变更强制措施、量刑实质性协商的少之又少，以至于有不少学者质疑，认为值班律师在认罪认罚案件中提供法律帮助的效果未达到制度设计初衷。如何保证值班律师在每个案件中对被追诉人提供有效法律帮助，发挥出该制度应有的作用，是横亘在认罪认罚司法实践的现实难题。

（一）值班律师和法援辩护律师职能混同

根据笔者的实证调研，Z 市值班律师坐班一天的经费补贴是 300—500 元，法律援助辩护律师办理一个案子的经费补贴是 1200 元，在实践中，囿于经费、激励等限制，律师群体对轮值坐班的做法较为抵触，毕竟值班一整天只有 500 元的补贴，与传统认知中律师的高收入不成正比，加之先前受疫情影响，有的地区值班律师在看守所轮值坐班的制度形同虚设，有的看守所合并后没有设立值班律师工作点，有的边远地区法援处没有安排律师在看守所轮值坐班，可能是出于提高待遇、激发工作积极性和确保案件质量的考量，Z 市法援处目前的做法是将法律援助辩护律师与提供法律帮助的值班律师的职能混同。具体表现在，一是以法律援助取代法律帮助，对于不符合强制法律援助条件的被追诉人，即使检察院只是在审查起诉阶段申请值班律师为犯罪嫌疑人做认罪认罚具结见证，Z 市法援处也按照法援辩护律师的指定手续和补贴标准（1200 元）指派值班律师，且由于认罪认罚案件中的值班律师分不同诉讼阶段提供法律帮助，因此每个诉讼阶段的值班律师都可以得到 1200 元的补贴；二是在案件质量考评时没有细分法律援助和法律帮助，以法律援助的标准考核法律帮助，如 Z 市法援工作人员反映，G 省司法厅在发放经费补贴前，完全参照法律援助辩护卷宗归档要求和考核标准对值班律师的办案质量进行评估，该评估细则规定，若查阅、复制、摘抄缺失的重要案卷材料，该一级指标就被评为"不合格"，而被评为不合

格案件，不能得到财政核发的办案补贴。此项规定本来是倒逼值班律师对案件质量进行把关，但这里面又牵扯到一个实务界争论已久的问题，就是值班律师是否享有完整的阅卷权。

（二）法律规定不明确导致值班律师权责不清

如实务界至今争论不休的"阅卷权"。《刑事诉讼法》第 173 条规定，对于犯罪嫌疑人认罪认罚的，人民检察院应当听取犯罪嫌疑人、辩护人或者值班律师等的意见。人民检察院听取值班律师意见的，应当提前为值班律师了解案件有关情况提供必要的便利。该条仅规定了人民检察院为值班律师"了解案情有关情况提供必要的便利"，表述比较笼统、模糊，"了解案情"止于何种范围，以及"提供便利"是否包括允许其复制、摘抄，法律均未明示。基于此情况，全国各地在具体操作中自行开展探索和实践，如，G 省五部门 2019 年联合印发的《关于刑诉讼法律援助的实施办法》（以下称《实施办法》）①，对阅卷权做了扩大解释，规定值班律师享有包括复制、摘抄在内的完整的阅卷权，但"两高三部"2020 年出台的《值班律师工作办法》②，对值班律师的阅卷权做了限缩解释，规定值班律师对案卷材料可以"查阅"，没有规定可以"复制"和"摘抄"。由于法律规定不明确，关于是否允许值班律师对案卷材料进行复制、摘抄，Z 市下辖的十个基层

---

① 广东省高级人民法院、广东省人民检察院、广东省公安厅、广东省国家安全厅、广东省司法厅 2019 年《关于刑事诉讼法律援助的实施办法》第 40 条规定，自人民检察院对案件审查起诉之日起，值班律师可以查阅案卷材料、了解案情。人民法院、人民检察院应当为值班律师查阅案卷材料提供便利。值班律师持律师执业证（律师工作证）、办案机关出具的《法律帮助通知书》或者法律援助机构出具的《法律帮助公函》要求阅卷的，人民检察院、人民法院应当及时安排阅卷，提供阅卷条件。犯罪嫌疑人、被告人签署认罪认罚具结书时，接受法律援助机构指派或者安排在场的值班律师要求阅卷的，办案机关应当及时安排阅卷。认罪认罚案件中，犯罪嫌疑人、被告人的认罪认罚情况、检察机关的量刑建议书、适用程序建议书等材料应当附卷，供值班律师查阅、摘抄和复制。

② 最高人民法院、最高人民检察院、公安部、国家安全部、司法部 2020 年《法律援助值班律师工作办法》第 21 条规定，侦查阶段，值班律师可以向侦查机关了解犯罪嫌疑人涉嫌的罪名及案件有关情况；案件进入审查起诉阶段后，值班律师可以查阅案卷材料，了解案情，人民检察院、人民法院应当及时安排，并提供便利。已经实现卷宗电子化的地方，人民检察院、人民法院可以安排在线阅卷。

检察院做法不一。实践中不少值班律师反映,面对案情重大、疑难、复杂的认罪认罚案件,若不提前进行实质性阅卷,对相关重要证据复制、摘抄后进行深入思考、研究,单凭碎片化阅读和短时记忆,无法全面了解案情、形成系统思考和作出综合判断,很难为当事人提供有效的程序选择和实体处理建议。但对于"阅卷权",学界一直不乏反对的声音,有学者认为赋予律师完整的阅卷权与认罪认罚从宽制度提升诉讼效率、节约司法资源的价值取向不符,如果值班律师提供法律帮助需要以阅卷为前提,会拖延办案时间,影响办案效率;还有学者认为,值班律师与辩护律师的地位和权利并不相同,辩护律师享有包括复制、摘抄在内的完整的阅卷权和其他诉讼权利,值班律师并不当然享有。在作认罪认罚具结见证时,值班律师所需的时间短且为一次性,这种服务方式决定了值班律师缺乏认真履行阅卷权的内在动力,即便法律赋予值班律师阅卷权,也终将因为缺乏操作性而沦为"纸面上的权利"。

(三)值班律师执业能力和提供法律帮助的质量有待进一步提高

备选律师的执业能力和专业水平良莠不齐。一方面,值班律师准入标准不一。据调研,全国各地值班律师的准入标准不一,以河南、广州、浙江、上海为例,上海要求值班律师具有一年以上执业经验,其余三地要求值班律师具有三年以上执业经验,其中杭州还要求值班律师承办过10件以上刑事案件,Z市要求以律师身份执业满2年即可。另一方面,人员选任随意,把关不严。以Z市为例,下辖的十个县区法援部门在抽选值班律师时随意性较大且做法不一,有的是在律师库按名单顺序轮流指派,有的是在系统后台的律师库随机抓取,有的是法援工作人员把名额发布在微信群让律师报名接龙,先到先得,还有的法援部门与指定的律所签订服务合同,由律所自行指派值班律师。

另外,实践中普遍反映,律师值班律师提供的法律帮助质量不高。此外,制约法律帮助的质量和效果的因素还有缺乏科学、系统、规范的值班律师质量考核标准,有的地方即使制定了标准,其考核维度也仅限于出勤率，由"值班律师"变为"律师值班"，"打卡"式上班成为其工作常态，还有的地方脱离值班律师的履职实际，机械适用与法律援助辩护律师相同的考核标准，导致考核标准过高、值班律师工作积极性受挫，不利于该项制度的长远发展。

（四）现行认罪认罚法律文书与值班律师制度实践需求不相适应

自全面落实认罪认罚从宽制度以来，全国各地检察院对认罪认罚案件的法律文书如何实现"瘦身"进行大胆探索，目的是让办案人员从繁杂的证据摘录、文书制作中解放出来，把更多的时间和精力放在案件事实证据审查上，实现案件办理质量和效率双提升。在认罪认罚司法实践中，法律文书的简化，确实缩短了案件办理时间，为承办检察官留有更多时间审查证据，思考案件的法律适用和精准量刑。但是，从认罪认罚实践反馈得知，现有法律文书并不能很好地解决与值班律师相关的现实需要。如，在检察机关听取值班律师意见方面，以及值班律师提供认罪认罚案件法律意见的方面，因长期以来缺少法律文书制度规制，导致各地做法不一，办案效果不理想。以《听取值班律师意见书》为例，该法律文书不仅在办案系统上无法直接新建，而且也没有所谓的"官方模板"，有的认罪认罚案件因没有制作该法律文书使得办案程序不严谨、不规范，有的则是因该法律文书内容过于"简单粗暴"，导致听取值班律师意见这一重要、关键履职举措沦为应付案件归档需要的"走过场"。认罪认罚案件中值班律师制作的《法律帮助意见书》也面临类似问题，以 Z 市为例，2022 年以前，法援机构对该法律文书缺乏统一标准要求和考核机制，做不做，怎么做，做得怎么样，一切全凭值班律师个人职业自觉和职业水平，有太多的不确定因素，绝大多数律师考虑到值班律师补贴费用低且司法机关没有作硬性要求，怠于制作法律意见书。2022 年以来，Z 市法援机构按照广东省法援案件统一标准对值班律师办案质量进行系统考评，其中有一项就是要求办理认罪认罚案件的值班律师也要出具法律帮助意见书，才能符合卷宗归档的要求，卷宗归档完整可以被评查为合格案件，但该考评标准较宽松，只要求满足形式要件，对法律文书的内容、格式等均未作细化要求。在认罪认罚案件中，进一步完善与值班律师制度相关的法律文书配置迫在眉睫。

四、破解认罪认罚案件中值班律师制度困境的路径

认罪认罚制度设计的初衷在于缓解争讼案件"井喷式"增长下的司法压力，值班律师制度作为认罪认罚从宽制度的重要组成部分，对于节约司法资源、提升办案质效、实现公平正义起到正向、积极作用。但在司法实践中，囿于经费、激励等限制，有的地区值班律师制度形同虚设，甚至以法律援助辩护取代了法律帮助，与值班律师制度设计初衷相悖。完善值班律师制度及相关配套机制，找准值班律师"法律帮助""程序监督""量刑协商"的功能定位，破解值班律师制度困境，是推进中国式法治现代化的实践选择和必由之路。

（一）完善值班律师的准入机制

值班律师的专业水准是其提供有效法律帮助的基础。为提升认罪认罚案件质效，完善值班律师准入机制势在必行。针对目前大多数地区值班律师的准入门槛低，选任随意性大，执业能力和水平良莠不齐等问题，应完善值班律师的准入标准与条件，包括但不限于执业年限、执业经历及职业道德等以保证值班律师具有提供专业的法律帮助能力与品格。各地法律援助机构应按照《值班律师工作办法》第31条规定，结合本地实际，制定匹配本地区律师资源、财政状况等现实情况的值班律师准入和退出机制，以确保值班律师整体工作质量。笔者建议，根据案件难易程度分别选任值班律师，针对普通刑事认罪认罚案件，应选任有3年以上的刑事辩护从业经验的律师；对于案情重大、疑难、复杂或涉及多人多起事实或新型犯罪的认罪认罚案件，鉴于其特殊性，应选派具有5年以上从业经验的刑事辩护律师担任认罪认罚具结书签署环节的值班律师，做好审前阶段认罪认罚自愿性、真实性和案件事实、证据的核实工作。

（二）构建值班律师职责清单

为激发值班律师有效履职的积极性，加强对值班律师日常监督与考核，以及做好各诉讼阶段的工作衔接，应贯彻落实《工作办法》的规定，构建统一的值班律师职责清单制度。通过有据可查的工作流程和尽职工作的情况，实现对值班律师工作和勤勉义务的规范化管理，为对值班律师的监督考核提供依据；也使不同阶段、不同值班律师、值班律师与辩护律师之间提供的法律服务得以顺利衔接，便于对值班律师提供的法律帮助进行有序化的管理。值班律师职责清单应在值班律师第一次为犯罪嫌疑人提供法律帮助时即开始填写，至案件审理终结为止。[①] 在办理认罪认罚案件的过程中，值班律师应详细、如实记录其阅卷、证据核实，与被追诉人会见沟通、提出专业意见以及与检方进行量刑协商等情况，载明认罪认罚具结书签署的时间、地点、被追诉人认罪认罚的自愿性和真实性，以及程序适用的条件，值班律师对定罪量刑的意见等。在构建权责清单的同时，还要强化对值班律师的日常监督与管理，进一步优化值班律师工作绩效考核体系，倒逼值班律师认真履职，防止部分值班律师出现消极履职"走过场"的现象。

（三）完善值班律师履职保障

完善值班律师的履职责任与履职保障，有利于提高值班律师的积极性、主动性。一是建议司法机关应当为值班律师提供充足的时间保障，例如提前三天预约值班律师，为值班律师会见、阅卷等留出充足的时间，避免值班律师出现"无时间履职"或"临时履职"的尴尬困境。二是财政部门应当加大对值班律师补助专项经费投入，为值班律师履行职责提供必要的条件保障。建议各地区财政部门通过政府购买服务等方式，保障值班律师经费来源和畅通使用渠道，进一步提高值班补贴标准，形成良性的物质激励，

---

① 刘泊宁：《认罪认罚案件中值班律师有效法律帮助制度探究》，载《法商研究》2021年第3期。

进而提高法律帮助的质量与效果。① 三是建议司法行政机关、律协等有关值班律师的主管部门定期组织值班律师进行参与认罪认罚案件业务培训会、座谈会，提高值班律师法律帮助专业化水平的同时，及时掌握值班律师履职情况，收集诉求、建议，打通堵点、难点，为进一步完善值班律师制度提供方向。

（四）探索和完善认罪认罚法律文书配套设置

一是要探索与简化认罪认罚法律文书改革方向相适应的"要素式"法律帮助文书制作。重点围绕案件中影响定罪量刑的焦点问题进行分析阐述，省略重复性的表述、无争议事项的认定和论述，实现简案快办。如，对于"被告人对所指控的事实、证据及罪名均无异议，依法可能判处三年以下有期徒刑、拘役、管制或者单处罚金的案件"以及"被告人对所指控的事实、证据及罪名均无异议，依法可能判处三年以上有期徒刑刑罚，因民间纠纷引发的故意伤害、交通肇事等，且积极赔偿被害人经济损失并取得谅解的案件"这两类案件，可以探索统一适用"要素式"格式模板，在相关办案系统设置该类案件办理的风险提示点，值班律师只需手动输入相关案件要点和自行审核把关后即可在系统上批量生成规范的法律文书，有效提高法律文书制作的效率、准确率和质量。

二是要探索实行优秀法律文书奖励、激励机制。如，为了激励值班律师在办理认罪认罚案件时积极履职，推动法律帮助的质量提升，有的地区检察院联合当地司法局共同制定优秀法律帮助文书的评选标准和方案，围绕法律文书格式、事实认定、量刑证据分析、法律适用、释法说理、文字表述、办案效果等方面，对法律帮助文书制作和案件情况进行评选，评选出一定数量的优秀法律帮助文书，并对该项工作成绩突出的单位和个人予以表彰和奖励。

---

① 林淼：《认罪认罚视野下值班律师制度的实践困境与突破》，载 2023 年《第四届全国检察官阅读征文活动获奖文选》。

（五）构建良性互动检律关系

检察官和律师要进一步强化法律职业共同体意识，从制度层面推动法律职业共同体建设，构建"亲"不逾矩、"清"不远疏的检律良性互动关系。由于检察机关在认罪认罚从宽制度中负有主导责任，若检律双方在办理认罪认罚案件时产生认识分歧，检察机关要有大局意识和担当精神，要在依法保障值班律师执业权利的基础上，主动听取值班律师提出的对涉嫌犯罪事实、罪名确定、量刑建议以及程序适用等有关问题的意见，认真考虑、研究律师提出的不同意见，并在提出量刑建议前，充分听取值班律师的意见，尽量争取协商一致。值班律师也要充分发挥主观能动性，积极参与人民检察院对认罪认罚案件的审查办案过程，不仅要认真学习研究认罪认罚相关法律规定和典型案例，及时会见犯罪嫌疑人，认真阅卷，全面掌握案情，对案件形成专业的法律意见，还应及时与检察官反馈意见，尽职尽责办好案件，一方面，协助检察官发现、排查出不符合法定条件、不应适用认罪认罚程序的案件；另一方面，确保符合法定条件、应适用认罪认罚程序的案件得到高质效的办理，最大限度地实现认罪认罚的立法目的。

认罪认罚案件中提升抗诉成效的思考

李 蕾 王 刚 河南省新乡市人民检察院

认罪认罚从宽制度全面实施以来，检察机关积极主动落实，适用逐步深化，主导作用凸显，获得诉讼各方、社会各界普遍认可、理解和支持。2020年以来，笔者所在的市认罪认罚从宽制度适用率稳定保持在85%以上，检察机关量刑建议采纳率保持在95%以上，认罪认罚案件上诉率、抗诉率，远远低于非认罪认罚案件，取得良好制度适用效果。但在此过程中，也不断出现新情况，暴露出一些不足。本文旨在从检察机关认罪认罚中的上诉抗诉视角思考如何进一步提升认罪认罚质效，回应群众对司法公正的新期盼。

一、认罪认罚案件中检察机关抗诉的发展阶段

笔者认为，在司法实践中，认罪认罚案件中的刑事抗诉主要经历了三个阶段：

第一个阶段是从认罪认罚从宽制度施行到2020年5月左右。这一时期，修改后的《刑事诉讼法》和"两高三部"《关于适用认罪认罚从宽制度的指导意见》对认罪认罚从宽制度进行原则性规定。各界就如何实现制度设计初衷，保障被告人认罪认罚的自愿性、真实性、合法性进行广泛讨论，较少提及认罪认罚后的上诉抗诉问题。实践中办案机关面临的困惑是，被告人反悔怎么办、抗诉怎么抗、抗诉后能否被支持等。这一阶段的特点是检察机关被动应对。但最终实现了从摸索向常态抗诉的转变，助推了认罪认罚从宽制度落地生根。

第二个阶段是从2020年5月到2021年10月左右。这一时期解决了认罪认罚实践中以被告人上诉、检察机关抗诉为代表的一些典型争议，检察机关办理案件有了具体的依据。2021年1月，时任最高人民检察院检察长

张军在河南调研期间，专门组织召开认罪认罚从宽制度调研座谈会，并发表《要把"救心""传道"的好制度落得更好》讲话，就认罪认罚从宽制度实践中的热点难点问题回应社会关切，明确指出了"抗是为了不抗"的价值取向，对被告人反悔上诉抗诉的情形有了具体可操作的依据。这一阶段的特点是检察机关积极抗诉。实现了从全面抗诉到典型抗诉的转变，着力实现政治效果、社会效果和法律效果的有机统一。

第三个阶段是 2021 年 10 月至今。法院有观点认为：对于检察机关针对被告人认罪认罚后无正当理由上诉提出抗诉的，经审理认为量刑恰当，原则上都予以驳回，不采纳检察机关抗诉意见。理由在于，上诉是被告人的基本权利。这一阶段的特点是检察机关抗诉成功率有所下降。尽管之后从制度层面相继出台了认罪认罚方面的相关文件，但审判作为刑事诉讼的终结环节，法院的观点极大影响认罪认罚抗诉案件的办理。

二、认罪认罚案件中检察机关抗诉的价值

笔者认为：现行制度下，在保障被告人权利的基础上，检察机关的抗诉有合法性、正当性、必要性。

（一）检察机关抗诉的合法性

"两高三部"《关于适用认罪认罚从宽制度的实施细则》第 54 条、第 57 条对于认罪认罚案件二审的处理作出了规定。《人民检察院办理认罪认罚案件开展量刑建议工作的指导意见》第 37 条至第 39 条明确了应当抗诉的几种情形，对于事实清楚、证据确实充分的案件，法院采纳检察机关量刑建议后，被告人仅以量刑过重为由提出上诉，因被告人反悔不再认罪认罚致使从宽量刑明显不当的，检察机关应当依法提出抗诉。

（二）检察机关抗诉的正当性

被告人认罪认罚后，签署具结书时即明确知道将要受到的刑事处罚，一审判决后，被告人仅以量刑过重为由上诉，违背了具结书，是对之前承

诺的反悔。首先，表明被告人不是真诚的认罪悔过，没有完全认识到自己行为的应受惩罚性，不是发自内心地尊重法院的判决，没有体现出法律的教育惩戒作用。其次，引发本不必要的二审，是对司法资源的浪费，也是对认罪认罚从宽制度的挑战。最后，因被告人反悔不再认罪认罚导致适用认罪认罚从宽制度的基础不复存在。检察机关进行抗诉，是履行法律监督职责的正当体现。

（三）检察机关抗诉的必要性

在现行"上诉不加刑"原则下，被告人上诉基于不正当上诉也不会加重处罚的心理，从程序上，二审法院驳回上诉或者发回重审均无法实现对被告人不正当行为的惩罚。此时，检察机关的抗诉既是唯一选择也是最优选择，是确保认罪认罚从宽制度正确实施，确保对其他真心认罪认罚被告人公平性的必要手段。否则，长此以往可能产生雪球效应，最终受损的还是法律本身。

三、认罪认罚案件办理工作中检察机关抗诉的主要情形

实践中被告人上诉情形复杂多样，检察机关也从开始的几乎不加区分全部抗诉到围绕被告人是否真心认罪认罚进行实质性抗诉。抗诉重点主要包括以下情形：

（一）法院不采纳量刑建议的主动抗诉

主动抗诉包括法院不采纳量刑建议的实体性抗诉和未告知调整直接判决的程序性抗诉。

实体性抗诉主要出现在量刑建议没有足够精准化或者对量刑情节认定不一致的情形下，比如未明确是否适用缓刑、量刑幅度过宽、罚金刑不具体，检法对被告人自首、立功等关键量刑情节的认定分歧等方面。

程序性抗诉主要出现在法院认为量刑建议不当，没有建议检察机关予以调整或者当庭口头建议但没有留下足够调整时间，法院直接作出判决等

方面。

（二）基于被告人上诉而进行的被动抗诉

实践中，被告人认罪认罚后又上诉的主要表现情形有：

1. 为实现"最优"服刑的技术性上诉。一种是选择服刑场所服刑，该情况比较常见。有的被告人刑拘期间已适应了看守所环境，就熟不就生，在当地服刑也更便于家人探视，于是通过上诉延迟审结时间，制造余刑三个月符合留所执行的条件，以达到留所服刑的目的。还有的被告人曾因犯罪受过刑事处罚，对监狱的服刑环境、劳动强度等有一定了解，相比较下，认为看守所劳动强度较低，于是通过上诉延迟判决生效时间，以逃避监狱夏天或者冬天在监狱劳动的目的。另一种是选择服刑时间。有的被告人在刑期确定，服刑不可避免的情况下，恶意上诉，以达到在春节等特殊时间节点规避服刑的目的。

2. 为进一步减轻刑罚的投机性上诉。部分被告人心存投机心理，既想利用认罪认罚制度获得从宽的"实惠"，又想利用"上诉不加刑"原则来"赌一把"，企图在原判认罪认罚从宽量刑的基础上获得进一步的从轻处罚或者是缓刑结果。实践中在上诉期内最后一天上诉的情况多是此类动机。

3. 担心利益受损的反悔性上诉。核心是一审判决后被告人担心自己的利益受损失，在刑期上吃亏。主要表现在：一是共同犯罪中，同案犯之间作横向比较，认为量刑情节看似基本一致，不理解刑期上的差别，一审并未对差别的原因释法。二是检察机关提出幅度刑量刑建议，法院在量刑建议中线以上判决，打破了被告人就低不就高的心理预期。三是个别被告人主观认为可以以上诉逃避外地公安机关对新发现漏罪的管辖。

4. 争取新量刑情节的积极性上诉。办案有审限，但案件一直有变化，部分被告人在一审判决后积极争取可能出现的新的量刑情节，以获得进一步从轻的处罚。比如一审判决后出现需核实的立功情节，具结书签署后达成或将要达成的赔偿、谅解等，此时被告人通过上诉争取时间，以达到认定立功或者达成赔偿、谅解，使其具备新的从轻量刑情节。

四、认罪认罚案件中检察机关抗诉存在的问题

（一）量刑建议能力有不足

一是量刑规范化计算本领不高。各个院各个承办人之间对量刑规范化罪名刑期计算的本领差异较大，比如月和年的换算等不熟悉、不掌握，计算的量刑和法院计算的量刑存在差别。二是量刑尺度把握不准。对量刑规范化之外的罪名不善总结，仅凭感觉很难准确把握法院的裁判尺度，提出适当的量刑建议。三是量刑建议过于粗放。认罪认罚具结书中，往往将量刑建议重心放在主刑上，忽略附加刑的精准化，对需要适用罚金附加刑的，只笼统地建议"并处罚金"，不提出具体数额或者幅度数额，在罚金数额较大时往往会突破被告人对罚金的预期。

量刑建议提不准，认罪认罚具结书一旦签署，再进行调整，会在一定程度上导致被告人对量刑建议失去信任，降低内心遵守认罪认罚具结的意愿。

（二）释法说理能力有短板

一方面，个案中更多关注于量刑建议是否被采纳，忽视被告人对刑罚的直接感受。比如在签署认罪认罚时即对被告人自首情节未予认定，但未明确告知，庭审时对被告人及辩护人提出的此问题也未予以回应。比如签署认罪认罚具结书后出现被告人退赔、主动缴纳罚金等情形，检察机关调整量刑建议但并未通过有效法律文书明确告知被告人，法院采纳了量刑建议，但被告人并未真正对其应受处罚有清晰的认识。另一方面，共同犯罪中，同一案件不同被告人的量刑没有通过讯问笔录等载体有效阐明全案均衡度，导致类似情节中判处刑罚相对重的被告人自毁认罪认罚承诺而提出上诉。比如同案量刑情节大体一致，但累犯再犯的间隔时间不同，增加的幅度也是不同的，由此必然导致刑期出现差距。

被告人认罪认罚后对原具结书反悔，检察机关释法说理工作成效不明显，而上诉后二审法院通过提审等释法，被告人又对上诉行为进行反悔，

提出撤诉。这一现象固然有检法两院工作角度的不同，但根本上还是检察机关自身做释法说理工作的本领不足。

（三）归纳论证抗点有瑕疵

有的基层院对被告人认罪认罚后上诉抗诉的不认真区分具体理由，个别承办人的多份抗诉书除了被告人基本信息外，其他部分千篇一律，没有围绕"认罪认罚后无正当理由上诉或仅以量刑过重为由上诉"这一实质性焦点对上诉理由进行分析阐述，只说认罪认罚后反悔上诉，如不抗诉对工作的影响，个别的还存在被告人上诉就要抗诉加刑这样简单粗暴的原始思想。有的承办人对认罪认罚后上诉抗诉的政策不学习、精神不领会、导向不明确，这样抗点自然也就找不准，一旦进入抗诉程序，一些小的瑕疵也会放大，抗诉工作成效更是无从谈起。

认罪认罚案件对上诉理由论证不准确，就不会针对性地去做抗诉案件证据补强工作，致使在案证据不能充分证明揭露被告人的主观恶性。对抗诉焦点论证不具体，既不能说服法院，又不能教育被告人。

（四）抗诉案件引领力有缺失

一是对抗诉权和支持抗诉权理解不正确。抗诉权和抗前汇报制度本身是一体两面，实践中出现基层院要抗诉与市院不建议抗诉的分歧。二是办案方式简单。有的案件中被告人反悔上诉，检察机关抗诉，二审被告人再次反悔撤诉，上级院在没有充分听取基层承办人、案件有关当事人意见的情况下，随被告人撤诉而撤抗。三是以理服人不够。相较于一审，二审本有更多的精力和能力来释法说理，但支持抗诉意见书、出席法庭意见书观点不明、说理不透、逻辑不清，办理抗诉案件的效果差强人意。

抗诉案件办理效果不佳，单纯个案上可能没有问题，但大面积出现反映出办案不细、标准不高的问题，降低基层工作热情，损害被告人认罪认罚积极性。

五、认罪认罚案件中提升抗诉成效的思考

（一）苦练认罪认罚内功，把抗诉工作做实

一是各省关于贯彻最高人民法院、最高人民检察院《关于常见犯罪的量刑指导意见》的实施细则已经或即将出台，检察机关要利用新指导意见实施细则的施行，高起点学习，高标准执行，积极参加检法同堂培训，邀请资深法官开展量刑培训，就精准量刑、检法衔接等问题进行研讨交流、掌握方法，以此实现并驾齐驱。二是结合贯彻落实《人民检察院办理认罪认罚案件开展量刑建议工作的指导意见》，主动召开检法座谈会，对常见罪名的主刑、附加刑、缓刑适用的量刑标准进行探讨，统一量刑基准和尺度，增进共识。三是各基层院加强量刑研究，在掌握本院刑事判决的基础上，研究中国裁判文书网的判决，尤其是当地类似情节的判决，学习法院量刑经验，把握法院量刑规律。四是承办检察官坚持一案一人一表，通过量刑评价建议表明确各被告人的量刑规范化计算情节、减轻或加重的幅度、计算过程，尤其对法院建议改变或者不采纳量刑建议的，要结合法院判决反推计算过程，弄清存在差距的原因。

（二）注重释法说理教育，把抗诉工作做细

除认罪认罚具结书外，检察内卷中必须附认罪认罚告知笔录或量刑阐述书，明确告诉被告人行为罪名，法定刑期，本地区同类案件大致刑期，具体的量刑情节，认罪认罚后的刑期，认罪认罚后的法律后果，使被告人对认罪认罚形成真正的内心认同。在一审判决后，对于被告人可能上诉的，更要注重书面释法，一方面要了解被告人上诉的真正理由，确保被告人行使上诉的权利；另一方面也要明确释明上诉、抗诉可能产生的法律后果。充分利用已经办结的抗诉成功案例，在对被告人日常教育的基础上，重点讲明利弊，用他人的加刑教训来促使被告人规范自己的上诉行为。

（三）区分案件情形抗诉，把抗诉工作做精

结合案情，对拟抗诉案件进行详细分析研判。首先是审视办案中认罪

认罚基础是否牢固，被告人权利是否保障，被告人从宽处罚是否体现，办案程序是否合法。要甄别真实上诉理由，对于技术性上诉、投机性上诉的要坚决抗诉；对于释法说理不足导致的反悔性上诉，一般不宜抗诉；对从减轻情节有争议的，从依法准确办案的角度也不宜进行抗诉；对于一审判决后被告人仍在努力实现赔偿、谅解等创造新量刑情节的，从消除犯罪后果的角度，不宜抗诉。区分抗诉情形归根结底就是要审查被告人的上诉意愿是否善意、上诉理由是否正当，如果有正当性，必须要保障被告人的上诉权，如果没有正当性，则要通过抗诉作为惩戒的手段。

（四）上下一体联动，把抗诉工作做强

准确把握最高检领导讲话精神和《人民检察院办理认罪认罚案件开展量刑建议工作的指导意见》的抗诉标准，按照必要、精准的原则，不唯数量论，要靠质量胜。一是对基层院拟提请抗诉的，按照五问工作法，一问认罪认罚基础是否牢固、二问释法说理是否到位、三问量刑建议是否准确、四问上诉原因是否合理、五问抗诉理由是否充分，在五问五答中有效指导基层提升抗诉案件质效。二是按照"谁指导、谁支持"的原则，优化二审轮案机制，建立指导抗诉到支持抗诉一体化办案机制，让承办人将更多精力放在办好抗诉案件上。三是通过内部提示函，将二审办案中发现一审认罪认罚中存在的问题并提出具体解决办法，以柔性的方式传导到基层，在良性互动中力推认罪认罚工作提升质效。

（五）多层次有效沟通，把抗诉工作做赢

要回归案件本身，以开庭前、开庭后、宣判前三个环节为重点，实行"检察员与审判员、主任与庭长、检察长与院长"的三级沟通机制，充分交流意见，努力达成共识，减少监督阻力。一是承办人从具体案情、具体行为、具体后果上对被告人行为的恶劣性、应受惩罚性进行全面分析。二是部门负责人站位本地区近来认罪认罚工作情况，结合个案办理与类案指导、个案效果与制度效果，着重指出抗诉案件的典型意义所在。三是充分利用检察长列席审委会等方式，不仅强调案情，更结合"抗一案警示一片""抗是为了不抗"的理念，讲清楚为什么抗诉，抗诉的价值和意义，在理念融合中减少检法两院纷争，助推认罪认罚制度良性运行。

（六）敢于善于监督，把抗诉工作做硬

要充分发挥检察职能，注入强大力量。一是更加注重精准抗诉，选择法治理念有偏差、司法活动中存在错误的典型案例，努力做到抗诉一案，促进解决一个时期存在的执行政策、工作导向等问题。二是更加注重良性抗诉，加大工作力度，紧盯法院在适用认罪认罚从宽制度中可能存在的违反法定程序、侵犯被告人诉讼权利、主附刑量刑失衡、遗漏查封扣押财物等事项，及时提出纠正意见。三是更加注重智慧抗诉。运用大数据进行网上类案比对、同地区类案比对的智能抗诉模式，整合检察系统内部办理成功的案例资源，靠"大数据"促进智慧抗诉。对法院释法说理不足、裁判标准不一等方面必要时制发检察建议，跟踪督促整改。

下编
法律文书改革发展研究

认罪认罚案件量刑建议"明显不当"的法院裁判说理问题研究

刘海蓉　四川大学法学院副教授

罗　畅　四川大学法学院硕士研究生

一、问题的提出

裁判文书说理通过阐明裁判结论的形成过程，能够提高裁判可接受度，推动裁判法律效果与社会效果的实现，保障司法公正。近年来，为了加强裁判文书说理论证，最高人民法院通过印发规范性文件、评选优秀裁判文书等多种方式规范与引导法官裁判说理，并取得了显著成果。而在认罪认罚从宽制度深入推进、认罪认罚适用率稳步提高的背景下，认罪认罚案件的特殊性对裁判文书说理产生的新要求应当引起注意。目前，由于规范性文件的缺乏，理论界与实务界对量刑建议"明显不当"的理解与适用具有较大争议。为了减少冲突，保证裁判合法性，法官在审理案件修改量刑时的裁判文书说理论证尤为重要。

（一）量刑建议"明显不当"研究综述

自 2018 年修改的《刑事诉讼法》，新增认罪认罚从宽制度相关规定以来，理论界与实务界针对第 201 条量刑建议的效力、调整等问题展开了激烈的讨论与研究。其中，对于量刑建议"明显不当"的含义与适用，由于缺乏客观标准，产生了大量争议。

对于"明显不当"的内涵，主流观点支持立法机关工作部门的释义，认为"'明显不当'是指刑罚的主刑选择错误，刑罚的档次、量刑幅度畸重或者畸轻，适用附加刑错误，适用缓刑错误等"，争议较小。[①] 对于"明显不当"的具体适用标准，虽然不少观点支持兼顾刑期绝对差值的计算与比例的划分，但在确定绝对差值与比例的具体数值上，观点百花齐放。[②] "明显"一词具有较强的主观性，目前学者对其大致范围争议较小，但落实到具体界限上，则存在不同考量。虽然其论证路径与计算方式存在差异，但都论证充分，具有一定合理性。因此，在有关法律规定缺乏的背景下，法官在裁判时认为量刑建议明显不当只要能够做出充分合理解释且量刑结论合理，均属于合理合法裁判。由此，实务中认罪认罚案件量刑建议"明显不当"的裁判文书说理问题尤为重要。但是，目前学界对于"明显不当"内涵与适用问题研究仍停留在法律条文的解释层面，较少关注实务中法官在制作裁判文书时对"明显不当"的说理问题。

（二）量刑裁判说理研究综述

长期以来，实务界在裁判说理，尤其是量刑裁判说理上存在说理有限的问题。根据实务工作者 2012 年统计，在刑事判决书"重定罪，轻量刑"的影响下，虽然量刑说理已经逐渐得到体现，但总体来说较定罪说理幅度有限，呈"重定罪说理、轻量刑说理"态势。[③] 针对上述问题，结合认罪认罚从宽制度推广适用的新情势，国家机关出台了一系列规定加以改善。

首先是裁判文书说理问题，最高人民法院于 2018 年 6 月印发《关于加强和规范裁判文书释法说理的指导意见》（以下简称《裁判文书释法说理指导意见》），以提高释法说理水平和裁判文书质量。后为了落实认罪认罚从

---

① 王爱立主编：《〈中华人民共和国刑事诉讼法〉释义》，法律出版社 2018 年版，第 432 页。

② 如臧德胜在《论认罪认罚案件中量刑建议的效力及在司法裁判中的运用——从两起认罪认罚抗诉案件的二审裁判展开》中提出了刑期中线的计算方式，田立文在《认罪认罚案件量刑的四个核心问题》中提出了以上、下限 20% 的比例判定明显不当，并在幅度区间设置绝对差值。

③ 李琴：《刑事判决书量刑说理问题实证研究——以 D 法院 97 份刑事判决书为样本》，载《中国刑事法杂志》2012 年第 6 期。

宽制度、规范量刑程序，最高人民法院、最高人民检察院、公安部等国家机关于 2020 年 11 月印发了《关于规范量刑程序若干问题的意见》（以下简称《量刑程序意见》）。2021 年 6 月，经过数次改版，在深入推进量刑规范化改革、量刑建议改革的指引下，最高人民法院、最高人民检察院联合印发《关于常见犯罪的量刑指导意见（试行）》（以下简称《量刑指导意见》），对裁判文书量刑说理提出了更高的要求。但在理论研究领域，学者偏向于对裁判文书说理、量刑说理问题的整体性研究。面对认罪认罚案件量不断增长的新态势，未能给予认罪认罚案件量刑裁判说理较多的关注，大都一笔带过。

因此，为了解法院在认罪认罚案件裁判中认为公诉机关量刑建议明显不当从而调整量刑的说理现状，笔者通过收集法律文书，结合理论与实践，对法院裁判文书量刑说理问题进行了梳理。

二、认罪认罚案件量刑建议"明显不当"裁判说理之新需求

根据《刑事诉讼法》《关于适用认罪认罚从宽制度的指导意见》（以下简称《认罪认罚指导意见》），相较于普通刑事案件，认罪认罚案件中公诉机关的量刑建议具有一定的拘束力，法院一般应当采纳。当量刑建议明显不当，法院裁决不采纳而调整量刑时，无论从正面需求还是从负面影响的角度，法院都应当在裁判文书中充分说理，阐明理由与依据。

（一）正面需求："明显不当"裁判说理属刚需说理

有学者将判决说理涵盖为事实说理、证据说理、法律适用说理三大因子，并以上述因子是否存在争议为依据，划分弱需说理与刚需说理。[①] 认罪认罚案件中公诉机关与被告人已经达成合意，案件在事实、证据、法律

---

① 李滇、樊华中：《刚弱两需分野下我国判决说理模式新探——以 S 市 F 区法院判决书为样本的研究》，载《法制与社会发展》2015 年第 3 期。

适用上争议较小，多适用速裁程序，应属"弱需说理"。在接受控辩合意的基础上适当简化裁判文书中的说理部分，这也符合法院优化司法资源配置、提高刑事诉讼效率的需要。

对于法院裁决量刑建议明显不当的案件，源于裁判机关对公诉机关就量刑问题在事实认定、证据采用、法律适用上的不认同，实质上构成了案件争议。量刑裁决的调整是对认罪认罚实体"从宽"幅度的调整，直接影响了对被告人实体处罚的优惠，直接关系刑事诉讼惩罚犯罪、保障人权的目的，具有重要的法律意义。面对量刑存在争议的案件，需要法院在裁判文书中通过充分说理论证说明其量刑确定的正当性。因此，法院不采纳量刑建议而重新确定量刑的认罪认罚案件裁判文书说理应属"刚需说理"。法院应当对不采纳公诉机关量刑建议的裁判阐明充分的理由和依据。

（二）负面影响：不充分说理之损害

有罪判决最终导向量刑，量刑结果直接影响裁判执行。法院在裁判文书中拒绝采纳量刑建议而没有充分说理，容易引起公诉方与被告人不满，引发争议。为此，裁判文书说理不仅是促使两造息诉服判的需要，也是法院以反常态方式处理认罪认罚案件的必要牵制。[①] 裁判文书不充分说理将带来一系列负面影响。

1. 阻碍诉讼效率目的实现。受裁判约束力的影响，裁判文书说理的直接对象是诉讼当事双方。为此，撰写裁判文书时除了强调裁判说理要展现裁判结果符合法律依据的法律效果，还应注重事实效果，即诉讼当事双方能够接受顺利裁判结果。一审裁判文书量刑说理不充分的直接后果即是诉讼双方难以理解裁判结果，进而提起抗诉或上诉。而二审程序的启动将延长案件审理，使诉讼效率大打折扣，这不符合认罪认罚程序从宽制度适用的目的，也难以达到有效节约司法资源的效果。

---

① 闫召华：《论认罪认罚案件量刑建议的裁判制约力》，载《中国刑事法杂志》2020年第1期。

2. 缺乏司法监督，法院易任意调整量刑。该影响与认罪认罚从宽制度的特别规定有关。认罪认罚从宽制度"一般应当采纳"条款的适用调整了公诉机关量刑建议的约束力，使量刑建议对法官自由裁量权产生了一定限制，"检察量刑越精准，法官的自由裁量越受限"。[①] 部分法官对此产生了抵触情绪而出现任行使自由裁量权不采纳量刑建议的问题。在某种意义上，裁判文书说理通过公开裁判过程、解释裁判路径，可以限制法官任意行使自由裁量权，达到司法监督的效果。认罪认罚案件中加强量刑建议"明显不当"裁判说理以量刑裁判的合法性与合理性为基础，能够有效避免此类不采纳量刑建议的情形。

3. 司法公信力和司法权威大打折扣。认罪认罚案件中检察院的量刑建议不同于普通案件，是控辩双方合意的结果，包含了公诉机关作为国家机关对犯罪嫌疑人、被告人的承诺，具有一定约束力，不得轻易调整。犯罪嫌疑人、被告人作为案件当事人，其实体获益是认罪认罚从宽制度能够迅速推广、适用的重要因素。裁判中无端调整量刑结果，将导致被告人对量刑裁判的不理解，降低对认罪认罚从宽制度的信任，最终影响司法公信力与司法权威，出现认罪认罚从宽制度适用率降低的结果。

三、量刑建议"明显不当"裁判文书说理现状

目前，在贯彻执行《量刑程序意见》等规范性文件的基础上，法院不断加强裁判文书说理、规范量刑程序，已经取得了显著成果，认罪认罚案件量刑建议采纳率与一审服判率稳步提升。根据最高人民检察院工作报告，2022 年认罪认罚案件量刑建议采纳率 98.3%；一审服判率 97%，上诉、申诉大幅减少。[②] 但是，通过查阅认罪认罚案件裁判文书，笔者认为法院对

---

① 郭志平、史笑晓:《检察环节认罪认罚从宽制度的适用困境及完善路径——以杭州地区试点改革情况为样本》，载《杭州学刊》2018 年第 2 期。

② 张军:《最高人民检察院工作报告——2023 年 3 月 7 日在第十四届全国人民代表大会第一次会议上》，载中华人民共和国最高人民检察院官网，https://www.spp.gov.cn/spp/gzbg/202303/t20230317_608767.shtml。

量刑建议"明显不当"的裁判说理仍存在说理不够充分等问题。

笔者通过中国裁判文书网以"认罪认罚""量刑建议明显不当"为关键词，选取 2019 年 10 月《认罪认罚指导意见》印发后，2020 年以来的 39 份一审、二审裁判文书进行分析，对量刑建议"明显不当"裁判文书说理问题在此加以概述。

（一）裁判文书量刑说理论证过于简单

法院裁判"量刑建议明显不当"突破了认罪认罚从宽制度赋予公诉机关量刑建议拘束力的限制，是法院行使自由裁量权的表现。由于其对公诉机关与犯罪嫌疑人、被告人合意结果的改变，引发了事实、证据或法律上的争议，为证明其裁判合法性与合理性，应当进行充分的说理论证。但分析发现，部分裁判文书在说理时仅将量刑情节加以罗列，未能阐明论证逻辑、说明论证理由。列举事实与法律是裁判文书的基础，但缺乏必要的分析和论证，将导致说理缺乏信服力。①

说理论证简单指代论证分析逻辑不清等裁判深层问题，而与量刑裁判的篇幅无关。如一贩卖毒品案中，一审法院使用了篇幅罗列 4 名被告人的量刑情节，表示对公诉机关指控的事实及相关量刑情节予以支持后，即直接用"综合考虑"概括论证过程，得出对曹某减轻处罚，对张某乙、张某丙、李某从轻处罚的结论。在没有分析的背景下，进一步得出"公诉机关对被告人曹某、李某的量刑建议适当，予以采纳；对被告人张某乙、张某丙的量刑建议明显不当，不予采纳"的判决结果。虽然裁判文书充分列举了影响量刑的情节，但前后逻辑不连贯，没有具体阐述量刑结论得出的理由，对公诉机关量刑建议未充分展开论证，一笔带过。毫无疑问，本案被告人张某乙、张某丙就此提起上诉。二审裁判中，为论证一审裁判的合理性，法院充分阐明了一审量刑裁判作出的过程。二审法院结合《刑法》具

---

① 彭文华：《量刑说理：现实问题、逻辑进路与技术规制》，载《法制与社会发展》
2017 年第 1 期。

体条文，按照量刑起点、基准刑、宣告刑的顺序依次阐述，梳理了量刑结论形成逻辑，得出一审裁判结果适当的结论。虽然二审论证篇幅更短，但其做到了"以定性分析为主，定量分析为辅"，依次确定量刑的要求，逻辑层次分明，简洁易懂。

（二）裁判文书量刑说理针对性不强

裁判文书说理不是制定法律也不是写文章，是有针对性地回应公诉意见、辩护意见，是对具体案件情况的阐述，应当根据公诉机关量刑建议具体内容进行分析。但裁判文书确实存在普遍使用模糊性用语、模板词汇套用的问题。认罪认罚案件中，针对"量刑建议是否适当"问题的说理，首先应当建立在对量刑建议具体内容分析的基础上。但笔者以是否在裁判文书中列明公诉机关量刑建议内容为标准对 8 份一审裁判文书进行统计，发现其中有 5 份一审裁判文书都未列明公诉机关量刑建议具体内容，占比较高。

以一起保险诈骗案为例，一审裁判未能在判决书中列明公诉机关量刑建议并对其进行分析，对于被告人冯某某认罪认罚问题仅以"提出冯某某的行为社会危害性小、自愿认罪认罚，与本院查明的事实不符，本院依法不予采纳"一笔带过。是否存在认罪认罚？公诉机关是否提出量刑建议？量刑建议是否适当？"本院查明的事实"是什么？"不予采纳"的法律依据是什么？上述问题均不得而知。后经笔者查阅二审裁判文书得知，冯某某在一审庭审前认罪认罚，但由于一审庭审中，原审法院经审理认为公诉机关提出的量刑建议明显不当，建议公诉机关进行调整，但冯某某不同意变更刑期，未与公诉机关达成新的一致意见，因此未适用认罪认罚。上述内容是影响被告人量刑的重要情节，无论是从法院裁判量刑还是回应被告人辩护意见的角度，都应当在裁判文书中予以列明，不宜省略。而本案中一审裁判却直接略过，未能做到针对案件具体情况全面、充分地回应被告人的辩护意见。裁判不采纳认罪认罚的事实与理由本应当在一审中就阐释清楚，却要经历二审程序予以释明，降低了诉讼效率，也造成了司法资源的浪费。

（三）裁判文书量刑说理不全面

裁判释法说理应当做到全面。《刑事诉讼法》第 201 条第 2 款在不采纳量刑建议依据时使用了"明显不当"一词。"明显不当"涵盖情形丰富，且具有"明显"与"不当"双重内涵。在实践运用中，尤其是对"明显"的认定具有主观差异性，而目前尚无法律文件予以规范，极易引发量刑争议，也是理论界的重要争议点。法院在衡量量刑情节时如果认为量刑建议明显不当，需要充分的裁判说理论证其合理性与合法性。必要时应当对宣告刑与量刑建议加以比较说明。若仅使用普遍式模板予以概括，而又缺乏论证的支撑，则难以达到说服公诉机关、被告人的目的，是对"明显"说理的忽略。

不同于普通刑事案件法院直接进行量刑裁判，认罪认罚案件中"明显"是法院裁判调整量刑的关键，在列举量刑建议不当的依据时，应当予以充分说明，但在实务中常常采用引用法律条文"量刑建议明显不当"的方式直接概括。以一危险驾驶罪案为例，一审裁判文书载明，公诉机关提出量刑建议"判处拘役五个月十五天，并处罚金"。法院在阐明量刑情节之后，直接引用《认罪认罚指导意见》第 9 条规定，说明"公诉机关所提量刑建议不当，本院不予采纳"后即得出"拘役五个月，并处罚金人民币五千元"的判决。本案中，一审裁判未能阐明"明显不当"的程度并给予说理论证，公诉机关因此对其提起抗诉。而事实上，拘役五个月与拘役五个月十五天的差距，无论是通过比例还是绝对差值的计算方法，量刑建议都没有达到明显不当的程度，后二审裁判也证实了这一点。本案中，只要一审裁判对"明显"稍加分析论证，就能得出量刑建议没有明显不当，处于合理范围内的结论。但由于其说理集中于对量刑情节的评价，忽视了对"明显"的具体分析与计算，造成了错误认定的结果，引起了检察院抗诉。

四、认罪认罚案件量刑建议"明显不当"的法院裁判说理路径

有效的判决必须建立在充分的法律依据与事实理由的基础之上，并通

过合乎逻辑与情理的方式展现出从法律与事实推导到裁判结论的过程。[①]完善认罪认罚案件中量刑建议"明显不当"的法院裁判说理，是对法院说理的规范，也能实现对法院裁判的有效监督，提高裁判的可接受度。应当注意，在不同诉讼程序，法院裁判对量刑建议"明显不当"的说理的侧重点应当不同。

（一）一审程序裁判说理要点

一审程序中，案件首次进入庭审阶段，对于需要调整量刑建议的认罪认罚案件裁判说理是"刚需说理"。因此，一审裁判在论述量刑建议"明显不当"时，应当充分囊括事实说理、证据说理与法律说理，全面论证量刑裁判的合理性与合法性。在此基础上，应当注意以下问题：

1.加强裁判文书说理分析论证，落实法律规定与案件事实相结合。在论证方法上，可以参考三段论的推理方式。三段论是法律推理的基本方法，结构清晰，能够充分展示裁判者的思考过程与思维方式。因此，裁判文书说理可以参考三段论的格式，结合事实与法律，论证公诉机关量刑建议的不当或法院量刑裁判的恰当性。同时，量刑裁判说理并不是简单地将量刑情节罗列，写出概括性的结论。说理的目的在于提高裁判的可接受性，因此，应当充分考虑案件具体情节，梳理量刑逻辑，将事实与法律一一对应，提炼说理争议点和裁判逻辑。从某种意义上讲，裁判说理就是在回答问题，针对案件可能提出的具体问题具体分析，得出结论，解答疑惑。

2.提高裁判文书说理针对性。裁判文书是法院针对特定案件作出裁判结论的展示，每一份裁判文书都具有唯一性与具体性。为此，法院撰写裁判文书时应当考虑案件的具体事实。在裁判过程中，应当针对公诉机关量刑建议、被告人量刑辩护详细论证量刑过程。如公诉机关的量刑建议是什么？被告人提出了哪些量刑情节辩护？公诉机关量刑建议的形成存在哪些问题？

---

① 雷磊:《从"看得见的正义"到"说得出的正义"——基于最高人民法院〈关于加强和规范裁判文书释法说理的指导意见〉的解读与反思》，载《法学》2019 年第 1 期。

不采纳辩护意见是出于哪些方面的考虑？《裁判文书释法说理指导意见》指出，要阐明裁判结论的形成过程和正当性理由，这些都需要基于案件事实与诉讼双方意见具体分析，而不能自说自话，否则难以达到说服效果。

3.提高裁判文书说理全面性，避免选择性说理。裁判文书的量刑表述就要如实、全面地反映量刑程序、量刑事实和量刑论证。[①] 具体到认罪认罚案件中量刑建议评价上，就是要深入对"明显不当"的分析。说理不全面往往由于法官仅筛选出自己易于处理的予以简要回答，对自己不感兴趣或感到棘手的部分一笔带过。[②] 显然，"明显"一词的理解就是极具争议的存在。法官在裁判文书说理中，在分析量刑建议的具体内容外，还应围绕量刑建议内容的形成方式，分析出现量刑结果差异的关键情节，论证量刑建议的不当性。至于量刑建议不当的明显性判断，对于刑罚幅度的确认，可以通过划分单个罪名量刑绝对差值、比例等方式加以论证。

（二）二审程序裁判说理要点

二审程序的启动源于公诉机关、被告人通过提起抗诉、上诉的方式表达对一审量刑裁判的异议，其实质就是对一审裁判文书就"量刑建议明显不当"的说理论证结论的异议。为此，出于避免重复赘述的考虑，二审裁判无须就量刑再次进行全面论述。二审裁判应当结合抗诉意见与上诉意见，对一审裁判说理的合理性予以分析：认为一审裁判适当的，则在回应抗诉、上诉意见的同时，对一审说理加以补充，论证其正确性；认为一审裁判不当的，则就一审说理的不当之处加以修改和论证。

（三）量刑裁判说理之文书制作

为提高上述量刑说理要点在裁判文书制作中的可操作性，结合人民法

---

① 宋燕敏:《论我国量刑程序的完善》，载《中国刑事法杂志》2010 年第 3 期。
② 康黎:《量刑说理初探》，载《中国刑事法杂志》2008 年第 6 期。

院刑事判决书样本^①，笔者就认罪认罚案件"量刑建议明显不当"说理在裁判文书中的落实提供了一些简单的参考。希望能对法院处理认罪认罚案件量刑建议明显不当的裁判文书说理有所帮助。

1.一审裁判文书制作。首先，在"公诉机关认为"部分，应当载明公诉机关量刑建议的具体内容。量刑建议是"从宽"的重要体现，也是裁判做出改变的争议点，无论是在速裁程序、简易程序还是在普通程序中都不能轻易省略。其次，在"本院认为"的公诉机关指控、辩护意见分析部分，应满足逐一分析并提供充分理由的要求，避免遗漏。对于公诉机关提出的量刑建议，应充分论证其不当性。公诉机关在指控中阐述了量刑建议形成过程的，法院应根据形成过程具体分析其在某一步骤中对情节的量刑适用不当。最后，在"本院认为"的量刑情节部分，可以参考三段论的格式，按照"以定性分析为主，定量分析为辅，依次确定量刑起点、基准刑和宣告刑"的基本方法，结合案件事实与法律条文，具体阐述量刑的形成过程与计算方式。量刑结论形成后，还应注意与公诉机关量刑建议的比较，根据刑罚种类或刑期计算，论证公诉机关量刑建议不当的明显性。

2.二审裁判文书制作。二审裁判文书应当更加注重量刑说理问题。首先，应当载明原判事实、公诉机关抗诉意见与被告人上诉意见，充分展现案件事实经过。这是二审裁判分析论证的基础所在。其次，在"本院认为"部分，应依次、全面回应抗诉意见与上诉意见。法院在分析时，可以充分引用案件事实与法律依据，阐明对法律条文的理解，结合对原判说理的分析，有针对性地回应案件争议。最后，通过分析得出原判量刑说理是否具有合理性的结论。

五、结语

近年来，法院量刑说理问题受到了更多重视，我国法院裁判量刑说理

---

① 胡云腾主编：《认罪认罚从宽制度的理解与适用》，人民法院出版社 2018 年版，第 153-158 页。

问题已经得到了有效改善。未来，在进一步推动法院内部量刑改革的同时，还应加强外部因素的支持。如认罪认罚案件中，法院对量刑建议问题的说理还受到公诉机关提供的量刑建议书影响。量刑建议书对量刑建议理由和依据的阐释和说明对法官量刑依据起到了一定的限制作用。因此，公诉机关也应当提升量刑建议说理能力，为法院裁判说理提供充分依据。

认罪认罚具结书的内容演进、
实践反思与完善建议

王　强　吉林大学司法文明协同创新中心

2018 年 10 月 26 日，十三届全国人大常委会第六次会议通过了关于修改《刑事诉讼法》的决定，对《刑事诉讼法》进行第三次修正。此次《刑事诉讼法》修改的重点之一就是将认罪认罚从宽制度在《刑事诉讼法》中确立起来，标志着一种具有中国特色的控辩协商制度——量刑协商制度在法律上逐步得到建立。[①] 认罪认罚具结书是认罪认罚从宽制度中的重要法律文书，只有犯罪嫌疑人、被告人（以下统称"被指控人"）为了获得从宽处罚而签署认罪认罚具结书，整个协商程序才算是基本完成。认罪认罚具结书是量刑协商程序的终点，也是认罪认罚从宽案件中的重要一环，在整个认罪认罚从宽制度中发挥着重要作用。在试点阶段，各地检察机关根据相关规定制作了认罪认罚具结书，原最高人民法院大法官胡云腾在其主编著作中收录了根据青岛试点期间的格式样本修改而形成认罪认罚具结书格式样本，供实务界参照使用。[②] 2020 年 5 月，最高人民检察院发布了《人民检察院刑事诉讼法律文书格式样本（2020 版）》，对认罪认罚具结书的内容进行了一定的优化，最高人民检察院机关刊物《人民检察》也刊载了认罪认罚具结书的参考范例。[③] 将两份格式文本进行比较，笔者发现二者在具结内容有部分变化，因此有必要对认罪认罚具结书的内容演进进行一定

---

① 陈瑞华：《刑事诉讼的公力合作模式——量刑协商制度在中国的兴起》，载《法学论坛》2019 年第 4 期。

② 胡云腾主编：《认罪认罚从宽制度的理解与适用》，人民法院出版社 2018 年版，第 128-129 页。

③ 《认罪认罚具结书》，载《人民检察》2021 年第 11 期。

的梳理，但其在内容上仍不是很完善。同时，笔者通过联系多位律师，考察了实践中使用的认罪认罚具结书文本，发现各地检察机关使用的认罪认罚具结书格式文本基本上都会有部分差异，与最高检发布的格式样本也不尽相同，内容仍存在很多问题，这些问题影响量刑协商的结果、认罪认罚从宽制度的实施以及司法权威，需要加以完善。本文拟在对认罪认罚具结书格式文本内容演进的阐释与分析的基础上，进一步厘清认罪认罚具结书的性质，找出现行认罪认罚具结书文本在司法实践中内容文本上存在的问题并提出完善建议，以期对完善认罪认罚从宽制度有所裨益。

一、内容演进：认罪认罚具结书的内容及演进

通过对两份认罪认罚具结书文本的比较，发现二者在格式上是相同的，仅在认罪认罚内容和自愿签署声明部分的内容有变化。鉴于认罪认罚具结书的格式没有发生变化，因此先就认罪认罚具结书的格式作统一介绍，后介绍认罪认罚具结书在认罪认罚内容和自愿签署声明两个部分的内容演进。

（一）认罪认罚具结书格式简介

试点期间和最高检发布的格式样本均将认罪认罚具结书分为四个部分，笔者现将四个部分的主要内容作简要介绍。

第一部分，犯罪嫌疑人身份信息。认罪认罚具结书在本部分载明签署认罪认罚具结书的主体身份信息，即犯罪嫌疑人的身份信息。包括犯罪嫌疑人的姓名、曾用名、民族、身份证号或护照号、职业、家庭住址以及采取强制措施情况等，详细列举犯罪嫌疑人的所有身份信息以使其为签署认罪认罚具结书的唯一确定主体。这也是此部分的主要作用，即确定认罪认罚具结书的主体身份，防止出现犯罪嫌疑人与犯罪嫌疑人身份不符的情况。

第二部分，权利知悉部分。认罪认罚具结书在本部分载明，被指控人确认已经知悉在认罪认罚从宽过程中其享有的各项权利。但本部分并不罗列被指控人在认罪认罚从宽过程享有的各项权利，而是由与认罪认罚具结书相配套的《认罪认罚从宽制度告知书》告知被指控人享有的权利，认罪

认罚具结书在本部分的内容只是检察机关履行权利告知程序，同时也是由被指控人再次确认其已经知晓其享有的权利，保证被指控人签署认罪认罚具结书的自愿性。

第三部分，认罪认罚内容。本部分是认罪认罚具结书的第三部分，也是认罪认罚具结书的核心部分，该部分的内容对整个认罪认罚从宽案件的处理起到决定性作用。最高检公布的格式文本与试点期间的文本在本部分有变化，笔者将在下文详述，此处不作赘述，但都包括检察机关指控被指控人的犯罪事实、量刑建议和程序适用选择。

第四部分，自愿签署声明。本部分分为两个子部分，一是被指控人保证自己有能力或者没有能力但是在他人帮助下阅读和理解了认罪认罚具结书的内容、得到了辩护人或者值班律师的帮助，并且承诺是其在自愿的情况下签署。二是被指控人的辩护人或者值班律师证明犯罪嫌疑人自愿签署认罪认罚具结书。通过被指控人的保证以及辩护人或值班律师的见证来确保认罪认罚具结书的效力，防止检察机关出现胁迫、引诱被指控人签署认罪认罚具结书情形的出现。

（二）认罪认罚具结书的内容演进

最高检下发的格式样本对试点期间的样本在认罪认罚内容和自愿签署声明部分做了部分调整，其中以认罪认罚内容调整较大。因此，笔者主要介绍认罪认罚内容部分的内容演进，自愿签署声明部分的演进作简要介绍。

笔者截取了两份格式文本中的认罪认罚内容，分别见图 1 和图 2。

通过图 1 和图 2 的比较可以发现，最高检的格式样本在用词上较试点期间的样本更为简练。二者最重要的区别是增加了关于确定被指控人涉嫌罪名的条款。关于认罪认罚从宽中的"认罪"，理论界有不同观点，有的学者认为认罪只是认事，[①] 有的学者认为认罪不但包括认事还包括认该行为

---

① 胡云腾主编：《认罪认罚从宽制度的理解与适用》，人民法院出版社 2018 年版，第 128—129 页。

三、认罪认罚内容 本人 ＿＿＿ 知悉并认可如下内容： 1.＿＿＿ 人民检察院指控 ＿＿＿ 的犯罪事实，构成犯罪。 2.＿＿＿ 人民检察院提出的 ＿＿＿ 量刑建议。 3. 本案适用速裁程序 / 简易程序 / 普通程序简化审理。	三、认罪认罚内容 本人知悉并认可以下内容： 1.＿＿＿ 人民检察院指控本人犯罪事实： ＿＿＿。 2.＿＿＿ 人民检察院指控本人构成 ＿＿＿ 罪。 3.＿＿＿ 人民检察院提出的量刑建议： ＿＿＿。 4. 本人同意适用 ＿＿＿ 程序。
图 1　试点期间格式样本 [1]	**图 2　2020 年格式样本** [2]

构成犯罪，[3] 有的学者则认为认罪不仅包括认事、认性质，还包括认罪名，[4] 上述争议给认罪认罚具结书的文本带来了影响。因此在试点期间，认罪认罚具结书的格式文本没有关于罪名的条款，2018 年《刑事诉讼法》修正后，实践中部分检察机关开始在认罪认罚具结书中增加罪名这一款。2020年发布的认罪认罚具结书格式样本将这一条款固定下来，成为认罪认罚内容部分的重要组成。笔者认为，罪名决定着量刑，只有确定了罪名，才能根据刑法的规定确定基准刑，而后根据被指控人的相关量刑情节以及认罪认罚情况确定给予被指控人的量刑建议，再由犯罪嫌疑人决定是否接受检察机关的量刑建议。如接受，被指控人才需要签署认罪认罚具结书。同时，在司法实践中，由于部分案件案情复杂或者其他情节相互交织，导致对其定性困难。如"偷换商家收款二维码案"等案件中，行为人的侵财行为往

---

① 胡云腾主编：《认罪认罚从宽制度的理解与适用》，人民法院出版社 2018 年版，第 128—129 页。

② 《认罪认罚具结书》，载《人民检察》2021 年第 11 期。同时笔者去除了格式样本中关于犯罪嫌疑人信息部分。

③ 魏晓娜：《完善认罪认罚从宽制度：中国语境下的关键词展开》，载《法学研究》2016 年第 4 期。

④ 周新：《认罪认罚从宽制度立法化的重点问题研究》，载《中国法学》2018 年第 6 期。

往既包含不为人知的秘密行为，又包含诈骗性质的行为，且随着社会、科技的发展，行为人的犯罪手段往往也不断变化，有的渗入互联网和移动支付等领域，更使案件的定性增加争议[①]，给认罪认罚从宽制度的适用带来阻碍。因此，笔者赞同认罪认罚具结书在这一部分的变化。

2020 年的格式样本相较试点期间的格式样本，在自愿签署声明也有部分变化，删除了关于被指控人承诺能够理解汉语的语句，使认罪认罚具结书更简练。同时也在律师见证签署的尾部删除了关于"律师执业证号"的内容。律师执政证号作为确定律师身份信息的标识，将其删除不利于确定律师身份。笔者认为这部分内容不应当删除。

总之，通过考察认罪认罚具结书格式文本的内容演进，我们可以发现认罪认罚具结书的文本在语言使用、具结内容的完善等方面取得了进步。但不可否认，仍存在诸多问题等待解决。

二、性质厘清：认罪认罚具结书是控辩契约中的"承诺"

认罪认罚具结书作为认罪认罚从宽制度中重要的法律文书，记载着被指控人与检察机关就量刑协商达成的一致意见，具有合意的性质。目前，理论界对认罪认罚具结书性质的意见已经趋于一致，即认罪认罚具结书是控辩合意。[②] 如果将控辩合意比作民法中的契约，认罪认罚具结书并不是一份完整的控辩契约，应属于控辩契约中的"承诺"。

首先，认罪认罚具结书是控辩"合意"的结果呈现。认罪认罚具结书虽然由被指控人单方面签署，但是协商双方是被指控人和检察机关。同时，认罪认罚具结书记载着被指控人被指控的犯罪事实和检察机关给予的量刑建议和程序选择，但这些内容不是被指控人单方的声明，而是控辩双方协商、妥协的产物。在被指控人表达认罪认罚意愿或接受侦查人员、检察官

---

① 许浩：《盗窃与诈骗交织类犯罪的定性问题研究》，载《法律适用》2019 年第 1 期。
② 刘原：《认罪认罚具结书的内涵、效力及控辩应对》，载《法律科学（西北政法大学学报）》2019 年第 4 期。

提出的适用认罪认罚从宽制度的建议后，检察官综合考虑被指控人认罪认罚的情况以及其他量刑情节，提出一种量刑方案，被指控人在辩护人或值班律师的帮助下就此量刑方案提出意见，进行协商。在检察官与被指控人对某一量刑方案都达成一致意见后，该量刑方案就被写入认罪认罚具结书之中[①]，形成认罪认罚具结书的核心内容。体现了司法尊重控辩双方的主体地位，允许双方协商，并通过妥协而形成一致意见。[②] 因此，认罪认罚具结书不是被指控人的单方具结，而是控辩"合意"的结果呈现。

其次，认罪认罚具结书不是完整的控辩契约。认罪认罚具结书虽然体现着控辩"合意"，但从形式和内容上，均不是完整的控辩契约。1. 从形式上看，认罪认罚具结书的主体只有被指控人。契约的主体必须是双方或多方，一方不可能达成契约。在认罪认罚具结书中，主体只有被指控人，检察机关没有出现在认罪认罚具结书的主体中，因此认罪认罚具结书不符合契约的形式要件。2. 从文本内容上看，认罪认罚具结书的具结内容并未体现双方协商的形式，只体现了被指控人对检察机关指控的犯罪事实、罪名、量刑建议和程序适用建议的接受。因此，认罪认罚具结书虽然体现控辩"合意"，但并不是完整的控辩契约。

最后，认罪认罚具结书是控辩契约中的"承诺"。契约的缔结一般经过要约人向受要约人发出要约，受要约人接受要约、作出承诺的过程。因此承诺是受要约人完全同意要约人提出的缔结合同的条件，应要约人的要求而作出的一种意思表示。[③] 在认罪认罚从宽制度中，检察机关在被指控人承认其犯罪事实的基础上向被指控人提出量刑建议，被指控人在值班律师或辩护人的帮助下与检察机关就量刑建议进行协商，协商一致作出承认检察机关指控的犯罪事实、罪名，接受检察机关给予的量刑建议的承诺，控辩契约达成。量刑协商的过程与契约的达成过程一致，被指控人在此过程

---

① 陈瑞华：《刑事诉讼法》，北京大学出版社 2021 年版，第 341-342 页。
② 陈瑞华：《论量刑协商的性质和效力》，载《中外法学》2020 年第 5 期。
③ 任旭东：《论承诺》，载《政法论坛（中国政法大学学报）》1995 年第 4 期。

中签署的认罪认罚具结书完全符合"承诺"的定义和特征。因此认罪认罚具结书是控辩契约中的"承诺",量刑建议则是控辩契约中的"要约",二者共同构成控辩契约,都体现着控辩"合意"。

以被指控人签署认罪认罚具结书为标志,检察机关与被指控人之间的控辩契约缔结完成,对控、辩双方产生约束力,控、辩双方应信守契约,检察机关应按照认罪认罚具结书的内容制作量刑建议书,随起诉书一同移送给法院或在起诉书中体现该量刑建议。被指控人应遵守认罪认罚具结书的约定,接受法院依据量刑建议或经再次协商调整的量刑建议作出的裁决,不得滥用上诉权。认罪认罚具结书签署后,虽达成控辩契约,但控辩契约并未生效。在刑事诉讼中,无论是普通刑事案件还是认罪认罚从宽案件,法院都拥有对案件的最终裁判权,控辩契约是否有效,需要审判机关进行裁决。不过,在认罪认罚从宽语境下,审判机关也应当尊重控、辩双方达成的关于量刑的契约,在没有法律规定的不得采纳和量刑建议明显不当的情形下,审判机关应当接受控辩契约,依照控辩契约作出裁判。

三、实践反思:认罪认罚具结书在文本内容和效力上存在的问题

认罪认罚具结书的文本虽经发展,内容有了一定的完善,但仍存在一些问题,需要加以优化和补充。

(一)值班律师或辩护人的身份信息不全面

认罪认罚从宽制度是一项具有中国特色的契约化刑事诉讼改革[①],认罪认罚具结书则是认罪认罚从宽制度中契约精神的集中体现,控辩双方在认罪认罚具结书中约定了量刑建议或案件处理结果、适用程序等,是认罪认罚从宽制度中的核心部分。虽然值班律师和辩护人不是法定的协商主体,其只是为被指控人提供法律帮助、提供法律意见等,在认罪认罚具结书中

---

① 李璐君:《契约精神与司法文明》,载《法学论坛》2018 年第 6 期。

不应当出现辩护人或值班律师的信息。但是为了保证具结人签署认罪认罚具结书的真实性与自愿性，《刑事诉讼法》规定，被指控人应当在辩护人或者值班律师在场的情况下签署认罪认罚具结书，因此在认罪认罚具结书的第四部分除被指控人签字，辩护人或者值班律师也要在认罪认罚具结书上签字，发挥着见证作用。综观最新的认罪认罚具结书格式文本，辩护人或者值班律师只有姓名而无其他信息，试点期间的文本还有关于律师执业证书的信息，导致有的地方出现在被指控人委托辩护律师的情况下，检察机关不通知被指控人的辩护律师，只通知值班律师到场见证的情况。[①] 同时，作为控辩合意的见证者，其身份信息也应在第一部分主体身份信息中体现，缺失辩护人或者值班律师的身份信息显然不符合控辩合意载体的基本要求。

（二）认罪认罚内容不全面、不规范

2020 年的认罪认罚具结书格式样本虽然在第三部分认罪认罚内容部分增加了罪名的约定，对认罪认罚具结书作了较大程度的完善。但是无论在格式文本还是司法实践中，认罪认罚具结书的认罪认罚内容部分仍不够全面，部分地区的检察机关在该部分内容的制作中不符合法律规范。

首先，实践中部分认罪认罚具结书缺少关于被指控人承认被指控事实的内容。认罪认罚的前提是"认罪"，认罪的前提是"认事"。因此，无论是试点期间的格式文本还是 2020 年的格式文本都将被指控人承认检察机关指控的犯罪事实放在认罪认罚内容部分的第 1 项，以体现被指控人认罪的承诺。但是 G 市 H 区检察院在 2020 年底制作的认罪认罚具结书中却没有关于被指控人犯罪事实的描述，直接确定被指控人的罪名，[②] 使得被指控人的认罪不规范，认罪认罚内容不全面。

其次，缺少关于被指控人量刑情节的内容。我国的控辩协商是量刑协商，量刑建议是被指控人最关心的内容。量刑建议的提出是基于被指控人

---

① 闵春雷：《认罪认罚案件中的有效辩护》，载《当代法学》2017 年第 4 期。
② G 市 H 区检察院制作的认罪认罚具结书只有罪名和量刑建议两项内容，但在量刑建议中增加了量刑情节的描述。

的量刑情节。因此，检察机关在协商过程应向被指控人、值班律师或辩护人阐明量刑建议提出的依据即量刑情节，以使被指控人真心接受量刑建议。认罪认罚具结书作为控辩合意的载体之一，应当明确具体，所以应当在认罪认罚内容部分体现量刑情节。但是 2020 年格式文本中并没有明确关于量刑情节的内容。实践中的做法也不一，S 市 Y 区检察院在 2021 年 6 月作出的认罪认罚具结书中没有关于量刑情节的内容，G 市 H 区检察院作出的认罪认罚具结书则有关于量刑情节的内容。

最后，部分检察机关将不起诉作为量刑建议约定在认罪认罚具结书中，与法律规定不符。量刑建议是检察机关对提起公诉的被告人的刑罚向法院提出的法律意见[①]，不起诉则是案件的处理结果。检察机关一旦作出不起诉决定，则不会将案件移送人民法院提起公诉，也无须向人民法院提出关于刑罚的意见。因此，不起诉不是量刑建议，S 市 Y 区检察院将不起诉作为量刑建议体现在认罪认罚具结中，与法律常识不符。同时，2020 年格式文本也没有体现关于不起诉案件结果的内容。

上述问题表明，虽然最高检在 2020 年发布了新的格式文本，但在认罪认罚内容部分存在不足之处，特别是各地使用的版本仍不统一，影响认罪认罚从宽制度的完善。

（三）被指控人违反认罪认罚具结书约定的处理结果缺失

认罪认罚具结书一经签署，控辩合意即告达成，控辩双方应当遵守认罪认罚具结书的约定，检察机关应当按照认罪认罚具结书的约定作出量刑建议书或案件处理结果，被指控人应当遵守认罪认罚具结书的约定，服从一审根据认罪认罚具结书和量刑建议作出的判决或检察机关作出的不起诉决定。但是实践中仍有部分被指控人在签署认罪认罚具结书后违反认罪认罚具结书的约定。根据被指控人违反约定的时间的不同，分为两种情形，一是在法院作出裁判前违反约定（包括对不起诉决定的反悔）。在一审裁

---

① 陈瑞华:《论量刑建议》，载《政法论坛》2011 年第 2 期。

判作出前，被指控人享有撤回权和反悔权。我国《刑事诉讼法》及相关司法解释虽然没有明确规定被指控人具有撤回权或反悔权，但《关于适用认罪认罚从宽制度的指导意见》（以下简称"指导意见"）中规定了被指控人撤回认罪认罚具结书和反悔后的处理方案，变相地承认了被指控人的撤回权和反悔权。① 二是一审判决作出后，人民法院采纳了认罪认罚具结书中的约定，认罪认罚具结书已经生效，被告人此时对一审判决提出上诉，违反了认罪认罚具结书的约定。当然，刑事诉讼不仅要追求效率，更要追求公正。因此在一审裁判作出后，由于有新的证据或者量刑情节未被一审法院采纳；可能影响案件公正审理，此时的上诉并不能被视为违反认罪认罚具结书的约定。但是在司法实践中，由于我国采取无因上诉的制度并且采取上诉不加刑的原则，② 部分被告人利用上诉不加刑原则滥用上诉权，没有任何正当理由，仅以"量刑畸重"为借口对一审裁判进行上诉，甚至有的被告人为了"留所服刑"而上诉③，此时被告人的上诉行为违反认罪认罚具结书的约定，应当受到惩处。无论是被指控人在一审法院作出裁判前违反约定还是在一审法院作出裁判违反约定，认罪认罚具结书均没有对被指控人违反约定的后果和处理方式进行约定，不符合作为"承诺"的形式要件，也不利于认罪认罚从宽制度的实施。

（四）认罪认罚具结书的证据属性不明晰

认罪认罚具结书在司法适用过程中还存在证据属性方面的问题。目前对于认罪认罚具结书的证据效力没有进行明确，有人认为认罪认罚具结书

---

① 苗生明、周颖:《认罪认罚从宽制度适用的基本问题——〈关于适用认罪认罚从宽制度的指导意见〉的理解和适用》，载《中国刑事法杂志》2019 年第 6 期。

② 郭烁:《二审上诉问题重述：以认罪认罚案件为例》，载《中国法学》2020 年第 3 期。

③ 董坤:《认罪认罚从宽案件中留所上诉问题研究》，载《内蒙古社会科学（汉文版）》2019 年第 3 期。

是"犯罪嫌疑人、被告人供述、书证"。[①] 在司法实践中也存在将认罪认罚具结书作为定罪的依据的情况，特别是根据《认罪认罚制度告知书》的规定，认罪认罚具结书被撤回后仍能作为指控被指控人犯罪的证据。[②] 上述观点和规定只是将认罪认罚具结书当作一份法律文书，忽视了认罪认罚具结书作为控辩契约中"承诺"的性质。在契约关系中，"承诺"在允许的情况下撤回会导致契约失效，受要约人因撤回承诺导致要约人受到损失才会承担责任。在认罪认罚从宽制度中，国家为了保护被指控人的权益，没有对被指控人的反悔和上诉作出限制，因此被指控人可以随时撤回认罪认罚具结书即"承诺"，而检察机关作为"要约人"，被指控人撤回"承诺"并不会对其造成损失或损害。同时，如果按照上述观点认定认罪认罚具结书的证据属性，会使被指控人对签署认罪认罚具结书产生恐惧、抵触心理，不利于认罪认罚从宽制度的适用。因此，认罪认罚具结书的证据属性是司法实践中亟待解决的问题。认罪认罚具结书的证据属性不明确的，不仅对被指控人的权益特别是认罪认罚具结书撤回后给被指控人的权益带来极大损害，也对认罪认罚从宽制度的实施带来很大的问题。

四、完善建议：完善认罪认罚具结书的若干建议

认罪认罚具结书的格式文本虽进行了完善，但仍存在较多问题，需要进一步完善。笔者结合认罪认罚具结书的性质和司法实践，对认罪认罚具结书文本内容的完善和证据属性的厘清提出以下建议。

（一）在第一部分增加辩护律师或值班律师的身份信息

在现行的认罪认罚具结书格式文本中共出现了三个主体：被指控人，

---

① 陈烽：《论认罪认罚从宽制度中的"具结书"》，载《嘉兴学院学报》2017 年第 3 期。

② 《认罪认罚制度告知书》第 7 项规定，犯罪犯罪嫌疑人、犯罪嫌疑人撤回《认罪认罚具结书》后，犯罪犯罪嫌疑人、犯罪嫌疑人已签署过的《认罪认罚具结书》不能作为本人认罪认罚的依据，但仍可能作为其曾作有罪供述的证据，由人民法院结合其他证据对本案事实进行认定。

检察机关，辩护人或者值班律师。但是第一部分中只有被指控人的具体身份信息，其他两个主体则没有任何具体信息，极易造成混淆，特别是辩护人或值班律师在见证签署部分只需在认罪认罚具结书上签字，无法判断签名者是否是被指控人的辩护人或者值班律师。因此应当在认罪认罚具结书的第一部分增加辩护律师或值班律师的身份信息。值班律师以及以律师身份担任辩护人的应当注明其所在的律所、律师执业证号等，以公民身份担任辩护人的应当注明详细身份信息，包括姓名、性别、身份证号、住址等，以便表明唯一确定的身份，提高证明效力。同时，要注意的是，被指控人一旦委托了辩护人，认罪认罚具结书只能体现辩护人，见证签署部分也只能由辩护人签字，而不能由值班律师签字。

同时，辩护律师、值班律师应有权拒绝在认罪认罚具结书上签字。律师是具有专业法律知识的人，虽然接受被指控人的委托或受法律援助机构指派为被指控人提供法律帮助，但其不是被指控人的附庸，有独立发表意见的权利。[①] 值班律师虽只是为被指控人提供法律帮助，不是严格意义上的辩护人，但与辩护律师一样同属辩护阵营。因此，辩护律师、值班律师在案件中如果认为被指控人不构成犯罪或检察机关认定罪名错误、量刑畸重且与检察机关沟通无效，应该向被指控人充分讲解案件性质、量刑情节、签署认罪认罚具结书的利弊以及不同意签署认罪认罚具结书的理由，如被指控人仍签署认罪认罚具结书，辩护人、值班律师有权拒绝在认罪认罚具结书上签字，检察机关不能强迫辩护人、值班律师签字，也不得另行找其他值班律师签字。同时，我国的量刑协商是检察机关与被指控人的协商，因此辩护人、值班律师拒绝签字也不应影响认罪认罚具结书的效力，但检察机关应当将辩护人、值班律师拒绝签字的理由附卷移送给法院。

此外，对于有的学者主张在认罪认罚具结书第一部分增加检察机关信

---

① 陈瑞华:《刑事辩护的理念》，北京大学出版社 2017 年版，第 69 页。

息的观点 ①，笔者并不赞同。1. 认罪认罚具结书以"具结"为名，具结是指单方的保证。因此从名称上看，认罪认罚具结书只能是被指控人对认罪认罚作出的保证，将检察机关信息体现在认罪认罚具结书中与认罪认罚具结书的名称与作用不符。2. 认罪认罚具结书是控辩契约中的"承诺"，承诺只需一方作出，不需要体现双方，况且检察机关已经以量刑建议作为控辩合意的表达方式，因此不需要体现在认罪认罚具结书中。

（二）全面、明确、规范地约定认罪认罚内容

认罪认罚具结书是认罪认罚从宽制度的核心法律文书之一，认罪认罚内容是认罪认罚具结书的核心内容，对被指控人的处理具有近乎决定性的作用。因此，认罪认罚内容应当是全面、明确及规范的，但是通过考察2020 年格式文本和司法实践中的文本，发现仍需要加以完善。

1. 检察机关指控被指控人犯罪事实部分必须保留和完善。被指控人接受检察机关指控的犯罪事实是认罪认罚从宽制度实施的前提。虽然经过多年的实践，检察机关可以在协商过程中确定具体的罪名，但并不能省略被指控人承认指控的犯罪事实的内容，因此必须在认罪认罚具结书体现被指控人的犯罪事实。同时，认罪认罚具结书中体现的犯罪事实应当与检察机关起诉书上指控的犯罪事实相一致，不能压缩、省略，做到犯罪事实部分全面、明确。

2. 认罪认罚内容部分应当增加量刑情节的内容。量刑情节是量刑建议的基础，检察机关只有通过案件的量刑情节才能对被指控人提出适当的量刑建议，被指控人只有知悉其所有的量刑情节，才能在值班律师、辩护人的帮助下知道检察机关提出的量刑建议或案件处理结果是否适当，决定是否接受检察机关的量刑建议或案件处理结果，签署认罪认罚具结书。因此，作为被指控人承诺认罪认罚的法律文书，认罪认罚具结书应当体现量刑情

---

① 刘少军：《性质、内容及效力：完善认罪认罚从宽具结书的三个维度》，载《政法论坛》2020 年第 5 期。

节，而且应当是案件涉及的全部量刑情节。

3. 增加案件处理结果的子项。随着认罪认罚从宽制度的实施，一些案件的被指控人因认罪认罚减轻量刑达到了犯罪情节显著轻微的程度，从而被检察机关作出不起诉决定。2020 年，全国因认罪认罚使被指控人被检察机关决定不起诉的有 20.2 万人。[①] 不起诉成为检察机关处理认罪认罚案件的重要方式，检察机关也将不起诉的处理结果体现在认罪认罚具结书中，但是将不起诉的案件处理结果写入量刑建议中，与不起诉的性质不符，也不符合法律的规定，损害了司法权威。因此，笔者认为应当在认罪认罚内容部分增加案件处理结果的子项，或者将量刑建议和案件处理结果规定在一个子项中，供检察机关在实际适用中选择。同时，认罪认罚案件适用不起诉决定均是相对不起诉和附条件不起诉，绝对不起诉和证据不足不起诉，因被指控人不构成犯罪或无法达到法定的证明标准，不能适用认罪认罚从宽制度，所以检察机关在对被指控人作出相对不起诉决定时，也要同时在认罪认罚具结书上附有详细的量刑情节。由于不起诉是案件的处理结果，一旦被指控人被检察机关决定不起诉，案件不会进入审判阶段，无须对案件的审理程序进行约定。

综上，笔者认为认罪认罚具结书的认罪认罚内容部分应作如下设计，参考图 3：

三、认罪认罚内容
本人知悉并认可以下内容：
1._____ 人民检察院指控本人犯罪事实：_____。
2._____ 人民检察院指控本人构成 _____ 罪。
3. 因本人具有以下量刑情节：_____，_____ 人民检察院提出的量刑建议 / 案件处理结果：_____。
4. 本人同意适用 _____ 程序。

图 3　认罪认罚内容完善图

---

① 张军：《最高人民检察院工作报告——2021 年 3 月 8 日在第十三届全国人民代表大会第四次会议上》，载《中华人民共和国最高人民检察院公报》2021 年第 2 期。

（三）增加被指控人违反认罪认罚具结书约定的后果和处理方式

认罪认罚具结书虽然是控辩合意结果的体现，但其是否能够生效，还需要人民法院的裁判。因此，在一审裁判作出之间，认罪认罚具结书所约定的内容生效与否是待定的，一审法院如采纳认罪认罚具结书和量刑建议的内容作出裁判，认罪认罚所约定的内容才正式产生法律效力。所以对于两个不同时间内违反约定的行为，应当进行不同的处理结果和处理方式。

1. 被指控人在一审裁判作出前不承认检察机关指控的犯罪事实或不接受检察机关给予的量刑建议或者撤回认罪认罚具结书，属于违反认罪认罚具结书约定的表现。此时案件仍在审查起诉或审判阶段，认罪认罚具结书还未生效，因此，检察机关或审判机关只需对案件不再适用认罪认罚从宽制度，按照普通刑事案件程序进行审理，收回对被指控人的量刑优惠。关于被指控人在一审裁判作出之前反悔或撤回认罪认罚具结书，法院或检察机关的做法，《指导意见》第 51 条至第 54 条已经作出了比较具体的规定，不再赘述，认罪认罚具结书可以参照上述规定约定被指控人违反约定的后果和处理方式。

2. 被告人对一审法院根据认罪认罚具结书和量刑建议作出的裁判没有正当理由提出上诉，属于违反认罪认罚具结书约定的表现。法律和司法解释并没有规定如何处理该情形，认罪认罚具结书也没有作出约定，导致理论界和实务界对此情形的处理有不同的观点和做法。有的学者主张对认罪认罚案件适用一审终审，[1] 此时也就不存在被告人违反约定上诉的情形，但该设想与我国二审终审的审级制度相违背，无法实现。有的学者主张对认罪认罚案件确立裁量型上诉和上诉理由审核制，[2] 对被指控人违反约定上诉的行为进行规制，但该设想与我国现行的上诉不加刑原则相悖，在没有修改《刑事诉讼法》之间是无法实现的。有的学者主张检察机关仅有权对"暴露

---

① 赵树坤、徐艳霞：《认罪认罚从宽制中的"技术性上诉"》，载《中国社会科学报》2018 年 7 月 11 日，第 5 版。

② 牟绿叶：《我国刑事上诉制度多元化的建构路径——以认罪认罚案件为切入点》，载《法学研究》2020 年第 2 期。

型上诉"① 的行为提出抗诉，其他上诉行为不应被提起抗诉，② 该主张虽然符合现行的法律规定，但过分放纵被指控人违反约定的行为，使被指控人既享受了量刑减让，又享受了上诉不加刑的制度"红利"，不符合公平原则。同时对于被指控人是否真诚悔罪的判断过于主观化，不利于实际操作。实践中，检察机关一般以抗诉的方式规制被告人对一审判决无正当理由提出上诉的行为，但受到一些学者的质疑，认为该抗诉行为似有违反法律规定之嫌。③ 因此，对于被指控人违反认罪认罚具结书约定的处理结果和处理方式是亟须解决的问题。笔者综合相关法律规定和司法实践做法，认为可以在认罪认罚具结书中对被指控人违反约定的行为作出如下约定，以减少实践争议。在一审法院基于认罪认罚具结书的内容作出裁判后，被告人有权提出上诉，但该上诉必须基于正当理由（包括但不限于一审法院遗漏案件事实、量刑情节，对量刑情节认定错误等）。被告人没有前述正当理由提出上诉的，检察院有权针对该上诉行为提起抗诉。

综上，笔者认为应当在认罪认罚具结书增加"违反认罪认罚内容的处理"部分，作为认罪认罚具结书的第四部分，对两种情形下的被指控人违反约定行为作出相应的处理，以保证认罪认罚从宽制度目的的实现，自愿签署声明部分顺延为第五部分。

（四）明确认罪认罚具结书仅能证明认罪认罚的事实

认罪认罚具结书的证据效力不明晰，导致在实务中存在将认罪认罚具

---

① 如果检察机关有证据表明，提起上诉的被追诉人其在一审判决前的认罪认罚就是技术性、表演性的，则一审判决就建立在对被追诉人认罪认罚状态的错误判断之上，被追诉人通过欺骗专门机关，不当获得了从宽判决，此时，一审判决是错误的，检察机关可以依法提出抗诉。如果被追诉人原本就是虚假的认罪认罚，则根本就不存在反悔上诉的问题，只是通过上诉等暴露出了其一审判决前认罪认罚的技术性、表演性，因此可以称之为"暴露型上诉"。参见闫召华：《认罪认罚后"反悔"的保障与规制》，载《中国刑事法杂志》2021年第4期。

② 闫召华：《认罪认罚后"反悔"的保障与规制》，载《中国刑事法杂志》2021年第4期。

③ 肖沛权：《认罪认罚案件上诉问题探讨》，载《政法论坛》2021年第2期。

结书作为指控被指控人的证据，甚至将其作为被指控人供述的情况，严重损害认罪认罚从宽制度的价值，也与认罪认罚具结书的性质不符。笔者结合认罪认罚具结书的性质以及认罪认罚从宽制度的实践，认为认罪认罚具结书仅能证明被指控人认罪认罚的事实，不得作为被指控人的供述。

认罪认罚具结书作为认罪认罚从宽案件中的证据已经在实务界和理论界中达成共识，但是认罪认罚具结书的证明效力还存在很大争议。笔者认为认罪认罚具结书仅能证明被指控人认罪认罚的事实，不能成为被指控人的供述。（1）从犯罪嫌疑人、被告人供述的形式来看，被指控人的供述是被指控人就其被指控的犯罪事实以及其他案件事实所做的陈述。在认罪认罚具结书中，被指控人只是作出了认罪认罚声明，本身并没有关于案件事实的具体描述。① 因此认罪认罚具结书不符合犯罪嫌疑人、被告人供述的形式，不能用作犯罪嫌疑人、被告人供述。（2）认罪认罚具结书在认罪认罚从宽案件中可以证明被指控人认罪认罚的事实。认罪认罚具结书载明了被指控人认罪认罚的内容，只有依据认罪认罚具结书，人民检察院才能据此提出量刑建议，适用相应诉讼程序，人民法院在审查被指控人签署认罪认罚具结书自愿性的基础上作出裁判。因此，认罪认罚具结书是认罪认罚从宽案件中的关键证据，但因其没有实质的内容，所以只能证明被指控人认罪认罚的事实，无法证明其他事实。（3）被指控人反悔后，认罪认罚具结书不得作为指控被指控人犯罪行为的证据。认罪认罚具结书作为控辩契约中的"承诺"，被指控人反悔后，该承诺不复存在，此时认罪认罚从宽制度也已不再适用该案件，也就是说认罪认罚具结书已经失去了存在的基础，法律效力和证据效力都应归于消灭，更不能作为指控被指控人犯罪的证据存在。

---

① 万毅：《认罪认罚从宽程序解释和适用中的若干问题》，载《中国刑事法杂志》2019 年第 3 期。

五、结语

认罪认罚具结书作为控辩协商结果的体现，是被指控人认罪认罚的承诺书，在认罪认罚从宽制度中发挥着举足轻重的作用。认罪认罚具结书的内容是否完善直接影响认罪认罚从宽制度的实施。因此，我们要把握住认罪认罚从宽制度的核心要义，解决现行认罪认罚具结书格式样本特别是对具结内容的约定中存在的问题，使认罪认罚具结书真正成为具有契约性质的法律文书，促使被指控人真正认罪认罚，推动认罪认罚从宽制度不断完善。

检察实务中认罪认罚具结书的实践问题与完善建议

赖琛琛　上海市虹口区人民检察院

认罪认罚具结书是检察办案实务中非常重要的一环，也是落实认罪认罚从宽制度过程中最为核心的法律文书。规范合理的文书格式和签署程序，对于保障一线办案过程中认罪认罚从宽制度的自愿性、合法性有着直接作用。自 2018 年修订的《刑事诉讼法》正式确立认罪认罚从宽制度以来，最高人民检察院对试点期间的认罪认罚具结书格式样本不断进行修改优化，于 2020 年发布了《人民检察院刑事诉讼法律文书格式样本》。但在近年来的检察实务中，随着新形势新情况不断出现，仍然出现了一些亟须改变的难点痛点问题，甚至影响了犯罪嫌疑人法定权利的保障和检察人员的办案质效。本文拟通过剖析一线检察实务中认罪认罚文书存在的各类问题，提出相关的完善建议，并且在文末附上建议完善后的格式版本，以期对于保障认罪认罚从宽制度中的司法公正有所裨益。

一、认罪认罚具结书的基本格式和文书属性

（一）改进认罪认罚具结书的基本格式

最高人民检察院于 2020 年发布的格式样本将认罪认罚具结书分为犯罪嫌疑人身份信息、权利知悉、认罪认罚内容、自愿签署声明四个组成部分。

第一部分犯罪嫌疑人身份信息，主要包括签署具结书的犯罪嫌疑人出生年月、公民身份号码、民族、职业、户籍地、住所地等个人信息，确保签署人的主体身份正确。第二部分权利知悉，该部分与《认罪认罚制度告知书》相互配套，确保签署人在知晓相关权利的前提下自愿签署具结书。

第三部分认罪认罚内容，包括犯罪事实、量刑建议和程序适用选择。该部分是具结书的核心内容。第四部分自愿签署声明，由犯罪嫌疑人和值班律师或辩护人同时签署，通过声明来确保具结书的自愿性、合法性。

认罪认罚具结书四个部分在具体内容上存在的问题，本文将在下文详述，先在基本格式上提出以下建议：

1. 建议认罪认罚具结书与告知书进行一体化设计，不应当分成两个文书在办案系统内生成。在认罪认罚的办案程序中，一般先由检察官对犯罪嫌疑人进行认罪认罚有关权利义务、法律知识的释法说理后，再进行认罪认罚具结书的签署。既然在程序上是一体的，那么在文书上也没有理由分开设计。认罪认罚具结书与告知书的一体化既精简了办案文书，也有助于保障犯罪嫌疑人的合法权益，防止办案人员忘开、漏开告知书情形的出现。此外，告知书的文本设计也可采用名词解释、问答式等形式，既突出重点又便于快速理解。

2. 在文书打印上，应当使用如判决书一般的 A3 纸折页打印，以保障文书的严肃性、规范性，防止出现漏页、换页等现象。实务中，认罪认罚具结书的打印格式较为随意，由办案人员自行打印，有的是 A4 纸单面打印，有的是 A4 纸双面打印，有的因为文书内容较长还需要加页。建议采用统一的打印格式，在办案系统内进行打印，从而保障线上线下同步化和格式的规范性。对于在量刑协商前无法确定的认罪认罚内容，可以留白，由办案人员在签署具结书的现场进行手写，事后再对系统内文书进行同步修改。

3. 认罪认罚具结书与告知书应当设计统一的外语版本，以便各地区使用。现全国各基层人民检察院均有管辖的外国人犯罪案件，尤其是在一线城市，外国人犯罪案件有一定的占比。对外国人适用认罪认罚从宽制度的程序规范性事关我国的国际司法形象。实务中办案人员聘请的外语翻译人员，由于其本身对法律知识理解不足，对于认罪认罚具结书与告知书的翻译一般集中在犯罪事实、量刑建议上，省略了有关制度、权利等其他内容的翻译。建议设计常用的外语版本，以便各地区规范使用。

（二）准确认识认罪认罚具结书的属性和作用

认罪认罚具结书是检察机关和犯罪嫌疑人就量刑协商达成的一致意见，即控辩合意。[①] 有的办案人员对认罪认罚具结书的属性认识有所偏差，在释法说理过程中让犯罪嫌疑人对签署认罪认罚具结书产生误解，导致认罪认罚适用困难，办案中适用率不高。要准确认识其属性和作用，应当有以下几点理解：

1. 认罪认罚具结书并不仅仅是犯罪嫌疑人的单方具结，而是控辩双方合意的产物。认罪认罚具结书虽然由犯罪嫌疑人单方面签署，但协商双方是犯罪嫌疑人和检察机关。认罪认罚具结书记载的犯罪事实和量刑建议也不是犯罪嫌疑人单方的声明，而是控辩双方通过协商、妥协的产物，是检察官综合考虑认罪认罚的情况以及其他量刑情节，提出一种量刑方案。犯罪嫌疑人在辩护人或值班律师的帮助下就此量刑方案提出意见，进行协商。达成一致意见后，该量刑方案就被写入认罪认罚具结书进行签署。因此，认罪认罚具结书不是犯罪嫌疑人的单方具结，而是控辩双方合意的结果。

2. 认罪认罚具结书的签署，对检察机关和犯罪嫌疑人均产生约束力，但法院仍然掌握最终审判权。认罪认罚具结书签署后，检察机关应当按照具结书内容制作量刑建议书，犯罪嫌疑人也应当接受法院依据量刑建议作出的判决，不得滥用上诉权。根据 2019 年《关于适用认罪认罚从宽制度的指导意见》的规定，犯罪嫌疑人认罪认罚，签署认罪认罚具结书，在人民检察院提起公诉前反悔的，具结书失效，人民检察院应当在全面审查事实证据的基础上依法提起公诉。另外，人民法院经审理，认为量刑建议明显不当，或者被告人、辩护人对量刑建议有异议且有理有据的，人民法院应当告知人民检察院，人民检察院可以调整量刑建议。这充分说明，认罪认罚具结书是控辩双方的合意，但并非严格意义上的双方契约。法院仍拥有对案件的最终裁判权，在没有法律规定的不得采纳和量刑建议明显不当的情

---

① 王强：《认罪认罚具结书的内容演进、实践反思与解决进路》，载《广西政法管理干部学院报》2022 年第 4 期。

形下，法院应当依照检察机关的量刑建议作出判决。

根据《人民检察院办理认罪认罚案件开展量刑建议工作的指导意见》（以下简称《指导意见》），犯罪嫌疑人签署具结书后，没有新的事实、证据，且犯罪嫌疑人未反悔的，检察机关不得撤销具结、变更量刑建议。对于部分复杂案件，建议办案人员切勿为图省事将审查起诉阶段的提审和签署具结书安排在一起进行，而应当待案件审查结束，经过充分考量后，再进行具结书的签署。

总的来说，认罪认罚具结书是犯罪嫌疑人自认式的声明书，检察机关承诺式的量刑建议书，更是控辩双方协商下的"合意书"。①

二、认罪认罚具结书的文书内容和具体操作在实务中存在的问题

（一）认罪认罚具结书是否应当告知签署具结书后反悔的后果

《指导意见》就具结书对检察机关和犯罪嫌疑人的约束力均作出了明确的规定。对被告人仅以量刑过重为由提出上诉，因被告人反悔上诉致从宽量刑明显不当的，人民检察院应当依法予以抗诉。现行版本的告知书，对于该部分内容的说明明显不足，而在签署认罪认罚具结书的前端程序中，充分对当事人释明反悔的后果，有助于诉讼活动的正常进行，避免因被告人态度反复浪费司法成本。

部分办案人员在签署认罪认罚具结书的过程中，会就签署后反悔的后果向当事人进行释法说理，但部分办案人员释法说理工作不足，部分案件被告人的反悔上诉，与这方面工作的不足不无关系。既然有规范性文书，没有理由不通过统一的法律文书进行告知。这一部分的内容举足轻重，甚至可以作为单独一部分放在具结书的结尾。

---

① 丰怡凯:《认罪认罚具结书研究》，载《研究生法学》2019 年第 4 期。

（二）认罪认罚的内容是否应当包括量刑情节

是否认定为累犯、自首等量刑情节，直接关系到检察机关建议的量刑情况，是犯罪嫌疑人及其辩护人最为关心的问题。但目前的认罪认罚具结书内容中缺少这一部分，导致实务中犯罪嫌疑人及律师在签署具结书时，反复询问是否认定为自首等情节。本身检察机关在进行量刑协商时就会对犯罪嫌疑人、值班律师、辩护人说明量刑建议的依据，即犯罪情节和犯罪事实，那么这部分内容没有理由不落到纸面上，提高犯罪嫌疑人对于认罪认罚的接受程度。

实务中，有的办案人员在与犯罪嫌疑人进行量刑协商时，还没有对案件的到案经过、前科情况等案件事实进行充分的补充证据，导致认罪认罚具结书签订之后，犯罪情节的认定仍然不确定，使得最终的量刑过程不严谨、不规范。本文认为，应当将犯罪嫌疑人的前科情况、到案经过等事实也一并写入认罪认罚具结书中，进一步明确检察机关提出量刑建议的依据。

认罪认罚指控的犯罪事实内容，应该详细到何种程度？是比照起诉书或者不起诉书的事实，还是稍微简化留下一些后期调整的空间？本文认为，对于案件事实清楚、证据确实充分的素材案件，应当尽量加入量刑情节等重要因素；对于复杂案件，可以进行适当简化，从而给办案人员留下对细节问题进行后期调整的空间。

（三）值班律师或辩护人的身份信息是否应当写入具结书中

根据我国《刑事诉讼法》，值班律师或者辩护律师是帮助、见证认罪认罚具结书签署的重要主体。认罪认罚具结书的第四部分除了犯罪嫌疑人的签名，还需要辩护人或者值班律师的签名，以体现见证作用。没有其见证的具结书，即使签署了也是无效的。《指导意见》专章规定了检察官在提出量刑建议过程中听取被告人及其辩护人、值班律师意见的程序。明确规定不得绕开辩护人安排值班律师代为见证具结。既然如此，应当对犯罪嫌疑人的辩护情况在具结书中进行载明，便于进行监督。

同时，如果有犯罪嫌疑人的辩护律师由于时间等问题不便见证，犯罪嫌疑人也同意由值班律师进行见证，则可以在具结书上进行说明，再由值班律师进行见证。在具结书第四部分的声明签署中，应当加入这一比较常见的例外情况的设计。

（四）不起诉作为量刑建议的内容是否存在不妥

量刑建议是检察机关就量刑问题提出的法律意见，不起诉则是一种处理结果。将不起诉作为一种量刑建议写在具结书中是不严谨、不规范的。具结书应当为不起诉进行单独设计，作为另外一种处理结果载明。

本文认为，在具结书的设计中应当尽量考虑到例外情形，即在正文部分留白，让办案人员在签署认罪认罚具结书的过程中有充分灵活调整的选择性，而不应当硬性要求办案人员先在线上的系统内制作完整的文书，再进行线下的签署，两者的要求存在一定的本末倒置：线上应当是为线下服务留痕，线下的办案才是核心工作。

（五）认罪认罚的量刑建议是否可以附加条件

自各地检察机关开始试点认罪认罚从宽制度以来，实务中越来越多地出现这样一种现象：犯罪嫌疑人在审查起诉阶段认罪认罚，但未退赔，到审判阶段进行退赔，然后法院可以建议检察机关调整量刑建议。于是，在一线办案中出现了"附条件的认罪认罚"。通常在量刑建议中表述为：建议判处犯罪嫌疑人有期徒刑 X 年，若退赃退赔可适用缓刑。

本文认为这样的附条件量刑建议值得推广适用。首先，认罪认罚从宽制度中的"认罚"指的是犯罪嫌疑人真诚悔罪，愿意接受处罚，其考察的重点是悔罪态度和悔罪表现，结合退赃退赔、赔偿损失、赔礼道歉等因素来考量。"认罚"本身就包含了愿意退赔但尚未退赔的情形。其次，实务中由于犯罪嫌疑人的经济能力等问题，很多人愿意退赔，但需要时间筹钱或与被害人一方沟通联系，在具结书中适用附条件量刑建议，使得犯罪嫌疑人在后期履行退赔义务的确定性更强，有助于社会矛盾的化解，达到追赃挽损的效果。

三、认罪认罚具结书的完善建议

结合认罪认罚具结书的属性作用和实务中出现的问题，本文对完善认罪认罚具结书的格式内容作如下建议，并在文末附上了完善后的格式版本。

（一）完善认罪认罚具结书的告知部分

对于对犯罪嫌疑人起到约束作用的法律文书，应当严格权利告知，以书面形式呈现，必要时应当充分释明，让犯罪嫌疑人听明白、搞清楚签署的权利和后果。建议将认罪认罚具结书的告知书与具结书进行一体化设计，将告知书内容置于具结书第一部分。同时，采用名词解释、问答式等形式，在段首进行黑体标注。如：

"[**认罪认罚从宽**]根据《中华人民共和国刑事诉讼法》第15条的规定，犯罪嫌疑人、被告人自愿如实供述自己的罪行，承认指控的犯罪事实，愿意接受处罚的，可以依法从宽处理。"

这样的内容方式便于签署人快速理解告知书内容，更为人性化，体现司法人文关怀。

（二）将犯罪嫌疑人的律师情况写入认罪认罚具结书

辩护人或者值班律师作为见证者，其身份信息也应在第一部分主体身份信息中体现，建议直接放在犯罪嫌疑人的身份信息下方，以明确犯罪嫌疑人委托辩护律师或者由值班律师进行见证。律师的身份信息包括律师姓名、律师事务所名称、联系方式等信息。

另外，在最后律师的签署部分，为辩护人因故没有到场，经其同意由值班律师代为见证的情形设计专门的格式："本律师同意由值班律师代为见证。其已经阅读了认罪认罚具结书中全部内容，自愿签署了上述认罪认罚具结书。"

值班律师见证后，具结书再交辩护人签署，方可生效，充分保障辩护律师的权益，防止检察机关"绕开"辩护律师进行见证。

（三）完善认罪认罚具结书的认罪认罚内容部分

根据《指导意见》，签署认罪认罚具结书，检察机关应当就涉嫌的犯罪事实、罪名及适用的法律规定，从轻、减轻或者免除处罚等从宽处罚建议等事项听取犯罪嫌疑人、辩护人或者值班律师的意见。量刑情节本身就是协商内容的一部分，因此应当写入具结书的认罪认罚内容部分。另外，对于不起诉的情形，作为处理结果与量刑建议作为可选格式并存。

量刑建议部分的内容，由于实务中可能出现的退赃退赔等可能在审判阶段出现变化的情形，应当允许附条件的量刑建议，格式为："建议判处_____，若_____，可适用缓刑／调整量刑建议。"

四、结语

认罪认罚从宽制度标志着我国刑事案件的处理正一步步从控辩对抗逐渐转向控辩合作的协作型司法。[1] 认罪认罚具结书作为该制度的核心文书，必然需要实务界与学术界一同通过调查研究，不断完善改进，从而适应办案实践的需要，做到既能有效保障签署主体的各项法定权利，又有利于办案人员高质效地完成认罪认罚具结工作。走向成长、走向成熟稳定，这将是中国特色法治建设的必然规律，值得所有的法律人为之奋斗不息！

---

[1] 马春娟、郝小乔：《论认罪认罚具结书内容之完善》，载《河南工程学院学报》2021 年第 1 期。

应对认罪认罚被告人反悔的
法律文书制备措施探析

杨 超 沙岩林 刘夏莲 河南省邓州市人民法院

认罪认罚从宽制度是我国刑事司法改革的一项重要内容，也是协商性刑事司法政策适用的典型范例。但该制度运行中，认罪认罚被告人反悔的问题十分突出。被告人反悔有其深层次原因，同时也有其正当性。如何正确发挥认罪认罚从宽制度的积极作用，合理有效应对认罪认罚被告人反悔，需要从兼顾诉讼公正与诉讼效率的角度深入辨析，制定完善策略。本文拟就上述内容进行探讨，研究解决方案。

一、认罪认罚从宽制度与被告人反悔

（一）认罪认罚从宽制度概述

随着我国社会经济的快速发展，危险驾驶、故意伤害、盗窃等轻微普通刑事案件数量大幅上升。然而，刑事司法资源有限，短期内难以大规模扩充，造成社会治理难度不断加大。于是，继 2014 年刑事速裁程序试行推广取得显著成效之后，我国开始试行推广认罪认罚从宽制度。2016 年，"两高三部"根据全国人大常委会授权，制定颁布了《关于在部分地区开展刑事案件认罪认罚从宽制度试点工作的办法》（以下简称《试点办法》），并在全国 18 个城市展开试点。2017 年，《关于在部分地区开展刑事案件认罪认罚从宽制度试点工作情况的中期报告》显示，适用认罪认罚从宽制度审结刑事案件 91121 件 103496 人，占法院同期审结刑事案件的 45%，人民法院 15 日内审结的占 83.5%。中国政法大学课题组对 1516 人（办案人员、被告人、律师）进行第三方调查评估时，发现其对试点效果总体评价较高，其中律师满意度为 97.3%，被告人的满意度为 94.3%。[①] 2018 年，在经历了两年的试点工作后，认罪认罚从宽制度被正式写入我国第三次修正的《中华人民共和国刑事诉讼法》（以下简称《刑事诉讼法》）。2019 年，《关于适用认罪认罚从宽制度的指导意见》（以下简称《指导意见》）对认罪认罚从宽制度如何适用作出更为细致的规定。2020 年，我国又修订了《最高人民法院关于适用〈中华人民共和国刑事诉讼法〉的解释》（以下简称《刑诉法解释》），设立专章规制认罪认罚从宽制度的审理程序。

认罪认罚从宽制度的基本含义有如《刑事诉讼法》第 15 条的表述："犯罪嫌疑人、被告人自愿如实供述自己的罪行，承认指控的犯罪事实，愿意接受处罚的，可以依法从宽处理。"认罪认罚从宽制度的实质就是被告人自认其罪、自领其罚，让渡自己的部分实体权利和程序权利以换取量刑上的从宽待遇。该制度是当代刑事司法领域全面贯彻宽严相济刑事政策，推动国家治理体系和治理能力现代化的重要举措。

认罪认罚从宽制度贯穿刑事诉讼全过程，适用于侦查、起诉、审判的各个阶段，且该制度没有适用罪名和可能判处刑罚的限定，所有刑事案件均可适用。

（二）被告人反悔的概念与性质

依据《指导意见》第 6 条、第 7 条的相关规定，认罪认罚从宽制度中的"认罪"是指被告人自愿如实供述自己的罪行，承认指控的犯罪事实；"认罚"是指被告人真诚悔罪，愿意接受处罚。[②] 但是，认罪认罚从宽制度并不能确保已经认罪认罚的被告人不在之后的诉讼过程中反悔。"反悔"就其语义解释而言，可采《法律大辞书》中关于"反悔"的定义，即"对自己

---

① 杨莉：《被告人认罪认罚反悔权问题的廓清》，载《辽宁公安司法管理干部学院学报》2020 年第 1 期。

② 参见 2019 年 10 月 11 日，最高人民法院、最高人民检察院会同公安部、国家安全部、司法部联合制定并印发的《关于适用认罪认罚从宽制度的指导意见》第 6 条、第 7 条。

先前作出的允诺不予认可"。^① 被告人的"反悔"就其实际行为而言，是指被告人在认罪认罚之后，又违反允诺，撤回认罪或认罚，否定具结书的行为。现行刑事法律和司法解释并未对认罪认罚被告人的反悔进行概念上的立法界定，也未对反悔的表现、方式、理由作出规定，仅仅规定了认罪认罚被告人反悔后若干诉讼程序上的处理。认罪认罚被告人反悔究竟该如何定性，是否要加以限制与预防等问题还属于立法的真空地带，导致面对被告人反悔时出现"无法可依"的尴尬境地。^②

认罪认罚被告人反悔的性质应当如何界定？质言之，反悔是否是被告人的一项权利？当前立法尚无定论。对此，理论界存在两种观点。第一种观点认为，反悔应属被告人的一项权利，谓之"反悔权"。^③ 众所周知，权利是法律所赋予的行为自由，只要权利行使不越界，那么如何行使权利就归属被告人意思自治的范围。如此说来，认罪认罚被告人反悔是当然可为的行为。以此作为观点的学者在其论证中引用的论据多为外国法例，如美国"辩诉交易"制度的相关规定就使用了"反悔权"的称谓。第二种观点并未对反悔是否是被告人的一项权利作出界定，而仅在论述中将被告人撤回认罪或认罚及否定具结书的行为通称为"反悔"。可以认为其将反悔单纯作为被告人一种违反允诺的行为。笔者认同第二种观点，在立法未将反悔界定为认罪认罚被告人的一项权利时，不宜使用"反悔权"的提法进行表述。而仅应将之作为被告人一种违反允诺的诉讼行为对待，通称为"反悔"即可。笔者进一步认为，认罪认罚被告人的反悔，虽然不是一项单独的权利，但可以将其反悔行为视为其行使诉讼处分权的体现。即被告人认罪认罚后反悔不是行使反悔权，而是行使诉讼处分权。

---

① 张小燕、黄博儒：《被告人认罪认罚反悔问题研究》，载《行政与法》2020年第7期。

② 黄博儒：《被告人认罪认罚反悔现象探究——以100份二审刑事裁判文书为分析样本》，载《江西警察学院学报》2019年第1期。

③ 黄博儒：《被告人认罪认罚反悔权的保障机制》，载《山西省政法管理干部学院学报》第32卷第1期。

二、认罪认罚被告人反悔的主要原因与其正当性

（一）认罪认罚被告人反悔的主要原因

第一，量刑幅度偏离心理预期是被告人认罪认罚后反悔的最主要原因。被告人认罪认罚的根本目的是获得从宽量刑。所以，被告人在决定认罪认罚时，内心必然存在相应的心理预期，倘若从宽量刑幅度不符合其心理预期，被告人就可能会以"量刑过重"为由反悔或上诉。此种案件的被告人反悔率非常高。有学者对认罪认罚被告人的上诉理由展开调研，结果显示在 100 个已经从宽量刑的上诉样本中，被告人上诉理由为"量刑过重"的案件就有 78 个。[①] 从宽量刑幅度偏离认罪认罚被告人的心理预期源于两方面因素。一方面，认罪认罚被告人的心理预期过高又不稳定；另一方面，检察机关未对被告人进行证据开示与量刑公示，检察机关、审判机关也未及时就案件事实和法律适用向被告人释法析理。

第二，认罪认罚被告人反悔的第二个原因在于被告人与适用认罪认罚从宽制度相关的诉讼权利未被实现。《刑事诉讼法》《刑诉法解释》《指导意见》明确规定了被告人与适用认罪认罚从宽制度相关的诉讼知情权、程序选择权和获得法律帮助权等诉讼权利。这些诉讼权利是认罪认罚从宽制度顺利运行的兜底保障措施，如果未能及时有效实现，就可能会使被告人对认罪认罚从宽制度的法律性质和法律效果产生误解。被告人可能表面上同意认罪认罚，私底下却存在逆反心理。其可能对检察机关司法工作的公正性产生怀疑。

第三，认罪认罚被告人反悔的另一主要原因还在于未获得有效的律师法律帮助。大多数被告人不具备专业法律知识，需要律师提供法律帮助。然而，目前认罪认罚从宽制度适用中律师提供法律帮助的状况不甚理想。即使《指导意见》第 15 条明确规定律师向被告人提供与适用认罪认罚从宽

---

① 张小燕、黄博儒：《被告人认罪认罚反悔问题研究》，载《行政与法》2020 年第 7 期。

制度相关的法律帮助的职责 ①，司法实践中仍然出现认罪认罚被告人法律帮助缺失现象。例如，某些提供法律帮助的律师仅仅在形式上"走过场"充当见证人，不详细了解案情，也不耐心与被告人沟通交流；或者对案件涉及的法律问题不作深入解答。认罪认罚被告人如果不能及时有效地获得辩护律师的法律帮助，就容易产生孤立、沮丧和抵触心理，担心认罪认罚从宽制度的公正性。因此，一些已经认罪认罚的被告人会选择反悔。

（二）被告人认罪认罚后反悔的正当性

刑事诉讼也要充分尊重被告人的自主意志和选择自由。"反悔"是被告人认罪认罚存在意思形成障碍的有效救济方式，能够给予被告人维护自身权益的机会，也有利于实现诉讼公正。② 认罪认罚从宽制度强调平等协商、意思自治。允许认罪认罚被告人反悔是协商性刑事司法政策的应有之义，可以充分确保被告人认罪认罚的自愿性和明智性。

允许被告人反悔可以排除非法证据或瑕疵证据的使用，确保诉讼公正。为了避免被告人认罪认罚后反悔，办案机关会积极调查收集证据，严格依法依规办案。这种"倒逼"的方式能够有效避免刑事司法中的冤假错案发生。就这一意义而言，允许被告人认罪认罚后反悔也具有较为突出的正当性。

所以，认罪认罚与认罪认罚后反悔，均是被告人为自身权益着想而作出的诉讼行为选择。两者都是行使诉讼处分权的体现。检察机关或审判机关不能因为被告人认罪认罚就认为其认罪态度较好，主观恶性不大，人身危险性较低；检察机关或审判机关也不能因为被告人认罪认罚后反悔就认

---

① 2019 年 10 月 11 日，最高人民法院、最高人民检察院会同公安部、国家安全部、司法部联合制定并印发的《关于适用认罪认罚从宽制度的指导意见》第 15 条规定："辩护人职责。认罪认罚案件犯罪嫌疑人、被告人委托辩护人或者法律援助机构指派律师为其辩护的，辩护律师在侦查、审查起诉和审判阶段，应当与犯罪嫌疑人、被告人就是否认罪认罚进行沟通，提供法律咨询和帮助，并就定罪量刑、诉讼程序适用等向办案机关提出意见。"
② 黄博儒：《被告人认罪认罚反悔权的保障机制》，载《山西省政法管理干部学院学报》第 32 卷第 1 期。

为其认罪态度不好，主观恶性较大，人身危险性较高。这才是对被告人定罪量刑的客观公正的思维态度。

三、被告人反悔的程序规制及实体影响

（一）认罪认罚被告人反悔的程序规制

是否认罪认罚，将对被告人自身权益产生重大影响。因此，是否认罪认罚只能由被告人本人作出决定，与他人无关。与之相同，认罪认罚后是否反悔的决定主体也是被告人本人。被告人认罪认罚后反悔的行为方式可以口头也可以书面，但均应当正式。即，口头提出反悔的，应当记入笔录，并由被告人签字或捺印；书面提出反悔的，应当书写清楚，并由被告人签字或捺印。

认罪认罚被告人的反悔可根据所处诉讼阶段不同大致分为四种情形，即：不起诉后反悔；起诉前反悔；审判阶段反悔；判决后上诉反悔。《指导意见》第 51 条规定了不起诉后反悔的相应处理。其中明确："不起诉后反悔的处理。因犯罪嫌疑人认罪认罚，人民检察院依照刑事诉讼法第一百七十七条第二款作出不起诉决定后，犯罪嫌疑人否认指控的犯罪事实或者不积极履行赔礼道歉、退赃退赔、赔偿损失等义务的，人民检察院应当进行审查，区分下列情形依法作出处理：（一）发现犯罪嫌疑人没有犯罪事实，或者符合刑事诉讼法第十六条规定的情形之一的，应当撤销原不起诉决定，依法重新作出不起诉决定；（二）认为犯罪嫌疑人仍属于犯罪情节轻微，依照刑法规定不需要判处刑罚或者免除刑罚的，可以维持原不起诉决定；（三）排除认罪认罚因素后，符合起诉条件的，应当根据案件具体情况撤销原不起诉决定，依法提起公诉。"《指导意见》第 52 条规定了起诉前反悔的相应处理。其中明确："犯罪嫌疑人认罪认罚，签署认罪认罚具结书，在人民检察院提起公诉前反悔的，具结书失效，人民检察院应当在全面审查事实证据的基础上，依法提起公诉。"《指导意见》第 53 条规定了审判阶段反悔的相应处理。其中明确："案件审理过程中，被告人反悔不再认罪认

罚的，人民法院应当根据审理查明的事实，依法作出裁判。需要转换程序的，依照本意见的相关规定处理。"河南省司法机关联合制定并印发的《关于适用认罪认罚从宽制度的实施细则》第 57 条规定明确了判决后被告人反悔提出上诉的相关处理。[①]

上述规定基本确定了认罪认罚被告人反悔的程序性影响后果及应当如何处理。然而，认罪认罚被告人反悔所引发的一系列其他问题，如证据方面的实体性影响后果应当如何处理，当前仍面临无法可依的境地。

（二）认罪认罚被告人反悔的实体影响

被告人认罪认罚是基于自身趋利避害心理动机而作出的行为选择。被告人的认罪认罚供述在其反悔后不能被作为对其不利的证据使用，否则，检察机关或审判机关的司法行为就是变相剥夺被告人的实体权利和程序权利。被告人反悔后，其先前所作认罪认罚供述，应当依据《刑事诉讼法》确立的"非法言辞证据排除规则"予以排除。对此，国外的立法与司法有着较为固定成熟的经验。美国辩诉交易模式下，被告人在交易达成以后反悔的，此前所获的有罪答辩要约、协议、陈述等将不得作为证据在后续审理中提交使用。即此前达成的所有有罪言辞证据在被告人反悔后将不具有任何效力而被法庭"拒之门外"。[②]法国对此也有相应规定："但凡交易面

---

① 2022 年 3 月 23 日，河南省高级人民法院、河南省人民检察院会同河南省公安厅、河南省国家安全厅、河南省司法厅制定并印发的《关于适用认罪认罚从宽制度的实施细则》（豫高法〔2022〕79 号文件）第 57 条规定："认罪认罚案件的二审处理。第二审人民法院对不服第一审判决提出上诉、抗诉的认罪认罚案件，应当按照下列情形分别处理：（一）被告人提出上诉或人民检察院提出抗诉，经过审理后，原判决认定事实和适用法律正确、量刑适当的，应当裁定驳回上诉或者抗诉，维持原判；原判决认定事实没有错误，但适用法律有错误，或者量刑不当的，应当改判；原判决事实不清楚或者证据不足的，可以在查清事实后改判，也可以裁定撤销原判，发回原审人民法院重新审判；（二）发现第一审人民法院的审理有违反刑事诉讼法第二百三十八条规定的诉讼程序的情形之一的，应当裁定撤销原判，发回原审人民法院重新审判。"

② ［美］约书亚·德雷斯勒、［美］艾伦·C.迈克尔斯：《美国刑事诉讼法精解》，魏晓娜译，北京大学出版社 2009 年版，第 172 页。

临失败，被告人此前的口供将归于无效而予以排除。"[①]

被告人反悔后，其所作认罪认罚供述的效力应被否定。但是，基于其认罪认罚供述而取得的其他证据是否可作为证据使用？对此存在两种不同观点。第一种观点认为，被告人反悔后，基于其认罪认罚供述而取得的其他证据不可在之后的诉讼程序中作为对被告人定罪量刑的证据使用。该观点的主要理由是程序正当性原则，被告人的反悔使先前所适用的认罪认罚从宽制度之程序归于无效，无效程序的口供当然要被排除，基于此口供而取得的其他证据也应当被排除，这是程序正当性原则的应有之义。第二种观点认为，被告人反悔后，基于其认罪认罚供述而取得的其他非言辞证据可以在之后的诉讼程序中作为对被告人定罪量刑的证据使用。该观点的主要理由是法律虽然规定了非法言辞证据排除规则，但并未规定基于无效口供而取得的其他非言辞证据排除规则。因此，被告人的认罪认罚供述变为无效之后，基于其口供而取得的其他非言辞证据，比如物证、书证、视听资料等，不应不经详细审查认定而一概排除。上述证据如果具备客观性、关联性、合法性，就可以在之后的诉讼程序中作为证据使用。笔者认同第二种观点。刑事诉讼的根本目的是公正、高效、准确查明犯罪事实，正确适用法律，打击犯罪行为。从这一目的出发，被告人反悔后，将基于其认罪认罚供述而取得的其他非言辞证据不作认定地一律予以排除，不利于诉讼公正和诉讼效率的实现。检察机关或审判机关应当结合全案案情和相关证据，对基于被告人认罪认罚供述而取得的其他非言辞证据进行综合细致的审查认定，作出合理正确的判断。倘若上述证据能够与认罪认罚供述以外的相关证据相互串联，证明特定法律事实，就可以将之作为合法有效的证据使用。

[①] 施鹏鹏：《警察刑事交易制度研究——法国模式及其中国化改造》，载《法学杂志》2017 年第 2 期。

四、应对认罪认罚被告人反悔的必要性

被告人认罪认罚确实能够提高诉讼效率。相反，被告人认罪认罚后反悔必然会拖累和降低诉讼效率。被告人反悔后，其认罪认罚供述应当被排除，检察机关必须重新收集被告人定罪量刑的证据，势必使案件原本提起的公诉撤回，重新起诉又大费周折。在此情况下，审判机关也很可能需要变更诉讼程序，或将案件发回检察机关补充侦察。之后，审判机关还需要重新审查认定相关证据，以作出法律适用的正确判断。被告人认罪认罚后反悔所造成的上述不利影响后果，明显不是正常运行的诉讼程序，而是诉讼程序在特殊情形之下的回转，其实是同一案件诉讼程序的反复运行，增添了诉讼开展的难度和成本。对于被告人和办案机关都可谓是一种无意义的资源虚耗。

认罪认罚的从宽量刑是一种协商性刑事司法政策指引之下所达成的共同诉讼合作的协商合意。那么，其合作与协商必然是双方基于平等自愿参与的活动，应当遵循民事法律行为的规制原理。即被告人在为取得从宽量刑"优惠"而作出认罪认罚承诺之时，理应秉持诚实信用原则与检察机关进行平等协商，在最终达成协商合意，取得检察机关的从宽量刑建议之后，不能再随意反悔。否则就是对诚实信用原则的违反，陷对方于非常不利的境地。因此，认罪认罚被告人反悔明显有违"契约精神"的法律信仰倡导与"禁反言"的诉讼行为准则。

早期的《试点办法》第 19 条、第 20 条的规定允许被告人随时否认指控的犯罪事实，无条件作出反悔行为，从而充分保障被告人认罪认罚的自愿性。《刑事诉讼法》《刑诉法解释》修订，以及《指导意见》出台以后，虽然规定了认罪认罚被告人反悔后的若干诉讼程序上的对待处理，但对其反悔行为也仍然没有设置任何实质性的限制或预防措施。在刑事司法政策及相关制度对认罪认罚被告人的反悔行为持放任态度的背景下，办案机关一般也不愿意过多限制被告人的诉讼权利。因此，司法实践中出现了被告人试图"钻法律空子"，滥用诉讼权利随意反悔的现象。例如，有的共同犯罪

被告人抱有"投机主义"的目的，轻易盲从地认罪认罚，看到有的同案犯量刑比自己量刑更轻，内心不服，就无正当理由地随意反悔。又如，有的被告人认罪认罚获得从宽量刑结果之后仍不满足，还妄图利用"上诉不加刑"的原则，心怀侥幸地想要进一步规避刑罚处罚。

允许被告人认罪认罚后反悔，是为了维护被告人的合法权益，也是为了实现诉讼公正。那么，为了确保认罪认罚从宽制度的良好运行，在保障诉讼公正的同时也要兼顾诉讼效率。这就有必要对被告人不正当的随意反悔施加有效的应对措施以进行合理的预防。

五、应对被告人反悔的法律文书制备措施

为了避免认罪认罚被告人不正当地随意反悔所产生的不利影响后果，从刑事一体化的视角出发，有必要针对被告人反悔的主要原因制定相应的预防措施。笔者认为，该类预防措施必须以法律文书的书面表达与记录的方式为之，从而彰显司法的公正、公平、公开以及正式、合理、有效。规范性法律文书方式的预防措施不仅能够充分保障被告人的合法权益，而且能够更好地实现认罪认罚从宽制度的良好运行。

（一）制备认罪认罚从宽的诉讼权利告知书

笔者认为，刑事诉讼的办案机关应当提前向被告人进行认罪认罚的相关诉讼权利告知。《刑事诉讼法》第 52 条规定"不得强迫任何人证实自己有罪"，其所明确的就是"禁止强迫自证其罪"原则。即被告人面对办案机关的讯问，享有是否选择认罪认罚以争取从宽量刑"优惠"的诉讼权利，也保有在诉讼过程中不选择认罪认罚的自由。这是认罪认罚从宽制度正确贯彻实施的基石。[①]

认罪认罚从宽制度属于协商性刑事司法政策的典型范例，其本身较以

---

① 李家骁：《论认罪认罚从宽制度中被追诉人的反悔权》，载《广西政法管理干部学院学报》2020 年第 1 期。

往大多数刑事司法政策的特殊之处，就在于强调平等协商的重要性。然而，被告人在诉讼过程中始终处于被追诉的地位。为了确保实现检察机关与被告人之间的平等协商，就有必要提前向被告人进行充分的认罪认罚从宽的诉讼权利告知。提前告知被告人认罪认罚从宽的诉讼权利的主要目的就在于及时有效确保被告人充分知晓其自身现实处境以及认罪认罚从宽制度的法律性质和法律效果，使其通过权衡利弊作出正确适当的判断。如此，就可以充分确保被告人作出的认罪认罚决定是自愿、明智的选择，才能避免被告人认罪认罚之后又反悔。为此，检察机关有必要详细拟定认罪认罚从宽的诉讼权利告知内容以及采取书面的正式规范的告知方式。

笔者认为，检察机关拟定的向被告人进行认罪认罚从宽的诉讼权利告知的合法合理内容应当包括：（1）被告人享有不自证其罪的权利；（2）允许被告人认罪认罚后反悔；（3）被告人认罪认罚后在庭审中反悔应提供正当合理理由；（4）认罪认罚从宽制度的法律性质和法律效果以及反悔的法律后果。检察机关还应当制备譬如《认罪认罚从宽的诉讼权利告知书》等书面材料，专门用于向被告人进行正式规范的诉讼权利告知，在必要时还要将告知内容向被告人进行宣读与讲解。进行认罪认罚从宽的诉讼权利告知的书面材料的送达应当经过签收等法律程序确认，以有效证明检察机关及时履行了关于被告人认罪认罚从宽的诉讼权利告知的法律义务。

（二）制备认罪认罚从宽的法律帮助权利告知书

笔者认为，要预防被告人认罪认罚后反悔，应当向被告人提供及时有效的律师法律帮助。适用认罪认罚从宽制度会使被告人原有的一些诉讼权利受到限制，其本人可能对此难以理解。因此，确保认罪认罚被告人能够得到律师的法律帮助是十分必要的。缺少律师的正当辩护，认罪认罚被告人就可能由于其缺乏专业法律知识而容易被外界误导，也可能由于其对认罪认罚从宽制度的法律性质和法律效果不能准确理解，而被迫认罪，形成冤假错案。如果不与律师进行深入的沟通交流，被告人可能不切实际地对认罪认罚从宽的量刑结果抱有过高又不稳定的心理预期，容易对之后的最终裁判量刑结果失望而提出上诉。相反，在认罪认罚从宽制度适用中，被告人如果能够得到及时有效的律师法律帮助，那么律师可以凭借其法律知识和诉讼经验为被告人讲解认罪认罚的利弊得失，给予指导，并对公安机关的侦控措施和检察机关的量刑建议提出针对意见，也能在庭审中给予认罪认罚被告人以有效辩护。这样既能保证被告人的合法权益最大化，也有助于被告人理解和相信法律。

因此，律师的法律帮助可以确保被告人认罪认罚的自愿性、明智性、合法性，避免被告人认罪认罚后反悔。为了解决律师在认罪认罚从宽制度适用中实际参与率较低的问题，保障认罪认罚被告人的合法权益，刑事诉讼过程中的公安、司法机关要有效建立与充分完善认罪认罚从宽的相关法律帮助权利的书面告知制度。并且，办案机关应当在该告知书中以书面形式细化明确律师在侦查、起诉和审判阶段的参与方式及作用发挥，明确被告人享有的各项权利，切实彰显律师给被告人提供的法律帮助对认罪认罚从宽制度正确实施的监督与制约。笔者认为，如此才能在认罪认罚从宽制度运行过程中积极促进对被告人诉讼权利的全面保障，同时也避免其在认罪认罚后反悔。

（三）制备证据开示和量刑公示的清单并释法析理

针对司法实践中被告人极易以"量刑过重"为由反悔或上诉的现象，检察机关还应当对被告人进行书面的证据开示和量刑公示，从而帮助被告人对自身定罪量刑的结果进行准确预判，合法合理、积极有效地引导被告人认罪认罚，争取从宽量刑结果。如此做法可以尽量缩小被告人从宽量刑的心理预期与最终裁判结果之间的差异距离，避免被告人认罪认罚后反悔。例如，检察机关应当提前准备，对各类刑事案件制定科学、精准的类似定罪量刑证据开示、定罪理由说明书、定罪量刑归类指南等清单式的书面形式规范性法律文书，方便又正式地向被告人告知其犯罪行为所触犯的罪名和可能承担的刑事责任，以及可能会被判处的刑罚幅度，包括被告人认罪认罚可能获得的从宽量刑的减让幅度。另外，检察机关还应当告知被告人，其本人的认罪态度、认罪时间、认罪程度等因素均会影响其从宽量刑的减让幅度。检察机关在上述情况下要提交的量刑建议，理应是精准刑量刑建议。这样就有利于防止被告人产生过高且不稳定的心理预期，也有利于审判机关最终作出合法合理适当的裁判结果。

笔者认为，检察机关还应当不断提升办案人员释法析理的能力，做好与被告人的沟通交流工作，确保将量刑建议的公正性向被告人解释清楚；审判机关也应当在办案过程中转变观念，创新机制，在庭审中围绕定罪量刑的法律事实进行释法析理，至少应在裁判文书中说明得出定罪量刑结果的理由、标准和依据，以此增强裁判结果的说服力与证据开示清单和量刑公示清单等的可接受度。

（四）制备认罪认罚自愿性的庭审答辩审查笔录

保障被告人认罪认罚的自愿性是刑事司法防止产生冤假错案的关键环节。2016 年的《试点办法》规定的二十九个条文中就有七个条文涉及认罪认罚自愿性的条款。"人民法院审理认罪认罚案件，应当审查认罪认罚的自愿性"更是被写入 2018 年新修订的《刑事诉讼法》。这就充分说明了确保被告人认罪认罚的自愿性是认罪认罚从宽制度正确实施的必要前提，可知完善认罪认罚自愿性司法审查机制的重要性。[①] 笔者认为，对此应当采取制备被告人认罪认罚自愿性的庭审答辩审查笔录的措施。

当前，审判机关仍然采取"阅卷 + 讯问"的一般方式进行认罪认罚自愿性审查。这种审查方式在司法实践中已经显露出弊端。一方面，这种审查方式基本上是案件开庭审理前的附加程序，往往出现"走过场"的现象，容易流于形式。另一方面，这种审查方式可能造成被告人缺少表白与申辩的机会，使控、辩、审三方难于真正达成共识。如上原因使得"阅卷 + 讯问"方式的认罪认罚自愿性审查的实际效果不甚理想。笔者认为，审判机

---

① 黄博儒：《被告人认罪认罚反悔现象探究——以 100 份二审刑事裁判文书为分析样本》，载《江西警察学院学报》2018 年第 12 期。

关有必要改进审查方式，实行认罪认罚自愿性的庭审答辩审查。即在案件庭审中由法官主持进行被告人认罪认罚自愿性的答辩。在此过程中，首先，由法官告知被告人所享有的与认罪认罚从宽相关的各项诉讼权利；其次，由法官询问被告人对自身面临的刑事追诉的态度与认识；再次，由法官询问被告人的认罪认罚是否出于本人的自愿，以及询问是否存在被胁迫、引诱、欺骗而不得已认罪认罚的情形，并由法官在庭审中确认被告人是否在认罪认罚从宽的平等协商中对检察机关的量刑建议内容十分清楚和能够理解；最后，由法官询问检察机关公诉人的相关意见或补充建议。上述关于被告人认罪认罚自愿性的庭审答辩审查的全过程内容，应当以庭审答辩审查笔录的书面形式入卷存档，作为佐证。被告人在认罪认罚庭审答辩完结之后，无正当理由不得反悔。

六、结语

认罪认罚从宽制度对及时有效惩治犯罪、加强人权司法保障、优化司法资源配置、提高刑事诉讼效率、化解社会矛盾纠纷具有重要意义。被告人认罪认罚后反悔明显不利于认罪认罚从宽制度的良好运行。司法实践中应当允许被告人正当的反悔，以保障其认罪认罚的自愿性和明智性，但也应当采取应对措施限制并预防认罪认罚被告人不正当的随意反悔。希冀本文所述的法律文书制备措施的实行可以合理有效地降低司法实践中认罪认罚被告人的反悔率，又较为适当地保护其合法权益。

论认罪认罚具结书的法律地位

王庆新　罗美君　江西省人民检察院

认罪认罚具结书是我国司法改革进程中出现的新型格式法律文书，是认罪认罚从宽制度的标志性文书。通过对近年来认罪认罚具结书内容演进的考察，可以发现认罪认罚具结书在语言使用、具结内容、配套措施等方面不断完善。但认罪认罚具结书的契约本质属性、格式文本形式，决定了其形成过程的复杂多变，存在诸多单纯通过修改完善格式文本本身无法解决的难题。要真正发挥具结书在落实认罪认罚从宽制度中的关键作用，除了提升具结书格式文本本身的质量，更重要的是检察办案人员要把准认罪认罚具结书的法律功能定位、制度目标定位、检察职能定位，在恪守法治精神、坚持问题导向、依法能动履职上下功夫。

一、把准认罪认罚从宽具结书的法律功能定位，在恪守法律精神上下功夫

从当前司法实践来看，办案人员在恪守法律精神，准确把握具结书的程序功能、实体功能、独立价值功能方面存在差距。把准具结书在认罪认罚从宽制度中的法律功能定位，是推动认罪认罚从宽制度落实的前提。

（一）把准认罪认罚具结书的程序功能

从程序功能来看，认罪认罚具结书不仅保障犯罪嫌疑人的合法权利，更具有规范检察机关适用认罪认罚制度的法律功能。新修订的《刑事诉讼法》明确规定，除几种法定情形外，犯罪嫌疑人自愿认罪，同意量刑建议和程序适用都应当在辩护人或值班律师在场的情况下签署认罪认罚具结书。认罪认罚具结书的程序功能在于要求检察机关在审查起诉程序中对于犯罪

嫌疑人的自愿认罪认罚给予充分的权利保障，以认罪认罚具结书的形式确立适用认罪认罚制度的成果。司法实践中，有的案件在形成认罪认罚具结书的过程中自愿性保障不足，辩护人反映被告人认罪自愿性保障不足、获得律师帮助权没有足够保障，出现被迫认罪或者引诱认罪，判决后又喊冤上诉的情况，对制度推进造成一定负面影响。

（二）把准认罪认罚具结书的实体功能

从实体意义上来看，具结书包含了犯罪嫌疑人自愿认罪、同意量刑建议和程序适用等基本要素，犯罪嫌疑人通过具结书体现出来的认罪认罚实际上是对其犯罪行为的自认与反省，是一种犯罪嫌疑人对控方指控的犯罪事实罪名和提出的建议刑罚、拟适用审理程序表示认可的单方声明书。[①]从认罪认罚从宽制度的立法设计来看，检察机关的量刑建议作为体现从宽程度和幅度的具体载体，是检察机关基于犯罪嫌疑人认罪认罚与全案情况作出的具有司法公信力性质的承诺，这种承诺对于犯罪嫌疑人而言具有巨大的可期待性。在认罪认罚从宽制度下，检察机关与法院之间的诉审关系地位并未变化，检察机关提出的量刑建议，本质上仍然属于程序职权，最终由法院作出判决。从上述角度来说，认罪认罚具结书也是检察机关承诺式的量刑建议书，这是认罪认罚从宽制度生命力之所在。但司法实践中，有的办案人员提出量刑建议能力不足，一些地方案件起诉到法院后在情节未发生变化的情况下，经法官建议调整量刑建议比例较高，有的严重暴力犯罪案件、社会影响恶劣的案件适用认罪认罚制度后提出的量刑建议偏低，引发公众质疑。

（三）把准认罪认罚具结书的独立价值功能

认罪认罚具结书所体现的程序功能、实体功能，分别从程序、实体两大层面保障认罪认罚从宽制度在刑事诉讼活动中的有序进行，故可以将其

[①] 胡云腾主编：《认罪认罚从宽制度的理解与适用》，人民法院出版社2018年版，第97页。

视之为认罪认罚具结书的工具价值。与工具价值相对应的为事物本身所蕴含的价值，称之为其独立价值。《刑事诉讼法》的独立价值在于其直接体现出来的民主、法治、人权和文明等精神内涵，它不依附于实体公正而存在。对于认罪认罚具结书而言，相比于在程序和实体上所展现出来的保障认罪认罚从宽制度有序实现的工具价值功能，其独立价值功能更为引人瞩目。认罪认罚具结书的独立价值在于其凝结了控辩双方乃至被害方意见在内的多方间沟通协商的合意，具有浓厚的契约属性。听取意见同步录音录像制度是保障认罪认罚具结书独立价值功能实现的重要举措。但在司法实践中，部分地区认罪认罚同录存在听取意见和协商量刑录制工作不规范、录制效果不佳、履职能力不强、权利保障不充分等问题，影响了认罪认罚具结书的公信力。

二、把准认罪认罚从宽具结书的制度目标定位，在坚持问题导向上下功夫

坚持问题导向，实现案件"繁简分流"目标、化解"案多人少"困境、优化司法资源配置，是认罪认罚具结书诞生的初衷。针对实践中新出现的"骑墙式"辩护、"技术性"上诉、"报复性"抗诉、"习惯性"裁判等问题，准确把握认罪认罚从宽具结书制度目标定位，持续坚持问题导向，深入破解难题是关键。

（一）关于"骑墙式"辩护问题

所谓"骑墙式"辩护是指辩护人与被追诉人、其他辩护人辩护意见发生冲突，或者在此前已经签署认罪认罚具结书的情况下仍作无罪或者罪轻辩护。[①] "骑墙式"辩护是伴随着认罪认罚从宽制度实施日益显现的一种辩护现象，其典型特征是辩护冲突和利益均沾。除了被追诉人与辩护人的认

---

① 韩旭：《认罪认罚从宽案件中的骑墙式辩护》，载《西南民族大学学报》2022年第2期。

识分歧，其更多是在当下无罪判决率极低和被追诉人认罪认罚自愿性难以保障情况下的一种辩护策略。这种辩护冲突有三种形态：一是同一辩护人的前后冲突，即在定罪程序中作无罪辩护的辩护人，在后来的量刑程序中又作量刑辩护；二是同一辩护阵营内部的冲突；三是行为的前后冲突，即在认罪认罚具结书上签字的辩护人，在后续诉讼活动中又作无罪或者量刑辩护。目前制度上尚未对"骑墙式"辩护进行规制，该种辩护本质上是对认罪认罚具结书约束力的否定，是否被允许，在何种限度范围内被允许，还需检察办案人员结合实践，不断提出改进完善建议。

（二）关于"技术性"上诉问题

所谓"技术性"上诉是指一审认罪认罚并获得从宽的被告人在不存在新的从宽事由、一审程序合法且一审判决符合信赖利益的情况下，为留看守所服刑或者获取再次从宽利益而提起的上诉[①]。"技术性"上诉会导致诉讼进度的拖延和司法资源的浪费，同时还会损害司法公信力和公正性，故应当予以规制。根据认罪认罚从宽制度的内在要求，被追诉人一旦选择认罪认罚，即意味着其放弃包括无罪辩护在内的诸多重要权利以换取"从宽"。不仅如此，为了维护认罪认罚从宽程序的效率和稳定性，被告人还应当放弃无因上诉权利。当然，在认罪认罚案件判决后，犯罪嫌疑人认为其受到错误的引导，或者基于错误认识认罪认罚，可以提出上诉。但从目前公布的案例来看，大部分认罪认罚上诉案件并不是以程序或实体纠错为目的，其真实目的在于拖延判决生效时间，以延长在看守所的羁押期限，避免在监狱服刑，该种上诉本质上是对认罪认罚具结书权威性的挑战，如何规制"技术性"上诉问题，还需检察办案人员结合实践，不断提出改进完善建议。

---

① 池天成：《认罪认罚从宽案件中技术性上诉问题研究》，载《黑龙江工业学院学报》2020年第6期。

（三）关于"报复性"抗诉问题

面对频繁发生的认罪认罚"技术性"上诉案件，全国许多地方的检察机关逐渐衍生出以抗诉制裁上诉的策略，有的学者将其称为"报复性"抗诉。[①] "报复性"抗诉虽然在一定程度上对认罪认罚上诉起到震慑作用，但可能导致有正当理由的被告人不敢上诉，造成反悔机制的架空，实质上阻碍了认罪认罚从宽制度向二审程序的延伸，对该制度质效的发挥造成不利干扰。"报复性"抗诉还会导致诉讼资源的浪费和司法负担的加重，按照刑事诉讼法的规定，检察机关提起抗诉的案件，法院都应当开庭审理，这意味着法院对本来争议不大的认罪认罚抗诉案件要投入更多的资源和精力，违背认罪认罚从宽制度的初衷。以抗诉制上诉的"报复性"策略并非解决认罪认罚"技术性"上诉的最优路径，长期来看，打牢认罪认罚具结的基础，明晰认罪认罚具结的效力，提升认罪认罚具结书的权威性、约束力、公信力才是根本之策。

三、把准制认罪认罚从宽具结书的检察职能定位，在依法能动履职上下功夫

检察机关在认罪认罚具结书的形成过程中，扮演着制度适用的主导者、诉讼程序的分流者、诉讼权利的保障者、公正司法的监督者四种角色，起着至关重要的作用。把准制认罪认罚从宽具结书的检察职能定位，在依法能动履职上下功夫是根本。

（一）向前延伸，夯实认罪认罚具结书适用的基础

在认罪认罚具结书签订前，强化引导侦查，依托侦查监督与协作配合办公室，通过提前介入和引导侦查机制，引导侦查机关依法全面收集、固定证据，全面核实犯罪嫌疑人认罪认罚真实性和自愿性，以完善的事实、

---

① 池天成：《认罪认罚从宽案件中技术性上诉问题研究》，载《黑龙江工业学院学报》2020 年第 6 期。

证据促使犯罪嫌疑人真诚认罪悔罪；突出重点审查，重点审查侦查机关是否告知犯罪嫌疑人认罪认罚的相关规定和法律后果，是否听取犯罪嫌疑人辩解，是否保障犯罪嫌疑人聘请辩护人等各项权利，对于犯罪嫌疑人表示认罪认罚的案件，督促侦查机关调取有关自首、前科材料等量刑情节证据；加强检察监督，针对公安机关未告知犯罪嫌疑人认罪认罚从宽法律规定，以及提请批准逮捕或移送起诉时未写明是否适用认罪认罚的情况，及时发出《侦查活动监督通知书》，督促公安机关在侦查环节同步开展认罪教育工作，防止认罪认罚相关告知"缺斤少两"，促使犯罪嫌疑人尽早认罪认罚。

（二）向后衔接，确保认罪认罚具结书适用的稳定

在认罪认罚具结书签订后，起诉时精准把握诉审协商尺度，对于有争议或分歧的案件，承办检察官与主审法官进行无缝对接，充分交流讨论个案量刑建议，统一量刑尺度，确保检法两家对精准量刑建议的互信互认，避免庭审后被告人因得不到心理预期判决而上诉的现象；庭审阶段，强化保障被告权益，对认罪认罚的被告人，根据庭查明的犯罪情节变化等，适时调整量刑建议，让被告人感受到检察机关对于量刑提出的建议客观中肯，提升一审服判率；对于不愿认罪认罚的被告人，再次结合法庭调查，强调在审判环节认罪认罚仍可获得的从宽处理，让其当庭确认是否认罪认罚。案件判决后，法检应积极沟通寻求更大共识，检察机关与法院不定期对已判决的案件进行讨论，及时沟通意见，力求在类案的量刑建议上达成共识。

（三）向深融合，提升认罪认罚具结书适用的质效

深入贯彻宽严相济刑事政策，制定不起诉指导意见，切实发挥检察机关诉前分流作用，针对常见罪名细化相对不起诉的标准要求，列举适用的具体条件等，推动在认罪认罚案件中敢用、愿用和善用相对不起诉权。加大释法说理和矛盾化解力度，探索创新刑事案件赔偿保证金提存制度，扩大认罪认罚从宽制度适用范围，最大化处理矛盾纠纷，减少社会对抗。实

行认罪认罚工作定期通报制度，通过合理设置与灵活调整各项通报指标，常态化通报制度适用情况，根据认罪认罚质效情况，表扬先进，督促后进。通过实施通报促进制度适用，有效提升认罪认罚质效。

（四）向内求索，保障认罪认罚具结书适用的规范

优化资源配置，深入贯彻落实《人民检察院办理认罪认罚案件听取意见同步录音录像规定》，完善同录硬件设施，提升录制效率效果，优化工作环境，确保同录工作高质量开展。规范工作流程。制定认罪认罚案件听取意见同步录音录像流程，推动认罪认罚同步录音录像工作高效、规范、有序开展，进一步促进认罪认罚听取意见过程规范化。定期开展认罪认罚案件听取意见同步录音录像工作专项执法督察，对同录工作进行抽查检查，形成专项督察通报，督促对照学习整改，着力提升办案质量和效果。

四、结束语

"汝果欲学诗，功夫在诗外。"法律文书学研究的不仅是文书写作问题，更重要的是文书背后的法律理论制度如何落实的问题；法律文书写作也不仅是研究格式等形式问题，更重要的是准确理解法律文书本身的法律性质和法律功能，这是法律文书的灵魂。要真正发挥认罪认罚具结书在落实认罪认罚从宽制度中的关键作用，除了提升具结书格式文本本身的质量，更重要的是在司法实践中，不断引导司法办案人员把准认罪认罚具结书的法律功能定位、制度目标定位、检察职能定位，在恪守法治精神、坚持问题导向、依法能动履职上下功夫。

认罪认罚从宽制度下公诉模式的转型

——以具结书的重塑为视角

杨诗文　李一凡　江苏省苏州市人民检察院

一、问题的提出：认罪认罚从宽制度下公诉模式转型的实践困境

自 2018 年《刑事诉讼法》正式施行以来，认罪认罚从宽制度法定化使得检察机关在刑事诉讼中的主导作用更为突出，检察机关的诉讼定位更为多样，集中表现为制度适用的主导者、诉讼程序的分流者、诉讼权利的保障者、公正司法的监督者。[①] 这也必然带来传统公诉模式的转型升级，本质上就是不断丰富检察机关在定罪请求权、量刑请求权、不起诉裁量权等方面的具体内涵。然而转型带来的"阵痛"不可避免，主要表现在以下几个方面：

（一）流程简化中权利保护问题

认罪认罚从宽制度所蕴含的节约司法资源的价值是设立该项制度的初衷之一，《刑事诉讼法》增加的速裁程序也是体现制度效率价值的配套措施。尽管有学者认为，"程序的效率化并不是认罪认罚从宽制度的基本内核，而只是这一制度的附随效果，至多是一个从属性目标"[②]，但在实践中，认罪认罚从宽制度在优化司法资源配置方面的重要作用是不言而喻的，主要体现在以下两方面：

[①] 陈国庆：《刑事诉讼法修改与刑事检察工作的新发展》，载《国家检察官学院学报》2019 年第 1 期。

[②] 左卫民：《认罪认罚何以从宽：误区与正解——反对效率优先的改革主张》，载《法学研究》2017 年第 3 期。

1. 认罪认罚从宽制度有助于适应案件轻刑化趋势。以苏州为例，2022年，82.03% 的被告人被判处三年以下有期徒刑、拘役等轻刑，另有 3785 人因情节轻微被检察机关不起诉。从价值构建上来说，虽然轻刑案件并不必然采用快速办理机制，诉讼流程的简化应当建立在程序合法、嫌疑人理智放弃诉讼权利的基础之上；但不可否认的是，轻刑案件由于案情简单、预期刑期较轻，必然比重刑案件更容易进入高效的诉讼程序。

2. 认罪认罚从宽制度有助于优化刑事诉讼结构。轻微刑事案件多，但案件量依旧居高不下，传统办案模式并不像有些学者所认为的"我国刑事诉讼程序具有相当的经济性，庭审已经高度简化与经济化"，"案多人少"的矛盾依旧是司法实践的痛点。以苏州为例，全市基层检察院人均办案数量达 101 件 134 人，办案压力较大。在轻刑案件数量大、办案压力大的背景下，如何优化司法资源是必须要考虑的问题。事实上，尽管在制度设置上存在差异，但"世界各国在刑事诉讼中均建立了案件繁简分流机制，对于复杂案件适用普通程序处理，对于简单案件适用简易、速决程序处理，以实现司法资源的合理配置"。[①] 与之相对应，我国速裁程序也逐步成为了实践中的主流诉讼程序。以苏州市为例，制度施行以来，速裁程序的适用率已经从 2019 年的 23.87% 上升至 2022 年的 65.6%。随着速裁程序的应用，全市刑事案件的"案—件比"已经降低至 1∶1.05，刑事案件上诉率已经降低至 1.1%。由认罪认罚从宽制度带来的"司法红利"，也充分说明了制度在节约司法资源方面的作用。

但诉讼流程的简化尤其是审判程序的弱化，使得如何保障被追诉人的权利成为理论及实务界重点讨论的问题，程序简化所带来的质疑也随之产生。如，速裁程序是否会导致犯罪嫌疑人对指控犯罪事实和证据全然不知而获得判决？在值班律师尚无法提供足够法律帮助的前提下，犯罪嫌疑人是否明确知晓速裁程序的法律后果？又如，侦、诉、审、执、司协同流程

---

① 熊秋红：《比较法视野下的认罪认罚从宽制度——兼论刑事诉讼"第四范式"》，载《比较法研究》2019 年第 5 期。

提速的做法是否可能有违以审判为中心的诉讼制度改革之方向？[①] 另外，针对流程简化带来的案件证明标准降低的质疑一直存在，而由轻刑案件快速办理所引发的案件质量问题也引起了关注。[②] 由此带来的公诉模式转型需要思考的第一个问题是：如何在提高诉讼效率的前提下切实保护诉讼权利、确保案件质量？

（二）控辩协商中有效辩护的问题

在认罪认罚从宽制度施行以前，检察官会在审查起诉期间以讯问方式了解犯罪嫌疑人的供述与辩解，以口头或者书面方式听取辩护人意见，对于辩解及辩护意见进行审查并最终决定是否采纳。认罪认罚从宽制度引入了控辩协商机制，亦指"检察官在被追诉者认罪认罚的前提下，可以与被追诉者及其辩护律师或值班律师就量刑问题展开协商"[③]。协商制度的引入，要求检察官在办理认罪认罚案件中充分运用协商职能，也对检察官事实审查能力、量刑建议能力提出了更高的要求。与此同时，也引发了律师在认罪认罚制度中所扮演角色的争论。由于我国不允许事实协商，对于单纯量刑协商中律师究竟是见证者还是参与者的讨论一直没有停止。而在大量刑事案件已经有值班律师在场的情况下[④]，也有声音质疑犯罪嫌疑人有无真实了解量刑建议形成的依据。另外，从实践操作层面来看，检察官会根据认罪认罚情况提供切实可见的量刑从宽幅度，绝大部分律师尤其是辩护律师会倾向于在审查起诉阶段认可犯罪嫌疑人认罪认罚，甚至出现"隐藏"无罪或者罪轻辩护意见的情况，而将争议焦点留至法庭处理，从而丧失认罪认罚从宽制度的效率价值。引发这种情况除了一部分"功利主义"的选择，更重要的原因还在于律师在认罪认罚从宽制度中的定位不明，例如究竟是

[①] 卞建林、吴思远：《刑事速裁程序的实践观察与立法展望》，载《中国政法大学学报》2019年第1期。

[②] 相关探讨可以参见段陆平：《健全我国轻罪诉讼制度体系：实践背景与理论路径》，载《中国刑事法杂志》2021年第2期。

[③] 陈瑞华：《论协商性的程序正义》，载《比较法研究》2021年第1期。

[④] 据统计，苏州值班律师在场率为79.71%。

参与者还是见证者，能否在认罪认罚问题上提出不同意见等。由此带来了公诉模式转型需要思考的第二个问题：检察官在办理认罪认罚案件中应当如何做到与律师的有效协商？

（三）惩罚犯罪中法益修复的问题

检察机关作为指控犯罪的机关，自然承担着惩罚犯罪的职能，然而单纯惩罚犯罪显然不能满足现代社会的需求，"从当前各国的刑事司法实践来看，刑罚的功能不再是单纯的惩罚，而是兼顾惩罚与预防，重视刑罚在预防犯罪、保护受害人以及安置被告人等方面的功能"。[1] 我国刑事法律实践也一直将法益修复作为量刑建议的重要依据，人民法院的量刑指导意见即将退赃、退赔作为明确的酌定量刑从轻要素。认罪认罚从宽制度本身设立也蕴含着化解社会矛盾的价值取向。"两高三部"《关于适用认罪认罚从宽制度的指导意见》第7条对此也有明确规定，即："认罚"考察的重点是犯罪嫌疑人、被告人的悔罪态度和悔罪表现，应当结合退赃退赔、赔偿损失、赔礼道歉等因素来考量。犯罪嫌疑人、被告人虽然表示"认罚"，却隐匿、转移财产，有赔偿能力而不赔偿损失，则不能适用认罪认罚从宽制度。制度对于检察官在促成刑事和解、督促犯罪嫌疑人积极修复法益方面提出了更高的要求。然而在实践操作中，由于被害人介入诉讼的渠道不畅，往往不能及时充分表达利益诉求[2]，而检察官在办理认罪认罚案件中往往更关注能否协商成功、案件质量如何，对于办案中的法益修复问题动力不足，进而导致不少案件无法切实有效地达到修复法益的目的。由此带来了公诉模式转型需要思考的第三个问题：检察官在办理认罪认罚案件中应当如何平衡惩罚犯罪与修复法益的关系？

---

① 王林林：《多元刑事司法模式共存语境中的量刑基准研究》，载《政法论坛》2016年第3期。

② 关于被害人诉求在认罪认罚案件中的缺失问题可以参见黄擘、吕悠悠：《受损法益的修复状态对认罪认罚案件量刑建议精准性的调校》，载《上海法学研究》集刊2020年第12卷。

质言之，我国公诉模式转型带来的司法困境在于：诉讼效率与权利保护如何平衡？控辩协商中如何保障律师的实质辩护权？在惩罚犯罪的同时如何真正修复受损法益、有效化解社会矛盾？面对一系列问题，实务界通过不断的配套制度改革回应外界质疑，本文正是立足于苏州市检察机关的实践经验，以文书改革为依托，以具结书重塑为视角，为认罪认罚从宽制度下健全多层次诉讼体系相适应的公诉模式提供有益探索。

二、公诉模式转型下具结书重塑的必要性

具结书是检察机关适用认罪认罚从宽制度下控辩协商双方形成的合意载体。[①]《刑事诉讼法》第 174 条规定："犯罪嫌疑人自愿认罪，同意量刑建议和程序适用的，应当在辩护人或者值班律师在场的情况下签署认罪认罚具结书。"因此具结书不仅是一份检察官办理认罪认罚从宽案件的"总结性"文书，更在认罪认罚从宽制度中"发挥着收束审前程序、归纳审前结论并引导审判程序的重要作用"。[②] 换言之，从检察机关的角度来看，具结书是检察官办理认罪认罚案件效果最直观的体现，认罪认罚从宽制度下公诉模式的转型必然会对具结书的制作产生影响。

2020 年，最高人民检察院印发《人民检察院工作文书格式样本》，并对具结书的标准格式作了规定。标准具结书一般包括：犯罪嫌疑人身份信息核实、权利知悉的确认、指控的罪名，提出的量刑建议、程序的选择、律师的见证证明。从公诉模式转型的角度来看，现有具结书模板存在着以下不足，确有重塑之必要：

（一）核心内容简略

现有具结书模板只要求检察机关向犯罪嫌疑人列明拟指控的罪名，而

---

① 由于非实践常见情形，此处不讨论犯罪嫌疑人为残疾或者未成年人等而不签署具结书的情形。

② 刘少军：《性质、内容及效力：完善认罪认罚从宽具结书的三个维度》，载《政法论坛》2020 年第 9 期。

非明确的指控内容。在现有的司法实践中，值班律师的身份定位仍然比较模糊，大部分值班律师不能给犯罪嫌疑人提供实质的辩护。[①] 因此在仅有值班律师在场的情况下，具结书核心内容过于简略，极有可能导致犯罪嫌疑人无法真实了解指控的事实和罪名，甚至无法真正了解认罪认罚从宽制度的含义，从而并非真实、自愿地让渡部分权利，接受更为简单的审判模式。虽然我国法律规定由检察机关启动具结程序并向犯罪嫌疑人展示具结的内容，但具结书本身仍是带有一定契约性质[②] 的文书，意即，具结本身是双方合意的体现，保证契约内容的完整性和对方的可知晓性才是契约稳定性和有效性的基础。同时，核心内容简略的具结书加上配套的简略版起诉书、简化流程的审判程序，进一步引发了司法机关办理此类案件中证明标准降低的猜测和对案件质量的担忧。因此，核心内容简略的具结书必然不能回应公诉模式转型的第一个问题：提高诉讼效率的前提下如何保障诉讼权利、确保案件质量？

（二）协商属性缺失

毋庸置疑的是，我国认罪认罚从宽制度引入了协商机制，最高人民检察院为了规范检察机关控辩协商行为，还在全国开展了控辩协商同步录音录像的试点工作。然而，理论界依旧有不少学者认为检察机关的量刑协商是一种"听取意见"，"这种'听取意见'与原有的审查起诉方式并无实质区别，这种对公认犯罪事实的嫌疑人、被告人给出宽大处理的做法，也没有超出传统的'宽严相济'和'坦白从宽'的政策范畴"。[③] 这种观点源自

[①] 实践中，苏州已经探索了多种方便值班律师阅卷的形式，但事实上阅卷的值班律师只占少数。

[②] 对于认罪认罚具结书的契约属性是学界较为普遍的共识，参见刘原：《认罪认罚具结书的内涵、效力及控辩应对》，载《法律科学（西北政法大学学报）》2019年第4期；马明亮：《认罪认罚从宽制度中的协议破裂与程序反转研究》，载《法学家》2020年第2期。

[③] 闫召华：《听取意见式司法的理性建构——以认罪认罚从宽制度为中心》，载《法制与社会发展》2019年第4期。

对检察机关主导下双方"协商"可能性与平等性的质疑。然而检察实务界一直认为，协商不是检察机关的"一锤定音"。认罪认罚从宽制度引入的量刑协商机制，其本质在于"协商"，协商要求"犯罪嫌疑人不仅是案件'事实'信息的提供者，同时成为'意见'的表达者，可以表达对该阶段处理方案的意见"。[①] 而律师作为更为专业的主体，有效参与量刑协商，显然有助于认罪认罚案件的办理和协商的有效性。然而现有具结书作为展示量刑协商结果的文书，仅要求检察官列明最终的量刑建议结果，不要求检察官对量刑建议的形成过程进行说理，也不要求对律师意见进行记录，从而无法完全展示认罪认罚从宽制度中的协商属性，也就自然无法回应外界质疑，更无法回答公诉模式转型的第二个问题：检察官在办理认罪认罚案件中应当如何做到与律师有效协商？

（三）恢复功能弱化

全国人民代表大会常务委员会在 2016 年《关于授权最高人民法院、最高人民检察院在部分地区开展刑事案件认罪认罚从宽制度试点工作的决定》中明确了试点工作要保障被害人的合法权益，维护社会公共利益。但正如上文所述，现有的认罪认罚制度下，被害人较少参与制度实行，甚至有被"边缘化"的趋势。认罪认罚具结书也没有就如何保障被害人权益进行科学的设置，使得被害人进一步在认罪认罚从宽制度中"隐形"。然而，被害人在刑事诉讼中扮演着不可或缺的角色，保障被害人权益"不仅是对犯罪嫌疑人、被告人与被害人诉讼利益平衡的需要，更是防范可能出现的诉讼矛盾与冲突的现实要求"[②]。同样地，检察机关作为我国重要的主导公益诉讼的机关，通过认罪认罚从宽制度实现恢复性司法在公共利益保护上同样具有十分重要的意义，这也使得具结书的此处空白更有完善的必要。缺少恢复功能的具结书也无法回应公诉模式转型的第三个问题：检察官在办理认

---

① 魏晓娜：《结构视角下的认罪认罚从宽制度》，载《法学家》2019 年第 2 期。

② 刘少军：《认罪认罚从宽制度中的被害人权利保护研究》，载《中国刑事法杂志》2017 年第 3 期。

罪认罚案件中应当如何平衡惩罚犯罪与修复法益的关系？

三、公诉模式转型下具结书重塑的实践探索

2019 年开始，苏州市检察机关结合办案实际，先后 5 次对具结书模板 8 处修改，在犯罪事实和罪名的认定、权利义务告知、证据开示、量刑建议计算、附条件量刑的运用等多方面加以完善，确保修改后的具结书能够有效回应时代诉求。

（一）完备的要素杜绝权利缺位

哈贝马斯认为，理想的商谈式沟通应当包括可理解性、真实性、真诚性和适当性。[①] 从控辩协商的角度来看，要保证犯罪嫌疑人的权利，检察机关应当保证犯罪嫌疑人理解认罪认罚从宽制度的含义，了解被指控的犯罪事实。为此，苏州市检察机关修改后的认罪认罚具结书要求检察官列明详细的指控事实，从而全面保证犯罪嫌疑人了解自己被指控的是何种犯罪事实。同时在实践操作中，要求检察官对事实与罪名认定的基本情况进行说理，以回应犯罪嫌疑人此罪与彼罪、罪与非罪等困惑。实践中，也允许检察官视情况进行客观性证据的开示工作，保证犯罪嫌疑人全面了解事实和罪名认定的依据。在具结文书中设置完备的事实要素并要求强化说理，其本质上是检察机关自我约束的体现，一方面可以强化检察官的告知义务和告知的必要性，从而进一步减少因司法机关告知不到位、简略诉讼程序导致的犯罪嫌疑人权利处分的非妥当性。另一方面也可以督促检察官在拟定犯罪事实时注重审查，减少因案件轻缓、思想懈怠而带来的案件质量问题。

（二）充分的协商确保控辩平衡

除了了解协商内容，对于检察机关主导的控辩协商还有一项质疑就是

［①］ ［德］马蒂亚斯·雅恩：《回到未来——新共识刑事诉讼程序的范式：法的商谈理论》，宗玉琨译、赵秉志主编《当代德国刑事法研究（第 3 卷）》，法律出版社 2019 年版，第 223 页。

犯罪嫌疑人的协商能力问题。完备的辩护制度和辩护参与度是世界各国推进认罪协商程序的重要保障。为保证协商的充分、平等，苏州市检察机关修改后的认罪认罚具结书充分体现了控辩协商中的"协商"属性，有效解决了与谁协商以及协商内容的问题。首先，要求检察机关对量刑建议进行充分说理，内容包括量刑依据、量刑计算过程以及量刑结论等。在实践操作的初期，这种详细的量刑说理受到了部分检察官的排斥，不仅仅因为检察官不愿意陷入看似"讨价还价"的困境，更多的还是检察官缺少量刑经验，对于量刑说理本身存有畏惧心理。为此，苏州市检察机关采用智能辅助系统、量刑培训等方式不断提高检察官的量刑建议水平。经过实践，量刑说理已经成为了苏州检察官的办案常态。详细的说理也有利于犯罪嫌疑人、律师更好地了解量刑形成的过程，使其更充分地参与到量刑协商的过程中。这样充分的协商过程为庭审顺利开展奠定了基础，法官在裁量时也能更为直观地了解控辩协商的内容，从而基于案件事实和证据进行判决。其次，在具结书内加入了听取律师意见的内容，包括是否要阅卷[①]，是否有不同意见等。对于律师明确提出不同意见的，要求检察官必须在审查报告中进行分析、说理，同时对意见予以回应。这种在正式法律文书内以书面形式听取律师意见的方式，更有利于律师实质化地参与认罪认罚案件，为犯罪嫌疑人提供有效的法律帮助，使得协商更有效。

（三）附条件具结保证办案效果

现有认罪认罚从宽制度之所以鲜少关注恢复性司法的问题，除了缺少能动司法理念，对被害人权益和公共利益关注不够，还有一个十分重要的原因是恢复性司法往往需要耗费更多的时间和精力，后续可能发生的变动也比较多，如果等待恢复性司法的结果，就会导致认罪认罚案件的效率降

---

① 实践中，大部分的刑事案件由值班律师提供法律帮助，从实践情况来看，值班律师参与刑事诉讼活动程度低，实质性辩护的动力也不足。为推进值班律师有效参与认罪认罚从宽制度，苏州市检察机关不仅在值班律师工作地点提供阅卷的便利条件，也在具结书内加入了是否要阅卷的内容，进一步推进协商的有效性。

低，也与制度实施的初衷不符。为此，苏州市检察机关根据最高人民检察院的要求，依托办案实际出台了附条件具结书，对于在审查起诉阶段明确表示愿意退赃、退赔、挽回损失、修复损害的犯罪嫌疑人，有证据证明已经着手实施部分行为并承诺在法院一审宣判前全部履行完毕的，可以按照全部恢复提出量刑建议；如若未能履行承诺进行恢复的，则量刑建议不予减让。该具结书实行后，较好地引导检察官进行恢复性司法工作，也以更为明确的心理预期督促犯罪嫌疑人挽回损失，修复损害，为化解社会矛盾提供了更多的优良路径。

四、结语

我国的认罪认罚从宽制度经过 2 年试点和 4 年实践，总结出了大量深植于我国土壤的实践经验，是一种具有中国特色理论自信与制度自信的制度体系。认罪认罚从宽制度为公诉权运行注入新的时代内核，确立检察机关诉前主导责任，推动公诉模式朝着简易案件更加注重效率、疑难案件更加注重精准、敏感案件更加注重效果的方向发展。制度运行中诉讼效率与权利保护、控辩协商与实质辩护、惩罚犯罪与法益修复三组关系如何平衡，是不可避免且亟须解决的时代难题。然而现有的认罪认罚具结书因核心内容简略、协商属性缺失、恢复功能弱化，无法给予有效回应。苏州市检察机关直面时代之问，以优化具结书为抓手，不断发挥具结文书权利义务告知、规范控辩协商行为、体现控辩协商效果的作用，以高质量的具结书促进控辩协商规范化和实质化，推动认罪认罚工作高质量发展。

检察机关量刑建议书规范化探讨

袁　刚　杨　飞　张玉玺　天津市红桥区人民检察院

2018年10月，新修改的《中华人民共和国刑事诉讼法》（以下简称《刑事诉讼法》）正式确立了认罪认罚从宽制度，与其相关联的量刑建议也得到了人们的重视，尤其是最高检近年来大力推进量刑建议书规范化改革，对检察机关提出量刑建议的质量和效果有了更高的要求。但目前量刑建议书在实务中的制作现状与其制度设计还存在一定差距，要想做到规范化量刑仍需要进一步探讨和研究。

一、量刑建议书内容规范化的理论争鸣

量刑建议是指"在刑事追诉过程中，人民检察院结合刑事政策与刑事案件具体量刑情节，围绕被追诉人所犯罪名及应被判处的刑罚种类、刑期、执行方式等向法院提出，并作为法院裁判量刑参考的书面建议"。[①] 在认罪认罚案件中，量刑建议不再只是检察机关的"一面之词"，而是由控方、辩方乃至被害人协商形成的结果，彰显了诉讼各方的一致共识与达成的合意。[②] 在被追诉人认罪认罚的情况下，定罪已经不是问题，如何进行量刑成为案件的焦点。量刑建议书是认罪认罚案件的重要载体。量刑建议书是否具有启动量刑程序和限定审判范围的效力，学界对此观点不一。

1. 公诉权侵犯审判权？

随着规范化量刑建议在认罪认罚案件中的推广适用，许多学者对其正当性产生了疑问，认为量刑建议虽有建议之名，实质在很大程度上影响了

---

① 陈瑞华：《论量刑建议》，载《政法论坛》2011年第2期。
② 王新清、李蓉：《论刑事诉讼中的合意问题——以公诉案件为视野的分析》，载《法学家》2003年第3期。

法院的自由裁判权。有学者指出，目前正在进行的量刑建议规范化改革，使得检察官呈现出日渐法官化的趋势，检察人员在刑事案件中的主导作用正在逐渐超越法官。① 也有学者指出，推动量刑建议规范化，强化了检察权在案件处理过程中的效力，甚至使检察机关具有了对案件结果产生实质性影响的权力，不断扩张的检察权，压缩了法官在刑事案件中的审判空间。② 而《刑事诉讼法》第201条"一般应当采纳"的规定更是引起了理论界的强烈讨论。有学者指出，"一般应当采纳"的规定影响了控审关系的一般模式，并对刑事诉讼控审分离的基本原则产生了冲击。③ 综上，可以看出，这些观点的核心是认为量刑建议精准化使得公诉权侵犯了审判权，由于检察机关在量刑上与被追诉人协商，弱化了审判阶段法官的参与度，只能对控辩双方形成的共识表示接受，这就使公诉权的边界随着量刑建议的刚性在审判权中得以延伸，法院的定罪量刑权面临着被架空的风险。

笔者认为上述看法过于绝对。从公诉权的权力属性进行分析，可以得知，公诉权是一种以请求权为基础的权力，其下位权包括定罪请求权和量刑请求权。④ 因此，检察机关提出量刑建议本质上是在行使一种请求权，旨在向法院呈现控辩双方协商一致的结果，并不具有终局性，法院依然是行使审判权的主体，量刑建议是否采纳由法院审查后决定。虽然《刑事诉讼法》第201条的"一般应当采纳"体现了一种约束力的含义，但并没有涉及侵犯法院独立审判权的问题，其仅仅是强调审判机关对控辩双方在合法范围内形成的诉讼合意的一种尊重和认同。⑤ 也就是说，被追诉人认罪认罚与检察官的量刑建议仅代表双方合意，审判机关应当给予充分尊重，但

① 闫召华：《检察主导：认罪认罚从宽程序模式的构建》，载《现代法学》2020年第4期。
② 赵恒：《量刑建议精准化的理论透视》，载《法制与社会发展》2020年第2期。
③ 孙远：《"一般应当采纳"条款的立法失误及解释论应对》，载《法学杂志》2020年第6期。
④ 孙谦：《认罪认罚从宽制度实务指南》，中国检察出版社2019年版，第168页。
⑤ 刘卉：《确定刑：认罪认罚从宽制度下量刑建议精准化之方向》，载《检察日报》2019年7月29日，第3版。

是否采纳仍由审判机关决定，法院依然掌握最终的裁判权。

2. 确定刑还是幅度刑？

在认罪认罚案件中，"精准量刑"这一概念如何界定，学界存在不同意见，主要有以下三种观点。第一种观点认为，精准量刑建议是指提出确定刑量刑建议。持这种观点的学者认为，"精准量刑建议"是指对刑罚种类、刑罚期限以及刑罚执行方式等内容提出明确、具体的建议，即确定刑量刑建议。① 第二种观点认为，量刑建议精准是指提出幅度刑量刑建议。持这种观点的学者认为，量刑建议精准化要让步于现实情况，尤其是"刑罚个别化"，在我国目前的诉讼制度和司法环境下，相对于确定刑量刑建议，幅度刑量刑建议的科学性更强，可以更好地发挥优势，有利于实现公平正义。② 第三种观点认为，精准化量刑建议是指以提出确定刑量刑建议为主，幅度刑量刑建议为辅，并根据具体案情作相应调整。持这种观点的学者认为，对于一些新型、疑难的案件，量刑证据和量刑信息收集难度较大，且某些酌定量刑证据是否采纳可能须由法官进行定夺。因此，要求检察机关在最初量刑协商时便全部提出确定刑量刑建议是与实际情况不相契合的。③

《关于认罪认罚从宽制度适用的指导意见》（以下简称《指导意见》）第33条指出，犯罪嫌疑人认罪认罚的，人民检察院除了要对主刑的量刑幅度给出建议，还应当对附加刑和是否适用缓刑做出说明。人民检察院在办理盗窃、诈骗等普通刑事犯罪时，应当提出确定刑量刑建议，而面对新型犯罪或者疑难复杂案件，可以提出幅度刑量刑建议。由此可见，司法实务中官方的态度是支持第三种观点，笔者也认同这一观点。

另外，量刑建议的内容要"精确"到什么程度，是精确到年、月还是

---

① 苗生明、周颖：《认罪认罚从宽制度适用的基本问题——〈关于适用认罪认罚从宽制度的指导意见〉的理解和适用》，载《中国刑事法杂志》2019 年第 6 期。

② 臧德胜：《科学适用刑事诉讼幅度型量刑建议》，载《人民法院报》2019 年 8 月 29 日，第 2 版。

③ 王洋：《认罪认罚从宽案件上诉问题研究》，载《中国政法大学学报》2019 年第 2 期。

日，权威观点并未给出答案。笔者认为，可以按照犯罪性质以及所判刑期进行大致分类。对于犯罪事实清楚、证据确凿充分，最终适用管制拘役的案件，可以提出精确到月，甚至是日的量刑建议，以此激励犯罪嫌疑人认罪认罚；对于案情比较复杂、判刑时间比较长的案件，可以提出精确到年的量刑建议，以此最大限度地保障精准化效果。当然，这并不是一成不变的，所有的量刑建议都必须结合具体案情、检察官业务能力、当地经济社会发展水平等因素，进而做出最终考量。

二、量刑建议书内容规范化的必要性

按照《人民检察院开展量刑建议工作的指导意见》要求，检察机关提出量刑建议，一般应当制作量刑建议书。从量刑建议书内容上来看，涉及对被告人处以刑罚的种类、幅度、执行方式的建议，重点阐明量刑建议的依据和理由等。量刑建议书能够促进量刑的公开、公正，规范的量刑建议书对于量刑规范具有重要意义，这点毋庸置疑。

（一）有利于丰富检察职能

认罪认罚从宽制度是检察机关主导的一种诉讼制度，在该制度下，量刑建议被赋予新的实体性权力性质，公诉权的内涵得到丰富和发展。虽然公诉机关在认罪认罚案件中处于主导地位，但这并不意味着检察官要代替法官对案件进行处理，或者是对法官审判权的否定，而是指检察机关要在认罪认罚案件中承担起自己的责任，让办理的每一个案件都经得起时间考验。[1]

《刑事诉讼法》和《指导意见》关于量刑建议的全新规定，对检察机关长期以来"重定罪轻量刑"的传统思维形成了较大冲击，对量刑建议书的质量也有了更高要求，进一步倒逼检察机关制作更加规范的量刑建议书。[2]

---

① 曹东：《论检察机关在认罪认罚从宽制度中的主导作用》，载《中国刑事法杂志》2019 年第 3 期。
② 陈国庆：《量刑建议的若干问题》，载《中国刑事法杂志》2019 年第 5 期。

公诉人想要精准地提出量刑建议，就要加强对侦查活动、审判活动的监督。具体而言，检察官要对定罪证据和量刑情节进行全面掌握，确保证据收集的全面性和合法性，并以此为依据向法院提出高采纳率的量刑建议书，对法院的审判权形成一定的制约，实现"类案类判"的司法效果，从而充分发挥检察机关在整个刑事诉讼活动中的法律监督职能。如果提出的量刑建议不够精准，就会影响检察机关在认罪认罚案件中原有的作用，有损司法权威和检察机关公信力。

（二）有利于确保自愿认罪

认罪认罚自愿性是认罪认罚的核心内容，其他很多制度比如值班律师制度、后果告知义务、自愿性审查机制等都是为了保障犯罪嫌疑人认罪认罚的自愿性而设计的。从理论上讲，犯罪嫌疑人认罪认罚的自愿性通常包括三个要素：认识明知、理智评估、自由选择。[①] 认识明知是指需要让犯罪嫌疑人清楚地知道检察机关提出量刑建议的具体内容、法律依据、佐证材料。理智评估是指犯罪嫌疑人充分考虑利害关系，明辨是非，对认罪认罚是否符合自身利益进行有效评估。自由选择是指犯罪嫌疑人可以自己选择同意或者不同意适用认罪认罚从宽制度。只有同时满足以上三个要素，才能说明犯罪嫌疑人认罪认罚是其真实的意思表示。

量刑建议书规范化能够让被追诉人进一步预测裁判结果，使其对自己所要面临的刑罚有清楚的心理预期，认罪认罚的自愿性越高，进而激发犯罪嫌疑人认罪认罚的主动性，并在诉讼过程中更加积极地配合检察机关，避免在庭审阶段出现反悔或翻供情况，对于保障认罪认罚适用的稳定性和量刑协商结果的有效性具有重要意义。如果量刑建议书提出的量刑建议不够精准，或者量刑建议的幅度与刑法规定的量刑幅度相差无几，就会使被追诉人难以准确评估认罪认罚是否符合其自身利益，甚至缺乏认罪认罚的

---

① 谢登科、周凯东：《被告人认罪认罚自愿性及其实现机制研究》，载《学术交流》2018 年第 4 期。

动机，最终导致不认罪、不认罚，这与认罪认罚从宽制度的本意不符。

（三）有利于提高诉讼效率

随着社会的进步和经济的发展，新型刑事犯罪呈现增多趋势，案情也日趋复杂。而公检法"案多人少"现象十分突出，每名办案人员都承受着巨大的业务压力。在保障司法公正的前提下，如何提高办案效率成为了业内关注的焦点。因此在刑事诉讼实践中，司法机关正在探索将案件处理由单方指控向双方协商的模式进行转变，[①] 建立认罪认罚从宽制度的直接目的就是简化审判流程，节约司法资源，提高诉讼效率。

规范的量刑建议书让犯罪嫌疑人对认罪认罚从宽制度有了较为清晰的认识，且犯罪嫌疑人真诚悔罪，有利于查明案件事实，让法官和检察官能够集中精力处理疑难复杂案件。认罪认罚案件适用简易程序和速裁程序的比例也会增加，法院在审理过程中省去了法庭调查和法庭辩论两个普通案件的必要环节，主要对犯罪嫌疑人认罪认罚的自愿性和检察机关提出量刑建议的合理性进行审查，有利于检察机关和人民法院正确适用各种审理程序，实现案件分流，提高诉讼效率，保障司法资源合理配置。如果量刑建议书提出的量刑建议不够精准，或者量刑幅度过大，控辩审三方在量刑问题上会有不同意见，被告人在庭审时，为了给自己争取更多的利益，就会提出更多的辩解，法院只能启动单独的程序对量刑进行讨论，一旦最终结果没有满足被告人的原本期望，其有可能上诉，不仅对法官节省时间的意义甚微，对于本就紧张的司法资源来说也是一种浪费。

二、量刑建议书规范化的阻碍因素及原因分析

（一）量刑建议协商不充分

通常情况下，量刑建议书应当是控辩双方在充分协商的基础上形成的。

---

① 周维明：《德国刑事协商制度的最新发展与启示》，载《法律适用》2018 年第 13 期。

但受案件数量增多，办案人员不足，羁押场所偏远等因素影响，签署认罪认罚具结书的过程中存在很多形式化活动。实践中，一些地方为了提高办案效率，让一名值班律师在看守所对多个案件的犯罪嫌疑人集中答疑解惑，并在其见证下签署认罪认罚具结书。这种集中化的处理方式虽然能够节省司法资源，但会使认罪认罚从宽制度中最重要的协商环节落空，短时间内值班律师也无法提供有效帮助，犯罪嫌疑人的诉讼权利没有得到根本落实，甚至出现了检察官否认犯罪嫌疑人有提出异议的权利。① 有些检察官在签署认罪认罚具结书环节并没有提出精准的量刑建议，而在起诉书中提出量刑建议，这就违反了被追诉人要对法律结果明知并自愿选择认罪认罚制度的原则。认罪认罚中这些形式化的活动对制作规范化的量刑建议书是不利的。

（二）量刑建议幅度不精准

《关于认罪认罚从宽制度适用的指导意见》（以下简称《指导意见》）第33条指出，犯罪嫌疑人认罪认罚的，人民检察院除了要对主刑的量刑幅度给出建议，还应当对附加刑和是否适用缓刑做出说明。人民检察院在办理盗窃、诈骗等普通刑事犯罪时，应当提出确定刑量刑建议，而面对新型犯罪或者疑难复杂案件，可以提出幅度刑量刑建议。由此可见，《指导意见》认为精准化量刑建议是指以提出确定刑量刑建议为主，幅度刑量刑建议为辅，并根据具体案情作相应调整。司法实务中，由于一审法院量刑过重，被告人提起上诉的案例时有发生。这无不与量刑建议是否精准化有着密切的关系。一些检察机关提出的量刑建议范围过大，犯罪嫌疑人原本希望通过认罪认罚获得幅度刑量刑建议的下限部分，而法院在审理过程中采纳了幅度刑量刑建议的上限部分，没有满足被告人的心理预期，其就会以判处刑罚过重为由提出上诉，认罪认罚也就失去了其应有的效率优势。

---

① 赵恒：《论检察机关的刑事诉讼主导地位》，载《政治与法律》2020年第1期。

（三）量刑建议说理不到位

量刑建议只有有理有据，才能令人信服，法院才会采纳；量刑裁判只有公正合理，才能司法为民，被告人才会服判。[①] 然而，检察机关在量刑建议书中未能对其中的量刑内容、刑种刑期等阐述理由，对于是否适用缓刑等问题也未能进行充分说明。另外，具结书的内容趋向于格式化，导致案件的量刑理由都是笼统模糊的描述，虽然不会出差错，但也没有详细说清楚各个量刑情节对量刑结果的影响，其他诉讼主体也无从判定量刑建议是否合理，这种只有结论没有论证的量刑建议书是不足以服人的。如果检察机关不对量刑建议进行充分说明，将不利于法院在量刑问题上进行实质审查，不利于辩护人开展有针对性的辩论，被追诉人就会以量刑建议是检察机关单方的意思表示有违其自愿而上诉，公众也会对量刑建议的正当性和准确性持怀疑态度，进而影响司法公信力。

三、量刑建议书规范化的完善措施

（一）加强各方沟通协商

"协商"在字典上的意思是共同商量以便取得一致意见，在认罪认罚案件中特指检察官通过与其他诉讼主体对话，了解各方真实意愿和态度立场，在取得一致意见后制作量刑建议书的过程。量刑建议书要想发挥其应有的作用，犯罪嫌疑人的态度十分关键。为了保障犯罪嫌疑人的真实意思表示，在协商过程中应赋予参与主体平等地位，确保各方充分掌握案件信息，并给予犯罪嫌疑人表达自己观点的机会，最终自愿选择是否适用认罪认罚从宽制度。

一方面，构建三方协商机制。检察机关、律师、犯罪嫌疑人三方要共同参与量刑协商，在三方协商过程中，检察机关要改变以往"重定罪轻量刑"的观念，增强提出精准量刑的责任感，在作出量刑建议书后，要充分

---

① 朱孝清：《论量刑建议》，载《中国法学》2010 年第 3 期。

听取辩方关于量刑的意见，并对不予采纳的意见做出说明，以此充分保障犯罪嫌疑人的知情权，让其评估该量刑建议是否符合自身利益，进而自愿选择是否认罪认罚。① 为确保认罪认罚的真实性，整个协商过程应进行全程录音录像，这样既可以防止检察机关滥用权力，也可以避免被追诉人反悔上诉。

另一方面，探索证据开示制度。针对目前控辩协商信息不对称，地位不对等的问题，检察机关应当积极探索证据开示制度，即在审查起诉阶段向犯罪嫌疑人、值班律师、被害人等多方主体披露其目前掌握的证据，与值班律师就现有证据展开充分沟通协商，以此得出让犯罪嫌疑人易于接受的量刑建议。在制度启动上，既可以是检察机关依职权主动开示，也可以是值班律师、犯罪嫌疑人依申请开示，开示的内容主要涉及基本犯罪事实证据，影响量刑的相关证据和程序性材料等，检察机关还应当就量刑建议的计算方法向被追诉人释明，便于值班律师有针对性地对量刑幅度提出相关意见。② 需要注意的是，这里的证据开示制度指的是双向的证据开示，犯罪嫌疑人和值班律师也应当将其掌握的证据向检察机关进行开示，这能够帮助检察机关全面掌握案件信息，提出更加规范的量刑建议书。同时，在证据开示中，要做好对相关信息的保护，例如对于证人证言要进行技术处理。所有主体应对其披露的证据负责，如果不对证据进行开示，就要承担败诉等不利后果。

（二）强化值班律师作用

除了保障犯罪嫌疑人认罪认罚的自愿性，值班律师的参与对检察机关来说也有着重要意义。通过对案件的具体经过，行为性质和量刑建议提出专业性见解，检察机关可以全面认定事实，提高办案质量，进而提出更为精准的量刑建议。因此，切实保障值班律师制度刻不容缓。

① 杨大伟：《认罪认罚案件中的精准化量刑建议》，载《学术交流》2021年第12期。
② 周新：《论认罪认罚案件量刑建议精准化》，载《政治与法律》2021年第1期。

一是充分保障权利。在司法实践中，值班律师的职能和定位不清晰，经费保障不到位，导致值班律师工作积极性较低，很难发挥其应有的作用，有的地方甚至直接把值班律师称作"见证律师"，由此可见，实务中值班律师制度没有引起高度重视。控辩双方在量刑协商过程中，相较于强大的公诉机关，被告方处于劣势地位，因此为了增强辩方力量，要尽可能对值班律师享有的权利进行充分保障。[①] 例如值班律师的阅卷权，应详细规定其行使的时间，即要在犯罪嫌疑人签署认罪认罚具结书之前给予充分时间进行阅卷，提出相关意见，避免在签署认罪认罚具结书时阅卷，尤其是不应该在对多人集中签署具结书时阅卷，因为这样只是在形式上有阅卷权，实际上没有产生任何效果。

二是提高物质待遇。以往的模式中，政府以命令形式将法律援助工作分配给律师，服务费用由政府提供补偿，较低的报酬导致值班律师的工作热情不高，对于检察官提出的量刑建议不能帮助犯罪嫌疑人第一时间理解，这对保证认罪认罚的自愿性和真实性是不利的。因此，政府要明确责任，完善值班律师物质保障，提高值班律师的待遇，以此激发值班律师的工作热情，及时帮助犯罪嫌疑人理解罪名，并就量刑幅度与检察机关展开充分协商。同时，通过在法检周边或者偏远地区设立值班律师工作站，确保每名犯罪嫌疑人都能接受值班律师的帮助。在律师资源稀缺地区，当地政府可以探索政府购买的方式，或者与周边区县政府签署跨区域调配律师的协议，以此实现值班律师在认罪认罚案件中的全覆盖。

（三）提高检察业务能力

检察机关如果能够全面考虑犯罪事实和量刑情节，制作的量刑建议书就会更加符合实际情况，获得法院采纳的概率就越高。因此，检察官应当积极迎合量刑建议精准化的趋势，改变固有思维模式，主动学习量刑知识，

---

① 李振杰：《困境与出路：认罪认罚从宽制度下的量刑建议精准化》，载《华东政法大学学报》2021年第1期。

为做好新时代量刑建议工作打下良好的基础。

一方面，加强量刑业务培训。在检察业务培训时要加强对规范性文件的学习和量刑规律的总结，法院作为审判机关，有着丰富的量刑经验，检察官相较于法官在量刑水平和量刑经验上都有所欠缺，培训时可以邀请资深法官与检察官进行交流，对常见罪名的量刑情节、量刑幅度等问题进行讲授。[①] 法检两家单位要建立量刑经验常态化交流机制，彼此学习，共同进步。对未被采纳的量刑建议书，检察官要虚心向法官请教，听取意见，积累经验，通过实践学习量刑方法和技巧。每月，综合业务部门要对量刑建议采纳率进行统计，分析量刑建议书未被采纳的原因，并组织业务部门干警集体学习，规划下一步工作重点，避免在后期继续出现此类问题。对于量刑建议的说理，培训时要重点关注其形式和实质两方面的内容。形式上，目前检察机关往往在认罪认罚具结书或起诉书中对其提出的量刑建议进行解释，日后应专门拿出独立的文书对量刑建议进行说理；实质上，要弄清量刑建议的说理方向，对刑罚期限的推导过程进行简要叙述，对该份建议是否符合法律规定、是否听取了被害人意见、是否进行了充分协商、结果是否系自愿达成等问题进行全面说明，并重点回应辩方意见，特别是针对控辩双方的争议焦点，须一一做出回应，不能直接简单陈列双方观点并给出结论。[②]

另一方面，推进智慧检务运用。随着科学技术的发展和大数据时代的到来，智慧检务已经成为新时代检察工作必不可少的一部分。检察机关可以充分发挥大数据功能，与现代企业合作进行智能量刑辅助系统的研发，从而增强量刑建议书制作的科学性和可信度。该系统应收纳指导案例、刑事审判等资料库，根据《刑法》《刑事诉讼法》及相关司法解释、量刑实施细则等法律依据，通过理论建模、数据运算、智能分析等处理方式，为检

---

① 王东明：《"认罪认罚从宽制度"量刑建议精准化的困境与完善路径》，载《云南社会科学》2021年第4期。

② 王利荣、张孟东：《判罚结论的理性证立——由量刑说理切入》，载《法律科学（西北政法大学学报）》2015年第6期。

察官计算出较为精准的量刑建议，并筛选出类似案件的判决供检察官参考，对于提高诉讼效率，节约司法资源，促进司法公正具有重要意义。目前，全国多家检察机关已经开始使用这种智能量刑辅助系统，例如湖北省检察机关研发的智能量刑辅助系统涵盖了日常生活中常见的 60 个罪名，其中 20 个罪名涉及精准量刑规范化，可覆盖公诉案件的90%以上①；青岛市检察院通过在"智慧检察官"平台丰富常见犯罪的量刑情节与量刑标准，使智能量刑辅助系统帮助检察官准确全面分析案件，最终计算出犯罪嫌疑人应当判处的刑期。② 当然，检察官在制作量刑建议书时，也要考虑到系统自身的局限性和刑事个案的特殊性，对智能量刑辅助系统不能过分依赖，最终制作量刑建议书还需要检察官个人进行判断。

四、结语

认罪认罚从宽制度将刑事诉讼的重心由庭审阶段转移至庭前阶段，量刑建议能够协调公平正义与办案效率之间的关系，对认罪认罚从宽制度的运行起到了十分关键的作用。目前我国的认罪认罚从宽制度尚处于起步阶段，量刑建议书的制作也处于摸索和试行阶段，在这个过程中难免会出现一系列问题，但我们不能因噎废食，而是要深度剖析问题产生的原因，积极寻求切实可行的解决措施。量刑建议书规范化并非一朝一夕就能完成，需要人民检察院、人民法院、律师等多方主体充分沟通协商，相信在各方的共同努力下，认罪认罚案件的量刑建议书制作一定能够更加规范化。

① 赵慧:《湖北：量刑建议过程可视化》，载《检察日报》2020 年 8 月 22 日，第 3 版。
② 王秀梅:《认罪认罚案件的精准量刑探究》，载《中国人民公安大学学报（社会科学版）》2020 年第 2 期。

认罪认罚量刑建议说理制度及配套法律文书的完善

周　健　上海市虹口区人民检察院

量刑建议是检察机关在刑事诉讼活动中，根据查明的犯罪事实以及被告人的犯罪情节等，对其应当判处的刑种、刑期、执行方式向人民法院提出建议的诉讼活动。在认罪认罚从宽制度下，量刑建议又具有不同于传统量刑建议的价值功能和特性要求，是认罪认罚从宽制度能够贯彻运行的关键所在，是检察机关履行刑事诉讼主导责任的重要载体。它体现了控辩双方的合意，彰显诉讼当事人的主体地位，又体现了宽严相济刑事政策的兑现，激励犯罪嫌疑人、被告人认罪认罚，化解社会矛盾、促进社会和谐。基于此，认罪认罚从宽制度要求人民检察院一般应当提出确定的量刑建议，人民法院一般应当采纳检察机关量刑建议。"两高三部"《关于适用认罪认罚从宽制度的指导意见》明确，"办理认罪认罚案件，人民检察院一般应当提出确定刑量刑建议。对新类型、不常见犯罪案件，量刑情节复杂的重罪案件等，也可以提出幅度刑量刑建议。提出量刑建议，应当说明理由和依据。"在认罪认罚从宽制度的贯彻实施过程中，部分地方检察院开展了有益的探索，但量刑建议说理制度并未得到完全规范落实，说理不充分、不科学的问题仍普遍存在。

一、量刑建议说理制度的价值

量刑建议制度的探索始于 21 世纪初，北京、上海等地检察机关开展量刑建议试点工作，并未对量刑建议说理提出要求。2010 年，"两高三部"出台《关于规范量刑程序的意见》，明确检察机关可以提出量刑建议，一般应当制作量刑建议书提出，也可以当庭发表公诉意见时提出。最高人民检察院 2010 年出台的《人民检察院开展量刑建议工作的指导意见（试行）》，要求量刑建议书一般应载明检察机关建议人民法院对被告人处以刑罚的种类、刑罚幅度、可以适用的刑罚执行方式以及提出量刑建议的依据和理由等，量刑建议说理制度初步建立。但 2010 年最高人民检察院出台的《人民检察院量刑建议书格式样本（试行）》并未将这一制度要求贯彻落实到位，量刑建议书仅需要列明被告人具有的量刑情节，并未对得出量刑建议的过程予以明确，更无对具体理由的说明。直至认罪认罚从宽制度出台前，司法实务部门对量刑建议说理制度并未给予足够的关注，将量刑建议说理简单等同于量刑情节的罗列。

随着认罪认罚从宽制度的确立，量刑建议说理制度已不可或缺，是推动认罪认罚从宽制度更高质量、更好效果适用，提升认罪认罚案件质效的关键所在。最高人民检察院《关于认真学习贯彻十三届全国人大常委会第二十二次会议对〈最高人民检察院关于人民检察院适用认罪认罚从宽制度情况的报告〉的审议意见的通知》中，强调要加强量刑建议说理，根据不同案件情况，在起诉书、具结书、量刑建议书等文书中加强量刑建议说理，体现认定的犯罪事实、罪名，量刑的依据、理由，主要的量刑情节及其对应从宽幅度等内容。

（一）量刑建议说理有助于被告人真诚认罪悔罪

检察官在与被告人、辩护人等诉讼参与人量刑协商的过程中，被告人及其辩护人往往只关注检察机关给予的结果，如果检察官没有对其所犯罪名、罪刑的法律后果、犯罪情节的严重程度等对量刑结果可能的影响进行释法说理，被告人就可能只为了能获得更宽的刑罚选择认罪认罚，对被告人的感知教化作用未充分显现出来。一旦人民法院选择在幅度刑建议的上线判罚，有的被告人就会提出上诉，有的被告人甚至在人民法院采纳确定刑建议后，仍心怀侥幸选择上诉，不同程度地浪费了司法资源。如果检察机关对提出的量刑建议作出详细的说理，被告人能更清楚地知道自己罪行的严重程度及对应的刑罚、认罪认罚可能得到具体的从宽处罚，如此，被告人所得到的不仅是具体的数值（刑期的长短），更会了解到自己犯罪行为对被害方、对社会造成的损害以及司法机关给予的宽宥。详细的量刑建议说理也更符合被告人对刑罚的预期，减少预期的不确定性，有助于控辩双方达成一致，更有助于认罪认罚从宽制度的运行。

（二）量刑建议说理有助于制约人民法院量刑裁量权

尽管刑事诉讼法要求人民法院一般应当采纳检察机关量刑建议，但人民法院仍具有量刑裁决权，"两高三部"《关于规范量刑程序若干问题的意见》明确"对于人民检察院提出的量刑建议，人民法院应当依法审查。对于事实清楚，证据确实、充分，指控的罪名准确，量刑建议适当的，人民法院应当采纳"。检察机关为了达到人民法院采纳量刑建议、巩固认罪认罚成果的目标，必须要对提出量刑建议的理由充分阐释，否则就会导致人民法院丧失审理的"标的"。明确、充分的量刑建议说理更有助于人民法院判断量刑建议的适当与否，即使稍有偏差，人民法院也更倾向于接受量刑建议，有利于维持认罪认罚从宽制度适用的稳定性。另外，明确、充分的量刑建议说理，也在一定程度上制约了人民法院量刑裁量权的行使，刑事诉讼法规定只有量刑建议明显不当的情形下才能不采纳，《关于适用认罪认罚从宽制度的指导意见》同时又要求"人民法院不采纳人民检察院量刑建议的，应当说明理由和依据"，一定程度上也能够减少法官自由任意否定量刑合意作出判决，起到约束法官自由裁量权的价值目标。

（三）量刑建议说理有助于提升量刑建议规范化水平

量刑建议说理对推进检务公开，引领社会法治意识意义重大。检察机关作为量刑建议的提出者，在量刑协商过程中占据主导地位，规范、全面、透明的量刑说理，有助于约束检察官的自由裁量权，检察机关对量刑建议进行释法说理，完整地展现量刑协商过程，将检察官滥用权力的空间压缩至最小，将廉政风险控制至最低，保证量刑建议的合法、合理性。另外，量刑建议说理也倒逼检察官准确理解量刑的原理和规则，按照规范的量刑步骤统筹计算评估，不断提升自身量刑能力的提升。

二、量刑建议说理的探索实践

为规范量刑协商活动，保障犯罪嫌疑人、被告人认罪认罚自愿性，最高人民检察院出台《人民检察院办理认罪认罚案件听取意见同步录音录像规定》，要求对量刑协商具结过程全程录音录像，其中就要求录音录像应当包含"告知认定的犯罪事实、罪名、处理意见，提出的量刑建议、程序适用建议并进行说明的情况"，量刑协商本身也是量刑建议说理的重要载体和方式。另外，2020年最高人民检察院出台的《人民检察院工作文书格式样本》，对量刑建议书的设置和2010年出台的量刑建议法律文书要求基本一致，并未特别强调量刑建议的说理。因此，有地方检察机关探索创设量刑建议理由说明书等法律文书载体，强化量刑建议的说理，取得一定的成效。

（一）各地检察机关的实践探索

一是以细化认罪认罚具结书为载体，细化量刑建议说理。认罪认罚具结书原先只要求载明检察机关查明的犯罪事实、认定的罪名、提出的量刑建议以及诉讼程序的选择等认罪认罚要素，并未要求在具结书中阐明提出量刑建议的理由。江苏省苏州市检察机关要求检察官在认罪认罚具结书中明确记载量刑建议的计算步骤和过程，包括起点刑的选择、基准刑的计算、量刑情节的从宽从重幅度等，将量刑建议说理贯穿于认罪认罚具结过程，使犯罪嫌疑人知晓检察机关提出量刑建议的具体步骤及从宽幅度等，有效降低认罪认罚案件上诉率。

二是创设量刑建议说明书或量刑建议计算表等，强化量刑建议说理。由于量刑建议书仅列明认定的罪名、法定刑、法定及酌定量刑情节、量刑建议等核心要素，缺乏对量刑建议得出过程的说明。上海市各级检察机关为提升量刑建议的采纳率，创设《量刑建议理由说明书》，将量刑计算步骤以及具体量刑情节的从宽从重幅度予以明确，向人民法院阐明量刑建议提出的依据和理由，减少检法量刑分歧。江苏省泰州市海陵区人民检察院创设的《量刑建议理由说明书》，除明确量刑步骤和计算公式外，还列举本辖区内类似犯罪案件的量刑情况分析，强化量刑建议的说理等，争取诉讼当事人的理解与认可。江苏省南京市建邺区人民检察院创设量刑建议计算表，以表格的方式详细记载起点刑、基准刑、宣告刑、附加刑及刑罚执行方式的计算步骤，并且将量刑情节按照学理划分为责任刑和预防刑等层次，提升量刑建议的科学化水平。还有譬如山东省检察机关出台《关于完善认罪认罚案件法律文书量刑建议说理机制的指导意见（试行）》，创设表格式《量刑建议理由说明书》等。

（二）量刑建议说理存在的问题

各地检察机关针对量刑建议说理创设的《量刑建议理由说明书》、量刑建议计算表以及《修订的认罪认罚具结书》，使量刑建议的提出过程更加可视可感，增加了量刑活动的透明度，得到诉讼当事人的理解和法官的认可，提升认罪认罚案件的办理质效。但需要清醒地认识到，现有的量刑建议说理探索仍存有完善的空间和必要。

一是在原理层面，重定量分析，轻定性分析。根据"两高"《关于常见犯罪的量刑指导意见（试行）》规定，量刑时，应当以定性分析为主，定量分析为辅，依次确定量刑起点、基准刑和宣告刑。我国量刑原理经历了"故堆法"到"定量分析为主、定性分析为辅"再到"定性分析为主、定量分析为辅"的转变过程。强调定性分析为主是为了避免量刑活动落入"加减乘除"的算术题。但在实践中，量刑建议说理变成简单的量刑计算，对于量刑起点如何确定、量刑情节的从重从宽幅度、减轻或是从轻处罚等关键环节，忽视了定性分析，缺乏必要的说理。譬如，针对自首情节，典型自首和以自首论，在量刑从宽的幅度上应当有所区别；再譬如，针对故意伤害行为，使用凶器和一般的殴打行为，在量刑起点上应当有所区别；少数检察官存在简单"一刀切"的做法，导致量刑建议不合理。还有一些检察官先有量刑结论，再通过倒推，确定量刑起点、基准刑乃至量刑情节影响基准刑的幅度大小等，违背了量刑的基本原理和方法。

二是在内容层面，重主刑说理，轻附加刑及刑罚执行方式说理。由于对主刑的刑期计算原理和方法比较确定，大部分量刑建议理由说明文书侧重于刑期的分析和说理，但对于附加刑，譬如罚金刑，说理明显不够，有的几乎没有说理，没有结合刑法或司法解释，阐明罚金确定的依据。对于刑罚执行方式更是缺乏说理，而不少认罪认罚案件，无论是犯罪嫌疑人、辩护人、值班律师或是法官，对于缓刑能否适用往往存在争议，如若对刑罚执行方式缺乏必要的说理，势必说服力不足。

三是在方式层面，重量刑依据说明，轻情理法理阐释。大部分量刑建议说理时显现出"有法无情"，展现的是法言法语，缺乏针对个案犯罪情节、犯罪原因、犯罪动机的针对性分析。量刑建议说理要避免落入公式化、教条化，法理的阐述、语言的表达应当适当活泼而非死板教条，恰到好处的个性化说理，有利于将事理、法理、情理、道理讲清楚，讲到位，也便于当事人及公众理解并接受裁判结果，获得社会公众情感上的共鸣，增强说理文书的教育引导作用。

四是在方法层面，重说明理由，轻回应争议。说理不是自说自话或是自言自语，而应是针锋相对、回应争议，如果诉讼各方均没有异议，则说理毫无价值。譬如，"两高三部"《关于适用认罪认罚从宽制度的指导意见》要求人民法院不采纳量刑建议的应当说明理由。"两高三部"《关于规范量刑程序若干问题的意见》规定："犯罪嫌疑人认罪认罚的，人民检察院应当就下列事项听取犯罪嫌疑人、辩护人或者值班律师的意见，记录在案并附卷：（一）涉嫌的犯罪事实、罪名及适用的法律规定；（二）从轻、减轻或者免除处罚等从宽处罚的建议；（三）认罪认罚后案件审理适用的程序；（四）其他需要听取意见的情形。人民检察院未采纳辩护人、值班律师意见的，应当说明理由。"但现有的量刑建议说理文书普遍未回应犯罪嫌疑人、辩护人或者值班律师的意见，包括量刑情节的认定与否、从重从宽幅度大小、能否减轻处罚、能否适用缓刑等。检察官可能在与犯罪嫌疑人、辩护人或值班律师开展量刑协商过程中，当面听取了意见并对是否采纳作了说明，但由于这些协商过程没有书面记载，也未向人民法院披露，导致部分犯罪嫌疑人及其辩护人在审查起诉阶段签署认罪认罚具结书，但在法庭审理阶段再提从宽处罚意见，争取更宽幅度的量刑，导致庭审效率拖沓，甚至出现认罪认罚反悔等程序回流的现象，影响认罪认罚案件的办案效率和效果。

三、量刑建议说理文书的完善

《中共中央关于加强新时代检察机关法律监督工作的意见》强调要"加强法律文书说理和以案释法"。完善量刑建议说理制度及其配套法律文书，既是贯彻认罪认罚从宽制度的具体措施，也是规范检察权运行、提高检察公信力的应有之义。各地检察机关的探索为完善量刑建议说理配套法律文书提供了参考，有必要在全国范围内统一量刑建议说理文书的形式和规范要求，推动量刑建议说理制度落实落细，努力实现认罪认罚案件最佳办理质效。

（一）量刑建议说理的文书载体

根据"两高三部"《关于规范量刑程序若干问题的意见》的规定，"量刑建议书中应当写明人民检察院建议对被告人处以的主刑、附加刑、是否适用缓刑等及其理由和依据"。同时要求，"人民法院在送达起诉书副本时，应当将量刑建议书一并送达被告人"。如此，检察机关量刑建议说理应以量刑建议书为主要载体，但囿于量刑建议书的格式要求，各地检察机关大多通过在量刑建议书之外创设说理性法律文书细化量刑建议的依据和理由。

实践探索的以认罪认罚具结书为载体详述量刑的步骤和理由可以向犯罪嫌疑人及其辩护人、值班律师明示量刑建议的依据和理由，但并没有体现控辩协商的具体过程，也无法展现检察机关对犯罪嫌疑人意见采纳与否的理由。另外，认罪认罚具结书的法律定位是固定控辩量刑协商的结果，证明犯罪嫌疑人认罪认罚的自愿性，作为量刑建议说理的载体与其本身的定位有冲突。另外，在部分情形下，譬如未成年犯罪嫌疑人的法定代理人、辩护人对认罪认罚有异议等，不需要签署认罪认罚具结书，即以认罪认罚具结书作为量刑建议说理载体也不能覆盖全部的认罪认罚案件。实践探索的量刑建议理由说明书以及量刑计算表等文书，可以发挥量刑建议说理的功能和作用，但在量刑建议书外另附法律文书既增加了检察官的办案负担，也使得量刑建议书可有可无，似乎必要。

最高人民检察院出台的《人民检察院办理认罪认罚案件开展量刑建议工作的指导意见》对量刑建议说理作了规定，"量刑建议书中应当写明建议对犯罪嫌疑人科处的主刑、附加刑、是否适用缓刑等及其理由和依据，必要时可以单独出具量刑建议理由说明书。适用速裁程序审理的案件，通过起诉书载明量刑建议的，可以在起诉书中简化说理"。按照上述规定，将量刑建议书作为主要的量刑建议说理载体，特殊情形下以量刑建议理由说明书加强释法说理，至于何种情形需要单独制作量刑建议理由说明书并未明确。因此，改革量刑建议书的格式要求和制作规范，作为量刑建议说理的主要载体，细化量刑建议理由说明书的适用情形和规范要求，作为量刑建议说理的补充载体，完善量刑建议说理工作机制。

需要在量刑建议书外附量刑建议理由说明书一般适用于下列情形：一是建议判处无期徒刑和死刑的认罪认罚案件。这类案件无法运用定性分析为主、定量分析为辅的量刑原理说明理由，需要结合犯罪事实、结果、情节、动机以及认罪悔罪表现等多方面因素综合评判，说理性要求极强，以量刑建议书难以满足需要。二是控辩双方对量刑存在较大分歧的认罪认罚案件。这类案件往往在量刑证据、情节以及从宽幅度方面存在较大的分歧意见，但最终犯罪嫌疑人、辩护人或值班律师认可量刑建议，为使法官充分了解控辩双方的争议以及检察机关的意见，有必要通过量刑建议理由说明书的形式全面论证，有助于法官全面了解量刑建议的理由，提升量刑建议的采纳率。三是有重大社会影响的认罪认罚案件。这类案件社会关注度高，检察机关提出量刑建议应当谨慎，说理更应当全面准确充分，避免因量刑建议不当甚至是明显不当引发炒作，除了在量刑协商过程中充分听取辩方的意见并细致论证外，也有必要以书面形式阐明检察机关听取意见的情况及采纳与否的理由。四是明显偏离类案量刑尺度的认罪认罚案件。这类案件检察机关在提出量刑建议时基于个案的特殊情况与类案的量刑尺度存在偏差，有必要通过量刑建议理由说明向人民法院讲清道理，争取犯罪嫌疑人、被害人以及法官的支持和理解。五是其他需要另附量刑建议说理的认罪认罚案件。譬如不常见、新类型犯罪案件，由于没有具体的量刑指引，无法简单根据量刑原理、方法、步骤得出结论，需要结合个案和特殊案由分析的，可以通过量刑建议理由说明书加强释法说理。

（二）量刑建议说理文书的要素

起诉书的主要功能在于明确检察机关指控的犯罪事实和罪名等，用以限定人民法院的审理范围，认罪认罚具结书的主要功能在于明确检察机关和犯罪嫌疑人达成共识的量刑建议和诉讼程序选择，而量刑建议说理文书（包括量刑建议书和量刑建议理由说明书）侧重在阐明查明检察机关量刑建议的依据及理由。从量刑的步骤看，首先根据量刑证据认定量刑事实，再根据量刑事实明确量刑情节，最后综合犯罪事实和量刑情节根据量刑原理和方法得出量刑结果。由此可以看出，量刑建议说理一般应当包括量刑证据采信、量刑情节认定、量刑步骤方法及量刑裁量选择四大主要因素。目前各级检察机关适用的量刑建议书的说理主要体现在罗列量刑情节，包括法定及其他酌定量刑情节，但对于其他方面关注不够，量刑建议的说理既不全面也不充分。要围绕量刑说理的关键因素对现有的量刑建议说理文书进行改善，提升量刑建议说理的能力和水平。

1. 量刑证据采信。由于犯罪嫌疑人认罪认罚，一般来说量刑证据不存在较大的争议，但在实践中犯罪嫌疑人及其家属或者辩护人为使犯罪嫌疑人获得更大的从宽，会提交不少与量刑相关的证据材料，虽然绝大部分不影响法定量刑情节的认定，但有时也会影响司法机关对其从宽的幅度、刑罚执行方式选择的判断。不少检察官对于辩方提交的量刑证据材料不够重视，有的置之不理，有的疏于审查。量刑与定罪不同，核心特征在于裁量性，影响量刑的除了法定量刑情节，还有多方面的酌定量刑情节，检察官应当高度重视量刑证据，当然也包括公安机关收集的与量刑相关的证据与辩方提交的量刑证据材料，要仔细加以甄别，必要时加以调查核实，准确认定各类情节，才能实现精准量刑建议。

2. 量刑情节认定。实践中仅有少部分认罪认罚案件法定量刑情节存在争议，譬如常见的自首量刑情节，团伙犯罪从犯量刑情节等，如果存在争议，量刑建议说理时应当结合法律规定予以释明。对于酌定量刑情节，司法人员普遍不够重视，除了常见的退赃退赔、认罪认罚，不少司法解释都有酌定量刑情节的规定，譬如针对老年人、残疾人等特殊群体的盗窃、诈骗、故意伤害等情节。检察机关在提出量刑建议和说理过程中，应当全面衡量与量刑相关的情节，并予以准确认定，只有准确、全面认定与量刑相关的情节，量刑建议才能合法合理，才能得到诉讼各方当事人的理解和认可，真正实现案结、事了、人和。

3. 量刑步骤方法。近年来随着量刑规范化改革的不断推进，越来越多的司法人员摒弃传统的"估堆"量刑方法，接纳和运用定性分析为主、定量分析为辅的量刑原理。各地检察机关探索的量刑建议理由说明书和量刑计算表等说理文书都着重展示量刑原理、步骤和方法的具体应用，对于提升量刑建议说理起到了重要的推动作用。但需要注意的是，各地的量刑说理文书过于侧重量刑的计算步骤，忽视了定性分析方法的运用，不免让公众对于量刑原理和方法有所误解，认为量刑方法就是算术题，把量刑协商变成了讨价还价。量刑建议说理要将定性分析与定量分析相结合，每一步骤中都需要体现定性分析的原理和思维，也就是量刑裁量的选择。

4. 量刑裁量选择。"两高"《关于常见犯罪的量刑指导意见（试行）》赋予了司法机关较大的自由裁量空间，无论是起点刑的选择，基准刑的确定，还是量刑情节对基准刑的调节等环节，司法人员都需要结合定性分析原理，充分结合个案准确行使裁量权。检察机关在量刑建议说理时，对于每一量刑环节的裁量权行使都应当结合证据、事实和情节等适当说明理由，而不能直接给出"有期徒刑6个月作为量刑起点""增加基准刑3个月""减少基准刑的10%"等简单结论。充分的说理既是加强对检察机关量刑建议活动监督制约的重要渠道，也是充分保障犯罪嫌疑人、被告人诉讼权利，确保其充分行使量刑辩护权的重要方式。

（三）量刑建议说理的方式方法

认罪认罚实践中，检察机关量刑建议说理绝大部分格式化特征非常明显，它具有简洁、精练、法言法语程度高等优点，但也具有高度的概括性和模糊性，表现为千篇一律，只有共性，没有个性，缺乏针对性、感染力和说服力。

1.立论与驳论相结合。检察官在量刑建议说理时大多采用铺陈的叙述手法，详细展示检察机关量刑原理的具体应用，但忽略了对犯罪嫌疑人、辩护人或者值班律师意见采纳与否的说理。应当对控辩协商中的争议焦点予以整理，并结合具体个案开展论述，辩护意见予以采纳的应当注明，展示检察官秉持客观公正的立场和职业素养，辩护意见不予采纳的，更应当详细说理，展现检察官的专业能力和水平。

2.法理与情理相结合。实践中大部分量刑建议说理重法理，轻情理，对于法律适用论述较为充分，但对个案特殊性关注不够，说理普遍缺乏感染力和说服力。量刑建议说理除了要注意表述的精准性外，也要充分挖掘个案中的特殊性，譬如：犯罪的起因、诉讼当事人的关系、犯罪的动机、犯罪的手法、犯罪后的表现等，结合社会主义法治意识、道德准则等，将天理、国法、人情有机融合，善于从普通人、一般人的视角观察判断问题，多运用换位思考等方式方法，以通俗化的语言，让说理更贴近百姓生活，获得当事人以及社会公众的认同。

3.个案与类案相结合。实践中大部分的量刑建议说理仅关注个案本身，对于类案的判罚尺度、类似情节的从宽幅度等关注不够。量刑平衡是司法公正的重要内涵之一，参照类案本身也是司法人员行使裁量权的方法之一，对司法人员的裁量权具有一定的制约作用，案例指导和类案检索等制度安排都是为了实现类案同判的公平正义目标。检察官在量刑说理时除了简单地根据量刑原理方法得出个案结论，还可以运用大数据等方法，整理归纳出类案的判罚标准，将个案说理和类案分析相结合，特别是针对量刑标准不明的案件，类案分析也是很有说服力的量刑思路和方法。

（四）量刑建议说理的繁简分流

强调量刑建议说理不等于所有案件均需要全面充分的说理，仍要根据案件的繁简程度区别对待，否则将会给检察官带来巨大的工作压力，反而导致检察官不愿意适用认罪认罚从宽制度，减损认罪认罚从宽制度的制度功能。

"两高"《关于常见犯罪的量刑指导意见（试行）》规定，判处拘役刑罚，不需要遵循定性分析为主、定量分析为辅的量刑原理和方法，直接根据案情决定即可。因此，对于建议判处拘役刑罚的认罪认罚案件，一般无需制作量刑建议书，可以在起诉书中直接载明量刑建议，必要时作适当的说理即可。对于建议判处有期徒刑刑罚的适用速裁程序的案件，一般应当制作量刑建议书，载明具体的量刑步骤和方法，加强量刑建议说理；量刑标准明确，案情简单，犯罪嫌疑人对量刑建议未提出异议的，也可以在起诉书中直接载明量刑建议，简要说理，不再制作单独的量刑建议书。对于适用其他建议判处有期徒刑刑罚的认罪认罚案件，则应当制作量刑建议书，并根据上述四大要素的要求阐明量刑建议的理由。

一般来说，控辩双方对量刑建议没有分歧的案件，量刑建议说理可以适当简化，只要根据量刑原理、步骤和方法，得出合适的结论即可。对于控辩双方对量刑建议存在较大分歧意见，则应当详细说理。

四、结语

贯彻落实认罪认罚从宽制度已进入新阶段，不能再简单地追求高适用率，而要在保障诉讼当事人诉讼权益、提升人民群众对公平正义的感受度花大力气、下大功夫。量刑建议说理制度对于充分保障犯罪嫌疑人权益，理顺求刑权和裁判权关系意义重大，量刑建议说理法律文书恰恰是量刑建议说理制度的重要方面。改革完善配套法律文书，既有助于检察权的规范运行，也将对深入贯彻落实认罪认罚从宽制度起到积极的推动作用。

认罪认罚案件裁判文书说理机制研究

侯文奇　河南财经政法大学刑事司法学院诉讼法学研究生

李亚玲　中南财经政法大学法学院诉讼法学研究生

一、认罪认罚案件裁判文书说理的正当基础

（一）刑事裁判文书的说理规范基础

裁判文书是司法活动和司法结果的聚光灯，是诉讼程序公平公正且透明的载体，更是庭审活动的外化。裁判文书的内容不仅与当事人诉讼利益休戚相关，还承担着对社会公众的释法与说理任务。说理部分是法官作出裁判的基础，也是裁判文书的生命力和公信力所在。缺乏说理的裁判文书会导致裁判事实和法律规范的沟通沦为一种缺乏权威性的"单纯暴力"[①]。

裁判文书说理并非现代才有，早在古代判案时就需要草起判词，由断案官员自己执笔或师爷代写。判词自西周时起，历经三千余年而传承于世，虽然不同历史时期的判词形式各异、风格也各不相同，但其中所包含事实查明部分与判案依据部分则一直沿袭至今。如《吏学指南》中就有"剖决是非，著于案牍，曰判"。判而成文称为"判牍"，其文词称为"判词"。[②] 虽无规范性文件予以规定，但这一惯例仍沿袭至今。1992 年《法院诉讼文书样式（试行）》的出台，标志着刑事裁判文书说理时代的到来。1992 年至今，最高人民法院颁布的关于裁判文书的说理文件达到十余篇，不断改进裁判文书的质量和释法说理工作。同时，也将裁判文书的质量纳入法官工作的考核范围。裁判文书上网更是将法官文书工作置于社会公众的监督之下。

---

① 孙万怀：《公开固然重要，说理更显公平——"公开三大平台"中刑事裁判文书公开之局限》，载《现代法学》2014 年第 2 期。

② 张建伟：《古人判词中的说理论证》，载《法制资讯》2014 年第 2 期。

（二）认罪认罚案件裁判文书说理的正当性基础

随着认罪认罚从宽制度正式落地实施，一方面在其平衡公正与效率的价值引导下，刑事诉讼程序得到进一步简化，并形成以速裁程序、简易程序与普通程序为核心的全新三级程序简化路径；另一方面也日渐暴露出其在庭审规则、诉权保障与程序救济等方面的部分缺漏之处，其中尤以与被告人认罪后出现的"反悔"或"撤回"现象从而要求上诉最为值得关注。[①]其原因不仅在于此类案件往往直接涉及认罪认罚从宽制度的适用基础方面，如是否属自愿认罪认罚，继而又是否应剥夺其一审所获得的实体及程序从宽利益，还与被告人认罪认罚后的法庭审判结果与其实际预期结果的是否大致相符和被告人对一审裁判文书的可接受程度有关。

认罪认罚从宽案件裁判文书的说理是实现以审判为中心这一司法理念的价值需要。"以审判为中心"是刑事诉讼活动的基本规律，是适用任何程序的案件都必须遵守的基本要求。以审判为中心是以法庭的审判活动为中心。虽然认罪认罚程序简化了法庭审判程序，但不能与以审判为中心的司法理念相悖离。遵守以审判为中心的司法理念，是保证认罪认罚被告人权利，实现司法公正的现实需要。被告人即使在法庭审判前已经签署认罪认罚案件具结书，但法庭审判阶段仍需依照法定的证明标准对其认罪认罚案件的具体情况进行实质审查，有效保障认罪认罚的合法性与自愿性[②]。"未经人民法院依法判决对任何人都不得确定有罪"这一基本原则当然适用于认罪认罚案件。裁判文书的内容是法庭审判活动的完美呈现，其说理部分是审判人员认定被告人认罪认罚后果的基础，更是"以审判为中心"这一

[①] 如广西壮族自治区桂林市中级人民法院（2021）桂 03 刑终 331 号刑事二审裁判书中明确提出"认罪认罚被告人上诉理由之一是认为，一审判决在说理部分未明确回应蒋某铭的辩护意见且未予解释"。福建省漳州市中级人民法院（2020）闽 06 刑终 298 号刑事二审裁定书中也明确指出"一审判决未给予充分说理，程序存在瑕疵"。四川省南充市中级人民法院（2020）川 13 刑终 286 号二审刑事判决书中提到认罪认罚被告人上诉理由之一即是"一审在数量计算时方法各异，尺度标准不统一，且未明确说明理由"。

[②] 龙宗智：《认罪认罚案件如何实现"以审判为中心"》，载《中国应用法学》2022年第 4 期。

司法理念的价值要求，如是说庭审程序是追求效率，裁判文书的说理内容不但不应该简化，而且应该更加细致地展现庭审过程，则是公平公正的价值追求。

认罪认罚从宽案件裁判文书的说理是保障认罪认罚案件定罪量刑的公正性的要求。认罪认罚案件与普通刑事案件的最明显的区别在于，认罪认罚的被告人对检察机关指控的"罪名""量刑"不持异议。但检察机关与被告人关于定罪量刑的协商结果不能代替法庭审判程序，其具体内容还需要法庭审判予以审查。裁判文书的说理是法院审判人员对"罪""刑"认定的依据和具体体现。定罪量刑程序是否公正、裁判依据是否充分必须通过裁判文书这一载体得以体现。被告人之所以出现反悔与要求撤回已作出的认罪认罚现象，主要在于被告人不认可法院作出的裁判结果，裁判文书的说理部分没有让不满得到有效排解，从而认为自己受到法庭审判不公正的待遇。认罪认罚案件的适用程序本就已经极为简化，若承载法庭审判定罪量刑公正性的裁判文书部分再不加释法说理，其作出的裁判结果就更不会为认罚的被告人甚至社会公众所接受。因此，即使是认罪认罚案件，也要保证裁判文书说理部分的存在。

二、认罪认罚案件裁判文书说理的实践现状

（一）裁判文书说理部分过于精简

但上述措施并没有改变刑事裁判文书说理不足的现象，尤其是在认罪认罚案件中。使用威科先行法律信息库检索在 2019 年 1 月 1 日—2022 年 10 月 31 日的刑事案件裁判文书，并将裁判文书依据和理由部分的关键词限定于"认罪认罚"，得到有效文书共计 1046283 份。其中以裁判文书依据和理由部分篇幅为限定条件，出现了如图 1 所示情形。① 部分法院的法官更是将裁判文书简而化之，甚至还有部分裁判文书依据和理由部分还不

---

① 以上数据来源于通过威科先行法律数据库所查询的裁判文书，查询日期为 2022 年 11 月 1 日。

到 500 字。虽然裁判文书的篇幅不足以代表裁判文书的质量，但这至少反映了部分法官对认罪认罚案件刑事裁判文书的说理偏好。一份不足 500 字的裁判依据和理由，在内容过于精简的情况下，说理部分怎样能够得到体现呢？

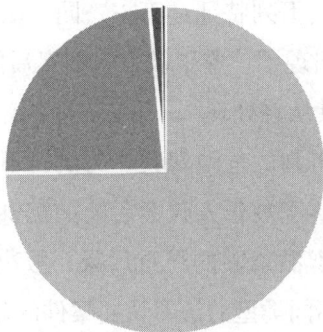

■ 500字以下　■ 500—2000字　■ 2001—10000字　■ 10001—30000字　■ 30000字以上

图 1　认罪认罚案件裁判文书字数统计

（二）认罪认罚案件裁判文书说理流于形式

在相当一部分裁判文书中，对犯罪事实及被告人认罪认罚自愿性的审查结论主要表现为"被告人×××对指控事实、罪名及量刑建议没有异议，在开庭审理过程中亦无异议"。一些法院在适用认罪认罚从宽程序刑事判决书样本中，对"自愿性"审查的表述也仅用"没有异议""同意适用且具结签字"等字样简单地一笔带过。从逻辑上推理，被告人对指控事实、罪名及量刑建议"不持异议"并不完全符合法定的"自愿性"的判定标准，"没有异议"有可能是"非自愿"产生的表象，所以裁判文书将"没有异议"作为说明被告人认罪认罚自愿性的裁判说理是有待商榷的。此外，本裁判文书对定罪量刑确定的依据表述为"×××人民检察院指控被告人×××犯××罪的事实清楚，证据确实、充分，罪名成立，本院予以支持"这种表述仅一两句话完成定罪量刑的说理内容，可能因法官片面追求诉讼效率，只对被告人认罪认罚的自愿性进行形式要件的审查、缺乏对实质内容的审查留下隐患。也可能会引发被告人的上诉、申诉及信访现象。

（三）认罪认罚案件裁判文书的格式化倾向严重

通过检索认罪认罚案件的裁判文书发现，各地审判法院出具的裁判文书在"本院认为"部分，呈现一致性。以某人民法院出具的认罪认罚案件裁判文书为例，其呈现出下列特征：第一，同一法官审理的被告人认罪认罚案件的裁判文书中均出现了"鉴于被告人归案后能如实供述其犯罪事实，自愿认罪认罚依法可对其从轻处理"。第二，不同法官审理的同一类型的认罪认罚案件，以该法院审判的危险驾驶罪为例，不同裁判文书的裁判理由和依据部分均表述为"鉴于被告人归案后能如实供述其犯罪事实，自愿认罪认罚，并深刻认识到醉酒驾驶的严重后果，故决定对其从轻处罚"。第三，不同法官审理的、不同类型的认罪认罚案件的裁判文书也出现格式化现象。如该法院在审理被告人高飞盗窃案时，裁判文书的本院认为部分表述为"鉴于被告人认罪认罚，本院决定对被告人在从轻处罚"。在审理刘害林故意伤害案时，裁判文书的本院认为部分表述为"鉴于被告人认罪认罚，本院对辩护人提出的可以从轻处罚的观点予以采纳"。上述三种形式的判决书的格式化倾向于将说理部分一笔带过。

上述认罪认罚案件裁判文书的格式化倾向情形并非只在陕西省神木县人民法院，在其他地区法院也存在。如湖南省宜章县人民法院。该法院出具的认罪认罚案件的裁判文书"本院认为"的说理部分，即使审判人员、审理案件类型不同，也高频率地出现"被告人×××自愿认罪认罚，依法从宽处理"。

三、认罪认罚案件裁判文书说理不足的原因探析

（一）刑事司法理念及考核政策的影响

刑事司法理念影响着审判人员的法庭审判的重点方向，也影响着法官的说理偏好。首先，"重实体、轻程序"的司法理念导致法官过于偏重对实

体内容的审查，而轻视对程序正义的说理工作。虽然近些年理论界和实务界对"实体和程序并重"的理念表示认同，但历史观念的影响并非能够快速扭转的。不少法官在审判案件时还会受到惯性思维的影响，导致其在裁判文书中对实体问题的阐述远比对程序部分的解释和裁判依据的说理更为翔实。其次，法院的考评制度也影响着法官对裁判文书说理的积极性。虽然最高法出台了关于要求法官对裁判文书的说理要求，但说理要求对法官的职务晋升和业绩考评的影响占比较小[①]。而且说理部分需要法官花费大量的时间精力去组织语言，导致了部分法官不会主动进行刑事案件的说理工作。最后，裁判文书的说理内容并没有固定标准和可视化格式，具有极大的主观性。法官个人的观念并不一定符合被告人或者社会公众的预期，这种现象在一些认罪认罚案件中体现得更为明显，部分法官会认为当事人已经认罪认罚，没有必要再进行说理工作。

（二）对认罪认罚案件说理重要性的认识不足

通过对刑事案件裁判文书的检索，发现相较于普通案件的刑事裁判文书，大部分认罪认罚案件的裁判文书都存在说理不足的现象，并非个别地区、个别法官有之。以上述检索的案例显示，认罪认罚刑事裁判文书的裁判依据和裁判理由部分，在 501—2000 字的判决书占到了全部判决书的 3/4，可以说大部分认罪认罚案件裁判文书的法院认为部分都不到 2000 字，其中除了法院对犯罪事实和证据情况、检察院起诉书和辩护人辩护意见以及法律依据和判决结果等内容的描述，说理部分能够展示的篇幅较小。其裁判文书说理部分仅以"鉴于被告人×××自愿认罪认罚，依法可对其从轻处罚"一句表述草草结束法官的说理。出现上述现象的原因是法官对认罪认罚案件裁判文书说理重要性的认识不足。一方面由于认罪认罚案件控辩双方对案件事实等没有过大分歧，且被告人同意适用较为简化的刑事速裁程序和简易程序，也导致法官客观会认为认罪认罚案件的审理较为简单，

---

① 高江涛:《关于法官绩效考核制度的思考》，载《人民法院报》2018 年第 6 期。

说理部分不用过分展开。

（三）认罪认罚案件较多，法官压力较大

一方面，从 2011 年《刑法修正案（八）》到 2021 年《刑法修正案（十一）》，在短短十年间刑法已经历经四次修改。相比 1979 年刑法颁布以来，截至 2022 年初刑法罪名增长了 2.74 倍。[①] 随着刑法所织就的犯罪网络越来越稠密，进入刑法规制范围的刑事案件大幅增加，司法机关的刑事办案压力也逐步递增，这也要求审判人员对过多的刑事案件作出快速反应。另一方面，这一制度的常态化适用，必然导致更多的认罪认罚案件涌现到法院，加重了审判人员的审理压力。认罪认罚案件多数适用速裁程序或简易程序审理，其过短的审理期限，也要求审判人员快速审案、迅速结案，以减少认罪认罚案件的堆积，提高法院的审判效率。在内外双重压力的作用下，希望法官能够在极其有限的时间内，积极主动地对其审判的认罪认罚案件进行详细说理，则无从实现。

四、认罪认罚案件裁判文书说理的优化路径

（一）深化对认罪认罚案件裁判文书说理的认识

认罪认罚案件的裁判文书是人民法院审判活动的最终产品，承担着对法庭审判过程和法官裁判过程的展示，是保障司法公正的正式法律文书[②]。认罪认罚案件适用的审判程序本就相对简化，若裁判文书的说理部分过度简化，不仅不能起到对被告人释法说理的作用，也不能解答被告人和社会公众的疑问。基于法院审判压力的考虑，法官可以根据审理认罪认罚案件所适用审判程序与审理案件复杂程度的不同，对裁判文书的内容进行详略得当，但不能省略整个说理部分。认罪认罚案件的裁判文书说理部分是裁

---

① 杨先德：《积极刑法立法下的扩大追诉现象及其司法规制》，载《中国刑事法杂志》2021 年第 6 期。

② 朱妙、黄擘、庞一超：《诉讼程序多元化背景下刑事裁判文书"繁简分流"改革路径探究》，载《上海法学研究》集刊 2019 年第 12 卷。

判文书必不可少的一部分。因此，要采取具体措施不断推动法官认识到认罪认罚案件裁判文书说理部分的重要性，如法院系统内容可以出台具体文件鼓励审判人员对认罪认罚案件裁判文书的说理，在系统内部评选优秀说理文书，并予以奖励。通过此种方式来鼓励更多的审判人员重视认罪认罚案件裁判文书的说理，并积极主动地就审判的认罪认罚案件进行较为翔实和具有说服力的说理。

（二）促进认罪认罚案件裁判文书说理内容的改革

适用刑事速裁程序或简易程序审理的认罪认罚案件，由于二者的共通之处在于被告人在审前阶段已经自愿选择认罪认罚，双方在诉讼中已形成合意，因此对案件事实、证据等问题不存在争议或争议较小，裁判文书便可以不按照普通程序裁判文书的体例在案件事实认定、证据审查、判决理由等事项上作出过多阐述。但是，认罪认罚案件的庭审程序在一定程度上进行了简化或省略，并不意味着裁判文书也要一味简化，反之，突出此类案件的程序特点。鉴于认罪认罚案件的法庭审理对象和内容均已发生转变，裁判文书的撰写方式也须相应地作出调整，体现法官在庭审中的审查重点[①]。

由于速裁程序、简易程序的庭审关注点在于审查被告人认罪认罚的自愿性、真实性以及量刑建议的合法性，因此法官在书写裁判文书时应将笔墨着重放在对被告人认罪认罚的自愿性、真实性以及量刑建议的合法性如何展开实质性审查的客观记录上，包括重点阐释法官如何通过法庭审查确信被告人是基于自愿、真实、理智的自由意志作出认罪认罚的决定，需要将具体的认定依据和心证过程阐述出来。实质性的审查判断离不开法官心证作用的发挥，强化作为事实判断者的法官基于自身经验进行证据感知和思维，从而建立内心确信的过程是十分必要的，这也符合我国当前刑事司法的改革方向，即在坚持客观印证的基础上，强化法官心证的作用。

---

① 白泉民：《刑事裁判文书改革的价值取向与路径方法》，载《人民司法》2016年第 4 期。

（三）转变认罪认罚案件的裁判文书的撰写方式

裁判文书撰写方式的转变有助于督促法官对被告人认罪认罚的真实意思表示展开深入了解和具体细节的询问，避免法庭审查形式化。质言之，如办案机关在诉讼过程中是否履行了对被告人基本诉讼权利的告知义务；是否存在被告人因受到侦讯人员的暴力、威胁、欺骗或者私下承诺行为的影响，产生心理压力或者错误认识而选择认罪认罚；值班律师或辩护人是否在被告人适用认罪认罚程序前有效帮助其全面、理性地分析现有证据和案件情况，并对其解释清楚相关法律规定，使被告人对自己认罪认罚的法律后果有着清晰、理智的认识；值班律师或辩护人能否充分参与到控辩协商程序中，并独立表达对被追诉人的量刑意见等。对上述办案细节的询问，不仅有助于法官通过实质性审查对被告人认罪认罚的自愿真实性进行司法最后一道防线的审核把关，亦有助于发现办案人员在适用认罪认罚从宽制度处理案件的过程中是否存在违反司法诚信准则的诉讼行为，并及时对相关违法、违规的办案人员处以刑事责任或采取程序性制裁手段，从而对侦查、起诉活动形成良好的监督作用。

此外，对于适用刑事速裁或简易程序审理的认罪认罚案件，基于提升诉讼效率、节约司法资源的现实需求，人民法院还可以通过探索完善简化文书格式库和类型化案件说理库的方式，为同类案件快速制作简化文书提供模板支持，使得认罪认罚案件的裁判文书在简化文书样式的同时，实现"减文字不减说理"的理想效果。

五、结语

裁判文书是展现法庭审判过程的载体，是审判公开的要求，也是审判机关主动接受社会公众监督的一种形式。裁判文书的说理部分是彰显审判人员裁判理性的过程，认罪认罚案件的被告人虽然认同检察机关提出的罪名和量刑建议，但双方当事人达成的协议不能代替法院审判程序的进行，法庭的审判活动仍应当通过一定的载体表现出来，如裁判文书的说理部分。

现阶段，认罪认罚案件裁判文书的说理部分出现过度简化的情形和格式化倾向，这种现象的出现与认罪认罚案件的审判压力过大有关，也与审判人员主观上不愿意进行说理有关。应该通过一定的形式深化审判人员对认罪认罚案件裁判文书说理重要性的认识，转变原有的观念。同时，也要对现有的认罪认罚案件裁判文书进行改革，通过说理偏向的"繁简分流"，将审判人员的说理重心放置于认罪认罚案件法庭审查的重心，这样才能推动认罪认罚案件裁判文书的说理详略得当，实现裁判文书说理的主要目的。

刑事诉讼法律文书功能与价值思考
——以《认罪认罚具结书》为视角

刘红雨　江苏省泗阳县人民检察院

从党的十八届四中全会提出"完善刑事诉讼中认罪认罚制度",到2018年认罪认罚从宽制度被正式写入《中华人民共和国刑事诉讼法》(以下简称《刑事诉讼法》),认罪认罚从宽制度经历了改革理念缘起、试点探索、经验总结到如今改革成果立法化的长期过程。无论是从改革理念、试点实践抑或当前《刑事诉讼法》的立法设计来看,认罪认罚从宽制度自始至终被赋予实现刑事诉讼中案件"繁简分流"目标、化解"案多人少"困境、优化司法资源配置的价值使命。从《刑事诉讼法》的规定和全国各地试点实践来看,一般而言,认罪认罚从宽的实现需要经历侦查机关告知犯罪嫌疑人享有认罪认罚从宽的权利、犯罪嫌疑人自愿认罪认罚、控辩双方关于量刑建议的交流与协商、犯罪嫌疑人在自愿认罪认罚基础上签署具结书、审判阶段法院一般应当采取检察院量刑建议而作出"从宽"判决等法定程序。其中,为彰显犯罪嫌疑人自愿性与明智性、体现控辩双方合意与协商,作为审判核心对象的认罪认罚具结书在整个认罪认罚从宽制度中起着承上启下的关键作用。认罪认罚具结书的法律功能、内容、法律拘束力等尚未明晰,亟待深入研究,这也是完善认罪认罚从宽制度的应有之义。

一、认罪认罚具结书法律功能定位探析

(一)追本溯源:从具结到具结书的法律功能变迁

"具结书"一词虽源于当前的认罪认罚从宽制度,属于新生词汇,但"具结"一词早已有之。"具结"在我国古代司法制度中承担着保证的功能,

可以将其视为当事人对官方的保证书。而我国现行各类法律规范广泛存在的"具结悔过"，其法律功能较之古代"具结"已经发生变化，以刑事法律规范为例，其中"具结悔过"的法律功能在于从心理上惩戒犯罪嫌疑人、被告人，要求其对行为进行自我谴责与忏悔。与之相比，当前认罪认罚从宽制度中"具结书"的法律功能不同于上述的具结制度。有观点认为，具结书兼具犯罪嫌疑人、被告人供述、书证、辩诉协议的功能，甚至可以作为被害人提起附带民事诉讼的依据，显而易见的是具结书所具备的法律功能已然突破了以往具结制度中保证、悔过的功能局限性。申言之，尽管认罪认罚具结书借鉴了以往具结制度中"具结"这一概念，但从"具结"到"具结书"，其法律功能发生了动态变迁。

（二）认罪认罚具结书的法律功能定位

"具结书"一词最早可见于 2016 年 9 月通过的《全国人民代表大会常务委员会关于授权最高人民法院、最高人民检察院在部分地区开展刑事案件认罪认罚从宽制度试点工作的决定》（以下简称《决定》）。《决定》指出："对犯罪嫌疑人、刑事被告人自愿如实供述自己的罪行，对指控的犯罪事实没有异议，同意人民检察院量刑建议并签署具结书的案件，可以依法从宽处理"，在此虽然提及了在认罪认罚从宽制度中需要犯罪嫌疑人签署具结书，但并未针对何谓认罪认罚具结书及其法律功能进行阐明。2018 年《刑事诉讼法》在结合试点经验基础上对于认罪认罚制度作了更加全面的规定。但在认罪认罚具结书方面，《刑事诉讼法》基本沿袭了《关于在部分地区开展刑事案件认罪认罚从宽制度试点工作的办法》（以下简称《试点办法》）的相关规定，仅增加了三种不需要犯罪嫌疑人签署具结书情形的规定。换言之，修正后的《刑事诉讼法》仍未回应认罪认罚具结书的法律功能定位这一基本问题。

除此之外，正如上文所论，当前学界对于认罪认罚具结书的法律功能定位争议颇大，尚未形成共同认识。且值得注意的是，学界对认罪认罚具结书法律功能的讨论基本都停留在认罪认罚从宽制度试点探索时期、修正后的《刑事诉讼法》颁布之前，不免具有一定程度上的局限性。基于此，我们有必要在《刑事诉讼法》已经修正的背景下，重新审视并力争全面而准确地认识认罪认罚具结书的法律功能。笔者认为，认罪认罚具结书具有如下几种法律功能：

1.认罪认罚具结书具有程序功能，是认罪认罚从宽制度的标志性法律文书。根据上海市的认罪认罚制度试点实践，犯罪嫌疑人签署具结书时，约有30%的案件并非由检察院主动告知犯罪嫌疑人有关认罪认罚制度及相关权利义务，即在此情形下不能保证犯罪嫌疑人完全了解这项制度和其享有的权利。如同调解书之于调解制度、判决书之于审判制度，认罪认罚具结书亦是认罪认罚从宽制度的标志性法律文书。《刑事诉讼法》第174条明确载明，除几种法定情形外，犯罪嫌疑人自愿认罪，同意量刑建议和程序适用，应当在辩护人或值班律师在场的情况下签署认罪认罚具结书。认罪认罚具结书作为适用认罪认罚制度的标志性法律文书，其法律功能在于要求检察机关在审查起诉程序中，对于犯罪嫌疑人的自愿认罪认罚给予充分的权利保障，同时应当将量刑建议、拟适用的审理程序等开诚布公，以认罪认罚具结书的形式确立适用认罪认罚制度的成果。同时，对于适用认罪认罚制度的案件，《刑事诉讼法》第176条第2款规定，检察机关在向人民法院提起公诉时应当一并随案移送认罪认罚具结书。总而言之，作为认罪认罚制度的标志性法律文书，认罪认罚具结书不仅保障犯罪嫌疑人的合法权利，更具有规范检察机关适用认罪认罚制度的法律功能。

认罪认罚具结书影响审判程序的适用类型。根据《刑事诉讼法》的规定，对于适用认罪认罚从宽制度的案件，犯罪嫌疑人可以与检察院协商选择审判程序的类型，这也是认罪认罚具结书不可或缺的重要内容。具体而言，认罪认罚具结书中有三种程序可供选择适用：一是对于基层人民法院管辖的可能判处三年有期徒刑以下刑罚的案件，可以适用速裁程序；二是对于基层人民法院管辖的可能判处三年有期徒刑以上刑罚的案件，可以适用简易程序；三是对于既不符合简易程序也不符合速裁程序审理的案件，可以用普通程序审理。

2. 认罪认罚具结书具有实体功能，是犯罪嫌疑人自认式的声明书。从认罪认罚具结书的形式与内容上来看，具结书包含了犯罪嫌疑人自愿认罪、同意量刑建议和程序适用等基本要素。犯罪嫌疑人通过具结书体现出来的认罪认罚实际上是对其犯罪行为的自认与反省，甚至包含悔过的主观情感。但更恰当地说，是一种犯罪嫌疑人对控方指控的犯罪事实、罪名和提出的建议刑罚、拟适用审理程序表示认可的声明。这种自认式的声明在本质上是犯罪嫌疑人单方处分或者放弃诸如无罪辩护等法定诉讼权利的表现。犯罪嫌疑人可能要承担这种声明的后果，即可能遭受刑事处罚与来自社会的负面评价。有鉴于此，从实体意义上来看，认罪认罚具结书可以视为犯罪嫌疑人自认式的单方声明书。

认罪认罚具结书是检察机关承诺式的量刑建议书。对于犯罪嫌疑人而言，选择认罪认罚的动力在于追求最终实体结果上"从宽"的可能性。在认罪认罚制度中，可能从宽的实体结果直接表现为检察机关在认罪认罚具结书中所提出的"量刑建议"。在关乎案件实体结果的量刑问题上，认罪认罚具结书体现出了检察机关的承诺性与建议性。首先，从认罪认罚从宽制度的立法设计来看，检察机关的量刑建议作为体现从宽程度和幅度的具体载体，是检察机关基于犯罪嫌疑人认罪认罚与全案情况作出的具有司法公信力性质的承诺。[1]《刑事诉讼法》业已规定法院在审判阶段一般应当采纳检察机关提出的量刑建议，因此检察机关承诺的量刑指控对于犯罪嫌疑人而言具有巨大的可期待性。在我国的认罪认罚从宽制度中，检察机关具有令犯罪嫌疑人合理期待的量刑建议权，即有权在认罪认罚具结书中向犯罪嫌疑人作出承诺式的量刑建议，这也恰恰是认罪认罚从宽制度生命力所在。其次，在认罪认罚从宽制度下，检察机关与法院之间的诉审关系并未变化。检察机关提出量刑建议本质上仍然属于程序职权，包括认罪认罚具结书的内容在审判阶段仍须接受法院的审查，最终由法院作出判决。依据法律规

---

[1] 孔杰等:《认罪认罚从宽制度中的量刑建议》，载《认罪认罚从宽制度的理论与实践——第十三届国家高级检察官论坛论文集》，中国检察出版社 2017 年版，第 493 页。

定，法院一般应当采纳检察机关的量刑建议并通过判决予以确认；若法院认为量刑建议明显不当或被告人、辩护人对量刑建议提出异议，法院可以建议检察机关予以调整，也可以依法径行判决。因此，从上述角度来说，认罪认罚具结书也是检察机关承诺式的量刑建议书。

3. 认罪认罚具结书具有独立价值功能，是控辩双方协商下的"合意书"。工具价值是指对于其他事物来说仅仅作为一种工具的价值。[①] 例如《刑事诉讼法》的工具价值主要在于保障刑事实体法的正确实施。上述关于认罪认罚具结书所体现的程序功能、实体功能的分析阐释了认罪认罚具结书在认罪认罚从宽制度中的功能定位，即分别从程序、实体两大层面保障认罪认罚从宽制度在刑事诉讼活动中的有序进行，故可以将其视为认罪认罚具结书的工具价值。与工具价值相对应的为事物本身所蕴含的价值，称之为独立价值。《刑事诉讼法》的独立价值在于其直接体现出来的民主、法治、人权和文明等精神内涵。对于认罪认罚具结书而言，相比于在程序和实体上所展现出来的保障认罪认罚从宽制度有序实现的工具价值功能，其独立价值功能显得更为引人瞩目。认罪认罚具结书的独立价值在于其凝结了控辩双方之间沟通协商的合意，具有浓厚的契约属性。换言之，从独立价值功能来看，认罪认罚具结书可称为检察机关与犯罪嫌疑人双方之间的"合意书"。

（三）认罪认罚具结书的特点及分析

具体而言，认罪认罚具结书所展现出的控辩双方的合意有以下几个特征：

1. 认罪认罚具结书有刑事诉讼契约性。所谓刑事诉讼契约，是指控辩双方就诉讼利益、与诉讼有关的程序及相关事项，以发生诉讼法效果为目的的合意。以此标准来看，认罪认罚具结书中的控辩双方合意属于实质意义上的刑事诉讼契约。首先，面对检察机关出具的认罪认罚具结书，犯罪

---

① 易显河：《多样性的内在价值和工具价值及相关冲突的解决：一些哲学和法律的思考》，载《法学评论》2010 年第 6 期。

嫌疑人有接受或不接受的权利与自由。换句话说，犯罪嫌疑人签署认罪认罚具结书应当基于自愿性、真实性与明智性。其次，犯罪嫌疑人所认之罪、所认之罚是检察机关的指控之罪、建议之罚。尤其是所认之罚体现为从宽后的量刑建议，犯罪嫌疑人在签署具结书表示认可之前，存在着与检察机关之间互动协商的过程。[①] 犯罪嫌疑人或辩护人、值班律师可以就从宽处罚的量刑幅度向检察机关提出意见，进行沟通与协商。因此，反映在具结书上的量刑建议等内容实际上是控辩双方"合意"的结果，对于双方均具有法律拘束力，具有浓厚的刑事诉讼契约性。

2. 认罪认罚具结书规定的权利义务明确。在认罪认罚案件中占主导地位的检察机关在提供认罪认罚具结书时，负有主动告知犯罪嫌疑人何谓认罪认罚从宽制度、其在认罪认罚过程中所享有的权利以及可能产生的法律后果的义务。检察机关告知义务的明确性与犯罪嫌疑人权利知悉的明确性是认罪认罚具结书中控辩双方合意的基础。

3. 认罪认罚具结书有合意的不充分性。虽然从本质上而言，认罪认罚具结书是检察机关与犯罪嫌疑人之间合意的产物，具有一定程度的刑事诉讼契约属性，但究其根本，它又不同于一般意义上的私法契约。检察机关代表国家公权力，在认罪认罚案件中占据主动和主导地位，犯罪嫌疑人在检察机关设定的框架范围内进行协商，这使得认罪认罚具结书带有强烈的公法关系属性。德国学者贝恩德认为，在控方代表国家公权力的公法关系下，控辩双方之间的刑事协商无法建立在真正合意的基础上。[②] 笔者认为这种完全否定控辩双方刑事协商的合意的观点有失偏颇。以认罪认罚具结书为例，控辩双方协商合意的充分性虽然受到检察机关公权力属性的制约，但控辩双方仍能就量刑建议、程序选择进行实质性的协商，认罪认罚具结书的签署仍以双方同意为基础要件。概言之，认罪认罚具结书作为一种公

---

① 胡云腾主编：《认罪认罚从宽制度的理解与适用》，人民法院出版社 2018 年版，第 97 页。

② 陈光中主编：《公正审判与认罪协商》，法律出版社 2018 年版，第 34 页。

法性质的契约，决定了其所蕴含的控辩双方合意必然是不充分的，但不能据此否认控辩双方合意的存在与认罪认罚具结书的契约属性。

综上，认罪认罚具结书的法律功能定位呈现出程序功能与实体功能交错、工具价值与独立价值并重的特点。同时，认罪认罚具结书独特的法律功能对于构建全面的具结书内容与正确适用具结书具有理论上的指引作用。

二、认罪认罚具结书的内容完善与适用

（一）认罪认罚具结书的内容构建

《刑事诉讼法》修改之后，最高人民法院刑事审判第一庭在借鉴相关试点的认罪认罚具结书的内容与格式基础上，制作了认罪认罚具结书的参考样本。从最高人民法院提供的模板来看，认罪认罚具结书主要包含了以下内容：犯罪嫌疑人身份信息与权利知悉、检察机关指控的犯罪事实和量刑建议、审判程序适用类型、犯罪嫌疑人自愿签署声明以及其辩护人或值班律师的见证证明。这也与相关试点规范、《刑事诉讼法》反映出来的具结书内容基本要素相契合。但笔者认为，这份样本就其内容要素而言，未能充分反映出认罪认罚具结书的法律功能。鉴于认罪认罚具结书在认罪认罚从宽制度中的重要作用与独特的法律功能定位，笔者认为在此具结书样本所列内容基础之上，可以考虑从以下几个方面进行补充：

1. 犯罪嫌疑人权利保障方面

一是对权利知悉内容加以完善和充实。对于在认罪认罚从宽制度中处于被动地位的犯罪嫌疑人而言，权利知悉关乎着犯罪嫌疑人认罪认罚的自愿性与明智性，也是其与检察机关达成合意的意志基础。需要明确的是，权利知悉包含两个方面：一是自愿认罪是认罪认罚从宽制度的核心要件。[1]即犯罪嫌疑人拥有认罪或不认罪的权利，这是其具有的自由选择权。二是在犯罪嫌疑人自愿选择认罪认罚时，为确保犯罪嫌疑人可以真正理解认罪

---

① 吴宏耀：《论认罪认罚从宽制度》，载《人民检察》2017 年第 5 期。

认罚从宽制度的全部内容，知悉认罪认罚过程中的全部权利，除检察机关需要向犯罪嫌疑人依法履行告知义务，也应由辩护人或值班律师对其给予充分的告知，以切实保障犯罪嫌疑人签署具结书的自愿性与明智性。二是对反悔权加以规则。虽然《刑事诉讼法》并未明确规定犯罪嫌疑人可以反悔、撤回具结书，但结合认罪认罚从宽制度的立法设计和规定来看，犯罪嫌疑人应当以自愿和明智的状态签署具结书，这也是认罪认罚具结书的独立价值功能——控辩双方合意的要求和体现。进一步来说，控辩双方合意的契约属性赋予了犯罪嫌疑人签署认罪认罚具结书的自愿性和撤销的自由性，犯罪嫌疑人应享有反悔权。需要注意的是，认罪认罚从宽制度并未突破二审终审制，因而犯罪嫌疑人的反悔权不仅包括在一审法院作出判决之前撤回认罪认罚具结书的权利，还应包括在一审法院作出判决之后提起上诉的权利。

2. 规范检察机关适用方面

检察机关作为认罪认罚具结书适用的主导者，在出具认罪认罚具结书时应从认罪认罚具结书的法律功能出发，尽可能完善和规范具结书的核心内容。

首先，从程序功能与独立价值功能来看，认罪认罚具结书作为认罪认罚从宽制度的标志性法律文书与控辩双方合意的体现，在格式上可以考虑设置为上、下两联。现有的认罪认罚具结书样本可以作为上联，在犯罪嫌疑人、辩护律师或值班律师签字后由办案机关归入案卷。下联用于确认犯罪嫌疑人已自愿具结且办案单位已接收具结书，由办案人员签字、办案机关盖章后交由犯罪嫌疑人留存，可以作为具结的凭证。① 认罪认罚具结书上、下两联的格式设置能够更好地体现控辩双方协商的合意与法律文书的规范性特征。

其次，在实体功能上，认罪认罚具结书作为犯罪嫌疑人自认式的声明书与检察机关承诺式的刑罚建议书，要求认罪内容应当具体，认罚内容应

---

① 毋郁东、刘方权：《认罪认罚从宽案件中的"具结"问题研究》，载《海峡法学》2017 年第 3 期。

当精准。由于坚持认罪认罚案件必须查明事实真相，在认罪问题上，制度设计者要求，犯罪嫌疑人、被告人不仅应当承认指控的犯罪事实，而且必须如实供述自己的罪行，以确保认罪事实的真实性。因而在认罪内容的具体化方面，检察机关在出具认罪认罚具结书时应当具体载明指控的犯罪事实与罪名，不可过于简略。

3. 认罪认罚具结书的内容应加以精准化

第一，对于认罚内容，要注明犯罪嫌疑人所犯之罪在其不认罪认罚情形下检察机关依据刑事法律规定与司法实践而提出的正常量刑建议，同时注明在犯罪嫌疑人认罪情形下从宽后的量刑建议，使量刑的从宽程度得以具体化，也有助于犯罪嫌疑人直观地看到认罪认罚带来的实际量刑的"优惠"。第二，检察机关对于具体个案提出的量刑建议应避免幅度化。对于刑事司法实践中发生频率高、检察机关具有成熟应对经验的犯罪，如盗窃罪等，可直接提出包含具体刑期的较为精准的量刑建议，而非幅度化量刑建议模式。如上文所述，精准化的量刑建议本质上仍属于程序职权范畴，并不会影响专属于法院的审判权。依《刑事诉讼法》规定，审判阶段法院认为量刑建议明显不当时可以径行作出判决。事实上，精准化的量刑建议不仅能够吸引犯罪嫌疑人认罪认罚，也利于犯罪嫌疑人在值班律师或辩护人的帮助下就量刑建议与检察机关开展深度的协商与沟通。

（二）认罪认罚具结书的适用分析

正确适用认罪认罚具结书是保证其法律功能充分实现的基础。在关于认罪认罚具结书的适用问题上，有以下几个方面需要注意：

1. 认罪认罚具结书适用的实质要件

从法律功能来看，作为犯罪嫌疑人自认式声明书的认罪认罚具结书，强调犯罪嫌疑人认罪认罚的自愿性、真实性与明智性，这也是适用认罪认罚具结书的实质要件。申言之，适用认罪认罚具结书应当具备以下三种实质要件：第一，犯罪嫌疑人自愿认罪，即自愿如实供述罪行，承认检察机关指控的犯罪事实；第二，犯罪嫌疑人自愿认罚，即自愿接受检察机关的量刑建议；第三，犯罪嫌疑人自愿认程序，即自愿适用相关的审理程序类型。这三方面不仅属于认罪认罚具结书的重要内容，也是适用认罪认罚具结书的实质要件，是审判阶段法院审查的重点。

2. 认罪认罚具结书适用的形式要件

适用认罪认罚具结书的形式要件包括两个方面：一是认罪认罚从宽制度告知书适用在先。根据试点实践经验，在适用认罪认罚具结书之前，检察机关必须向犯罪嫌疑人提供认罪认罚从宽制度告知书，确保犯罪嫌疑人了解、接受认罪认罚从宽制度，能够以自愿且明智的状态适用认罪认罚从宽制度和签署具结书；二是辩护人或值班律师在场。《刑事诉讼法》《试点办法》以及各试点规范均规定犯罪嫌疑人签署认罪认罚具结书时必须有其辩护人或值班律师在场，旨在对犯罪嫌疑人的认罪认罚、程序选择等提供专业的法律意见，核心在于保障犯罪嫌疑人认罪认罚的自愿性、真实性与明智性。

3. 认罪认罚具结书适用的否定要件

依据《刑事诉讼法》的规定，有下列情形之一的，无须签署认罪认罚具结书：（1）犯罪嫌疑人是盲、聋、哑人，或者是尚未完全丧失辨认或者控制自己行为能力的精神病人；（2）未成年犯罪嫌疑人的法定代理人、辩护人对未成年人认罪认罚有异议的；（3）其他无须签署具结书的情形。《试点办法》曾将上述几种情形作为不适用认罪认罚从宽制度的条件，而《刑事诉讼法》将其规定为无须适用具结书的情形，仍可适用认罪认罚从宽制度。笔者认为，此处立法的考量在于保证认罪认罚从宽制度可平等适用于任何主体，但生理、精神上有缺陷的或未成年人犯罪嫌疑人自愿性、真实性与明智性不够完全，因此无须适用认罪认罚具结书，可在其法定代理人及辩护人或值班律师帮助下适用认罪认罚从宽制度，旨在为其提供更加完善的认罪认罚从宽制度的程序保障。

三、认罪认罚具结书的法律拘束力

由上文分析可知，控辩双方协商的合意性作为认罪认罚具结书的独立价值功能，赋予了认罪认罚具结书一定程度上的刑事诉讼契约性质。作为主体间自由意志关系体现的契约要求参与各方承担自由选择的后果。因此，认罪认罚具结书的契约性对合意的主体即犯罪嫌疑人与检察机关均具有法律拘束力。接下来将分别讨论认罪认罚具结书对于双方的法律拘束力：

（一）对犯罪嫌疑人的法律拘束力

认罪认罚具结书对于犯罪嫌疑人的法律拘束力主要体现在对其反悔行为的拘束。犯罪嫌疑人虽然可以反悔，但也不能无限制地撤回作为控辩双方合意的认罪认罚具结书，这是协议或契约精神的应有之义。认罪认罚具结书的公法契约属性决定其不能被无限制、随意地撤回。笔者认为，限制犯罪嫌疑人撤回具结书的次数似乎有违认罪认罚从宽制度与签署具结书的自愿性，值得商榷。可以借鉴我国台湾地区将被告人撤销认罪协商的反悔权限制在审判程序终结前行使的做法。[①]

对上诉理由的严格审查。在现有法律规定下，认罪认罚从宽制度并未突破二审终审制，认罪认罚具结书的契约属性亦未剥夺被告人的上诉权。但为保障认罪认罚从宽制度构建案件分流机制、高效运用司法资源的价值实现，应对实践中缺乏正当上诉利益、"技术性上诉"的泛滥，应立足于认罪认罚具结书的契约合意功能，审查、优化被告人的上诉理由。对于认罪认罚案件，有必要推行有因上诉制度。二审法院负责审查过滤认罪认罚案件中原审被告人的上诉理由，对于有证据证明判决量刑畸重、认罪认罚违背自愿、程序重大违法等允许上诉，而对于"技术性上诉"等因有违上诉功能纠偏纠错的价值本源与认罪认罚具结书的契约精神，缺乏正当上诉利益的，应直接予以驳回，不再启动二审程序。

犯罪嫌疑人反悔、撤回认罪认罚具结书是对控辩双方合意的违约，所谓"技术性上诉"指在当前无因上诉制度下，司法实践中原审被告人以较小的上诉成本，借助"上诉不加刑"原则谋求减刑，利用二审审限折抵服

---

① 卞建林、谢澍：《认罪认罚从宽与台湾地区刑事协商之比较研究》，载《法学杂志》2018 年第 5 期。

刑期间的程序权利，以达到留在看守所服刑的目的，规避监狱服刑。"技术性上诉"并非基于对一审判决具有实质性的异议，而是意在利用认罪认罚程序提高效率与二审纠偏功能之间的价值冲突投机取巧，缺乏正当上诉理由，严重浪费司法资源。鉴于认罪认罚具结书对于犯罪嫌疑人的严格法律拘束力及其公法契约属性下合意的不充分性，值班律师或辩护人应深度参与，扮演"参谋人"的角色，辅助犯罪嫌疑人与检察机关就量刑建议等内容进行协商，最大限度保障控辩双方合意的充分性与真实性，避免因其反悔带来的法律后果。

（二）对检察机关的法律拘束力

从法律功能来看，认罪认罚具结书既是检察机关承诺式的量刑建议书，同时又蕴含了检察机关与犯罪嫌疑人之间的合意；从认罪认罚案件中控辩双方的地位来看，检察机关处于主导者的地位，代表国家公权力，使得认罪认罚具结书带有强烈的公法契约色彩。有鉴于此，相对于犯罪嫌疑人而言，认罪认罚具结书对于检察机关的法律拘束力更为严格，主要表现为检察机关应尊重和保持与犯罪嫌疑人之间达成的合意，负有不可主动违反认罪认罚具结书的义务。具体来说，检察机关的这种守约义务可分为两个方面：

1. 在审查起诉阶段，检察机关应尊重具结书中量刑建议、审判程序类型等双方合意的内容，应当保证按照法定程序反映在认罪认罚具结书中双方的合意完整地移交至法院，接受法院的审查与最终裁决。若检察机关在审查起诉阶段背弃认罪认罚具结书，犯罪嫌疑人可以据此向上级检察机关提出申诉、在审判阶段将其作为抗辩理由。

2. 在法院认可具结书、采纳量刑建议并作出判决后，除非被告人率先违反抗辩双方合意、以不正当理由提起上诉，否则检察机关不可主动提起抗诉乃至审判监督程序。在法院认可认罪认罚具结书时，无论是从抗诉的功能价值方面还是从认罪认罚从宽制度的目的价值方面来说，检察机关都没有主动提起抗诉的合理性。从法律后果来看，一旦检察机关在审查起诉阶段背弃认罪认罚具结书或在法院采纳具结书后主动提起抗诉，这种不守信行为将损坏被追诉人对于司法的信任，影响其他犯罪嫌疑人认罪认罚的意愿与积极性。

（三）对法院的法律拘束力

如前所述，在认罪认罚案件中，诉审关系并未改变，法院仍然是负责居中审判、作出最终裁决的第三方。但不同于普通刑事案件中以审判为中心、控辩双方当庭举证质证激烈对抗的模式，认罪认罚案件往往适用速裁程序或简易程序，法院的职责在于对认罪认罚从宽制度的标志性法律文书——认罪认罚具结书的实质审查。鉴于认罪认罚具结书公法契约属性下控辩双方合意的不充分性，认罪认罚案件中法院审查的重点应为被告人认罪认罚的自愿性、明智性与认罪认罚具结书的合法性。应当强调的是，认罪认罚案件虽然在程序上有所简化，但是证明标准没有变化，这与国外的辩诉交易存在重大差别；虽然法院一般应当采纳检察机关的量刑建议，但是量刑的最终决定权仍然在法院，保障量刑公正的责任仍然在法院。因此，对认罪认罚案件必须高度重视审判，特别是庭审的最终审查把关起决定性作用。

由此来看，在认罪认罚案件中，认罪认罚具结书对于法院具有一定意义上的法律拘束力。根据我国《刑事诉讼法》的规定，认罪认罚具结书对法院的法律拘束力可以概括为以下三个方面：

1. 法院一般应当认可认罪认罚具结书。《刑事诉讼法》明确规定，对于认罪认罚案件，法院在作出判决时一般应当采纳检察机关指控的罪名与量刑建议，这表明通常情形下认罪认罚具结书的法律功能得以体现，正确地反映了认罪认罚成果，因而对于法院具有法律效力与拘束力，法院一般应当认可、采纳认罪认罚具结书。

2. 认罪认罚具结书对于法院裁判文书的法律拘束力。如上所言，审判阶段法院对于认罪认罚案件的审查重心在于被告人认罪认罚的自愿性、明智性与认罪认罚具结书的合法性。基于此，法院对于认罪认罚案件裁判文书的写作格式应有别于适用普通程序审理的裁判文书格式。换言之，作为庭审审查焦点的认罪认罚具结书，要求法院在制作裁判文书时应紧紧围绕被告人认罪认罚的自愿性、真实性以及认罪认罚具结书中控辩双方合意的代表——量刑建议的合法性的审查过程进行论述和说理，最终使代表控辩双方合意的认罪认罚具结书的关键要素以司法确认的方式体现在法院的裁判文书中，完成法律效力上的升华。

3. 认罪认罚具结书对法院无法律拘束力的例外情形。根据《刑事诉讼法》的规定，可以将这种例外情形分为两大类：其一，认罪认罚具结书法律功能的合法基础不复存在。包括被告人的行为不构成犯罪或不应当对其追究刑事责任、被告人违背意愿认罪认罚、被告人否认指控的犯罪事实、起诉指控的罪名与审理认定的罪名不一致、其他可能影响公正审判的情形等。上述情形背离了刑事审判制度与认罪认罚从宽制度的基本原则，因而导致认罪认罚具结书的法律功能丧失了合法基础，使得其归于无效，从而也失去了对法院的法律拘束力。其二，认罪认罚具结书独立价值功能的丧失。认罪认罚具结书的独立价值功能在于控辩双方合意的契约性，其直观反映为控辩双方对于量刑建议的一致认可。在审判阶段，若法院认为量刑建议明显不当，显然作为控辩双方合意体现的量刑建议违反了法律规定，导致控辩双方的合意无效；若被告人、辩护人对量刑建议提出异议，则视为对原有控辩双方合意的否定。故而在上述情形下，认罪认罚具结书独立价值功能的丧失使得法院无须受到任何法律拘束力。

论认罪认罚案件中法律文书的释法说理

陈俊荣　张维娅　广东省雷州市人民检察院

法律文书既有助于准确适用法律，也有助于在释法说理的过程中维护公平正义、减少法律纠纷。检察机关的法律文书是反映整个办案流程的重要载体，检察机关在履行法律职责时应注重法律文书的撰写工作，充分发挥法律文书的释法说理作用。认罪认罚从宽制度是法律赋予给自愿如实供述自己罪行的犯罪嫌疑人、被告人的一项法律权利，在保障当事人合法权益的同时能最大化地发挥司法功能，达到法律效果、政治效果、社会效果的有机统一。因此，检察机关在办理认罪认罚案件中不仅要落实好相关法律规定，保证办案质量，也要加强释法说理工作，体现办案水平。从党的十八届四中全会提出"完善刑事诉讼中认罪认罚制度"，到 2018 年认罪认罚从宽制度被正式写入《刑事诉讼法》，再到 2019 年《关于适用认罪认罚从宽制度的指导意见》（以下简称《指导意见》）的发布，认罪认罚从宽制度经历了改革理念缘起、试点探索、经验总结到如今改革成果立法化的长期过程。[①] 但在制度适用的过程中，出现了认罪认罚具结书效力不明晰，犯罪嫌疑人、被告人认罪认罚后又反悔等法律适用问题，一方面反映出需要完善认罪认罚从宽制度，另一方面也要求检察机关在办理相关案件的过程中要加强释法说理工作，加强普法的主动性，让犯罪嫌疑人、被告人在充分认识到自身罪行的同时增强认罪认罚的自愿性。

一、认罪认罚案件中法律文书释法说理的司法实践

《指导意见》对认罪认罚从宽制度的基本原则、适用范围、适用条件、

[①] 丰怡凯：《认罪认罚具结书研究》，载《研究生法学》2019 年第 4 期。

权益保障等方面作出了指导性的规定，但在认罪认罚从宽制度法律文书释法说理的工作实践中出现了一系列问题。

第一，检察机关工作实效难以发挥。由于信息的不对等，犯罪嫌疑人理解的、陈述的"认罪"与法律意义上的"认罪"出现了认识偏差，犯罪嫌疑人"模糊认罪"、曲解"认罚"，导致其认错不认罪、避重就轻、部分认罪、表面认罪但实际上不认罪，司法资源无法达成实效。[①] 犯罪嫌疑人、被告人在司法程序上具有被动属性，检察机关在认罪认罚案件中无法对犯罪嫌疑人、被告人进行准确的释法说理，或者即使犯罪嫌疑人、被告人在自愿的基础上签署了认罪认罚具结书，也会出现认罪认罚后又反悔的情况。

第二，值班律师制度存在不足。为了充分保障犯罪嫌疑人、被告人获得法律帮助权，除法律援助机构在看守所派驻值班律师外，有些基层人民检察院也为值班律师设置了专门的办公场所和设施，以保障法律援助值班律师工作的有序开展。但在认罪认罚案件中，一方面，值班律师为法律援助律师，前期对案件缺乏了解，办理该类案件主要是通过听取办案检察官的介绍或者结合具结书内容来对案件进行简要了解，在为犯罪嫌疑人、被告人提供法律帮助，签署认罪认罚具结书时，其充当的角色往往是认罪认罚程序的"见证者"，并未充分履行值班律师的职责。另一方面，在认罪认罚从宽具结书签署时，绝大部分犯罪嫌疑人、被告人在认识到自身罪行的情况下，能真实、自愿地签署具结书，但在适用的过程中，也存在部分犯罪嫌疑人、被告人由于无法对案件性质作出准确判断、无法对量刑幅度进行充分了解，导致其在签署具结书后，通过对同类型同幅度案件进行了解比较，以在案件中权益没有得到最大化保障等为由提出上诉。

第三，检察机关法律文书无法完全发挥功能。认罪认罚制度贯穿司法程序全过程，检察机关在审理案件时会对犯罪嫌疑人、被告人的认罪认罚情况进行审查。在侦查机关提请检察机关批准逮捕阶段，检察机关会向犯

---

① 严立华、刘晓睿、黄慧：《认罪认罚从宽制度落实中应加强法律文书释法说理》，载《人民检察》第 5 期。

罪嫌疑人送达听取意见告知书、认罪认罚告知书等，由于犯罪嫌疑人无法准确表达自身诉求，其无法准确在听取意见书上书写意见，即使部分犯罪嫌疑人有意见，但没有写清具体的意见和理由，使得检察机关无法获取犯罪嫌疑人的真实诉求。在审查起诉阶段，检察机关在讯问犯罪嫌疑人时会对其认罪认罚情况进行确认，但仍会在诉讼阶段出现部分被告人当庭不认罪认罚的情况。

第四，部分被害人对认罪认罚制度不理解，增加诉累。在审查逮捕阶段，针对犯罪嫌疑人在侦查阶段的笔录中供认有认罪认罚情形的，检察机关都会再次讯问犯罪嫌疑人，并在笔录中记录其认罪认罚的态度，促使其签署认罪认罚具结书，针对无社会危险性又认罪认罚的犯罪嫌疑人，往往采取不羁押的强制措施。但是，在尚未与被害人达成和解、调解协议或尚未取得被害人谅解的刑事案件中，检察机关以无逮捕必要不批准逮捕犯罪嫌疑人后，因在审查逮捕环节，没有将相关认罪认罚文书送达给被害人，单靠电话听取被害人意见，往往达不到释法说理、化解社会矛盾的要求。

上述问题出现的原因，一部分是认罪认罚制度的功能发挥存在障碍，相应的具体配套制度无法适应现实需要，另一部分是办案人员在办案的过程中与犯罪嫌疑人、被害人之间缺乏有效沟通、对案件的释案说理不到位以及工作方式方法需要调整。

二、认罪认罚案件中法律文书释法说理的必要性

认罪认罚案件中法律文书起到释法说理的作用，适应社会发展的现实需求。最高检《关于加强检察法律文书说理工作的意见》（以下简称《工作意见》）对检察法律文书说理的范围等内容进行了界定。根据《工作意见》的相关规定，检察法律文书释法说理的主体是办理案件的检察官，说理的对象是当事人及与案件相关的人，说理的要点是处理决定所依据的事实、法律与证据，说理的方式既包括依职权、依申请说理，也包括书面或口头说理，说理方式具有多样性，目的在于化解社会矛盾，使得犯罪嫌疑人、被告人在内心上主动认同、在行动上自觉遵守执行，达到案结事了人

和的社会效果。① 在互联网时代，检察法律文书不仅是检察机关内部的文件，也须放在互联网环境中主动接受大众的审阅与监督，从而在公开、透明的过程中不断完善释法说理工作。在检察机关审查起诉阶段，认罪认罚法律文书主要包括认罪认罚具结书、起诉书等叙述式的检察法律文书，办案检察人员在制作相关法律文书时应对案件事实的认定、证据的采信、法律的适用、量刑的建议等内容进行充分的说理与分析论证，增强当事人及相关人员对检察机关办案的信任，进一步促进犯罪嫌疑人、被告人积极认罪认罚。因此，办案检察人员应主动对犯罪嫌疑人、被告人释法说理，让其全面、深入地了解认罪认罚法律文书的依据和理由，让认罪认罚制度落实到位。

认罪认罚案件中法律文书释法说理是保障当事人权利的内在要求。审查起诉阶段，犯罪嫌疑人签署认罪认罚具结书时，有权对与案件相关的事实进行了解，检察机关在认罪认罚案件中对法律文书进行释法说理，做好答疑释惑工作，可让犯罪嫌疑人、被告人对认罪认罚的法定、酌定的量刑情节进行充分的了解，消除其签署认罪认罚具结书的顾虑，避免其认罪认罚后又反悔的情况发生。同时，检察机关在讯问犯罪嫌疑人时将"认罪""认罚"的法律概念以及查明的主要犯罪事实向犯罪嫌疑人进行释法说理，有助于犯罪嫌疑人准确理解自身所涉罪名的性质与相应的法律后果，消除信息壁垒带来的司法鸿沟，保障当事人对案件的知情权，进而保证其认罪的自愿性。

三、认罪认罚案件中法律文书释法说理的完善路径

对认罪认罚案件中法律文书释法说理进行完善，不仅需要改进检察机关办案的工作方式，还需要结合现有司法资源提升释法说理的效果。

第一，提升检察机关工作人员释法说理能力。检察人员应提升法律文书写作能力，在对案件事实以及证据的关联性、合法性进行分析的基础上，

---

① 邓毅林：《检察法律文书释法说理的完善路径》，载《人民检察》2018 年第 6 期。

在审查报告中对犯罪构成、法律适用、认罪认罚等情况进行释法说理论证。同时，根据"谁执法，谁普法"的工作要求，检察机关内部可适当举办专项活动，以提升办案人员的业务能力素质，在互相交流中学习借鉴，补足工作短板，进一步提升检察人员的专业能力、逻辑思维能力、语言表达能力、预判能力和处理疑难复杂问题等方面的能力，解决说理不到位的问题，推进检察机关工作人员释法说理常态化建设。

第二，增强释法说理的准确性。一方面，要对制作的法律文书进行规范，在证据采信方面，在法律文书中应对证据的客观性、关联性和合法性进行分析判断，对证据之间是否形成严密的证据链进行说理，用证据对案件加以分析把握，确保案件事实清楚、证据确实充分，使说理更加透彻；在法律适用方面，应做到具体准确，在案件事实清楚的基础上对认罪认罚的相关法律规定以及认罪认罚后的法律适用等方面的内容向犯罪嫌疑人、被告人加以说理，使说理对象能够充分理解，促进检察工作有效开展。另一方面，释法说理要层层递进，注重技巧，审查报告的说理应准确把握案件事实与法律适用，在审查认定法律事实的基础上，对法律适用充分说理。在说理的技巧上，要根据说理对象的知识水平、年龄等不同特征适用通俗易懂的方式，结合案件事实，变被动说理向主动说理，在司法工作中积极作为，提升说理效果。

第三，加强释法说理的信息化应用水平。在智慧司法理念的指导下，对法律文书进行整合分析，改变传统理念，适应司法发展需求。[①] 在数字化时代，要充分发挥互联网经济的优势，以实现检察法律文书与信息技术多方面、深层次的有机融合。[②] 在认罪认罚案件法律文书释法说理的信息化应用上，一是可在全国检察业务应用系统上针对认罪认罚案件增设认罪认罚检察官释法说理模块，将其作为必要的工作内容，对其进行动态管理，

---

① 吴杰：《智慧司法背景下的法律文书制度改革》，载《南海法学》2020 年第 3 期。
② 侯建刚、罗伊琳：《信息化条件下检察法律文书发展趋势》，载《人民检察》2019 年第 23 期。

增强检察官办案工作的主动性；二是拓宽说理渠道，对于可公开说理的认罪认罚案件，应不拘泥于传统的说理方式，在确保当事人信息不被泄露的前提下，可以依托 12309 检察服务平台、人民检察院案件信息公开网、"两微一端"等平台，以图文并茂、喜闻乐见的形式向社会大众公开对案件进行说理，在保障说理对象的知情权的同时对民众起到良好的普法效果；三是借助远程讯问平台，实现异地释法说理。在审查起诉阶段，对于批准逮捕但不认罪认罚的犯罪嫌疑人，检察工作人员在对其远程讯问时，应加强释法说理，促使其签署认罪认罚具结书，促使其真心悔过，进而节约释法说理司法资源，提升法律效率。

第四，增加对被害人进行认罪认罚制度释法说理的相关法律文书，让被害人从审查逮捕阶段就开始接受认罪认罚制度，消除不必要的误解，并以认罪认罚制度为契机，尽早与犯罪嫌疑人达成和解、调解协议，化解社会矛盾，促进社会的和谐稳定，达到法律效果、政治效果与社会效果相统一，真正做到让人民群众在每一个司法案件中感受到公平正义。

四、结语

习近平总书记在党的二十大报告中再次强调，要"坚持依法治国，推进法治中国建设"，认罪认罚制度是法治社会建设的有益成果，在认罪认罚案件中加强法律文书的释法说理对于推进认罪认罚制度纵深发展具有深刻的意义，该项工作的贯彻落实有助于引导社会向上向善发展，进一步增强司法的公信力。

试析认罪认罚从宽制度适用语境下检察法律文书优化路径

刘军辉　傅大富　陈慧慧　广西壮族自治区人民检察院

一、引言

完善刑事诉讼中的认罪认罚从宽制度，是党的十八届四中全会作出的重大改革部署。经全国人大常委会授权，2016 年 11 月，"两高三部"印发了《关于在部分地区开展刑事案件认罪认罚从宽制度试点公正的办法》，在北京等 18 个城市开展工作试点。[①] 2018 年 10 月 26 日，《刑事诉讼法》作出修改，认罪认罚从宽制度在国家立法上正式确立，[②] 构建起与速裁程序、简易程序、普通程序有序衔接、繁简分流的多层次诉讼制度体系。2019 年10 月，为统一各地制度适用规范，"两高三部"联合发布《关于适用认罪认罚从宽制度的指导意见》（以下简称《指导意见》），对认罪认罚从宽制度的适用基本原则、适用范围和条件及权利保障等作出详细规定。[③] 认罪认罚从宽制度带来的变革主要体现在诉讼模式由对抗向协作转变，诉讼理念由惩罚性诉讼理念向恢复性司法理念转变。然而在制度实施过程中，在一定程度上存在文书量大、处理效率低下、忽视必要的释法说理等问题，这些问题影响了认罪认罚从宽制度运行的效果和质量。因此，笔者将从精简法

---

① 为贯彻落实《中共中央关于全面推进依法治国若干重大问题的决定》中"完善刑事诉讼中认罪认罚从宽制度"的改革部署，最高人民法院、最高人民检察院经与公安部、司法部、全国人大常委会法工委等方面反复研究、沟通，在总结司法实践经验和刑事案件速裁程序试点经验的基础上，就认罪认罚从宽制度改革试点方案形成了一致意见。

② 《中华人民共和国刑事诉讼法》第 15 条规定：犯罪嫌疑人、被告人自愿如实供述自己的罪行，承认指控的犯罪事实，愿意接受处罚的，可以依法从宽处理。

③ 周新：《法院审理认罪认罚案件疑难问题研究》，载《法学论坛》2022 年第 1 期。

律文书和加强法律文书释法说理、运用数字检察思维建立并推广优秀法律文书库三个层面略陈管见，探讨认罪认罚从宽制度适用语境下检察法律文书的优化路径，以更好适用认罪认罚从宽制度，提高司法机关办案效率。

二、优化文书实现轻罪案件从简从快办理

近年来，我国刑事犯罪结构发生重大变化，严重暴力犯罪比例大幅下降。2020 年最高人民检察院工作报告显示，1999 年至 2019 年，检察机关起诉严重暴力犯罪从 16.2 万人降至 6 万人，年均下降 4.8%；被判处三年有期徒刑以上刑罚的占比从 45.4% 降至 21.3%，严重暴力犯罪减少，轻罪案件占绝大部分数量，社会治理进入新阶段。公正和效率是司法两大诉求，确立认罪认罚从宽制度，实际上是在为公正和效率这两组竞争关系的法律价值寻找优化策略。由此，笔者认为，在办理轻罪案件时，认罪认罚从宽制度与简易程序、速裁程序结合，可选择性不撰写案件审查报告等文书，并应着重提升起诉书、不起诉决定书、认罪认罚具结书和量刑建议书等重点文书的质量。

（一）选择性精简文书

首先，在数量上，认罪认罚从宽制度与速裁程序结合，可精简案件审查报告、讯问提纲、举证质证提纲、答辩提纲、公诉意见书。主要是考虑到，认罪认罚案件仍以法庭审判作为刑事诉讼的中心，但是检察机关主导刑事诉讼与案件的实体处理，因此审查起诉阶段成为基本决定案件处理的重要阶段，必然促使刑事诉讼的重心前移到审查起诉阶段。控辩双方在庭审中的主要任务在于向法庭证明被告人认罪认罚的自愿性、签署认罪认罚具结书内容的真实性和合法性及案件处理意见的合意性。[①] 基于此，可在保证认罪认罚案件庭审质量的情况下适当减轻法庭审理阶段公诉人文书出

---

① 朱孝清：《认罪认罚从宽制度对刑事诉讼制度的影响》，载《检察日报》2020 年 4 月 2 日。

示负担。其次，在内容上，在制作认罪认罚具结书的过程中，可以规定排版规范和格式，明确罪名、情节、量刑标准等内容。最后，在形式上，认罪认罚从宽制度与简易程序结合时，可制作表格式审查报告等文书，在表格式审查报告中将案件事实、证据等信息用表格的形式呈现出来，可以更直观地抓住关键信息。其优势在于，首先，刑事案件简易程序适用于简单的纠纷及小额案件，表格形式使得审查的信息更加直观，更有利于节约诉讼成本；其次，速裁程序适用于犯罪事实清楚、证据确实充分的轻微刑事案件，表格形式可以确保庭审过程更加顺畅，提高审判效率。

（二）提升重点文书制作质量

在适用认罪认罚从宽制度的过程中，考虑到对办案效率及办案质量的要求，笔者建议抓好制度涉及的起诉书、不起诉决定书、认罪认罚具结书和量刑建议书等重点文书的制作质量，规范制作、详尽解释，增强法律逻辑性和说服力。以量刑建议书为例，在认罪认罚从宽制度适用过程中，量刑建议书制作上存在不规范的问题，主要表现在罪名阐述方式不规范、法定刑未写明或引用不全面、量刑情节表述不全面、不准确或缺失、量刑建议不精准等。[1] 基于此，一些当事人和律师认为量刑不透明且说理性差，一些法官对检察官的量刑建议职业认同度较低，笔者认为，解决上述问题的关键在于优化检察机关提出的量刑建议，精细化、规范化制作量刑建议书。2021 年 7 月 1 日，最高人民法院、最高人民检察院联合印发的《关于常见犯罪的量刑指导意见（试行）》就量刑问题作出了规范，《人民检察院法律文书格式样本（2020 版）》对量刑建议书制作规定了具体格式要求，除此之外，笔者建议还需要重点考虑以下方面。其一，提高量刑建议的规范化程度，考虑制定专门规范，扩大到所有罪名和刑罚种类，做到有法可依。[2]其二，设立分类精准模式，加强精准量刑、幅度量刑提出的科学性，需要

---

[1] 陈兰、杜淑芳：《量刑建议书制作规范化分析》，载《中国检察官》2020 年第 7 期。
[2] 目前的量刑指导意见涵盖了二十多个常见罪名。

针对不同的案件设定不同标准，将主刑、附加刑、缓刑等均予以涵盖，总结规律，以提升量刑的科学性。"程序简化与量刑建议精准化之间成正比，也就是说，程序简化程度越高的案件，量刑建议精准度越高，占案件总数较大的认罪认罚的轻罪案件，量刑建议精准化程度越高；占案件总数较小的重罪认罪认罚案件，量刑建议精准化程度越低。"[1] 在增强科学性的同时，要增强精准量刑建议的公正性和规范性，限制检察官的自由裁量权。其三，加强量刑建议的均衡性，及时开发量刑辅助系统，对同类案件进行大数据分析，确保量刑建议尺度的一致性。[2] 其四，提升检察官的专业能力和水平，针对检察官对量刑方法、量刑步骤不熟悉、对量刑信息分析能力不强及释法说理能力不充分等问题，可以考虑加强专项培训，强化检法协作交流。

三、通过加强释法说理提升重罪案件认罪认罚法律文书质量

作为具有法律效力的公文，检察法律文书是各级人民检察院行使检察权的重要文字凭证，是保证法律实施的重要工具、办理案件的客观记录，也是检察机关办案质量的重要反映。检察法律文书制作的水平直接影响案件办理的质量，影响法律监督的效果和检察机关的形象。根据最高人民检察院《关于加强检察法律文书说理工作的意见》，检察法律文书说理是人民检察院在制作检察法律文书时，应有关人员请求，对文书所载的处理决定依据的事实、证据、法律、政策等进行分析阐述、解释说明的活动。加强释法说理，规范检察法律文书，是落实最高人民检察院"加大工作力度，

① 李勇：《认罪认罚案件量刑建议"分类精准"模式之提倡》，载《河北法学》2021年第1期。
② 《人民检察院办理认罪认罚案件开展量刑建议工作的指导意见》第20条规定了人民检察院可以借助量刑智能辅助系统分析案件、计算量刑，在参考相关结论的基础上，结合案件具体情况，依法提出量刑建议。目前尚未对该系统进行统一部署。但各地陆续探索诸如量刑建议计算表等方式。

提高执法水平和办案质量"要求的有效途径，有利于贯彻落实司法责任制，强化对检察权行使的监督；有利于增强检察工作透明度，也有利于促进诉讼参与人和社会各界准确理解人民检察院的司法办案行为依据，从源头上化解矛盾、促进社会和谐稳定。在检察法律文书中进行释法说理要求展示充分的证据和法律依据，提供让人信服的理由，这可以在检察工作中杜绝凭经验、凭感觉草率决定的现象，保证法律监督的工作具有充分的正当理由。特别是基层检察院处在行使检察权的最前沿，制作和适用的检察法律文书对保障案件质量具有特别重要的意义。① 而在司法实践中不免出现一些问题，如在处理结论方面，内容简单化，理由不充足。在起诉书、不起诉书这样可以有较大篇幅的叙述式文书中，对案件涉及的是否构成犯罪、构成何种犯罪、为何如此处理等法律问题只见结论。在此现状下加强检察法律文书释法说理就显得十分重要。2017 年，最高人民检察院《关于实行检察官以案释法制度的规定》和《关于加强检察法律文书说理工作的意见》对加强和规范检察法律文书的释法说理提出了具体要求。对重罪案件而言，加强释法说理尤为重要，主要在于其社会关注度高，说理难度大，说理要求高。对证据采信，要充分应用逻辑思维分析其客观性、关联性和合法性，形成严密的证据链，确保证据证明的事实清楚，说理才更加透彻；对法律的适用，要做到具体准确，应引用条、款、项的具体内容，不能简单罗列，需要对相关规定作出说明的，应详细作出说明。应立足确实充分的证据，经过缜密思考，对法律监督的理由运用法律语言并紧密结合社会基本常识、规则，结合天理、国法、人情，叙事清楚，释法明白，说理透彻，条分缕析，简洁明了，并充分考虑被监督者和当事人的知识水平和法律素养，使之理解并接受。② 而这必然对执法人员要提出更高的要求，必将潜移默化地改变检察人员的执法观念，促使其取证和审查工作更加严谨，思维更加缜密，对提高其法律专业素质，增强法律运用能力和表达能力具有重要的

---

① 赵刚：《浅论检察法律文书释法说理改革》，载《法治论坛》2012 年第 3 期。
② 邓毅林：《检察法律文书释法说理的完善路径》，载《人民检察》2018 年第 6 期。

督促作用，从而更好地促进司法公正。

四、运用数字检察思维建立并推广优秀法律文书库

认罪认罚从宽制度背景下，检察法律文书涉及不同方面的要素，比如事实、证据、法律条款、量刑情节以及量刑标准等。多维度的要素信息给人工梳理和审查增添了一定难度。在制作检察法律文书时，如何保证高效且无遗漏、准确且有依据，都是目前需要解决的问题。近年来，大数据和人工智能技术的快速发展不断推动数字检察的变革浪潮，"互联网+"的思维在司法领域中的应用得到越来越广泛的关注。笔者认为，第一，可利用互联网技术手段尝试建立电子文书系统，通过数字技术，将优秀检察法律文书进行分类分析挖掘，建立多维度标签，方便存储、检索和共享。第二，可利用互联网信息技术制定检察法律文书标准化制作规范，建立统一标准的文书格式，包括文、图、表、符号以及字体大小等细节方面。例如，可利用智能语音识别技术，将人声自动转成文字，提高文书制作效率，或者提供文书的在线填写表单，输入关键信息可直接在线生成检察法律文书，更加方便高效。第三，在文书审查环节中加强审查，利用互联网大数据技术对文书进行智能审查，排查出现频次较高的纰漏和错误并进行细致深入分析，建立错误纰漏检查共享数据库，保证文书不会出现重复问题。第四，为了提升检察法律文书制作质量，还可以推选典型案例、组织优秀检察法律文书评选、建立并不断更新优秀法律文书库，收集和整理优秀的案例及相关法律文书，供检察机关参考借鉴。需要注意的是，在建立和使用案例库时，应注意保护个人隐私和数据安全等问题。

五、结语

认罪认罚从宽制度的实施，有助于促进司法公正和维护社会稳定。本文以法律文书为视角探析如何更好适用认罪认罚从宽制度，具体来说，可从优化文书制作、加强释法说理、运用数字检察思维建立并推广优秀

法律文书库三个层面予以考虑。具体做法包括选择性精简法律文书、提升重点文书制作质量、加强法律文书释法说理、运用数字检察思维建立并推广优秀法律文书库等，以期对认罪认罚从宽制度语境下优化检察法律文书提供思路。

认罪认罚案件中的检察官客观公正义务
——以认罪认罚中的法律文书为视角

李梦吃　北京市顺义区人民检察院

第十三届全国人大常委会第十次会议修订通过的《中华人民共和国检察官法》第 5 条规定了检察官履行职责应当秉持客观公正的立场，首次以法律条文的形式明确了检察官客观公正的义务，要求检察官在履职过程中忠实于案件事实真相，以司法公正为目的开展活动。2018 年 10 月《刑事诉讼法》修订后，认罪认罚从宽制度正式确立，检察机关的职能作用由"审前阶段过滤把关"扩展为"整个刑事诉讼阶段主导责任"。与非认罪认罚案件相比，认罪认罚案件中的检察官客观公正义务呈现出明显不同的新要求，对被追诉人的权利影响更大，已成为能否公正处理案件的关键。

一、客观公正义务的新要求

（一）证据审查方面

与辩诉交易制度不同，适用认罪认罚制度案件的证明标准仍为《刑事诉讼法》第 55 条规定的"案件事实清楚、证据确实充分"，但是证明对象侧重点转变为对认罪认罚真实性、自愿性的审查。认罪认罚案件的证据审查围绕主要犯罪事实进行，即有证据证明行为人实施了犯罪行为，无须再按照非认罪认罚案件中的要素进行审查认定。这一新变化符合认罪认罚案件特点，有效简化了诉讼程序，在保障嫌疑人、被告人权利的同时，节约司法资源，提高办案质效。具体到法律文书方面，认罪认罚案件的审查报告内容相对简化，这与案件通常适用速裁程序或者简易程序的审理方式有一定联系。

（二）程序处理方面

《刑事诉讼法》第 173 条、第 174 条规定，嫌疑人认罪认罚的，人民检察院应当告知其享有的诉讼权利和认罪认罚的法律规定。嫌疑人自愿认罪认罚，同意量刑建议和程序适用的，应当在辩护人或者值班律师在场的情况下签署认罪认罚具结书。司法实践中，检察机关会通过法律文书告知嫌疑人诉讼权利义务，确保其认罪的自愿性和真实性。如在受理案件三日之内送达嫌疑人权利义务告知书（认罪认罚制度相关权利义务内含于告知书中）。无论收案时嫌疑人是否认罪认罚，均向其送达包含认罪认罚相关内容的"犯罪嫌疑人权利义务告知书"。与非认罪认罚案件不同，认罪认罚案件中，缺少诉讼经验和法律知识的嫌疑人对认罪认罚的性质及法律后果缺乏明确认知，需要检察人员加强法律文书的释法说理，以确保其理解检察机关认定的罪名、拟适用的刑罚及审判程序，以及认罪认罚后翻供可能引起加重刑罚或者抗诉后果等。

（三）量刑协商方面

在适用认罪认罚从宽制度时，量刑建议呈现出全面性、普遍性、协商性和精准性等新特点。[①] 此前，检察机关在提起公诉时直接提出量刑建议，无须与嫌疑人协商。而在认罪认罚案件中，基于嫌疑人积极悔过的认罪态度，赋予其参与量刑协商的权利，听取嫌疑人及辩护人、值班律师的意见，签署认罪认罚具结书。检察机关提起公诉的，应当就主刑、附加刑、是否适用缓刑等提出量刑建议，并且以确定刑量刑建议为主。一方面，通过证据开示和确定刑量刑建议，给嫌疑人一个明确的预期，能够有效减少对抗，提升办案质效，节约司法成本；另一方面，嫌疑人自愿认罪认罚，并通过退赃、赔偿、赔礼道歉等途径展现其认罪悔罪的态度，能够有效弥补被害人的经济损失和心理伤害，尽可能修复受损的社会关系。此外，"两高

---

① 谢小剑：《认罪认罚从宽中的量刑建议：制度创新与困境破解》，载《内蒙古社会科学》2020 年第 4 期。

三部"《关于适用认罪认罚从宽制度的指导意见》进一步细化了量刑建议的调整问题，即人民法院经审理认为量刑建议明显不当，或者被告人、辩护人对量刑建议有异议的，法院应当告知检察院，检察院可以调整量刑建议。只有检察院不调整量刑建议或者调整后仍然明显不当的，法院方能依法判决，这对检察官精准量刑的办案能力提出了更高要求。

（四）控辩关系方面

以办案基数大的基层检察院为例，认罪认罚案件中，可能判处三年以下有期徒刑的轻罪案件占比高，此类案件的嫌疑人通常没有聘请辩护律师，依靠作为"急诊律师"的值班律师提供有限的法律帮助。非认罪认罚案件中，嫌疑人没有辩护人时，通常由法律援助机构指派法律援助律师为其提供法律帮助。值班律师不具有法定的阅卷权等权利，也无须对"见证具结"的行为承担法律责任。法律援助律师享有与辩护人同等的权利义务，也承担相对等的法律责任。两相对比，值班律师对于其提供法律帮助的嫌疑人及案情了解不足，需要检察官保障嫌疑人能够向值班律师充分询问相关法律问题，值班律师能够了解基本事实、量刑情节、证据情况和量刑计算方法，以保障嫌疑人获得有效法律帮助。

（五）文书说理方面

新形势下的检察机关法律文书不能仅罗列事实、证据和法条，在"规范化"与"法言法语"之外，更应当服务办案与社会治理，兼具深度与温度。司法实践中，存在检察法律文书论证不充分、说理深度不够、逻辑不明等问题。加强检察文书释法说理能够有效促使嫌疑人自愿认罪认罚，化解社会矛盾，也有利于深化检务公开，提高司法公信力。检察官应当强化法律文书的释法说理，让当事人和社会公众容易理解和认可检察机关作出的处理结果，这就要求检察法律文书中既有对案件事实、证据、法理的归纳，又有对犯罪根源的分析和对法律的宣传，通过向说理对象阐明事实、释明法理，争取其内心认同，最终实现案结、事了、人和、社会稳定。

二、检察实践问题

（一）案例一：张某某故意伤害案

张某某得知其妻与被害人 K 某存在不正当男女关系，至 K 某家中理论，后持菜刀将 K 某面部砍伤。侦查机关以故意伤害罪移送检察机关审查起诉，建议适用认罪认罚速裁程序审理。侦查阶段，张某某供述稳定，K 某的伤由张某某造成。审查起诉阶段，承办检察官经初步阅卷，发现所谓的"供述稳定"实则为"不构成犯罪的供述与辩解"。

张某某在侦查机关的四次供述基本一致。张某某"认罪认罚"，承认自己造成了对方的伤。张某某在检察院第一次讯问时称，被害人 K 某从窗户看到自己进院，进房间锁上了门。张某某踹门进屋时 K 某手中拿着菜刀，其在与 K 某抢刀过程中，划到了 K 某面部。根据张某某的供述，不能排除其行为具有正当防卫性质，亦不能排除其实施行为时不具有犯罪故意。为判断张某某辩解的真实性，承办检察官核对了四次讯问同步录音录像，发现张某某自始至终均辩解抢刀时"划"到了被害人面部，而非笔录中记载的"砍"的行为。本案发生在封闭空间内，且只有被告人和被害人在场，因此被告人供述对于案件审理至关重要。承办检察官就案发时双方的站位、用哪只手拿刀、刀掉落在什么位置、房间布局、被害人伤口情况等细节方面多次讯问张某某，针对行为细节，找到其供述矛盾之处。通过部分证据开示及教育转化释法说理，张某某最终承认其持刀砍伤被害人面部的犯罪事实，自愿认罪认罚。

（二）案例二：宁某某危险驾驶案

宁某某酒后驾车起步时，与停放在路边的机动车发生交通事故。宁某某与证人 B、C 称事发前已找朋友 A 过来代驾，准备将车挪至路边等待，倒车过程中发生事故。三人所称基本事实相符，坚称是在等朋友 A 代驾过程中"挪车"。另外，"代驾司机" A 也确实出现在现场录像中。

该案供证一致，"事实清楚"，但是作为关键证人的 A 没有在侦查阶段做笔录。承办人通过电话询问 A，其称案发时"好像"是有人让其去代驾，其肯定到过现场，但是告知时间、告知方式等具体细节记不清了，且自己长期跑长途运输，目前不在北京，没有时间制作笔录。A 在案发如此短的时间内称不记得案发当天具体情况，这引起了承办检察官的怀疑。十天的审查期限近在眼前，然而证据间的细节性矛盾无法作出合理解释，承办检察官再次讯问宁某某，针对供证间的矛盾点，引导其多次、反复供述，确定真伪。在基本事实与现有证据达不到定罪起诉标准的情况下，及时对宁某某改变强制措施为取保候审，并全力寻找本案关键证人 A。在取保候审期间，检察官多次与 A 协调时间、耐心释法说理，成功向其取得真实笔录。后根据 A 的证言，逐个瓦解"伪证人同盟"，获取并固定证人 B、C 真实的证言。最终用充足证据成功完成了教育转化，引导宁某某主动说出实情，并且追诉涉嫌伪证罪、包庇罪的 B、C 二人。

（三）检察实践

两个案例均是对认罪认罚自愿性、真实性的审查，体现了检察官客观公正审查核实证据，正确适用认罪认罚从宽制度实现对嫌疑人的教育转化。不同的是，案例一中，犯罪嫌疑人认罪容易降低证据标准。假设被告人张某某的辩解为真，犯罪嫌疑人不理解认罪认罚的法律后果。在此情况下，如果对认罪认罚真实性审查不足，没能及时发现讯问笔录与嫌疑人实际供述存在不一致，极有可能导致一件"事实清楚"错案的发生，影响司法公信力。小案不小看，小案不小办，检察官应当对阅卷过程中发现的细节性矛盾点重点审查，尤其对定罪量刑产生重大影响的关键证据，充分发挥法律监督职能，保证被告人真正认罪认罚。

案例二中，涉及"出罪"的案件必须严格把控证据标准，不能因为案件案情简单、审限短就草率结案。该案如果按照在案证据结案，在关键证人不配合时便放弃，很可能会导向另外一种完全不同的结果，而且是"证据确实充分"的结果。因此，对于犯罪嫌疑人不认罪认罚，其他证据亦无法达到定罪起诉标准的案件应及时改变策略，全面评估取证对象特点，多途径收集核心证据。同时强化诉讼监督职责，积极追诉涉案人员，实现树立正确法治观念的良好社会效果。

从上述两个案例中可以总结出，检察官客观公正义务贯穿于认罪认罚案件的证据审查、程序处理、认罪协商、法律监督等方方面面。办理认罪认罚案件时，检察官如何借助法律文书客观公正履行职责？笔者将在下文中进行分析，并试图提出实现路径。

三、客观公正义务的实现路径

（一）全面审查认罪认罚自愿性、真实性

"认罪"不是宣告性的表示，而应当是实质性的承认。[①] 审查"自愿真实性"，应当明确是哪一次供述的、案卷中是否清楚、是在什么情况下交代的、如何提问嫌疑人才供述等。在对证据审查核实时，避免先入为主作出"有罪推定"，应当不偏不倚进行审查认定。实践中，部分侦查人员因嫌疑人认罪认罚即定罪结案，检察院审查阶段应当综合判断对嫌疑人有利、不利的所有事实和证据，一方面化解以口供草率定案的风险，另一方面履行法律监督职能深挖余罪漏犯。在全面审查证据的基础上，引导嫌疑人对案件关键情节多次供述，寻找漏洞与矛盾点，对于细节性矛盾点、非常规行为都要重点审查。明确有没有"代人受过"情况、有没有被威胁或者受引诱而认罪等，并详细记录于案件审查报告中。如果案件本身证据不足，但是嫌疑人自愿认罪认罚，检察官应当全面审查证据，对于事实不清、证据不足的，应当坚持疑罪从无的原则，依法作出不起诉决定，避免因嫌疑人认罪而降低证据要求和证明标准。在认罪认罚具结书中详细载明法定、酌定的量刑情节，保证嫌疑人充分认识自身行为的法律评价后签署具结书。

---

① 蔡国庆主编：《认罪认罚从宽制度司法适用指南》，中国检察出版社 2020 年版，第 168 页。

（二）依法作出不起诉决定

认罪认罚案件中，检察官依法行使不起诉裁量权是履行客观公正义务的重要体现。一是犯罪情节轻微，依照法律规定不需要判处刑罚或者免除刑罚的，检察机关依法作出相对不起诉决定。从量刑情节上看，犯罪情节轻微，要求嫌疑人除了认罪认罚，还应当具有自首或者坦白、退赃退赔、取得被害人谅解等情节。二是嫌疑人自愿认罪认罚，证据不足的，检察机关应当坚持证据裁判原则，依法作出存疑不起诉决定，确属无罪的，依法作出法定不起诉决定。三是轻微刑事案件中，主犯自愿认罪认罚，但是从犯拒不认罪，可以依法对主犯作出相对不起诉决定，对从犯提起公诉。主犯作为量刑情节之一，通常情况下，主犯的处罚比从犯重。当主从犯量刑差距较小，主犯因具有认罪认罚等从轻量刑情节，不具有刑事可罚性，量刑可能轻于从犯，符合罪刑责相适应。此外，认罪认罚不起诉案件仍需要签署认罪认罚具结书，此时的量刑建议处应当写明不起诉决定。实践中存在附条件不起诉的情形（非未检案件），如交通肇事案中，嫌疑人与被害人或者被害人近亲属达成合意，由嫌疑人分期赔偿被害人一方的损失，检察机关对此予以确认并作出不起诉决定，在认罪认罚具结书的量刑建议部分可以详细载明所附条件，如果嫌疑人无法达成条件，将面临检察机关的追诉。

（三）保障嫌疑人认罪认罚协商的主体地位

坚持证据裁判的基本原则，防止片面追诉，综合考虑对嫌疑人有利和不利的全部情节，充分听取嫌疑人对于量刑的意见，保证辩护人充分参与。首先，合理对待嫌疑人的辩解，注重证据间相互印证，而非对于辩解一律不予采信。基于无罪推定原则，被追诉人适度辩解是行使辩护权的形式，应当结合在案其他证据分析其辩解是否成立，不能据此认为其不具有认罪悔罪态度，甚至将该辩解作为在后续诉讼中对其不利的情节。其次，将基准刑、量刑情节、量刑建议计算方法向嫌疑人充分释明，并在笔录或者认罪认罚具结书中予以体现，增强其对于量刑情况的预期，减少刑事对抗。同时，值班律师不只是签署具结书的见证者。检察官在认罪认罚案件中承担主导责任，应当告知值班律师案件基本事实、证据、量刑情节等情况，使值班律师实质参与到认罪认罚程序中来。检察机关应当采用执法记录仪等设备对认罪认罚具结过程进行全程同步录音录像，确保具结全过程规范化运转。最后，辩护人意见相对独立。嫌疑人认罪认罚，但是辩护人作无罪辩护，不影响嫌疑人认罪认罚制度的适用。认罪认罚案件的讯问笔录中应当载明认定事实、证据情况、量刑情节、量刑建议、认罪认罚制度的释法说理、辩护人和值班律师的意见等实体问题，以及认罪认罚建议法院适用的庭审程序等程序问题。辩护人、值班律师应当在笔录中签字确认。

（四）精准提出、慎重调整量刑建议

认罪认罚案件中，检察机关的量刑建议在一定程度上决定了法院判决的内容，因此，检察官应当坚持法律监督机关的定位和客观公正的立场。首先，认罪认罚案件量刑建议以确定刑为主、幅度刑为辅。大数据时代背景下，检察官可以借助"量刑数据库"等量刑分析辅助工具，依托检察官联席会、专业化办案组等形式，加强量刑建议精准性研判，对于认罪认罚轻罪案件提出确定刑量刑建议，非认罪认罚案件仍以幅度刑为主，确定刑为辅。另外，"兼听则明"，听取被害人一方对于量刑建议的意见，并如实记录在案。其次，嫌疑人自愿签署认罪认罚具结书，在案件基本事实、证据、量刑情节没有发生变化的情况下，检察机关主动对量刑建议进行调整需要正当理由。如果被告人一方对量刑建议有异议，检察机关应当综合全案事实情节，决定是否重新签署认罪认罚具结书并及时移送法院。最后，法院认为量刑建议明显不当，告知检察机关调整量刑建议，需要充分释明调整原因。检察机关应当与法院良性沟通，慎重调整量刑建议。如果需要重新签署具结书，应当向被告人释法说理，说明调整量刑建议的原因，尊重被告人意见，同时出具量刑建议调整书并将其送达法院。

（五）增强文书的释法说理能力

检察法律文书中载明的事实、证据、法律、政策均是释法说理的要点，

这就要求检察人员在制作法律文书时应当按照裁判文书的标准去认定事实、分析证据、适用法条。规范制作法律文书，繁案精写，简案简写，注意说理的逻辑、层次和深度，对填充式法律文书标准化说理。一是在告权文书中，对涉及认罪认罚从宽制度的相关内容重点标记，必要时附件对相关内容专门解释。二是在审查报告中，应当对事实的认定进行论证，对证据的证明力和证据之间的关联性进行分析，对适用的法律及最终处理结果进行解释。通过规范以上四要素，使审查报告在格式上完整规范、内容上说理严谨。三是在认罪认罚笔录和具结书中，需要详细载明认定事实、罪名、量刑情节、认罪认罚的从宽幅度、量刑建议、庭审程序，辩护人或者值班律师应当在上述文书上签字。四是在起诉书、不起诉书中，应当运用逻辑思维分析证据，保证认定的每一部分事实都有严密的证据链支撑。引用法条应当做到具体准确，引用条、款、项的具体内容，并就相关内容详细说明，便于说理对象充分理解。量刑建议可一并撰写于文书中，不再单独制作量刑建议书。

认罪认罚从宽制度背景下
检察机关法律文书公开问题检析

彭忠华　谢丹婕　汪珊珊　泉州市洛江区人民检察院

一、洞悉现状：Q 市检察机关法律文书公开的情况

（一）问题缘起：视角和对象的选取

2014 年 10 月 1 日起试行的《人民检察院案件信息公开工作规定（试行）》（以下简称 2014 年《规定》）的出台，标志着检察机关把检务公开和法律文书公开全面纳入规范化、信息化的发展轨道。历经 7 年的经验积累，再加上信息化时代变革的影响和人民群众法治需求的不断提高，最高检对 2014 年《规定》进行修订并出台了《人民检察院案件信息公开工作规定》（以下简称 2021 年《规定》），该规定对法律文书的公开方式、公开内容、公开范围等提出了新的要求。随着认罪认罚从宽制度的不断推进，检察环节认罪认罚适用率已超过 90%，故检察机关公开的法律文书中，适用认罪认罚从宽制度的案件占比很高。为了探究 2021 年《规定》出台后法律文书公开情况，笔者以所在的 Q 市 11 个基层检察院 2022 年 1 月至 7 月法律文书公开情况为样本，检视认罪认罚从宽制度背景下法律文书公开在检察实践中的问题。

（二）样本考究：认罪认罚从宽案件文书公开情况分析

法律文书公开的质量直接体现检察机关工作开展的精细化程度和规范化程度。在如今信息化的时代，一份检察法律文书一经公开，将面临全社会的检验和审视。可以说，一个基层检察院公开法律文书的质量好坏直接影响该基层检察院在人民群众心中的形象。尤其是适用认罪认罚从宽制度

的刑事案件在作出不起诉决定后，一旦文书公开，可能引发案件当事人和社会公众的质疑。因此，必须高度重视每一份公开法律文书的规范性。

目前可查到的公开法律文书中，法律文书的命名格式不统一，有的法律文书没有命名，直接用"起诉书（认罪认罚案件适用）（自然人犯罪案件）（公开版）"作为标题，没有体现案件嫌疑人及案由；有的法律文书命名只体现嫌疑人未体现案由，如"不起诉决定书（相对不起诉适用含认罪认罚）（杨某某）（公开版）"；有的法律文书命名保留"（认罪认罚案件适用）"，有的未保留。有的法律文书命名屏蔽嫌疑人名字，有的未屏蔽，甚至同一个检察院公开的法律文书命名有时候也不一致。而从法律文书公开的内容上看，认罪认罚案件适用的检察文书大部分属于填充式法律文书，文书内容多数格式化，涉及认罪认罚从宽制度适用也往往简单以"自愿认罪认罚"等字眼表述，较少能结合案件事实，分析被不起诉人认罪认罚表现、从轻、减轻或免除处罚等从宽处理情节等，说理不够充分、不到位或未能展开说理，影响了该类案件公开的社会效果和法律效果，有悖于检务公开的初衷。

二、深挖痛点：检察机关法律文书公开存在问题的原因

新时代检务公开对检察机关提出了更高的要求，要求检察机关的司法活动公开是一种动态、实时的公开。而检察机关法律文书是办案活动的真实记录，一份高质量的法律文书既承载着检察机关向案件当事人、诉讼参与人传递的程序正当、司法权威等价值[①]，也能充分展现检察机关贯彻落实认罪认罚从宽制度情况，消除当事人对于"认罪认罚从宽"的疑惑，让人民群众在每一个案件中感受到公平正义。因此，为了进一步推动检察机关法律文书公开工作取得实效，要精准把脉找症结、厘清问题找"痛点"。

---

① 王丽萍：《论检察法律文书公开的现状及实践路径》，山东大学 2018 年硕士学位毕业论文。

（一）公开观念不到位，内驱动力不足

第一，观念转变不及时。2021年《规定》虽然由"应公开尽公开"的原则转变为"依法、便民、及时、规范、安全"的原则，但是这并不意味着不进行法律文书的公开。对涉及国家秘密、商业秘密、个人隐私和未成年人犯罪等符合禁止性、限制性规定的法律文书，须严格按照要求不得公开，但对社会广泛关注的、具有一定社会影响的案件以及具有示范引领效果、促进社会治理的案件，法律文书有必要公开，因此检察官要避免"一刀切""走极端"。第二，缺乏全面发展理念。2021年《规定》扩大了法律文书公开的类型，不仅包含刑事检察，还涵盖民事检察、行政检察、公益诉讼检察。但司法实践中，各地检察机关仍然停留在公开刑事检察法律文书，未能积极主动挖掘其他三大检察可以公开的法律文书，导致人民群众无法及时了解和监督检察机关其他检察工作开展情况。第三，文书说理意识不足。当前，越来越多的刑事案件在审查起诉阶段因适用认罪认罚从宽而以不起诉作为终局性处理，但本该辅之的明确具体、公开公正的说理机制却尚未健全完善，加之长期以来检察环节制作的法律文书过分强调文书的格式化、规范化，使得法律文书公开后无法有效实现阐明法理、消除分歧的目标。

（二）公开范围不明确，把握方向不明

根据2014年《规定》第18条、第21条的规定，人民检察院应当在案件办结后或者在收到人民法院生效判决、裁定后十日以内，依照本规定，对需要公开的法律文书做出保密审查和技术处理，且明确要求人民检察院制作的刑事案件起诉书、抗诉书、不起诉决定书、刑事申诉复查决定书等法律文书均应当公开，可见根据2014年《规定》，检察官在公开法律文书之前只需要判断该法律文书是否有不得公开的情形即可。但是2021年《规定》第18条、第19条，将"应当"公开修改成"可以"公开，而且增加了"社会广泛关注的、具有一定社会影响的案件"以及"具有示范引领效果、促进社会治理的案件"的修饰词语，这就导致检察官对法律文书的公开增加了判断标准，而且这两个判断标准又是具有宽泛解释空间的概念，检察官对于该如何进行判断和裁量没有明确的方向。

（三）内部审核不严格，"出口"管控不牢

为什么会有一些"带病"法律文书被公开，甚至同一个基层院公开的法律文书命名都不一致？一方面，部分检察机关案件管理部门和业务部门对2021年《规定》学习培训不到位，如：2021年《规定》第20条、第23条删除了2014年《规定》中"被判处三年有期徒刑以下刑罚以及免于刑事处罚，且不属于累犯或者惯犯的被告人应当做匿名处理"的规定，被告人姓名一律不做屏蔽处理。但还是出现了部分公开的法律文书对被告人姓名进行屏蔽处理的现象，这说明业务部门拟制公开法律文书、案件管理部门审核拟公开法律文书时均没有发现该问题。另一方面，内部审核机制落实不到位，虽然相关规定建立了严格的审核机制，但具体到各个基层院，落实的程度又会存在差距，故导致各个基层院公开的法律文书质量良莠不齐。另外，对于适用认罪认罚从宽案件法律文书公开的审查力度明显不够，如对于公开法律文书中涉及认罪、认罚、从宽等情节或可能引发质疑、异议的案件事实部分，未能及时审查事前是否进行有效释法说理；针对当事人在审判环节反悔、不认罪认罚的情形，事后也未能及时跟踪审查。

（四）问责机制不具体，内部制约不力

2021年《规定》第25条规定："案件信息公开工作中有履行职责不力、失职渎职等违纪违法行为，造成严重后果的，由有关部门依纪依法处理。"这是对案件信息公开工作问责机制的明确规定，但显然较为宽泛，对于履行职责不力如何界定、失职渎职程度如何界定、纳入检察人员业绩考核如何评价均需要司法实践予以裁量。一名检察官一年内均未公开法律文书，是否属于履行职责不力？案件管理部门审核人员未认真履行审核职责导致法律文书公开不规范但并未引发负面舆情，又应当如何判定？另外，上述规定明确的问责机制主要提及的是案件信息公开工作，而并不是针对法律文书公开工作，故导致司法实践中进行问责时，缺乏较为明确的问责方式

和操作依据，进而对检察官开展法律文书公开工作未能形成强有力的内部制约，影响了法律文书公开质效。

三、探究路径：对检察机关法律文书公开制度的优化

2021年《规定》出台以来，检察实践逐渐暴露出各地在贯彻落实新规中的问题和不足，因此必须在贯彻落实新规的基础上进一步完善和优化检察机关法律文书公开制度，以期在认罪认罚从宽制度不断深化中充分发挥该制度的效能。

（一）转变公开理念，全面掌握新规要义

"思想决定行动"，因此，首先必须从根源上转变检察官的公开理念，并为充分贯彻执行新规提供有益指导。第一，充分理解新规内涵。2021年《规定》虽然改变了之前的公开原则，但并未改变法律文书公开制度设立的初衷和使命，即保障人民群众对检察工作的知情权、监督权，增强检察机关司法办案的透明度，规范司法办案行为。因此，对于符合2021年《规定》可以公开的法律文书，应当秉承尽量公开的原则，通过加强文书公开的审核和管控最大限度地避免法律文书公开可能引发的负面影响。第二，认真厘清公开过程中的价值关系。检察机关法律文书的公开过程涉及不同法律价值之间的博弈与取舍，包括公开与保密、知情权与隐私权、有限公开与群众监督。[①] 2021年《规定》为了更好地平衡上述关系，虽然取消对法律文书公开数量和时限的硬性要求，但允许人民群众申请查询未向社会公开的法律文书；取消对公开法律文书中嫌疑人姓名的屏蔽，但对于文书中涉及的当事人及其他诉讼参与人信息设置了严格的隐名处理标准；虽然扩大法律文书公开类型，但进一步加大了案件承办检察官对是否公开法律文书的裁量权。可见，每一份规定的修订和完善是经历时代的洗礼和人民群众

---

① 余寓文、石燕：《大数据时代的检察法律文书公开》，载《中国检察官》2017年第5期。

的考验之后的产物。只有透过现象看本质，才能真正转变理念；只有真正转变理念，才能更好地执行新规。第三，着力加大培训力度。2021 年《规定》出台以来，检察机关虽然也组织过相关的专题学习和视频学习，但从司法实践效果来看仍然与预期存在较大差距，因此，如何在今后一段时间内加大培训力度、提高学习针对性，是提高法律文书公开实效的关键。本文认为可以通过专题推进会、经典案例分析会等形式落实，专题推进会有利于提高各地检察机关对该项工作的重视程度，此外，通过选取司法实践中典型的正反两方面案例进行剖析，有利于增强案件承办检察官对法律文书公开范围、公开内容的把控能力。同时要着力提高认罪认罚从宽案件法律文书制作水平，加强释法说理，让群众充分理解、接受、认同司法办案标准。

（二）利用量化指标，着力细化判断依据

当一项制度缺乏明确判决依据，量化指标将对制度的执行起到关键的导向作用。法律文书的公开工作可以从以下几个方面细化。第一，公开范围数据化分析。2021 年《规定》赋予检察官对是否公开法律文书的裁量权，但又没有较为明确的判断依据和标准。本文认为，大数据时代下，数字检察工作不断推陈出新，法律文书公开范围也可以尝试通过数据建模的形式，设置相关数据采集点，通过对所采集数据的分析，提示检察官哪些案件可以进行公开，给检察官提供更为具象化的参考依据。以刑事案件为例，判断案件是否属于社会广泛关注的、具有一定社会影响的案件，可以尝试通过在检察业务应用系统中采集是否涉及恶势力犯罪、食品安全犯罪、药品和医疗器材安全犯罪等案卡项目的填录情况进行分析，同时在检察业务应用系统中后台设置提示程序，一旦涉及的上述案卡项目填录为"是"且案件判决已生效，就进行提示，从而提醒案件承办检察官该案件已经生效，可以裁量是否公开。民事检察、行政检察、公益诉讼检察也可以采取类似的方式进行采集、分析和提示。第二，公开文书数据化筛查。对于拟公开和已公开的法律文书，可以充分利用信息化手段，采用法律文书智能筛查软件，对文书内容中是否存在敏感词汇、表述、信息进行全面筛查，通过自动筛查和人工审查相结合，精准定位"带病"文书，避免公开"带病"文书以及及时发现和处理"带病"文书。

（三）建立常态机制，倒逼规范文书公开

进一步推进法律文书公开工作规范化、有序化，外部推动机制必不可少。第一，增加认罪认罚情况审查环节。认罪认罚从宽制度贯穿于整个诉讼过程，要注重审查工作的前伸后延。检察环节除了审查文书公开内容是否规范，还应重点审查文书中涉及认罪认罚从宽制度的相关内容，是否在文书中作出重点说明标识或者以附页形式进行说理解释。特别是对于有争议的案件，还要审查是否围绕案件的分歧焦点展开释法说理、阐明法律事实、说明适用法律依据以及法理、情理等考量因素。而审判环节则重点审查被告人认罪认罚的自愿性和真实性，避免因公开的法律文书与案件实际情况不符而引发舆情。若经审查，发现检察环节与审判环节中当事人认罪认罚情况不一致，则需由案件承办人根据案件情况确定是否对该文书进行公开，再按照相关规定进行报批。若确定公开，则应对被告人审判环节的认罪认罚情况进行备注，力求客观真实反映案件办理原貌。第二，建立定期通报机制。实行定期通报机制，一方面可以反映一阶段检察机关法律文书公开的现状，另一方面也可以让检察官逐步重视法律文书公开工作。《工作细则》第28条规定："人民检察院负责案件管理的部门应当定期统计、通报本院和本地区检察机关案件信息公开工作情况。"因此，建立针对法律文书公开的定期通报机制是有明确依据的。根据上述规定，通报可以由各地检察机关内部自行组织开展，也可以由上级检察机关对下级检察机关实行，通报的主体是负责案件管理的部门。具体通报的内容，各地检察机关可以视情况而定。本文认为，通报内容可以包括但不限于法律文书公开的数量、抽查已公开法律文书的质量、已公开法律文书的类型、是否覆盖"四大检察"等。同时，通报机制应当设置限时整改和反馈环节，对通报反映的问题及时整改，对通报内容有异议的可以提出反馈意见。第三，纳入量化考核体系。每年上级检察机关均会对下级检察机关一整年检察工作情况进行评价考核，法律文书公开情况一般会作为案件管理部门的考核内容之一。本文认为，还可以考虑对考核内容进行适当的扩充和完善，如为了更进一步倒逼法律文书规范公开，可以增加法律文书公开不规范被上级检察机关通报作为扣分项的规定。又如，为了提高检察官法律文书公开积极性，还可以考虑规定若刑事检察法律文书公开数量占生效法律文书数量达到一定比例、法律文书公开覆盖"四大检察"均可以进行适当的加分。

（四）丰富监管手段，汇聚形成监督合力

监督是一项制度落实的最重要保障之一。监督分为外部监督和内部监督，应当使外部监督和内部监督均发挥作用，才能形成监督合力。第一，畅通外部监督渠道。将检察法律文书进行公开本身就是自觉接受外部监督的表现。2021年《规定》第24条规定："案件当事人及其法定代理人、近亲属、辩护人、诉讼代理人或者其他单位、个人认为人民检察院发布案件信息不规范、不准确的，可以向人民检察院负责案件管理的部门反映；负责案件管理的部门应当及时协调相关部门核实、处理。"对于公开法律文书公开不规范、不准确的，可以参照上述规定向人民检察院案件管理部门进行反映。另外，人民群众还可以通过"12309中国检察网"的群众意见建议箱对检察机关法律文书公开工作提出相关意见和建议。第二，深化内部监督问责。一方面，提高问责体系针对性，对法律文书公开中可能出现的承办案件检察官不作为、懒作为、乱作为以及负责审核工作检察官的审核不严格、不到位的现象均应当纳入内部问责体系，同时可以作为检察人员业绩考核的依据，并作为负面信息记入司法档案。另一方面，强化检务督察，《人民检察院案件管理与检务督察工作衔接规定》第4条规定："负责案件管理的部门在履职过程中形成的下列工作材料，应当抄送本院负责检务督察的部门：……（三）开展业务数据专项检查、案件信息公开专项检查、案件质量评查等案件监督管理活动中形成的工作通报。"因此法律文书公开专项检查的通报应当参照上述规定抄送检务督察部门，检务督察部门可以根据

通报反映的问题视情况严重程度分别进行批评教育、诫勉、组织调整或者组织处理、移送纪检监察机构处理。

四、结语

检察机关法律文书公开自 2014 年施行以来，已经成为检察机关检务公开的一项常规工作。为了顺应时代变化和人民群众的需求，2021 年《规定》的出台为法律文书公开工作提供了新的风向标，如何全面贯彻落实新规定、推进认罪认罚从宽制度纵深发展，成为法律文书公开工作的重中之重。只有不断对司法实践中法律文书公开暴露的问题进行剖析和总结，不断优化完善相关配套机制和制度，才能使检察机关法律文书公开工作经得住新时代的考验，充分满足人民群众的司法需求。

认罪认罚具结书文本内容的
实践省思及完善建议

邝颖婷　华南师范大学法学院

2018 年 10 月，修正后的《刑事诉讼法》确立了认罪认罚制度，标志着我国的量刑协商制度正式确立。认罪认罚具结书是量刑协商制度的关键法律文书，其内容和制作程序关乎认罪认罚制度的健康运行。2020 年 2 月，最高人民检察院发布了《人民检察院刑事诉讼法律文书格式样本（2020版）》，为全国检察机关提供了认罪认罚具结书内容文本的参照模板。笔者又从网上搜索部分地方检察机关 2020 年以后的认罪认罚具结书格式样本，发现不同地方的内容文本仍存在差异。笔者通过对最高检和地方检察机关的认罪认罚具结书格式文本进行分析，发现其存在共性问题，这些问题不但会影响认罪认罚具结书的自愿性、真实性，还会影响认罪认罚案件的后续进程。本文从认罪认罚具结书的文本内容入手，分析认罪认罚具结书内容在司法实践中存在的问题，并提出相应的完善建议，希望对认罪认罚制度的完善有所帮助。

一、认罪认罚具结书的"合意"性

认罪认罚具结书的文本内容是由认罪认罚具结书本身的性质决定的，文本内容是认罪认罚具结书性质的外在表现。因此，明确认罪认罚具结书的性质有助于认罪认罚具结书文本内容的设计。

实务界和学术界对认罪认罚具结书的"合意"性质已基本无争议。"合意"最早是民商法当中的概念，是指当事人同意受某一私人设置的权利义务关系的约束。"合意"成立并生效后，当事人便受这一权利义务关系的约束，任何一方反悔，都应当承担相应的责任。由此可见，"合意"包括协商性、自愿性和约束性效力三大要素。同样，认罪认罚具结书也体现了这三大要素。

首先，认罪认罚具结书是控辩双方协商的产物，具有协商性，属于司法契约。我国认罪认罚制度中控辩双方可以协商的内容范围比较窄，只可以协商量刑，不可以协商定罪和罪数。并且在协商的过程中，控辩双方的地位并不对等，一般由控方先制作量刑方案，并指导认罪认罚具结书的协商和签署过程，但这并不代表辩方处于完全被动的地位。辩方有权对控方的量刑方案提出意见，并且享有程序选择权。除此之外，只有辩方在认罪认罚具结书上签字，认罪认罚具结书才能生效。因此，认罪认罚具结书并不是控方的"独角戏"，也不是辩方的被动接受对象，而是体现了控辩双方的共同意志。值得一提的是，协商量刑的精准程度越高，认罪认罚具结书的协商性就越强。协商性体现的是双方意志的妥协，协商的目的是让双方对"合意"的后果具有更为明确的预期，因此，协商的内容对后果的预期越明确，协商的程度就越高。这也是当前提倡精准量刑的重要原因。

其次，自愿性是认罪认罚具结书效力的重要判断标准。当前实务中对自愿性的判断主要基于非法证据中的"痛苦标准"，这是较为片面的。与非法证据不同，国家机关收集证据具有单方性和职务性，而认罪认罚具结书具有双方性和协商性，其自愿性的判断标准应参照民商事合同的效力标准。自愿性即真实的意思表示，其基础是真实性。自愿性要求被追诉人能够正确理解认罪认罚具结书中包括权利义务、法律后果在内的文本内容。与民商法中的合同不一样的是，认罪认罚具结书是刑事诉讼法律文书，对被追诉人的人身权有重大影响，因此，民商事合同中的"可撤销"的情形应归于认罪认罚具结书的无效情形。由此得出，有效的认罪认罚具结书应当排除重大误解、欺诈、胁迫、显失公平等因素。重大误解是指被追诉人对认罪认罚具结书主要内容的理解存在重大偏差；欺诈是指被追诉人因他人的误导而签署认罪认罚具结书的情形，这里的"他人"既包括控方，也包括辩护人、值班律师、被害人等第三方；胁迫是指被追诉人因控方的胁迫而签署认罪认罚具结书的情形，这里的"胁迫"包括暴力胁迫和精神胁迫；显失公平是指控方利用被追诉人的不利处境而引诱其签署认罪认罚具结书的情形，这种情形与"屈从型自愿"① 不同，在显失公平的情形中，他人的影响起主导作用，而屈从型自愿是被追诉人作为理性经济人，权衡当下处境的利弊之后，自主决定签署认罪认罚具结书。

最后，认罪认罚具结书具有约束性效力。认罪认罚具结书生效后，控辩双方都受其约束，应当遵守诚信原则。在认罪认罚具结书有效的情况下，除非出现新事实或新证据足以否定认罪认罚具结书效力，控辩双方都不得随意反悔。对于被追诉人而言，如果被追诉人在法院采纳认罪认罚具结书中的量刑后无正当理由上诉，检察机关有可能会以被追诉人毁约导致一审裁判丧失依据为由提起抗诉，被追诉人便不受"上诉不加刑"原则的保护，可能会承担加重量刑的不利后果。对于检察机关而言，检察机关向法院提出的量刑建议应当与认罪认罚具结书中的量刑一致，否则，被追诉人可因此提起上诉。可以说，认罪认罚具结书的约束性效力保障了认罪认罚制度的权威性和稳定性。

二、认罪认罚具结书文本内容在实践中存在的问题

最高检和部分地方检察机关的认罪认罚具结书文本内容要点主要包括四个部分。第一部分是犯罪嫌疑人的身份信息。包括犯罪嫌疑人的姓名、民族、身份证号、职业、住址、采取强制措施的情况等。这是最基本的内容要点，只有明确主体的身份，才能保证签署主体的正确性和唯一性。同时，明确身份信息能够知悉签署主体的行为能力，对签署认罪认罚具结书的意思表示能力有很大的影响，直接关系到具结书的效力。第二部分是权利的知悉。是为了确保被追诉人对认罪认罚从宽制度告知书内容的知悉和理解。权利的知悉范围主要包括认罪认罚具结书的生效、撤回的方式及后

---

① 郭烁：《认罪认罚背景下屈从型自愿的防范——以确立供述失权规则为例》，载《法商研究》2020 年第 6 期。

果、被追诉人的提出异议权及提出建议权、签署后的程序选择权、对法院裁量权的影响等。权利的告知使得被追诉人对签署认罪认罚具结书的后果有一定的预判性，这直接关系到被追诉人的自愿性和认罪认罚具结书效力的稳定性，是判断认罪认罚具结书的签署是否"自愿"的重要因素。第三部分是认罪认罚的内容。主要包括被追诉人对犯罪事实、犯罪行为、控方量刑建议、适用的刑事诉讼程序的确认。认罪认罚的内容是认罪认罚具结书的关键文本，直接关系到被追诉人是否认罪认罚、认罪认罚的范围以及具结书生效后对控辩双方的约束范围，值得进一步探讨。第四部分是自愿签署声明，主要目的是确认被追诉人已经理解认罪认罚具结书中的条款并自愿签署。签名部分除了被追诉人本人的签名，还包括值班律师或辩护人的签名，其目的在于证明有值班律师或辩护人在场，确保认罪认罚具结书签署的程序是合法的。自愿签署声明这一部分是判断被追诉人自愿性的直接标准，能够直接证明认罪认罚具结书的效力。

当前的认罪认罚具结书基本具备必要的内容文本，但仍存在着若干问题。

（一）缺乏值班律师或辩护人的身份信息

实践中的认罪认罚具结书一般只有犯罪嫌疑人的身份信息而缺少值班律师或辩护人的身份信息。虽然在签名部分有值班律师或辩护人的签名，能够体现签署过程的程序合法，但却无法体现律师对被追诉人签署具结书的实质性帮助。如果在场见证程序仅流于形式，那么，在场见证程序的真正目的便无法实现。由于被追诉人处于天然的劣势地位，大多数被追诉人对刑事诉讼程序并不了解。设置在场见证程序的目的是为被追诉人提供法律服务，帮助被追诉人真正理解认罪认罚具结书的内容及效力，以确保被追诉人的自愿性。

在认罪认罚具结书中加入值班律师或辩护人的身份信息，主要有两方面的作用。一方面，有助于明确辩护人或值班律师的身份，督促控方行使通知义务，体现完整的辩方意志。辩护人或值班律师享有向控方提出意见的权利，明确辩护人或值班律师的身份对认罪认罚具结书的签署有重大影响。有些被追诉人委托了辩护人，但控方出于其有限理性，不通知辩护人到场，而以值班律师取而代之。虽然并未违反法定程序，却造成了实质上的不利影响。相比于值班律师，被追诉人对其自行委托的辩护人具有更强的信赖，能够促进其对认罪认罚具结书内容的认同。同时，辩护人的权利比值班律师更为广泛，享有阅卷权、调查取证权等，对案情更为了解，能够在认罪认罚具结书的签署中发挥着更大的作用。另一方面，在认罪认罚具结书中加入律师执业证书等信息，能够帮助法官判断被追诉人对认罪认罚具结书的理解情况、审查被追诉人的自愿性。一般来说，在排除其他影响因素的情况下，律师的专业水平、履历、工作经验等对被追诉人的帮助作用存在正相关的关系，直接影响到被追诉人的自愿性。

（二）缺少认罪认罚具结书后续处理结果的告知

结果告知直接关系到被追诉人的预测可能性。被追诉人签署认罪认罚具结书的最终目的是得到从宽的量刑结果。如果被追诉人对认罪认罚具结书的后续处理结果没有明确的认知，被追诉人很可能会出于各种短视目的，站在理性经济人的角度，基于屈从型自愿而签署认罪认罚具结书，这种情况下，被追诉人的认罪认罚态度呈现出较强的不稳定性，事后反悔的概率较高。因此，对认罪认罚具结书的后续处理结果越了解，被追诉人签署认罪认罚具结书的自愿性就越高，认罪认罚的稳定性就越强。然而，实践中绝大多数认罪认罚具结书的内容文本中仅呈现出法院一般应当采纳具结书中的量刑、具结书的撤回结果等内容，这些内容并不能涵盖所有重要的后续处理结果。认罪认罚具结书主要缺乏以下四点后续处理结果的告知。

第一，法院有可能不采纳认罪认罚具结书中的量刑，从而作出更重的量刑结果。虽然检察机关的量刑建议对法院的裁判行为具有一定的约束力，法院"一般应当"采纳检察机关提出的量刑建议。但是，基于以审判为中心的原则，法院的裁判权独立于检察机关的量刑建议权。法院认为量刑建议明显不合理时，可以不予采纳。这一点直接影响到被追诉人是否签署具结书。

第二，同意适用速裁程序或简易程序会影响被追诉人部分诉讼权利的行使。与普通程序不同，速裁程序和简易程序缺乏完整的法庭调查和法庭辩论阶段，因此，被追诉人的质证权、辩论权等诉讼权利会受到限制，这属于签署认罪认罚具结书的风险，被追诉人有权知悉。

第三，法院不采纳量刑建议的，检察机关可以调整量刑。那么，调整量刑是否应当重新签署认罪认罚具结书？这涉及控辩双方对量刑的二次协商问题，应当呈现在认罪认罚具结书中。

第四，在法院裁判对量刑建议予以采纳的情况下，被追诉人无正当理由提起上诉的，检察机关有权依法提起抗诉，这将导致被追诉人不再受"上诉不加刑"的保护，二审裁判可能会加重量刑。这一点关系到被追诉人反悔上诉的问题，提前在认罪认罚具结书中予以告知，一方面能够对恶意上诉的被追诉人起到警诫作用，维护认罪认罚制度的权威性；另一方面又能够促使被追诉人审慎签署认罪认罚具结书，减少认罪认罚反悔率。

（三）认罪认罚的内容完整性、规范性较低

第一，不少地方的认罪认罚内容仅包括对该行为是否构成犯罪的认定，而缺乏对具体罪名的认定。虽然我国的司法协商制度只能协商量刑而不能协商定罪问题，认罪认罚也不以承认罪名为要件，但定罪是量刑的前提和基础，只有确定了罪名，才能划定量刑的范围。因此，在认罪认罚的内容中加入罪名的认定显得量刑更有依据，是认罪认罚具结书规范性的体现。

第二，内容中仅呈现基本的犯罪事实，缺乏量刑事实的展现。在实践中经常出现被告人对检察机关掌握的量刑事实不了解而提起上诉的情况：在法院裁判采纳量刑建议的情况下，被告人以检察机关或法院忽视了某些量刑事实为由提起上诉。然而，相关的量刑事实已经被检察机关和法院考虑在内，这显然不利于司法资源的节约。既然认罪认罚包括对被追诉人对被控犯罪事实的承认和对控方量刑建议的认同，量刑事实又是量刑建议的重要依据，应当在认罪认罚具结书中有所体现。这能让被追诉人对量刑事实有清晰的认识，增强认罪认罚的真实性和稳定性，也有利于打破长期以来重定罪、轻量刑的局面。

第三，缺乏对量刑建议的说理。绝大多数认罪认罚具结书仅呈现了控方的量刑建议，并没有呈现对量刑建议的说理。虽然控方在被追诉人签署认罪认罚具结书的过程中会用口头形式对量刑建议进行说理，但口头形式缺乏规范性。量刑是认罪认罚具结书的核心要素，应当采用书面形式严格对量刑建议进行说理，以助被追诉人真正理解量刑的理由，降低误解发生的可能性。

（四）没有体现认罪认罚具结书对控方的权力、义务

认罪认罚具结书在权利告知部分体现了被追诉人的权利义务，却没有专门体现控方的权力和义务。

第一，这不符合认罪认罚具结书的协商属性。虽然"具结书"的命名体现了具结书强烈的单方属性，但这并不能否定认罪认罚具结书的协商属性。具结书的内容文本是其本身性质的外在体现。民商事合同规定了双方当事人的权利义务，因此，同样属于"合意"的认罪认罚具结书也应当规定协商主体的权利义务，以体现量刑是控辩双方共同协商的结果。

第二，这不利于保障被追诉人的救济权。认罪认罚具结书没有体现控方的义务，会导致被追诉人意识不到控方也受具结书的约束，从而导致信息的不对称，当控方随意变更量刑建议，被追诉人便不能及时申请救济。

第三，这不利于被追诉人对自身义务和具结书效力的理解。了解控方的权力有助于加深被追诉人对自身义务和具结书效力的理解。比如，明确指出控方拥有向法院提出量刑建议的权力，有助于使被追诉人理解签署认罪认罚具结书对法院判决的影响。

三、完善认罪认罚具结书文本内容的建议

笔者结合认罪认罚具结书的"合意"性和司法实践中存在的问题，为完善认罪认罚具结书的文本内容提出以下几点建议。

（一）加入辩护人或值班律师的身份信息

首先，明确辩护人或值班律师身份信息的内容，体现主体的唯一性、确定性。除了加入姓名、身份证号等基本信息，值班律师和辩护律师还应当加入执业证号、所在的律所等信息，以公民身份作为辩护人的，还应当提供其与被追诉人之间的关系、职业、文化程度等基本信息，这些因素与辩护人的能力大小有着较为密切的关联，而辩护人的能力又关系到其法律服务效果和被追诉人对具结书的理解程度。

其次，被追诉人对辩护人或值班律师的身份信息享有确认权。辩护人或值班律师作为认罪认罚具结书签署的见证人，为被追诉人提供法律帮助，确定被追诉人的自愿性，与被追诉人与之存在信赖关系。被追诉人对辩护人或值班律师越信赖，越有利于被追诉人理解具结书的内容，被追诉人签署具结书的自愿性就更高。控方在通知辩护人或值班律师到场见证之前，应当先了解被追诉人是否事先委托了辩护人，如果被追诉人事先委托了辩护人，应当优先考虑通知辩护人到场，因为相比于值班律师，被追诉人更加信赖辩护人。如果辩护人无法到场或没有委托辩护人，再通知值班律师到场。设立被追诉人确定权主要有两个优点：一是让被追诉人确认辩护人的信息准确无误，以确保到场见证人是其委托的辩护人，避免发生控方没有通知被追诉人事先委托的辩护人到场，而直接以值班律师取而代之的情况；二是让被追诉人知悉值班律师的基本信息，增进对值班律师的了解，有利于使被追诉人和值班律师之间形成信赖关系。

最后，控方有保障辩护人或值班律师身份信息准确性的义务。控方在认罪认罚程序中起主导作用，具结书的文本是控方提供的，因此控方应承担起保证文本准确性的义务。如果身份信息出现错误，被追诉人、辩护人或值班律师有权提出异议。除此之外，身份信息一栏中的辩护人或值班律师，与后面的见证人签字一栏中的签名所体现的主体应当存在全同或交叉关系。否则，控方有义务对此作出合理解释。

（二）增加认罪认罚具结书后续处理结果的告知

首先，明确量刑建议对法院裁判的影响，让被追诉人在签署具结书之前了解到量刑建议对法院裁判的约束力并非绝对，可能出现法院不采纳量刑建议的情况。除此之外，如果量刑建议是幅度量刑，还应当让被追诉人认识到，法院未必会在量刑幅度的中段或下限确定量刑，最终的量刑结果也有可能在量刑幅度的上限。因为当量刑建议为幅度刑，被追诉人会倾向于预测法院的量刑结果会在量刑幅度的中下段，如果量刑结果在量刑幅度的上限，往往会超出被追诉人的预期。因此，让被追诉人了解法院对量刑建议的所有处理可能，有助于被追诉人事先对签署认罪认罚具结书有一定的风险预期，保障被追诉人的知情权。

其次，告知被追诉人诉讼程序对诉讼权利的影响。认罪认罚具结书不仅要写明拟适用的诉讼程序，还要写明诉讼程序对被追诉人诉讼权利的影响。速裁程序或简易程序会省略甚至简化法庭调查程序和法庭辩论程序，被追诉人的辩论权、质证权等诉讼权利会遭到限制，促使被追诉人审慎选择诉讼程序，并告知被追诉人有权对拟适用的速裁程序或简易程序提出异议。除此之外，还应当告知被追诉人速裁程序或简易程序转换为普通程序的法定情形，并附上相应的法条，以便被追诉人行使程序变更申请权。如果加入法条使得具结书的篇幅过长，也可以将法条呈现在认罪认罚从宽制度告知书上。

最后，告知被追诉人反悔上诉可能引发控方抗诉的不良后果。具结书应采用概括式和列举式相结合的方法充分解释"反悔上诉"的内涵：先给出《人民检察院办理认罪认罚案件开展量刑建议工作的指导意见》（以下简称《指导意见》）第 39 条有关反悔上诉的定义①，再一一列举反悔上诉的常见情形，包括仅以量刑过重为由提起上诉、为了留看服刑而上诉、利用

---

① 《人民检察院办理认罪认罚案件开展量刑建议工作的指导意见》第 39 条规定："认罪认罚案件中，人民法院采纳人民检察院提出的量刑建议作出判决、裁定，被告人仅以量刑过重为由提出上诉，因被告人反悔不再认罪认罚致从宽量刑明显不当的，人民检察院应当依法提出抗诉。"

上诉不加刑原则恶意上诉等。让被追诉人真正理解认罪认罚具结书的效力，督促被追诉人遵守诚信原则。

（三）充实并规范认罪认罚的内容文本

首先，增加对罪名的认定。先注明"认罪"的内涵不是承认罪名，而是承认主要的被控犯罪事实，引导被追诉人正确理解认罪认罚的关注点。再指出控方所认定的罪名并列出该罪名对应的法条，法条应包括该罪的构成要件和适用的刑罚种类、刑期范围，让量刑有据可循，确保具结书的完整性和规范性。

其次，增加量刑事实。具结书不仅要体现犯罪的基本事实，还要增加量刑事实，量刑事实是量刑的依据。量刑事实主要包括被追诉人是否为初犯、偶犯、累犯等犯罪前的表现，犯罪手段等犯罪中的表现以及是否积极赔偿、与被害人达成和解等犯罪后的表现。至于是否有必要在具结书中对量刑证据进行列举，笔者认为没有必要，不仅是因为量刑事实已经足以使得被追诉人充分了解量刑的事实依据，也为了避免被追诉人因事先得知控方所掌握的证据而伪造、毁灭证据的可能性。

最后，增加量刑的说理部分。控方需要在具结书中简要说明由量刑事实推出具体的量刑所依据的理由。如果量刑为幅度刑的，还要说明不使用精准刑的原因。因为《指导意见》规定，除了"新类型、不常见犯罪案件，量刑情节复杂的重罪案件"等，检察机关应当提出精准刑，因此，控方对不适用精准刑附有说理义务。这不仅是明确被追诉人预期的需要，也是提高具结书协商性的需要。

（四）增加有关控方权力和义务的内容文本

首先，明确控方按照认罪认罚具结书中的量刑向法院提出量刑建议。这既是控方的权力，也是控方的义务。从权力的角度看，这是控方量刑建议权的体现，同时也侧面告知了被追诉人认罪认罚具结书中的量刑对法院的裁判具有一定的影响，促使被追诉人在签署具结书时认真对待，审慎考虑，这有利于降低被追诉人反悔的概率，提高具结书的效力稳定性。实务中不少被追诉人以为具结书中的量刑对法院裁判没有影响，签署具结书只是一种随例程序，事后才意识到具结书中量刑的效力，出现反悔的情况。从义务的角度看，按照具结书提出量刑建议，是控方受具结书约束的体现，控方具有尊重协商结果、遵守诚信原则、保障被追诉人预测可能性的义务。

其次，明确控方与被追诉人协商、听取被追诉人意见的义务。由于被追诉人是被控诉的一方，且处在受对方控制的场所中，信息的隔绝会增加被追诉人的恐惧、焦虑心理。面对公权力机关，被追诉人可能会出于屈从心理签署认罪认罚具结书。明确控方的协商义务和听取意见的义务，能够让被追诉人理解认罪认罚具结书的协商属性，促使被追诉人积极对量刑问题发表意见，避免发生被追诉人被动接受量刑的情况。

最后，明确控方在调整量刑建议时有权征求被追诉人的意见。法院不采纳检察机关提出的量刑建议时，应当尊重检察机关的调整量刑建议权，不宜直接作出裁判。由于法院不采纳原有的量刑建议，那么，原先签署的认罪认罚具结书中的量刑便失去了实质的效力。失效不是控辩双方导致的，因此失效的结果不能归咎于被追诉人。检察机关在调整量刑建议时不征求被追诉人的意见，一是对被追诉人协商权的不尊重；二是不利于被追诉人建立新的预期，加大了在事后提出上诉的可能性。因此，检察机关在调整量刑建议时应当征求被追诉人的意见，控辩双方可以重新签署认罪认罚具结书。

认罪认罚具结书
对认罪认罚制度的完善与改进

陈文凯　江西省新余市渝水区人民检察院

一、认罪认罚具结书概述

（一）认罪认罚具结书内容

认罪认罚具结书主要分为四个部分。

第一部分是犯罪嫌疑人身份信息，包括姓名、性别、出生日期、身份证号、户籍所在地等信息，确保认罪认罚具结人的主体唯一确定性。

第二部分是权利知悉，载明具结人已经阅读、理解并自愿接受认罪认罚从宽制度的全部内容，但该部分并不载明其在认罪认罚从宽制度中的权利与义务，详细的认罪认罚从宽制度内容分为八条，列举在认罪认罚从宽制度告知书中，告知书最后有犯罪嫌疑人签名栏，确保本人阅读并理解相关内容，与具结书配套保证具结人在认罪认罚过程中的自愿性。

第三部分是认罪认罚内容，载明具结人被检察机关指控的犯罪事实、罪名、程序适用和量刑建议，这些内容对具结人的处理起到决定性作用，是整个具结书的核心内容。

第四部分是自愿签署证明，包括具结人签名，证明其是在知情、自愿、不被胁迫、意识清醒且听取了律师的法律意见的情况下签署具结书，也包括值班律师或辩护律师的签名，证明具结人在其见证下自愿签署具结书。

（二）认罪认罚具结书性质

认罪认罚具结书作为认罪认罚制度的重要载体，直接影响着被追诉人的处理，记载着被追诉人的指控事实、指控罪名、诉讼程序和量刑建议，是控辩双方通过协商达成的一致意见。就认罪认罚具结书的性质,有的学者认为具结书只是被追诉者的单方声明书。[①] 有的学者认为具结书是一种"刑事协议""司法契约"。[②] 也有学者提出具结书还可能是裁判的参考,因为法院"一般应当"认可具结书的内容。[③] 但是就认罪认罚具结书是控辩双方的合意这点,目前理论界已趋于一致。[④]

(三)认罪认罚具结书约束力

认罪认罚具结书对被追诉人、检察机关和审判机关均有约束力。

对被追诉人而言,被追诉人要遵守具结书中所作出的承诺,自愿认罪认罚,履行具结书中的退赃等义务,不可随意上诉,后悔、撤销和上诉均会导致具结书破裂失效,并无法享受认罪认罚从宽所带来的量刑"优惠"。

对检察机关而言,除非存在新的事实和证据、被追诉者认罪认罚后反悔或认罪悔罪不真实等情形,否则检察机关不能实施随意撤销具结书等引起协议破裂的行为。

在控辩双方均能遵守具结书内容的情况下,在一审中法院"一般应当"遵守控辩双方的合意,因此对法院的审判权也具有一定程度的约束力。

二、当前认罪认罚制度的困境

(一)参与认罪认罚的值班律师作用发挥有限

值班律师作为认罪认罚从宽制度的重要组成部分,对保障被追诉人认

---

① 胡云腾:《认罪认罚从宽制度的理解与适用》,人民法院出版社 2018 年版,第 97 页。
② 马明亮:《认罪认罚从宽制度中的协议破裂与程序转换研究》,载《法学家》2020 年第 2 期;田力男、杨振嫒:《认罪认罚反悔后有罪供述适用问题探究——以"司法契约"理论下有罪供述撤回为切入点》,载《公安学研究》2019 年第 4 期。
③ 马明亮:《认罪认罚从宽制度中的协议破裂与程序转换研究》,载《法学家》2020 年第 2 期。
④ 刘原:《认罪认罚具结书的内涵、效力及控辩应对》,载《西北政法大学学报》2019 年第 4 期。

罪认罚的真实性、自愿性、合法性有着重要意义。在《刑事诉讼法》中，值班律师被规定在"辩护与代理"这一章当中，由此可见，值班律师所提供的法律帮助在法律属性上是辩护。根据《刑诉规则》《指导意见》《同录规定》等规定，参与认罪认罚的值班律师具有提供法律咨询、提出程序、罪名、量刑、案件处理建议或意见、帮助申请变更强制措施、阅卷等权利，虽然不提供出庭辩护服务，但是也基本覆盖了庭审程序前辩护律师的主要工作，可以说法律赋予值班律师的责任重大。

然而在司法实务中，值班律师的功能已经被简化为见证签署《认罪认罚具结书》的签名人，见证被追诉人阅读认罪认罚从宽制度告知书并自愿签署具结书，防止被追诉人签署具结书时受到威胁、欺骗等因素的影响。在案件实体情况上，值班律师对案情知之甚少，仅仅通过具结书上所载的犯罪事实了解案情，也不会去阅卷查看证据，很难为被追诉人提出具有针对性和建设性的法律意见，因此值班律师并没有完全履行法律赋予其审前的辩护责任。从"见证"这个角度来看，一个普通的、具有法律常识的人也能做到，如果不需要提出具有实际意义的法律意见，那么也完全不需要一个具有专业的法律知识的律师来见证。

（二）辩护律师拒绝签字

《刑事诉讼法》规定了被追诉人签署认罪认罚具结书时应当有辩护人或者值班律师"在场"，但是没有具体规定其"在场"应当履行的责任。目前，认罪认罚具结书模板关于"在场"的表述为："本人系（单位）的律师，担任犯罪嫌疑人/被告人的辩护人/值班律师。本人证明，该犯罪嫌疑人/被告人已经阅读了《认罪认罚从宽制度告知书》及《认罪认罚具结书》，自愿签署了上述《认罪认罚具结书》。"从内容上来看，"在场"只需要对被追诉人本次签字的自愿性和认罪认罚程序的合法性进行见证即可，不需要对认罪认罚具结书中的罪名和量刑建议进行认可和背书，实际上值班律师在场时对具结书的签名也只是认可自愿性和合法性。

但是《刑事诉讼法》又规定，对于认罪认罚类案件，人民法院在审理时，一般应当采纳人民检察院指控的罪名和量刑建议。这也就意味着某些认罪认罚案件在具结书签署的一刻就基本确定了刑罚结果，因此对于部分辩护律师而言，辩护的重心由法庭审理向检察院审查起诉阶段移动，在认罪认罚具结书签署阶段说服检察官接受己方意见就成为辩护的关键。

虽然在大部分情况下，当被追诉人自愿认罪认罚时，辩护律师即便不认可也会在具结书上签字，但是也存在极端情况，辩护律师出于种种考量，与公诉人提出的事实和量刑建议存在较大分歧，无法与公诉人达成一致，在听取意见的交流过程中不认可认罪认罚具结书的事实和量刑建议，拒绝在具结书签字。

从律师独立行使辩护权的角度而言，拒绝签字是辩护律师的权利，但是《量刑建议意见》第 27 条规定："犯罪嫌疑人有辩护人的，应当有辩护人在场见证具结并签字，不得绕开辩护人安排值班律师代为见证具结。"如果被追诉人自愿认罪认罚，辩护人不同意且拒绝在认罪认罚具结书上签字，认罪认罚具结书缺少了辩护律师的签名，违反了《刑事诉讼法》的规定，认罪认罚无法继续，就会导致被追诉人无法获得认罪认罚从宽，使认罪认罚程序陷入困境。

（三）认罪认罚协议破裂后的处置

认罪认罚具结书签署成功后，与之相关的总共有四方，分别是法官、公诉人、被追诉人和辩护律师，在认罪认罚制度设立之初，辩护律师作无罪或者罪轻辩护可能会导致认罪认罚协议破裂，例如 2020 年 12 月浙江省高级人民法院、省人民检察院、省公安厅、省司法厅联合制定的《浙江省刑事案件适用认罪认罚从宽制度实施细则》第 49 条规定："当辩护人在法庭审理中坚持作无罪辩护时，检察院可以依具体情况撤销具结。"这样的辩护冲突争议一直到 2021 年最高检印发《量刑建议意见》，明确辩护人做无罪辩护的可以继续适用认罪认罚从宽制度，被告人反悔的除外。

1. 检察机关是否应该抗诉

认罪认罚制度的重要目的之一就是提高诉讼效率，被追诉人认罪认罚后，无论以何种理由上诉，都会导致诉讼效率的降低，对于存在新的事实、或者正当理由上诉的情况下，司法资源用于维护实体正义，对诉讼效率的影响无可厚非。但是更多的情况是被追诉人仅仅为了获得更大的刑期"优惠"，在无正当理由的情况下，利用"上诉不加刑"原则提起"技术性上诉"，甚至在上诉后又随意撤诉，扰乱诉讼程序，降低诉讼效率。对此，最高人民检察院以第83号指导性案例"琚某忠盗窃案"对检察机关后续程序提供了清晰的、具有倾向性的意见。即"被告人通过认罪认罚获得量刑从宽后，在没有新事实、新证据的情况下，违背具结承诺以量刑过重为由提出上诉，无正当理由引起二审程序，消耗国家司法资源，检察机关可以依法提出抗诉"。[①]

然而在司法实践中，从社会效果和程序公正的角度出发，检察机关对于无正当理由上诉提出抗诉的做法更多以审慎的态度对待，如何平衡被追诉人滥用上诉权和维护被追诉人救济途径成为检察机关在抗诉中的最大问题。

2. 有罪供述是否能作为证据使用

被追诉人认罪认罚后悔后带来的证据问题，就是具结书和认罪认罚所作出的有罪供述是否还能作为证据使用。《指导意见》第52条规定，犯罪嫌疑人反悔的，认罪认罚具结书失效。但是认罪认罚后作出的有罪供述是否还能作为证据，在法律规定中仍然是空白，在当前的司法实践中，反悔后的有罪供述作为证据不排除是普遍做法。有学者调研速裁案件后发现办案人员几乎不作处理就直接适用之前因被追诉者认罪而得的有罪证据。[②]

3. 认罪认罚制度的救济程序空白

被追诉人后悔、撤销认罪认罚和上诉时，在起诉前，检察机关就犯罪事实和罪名量刑重新全面审查；在审判时，诉讼程序自动转为普通程序。这就意味着在被追诉人后悔的情况下，只有一次享受认罪认罚从宽的机会。

---

① 最高人民检察院第二十二批指导性案例（检例第83号）。
② 马明亮、张宏宇：《认罪认罚从宽制度中被追诉人反悔问题研究》，载《中国人民公安大学学报（社会科学版）》2018年第4期。

虽然《量刑建议意见》第30条指出，除非存在新的事实和证据、被追诉者认罪认罚后反悔或认罪悔罪不真实等情形，否则检察机关不能实施随意撤销具结书等引起协议破裂的行为。但是目前尚无法律规定，检察机关因正当理由起诉或者当庭调整量刑建议导致认罪认罚具结书破裂后，被追诉人对新的犯罪事实也自愿认罪认罚，被追诉人是否还能再签署新的认罪认罚具结书。

三、具结书对认罪认罚的完善与改进

（一）在具结书上体现值班律师是否阅卷、会见

值班律师见证认罪认罚的过程应该全面、深入，在全面审查案卷、会见并了解案情之后，才能提出具有建设性的意见。一方面，值班律师要主动作为，充分发挥自己在审前辩护的职责，及时阅卷会见，了解案情，同时，检察机关也要充分保障值班律师的阅卷权与会见权，为值班律师的阅卷与会见提供便利，使值班律师"门面化"的现象消除。

落实在具结书上，可以在具结书内容上增加检察机关和值班律师的双方互评，即由检察机关填写值班律师是否阅卷、会见，由值班律师填写检察机关是否为阅卷、会见提供便利。值班律师阅卷、会见的次数纳入法律援助考评，其法律援助的待遇根据阅卷、会见所占的比率确定，促使值班律师主动了解案情。将检察机关提供阅卷和会见的便利的比率纳入本单位考核，对于侵犯阅卷权的，值班律师可以举报投诉。

（二）允许律师拒绝签字并提出意见

从认罪认罚具结书的属性上来看，具结是指单方的保证，即被追诉人对认罪认罚所作出的承诺，在保障被追诉人充分理解认罪认罚的情况下，辩护人拒绝签字也不应当影响具结书的效力。

从律师的属性上看，律师是具有专业法律知识的人，虽然接受被追诉人的委托或受法律援助机构指派为被追诉人提供法律帮助，但其不是被追

诉人的附庸，具有独立发表意见的权利。① 值班律师虽然提供法律援助，但是在庭审程序前与辩护律师的权利基本相同，因此无论是值班律师还是辩护律师，当其认为被追诉人不构成犯罪、罪名有误、量刑偏重时，在与检察机关沟通无果，且对被追诉人充分解释后被追诉人仍坚持签字的情况下，应当享有拒绝在认罪认罚具结书上签字的权利。

综上所述，在认罪认罚具结书上，可以允许律师拒绝签字，并在具结书上新增律师意见，拒绝签字的律师应当写明理由和意见，一并附案卷移送法院。一方面，通过这种方式可以加深律师对认罪认罚的参与程度，支持律师提出意见，并不是为了对抗检察机关，而是为了联合控辩双方，共同对案情的事实认定和量刑建议进行查漏补缺，从双方不同的角度给予被追诉人最全面、多角度的审查；另一方面，可以平衡律师独立发表意见的权利和被追诉人认罪认罚的权利，保证律师独立表达意见时不影响被追诉人自愿认罪认罚。

（三）增加具结书失效情形和后果

1. 载明认罪认罚具结书破裂失效的情形

认罪认罚具结书本质上属于被追诉人与检察机关的协议，应当参照协议的结构载明在何种情形下会导致认罪认罚协议破裂。在司法实践中，有相当大的一部分被追诉人不知道上诉的后果，也不知道会被检察机关抗诉，更不知道被抗诉的后果，单纯觉得"能上诉就上诉"，从而导致认罪认罚协议破裂。

在对被追诉人方面，一方面载明其享有撤销权与反悔权，可以在判决前随时行使；另一方面载明在无新的证据和事实的情况下，上诉也会导致认罪认罚协议破裂。

在对检察机关方面，当检察机关因新的事实、证据等变更起诉事实、罪名、调整量刑建议时，原认罪认罚协议破裂失效。

---

① 陈瑞华:《刑事辩护的理念》，北京大学出版社 2017 年版，第 69 页。

在对法院方面，载明《刑事诉讼法》第 201 条规定的五种不采纳情形，法院不采纳，原认罪认罚具结书也无效。

2. 载明认罪认罚制度的救济程序

检察机关作为国家机关行使公权力，应信守承诺、维护公信力，保障公民的信赖利益，因此应当避免因检察机关的行为导致被追诉人认罪认罚权利的落空，破坏被追诉人对认罪认罚制度的信赖。

笔者认为，即便是存在新的犯罪事实和证据，只要被追诉人对新的事实自愿认罪认罚，能够提高诉讼效率，节约司法自愿，就应当继续适用认罪认罚从宽制度。

因此在具结书中应当载明，当检察机关确有理由因新的犯罪事实、情节、量刑畸轻等，需要变更起诉或者调整量刑建议，被追诉人对新的事实也认罪认罚，被追诉人有权利要求签署新的认罪认罚具结书，从而保障其认罪认罚从宽的权利不会落空。

3. 载明检察机关抗诉范围和抗诉后果

最高检第 83 号指导性案例"琚某忠盗窃案"虽然指明了被追诉人无正当理由上诉的，检察机关可以抗诉，但对于什么是"无正当理由"却没有规定明确范围，因此应当围绕"无正当理由"在认罪认罚具结书中载明检察机关的抗诉范围。具体包括不写明理由上诉、以不想去监狱等非案件内容为由上诉、延长办案期限等"技术性、随意性上诉"。

同时也要载明，检察机关抗诉是针对认罪认罚具结书由于被追诉人无正当理由的上诉破裂失效，认罪认罚从宽的基础不存在，在认罪认罚从宽的基础上作出的一审判决偏轻，因此要通过抗诉消除认罪认罚从宽的量刑优待，让被追诉人清楚认识到无正当理由上诉所产生的后果。

4. 载明具结书失效后的证据使用

笔者认为，在认罪认罚期间所作出的有罪供述，只要笔录程序合法，不存在瑕疵与违法情形，可以参考翻供后供述证据的管理，最高人民法院《关于适用〈中华人民共和国刑事诉讼法〉的解释》第 96 条规定："被告人庭审中翻供，但不能合理说明翻供原因或者其辩解与全案证据矛盾，而其庭前供述与其他证据相互印证的，可以采信其庭前供述。被告人庭前供述和辩解存在反复，但庭审中供认，且与其他证据相互印证的，可以采信其庭审供述；被告人庭前供述和辩解存在反复，庭审中不供认，且无其他证据与庭前供述印证的，不得采信其庭前供述。"

因此，在认罪认罚具结书上可以载明具结书失效后的有罪供述并不完全排除，促使被追诉人在认罪认罚的笔录过程中要对自己认真负责，也可以防止耗费大量人力物力收集的供述证据被浪费，提高诉讼效率。

四、结语

认罪认罚具结书作为控辩双方的协商结果，属于认罪认罚从宽制度的核心，通过完善认罪认罚具结书的内容，使其逐步成为体系完备、程序清晰、具有标准可循的契约性质的法律文书，对填补、改进认罪认罚制度发挥着举足轻重的作用，推动认罪认罚制度不断发展完善。

认罪认罚具结书中量刑建议的"精准"与"确定"之辨析

杨　月　田鹏辉　沈阳工业大学文法学院教师

邹　越　沈阳工业大学文法学院法学硕士研究生

2018年修正《刑事诉讼法》，在总结、吸收改革经验和成果的基础上确立了认罪认罚从宽原则，并进行合理的制度建构。《刑事诉讼法》第174条规定，犯罪嫌疑人自愿认罪，同意量刑建议和程序适用的，应当在辩护人或者值班律师在场的情况下签署认罪认罚具结书。认罪认罚具结书由此成为了刑事诉讼活动中的一项重要的文书材料。根据《刑事诉讼法》第173条的规定，犯罪嫌疑人认罪认罚的，人民检察院应当告知其享有的诉讼权利和认罪认罚的法律规定，听取犯罪嫌疑人、辩护人或者值班律师、被害人及其诉讼代理人对下列事项的意见，并记录在案：（1）涉嫌的犯罪事实、罪名及适用的法律规定；（2）从轻、减轻或者免除处罚等从宽处罚的建议；（3）认罪认罚后案件审理适用的程序；（4）其他需要听取意见的事项。其中第（2）项，从轻、减轻或者免除处罚等从宽处罚的建议，即检察机关的量刑建议，是认罪认罚具结书中十分重要的内容之一。可以说，随着认罪认罚从宽制度在法律层面的正式确立，检察机关提出的量刑建议具有了更高的法律效力，成为了刑事司法实务中控辩审三方，尤其是犯罪嫌疑被告人最为关注的问题。2019年4月，为深入推进量刑建议工作的有效开展，最高人民检察院要求各级检察机关要朝着量刑建议"精准化"目标努力。学界有观点认为，精准就是"确定刑量刑建议"，那么，认罪认罚从宽具结书中的检察机关量刑建议能否做到"确定"，这是检察机关落实认罪认罚从宽原则、实现认罪认罚制度价值的重要问题，也是制作有效的认罪认罚具结书十分关键、核心的问题，值得深入研究。

一、量刑建议应否"确定"

检察机关向审判机关提起公诉是在依法行使国家赋予的权力，主要包括指控罪名和量刑建议，即定罪请求和量刑请求。伴随着审判机关量刑规范化改革的不断深入，检察机关也开始在指控犯罪的同时提出量刑建议，以此体现检察机关对审判机关的监督和公诉权对审判权的制约，即规范、限制法官的自由裁量权，促进审判机关刑罚裁量的公开和公正。从法理上说，量刑建议就是检察机关的"求刑建议书"，即仅仅是检察机关的"求刑"申请，而人民法院对案件的量刑裁判才是最终处理结果。有研究者认为，"量刑建议的'精准'是指提出确定刑建议，也即对刑种、刑期、刑罚执行方式等提出明确、确定的建议"。[①] 还有研究者认为，"精准量刑是指在综合考虑法定及酌定量刑情节、被告人的人身危险性、案件的社会危害性等的基础上，检察官对案件在法定刑幅度内提出相对确定的、精密的量刑建议。精准量刑区别于不确定的、有较大幅度的概括的量刑建议，其内涵特点是相对确定、趋于精准"。[②] 可见，上述研究者都将"确定刑量刑建议"等同于"精准量刑建议"，"确定"意味着未来法院的判刑并不需要在一定的幅度内考量，而是衡量对检察机关的量刑建议采纳与否。为什么"精准"被简单定位为"确定"，这种定位是否具有合理性？

笔者认为，量刑建议精准化的提出是必要的，也是认罪认罚从宽的应有之义，既然认罪认罚，那么获得一个精准的量刑承诺，并基于检察机关的承诺遵守，履行协议，是刑事契约精神的体现，有利于认罪认罚从宽制度的实施。应该说，在每一个刑事案件中，无论是犯罪嫌疑人、被告人，还是社会公众，不仅关注定何种罪，也关注量何种刑。但是，必须承认的是，在定罪准确的前提下，在量何种刑的问题上，检察机关和审判机关的

---

① 刘卉：《确定刑：认罪认罚从宽制度下量刑建议精准化之方向》，载《检察日报》2019年7月29日，第3版。
② 孙丽：《认罪认罚从宽制度下检察机关精准量刑的现实困境及路径选择》，载《法制博览》2019年第6期。

认识很可能出现偏差。认罪认罚从宽制度的本质是秉持罪责刑相适应的基本理念，对认罪认罚的犯罪嫌疑人、被告人依法在实体上从宽、在程序上从简，节约司法资源，落实宽严相济的刑事政策；既提高诉讼效率，又肯定和尊重犯罪嫌疑人、被告人的诉讼主体地位。检察机关通过与被告人、辩护人、被害人"充分"协商形成的量刑建议，虽然是多方诉讼参与人的诉讼合意，而不再是检察机关一方的意思表示，但也绝不是审判机关与检察机关双方达成的量刑共识。

认罪认罚从宽制度是现代法治框架内的刑事司法改革的重要举措，不应单纯地从"检法一致"的形式上追求节约司法资源，提升诉讼效率。相对于"检法一致"的形式，更重要的是检察机关的量刑建议是否符合常识、常理，能否为犯罪嫌疑人、被告人真心认同，能否为社会公众真正接受。当用实质上未必合理的"确定"刚性的量刑建议作为认罪认罚的条件、法院裁判的依据的时候，犯罪嫌疑人、被告人基于对法律的信任或者畏惧，就很可能选择接受、服判，但这种接受、服判不一定是"心悦诚服"，而很可能是"无可奈何"。司法机关不能期待每一个被告人都能够把对法律的疑惑和对裁判结论的不服之理由阐释明白，更不能用犯罪嫌疑人、被告人因无法在法律之内抗辩而导致的妥协当作对法律的认可，进而视"确定"为"精准"，用服判代替公正。因此，认罪认罚具结书是否采用确定刑量刑建议，并不应该成为考量检察机关量刑建议合理性内在、绝对的标准。

二、量刑建议能否"确定"

对犯罪嫌疑人、被告人而言，认罪认罚从宽制度最大的吸引力就在于量刑的优惠待遇即"从宽"处理，检察机关做出的"量刑建议"恰恰就是在"认罪认罚"之后对被告人做出的一个庄严的"从宽"承诺，但《刑事诉讼法》和《关于适用认罪认罚从宽制度的指导意见》（以下简称《指导意见》）并未规定在认罪认罚案件中，审判机关"必须接受""必须采纳"检察机关提出的量刑建议。在认罪认罚案件中，量刑建议的请求权本质并没有改变，仅仅是检察机关在审查起诉阶段，根据已经掌握的证据情况和量刑信息做出的一种刑罚认定，体现的是检察机关对审判机关判决结果的一种刑罚预期，而不是检察机关对审判机关发出的具有行政性质的量刑命令。可以说，量刑建议既是审判机关量刑的参考，也是审判机关审查的对象，是否被采纳，最终由审判机关审查后确定。

检察机关提出确定刑量刑建议，试图以优惠的"刑量"来满足犯罪嫌疑人、被告人对从宽处罚的内心期待，从而促使犯罪嫌疑人、被告人真实地做出认罪认罚的选择。应该说，这一司法目标的确立具有相当充分的正当性和合理性，但从司法实践来看，有的检察院提出确定刑量刑建议，法院也采纳了此建议，但有的被告人及其家属却不接受法院的量刑结论，进而向上级法院提起上诉。[①] 为什么检察机关在与当事人、辩护律师充分协商后提出的确定刑建议，当事人仍然心存不满？因为所有影响刑罚裁量的因素都是一个变量。在整个刑事诉讼过程中，特别是从检察机关的审查起诉到审判机关的开庭审理直至宣判过程中，每个变量都可能发生变化，进而影响量刑结果。

实践中，检察机关和审判机关在案件的量刑问题上产生分歧是经常出现的现象。根据以审判为中心的刑事司法制度改革的基本精神，检察机关的求刑权应当服从审判机关的裁判权，这是解决"量刑建议明显不当"问题必须坚持的基本立场。在认罪认罚案件中，充分尊重被告人的诉讼主体地位，依法兑现"从宽"政策、实现量刑的科学与公正，是检察机关和审判机关的一致目标和共同责任。可以说，量刑建议的关键在于是否公平。在现有的立法、司法制度和诉讼机制框架内，要想回应犯罪嫌疑人、被告人的量刑期待和现实社会的司法需求，促进量刑的公正和精细，从而实现可接受性司法目标，应在法律和事实的基础上，充分运用量刑技术综合评价各种因素对基准刑的影响力，在检察机关量刑建议的基础上，最终由法

---

① 刘妍：《认罪认罚简易程序中的量刑辩护》，载《河南理工大学学报》2019 年第 4 期。

院宣告适当的刑量。如果审判机关的刑罚裁量与检察机关的量刑建议存在较大偏差，检察机关可依法提出抗诉，履行检察机关对审判机关的监督职能。

三、量刑建议可否"确定"

2018年10月修正的《刑事诉讼法》和2019年10月实施的《指导意见》，初步明确了认罪认罚案件的基本从宽处理规则，但并未在法律层面建立认罪认罚案件的从宽处理体系，这也导致部分检察官至今对同类案件仍采取"估堆式"的量刑方式。以故意伤害罪为例，2017年4月施行的《最高人民法院关于常见犯罪的量刑指导意见》规定，故意伤害致一人轻伤的，可以在二年以下有期徒刑、拘役幅度内确定量刑起点。此处的量刑起点的幅度为拘役一个月以上六个月以下，或者有期徒刑六个月以上二年以下。对此情形，检察官只能结合自己的量刑经验来判断，这极易导致检察院的量刑建议与法院的宣告刑之间产生偏差。这一偏差的存在恰恰说明现有的量刑指导意见不能满足实现量刑建议精准化的需要。法官在审理案件过程中也不是被动地适用法律，而是综合全案事实，能动地选择适用法律，最终的量刑结论蕴含着法官个人的价值判断。如果量刑建议精准到在审判阶段让法官基本没有裁量权，法官自然就很难能动地选择适用法律，进而导致刑事司法的运行过程成为罪与罚之间机械地对号入座。

其次，检察机关与被告人在定罪量刑方面的一致性和协商的诉讼构造具有相当的不稳定性，犯罪嫌疑人、被告人认罪认罚后反悔常常出现在司法实践之中。例如，公诉人第一次提审时，在得到犯罪嫌疑人自愿认罪认罚的意思表示后，可初步得出量刑建议；在第二次提审时，应告知其量刑建议并进一步核实认罪认罚是否自愿、真实，如果犯罪嫌疑人表示认罪认罚，那么就应让其签署认罪认罚具结书。此后，公诉人自然就根据认罪认罚具结书予以从宽处理。问题在于，被告人一旦当庭反悔、翻供，不再认罪认罚，这就意味着检察机关之前与被告人、律师间的所有协商成果失去价值，检察官自然也不会再履约。

此外，即使被告人签署了认罪认罚具结书，当庭表示自愿认罪认罚，审判机关也采纳了检察机关提出的量刑建议，也涉及被告人是否上诉问题。可见，不断变化的诉讼进程也决定了量刑建议难以从始至终都是"确定"的。《刑事诉讼法》第201条关于"人民法院可以不采纳量刑建议""人民检察院可以调整量刑建议"和"人民法院经审理认为量刑建议明显不当或者被告人、辩护人对量刑建议提出异议的，应当依法作出判决"的规定，都自然可以推论出，检察院的量刑建议也不是一成不变的。

四、量刑建议如何"确定"

应该说，精准量刑建议并非意味着机械的、一成不变的"确定"，如何在精准与确定之间找到契合点十分重要。量刑建议精准化作为在认罪认罚从宽制度中提出的一种目标，各地检察机关都在积极探索。因量刑建议精准化并非源于立法规定，自然也就无法在法律层面找到实现量刑建议精准化的具体路径。究竟如何实现量刑建议精准化，研究者众说纷纭，持论各异。有研究者主张未来改革应当"完善量刑指引规范，增强量刑协商因子，培育控、辩、审法律职业共同体，增进职业认同感，加强检察官的量刑培训，强化检察系统的内部考核"。[①] 最高人民检察院在《关于适用认罪认罚从宽制度的指导意见》新闻发布会上回答记者提问时也提出了提升量刑建议精准度的具体措施："一是加强量刑建议学习培训；二是注重量刑沟通；三是要求现阶段检察官在提出确定刑量刑建议前要与法官充分沟通，争取达成一致认识。"[②] 不过需要注意的是，经过沟通，"与法官达成一致认识"的量刑建议，即"打哪指哪"而非"指哪打哪"的量刑建议，这样的做法有待商榷，从实践上看，各地检察机关的具体做法也并不一致。

应该说，在每一个具体的刑事案件中，有很多因素在影响着人身危险

[①] 李艳飞：《速裁程序量刑建议实证研究》，载《河南科技大学学报》2019年第2期。
[②] 《认罪认罚案件为何要强调量刑建议精准化》，载中国新闻网2019年10月24日，www.chinanews.com.cn/gn/2019/10-24/8988409.shtml。

性程度和行为社会危害性程度，并且每一个因素都会因条件的不同不断变更对定罪和量刑的影响力，这就导致很难用某一个或某几个因素作为刑罚选择的评价尺度。因此可以说"大部分的法律都是经过不断的司法裁判过程才具体化，才获得最后清晰的形象，然后才能适用于个案，许多法条事实上是借裁判才成为现行法的一部分"。① 司法者在司法过程中必须尊重立法者的权威，但尊重立法者的权威并不意味着司法者把自己置于立法者的地位，而是要在现行的法治框架内，根据法律的精神和目的，结合行为的时空条件和案发的具体背景等外在的社会性因素来处理案件。面对丰富多彩的个案事实，成文的法律规范多少会显现出一些不确定性。可以说，成文的制定法至多只是规定了司法人员思考问题、处理案件的基本原则和出发点，并没有为解决司法个案提供标准的模板和现成的方案。如果机械地追求精准，很可能不适当地束缚法院根据审判阶段可能随时出现的新变化依法行使量刑裁判权。

检察机关的量刑建议是衔接认罪认罚具结书与人民法院最终判决的纽带和桥梁。认罪认罚具结书处于认罪认罚从宽制度中的核心地位，具结内容包括指控犯罪事实和罪名，起诉书的指控内容应与其保持一致，故量刑建议的精准化应落实并体现在具结书中，具结书的内容亟待完善。为了提高确定刑量刑建议的质量，提升精准化的水平，检察机关既要考虑被告人对量刑减让的心理期待，又要尊重人民法院的量刑裁判权，具结书中控辩双方协商的内容应更加清晰明确，应完善量刑建议条款。检察机关应当根据危害行为的性质及法院适用的不同审判程序，区分不同个案的构成要件、各种情节、危害后果等因素，对案件及相应的量刑建议进行类型化的归纳和整理，针对认罪认罚从宽案件探索建立量刑建议的指导性案例制度，努力实现"同类案件同类量刑建议"，尽量避免同类案件提出不同量刑建议的现象。检察机关首先应当在具结书中释明具体的理由，说明具体计算依据和结论推导过程，可在认罪认罚具结书中用表格的方式将案件的法定刑、

---

① ［德］卡尔·拉伦茨：《法学方法论》，陈爱娥译，商务印书馆2003年版，第20页。

基准刑、量刑情节及相应的刑罚增减幅度展现出来，既方便了被告人及律师提出意见，又公开了量刑建议的形成过程，从而有利于控辩双方达成一致量刑意见。其次，完善具结书中退赃退赔等条款，尽管具结书主要涉及检察机关与嫌疑人两方主体，但实际上被害人也是认罪认罚从宽制度中不可或缺的参与主体，《刑事诉讼法》与《指导意见》均对被害人合法权益的维护给予了较多关注，需要在具结书内容上有所体现。检察机关可以根据被告方是否赔偿被害方的损失、是否赔礼道歉、被害方是否谅解等不确定性较大的因素，提出不同的量刑建议，此种方式既符合诉讼进程本身特点，又可最大限度地帮助被害人追回损失，从而为认罪认罚的被告人兑现"刑量优惠"的司法承诺。最后，督促检察官释明说理，完善权利义务条款。检察机关提出的量刑建议越精准，犯罪嫌疑人对自己可能判处的刑罚的预期越直观，犯罪嫌疑人能与检察机关对精准的量刑达成合意，这也是认罪认罚从宽制度的初衷。但在检察院将认罪认罚从宽制度适用率纳入考核之前，各地认罪认罚的比率不高，很大程度归结于检察官没有对犯罪嫌疑人、被告人做出充分的释明，检察官必须主动进行充分的说理。其具体方法可体现在认罪认罚具结书的签字确认中，例如在具结书中增加一段提示性文字，"检察官已充分解释说明了量刑建议的依据和理由，本人对量刑建议无疑问"，检察官应提醒犯罪嫌疑人阅读并单独签字确认，从制度上鼓励、督促检察官进行释明说理。

认罪认罚从宽制度与司法公正
——适用认罪认罚从宽案件量刑精准化
有关法律文书完善研究

陈偲冲　贵州省安顺市西秀区人民检察院

2020年全国检察长会议上，时任最高人民检察院检察长张军指出："认罪认罚工作牵涉面广，社会工作、法律工作及量刑建议精准化工作标准没有最高，只有更高。"法院的量刑裁判权在认罪认罚案件中没有根本改变，检察机关的量刑建议是控辩协商的合意，对法院的裁判具有一定拘束，除法定例外情形，法院应当采纳量刑建议，假如检察机关存在明显不当的量刑建议，法院需先建议检察机关调整量刑建议，而不能直接判决。目前量刑建议的调整较为普遍，量刑建议精准化还存在一些适用难题，实务中认罪认罚案件相关法律文书也存在优化空间，检察机关要不断提升量刑建议及法律文书写作的质量和公信力，以提升法院的采纳率。

一、认罪认罚案件在 A 市 X 区的现状分析

（一）量刑精准化情况分析

从 A 市 X 区人民检察院近三年的工作实践出发，选取 2019 年 1 月至 2022 年 6 月的系统数据为样本，总结办案数据反映的规律经验，并进行综合研判。2019 年，A 市 X 区人民检察院适用认罪认罚从宽制度起诉 670 人，其中提出确定刑量刑建议 209 人，占比 31.19%；法院采纳确定刑量刑建议 192 人，采纳率为 91.86%。2020 年，适用认罪认罚从宽制度起诉 975 人，其中提出确定刑量刑建议 323 人，占比 33.13%，同比上升 1.94%；法院采纳确定刑量刑建议 318 人，采纳率为 98.45%，同比上升 6.59%。2021

年，适用认罪认罚从宽制度起诉 800 人，其中提出确定刑量刑建议 585 人，占比 73.13%，同比上升 40%；法院采纳确定刑量刑建议 590 人，采纳率为 100%，同比上升 1.55%。

从近三年的数据来看，X 区检察院确定刑量刑建议的提出率和采纳率均表现突出，主要得益于从三方面发力形成卓有成效的工作机制：一是要求检察人员摸底既往判例，在主动与承办法官沟通的基础上，提高检察人员的量刑优势和量刑能力。二是注重经验传承，提升教育转化和沟通协商能力。三是以工作指标为牵引，督促干警树牢思想意识，提升对各项工作机制的贯彻落实。

量刑建议精准化之基础在于诉前检察官与犯罪嫌疑人是否就事实及量刑进行具体协商，而双方真实合意的印证源于检察官、犯罪嫌疑人、律师三方签署的认罪认罚具结书。通过调研 X 区检察院签署的认罪认罚具结书，认罪认罚具结书包含犯罪嫌疑人身份信息、权利知悉、认罪认罚内容、自愿签署声明四方面内容，实务总体沿用的认罪认罚具结书模板为高检院根据《中华人民共和国刑事诉讼法》第 15 条、第 174 条、《人民检察院刑事诉讼规则》第 272 条的规定制作的文书模板，具体内容由检察官根据案情及量刑情节手动填录删改，犯罪事实及量刑建议两方面核心内容的文字详略、语言精准度均因检察官的行文风格不同存在差异，适用速裁程序处理的案件较其他一审公诉案件的认罪认罚犯罪事实、嫌疑人基本信息相对简略。

（二）调整量刑建议情况分析

从 A 市 X 区人民检察院一年半的工作实践出发，选取 2021 年 1 月至 2022 年 6 月的系统数据为样本，调研调整量刑建议的具体信息。从量刑建议的提出情况来看，2021 年 1 月至 2022 年 6 月，A 市 X 区人民检察院共调整认罪认罚案件量刑建议 13 件 14 人。法院认为明显不当建议调整 1 人，经检察机关同意重新具结 1 人，其他原因调整 12 人。从案件罪名特点来看，罪名为故意伤害罪的 3 人，交通肇事罪 2 人，聚众斗殴罪 2 人，盗窃罪、非法拘禁罪、引诱容留介绍卖淫罪、诈骗罪、非法转让倒卖土地使用权罪、合同诈骗罪、开设赌场罪各一人。从调整幅度来看，14人中，调整幅度为两个月以内4人，调整幅度为两个月至六个月3人，调整幅度为六个月以上3人，调整幅度为由幅度刑变为确定刑4人。从调整情形来看，14人中，情形为审判长认为量刑过重1人，审判长认为量刑畸轻1人，经过与法院协商后变更罪名1人，双方在庭前达成刑事和解2人，起诉后法院要求补证后建议调整1人，被告起诉至法院后才认罪认罚3人，错填案卡1人。从调整轻重比例来看，由轻到重7人，由重到轻3人，由幅度刑变为确定刑4人。从采纳情况来看，法院均采纳检察机关调整量刑建议14人。从调整程序来看，均为在审判期间调整，开庭前调整14人，当庭调整0人、口头调整11人，书面调整3人。

从A市X区人民检察院调整量刑建议案件的13件14人中可以得知，调整量刑建议的原因有检察官提出量刑过轻或过重、犯罪嫌疑人反悔后认罪认罚、犯罪嫌疑人与被害人达成刑事和解、被告人在开庭前缴清罚金等。

通过调研X区检察院签署的量刑建议调整书发现，量刑建议调整书主要核心内容为原量刑建议、量刑建议调整原因、现量刑建议三部分，实务沿用的量刑建议调整书模板为高检院根据《中华人民共和国刑事诉讼法》第201条，《人民检察院刑事诉讼规则》第274条、第364条、第418条的规定制作的文书模板。量刑建议调整原因在实务中撰写较为简略，如"审判阶段拒不认罪认罚""在开庭前退缴罚金"等，若法院向检察院发出书面调整量刑建议书，则检察院以书面形式的量刑建议调整书反馈，但并非所有案件均存在书面量刑建议调整文书，部分案件存在检察官与法官口头调整无书面文书印证情况。

二、量刑建议精准化在运行中存在难点

（一）针对适用认罪认罚案件有关主体

1. 公安机关

公安机关在侦查阶段自觉适用认罪认罚从宽制度积极性不高。公安机

关侦查人员受案件刑事拘留数等考核指标的限制，担心认罪认罚从宽制度适用于案件侦查阶段，会导致考核指标不能完成，影响自身利益，因此公安机关侦查员在侦查阶段自觉适用认罪认罚从宽制度积极性不高。

2. 值班律师

现有阶段值班律师制度落实不到位，一定程度上影响认罪认罚从宽制度的开展。一些基层检察院值班律师制度尚未有相关配套措施保障认罪认罚从宽制度的全面落实，导致部分犯罪嫌疑人、被告人对认罪认罚从宽制度理解和认识不到位，不能及时打消有关认罪认罚的疑虑，不利于及时推进认罪认罚从宽工作的开展。

3. 犯罪嫌疑人

部分案件适用认罪认罚从宽制度使得检察官花费时间精力较多，而且效果不佳。部分简单刑事案件如交通肇事、轻伤害案等案件，由于犯罪嫌疑人与被害人之间不能达成相关赔偿协议，承办人员需要花费大量时间精力在犯罪嫌疑人与被害人之间进行沟通，但往往达不到较好结果。另外，由于《刑事诉讼法》并未对被告人上诉权进行限制，使得部分认罪认罚案件中的被告人先通过该程序获得检察机关在量刑幅度内的轻刑建议，待一审判决后又结合"上诉不加刑"原则进行上诉，企图获得从轻发落。被告人假意认罪认罚后又上诉的行为，严重浪费司法资源。

4. 检察机关

在办理认罪认罚从宽案件时，检察机关提出确定刑量刑建议在实操中却存在一定困难：一是个人的量刑情节具有不确定性。如某些案件当中犯罪嫌疑人对犯罪所得仅作部分退赔、退赃，如何把握量刑尺度无法统一意见，对于量刑部分不同法官之间也存在差异。二是最高人民法院颁布的相关量刑指导意见仅对常见犯罪的量刑进行规定，其适用范围和覆盖面相对有限。三是侦查机关对证据收集不全，注重收集定罪证据，忽略收集量刑证据，导致检察机关提出确定刑建议存在难度。四是检察机关在作出量刑建议前未与法院进行充分沟通，因承办人对于犯罪嫌疑人刑期的整体把握、测算方面与法院存在出入导致量刑建议的调整。

5. 法院

由于认罪认罚从宽制度主要由检察机关推动，法院部分人员对检察机关适用认罪认罚从宽制度下所提精准量刑具有抵触情绪，认为检察机关的精准量刑削弱了法院审判权力，部分案件存在法院不接受检察机关的精准量刑、检察机关部分精准量刑得不到法律的采纳。

（二）针对适用认罪认罚案件有关法律文书

1. 认罪认罚具结书

一是实务中存在检察人员手写填录犯罪事实及量刑建议，或采用电脑事先编辑文字填录两种情形，犯罪事实一栏空缺采用手写填录的方式没有电脑编辑打印的内容清晰、规范，而量刑建议一栏空缺，等待手写填录，源于检察官对犯罪嫌疑人提出的量刑尚在幅度内，需要与犯罪嫌疑人经过具体协商后修改填录，以便当场达成协议。二是在提出的具体量刑建议中，目前仅有最终的确定刑量刑建议而无量刑情节，不利于犯罪嫌疑人对自己的犯罪情节具有清醒、整体、详尽的认识。三是认罪认罚具结书无检察官名字盖章、手写签名等留痕，无法与承办案件的检察官匹配，认罪认罚具结书是检察官、犯罪嫌疑人、律师三方见证下签署文书，除犯罪嫌疑人、律师签名外，也需要办案检察官留痕。四是律师情况中存在可筛选值班律师或是辩护人的两种情况，但检察官在制作认罪认罚具结书时未将备选项删除，明确签署文书的律师是属于值班律师或是辩护人，而律师在签署过程中也未将备选项手写删除从而明确律师性质。

2. 量刑建议调整书

一是实务中存在检察官对量刑建议口头调整而无书面调整情况，在量刑建议调整后也未补充制作文书入卷，不利于书面如实记录量刑建议调整原因。二是量刑建议调整原因较为简略，仅简要写明变化原因，未能详细阐述原量刑建议依据的内容、现量刑建议调整的具体原因，进行前后对比说明。

三、量刑建议精准化的完善建议

检察机关应当切实保障认罪认罚适用率的持续性和稳定性，坚持可用尽用，保障司法公正，因此除检察机关发挥自身职能推进认罪认罚工作纵深开展外，还应当多角度、多渠道、多方面横向保障认罪认罚机制走深走实。

（一）文件保障

建议在省级、市级或者区级层面，制定相应保障认罪认罚从宽制度在公安机关、检察机关、法院、司法部门等相关单位全面落实的配套机制，以文件形式保证认罪认罚从宽制度的顺利推行，确保认罪认罚适用率大幅提升。

（二）宣传保障

加大对认罪认罚从宽制度的利好宣传。可以通过地方电视台、微信公众号、报纸等渠道，广泛宣传认罪认罚从宽制度，提高认罪认罚从宽制度的普及度及群众了解度，并可以在看守所、康复中心等羁押场所，播放认罪认罚案例、张贴认罪认罚从宽制度规定等多种形式向被羁押人员宣传认罪认罚从宽法律精神。

（三）律师保障

积极调动值班律师、法律援助律师、辩护律师参与认罪认罚从宽制度的积极性。认罪认罚制度是《刑事诉讼法》规定的一项新的制度，无论是司法人员还是律师人员都应该积极地推动这项制度的实施。可建议司法行政部门或者参与值班律师制度的律师事务所，采取律师参与司法援助中的认罪认罚率的指标作为评价律师执业的标准之一，以评比促行动，以行动促适用。

（四）听证保障

对于涉量刑的典型问题、特殊情况开展类案、个案听证，加强舆论媒体和社会监督，检察机关可以定期主动听取人大、政协等单位对精准量刑的意见建议，同时将争议案件的精准量刑协议提交人民监督员审查，充分听取人民监督员的意见，并把人民监督员的意见进行书面记载附卷提交法院，接受司法审查。

（五）队伍保障

检察机关刑事检察办案组应当积极学习、深入研究与认罪认罚从宽制度相关的法律法规，提高自身素质和能力。实践中虽然已出台了不少量刑指南，但仍无法全面包含每一项罪名，精准量刑仍需依赖司法人员的办案经验和自由心证。每一名检察人员需要不断积累量刑经验，不断总结反思量刑建议调整的原因并予以改进，提升科学、精准量刑能力；同时还要准确把握舆情民意，在办理案件中多从公众认知、社会治理的高度考虑问题，增强自身同理心，提升量刑科学性、合理性的能力。

（六）文书保障

为保障认罪认罚案件的量刑精准化，除目前签署认罪认罚具结书过程均需同步录音录像，事前针对认罪认罚具结书的制作和完善，对增进认罪认罚过程的规范性具有基础性作用，是保障犯罪嫌疑人真认罪、真认罚的重要载体。而检察机关提出确定刑量刑建议后基于多种原因需要重新对量刑建议进行调整，该调整后的量刑建议及原因也应合理合法，使法官信服并采纳。

1. 认罪认罚具结书

一是针对犯罪事实，需采用电脑事先编辑文字填录后打印，保证认罪认罚具结书的犯罪事实与起诉书相同，内容简洁、清晰、规范。二是在提出的具体量刑建议中，除量刑建议外还可增加量刑情节，打消犯罪嫌疑人的侥幸心理，将其量刑情节完整展现，更利于根据情节向其阐释其最终得出的量刑结果；同时将量刑建议协商提前至提讯过程中，在提讯过程中明确量刑建议，以便对量刑建议采用事先编辑文字后打印的方式，或采用便携式打印机现场编辑打印填录量刑建议，既能保证量刑协商的当场性，又能保障文书撰写的规范性。三是在认罪认罚具结书中增设检察官签名或者盖章部分，确保检察官对文书内容负责，文书制作人能够匹配。四是检察官在制作文书时，需事先在律师情况中将值班律师或是辩护人两种可选择项删除一项，明确签署文书的律师性质，明确保障犯罪嫌疑人聘请律师或是获得法律援助的权利。

2. 量刑建议调整书

实务中的量刑建议书针对量刑建议及情节较为精练，则量刑建议调整书较量刑建议书需更加具体，全面还原案件变化经过。一是无论是口头还是书面调整的量刑建议，均需书面、如实记录量刑建议调整原因后补充入卷备查，确保工作留痕。二是针对量刑建议调整原因，需详细阐述原量刑建议依据的内容、现量刑建议调整的具体原因，是属于犯罪事实变化还是量刑情节变化，进行前后对比说明，让法官能直观知晓案件调整量刑建议情况从而公正判决。

认罪认罚从宽制度与司法公正的关键在于量刑建议的提出，量刑建议是否公正、被告人是否接受量刑建议取决于量刑协商是否充分、量刑建议是否精准，而法律文书作为确定量刑的重要载体其重要性不言而喻。在刑事诉讼中起主导作用的检察机关，要切中量刑建议中认罪认罚从宽制度这一关键要害，优化法律文书写作内容，努力保障量刑案件质量，提升认罪认罚案件的司法效率，有效化解社会矛盾，真正推进认罪认罚从宽制度纵深发展。

认罪认罚案件中裁判文书的释法明理研究

支　冲　河北省武安市人民法院

柳正南　河北省临漳县人民法院

一、问题的提出

随着认罪认罚从宽制度在我国的全面落地实施，在审判过程中，被告人"模糊认罪"、曲解"处罚"的问题愈加凸显，比如，犯罪嫌疑人理解的、陈述的"认罪"与法律意义上的"认罪"内涵不一致，出现了有的犯罪嫌疑人认错不认罪、避重就轻、部分认罪、表面认罪但实际上不认罪的情况。同时也发现有些值班律师在被告人签署认罪认罚具结书之前，对被告人的法律咨询并没有及时进行解答或者解答得不够透彻，使部分被告人对案件的定罪量刑不够了解，对比同类案件发现没有得到认罪认罚的"好处"后，上诉案件数量居高不下。这就需要我们去积极探索裁判文书释法说理的工作机制，不断推进认罪认罚制度健康发展，努力让人民群众在每一个案件中都感受到公平正义。

二、认罪认罚案件中裁判文书释法明理的概念及构成

认罪认罚是指被告人自愿如实供述自己的犯罪，对于指控犯罪事实没有异议，同意检察机关的量刑意见并签署具结书的案件。只认罪不认罚是指被告人虽自愿如实供述罪行，但不接受检察机关提出的处罚。被告人认同的内容不同，导致在释法明理的问题上亦有所区别，因此明晰认罪认罚案件和只认罪不认罚案件中释法明理之间的区别，对于突出认罪认罚案件判决书释法说理的特征具有重要意义。就案件适用的审理程序而言，不同案件裁判文书的释法说理有所不同。"被告人认罪且认罚可以适用速裁程

序，释法明理便简练一些，如果适用简易程序或者普通程序，量刑说理便应翔实一些；针对被告人不认罚的情况，法官在裁判文书中应写明是否认同公诉机关的量刑建议以及相关理由，如辩护人针对不认罚提出了量刑辩护意见，裁判文书中也应呈现对量刑辩护意见的说理；被告人在检察机关认罪认罚在开庭审理中不认罪认罚的只能适用普通程序，不认罪案件争议明显，量刑说理则应详细。"① 由此可见，认罪认罚案件、只认罪不认罚案件、不认罪案件判决书的量刑说理因被告人是否认罪、是否认罚而适用不同的审理程序，量刑说理的侧重点也就有所差别。

在裁判文书中，释法明理的主体是法官，受众是被告人，说理应当包括法理、事理、情理和文理。② 讲清法理就是讲清案件具体适用何种"法"以及为何适用、如何适用该种"法"。事理是指事实说理，量刑事实包括经庭审查明的事实、依证据采信的事实和控辩双方有争议的事实，讲明事理就要求量刑事实部分必须以客观事实情节作为科学依据，而不能凭主观想象认定事实。情理反映的是法情、案情和人文关怀之情，量刑说理应力求合乎情理，酌定量刑情节和法定量刑情节同等重要，在说理时应当对犯罪动机、认罪态度等酌定量刑情节加以表述。裁判文书"法理—事理—情理"三位一体的实现离不开细致的文理，"裁判说理的文理，犹如匠者精雕细刻之技艺，透过文理的安排，使事实与法律渗为一体的璞玉，各依其独特构造，雕琢成品，呈现于众"。③ 讲究文理，使得说理用语清晰、逻辑严谨、层次分明，由此展现出的量刑说理才能让人心服口服。通过法官对案件的定罪量刑进行规范化、通俗易懂化的阐述，使得被告人知道其行为的社会危害性，被害人或者其亲属对定罪量刑的知情权得到充分尊重，同时给社会公众明确的社会指引，从而在全社会形成一股激浊扬清、弘扬正气、积

① 陈永生：《认罪认罚从宽案件的程序转化》，载《检察日报》2020年4月13日，第3版。
② 参见最高人民法院《关于加强和规范裁判文书释法说理的指导意见》。
③ 周公法：《事理、法理、情理、文理——裁判文书的说理之道》，载《山东审判》2007年第5期。

极向上的社会氛围。

三、认罪认罚案件中裁判文书释法明理的堵点所在

认罪认罚案件的审理基于速裁程序、简易程序以及普通程序三大程序。通过统计中国裁判文书网 2022 年度刑事认罪认罚案件的裁判文书，抽取了北京市 H 区人民法院 28 件、天津市 Q 区人民法院 54 件、甘肃省 T 市人民法院 53 件裁判文书，基于各地区裁判文书说理内容的差异性，研究三大程序中认罪认罚案件释法明理的症结。其中速裁程序 57 件，简易程序 62 件，普通程序 16 件。

（一）速裁程序

速裁程序是最简单的刑事诉讼程序，其在证据确认、事实认定以及法律适用方面可以达到精确的状态①，故判决书说理无须详尽。其症结主要在于说理缺乏规范性，本文总结了两种较为典型的情况，一是改变量刑建议说理不清，二是格式化说理现象突出。

1. 改变量刑建议说理不清

（1）从宽处罚说理不明。我国现行法律及相关司法解释并未对"从宽处罚"作出细化规定，这就意味着法官在量刑时可以根据自己的认识和思维进行自由裁量，但部分判决书释法说理时并未将自由裁量的过程表达出来，这就让被告人对认罪认罚从宽制度没有充分的理解，让认罪认罚从宽制度在被告人的内心仍保留在定义层面。量刑结果是可依法对其从宽处罚，具体是从轻处罚还是减轻处罚，缺乏细化从宽处罚的量刑过程，如此模糊的说理很难服众。

（2）增加适用缓刑不说理。缓刑适用条件的宽泛以及制约机制的缺位

---

① 叶青：《轻罪刑事政策背景下速裁程序构述之思考》，载《江淮论坛》2020 年第 6 期。

易滋生量刑方面的司法腐败，所以适用缓刑的量刑说理尤为重要。[①] 在实务中，宣判时增加适用缓刑不说理的情形比重颇多，导致量刑建议刑和宣告刑前后矛盾。例如"张某诈骗案"中，量刑说理表明采纳公诉机关的量刑建议后却在判决部分直接改判，"本院认为"部分未对量刑情节加以说理，单纯以直接采纳公诉机关的量刑建议为由取代，且在判决部分改变了量刑建议，但未进行释法明理。

（3）共同犯罪案件多个被告人量刑说理不明。共同犯罪案件涉及多名被告人的，量刑说理部分应该厘清主犯和从犯的量刑标准，结合各个共犯的分工、作用和地位区别量刑，在裁判文书中实现量刑均衡。如"李某、杨某敲诈勒索案"，忽视量刑说理，未阐明两名被告人的具体分工、作用和地位，且两名被告人的量刑情节没有分开表述，由相同的量刑情节得出不同的宣告刑，这样的裁判文书明显有失偏颇。

2. 格式化说理现象突出

当前法律并未明确裁判文书说理究竟倾向于格式化还是个性化，格式化说理虽保证了认罪认罚案件的效率，但未兼顾到个性化说理，这无形中就反映出公正与效率之间的矛盾。[②] 即便是适用速裁程序的轻罪案件，不同的案件罪名相同，量刑情节也很难一致，简单案件可以探索使用相同的文书格式模板填充，但不提倡相同的说理内容。因为不同的量刑情节互相套用格式化说理得出相同的量刑结论，最终的宣告刑却不尽相同，会严重影响法院判决的公信力。

（二）简易程序

简易程序较速裁程序更加复杂，主要集中在控辩双方有争议的量刑事实，围绕被告人是否具有此种或彼种量刑情节，说理工作重心在量刑。简易程序释法明理的问题，其一是对不予采纳的量刑意见说理不清，其二是

[①] 李兮：《刑事判决书量刑说理问题实证研究——以D法院97份刑事判决书为样本》，载《中国刑事法杂志》2012年第6期。

[②] 田荔枝：《我国判词语体流变研究》，中国政法大学出版社2011年版，第304页。

量刑情节的功能说理不清。

1. 不予采纳的量刑意见说理不清

（1）法律概念不说理。"自首""坦白""立功"等情节是法定量刑情节，缓刑更是认罪认罚案件涉及较多的刑罚执行方式，这些法律术语具有一定的专业性，特别是自首中的自动投案，如果不加以解释，当事人很难做到正确区分，针对不予采纳量刑辩护意见的表述比如"不符合认定自首的法定条件"，并没有释明"自首"的法定条件是什么，仅凭一句"不符合条件"的论断，既不近人情，又背离司法公正的本意。

（2）依据不说理。在做出不采纳量刑辩护意见的裁判文书中，"依据不足，本院不予采纳""缺乏依据，本院不予采纳"之类的说辞较为常见，比如"李某诈骗案"中"提出对被告人李某适用缓刑的辩护意见，理由依据不足，不予采纳"这样的说理很难让被告人及其辩护律师信服。

（3）程序性说理单薄。当前判决书量刑说理普遍存在重实体性说理，轻程序性说理的问题。程序性说理主要涉及法定程序及证据运用，在样本判决书中多表现为对证据运用的程序性问题不作说理，只用"尚未查证属实""无证据直接证明""与查明的事实不符"等语句一带而过，如此说理很难将量刑事实和量刑证据与量刑结论建立联系。只有对诉讼程序进行充分说理，才能展现法官的量刑思维和审判过程，实现当事人对诉讼程序及其结果的知情权。①

2. 量刑情节的功能说理不清

一种量刑情节可以产生多种从宽处罚的功能，只有一种功能可以发挥作用，比如产生"可以从轻或者减轻处罚"的功能，那么法官在处理具体案件时应准确地选择其中一种功能，或者是从轻处罚，或者是减轻处罚。②而样本判决书中有8份判决书量刑说理未准确地选择其中一项功能，"可以从轻或者减轻处罚"占6份，"可以比照既遂犯从轻或者减轻处罚"占1份，"应当从轻或者减轻处罚"占1份。法律赋予法官自由裁量权就是要法官将

① 王仲云：《判决书说理问题研究》，载《山东社会科学》2005年第8期。
② 王玮：《论量刑情节并存的适用》，载《山东审判》2009年第2期。

最终的裁量结果在裁判文书中呈现出来，而不是单纯向当事人展示裁判文书上的白纸黑字，让当事人去考虑到底是从轻处罚还是减轻处罚。

（三）普通程序

作为程序当中最为全面的普通程序，量刑情节对法官处理案件的影响深远，所以在裁判文书中对存在争议的量刑情节及其功能详尽说理是十分必要的。普通程序认罪认罚的释法说理主要体现在两方面，一方面是量刑情节及其功能说理缺失，另一方面是认罪认罚说理粗略。

1. 量刑情节及其功能说理缺失

对量刑情节及其功能同时加以表述，让被告人认罪认罚有事实依据，才能有针对性地得出最终的量刑结果，更好地让被告人服判，达到法律效果和社会效果的有机统一。经过对样本判决书的梳理发现，法官在"经审理查明"部分表述量刑情节及其功能较少，即使在"本院认为"部分表述量刑情节及其功能也是一笔带过。

2. 认罪认罚说理粗略

（1）难以体现认罪认罚自愿性。裁判文书几乎都以"到案后如实供述自己罪行，自愿认罪认罚，依法可以从轻处罚。""被告人积极履行民事赔偿义务，缴纳罚金，具有悔罪表现，决定对被告人从轻处罚并适用缓刑"之类的话语简单概括，对被告人量刑情节没有进行解释、分析和论证，看不出认罪认罚的自愿性。

（2）难以体现量刑协商真实性。部分裁判文书表述为"被告人当庭自愿认罪，且已签署认罪认罚具结书，量刑时可酌情从轻处罚"。具结书中虽然包含了量刑协商的各项具体内容，但是并不是用一句"被告人已签署认罪认罚具结书"概括就能全面完整，因为量刑协商的过程完全"看不见""摸不着"，法院也并未参与其中，裁判文书中对认罪认罚从宽制度的量刑说理的省略可见一斑。

（3）直接以辩护意见或量刑建议取代认罪认罚说理。法官在裁判文书中对认罪认罚态度的说理直接引用公诉人或者辩护人的话，如："对辩护人提出被告人有自首、认罪认罚、退赔并获谅解等量刑情节，建议从轻处罚的辩护意见予以采纳。"

四、认罪认罚案件中裁判文书释法明理完善路径

释法说理是裁判文书的精髓，也是认罪认罚案件的关键。量刑说理的缺位或格式化，均有碍裁判公正的实现和裁判权威的树立。[①] 当前认罪认罚案件裁判文书量刑说理反映出来的诸多问题，严重制约司法公正性的平稳运行，为此，笔者将以不同角度尝试探索完善路径，改进认罪认罚案件裁判文书的量刑说理。

（一）法官的内提升和外监管

法官作为裁判文书的撰写者，其综合能力对裁判文书量刑说理的质量有关键性的影响。因此，对于法官要从提高内在水平以及健全法官奖惩和监督机制两方面加以强化。

1. 内因强化——提高法官自主学习能力

司法改革实行繁简说理的举措意味着法官要勤于学习，同时具备对认罪认罚案件裁判文书进行"繁说"和"简说"的量刑说理能力，倒逼法官提升内在素养。另外，法官要增强量刑说理的观念意识，及时纠正结果高于过程的错误观念，多与当事人沟通，通过当事人反映出的情况不断完善裁判文书的量刑说理，争取裁判文书取得良好社会反响，让法院参与社会综合治理的效果得到更好体现。最后，法官在办理案件时应注重积累审判经验，培养耐心、细心、专心的办案心态，才能在遇到争议案件时更好地向当事人释法说理，引导控辩双方有效地沟通。

2. 外因强化——健全法官奖惩和监督机制

建立适当的文书质量评估体系和评价机制以及法官的奖惩机制，比建

---

① 李文杰：《裁判员新制下日本的量刑实践及其对中国的启示》，载《东南法学》2019 年第 1 期。

立有针对性量刑说理的具体制度更具有现实意义。一方面，对待领导法官和年轻法官要"一碗水端平"，让法律水平、业务涵养成为优秀法官的评价标准。同时，建立对入额法官的监督机制，扩大对量刑说理法官的监督范围，可以在判决书中注明不同法官量刑的不同意见，让责任落实到每一个与量刑结果有关的审判人员。另一方面，加大判决书公开力度，让判决书内容接受社会的监督。同时，进一步完善裁判文书评价机制，鼓励法院开展裁判文书评选活动，组织法官学习借鉴典型的优秀裁判文书，激励法官树立对待量刑说理的积极态度，从而向社会展现法官的风采。[①]

（二）说理繁简分流的驱动

强调释法说理的重要性，不是说对每一个认罪认罚案件都要把"本院认为"写得越长越好，而是对关键问题实行繁简分流说理。"繁"是指控辩双方在量刑方面存疑的普通程序案件中，法官在量刑说理时应全面系统地将控辩双方产生的量刑疑惑解释清楚，对有争议的量刑部分详细说理，因此普通程序应当全面说理。"简"适用于任何审理程序，对无争议的以及争议较小的量刑部分可以从简说理。

1.速裁程序说理要精

速裁程序案件在量刑说理时无须大篇幅地说理，但应保证说理的规范性，对于没有争议的事实、证据和法律部分可以不说理。速裁程序案件省略了法庭调查、法庭辩论等庭审审查环节，程序的简化极易导致实体的不公，这就要求速裁程序说理要在"略说"的基础上"精说"，对个案的核心内容有重点地突出说理。首先，应以认罪认罚从宽制度为中心，对界定"从宽处罚"的从宽范围精确说明。其次，共同犯罪案件中存在多名被告人认罪认罚的情况，应对主犯和从犯的量刑情况分别精简说理，确保条理清晰。最后，对改变量刑建议的判决有必要道明原委，给当事人答复，避免

---

① 李重萱：《认罪认罚案件判决书量刑说理问题研究》，山东大学 2021 年硕士学位论文。

检察院提起抗诉增加诉累。

2. 简易程序说理要简

适用简易程序审理的一审认罪认罚案件，在量刑说理时可以省略量刑辩护意见、经审理查明的量刑事实和量刑证据的具体内容来使判决书简练化。[①] 对其中有争议的量刑问题做简单回应，即可以减少被告人担心认罪认罚却减刑无果的复杂心理活动。首先，在被告人认罪认罚的情况下，被告人经过阅读量刑建议对裁判结果有大致的心理预期，量刑争议相对较少，更易推动简易程序的快速进行，量刑说理可以简练。其次，简易程序虽然没有速裁程序适用的案件轻微，但都是事实清楚、证据确实充分的案件，已经达到了不错不漏、不枉不纵的程度，应当发挥简易程序"简"的特性，在判决书中简练说理。最后，简易程序的适用条件之一是被告人承认自己的罪行，认罪尚可以简化量刑说理，那么既认罪又认罚更能确保量刑说理简练的可接受性。

3. 普通程序说理要全

对于适用普通程序，控辩双方争议不大的认罪认罚案件，可以对裁判文书量刑说理适当简化，从而提质增效。简化说理不等于不说理，普通程序在简化说理的同时要做到全面、透彻。在量刑证据方面，说理时应该围绕控辩双方可能存在争议的量刑证据予以重点说明，一般情况下，检察院和法院关注的都是一些能够证明明显量刑情节的证据，如"主犯""从犯""立功""自首"等证据，这些量刑证据影响着对被告人的从宽幅度，有必要通过解决量刑证据带来的争议以定分止争。另外，在共同犯罪案件中，基于量刑证据的关联性，有必要详细分析认定量刑事实的量刑证据，为被告人认罪认罚提供最直观的指引。在酌定量刑情节方面，对量刑辩护意见的回应应注意倾向分析被告人的认罪认罚态度，如果不在判决书里明确表明是因为被告人主动认罪换来的从宽刑期，则会让被告人产生认罪与否都一样的心理。在法律适用方面，关于法律依据部分的引用可以加入关

---

① 贺平凡：《论刑事裁判文书的简写》，载《人民司法》2005 年第 8 期。

于普通程序简化审的法律条文，否则判决书中量刑的从轻化、量刑说理的简化将因为没有依据而导致当事人一头雾水，[①] 甚至有当事人拿着判决书让法官解释"根据某某法条等规定，判决如下"中的"等规定"具体包括哪些规定，判决书说理再简化也不能太抽象。

（三）规范释法明理内容

1. 围绕"认罪认罚"说理

（1）避免格式化说理。刑事案件即使案情相似，量刑说理也应反映个案内容的个性。认罪认罚案件虽然案情简单，但是每个案件都有其特点，这需要在判决书中通过文字说理彰显出来。从量刑情节角度而言，即使几个案件的被告人都有"自首"情节，如何自首、向谁自首、自首供述的内容等是不会重合的，而自首又是对被告人量刑的重要情节，在量刑说理时不可能完全公式化。从量刑的法律适用角度而言，说理可以不拘泥于法理，情理也是量刑说理的内容之一，法官在量刑说理时不是必须照本宣科地依据法律条文规定，适当地拓展思维，将情理融入判决书的量刑说理中未尝不是一种锦上添花的表现。"医生电梯内劝阻吸烟案""无锡胚胎案"等判决书都是情理与法理交融的典型案例，既亲民又不失威严。[②]

（2）阐明认罪认罚从宽制度。认罪认罚从宽制度是我国长期以来坚持的宽严相济刑事政策的深化发展和制度化，是我国刑事法律制度自然演进的结果。[③] 认罪认罚从宽制度的适用应该在认罪认罚案件的量刑说理中得以体现。首先，量刑协商作为认罪认罚案件中一项不可或缺的制度不容忽视，关于被告人认罪认罚态度的说理要体现量刑协商的过程，将控辩双方的争议过程有条理地表述，争议较大的疑难点要不惜笔墨地重点说理。其

---

① 贾毅：《适用普通程序审理"被告人认罪案件"的实践思考》，载 http://www.chinacourt.org/article/detail/2010/06/id/414272.shtml。

② 罗灿：《推进裁判文书说理改革要避免的五大误区》，载《人民法院报》2015年2月6日，第5版。

③ 杨宇冠、孙鹤源：《认罪认罚改革背景下"认罪态度"与定罪量刑的内涵解读与技术分析》，载《求索》2020年第2期。

次，在表明被告人认罪认罚态度的基础上，还要将被告人认罪认罚的自愿性加以释明，让外界清楚是被告人在真实且合法的情况下自愿认罪认罚，也为被告人上诉反悔的情形提供了依据。最后，对于从宽处罚的具体处罚措施应明确具体的从宽方案，是从轻处罚，减轻处罚还是免除处罚，都应予以说理，不仅方便被告人与量刑建议中达成的心理预判作对比，做到知根知底，也有利于判决书接受人民的监督。

2. 把握量刑情节说理

认罪认罚案件中的量刑建议和量刑辩护意见对维护被告人合法权益有重要意义，法官应当在判决书中对不采纳量刑建议后做出的判决表明立场，对不采纳辩护意见说明理由。如果法官在制作判决书时仍沿袭传统思路，会给诉讼参与人带来不严肃、不庄重的感觉，不利于司法公信力的提升。[1] 速裁程序和简易程序相对简单，对于不采纳的量刑建议、量刑辩护意见可以直接结合案情进行说理，避免一笔带过式回应。普通程序应结合量刑事实、情节和证据予以分析，围绕控辩双方有争议的量刑问题说理，做到一针见血。[2]

五、结语

法与理都是法律文书的灵魂，是法律规范在法律文书中得以运用的集中体现。法官在撰写裁判文书时一定要准确把握复杂的案情和法律关系以及多样性的案件特征，将法言法语转化成通俗易懂的温情对话，让人民群众更好地理解裁判文书、现行的法律规范和国家政策。通过对认罪认罚案件进行释法明理，不仅使被告人的合法权益得到充分的保障，更有利于司法公信力的提升、和谐社会的发展以及法治国家的创建。

---

[1]　焦悦勤：《刑事判决书量刑说理现状调查及改革路径研究》，载《河北法学》2016 年第 2 期。

[2]　李德慧：《效果与反思：量刑规范化视野下的刑事判决书量刑说理——以量刑规范化试点基层法院判决书为样本》，载 http://gyxfy.chinacourt.gov.cn/article/detail/2015/06/id/45928824.shtml。

试论刑事认罪认罚案件裁判文书不采纳
量刑建议说理机制之完善
——以 N 市法院适用认罪认罚从宽制度审结案件为样本

黄　蒙　河南省西峡县人民法院

一、司法实践中认罪认罚案件量刑建议采纳情况

认罪认罚从宽制度要实现提升诉讼效能、节约司法资源的目标任务，而量刑建议的提出集中了诉讼参与各方的合意成果，故迅速简约地被法院采纳，构成了效率价值的突出彰显。实践中法院不轻易调整检察机关建议判处的刑罚，审判阶段对量刑建议的审查带有明显的形式化倾向。随着"余金平交通肇事案"引起热议，牵涉出量刑建议背后的检法关系问题。由于该案一审法院未采纳量刑建议导致检察院提起抗诉，二审法院没有支持检察院的主张，反而加重处罚被告人，法律界普遍将该案视为审判权与检察权的正面冲突。①

如表 1 所示，N 市法院对认罪认罚案件量刑建议的采纳情况有以下特点：（1）量刑建议总体采纳率呈现逐步上升且高位运行的态势；（2）法院对量刑建议总体采纳率基本保持稳定，其中确定刑量刑建议采纳率高于幅度刑量刑建议采纳率；（3）确定刑量刑建议比例的逐步提高对量刑建议总体采纳率影响不明显。上述数据表明，无论检察机关提出的是幅度刑量刑建议还是确定刑量刑建议，法院均持认同态度，只有极少数案件的量刑建议未获法院采纳。

表 1　2020 年至 2022 年 8 月 N 市法院量刑建议采纳情况统计表

	幅度刑量刑建议人数	确定刑量刑建议人数	采纳幅度刑量刑建议人数	采纳确定刑量刑建议人数	幅度刑量刑建议采纳率	确定刑量刑建议采纳率	量刑建议总体采纳率
2020 年	8291	13470	7628	13106	92%	97.3%	95.28%

续表 1

	幅度刑量刑建议人数	确定刑量刑建议人数	采纳幅度刑量刑建议人数	采纳确定刑量刑建议人数	幅度刑量刑建议采纳率	确定刑量刑建议采纳率	量刑建议总体采纳率
2021 年	8982	19713	7800	19447	86.84%	98.65%	94.95%
2022 年 1—8 月	4049	13284	3354	12971	82.84%	97.64%	94.18%

二、认罪认罚案件量刑建议说理方面存在的问题

尽管目前量刑建议向量刑裁决的转化进程极少造成办案时间的损耗，却给诉讼效率以外的其他价值实现埋下隐患。量刑建议从提出到审查、采纳仍然存在一些问题，主要包括以下方面：

（一）对量刑建议的审查流于形式

笔者通过中国裁判文书网收集相关资料，对各类案件的量刑建议采纳状况、涉及量刑建议的说理论证进行分析，发现大部分裁判文书并未过多着墨于对量刑建议的审查。继而对庭审网络直播进行研究，了解量刑建议的提出及讨论，直至法庭作出即时决策，客观展示了量刑建议在庭审中的运行现状。笔者选取了 N 市部分基层法院 200 场一审刑事案件的庭审直播进行观察与评估，涉及常见罪名如故意伤害罪、帮助信息网络犯罪活动罪、交通肇事罪等，重点考察了法官采纳量刑建议的基本情况。法官最终未采纳量刑建议的仅有 5 起案件，占比 3%；大致采纳量刑建议的有 15 起案件，占比 7%；完全采纳量刑建议的 180 起案件占 90% 的比重。然而量刑建议尚未在庭审过程中塑造有迹可循的反馈机制，更多时候只是象征性地展示于诉讼进程中。这也间接表明，量刑建议的实施效果与庭审机制的运行之间是相互脱节的。尽管针对被告人的量刑关乎其切身利益，且构成了大部分案件亟待解决的核心事项，但涉及量刑建议的审查在审判过程中没有被置于突出地位。量刑建议的内容没有成为法庭审查的焦点，特别是当个案需要以速裁抑或简易程序审结，不仅意味着庭审周期的大幅缩减，更表明当

庭宣判构成了法官决策的不二选择。[③]

从法官自身角度出发，对上诉、抗诉可能导致二审改判的风险，是法官不轻易改变量刑建议的重要原因。导致实质审查流于形式的制度原因主要是：首先，法定标准不明。法院对量刑建议的调整率之所以较低，主要原因之一是法律规定的"量刑建议明显不当"的标准不够明确。其次，调整量刑建议存在障碍。从实践情况看，法官如果认为量刑建议不当而建议检察官调整的，检察官一般会予以调整，但也存在例外的情形：一是影响业绩考核的案件；二是化解矛盾难度较大的案件；三是检法两院存在认识分歧的案件。最后，避免审辩冲突。出于落实宽严相济刑事政策、促使被告人认罪认罚的需要，检察官的量刑建议普遍较轻，而法官并不会轻易判处重于量刑建议的刑罚，否则很可能导致审辩冲突，由此引发被告人强烈反对并提起上诉。

（二）量刑建议未详细说明理由和依据

大多数量刑建议只是提出结论，未详细说明理由和依据，导致法院难以对该建议是否明显不当进行实质性审查，在不采纳量刑建议的时候，在判决书中难以作出有针对性的回应。要加强量刑建议说理，根据不同案件情况，在起诉书、具结书、量刑建议书等文书中加强量刑建议说理，体现认定的犯罪事实、罪名，量刑的依据、理由，主要的量刑情节及其对应从宽幅度等内容。要考虑全部量刑情节，综合判断法定、酌定和可能影响量刑的其他事实情节，另行制定"量刑建议释明书"等量刑说理材料，一并移送法院。

（三）法检对于个案的交流沟通存在障碍

量刑建议不被采纳的原因之一就是法检交流沟通尚存障碍。法院应审慎行使自由裁量权，否定量刑建议时应有理有据，此外要加强法检间的交流。由于案件量刑难以统一，因此法院和检察机关在量刑上难免会出现分歧，法院在不采纳量刑建议时，除通知检察机关调整量刑建议外，也可以同当事人和检察机关进行沟通，在结合各方意见的基础上重新审视量刑建议，以免经法官个人判断而作出的裁判过于片面。④

三、完善认罪认罚案件不采纳量刑建议说理机制

认罪认罚案件量刑建议说理方面存在的问题，对认罪认罚从宽制度的实施效果带来了不利影响。为确保认罪认罚从宽制度实现司法公正与效率的有机统一，笔者建议从以下四个方面加以完善：

（一）做好量刑建议适当性审查，切实防范量刑失衡

在认罪认罚案件审理中，要加强量刑建议适当性审查。第一，在审查量刑建议时，要注意审查退赃退赔、罚金缴纳、赔偿谅解等量刑情节是否已经确定；第二，要注意审查量刑建议是否存在违反类案同判原则和法律统一适用，是否考量了同案或者同地域类案的量刑平衡；第三，要注意审查是否符合宽严相济刑事政策，特别是严重危害公共安全犯罪、严重暴力犯罪、涉众型犯罪等，对黑恶势力犯罪的领导者、组织者以及社会普遍关注的重大敏感案件的认罪认罚从宽幅度要慎重把握；第四，要注意审查量刑是否符合罪责刑相适应原则，防止量刑失当。对于事实清楚，证据确实、充分，指控罪名准确，量刑建议适当的，人民法院应当依法采纳；对于量刑建议明显不当的，应当告知检察机关调整，检察机关不予调整或者调整后仍然明显不当的，人民法院应当依法及时作出判决。应当注意的是，"量刑明显不当"指的是量刑畸重或者畸轻，也就是超出法定刑范围的量刑建议。实践中部分法院将量刑偏重、偏轻也纳入"明显不当"的范畴，这显然尚未达到明显不当的程度。

（二）完善认罪认罚案件审理规程，将量刑建议作为庭审重点

"以审判为中心"的刑事诉讼改革强调庭审实质化的优先位阶，即诉讼证据质证在法庭、案件事实查明在法庭、诉辩意见发表在法庭、裁判理由形成在法庭。⑤庭审中检察机关应向法院说明定罪量刑的主要考量，尽可能

地展示量刑建议的产生过程，以取得法院的理解和信任。法院不采纳量刑建议，一是认为量刑建议"明显不当"；二是不了解量刑建议的产生过程，从而对量刑建议的合理性产生怀疑。因此，在庭审过程中，检察机关有必要还原量刑建议的产生过程，让法院理解量刑建议的合理性。法院在收到检察院量刑建议之后，如果认定量刑建议"明显不当"，应及时告知检察院予以调整。即便法院没有通知检察院调整量刑而径行判决，由此而产生的程序瑕疵也不应被认定为审判程序违法。除此之外，作为控辩双方的合意结果，检察院在接到法院调整通知之后，有必要与被告人、辩护人进行协商，而不能单方面修改量刑建议。

为确保认罪认罚案件的裁判贯彻罪责刑相适应原则，实现量刑公正，法院必须对量刑建议的合法性、适当性结合具体事实、情节和法律规定进行实质审查。法官应当当庭听取控辩双方关于量刑建议的意见及其理由，并在裁判文书中作出回应。无论是适用何种程序审理认罪认罚案件，审判人员均应当庭询问被告人对指控的犯罪事实、证据及量刑建议的意见。结合案情事实及证据现状，在认可犯罪性质的前提下决策量刑建议的合理性与可采性。针对量刑建议的把关与审查应作为法庭调查或辩论的重点问题，即便适用速裁程序，关于量刑建议的审查也必不可少。

（三）完善量刑建议说理和裁判说理机制，促进量刑规范透明

刑事案件庭审后发现量刑建议明显不当，且庭审中就量刑充分听取控辩双方意见的，法庭可以根据审理查明的事实，不再告知，直接依法作出裁判，但要在裁判文书中说明理由。量刑理由包括是否采纳公诉人、被告人及辩护人发表的量刑建议、意见及理由。量刑说理的要素主要包括主刑的选择、刑罚的档次、量刑幅度的把握、类案判决情况、共同犯罪中地位及作用的区分、刑罚的具体适用等。法官对量刑建议采纳与否应明确写入判决书，在判决书中引入量刑建议，并对是否采纳量刑建议作出明确说明。如对于公诉机关判处缓刑的量刑建议不予采纳，可对适用缓刑应当符合的条件即犯罪情节较轻、有悔罪表现、没有再犯罪的危险、宣告缓刑对所居

住的社区没有重大不良影响进行分析论证，被告人不符合适用缓刑的条件，不应对其适用缓刑。如果法院认为量刑建议"明显不当"，且检察院在收到调整意见函之后拒绝调整，或调整之后法院仍认为量刑建议"明显不当"的，法院可以不采纳量刑建议。但裁判文书中不能简单地写一句"量刑建议明显不当，故本院不予采纳"，而应详细解释检察机关量刑建议过轻或过重的理由，并提出法院量刑的核心考量。这样既能降低被告人上诉的可能性，也是对检察机关量刑建议的正面反馈，能够减轻法检双方的冲突，减少检察机关提出抗诉的可能性。⑥

（四）正视检法之间的制约关系，加强沟通实现司法公正

笔者选择通过当面访谈等方式，同若干位检察官、法官及辩护律师进行沟通，20余位司法工作者分享了自己处理量刑建议过程中的经历及心得。在经历充分的访谈后，有两则事例具有较强的代表性和说服力，这两起案例均系检察机关的量刑建议未被直接采纳的情形。第一起案例是张某猥亵妇女一案，检察院在审查起诉阶段启动了认罪认罚从宽，张某家属及时赔偿被害人损失，取得了被害人的谅解。公诉人提出确定刑量刑建议，建议对张某适用缓刑，对此被告人或被害人均未提出异议。在审判环节，主审法官当庭否定了量刑建议，并将刑罚明确限定为实刑。法官认为张某的猥亵情节较为恶劣，对其适用缓刑系量刑畸轻。在法官看来，根据《刑事诉讼法》第201条中"一般应当采纳"的规定，本案的量刑决策并无不可。在公诉人看来，先前控辩双方做了大量工作以达成认罪认罚从宽，而法官的决策却使上述所有努力归零。第二起案例是被告人王某涉嫌故意伤害一案，本案在审查起诉环节达成认罪认罚从宽，且王某签署了具结书。公诉人在量刑幅度的底部提出量刑建议，而在案件开庭审理前，主审法官与公诉人沟通，主张调整王某的量刑建议，以接近于刑罚幅度的顶格进行处罚。因王某私下里对被害人恶语相向，多次辱骂造成恶劣的社会影响，法官认定王某的主观恶性不足以降低刑罚基准。公诉人当即表示认同，主动调整了量刑建议。上述两则案例反映出，个案沟通是采纳量刑建议的重要因素，

即公诉人与法官就案件的量刑问题进行事先沟通，对公诉人提出的量刑建议，如果尚未达到"明显不当"的程度，法官一般都会直接采纳；如果法官认为量刑建议"明显不当"，则会及时与公诉人沟通，建议予以适当调整。反之，即便检察机关在审查起诉阶段已经完成了所有分内工作，只要未就某些细节展开足够的沟通，就容易给量刑建议的落实造成不良影响。

四、结语

"分工负责、互相配合、互相制约"的原则依旧统辖着刑事诉讼的运行格局。法院需要对检察机关在审查起诉阶段形成的裁判倾向进行审查把关，由此彰显了自身的制约职责。法院必须站在自身秉持的观点立场上，对量刑建议的适当性作全方位评估。如果公诉人的量刑倾向被裁判者不加甄别地予以吸收，即便提升了诉讼效率也会给司法公正价值的实现制造巨大隐患。发挥好人民法院维护公平正义最后一道防线的把关作用，从事实认定、证据采信、定罪量刑等方面严格依法进行审查，确保刑事认罪认罚案件依法公正处理。

裁判文书未认定认罪认罚的
说理缺陷及其改进

雷　艳　湖南大学刑事法博士

研究认罪认罚从宽制度时，我们往往会提出被追诉人怎样才属于认罪认罚。相关司法解释已经对"认罪""认罚"分别作出了说明，这些解释说明有助于我们正向理解并适用认罪认罚。笔者通过反向分析的方式，对公布在中国裁判文书网上经法院审理认为不具有认罪认罚的文书进行检索查阅，也查阅了其他经过审理认定认罪认罚从宽的裁判文书，结合自身对认罪认罚从宽制度的理解与认识进行分析比对，发现部分裁判文书在回应被追诉人提出的认罪认罚辩护意见时存在说理缺陷。

一、裁判文书未认定认罪认罚的常规说理

有学者对裁判文书的"说理"进行界定，认为裁判文书的说理并不只是裁判文书的"本院认为"部分，强调说理是一个总的过程。[①] 本文所阐述的说理是指一份刑事裁判文书[②] 正文中审理查明的事实、证据之外的说理部分，该说理部分不单单只有"本院认为"之后的内容，虽然大多数的刑事裁判文书会将控方意见、辩方意见是否采纳以及争议焦点的分析评判放在"本院认为"部分，但是也有部分刑事裁判文书会在"本院认为"之

[①] 王明辉：《裁判文书说理评价标准之建构》，载《河北经贸大学学报》2016 年第 2 期；潘自强、邵新：《裁判文书说理：内涵界定与原则遵循》，载《法治研究》2018 年第 4 期。

[②] 由于本文主要是探讨未认定认罪认罚情节的文书说理，而速裁案件以认罪认罚为前提，为此，简化处理的速裁案件裁判文书写作不在本文探讨范围，另外程序性刑事裁定书如中止审理、恢复审理等事项的刑事裁定书亦不在本文探讨范围。

前，以"综合评判如下"的段落进行详细的说理①，这些都是笔者认为的一份刑事裁判文书的说理内容，即理由部分。不同的教材在介绍一审刑事判决书的组成时会存在差异，②但无一例外地都认为一份一审刑事判决书的事实部分和理由部分是不可或缺的内容。裁判文书的理由部分是"裁判书的灵魂，是将犯罪事实和判决结果有机联系在一起的纽带"③，是"法治社会人们对于判决何以如是的理由的获知，是司法知情权的重要体现"。④ 与一审刑事判决书一样，对于二审裁判文书而言，说理（理由部分）也同样重要。裁判文书的理由部分应当包括对辩护意见否定或者肯定的理由和根据⑤。而且，体现在裁判文书中的辩方意见已经是承办法官对被告人、辩护律师庭审意见、书面意见的高度归纳总结，尤其是辩护律师提交的书面辩护意见往往内容很长，页面很多，法官在制作裁判文书时需要对辩护意见进行高度概括归纳，不可能全部将辩护意见照搬到文书正文部分，在裁判文书网上也看不到照搬辩护意见的文书，即便是受广大群众高度关注的案

---

① 参见张某中诈骗、单位行贿、挪用资金案，最高人民法院（2018）最高法刑再3号刑事判决书。

② 有教材论述一审刑事判决书由首部、正文、尾部三大部分组成，参见孙青平：《法庭规则与技巧研究》，中国政法大学出版社2015年版，第172页；邓从兰主编：《司法文书》，云南大学出版社2015年版，第77页；李锦昆、朱红梅主编：《法律文书写作》，西安电子科技大学出版社2015年版，第234页；任宪宝主编：《现代公文写作规范与技巧大全》，中国商业出版社2014年版，第398页。也有教材论述一审刑事判决书由首部、事实、理由、裁判结果、结尾组成，参见岳悍惟主编：《刑事诉讼法教程》，对外经济贸易大学出版社2007年版，第281页。还有教材论述一审刑事判决书由标题、首部、正文和尾部等几部分组成，参见江逸清、曹维俊：《法律文书概论》，浙江人民出版社1986年版，第148页。这些论述只是对文书结构的层级归纳方式不一样，并不会影响不同读者对一份刑事判决书具体组成内容的理解与认识。

③ 孙青平：《法庭规则与技巧研究》，中国政法大学出版社2015年版，第175页；邓从兰主编：《司法文书》，云南大学出版社2015年版，第77页。

④ 岳悍惟主编：《刑事诉讼法教程》，对外经济贸易大学出版社2007年版，第281页。

⑤ 岳悍惟主编：《刑事诉讼法教程》，对外经济贸易大学出版社2007年版，第282页；崔艺红：《新编司法文书写作实务》，西北大学出版社2017年版，第129页；邓从兰主编：《司法文书》，云南大学出版社2015年版，第81页；任宪宝主编：《现代公文写作规范与技巧大全》，中国商业出版社2014年版，第400页。

件，法官也不会将辩护词全文引用至裁判文书中。^① 所以承办法官既然在文书中对被追诉人意见、辩护人辩护意见进行归纳总结，就应当在说理部分对其在文书中载明的辩护意见是否采纳予以回应。

1. 裁判文书应当对认罪认罚的意见予以说理回应

笔者在查阅认罪认罚案件的相关裁判文书时，在海量的裁判文书中随机找到 6 份裁判文书在归纳被追诉人及其辩护律师的辩护意见时载明了被追诉人及其辩护律师提出了被追诉人有认罪认罚的意见，但在文书的说理部分并没有对该意见予以任何回应。如其中的刘某涛诈骗案，在文书的说理部分载明："对于上诉人刘某涛及其辩护律师提出的其有自首情节，认罪认罚，请求对其从轻处罚的上诉理由和辩护意见，经查，原审量刑时已综合考虑刘某涛的自首情节对其从轻处罚，故刘涛涛的上诉理由不能成立"，该段文字虽然对自首的辩护意见予以说理回应，但并未对认罪认罚的辩护意见予以任何说理回应，所以从读者的角度看这份文书，始终不明白法院认为刘某涛不成立认罪认罚的理由是什么。刑事案件中的自首、坦白、未成年等情节，即便被追诉人及其辩护人没有提出，承办法官也应当依法予以查明，而认罪认罚作为法定从宽情节，在刑事裁判文书中法官既然已经载明了被追诉人或者辩护律师提出的关于被追诉人认罪认罚的辩护意见，即便该意见确实与事实不符，明显不能成立，刑事裁判文书也应当对此进行说理，阐明未予认定的原因。

2. 裁判文书未认定认罪认罚的说理归纳

裁判文书对于不具有认罪认罚的说理主要包括被告人在庭审中的以下表现：翻供、直接对认罪认罚具结书予以否认、对量刑建议提出异议、对指控的部分事实有异议、对主观犯意进行否认，这些都是法院裁判认为不具有认罪认罚的常见理由，另外还有因为庭审查明被告人不具有认罪认罚的自愿性、庭审表明不能履行具结书中的罚金刑、没有向被害人进行退赔

---

① 如裁判文书网公开的山东省高级人民法院（2017）鲁刑终 151 号刑事附带民事判决书，对辩护律师的辩护意见进行了比较详细的归纳总结。

而认定不具有认罪认罚的情形。上述所总结的裁判理由，除了没有退赔以及无力在审判阶段缴纳罚金等客观原因以外，其他都属于庭审过程中被告人的陈述不符合认罪认罚表现，为此法院裁判不属于认罪认罚。

以上说理可见，认罪认罚案件中被追诉人的当庭陈述非常重要，被追诉人如果已经签署了认罪认罚具结书，对证据、事实、量刑的异议可以由辩护律师发表，辩护律师提出的辩护意见，即便是无罪辩护，也不属于被追诉人的翻供或者认罪态度不好，但是被追诉人自身如果庭审陈述不当则有可能被认为不属于认罪认罚导致在原认罪认罚量刑建议上加重刑期。① 并且除非是检察机关调整量刑建议，被追诉人也基本不要对一审法院可能在量刑建议的基础上再从轻处罚抱有任何期待，这也是《刑事诉讼法》第201条的明文规定，即对于认罪认罚案件，人民法院依法作出判决时，一般应当采纳人民检察院指控的罪名和量刑建议。2020年10月《最高人民检察院关于人民检察院适用认罪认罚从宽制度情况的报告》统计的数据"2019年1月至今年8月，量刑建议采纳率为87.7%"，也表明在司法实践中认罪认罚量刑建议的采纳率很高。所以辩护律师也应当对被告人充分的阐明认罪认罚制度，避免被告人在庭审中又出现翻供、对量刑建议有异议等适得其反的陈述，被告人一旦签署了认罪认罚具结书，就应当谨慎自身的庭审发言。

二、一审刑事判决书未认定认罪认罚的说理缺陷及其改进

通过查阅的相关裁判文书，笔者认为一审刑事判决书对不具有认罪认罚的说理回应，存在以下问题：

1. "庭审对部分事实提出异议不具有认罪认罚"的说理不充分

巫某祥盗窃案的一审判决书载明："对于指定辩护律师徐某龙提出对被告人巫某祥自愿认罪认罚并签署具结书可以依法从宽处理的辩护意见，本

---

① 如在钟某运输毒品案中，刑事判决书载明："被告人钟某在庭审过程中对其主要犯罪事实避重就轻，未如实供述，不具有认罪认罚情节，故对公诉机关量刑建议不予采纳。"一审法院判处被告人钟某八年八个月有期徒刑，并处罚金三万元，而公诉机关的量刑建议是八年四个月有期徒刑，并处罚金二万五千元。

院不予采纳。经查，被告人巫某祥在审查起诉时签署了认罪认罚具结书并同意适用速裁程序审理，在第一次庭审中被告人巫某祥对公诉机关指控的事实予以部分否认，故被告人巫某祥不具有认罪认罚情节。"该案一审法院判处被告人巫某祥八个月有期徒刑，并处罚金二千元，公诉机关原量刑建议为七个月以下有期徒刑，并处罚金二千元。笔者认为类似于该份文书中载明的"指控的事实予以部分否认"或者"对部分事实提出异议"从而不成立认罪认罚的说理，实际上是存在歧义的，或者说是说理不够充分的。因为根据最高人民法院、最高人民检察院、公安部、国家安全部、司法部联合发布的《关于适用认罪认罚从宽制度的指导意见》第 6 条的规定，"承认指控的主要犯罪事实，仅对个别事实情节提出异议，或者虽然对行为性质提出辩解但表示接受司法机关认定意见的，不影响'认罪'的认定"，所以并非只要被告人在庭审中对事实有异议就全部都不属于"认罪"，还是要区分具体情况，根据案件事实本身进行分析判断。在一份一审刑事判决书中并不会把庭审被告人的当庭陈述全部记录，所以关于庭审中被告人对指控事实的异议，完全可能只是对个别事实、情节提出异议，如几笔诈骗事实中的一小笔、几笔盗窃事实中的一小笔、非法吸收公众存款罪中的某一笔等，被告人在审查起诉阶段因为无法与公诉人就上述存在争议的几笔事实进行有效沟通，期待法院能审核证据查清事实，但是承办法官如果因为被告人对个别事实提出异议就认定不具有认罪认罚，这样对被告人是不公平的，也不符合上述指导意见的规定。并且被告人所提出异议的几笔事实很可能是其前后供述中一直没有"交代"的事实，也就不存在翻供，所以，在一审裁判文书的说理中，如单单写明"被告人庭审对指控的部分事实提出异议"，为此不成立认罪认罚，是说理不充分的不严谨的。笔者认为比较恰当的说理为"被告人庭审对指控的主要事实提出异议"或者"被告人庭审对指控的部分事实提出异议，该部分事实被告人在之前的供述中已经供述，属于庭审之前所作供述的翻供"或者"被告人庭审对指控的部分事实提出异议，该部分事实为……，属于指控事实的重要部分"。

2. "没有对被害人进行赔付不具有认罪认罚"裁判标准不统一

关于认罪认罚中的"认罚"是否以退赃退赔或者缴纳罚金为要件，很多文章中都有讨论①，学界没有达成一致观点，在司法实践中也没有以退赃退赔作为认罪认罚的必要条件。笔者查阅的相关一审判决文书，也存在很大的差异。在王某交通肇事案中，审查阶段被告人王某签署了认罪认罚具结书，原一审判决也认定有认罪认罚并采纳了检察院七个月有期徒刑的量刑建议。但是一审刑事判决生效后，王某一直没有向被害人支付任何经济补偿，为此，原公诉机关又提起抗诉，该案启动再审程序，在一审重审中检察院变更了起诉，法院再审后认定被告人不具有认罪认罚情节，刑期也从原一审的七个月改判为一年九个月有期徒刑。与此类似，在李某诈骗案中，法院经过审理在一审判决书中载明："被告人李某虽在公诉机关签订了认罪认罚具结书，但其未全额退赔被害人赃款，不具有认罪认罚的实质表现，只能认定其认罪态度较好，可酌情予以从轻处罚。"不过，也有与此截然相反的判决，而且即便是附带民事诉讼原告人（被害人）明确提出了被追诉人没有赔付不应认定为认罪认罚的意见，法院也认定被追诉人有认罪认罚。

从上述判例可以看出，对于退赔是否是认罪认罚必要条件，存在不同地区的司法机关认定标准不统一的情况，同一地区检察院与法院的认定标准也有不统一的情况。笔者认为，应当结合个案具体判断，如上述王某交通肇事案，检察院抗诉的根本原因是原一审量刑不适当，而不是认罪认罚认定本身，该案即便认定认罪认罚，但因为被告人并未赔付到位，也不应该判七个月，量刑明显不当。而其他案件虽然认定被追诉人认罪认罚，由于被告人没有主动赔付取得谅解，在量刑上并未给予大幅度的从宽。所以

---

① 韩旭：《认罪认罚从宽制度中"认罚"辨析》，载《法治研究》2021年第3期；刘宇：《浅析认罪认罚从宽制度中的认罚问题》，载《山西省政法管理干部学院学报》2021年第1期；王波、李静：《认罪认罚从宽制度中"认罚"的界定与规则重构——以H省J市法院1324件案件为样本》，载《审判体系和审判能力现代化与行政法律适用问题研究——全国法院第32届学术讨论会获奖论文集（上）》。

关键在于量刑时认罪认罚与退赃退赔是否作为两个独立的量刑情节，如果在量刑时取得被害人谅解、退赃退赔独立于认罪认罚之外，那么即便没有取得谅解或者退赃退赔也可以认定认罪认罚，尤其是在被害人也存在过错，双方因琐事发生互殴，一方造成另一方轻伤的故意伤害案件，被害人可能开价过高，此时如果以取得被害人谅解或者达到被害人所要求的超出法定赔偿数额的金额才能认定认罪认罚，对被追诉人也是不公的。如在李某诈骗罪一案中，法院判决被告人李某"虽在公诉机关签订了认罪认罚具结书，但其未全额退赔被害人赃款，不具有认罪认罚的实质表现，只能认定其认罪态度较好，可酌情予以从轻处罚"，但是判处的刑期时依旧是在认罪认罚具结书的量刑建议的最低幅度量刑，该案公诉机关的量刑建议是十三年到十五年有期徒刑，并处罚金，法院最终判处的刑期是十三年有期徒刑，并处罚金。该案虽然没有认定认罪认罚，但是对被告人而言，涉及其实质利益的刑期并没有影响。所以，在被追诉人认罪的情况下，因为没有退赔而认定不具有认罪认罚的文书的说理，即便认定标准本身不统一，只要量刑适当，说理本身已然不重要，是否认定认罪认罚也已然不重要。

三、二审刑事裁判文书未认定认罪认罚的说理缺陷及其改进

对于二审期间上诉人及辩护律师所提出的认罪认罚辩护意见，二审裁判文书的说理回应有以下几点值得探讨。

1.未明确区分上诉人认罪认罚意见的具体内容

认罪认罚贯穿于刑事诉讼全过程，一审被追诉人未认罪认罚，在二审阶段被追诉人也可以认罪认罚。有的二审法院在裁判时存在一个误区，即二审法院在说理时没有区分二审上诉人及其辩护律师提出的认罪认罚意见是针对一审审理过程中应当认定认罪认罚而没有认定，还是二审自愿认罪认罚。当然，很可能上诉人、辩护律师自身也没有认真思考这个问题，只是认为提出认罪认罚对上诉人有利。在赵某买卖国家机关证件案中，上诉人赵某及其辩护律师笼统地提出上诉人认罪认罚的辩护意见。二审对该认

罪认罚意见的回应为:"经查,上诉人在审查起诉阶段签署了认罪认罚具结书,但在一审法院审理期间,上诉人当庭辩称其没有获利,且对其签署的认罪认罚具结书上的量刑有异议,故其不具有认罪认罚的从轻情节。"很明显,该份二审裁定只是针对一审没有认定认罪认罚进行说理,但是上诉人的认罪认罚意见并不当然排除其在二审自愿认罪认罚的请求。在常某诈骗案中,上诉人常宇提出其被拘留后一直如实供述自己的罪行,认罪认罚。二审对该认罪认罚意见的回应为:"虽然常某能如实供述其罪行,但并未签署认罪认罚具结书,故不具有认罪认罚情节",该说理同样是对一审没有认定认罪认罚的回应。不过常某提出的认罪认罚上诉理由或许包括其二审自愿认罪认罚,因为常某家属在二审阶段代为退缴其余赃款和预缴罚金,且二审期间上诉人常宇继续认罪,应当说是可以成立二审自愿认罪认罚的,且二审认罪认罚并非以签署认罪认罚具结书为必要,但是二审未对此进行回应。当然,从上诉人常某来看,是否认定认罪认罚已然不重要,重要的是二审考虑到了他的退赔和预缴罚金的行为,二审改判减少了一年的刑期结果。

2. "没有签署认罪认罚具结书不具有认罪认罚"的说理并不恰当

根据《刑事诉讼法》及相关解释的规定,除特殊几类案件,认罪认罚具结书是审查起诉阶段认罪认罚的形式要件,但是在审判阶段,被告人认罪认罚并非以签署认罪认罚具结书为必要条件。当上诉人及辩护律师明确提出一审认罪认罚但法院没有依法认定的意见时,有的二审裁判文书以一审未签署认罪认罚具结书作为一审没有认定的理由加以回应,是不严谨的。在周某鸿销售假冒注册商标的商品案中,上诉人周某鸿及其辩护律师提出原判未认定周某鸿存在认罪认罚情节,量刑过重,请求对周某鸿适用缓刑的意见。二审裁定说理部分载明:"经查,在案的量刑建议书中,公诉机关明确指出周某鸿不具有认罪认罚从宽处罚的情节,且未有周某鸿所签署的认罪认罚具结书在案。"此说理回应是不恰当的,首先一审审判阶段的认罪认罚并不以签署认罪认罚具结书为必要。其次,法院不能以公诉机关量刑建议书中的评判内容作为是否成立认罪认罚的判断,因为刑事案件进入审判阶段后是否成立认罪认罚，法院应当根据案件客观情况形成自身的独立判断，否则法院审判如走过场，毫无意义。如在前某门等非法吸收公众存款案中，被告人前某门并没有签署认罪认罚具结书，北京市朝阳区人民法院经开庭审理后判决认为被告人前某门等认罪认罚并从宽处罚。对于此检察院提出抗诉，二审检察院的出庭意见包括："一审法院在适用认罪认罚从宽制度对被告人从宽处罚的情况下，没有依据该制度的程序规定向控辩双方宣告权利、签署认罪认罚具结书、征求控方量刑建议，系程序适用不当，导致量刑失当。"北京市第三中级人民法院维持了一审判决，该二审裁定载明："一审法院在控辩双方未建议适用认罪认罚从宽制度的情况下，依据普通程序进行审理，程序合法、适当，根据前某门、叶某、夏某等原审被告人具有的自首、如实供述、积极退缴违法所得等法定、酌定从轻、减轻情节，及其当庭认罪、悔罪态度，依据《刑事诉讼法》第15条'犯罪嫌疑人、被告人自愿如实供述自己的罪行，承认指控的犯罪事实，愿意接受处罚的，可以依法从宽处理'的规定，予以从宽处罚，于法有据，故北京市朝阳区人民检察院的该点抗诉意见及北京市人民检察院的相关出庭意见不成立，本院不予采纳。"

所以，上文中的周某鸿销售假冒注册商标的商品案，对于上诉人周某鸿及其辩护律师提出的一审未认定认罪认罚辩护意见，二审裁判文书的说理回应该从一审庭审笔录来判断上诉人是否在一审审理过程中自愿认罪认罚。从该份裁判文书内容来看，上诉人在一审有坦白情节，自然符合认罪认罚中的认罪，之所以一审没有认定认罪认罚，只能是其并不认可公诉方的量刑建议，所以恰当的说理可以是："经查，周某鸿在一审庭审中对检察院的量刑建议提出异议，不符合认罪认罚的表现，一审未认定其认罪认罚正确"，而不能只凭检察院量刑建议书上载明的内容判断是否"认罚"。

3.二审自愿认罪认罚能否成立关键在于有无新的"认罪"或"认罚"行为

当上诉人一审没有认罪认罚，上诉人及其辩护律师明确提出二审自愿认罪认罚的意见时，则存在以下两种不同的处理情况：

第一，上诉人一审有"认罪"的行为（包括有自首、坦白）①，但没有认定认罪认罚的案件，除非二审过程中上诉人有退赃退赔或者缴纳罚金的行为，否则一般不会认定上诉人二审自愿认罪认罚。因为"认罪"在一审时已然发生，有价值的在于"认罚"，而二审的认罚自然不是对一审刑期的认可，既然提出上诉，肯定希望在一审刑期上有所减少，为此这里的认罚基本表现为退赃退赔、取得谅解或者提前缴纳罚金。这类二审案件，即便二审没有认定认罪认罚，一般也会考虑到有新增的退赔等行为从而二审改判减少刑期，此时是否认定认罪认罚对于上诉人而言已然不重要，只需要法院考虑新的退赔行为，改判减少刑期即可。如韩某盗窃案和上文的常某诈骗案，同样是一审未认罪认罚，由于二审新增退赔的情形，韩某盗窃案二审认定是认罪认罚，常某诈骗案二审没有认定认罪认罚，但最终都改判减少刑期。

第二，上诉人一审无"认罪"行为（包括无自首、坦白），二审也没诸如退赃等新的"认罚"行为，只是提出在二审自愿认罪认罚，对于这类案件，即一审没有如实供述但是二审如实供述的案件，因为新增了"认罪"的行为，也有裁判认定属于认罪认罚并改判。如在杨某军盗窃案，上诉人杨某军一审未认罪认罚，也无自首、坦白情节，二审提出自愿认罪认罚的意见，在二审阶段签署了认罪认罚具结书，二审法院认定上诉人杨某军依法可以从宽处罚，刑期从一审的一年五个月有期徒刑改为一年三个月有期徒刑。该份文书中并未载明该上诉人杨某军在二审中有取得被害人谅解或者退赔或者缴纳罚金的新的行为，只因为二审中如实供述了一审之前没有供述的公诉机关指控的事实，为此适用了认罪认罚从宽，减轻了两个

---

① 自首、坦白与认罪认罚中的"认罪"的关系比较复杂，如一审庭审翻供，自然不成立自首、坦白，即便二审再如实供述也不可能成立自首、坦白，但是可以算作二审"认罪"。如数罪并罚案件，若只对其中某几个罪名如实供述，那么可以对这几个罪名成立自首、坦白，但仅如实供述其中一罪或部分罪名事实的，全案不作"认罪"的认定。如被告人对行为性质提出辩解，即虽对罪名有异议但对事实如实供述的，不影响自首、坦白的认定，但"认罪"基本要求对罪名的认可（因为需要接受司法机关认定意见）。

月有期徒刑。在于某香等危险作业案，上诉人于某香在一审没有如实供述，在二审阶段提出自愿认罪认罚，并提交悔罪书，二审考虑其认罪认罚，依法从宽处理予以改判，刑期从一审的十个月有期徒刑改为九个月有期徒刑。同样于某香在二审并没有新的退赔等行为，只是在二审新增了认罪悔罪。

为此，上诉人二审提出自愿认罪认罚的意见时，如果有新的退赃退赔、提前缴纳罚金、取得被害人谅解的行为，即便没有认定为二审自愿认罪认罚，一般也会改判减少刑期；如果没有上述新的行为，只是因为二审有新的如实供述行为，即便认定为二审自愿认罪认罚，也不一定有改判的结果，而且此种情形下的改判必须借助"认罪认罚从宽"的认定。

四、结语

从对上述裁判文书的说理分析可知，认罪认罚从宽从部分区域试点到正式立法全国推行虽然已经几年，但实践操作中还存在很多问题，比如上文中谈到一审被告人没有认罪（无自首、坦白），二审上诉自愿认罪认罚，是否值得对这种一审未如实供述但在二审如实供述的行为予以肯定，在二审适用认罪认罚从宽，虽然司法实践中有因此改判减少刑期的，但我认为"认罪"始终不应该超过坦白的界限。还比如实践操作中"认罪"不仅是对指控的事实没有异议，而且要接受司法机关认定的意见，对于被追诉人而言，他可以确认的是公诉机关指控的事实是否成立，至于是否够罪、构成何罪是司法机关的工作，更何况有些事实的罪名认定还存有争议，对于被追诉人而言去接受自己的罪名认定，本身就是超越自身能力范围的。而"认罚"某种程度上也有违基本人性，对于被追诉人而言，他的悔罪态度或许真实，但是从基本人性考虑，无论量刑建议如何从宽，对量刑建议予以认可，也是一种无奈之举，因为如果不签署认罪认罚具结书，不接受量刑建议，将会面临更重的刑期，尤其在共同犯罪案件中，同案犯认罪认罚的情况下，被告人内心的压力和煎熬可想而知，在这种前提之下，即便签署了认罪认罚具结书，如果说有机会使刑期再轻一点，很少有人会放弃这个机会，所以一审认罪认罚后的上诉也就在情理之中。综上，在认罪认罚从宽的适用还存有争议或标准不统一的情况下，法院裁判文书的说理也应做到无歧义，且让"读者"明白适用认罪认罚从宽或者未认定认罪认罚的原因。